세계사 편력

Glimpses of World History

2

by

Jawaharlal Nehru

◆

Being further letters to his daughter,

written in prison,

and containing a rambling

account of history for young people

GLIMPSES OF WORLD HISTORY
Copyright ⓒ Sonia Gandhi, 2004
All rights reserved

Korean Translation Copyright ⓒ 2004 by Ilbit Publishing Co.
Korean edition is published by arrangement with Jawaharlal Nehru Memorial Fund
through Imprima Korea Agency

이 책의 한국어판 저작권은 Imprima Korea Agency를 통한
Jawaharlal Nehru Memorial Fund와의 독점 계약으로
도서출판 일빛에 있습니다. 신저작권법에 의해 한국 내에서
보호를 받는 저작물이므로 무단 전재와 무단 복제를 금합니다.

아버지가 딸에게 들려 주는 세계사 이야기

세계사 편력

2

J. 네루 지음
곽복희 · 남궁원 옮김

일빛

세계사 편력 2
원 제 『Glimpses of World History』, 1967. Asia Publishing House

펴낸곳 도서출판 일빛
펴낸이 이성우
지은이 네루
옮긴이 곽복희·남궁원
주 간 이준수
편 집 손일수·이은주·이수경·이경민·김진영
마케팅 최정원·조규석·이상숙

등록일 1990년 4월 6일
등록번호 제10-1424호

초판 1쇄 인쇄일 2004년 5월 25일
초판 1쇄 발행일 2004년 6월 5일

주소 121-837 서울시 마포구 서교동 339-4 가나빌딩 2층
전화 02) 3142-1703~5 팩스 02) 3142-1706
E-mail ilbit@unitel.co.kr

값 18,000원
ISBN 89-5645-048-× (04900)
　　　89-5645-046-3 (전3권)

◆ 잘못된 책은 바꾸어 드립니다.

지은이 서문

나는 이 편지들이 언제 어디서 출판될지, 아니 출판될지조차 알지 못한다. 오늘날 인도는 기묘한 나라여서 앞날을 예측하기도 어려운 탓이다. 그렇지만 내 앞의 상황이 아직 급박하지 않아 시간적 여유가 있기에 지금 이 글을 쓰고 있다.

역사에 관한 이 편지들에 대해서는 변명과 설명이 필요하다. 이 책을 다 읽는 수고를 감당할 독자들은 아마 그 변명과 설명을 책 가운데서 찾아 낼 수 있을 것이다. 나는 독자들에게 특히 마지막 편지를 참조하라고 말하고 싶다. 이처럼 혼란한 세상에서는 어쩌면 끝에서 시작하는 것도 좋은 방법일 것이다.

이 서한집은 딸의 성장과 함께 쓰여졌다. 애초에 서한집에 대한 계획도 없었거니와 이렇게 많은 분량이 될 줄은 꿈에도 생각지 못했다. 약 6년 전 딸이 열 살이 되었을 때 나는 딸에게 태초의 세계에 대한 짧고 간단한 설명을 담은 몇 통의 편지를 써서 보냈다. 그 초기의 편지들은 곧 책으로 출판되어 호평을 받았다. 딸에게 편지를 계속 쓰고 싶었지만 정치 활동을 하느라 너무 바빠서 쓸 수가 없었다. 그런데 마침 감옥에 가게 되면서 감옥에서의 시간을 편지 쓰는 데 활용하게 되었다.

감옥 생활에도 이렇듯 이로운 점은 있다. 하지만 불편한 점도 있다. 수인이 마음대로 이용할 수 있는 도서관도 없으며 자유롭게 읽을 수 있는 책도 없다. 이러한 조건에서 무엇에 대해 쓴다는 것, 더군다나 역사에 대해 쓴다는 것은 무모하기 짝이 없는 시도다. 몇 권은 책이 차입되긴 했지만 계속 갖고 있을 수는 없었다. 책들은 감옥 안으로 들어왔다가 이내 나가 버린다. 그러나 12년 전, 수많은 우리 동포들과 마찬가지로 내가 처음 감옥들을 드나들기 시작하면서, 나는 독서를 하면서 노트를 해 두는 습관을 갖게 되었다. 그래서 이 글을 쓰기 시작할 즈음 여러 권으로 늘어난 내 노트들이 이 글을 쓰는 데 많은 도움이 되었다. 물론 다른 책들의 도움도 매우 컸다. 특히 웰즈(W.G. Wells)의 『세계사 개설(Outline of History)』의 도움이 컸다. 그러나 좋은 참고 서적이 없어 꽤 아쉬웠다. 그렇기 때문에 서술이 가끔 비약하거나 특정 시대를 건너뛰기도 했다.

이 편지들은 사적인 성격을 띠고 있는 만큼 글 속에는 오직 딸에게만 할 수 있는 허물없는 말투들이 있다. 나는 이것들을 어떻게 해야 할지 모르겠다. 어지간히 애쓰지 않고는 이런 문투를 다 빼내기가 쉽지 않기 때문이다. 그래서 나는 그 부분들을 손보지 않고 그냥 두기로 했다.

육체의 부자유는 자기 성찰을 가능하게 하고 시시각각 변하는 여러 감정들을 이끌어 낸다. 이 자주 바뀌는 감정들이 편지들에 너무 뚜렷이 드러나 역사가의 객관적인 태도를 잃지나 않았을까 걱정스럽다. 나는 역사가로 자처할 생각은 없다. 이 글에는 청소년을 위한 초보적인 해설과 성인들의 사고에 대한 단편적인 논의가 뒤섞여 있다. 숱한 중복도 있다. 이 편지들 속에 담긴 오류를 들자면 참으로 끝이 없다. 편지들의 내용은 가느다란 한 오라기의 실로 묶어 놓은 세계사에 대한 피상적인 스케치에 지나지 않는다. 다양하지 못한 참고서에서 사실과 사상들을 빌려 오느라 많은 잘못이 끼어들었을 것이다. 될 수 있으면 유능한 역사가에게 이 책을 감수받고 싶었지만, 감옥에서 나와 있던 짧은 기간에는 그렇게 배려할 만한 시간이 없었다.

    이 편지들을 쓰면서 가끔 내 견해를 다소 거칠게 나타내기도 했다. 지금도 여전히 그런 의견을 갖고는 있지만, 이 편지들을 쓰는 동안에도 역사를 보는 관점은 조금씩 바뀌어 갔다. 만약 지금 그것들을 다시 써야 한다면 다른 식으로 쓰거나, 아니면 어떤 부분들을 강조할 것이다. 하지만 나는 전에 쓴 것들을 찢어 버리고 새로 시작할 여유가 없다.

자와할랄 네루

■ 옮긴이의 글

　역사는 옛날에 일어났던 일들에 대한 단순한 지식이 아니다. 자신의 삶에 대해서 진지하게 생각하고 어떻게 살아갈 것인가를 고민하는 사람들에게 소중한 거울이 되는 것이 바로 역사인 것이다. E. H. 카는 이에 대해 '역사란 과거와 현재의 끊임없는 대화'라고 명쾌하게 정의했다. 균형 잡힌 올바른 세계관을 갖추기 위해서는 국지적인 역사에 한정되지 않은 세계사 전반에 대한 지식과 안목을 길러야 된다. 세계가 한 가족처럼 급속히 가까워지는 지구촌 시대에는 '문화충돌'의 위험도 곳곳에 도사리고 있으며 이미 많은 곳에서 심각할 정도로 나타나고 있다. 자기가 속해 있는 공동체나 문화권에서만 용인되는 가치관이나 세계관만으로는 지구촌 시대에 세계시민으로 살아남을 수 없다.

　누구나 자신이 처한 조건과 환경에 따라서 세계사를 바라보는 시각이 달라지게 마련이다. 그런데 우리 주변에 퍼져 있는 숱한 세계사 교재들은 정확히 우리 자신의 처지를 반영하기에는 조금씩 모자랐던 것이 사실이다. 특히 과거 일제 식민지의 경험을 포함하여 100여 년에 걸쳐 비뚤어진 민족사를 끌어안고 있고, 오늘의 잘못된 현실을 하나하나 고쳐 나가야 하는 우리들에게는 더욱 그렇다. 우리가 일본 식민지 통치가 유익했다는 일본 극우 정치가의 발언을 망언이라고 규탄하면서도, 정작 인도에 대해서는 영국의 시각에서, 베트남에 대해서는 프랑스의 시각에서 바라보도록 가해자의 관점을 강요하고 있는 절름발이 세계사를 과연 얼마나 바로잡았고 역사를 보는 올바른 눈을 길렀을까?

　자와할랄 네루가 쓴 『Glimpses of World History』는 바로 이런

점에서 그 누구도 따를 수 없는 뛰어난 가치를 지닌 저작이다. 흔히들 '역사의 평가에 맡긴다'는 말로 현실에 대한 가치 판단을 미루고 정작 시일이 지나면 외면해 버리는 세태 속에서, 과연 무엇이 옳았는가 하는 진실의 눈으로 세계사를 명쾌하게 들려주는 네루의 저작이 우리에게 주는 충격과 교훈은 실로 소중한 것이었다. 원본 완역본으로 이 책이 나온 이후 독자들이 보여준 관심은 바로 서구 편향적 시각에서 주체적이고 객관적인 세계관을 갖고자 하는 시대 흐름의 반영이었다.

비교 역사학이나 미시사, 국지사 분야에서는 새로운 시각으로 접근한 연구 성과들이 조금씩 나타나고 있다. 그러나 세계사 전체를 객관적인 시각에서 폭넓게 조망하는 세계사 통사 분야의 역작은 쉽게 눈에 띄지 않는다. 역시 네루의 이 저작을 뛰어넘는 '세계사의 고전'은 아직 나타나지 않고 있다는 게 우리의 생각이다.

10년 전 최초의 영문 완역본이라는 자부심으로 출간됐던 이 책에 대한 독자들의 격려와 애정은 대단한 것이었다. 이번에 독자들의 지속적인 관심과 일빛 편집부의 노고에 힘입어 세계사의 고전에 걸맞는 장정으로 독자들을 다시 찾아뵙게 되어 기쁘며 이 책과 함께 한 모든 분들께 감사 드린다.

2004년 5월
옮긴이 곽복희 · 남궁원

| 차 례 |

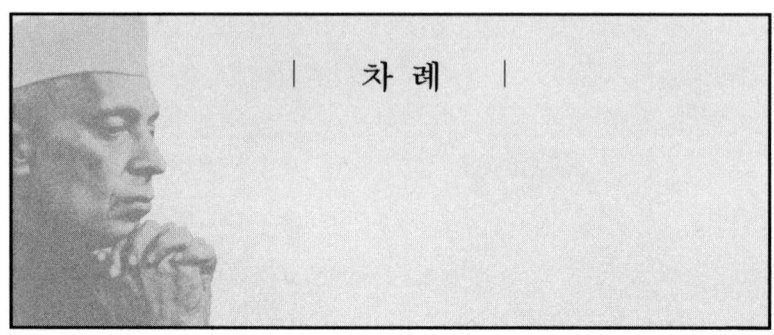

지은이 서문 · 5
옮긴이의 글 · 8
일러두기 · 14

데라 둔 지방 형무소에서

95 18세기 유럽의 사상 전쟁 · 15
96 대격변 전야의 유럽 · 23
97 거대한 기계의 등장 · 32
98 산업 혁명이 영국에서 시작되다 · 39
99 미국이 영국으로부터 독립하다 · 48
100 바스티유의 함락 · 58
101 프랑스 혁명 · 67
102 혁명과 반혁명 · 76
103 지배 계급의 정부와 혁명 정부의 차이 · 86
104 나폴레옹 · 92

세 계 사 편 력 2

105 나폴레옹에 대한 보충 · 102
106 당시의 세계 정세 · 113
107 제1차 세계 대전까지의 100년 · 119
108 계속되는 19세기 이야기 · 126
109 인도에서의 전쟁과 반란 · 137
110 인도 수공업자의 파멸 · 147
111 인도의 촌락, 농민 그리고 지주 · 155
112 영국은 어떻게 인도를 지배했는가 · 166
113 인도의 각성 · 177
114 영국이 중국에 아편을 강요하다 · 190
115 곤경에 빠진 중국 · 200
116 일본의 약진 · 205
117 일본이 러시아를 이기다 · 214
118 중국이 공화국이 되다 · 223
119 동남 아시아 · 229
120 다시 설날을 맞이하다 · 238
121 필리핀과 미국 · 242
122 세 대륙이 만나는 지점 · 248
123 지난 역사를 되돌아보며 · 254
124 이란 문화의 끈질긴 전통 · 261

세 계 사 편 력 2

125 페르시아의 제국주의와 민족주의 · 270
126 혁명에 대한 일반적 고찰, 특히 유럽의 1848년 혁명에 대하여 · 277
127 이탈리아의 통일과 독립 · 288
128 독일의 발흥 · 295
129 유명한 문필가들 · 305
130 다윈과 과학의 승리 · 314
131 민주주의의 전진 · 324
132 사회주의의 등장 · 333
133 칼 마르크스와 노동자 조직의 성장 · 342
134 마르크스주의 · 352
135 영국의 빅토리아 시대 · 362
136 세계의 채권자가 된 영국 · 371
137 미국의 남북 전쟁 · 380
138 보이지 않는 제국, 아메리카 · 390
139 700년에 걸친 아일랜드와 영국 간의 분쟁 · 397
140 아일랜드의 자치와 신 페인 · 408
141 영국이 이집트를 차지하다 · 416
142 투르크, '유럽의 환자'가 되다 · 428
143 차르 시대의 러시아 · 438
144 실패한 1905년의 러시아 혁명 · 446

세 계 사 편 력 2

145 한 시대의 종말 · 454
146 세계 대전이 시작되다 · 461
147 세계 대전 전야의 인도 · 473
148 1914~18년, 제1차 세계 대전 · 482
149 전쟁의 경과 · 490
150 러시아에서 차르 권력의 붕괴 · 503
151 볼셰비키들이 권력을 장악하다 · 513
152 소비에트가 마침내 내전에서 승리하다 · 526

찾아보기 · 541

일러두기

1. 이 책의 번역 대본은 Asia Publishing House의 『Glimpses of World History』(1967)를 사용하고, Oxford University Press에서 발간된 1990년 1월 판을 참조했다.

2. 한글 표기는 문교부 고시(1988.1.) 「한글 맞춤법」과 「표준어 규정」을 따랐다. 인명·지명을 포함한 외래어 표기는 원어 발음에 따르는 것을 원칙으로 했으며, 인도와 중동의 인명·지명은 정병조의 『인도사』, 김정위의 『중동사』를 참조했다. 그러나 우리에게 너무 굳어져 원어의 발음이 전혀 낯선 경우에는 통용되는 표기법에 따랐다.
  예 : 유클리드(원래 표기음은 에우클레이테스다).
  그 밖의 고유 명사(책명, 역사 용어)는 한국식 한자음으로 표기했다.

3. 옮긴이 주는 본문 하단에 1, 2, 3…… 으로 표시했으며, * 표시가 있는 주는 지은이의 원주다.

4. 이 책에 들어 있는 지도는 원본에 있는 J.F. Horrabin이 그린 것을 원고로 해서 다시 그렸다.

95
1932년 9월 19일

18세기 유럽의 사상 전쟁

 이제 다시 유럽으로 돌아가서 그 곳의 변화하고 있는 운명을 따라가 보자. 유럽은 이 때 세계 역사에 그 자취를 뚜렷이 남긴 엄청난 변화를 막 겪으려 하고 있었다. 이러한 대변화를 이해하기 위해서는 사물의 겉으로 드러난 현상들을 걷어 내고 인간의 마음 깊숙한 곳에서 일어나는 변화들을 음미하고 검출해야만 한다. 왜냐하면 이미 알고 있듯이, 역사의 무대에서 연출된 인간의 행위는 사상·감정·편견·미신·희망과 절망이 결합해서 나타나는 결과이기 때문이다. 따라서 원인을 알지 못하고는 인간의 행위를 그 자체만으로 이해하기란 아주 어렵다. 그러나 원인을 추적하는 일은 결코 쉬운 일이 아니다. 그리고 역사의 대사건들을 창조해 내는 원인들과 동기들을 꼼꼼히 적어 낼 능력이 있다손 치더라도 나는 그렇게 하지 않겠다. 안 그래도 따분하고 무거워진 편지의 내용을 더욱 그렇게 만들고 싶지는 않기 때문이다. 내 나름대로의 주제나 관점에 집착한 나머지 내가 너무 급하게, 또 너무 깊이 어느 하나의 일에 빠져들어 얘기를 전개하는 경우가 가끔 있다. 이 점이 마음에 걸린다. 그러나 너는 나의 이 잘못을 참아 주어야 할 것 같다. 아무튼 너무 깊이 원인들을 파헤치는 일은 피하고자 한다. 그러나 이것들을 그냥 무시한다면 그것도 지극히 어리석은 일이 되겠지. 결국 역사의 매력과 의의를 놓치게 될 테니까.

 그 동안 우리는 16세기 전체와 17세기 전반부에 걸쳐 유럽에서 발생한 격동과 혼란들을 고찰해 왔다. 17세기 중반에 베스트팔렌 조약(1648)이 체결되어 끔찍스러운 30년 전쟁(Thirty Years' War)이 끝났다. 그리고 바로 다음해에는 영국의 내전, 즉 청교도 혁명이 끝나고 찰스 1

세의 목이 날아갔다. 그 뒤부터는 비교적 평화로운 세월이 계속되었다. 그 무렵 유럽 대륙은 더할 나위 없는 피폐 상태에 빠져 있었다. 다만 아메리카 식민지와 그 밖의 식민지와의 무역으로 많은 돈이 유럽으로 흘러들어와 사회 계급들 간의 갈등을 완화시켜 주고 있었다.

영국에서는 이 때 제임스 2세를 쫓아 낸 무혈 명예 혁명이 의회에 승리를 가져다 주었다(1688). 국왕과 의회 사이의 진짜 싸움은 청교도 혁명 때 찰스 1세가 패배함으로써 이미 의회의 승리로 끝난 바 있다. 명예 혁명은 40년 이전에 무력으로 확정된 사항들을 확인한 것에 불과했다.

이로써 영국에서 국왕은 정치 권력의 무대에서 밀려났다. 그러나 유럽에서는 스위스나 네덜란드 같은 몇몇 소국들을 제외하면 상황이 정반대였다. 무책임한 절대 군주들이 여전히 사회를 지배하고 있었고, 대군주인 프랑스의 루이 14세는 다른 군주들이 따라야 할 모범이 되어 있었다. 유럽 대륙의 경우 17세기는 곧 루이 14세의 세기였다. 자신들을 기다리고 있는 운명에는 아랑곳없이, 그리고 영국 왕 찰스 1세의 최후에서 아무런 교훈도 끌어 내지 못한 채 유럽의 군주들은 온갖 허장 성세와 어리석음을 과시하면서 전제 정치를 펴고 있었다. 그들은 나라의 모든 권력과 부를 자신들의 것으로 간주하면서 나라가 마치 자신의 개인 재산인 양 착각했다. 지금부터 400년도 더 전에 유명한 네덜란드의 학자였던 에라스무스(Erasmus)[1]는 다음과 같이 말했다.

---

1) 네덜란드의 인문주의자로서 근대 사상의 선구자 가운데 한 사람. 노트르담에서 출생. 어린 나이에 고아가 되어 수도원에 들어갔는데, 재능을 인정받아 소르본느 대학에서 수학했다. 그리스와 라틴의 고전 문학을 연구한 뒤 영국과 이탈리아를 자주 여행했으며, 영국에 있는 친구 토머스 모어의 집에서 유명한 『치우신예찬(痴愚神禮讚 : Encomium moriae)』을 써서 현학자와 무지한 수도사 등을 가차없이 공격했다. 케임브리지 대학에서 그리스어를 가르치기도 했으며, 1513년 이후에는 독일에 정주했다. 당시 종교 개혁의 물결에 말려들어 처음에는 개혁파에 동정적이었으나, 이지적이며 개인주의자였던 그는 행동적이며 열광적인 루터와 맞지 않아 유명한 논쟁을 벌인 뒤 신구 양파에게 공격을 받았고, 마침내 병으로 고생하다가 죽었다. 그의 그리스어로 된 신약 성서 번역은 중세적 지식의 핵심을 짚은 것으로 유명하며 프랑스의 라블레(Rabelais)에게 큰 영향을 주었다.

모든 새들 가운데 독수리만이 왕권을 상징하는 것으로 현자들은 생각했다. 아름다운 날개를 가진 것도, 고운 목소리로 지저귀는 것도, 그렇다고 해서 식용이 되는 것도 아닐 뿐더러 날고기를 좋아하고, 탐욕스럽기 짝이 없고, 모든 것에 대해서 악의에 가득 차 있고, 모든 것의 원망의 대상이 되며, 남에게 해악을 끼칠 수 있는 강대한 위력을 가졌고, 더구나 악을 자행하려는 의욕은 그들이 가진 위력을 훨씬 능가한다.

오늘날 왕들은 거의 자취를 감추었고 남아 있는 것들이라고는 과거의 유물일 뿐 실권은 거의 없거나 아예 없다. 이제는 그들을 무시해도 좋다. 그러나 더 위험한 다른 자들이 그들을 대신했고 독수리는 아직도 후기 제국주의자, 그리고 철과 석유와 금과 은을 독점하는 자들을 적절히 상징하고 있다.

유럽의 군주들은 강력한 중앙 집권 국가를 발전시켰다. 영주와 가신 같은 낡은 봉건제의 관념들은 죽었거나 죽어 가고 있었다. 대신 민족 국가라는 관념이 국가 단위로서, 그리고 정치적 실체로서 자리잡았다. 프랑스는 리슐리외(Richelieu)와 마자랭(Mazarin)이라는 아주 유능한 장관들 덕분에 이 새로운 국가 유형의 우두머리 격이 되었다. 민족주의가 성장했고 애국심이 등장했다. 인간의 삶에서 가장 중요한 요소였던 종교는 뒷전으로 물러나고 새로운 사상들이 그것을 대신하게 되었다. 이 점에 대해서는 나중에 다시 말하겠다.

현대 과학의 기초가 마련되고 세계 시장이 성립되었다는 점에서 17세기는 더욱 주목된다. 이 거대한 새로운 시장은 기존의 유럽 경제를 뒤집어엎었다. 이후 유럽·아시아 그리고 아메리카에서 일어나는 많은 사건들은 이 새로이 성립된 세계 시장을 고려해야 제대로 이해될 수 있다. 이후 과학이 발전하면서 세계 시장이 요구하는 것들을 충족시키는 여러 수단을 제공해 주었다.

특히 18세기 동안 영국과 프랑스 사이에서 전개된 식민지 경쟁은 유럽과 캐나다뿐만 아니라 우리가 알고 있듯이 인도에서도 벌어졌다. 이 양자간의 전쟁이 이 세기 중반부에 끝난 뒤 상대적인 평화의 시기가 다시 찾아온다. 유럽은 이제 조용하고 요동도 하지 않는 것처럼 보였다. 유럽의 궁정들은 정중하고 세련된 미남 미녀, 신사 숙녀들로 가득 찼다. 그러나 이 고요함도 표면의 현상에 불과했다. 깊숙한 곳에는 격동이 끓어오르고 있었으며, 인간의 마음은 새로운 사상들로 고민하고 들떠 있었다. 매력이 가득한 궁정과 일부 상류층을 제외한 대다수 인간들의 육체는 깊어지는 빈곤으로 인해 갈수록 크게 고통받고 있었다. 결국 17세기 후반 유럽에서 보이는 평온은 껍데기에 불과했다. 그것은 다가올 폭풍의 전주곡이었다. 1789년 7월 14일 유럽의 가장 위대한 군주의 수도 파리에서 폭풍이 몰아쳤다. 그리고 군주제와 시대에 뒤떨어지고 이끼가 낀 수많은 관습들과 특권들을 쓸어 내 버렸다.

그러나 이 폭풍에 뒤이어 일어난 변화들은 새로운 사상들에 의해 프랑스와 부분적으로는 유럽의 일부 나라들에서 이미 오래 전에 준비되고 있던 것들이었다. 중세 내내 종교는 유럽에서 가장 중요한 요소였다. 종교 개혁이 진행된 뒤까지 이 사실은 계속 유효했다. 정치적인 문제든 경제적인 문제든 모든 문제들은 종교의 관점에서 조명되었다. 종교는 사회 체제 그 자체였고 교황이나 고위 성직자들의 견해를 의미했다. 이런 의미에서 유럽 사회 체제는 인도의 카스트 제도와 같았다. 원래 카스트란 직업과 사회적 기능에 따른 서열 구분을 의미했다. 중세 사회관의 기반을 이루고 있던 사상은 바로 사회적 기능을 통해 성립되는 계급 질서였다. 인도 카스트 제도의 경우와 마찬가지로 계급 안에서는 평등이 존재했다. 그러나 둘 이상의 계급들 사이에는 불평등이 있었다. 이 불평등은 사회 구조 전체의 근간을 이루는 것이었고 어느 누구도 이것에 도전하지 않았다. 이 체제 아래 고통을 당하고 있던 사람들은 '천당에서 보상을 받으리라' 는 말을 들었다. 이런 방식으로 종교는 불공정한 사회 질서를 지탱하려고 했고, 천당을 말함으로써 사회에 대한 인민들의 불만과 관심을 분산시키려고 했다. 또한 종교는 부자가 가난한 자들을 보호하는 위임자라는 위임론을 설교하기도 했다. 즉 지주는 소작인들을 위해 땅을 '위임받고 있다'는 것이었다. 이것은 아주 돼먹지 못한 상황을 그럴 듯하게 설명하는 교회의 방식이었다. 결국 이러한 설명법은 부자에게는 아무런 부담이 되지 않았고, 가난한 자들만이 이를 통해서 전혀 이득을 얻지 못했다. 굶주리는 자에게는 경우 바른 설명이 빵을 대신해서 배고픔을 해결해 주지는 않는다.

가톨릭과 신교 사이의 잔인한 종교 전쟁, 가톨릭과 칼뱅교의 독선, 종교 재판 등은 모두 이런 정교한 종교관 그리고 사회관에서 나온 것이다. 너도 한번 생각해 보렴! 유럽에서 몇십만의 여자들이 대개 청교도, 즉 일단의 신교도들에게 마녀로 낙인찍혀 화형을 당했다. 새로운 과학적 사상들은 교회의 사고 방식과 다르다고 해서 억압당했다. 사물에 대한 교회의 사고 방식이란 한 마디로 고정적이며 융통성 없는 삶의 철학이었는데, 거기에는 진보라는 의문이 끼여들 여지가 없었기 때문이다.

우리는 이러한 지배적인 관념들이 16세기부터 서서히 변하기 시작했다는 것을 알 수 있다. 과학이 나타나고 삶 전체를 꽉 끌어안고 있던 종교의 힘이 약해졌다. 정치와 경제를 종교와 분리해서 생각하게 되었다. 17세기와 18세기에 걸쳐 맹목적인 신앙에 반대되는 이성, 즉 합리주의가 성장하게 된 것이다. 진실로 18세기는 종교적 관용의 정신이 확고히 승리한 때라고 할 수 있다. 이것은 부분적으로는 진실이다. 그러나 진정한 승리란 인민들이 과거처럼 종교에 애착을 갖지 않는다는 것을 의미했다. 종교적 관용은 종교적 무관심과 아주 가까웠다. 어떤 문제에 대해 대단한 관심을 보일 때는 관용을 보이기가 여간 어렵지 않은 것이다. 문제에 대한 애착이 전혀 없을 때 사람들은 관용을 가지고 있다고 우아하게 선언하는 것이다. 공업화와 거대한 기계들의 등장으로 종교에 대한 무관심은 더욱 커졌다. 과학은 유럽에서 오래 뿌리내린 신앙의 기초를 파괴해 버렸다. 새로운 산업과 경제는 새로운 문제들을 제기해 사람들의 마음을 차지했다. 그래서 유럽인들은 종교적 신념이나 교조 때문에 서로의 머리통을 깨는 습관을 완전하게는 아니지만 어쨌든 포기했다. 대신 이들은 경제·사회적 사안들에 대해 골머리를 앓게 되었다.

　유럽의 이 시기와 오늘날의 인도를 비교하면 흥미로울 뿐만 아니라 시사하는 바도 있다. 인도는 칭찬이든 비난이든 간에 종교적이고 정신적인 나라라고 가끔 일컬어진다. 이에 비해 유럽은 비종교적이고 인생의 좋은 것들에 너무 미쳐 있다고들 한다. 사실 이 '종교적인' 인도는 16세기의 유럽과 아주 비슷하다. 즉 종교가 인도인들의 가치관에 영향을 미치고 있다는 점에서 이런 비교가 가능하다는 것이다. 물론 비교가 너무 지나치면 안 된다. 그러나 종교적인 신념과 교조의 문제를 지나치게 강조하고 있는 점, 정치·경제적 문제를 종파들의 이해와 혼돈하는 점, 지역 사회끼리의 다툼이나 그 밖의 비슷한 문제들에서 당시 중세 유럽에서 일어난 것과 같은 현상들이 나타나고 있다는 점은 명백하다. 문제는 실제적이고 물질적인 서양과 정신적이고 피안적인 동양 사이의 차이에 있지 않다. 그것은 공업이 발달하고 매우 기계화한 서양과 대체로 농경 사회 상태에 머물러 있는 동양의 차이인 것이다.

　유럽에서 종교적 관용과 합리주의가 발전하는 과정은 서서히 전개되었다. 이 과정은 책을 통해 시작되지는 않았다. 사람들은 기독교를 공개적으로 비판하기를 두려워했기 때문이다. 그랬다가는 감옥에 가거나 다른 형태의 벌을 받아야 했던 것이다. 어느 독일 철학자는 공자를 너무 칭찬한 죄로 프로이센에서 추방당했다. 이것은 기독교에 대한 무시라고 해석되었기 때문이다. 그러나 18세기에 접어들면서 새로운 사상들이 좀 더 명확해지고 일반화함에 따라 이런 주제들을 다루는 책들이 등장했다. 합리주의를 비롯한 당시의 주제들에 대한 글을 쓴 가장 유명한 사람은 볼테르(Voltaire)였다. 그는 프랑스 사람으로 감옥에 들어갔다가 나온 뒤 국외로 추방당했고, 이 결과 제네바 근처의 페르네이(Ferney)에 정착했다. 감옥에 있을 때 그에게는 종이와 잉크가 허용되지 않았다. 그래서 납 조각으로 책의 행간에 시를 적어 내려갔다. 그는 이미 젊었을 때 유명인이 되어 있었다. 사실 그는 열 살의 나이에 비범한 능력으로 주위의 관심을 끌었다. 그는 불공평과 편협함을 증오했고 이것들에 대해서 투쟁했다. 그의 유명한 구호는 '수치를 모르는 자를 쓸어 버려라(Ecrasez l'infâme)'였다. 그는 아주 오래 살았고(1694~1778년) 무척 많은 책들을 써 냈다. 기독교를 비판했기 때문에 그는 정통 기독교인들로부터 맹렬한 증오의 대상이 되었다. 그의 저작 가운데 다음과 같은 말이 나오는 책이 있다. "무비판적으로 종교를 받아들이는 인간은 스스로 자신을 속박해 두려는 황소와 같다." 그의 저작들은 사람들이 합리주의와 새로운 사상으로 이끌리도록 하는 데 큰 영향을 미쳤다. 페르네이에 있는 그의 오래된 집은 아직도 많은 사람들이 찾고 있다.

볼테르와 동시대인이지만 더 젊은 또 한 명의 위대한 저술가는 장 자크 루소(Jean Jacques Rousseau)였다. 그는 제네바 출신이었고 이 도시는 그를 아주 자랑스럽게 생각하고 있다. 그의 동상이 제네바에 서 있던 것을 본 기억이 나지? 종교와 정치에 대한 그의 저작들은 대단한 논란을 불러일으켰다. 그러나 그의 소설, 꽤 대담한 사회 이론과 정치 이론에 대한 저술들은 많은 사람들을 새로운 사상과 결의로 열광시켰다. 이제 그의 정치 이론들은 구식이 되었지만 프랑스인들이 대혁명을 준비하도록 하는 데 커다란 역할을 했다. 그는 혁명을 부르짖지도 않았고 어쩌면 그것을 예상하지도 않았다. 그러나 그의 저작과 사상들은 확실히 사람들의 마음 속에 씨앗을 뿌려 혁명으로 개화하도록 했다. 가장 잘 알려진 그의 책은 『사회 계약론(Du Contrat Social)』이다. 이 책은 다음과 같은 유명한 문장으로 시작된다(나는 기억에 의존해서 인용할 수밖에 없다). "인간은 자유를 가지고 태어났다. 그러나 모든 곳에서 그는 사슬에 묶여 있다."

루소는 또한 위대한 교육자였다. 그가 창안한 새로운 교육 방법의 많은 부분들은 지금 학교에서 이용되고 있다.

볼테르와 루소 외에도 18세기 프랑스에는 주목할 만한 사상가와 저술가들이 많았다. 시간이 없으니 한 사람만 더 소개하기로 하자. 다른 책들과 함께 『법의 정신(Esprit des Lois)』[2)]을 쓴 몽테스키외

18세기 유럽의 사상 전쟁

(Montesquieu)가 있다. 이 때에는 또한 파리에서 백과 사전이 출간되었는데, 정치와 사회 문제에 관련된 주제들에 대해 디드로(Diderot)[3]와 그 밖의 유능한 집필가들의 논문들이 가득하다. 프랑스는 이 때 철학자와 사상가로 가득했던 것 같다. 더욱이 그들의 글들은 널리 읽혔고 수많은 보통 사람들이 그들의 사상을 생각하고 그들의 이론들을 토론하도록 하는 데 성공했다. 그리하여 프랑스에서는 종교적 독선과 정치·사회적 특권들에 대항하는 강한 여론이 형성되었다. 자유에 대한 막연한 생각이 인민들을 사로잡았다. 그러나 신기하게도 철학자도 인민도 왕을 제거하려 하지 않았다. 공화국에 대한 생각을 가진 사람들은 드물었고 인민은 플라톤의 철인 왕(philosopher-king)[4]과 같은 이상적인 군주를 가졌으면 하고 희망하고 있었다. 이런 군주라면 그들의 짐을 가볍게 하고 정의와 어느 정도의 자유를 줄 것이었다. 아무튼 철학자들은 이런 내용의 글들을 썼기 때문인데, 고통당하는 대중들이 진짜 얼마만큼 왕을 좋아했는지는 의심해 볼 만하다.

영국에서는 프랑스에서 본 것과 같은 정치 사상의 발전이 일어나지 않았다. 프랑스인은 정치적 동물인 반면 영국인은 그렇지 않다는 말이 있다. 이 말은 그렇다 치더라도 1688년 영국 혁명은 어느 정도 사회 모순을 완화시켰다. 그러나 여전히 일부가 향유하는 특권들은 아주 많이 존재했다. 다음 편지에서 이야기할 생각이지만 영국인의 관심은 새로운

---

2) 저자 평생의 저서. 세계 각국의 법률 제도에 관한 광범위한 자료를 근거로 그 나라의 지리·사회적 조건을 분석 규명해서 사회 과학에 중요한 초석이 되었다. 특히 그 속에서 주장한 삼권 분립론은 미합중국을 비롯해 각국 헌법의 기본 원리로 채택되었고, 근대 국가 제도에도 많은 영향을 끼쳤다.
3) 프랑스 계몽 시대의 지식을 집대성한 『백과 전서』(총33권)의 주재자. 이 밖에도 『라모의 조카』, 『달랑베르의 꿈』을 비롯해 문학·철학·미술·음악에 관한 많은 저서가 있다. 철학면에서는 철저한 유물론자이며, 정치면에서는 민권·공화 정치의 창도자였다. 그는 첨단을 걷는 진보적 사상가로서 혁명 전후의 프랑스에서 사상적인 투쟁에 온몸을 바쳤다.
4) 플라톤에 관해서는 1권의 열여섯 번째 편지를 참조할 것. 그의 정치 사상은 『국가론』에 잘 나타나 있는데, 정치는 진리와 일치해야 하며, 따라서 위정자는 마땅히 진리가 무엇인가를 아는 철인이 몰아적 자세로 정치에 헌신해야 한다고 주장했다.

경제 현상들과 무역 그리고 아메리카와 인도에서의 분쟁에만 쏠리고 있었다. 그리고 사회적 긴장이 고조될라치면 일시적인 타협으로 위기를 모면하곤 했다. 프랑스에서는 이러한 타협이 존재할 여지가 없어 대폭발이 일어난 것이다.

그러나 18세기 중엽 영국에서 발전한 근대 소설은 주목할 만하다. 『걸리버 여행기』와 『로빈슨 크루소』는 모두가 앞에 말한 것처럼 18세기 초에 출판된 것들이다. 이들에 이어 본격 소설도 나타나기 시작했다. 영국에 새로운 독자층이 형성된 것도 바로 이 시대였다.

영국인 기번(Gibbon)이 『로마 제국 흥망사』를 쓴 것도 이 때였다. 그와 이 책에 관해서는 로마 제국에 대해 이야기했을 때 이미 언급한 적이 있다.

96 *1932년 9월 24일*

대격변 전야의 유럽

지난 편지는 18세기 유럽, 특히 프랑스 사람들의 사상을 소개하면서 새로운 사상이 낡은 사상과 싸우는 상황이 어떤지를 우리에게 보여주었다. 대격변이라는 연극의 배경을 살펴보았으므로 이제 직접 유럽의 역사라는 무대에서 실제 연극을 보도록 하자.

프랑스에서는 늙은 왕 루이 14세가 1715년에 죽어 오랜만에 국왕의 자리가 바뀌었다. 여러 세대를 걸쳐 수를 누렸기 때문에 증손자인 루이 15세가 왕위를 이었다. 새 왕 또한 59년이라는 오랜 세월을 통치했다. 이 두 왕이 합쳐서 자그마치 131년을 해먹었다! 틀림없이 이것은 세계 기록일 것이다. 중국 청나라의 강희제와 건륭제는 각각 60년 이상을 통치했지만 그들은 연속 왕위에 있었던 것이 아니고 중간에 옹정(雍正) 황제의 치세 기간이 끼여 있다.

이처럼 유례가 드물게 길었던 치세 외에도 루이 15세의 치세는 구역질나는 부패와 음모로 주목할 만하다. 왕국의 자원은 왕의 쾌락을 위해 탕진되었다. 궁정의 휘황 찬란함은 뇌물로 가능했다. 왕을 즐겁게 한 사람들은 세금 없는 토지를 하사받거나 일을 하지 않아도 돈이 나오는 직책을 선물로 받았다. 이러한 결과 발생하는 비용은 대중들의 부담을 점점 무겁게 했다. 전제 정치, 무능 그리고 부패는 어깨동무를 하고 즐겁게 행진했다. 이 세기가 끝나기 전에 그들이 운명을 다해 낭떠러지 아래로 굴러 떨어져 버렸다는 것은 하나도 이상할 것이 없다. 도리어 마지막 파국의 시기가 그토록 늦게 닥쳐왔다는 것이 이상할 정도다. 루이 15세는 인민의 심판과 화를 면하고 대신에 그의 후계자인 루이 16세가 경을 치게 되었다.

무능과 타락에도 불구하고 루이 15세는 자신의 절대적인 권한에 대해 의심하지 않았다. 그는 전능했고 자신이 하고자 하는 일은 어떠한 저항도 받지 않았다. 1766년 그가 파리의 한 모임에서 연설한 내용을 들어 보자.

> 지상(至上) 권위의 위탁자는 짐 아닌 누구도 아니리라. ……
> 입법의 권한은 다만 짐에게만 귀속하며, 그것은 짐 이외의 아무에게도 의존할 수 없고, 누구와도 또한 나누어 가질 수 없는 것이로다. 공공 질서는 모두 짐에게서 나오며, 따라서 짐은 그 지상의 수호자니라. 짐의 신민은 짐이 있음으로써 비로소 신민일 수 있는 것이니, 국민 ― 국왕과 동떨어진 단체인 듯이 사람들이 말하는 '국민' ― 의 모든 권리, 모든 이익이란 모두가 짐의 권리나 이익과 일체가 돼야 하는 것으로서 짐의 손안에서만 존재하는 것이로다.

이것이 18세기 대부분을 지배한 프랑스 국왕의 사고 방식이었다. 한때 그는 유럽의 정치를 장악하는 듯했으나, 다른 여러 나라 국왕들 그리고 인민과 분쟁을 일으키고 패배를 겪어야 했다. 프랑스의 오랜 숙적들은 무대에서 퇴장해 중요한 역할을 하지 못했으나, 다른 세력들이 나타나 이들을 대신하고 프랑스의 권위에 도전하게 되었다. 그처럼 권위를 떨치던 스페인도 잠시 영광을 누리다가 유럽과 다른 무대에서 뒷전으로 밀려났다. 그러나 스페인은 여전히 아메리카에 커다란 식민지들을 가지고 있었고 필리핀을 점령하고 있었다. 오스트리아의 합스부르크 왕가는 제국(신성 로마 제국)의 우두머리 역할을 독점하고 이것을 통해 유럽의 지도권을 행사하고 있었으나 더 이상 두각을 나타내지 못하게 되었다. 오스트리아는 이제 더 이상 유럽의 지도 국가가 아니었다. 또 하나의 국가인 프로이센이 등장해 오스트리아에 버금가는 역할을 하게 되었던 것이다. 오스트리아 왕위 계승을 놓고 전쟁이 벌어졌고, 꽤 오랫동안 마리아 테레사(Maria Theresa)라는 여성이 왕위에 앉아 있었다.

1648년 체결된 베스트팔렌 조약은 너도 알겠지만 프로이센을 유럽의 강대국 지위에 올려놓았다. 이 나라를 지배하는 호엔촐레른가가 오스트리아 합스부르크가의 패권에 도전했다. 46년 동안(1740~86년) 프로이센은 군사적 성공을 통해 대왕이라고 일컬어진 프리드리히 2세(Friedrich II)가 통치하고 있었다. 그는 다른 유럽의 군주들과 마찬가지로 절대 군주였지만 철학자와 같은 면모를 갖고 볼테르와 교우를 맺기도 했다. 그는 강한 군대를 양성했고 무공이 빛나는 장군이었다. 그는 자신을 합리주의자라고 불렀으며, "모든 사람은 나름의 방식으로 천국에 가는 법이 허용되어야 한다"고 말한 것으로 전해지고 있다.

17세기 이래 줄곧 프랑스 문화가 유럽을 지배했는데, 18세기 중엽에 이르면 이러한 현상은 더욱 두드러져서 볼테르의 명성과 영향은 유럽의 구석구석까지 미치지 않는 곳이 없었다. 어떤 사람들은 17세기를 '볼테르의 세기(the century of Voltaire)'라고도 부른다. 프랑스 문학은 유럽의 모든 궁정, 심지어는 낙후한 러시아의 페테르부르크에서도 읽혔으며, 교양 있고 교육받은 층들은 프랑스어로 말하고 쓰기를 좋아했다. 프로이센의 프리드리히 2세까지도 프랑스어로 말하고 글을 썼다. 그는 심지어 프랑스어로 시까지 쓰려 했고 이것을 볼테르에게 교정 보고 다듬어 달라고 부탁했을 정도였다.

프로이센 동쪽에는 러시아가 있었는데, 장차 거대하게 성장할 채비를 이미 갖추고 있었다. 중국 역사를 보는 과정에서 어떻게 러시아가 시베리아를 건너 태평양 심지어는 알래스카까지 진출했는가는 이미 설명했다. 17세기 말쯤 러시아는 표트르 대제라는 강력한 통치자를 떠받들고 있었다. 그는 러시아가 유산으로 물려받은 몽고의 영향을 불식시키기를 원했으며, 러시아를 '서구화' 하고 싶어했다. 그래서 그는 오랜 전통으로 가득 찬 도시 모스크바를 버리고 새로운 수도를 건설했다. 이것이 핀란드 만의 끝에 위치해 네바(Neva) 강을 내려다보는 페테르부르크다. 이 도시는 고색 창연한 황금빛 둥근 지붕과 돔(domes)으로 장식된 모스크바와는 아주 달랐다. 그것은 서부 유럽의 대도시 같았다. 페테르부르크는 '서구화'의 상징이 되었고, 이제 러시아는 유럽의 정치 무대에서 크나큰 영향력을 미치기 시작했다. 지금 페테르부르크라는 이름은 더 이상 존재하지 않는다. 먼저 페트로그라드(Petrograd)라는 이름으로 바뀌었고, 지금 부르고 있는 레닌그라드(Leningrad)로 이름이 두 번째 바뀌었다(현재는 다시 페테르부르크로 바뀌었다).

표트르 대제는 러시아에 많은 변화를 가져다 주었다. 너에게 흥미로운 것 한 가지를 말해 주마. 그는 그 무렵 러시아에 일반적으로 행해지고 있던 테렘(terem)이라는 여성의 격리 제도를 폐지해 버렸다. 그는 인도에 눈을 돌렸고 국제 정치에서 인도의 가치를 알고 있었다. 그는 유서에 다음과 같이 썼다. "인도와의 통상은 세계와의 통상으로서 이를 독점하는 자는 세계의 독재자임을 명심하라." 그의 마지막 말은 영국이 인도를 지배한 뒤 급속히 국력이 성장한 것을 통해 올바름이 입증되었다. 인도에 대한 착취는 영국에게 명성과 부를 가져다 주었고, 몇 세대 동안 이 나라가 세계의 지도 세력이 되는 것을 가능하게 해 주었다.

프로이센과 오스트리아 그리고 러시아 사이에는 폴란드가 끼여 있었다. 이 나라는 가난한 농민이 사는 낙후한 나라로서, 산업이나 무역도 융성하지 못했으며 큰 도시도 없었다. 국가 조직은 국왕을 선거하도록 되어 있었으며, 모든 실권은 봉건 귀족들이 가지고 있었다. 주위를 둘러싸고 있는 여러 나라들이 강력해짐에 따라 폴란드는 한층 더 약화됐다. 프로이센과 러시아와 오스트리아는 이 나라를 삼키려고 눈독을 들이고 있었다.

하지만 1683년 투르크인들이 빈을 향해 마지막 공격을 가했을 때 그것을 격퇴시킨 사람은 바로 폴란드 왕이었다. 그 이후 오스만 투르크인들은 더 이상 군사 공격을 가하지 않았다. 그들은 힘을 쓸 대로 다 쓰고 지쳐 버려 서서히 쇠하고 있었으며, 줄곧 방어하는 위치에 섰다. 그리고 유럽에 있는 투르크 제국은 천천히 위축되기 시작했다. 그러나 지금 우리가 보고 있는 18세기 초반의 투르크는 유럽 동남부에서 강력한 국가가 되어 있었고, 제국은 발칸 반도 전역과 헝가리 그리고 폴란드에 걸쳐 있었다.

유럽 남쪽의 이탈리아는 여러 군주들에게 분할되어 있어서 유럽 정치에 큰 지위를 차지하지는 못했다. 교황은 더 이상 명령하는 위치에 서지 못했으며, 왕과 군주들은 그에게 경의를 표하기는 했으나 정치 문제에서는 그를 무시했다. 새로운 체제, 즉 새로운 강대국들 중심의 체제가 서서히 유럽에 자리잡기 시작했다. 강력한 중앙 집권 군주 국가들은 민족 국가에 대한 관념을 퍼뜨리는 데 일조하고 있었다. 인민들은 자신들의 나라를 특이한 방식으로 바라보기 시작했다. 이 방식은 오늘날 흔해빠진 것이지만 그 때에는 새로운 것이었다. 프랑스·영국·이탈리아 그리고 다른 표상들(figures)이 등장하기 시작했다. 이 표상들은 나라를 상징하기 시작했다. 나중에 19세기에 들어서면 이 표상들은 남자건 여자건 가릴 것 없이 사람들의 마음에 뚜렷한 형태를 갖추어 이상할 정도로 그들의 마음을 움직이게 된다. 이것들은 새로운 여신이 되어 제단에 모셔지고 그 앞에서 기도를 올리지 않는 자는 애국자가 아니라는 식으로

대격변 전야의 유럽

되었다. 애국자들은 그 이름을 걸고 또 그것에 대신해서 서로 싸우고 서로 죽인다. 바라트 마타(Bharat Mata) — 어머니 인도라는 생각이 어떻게 우리 모두를 움직이고, 이 신비하고 상상적인 존재 앞에서 어떻게 사람들이 즐거이 고통을 감내하고 목숨을 바치는지는 너도 잘 알고 있는 사실이다. 다른 나라 사람들 또한 마찬가지였다. 그러나 이러한 현상은 나중에 발전하게 된다. 지금 나는 다만 18세기에 민족 의식과 애국심이라는 관념이 뿌리를 내리기 시작했다는 것만 얘기하는 데서 끝내려고 한다. 프랑스의 철학자들은 이 과정에 일익을 담당했고, 프랑스 대혁명은 이 관념에 최종적인 도장을 찍었다.

이런 나라들은 '강대국(Powers)' 이었다. 군주들이 등장하고 사라졌다. 그러나 국가는 계속 지속되었다. 이 강대국 가운데 어떤 나라는 다른 나라들보다 더 중요한 위치를 차지하게 되었다. 이래서 18세기 초 프랑스 · 영국 · 오스트리아 · 프로이센 · 러시아는 확실히 '최강대국(Great Powers)' 이 되었다. 스페인과 같은 나라들은 이론상으로는 위대했으나 실제는 쇠퇴하는 중이었다.

영국은 급속히 부와 중요성을 획득해 가고 있었다. 엘리자베스 여왕 때까지 영국은 유럽적 의미에서 중요한 나라가 아니었으며, 더구나 세계적 의미에서는 더욱 그랬다. 영국의 인구는 그 무렵 600만을 초과하지 않는 정도였고 지금 런던의 인구보다 훨씬 적었다. 그러나 청교도 혁명과 왕에 대한 의회의 승리와 함께 영국은 새로운 상황에 적응하고 전진하고 있었다. 스페인이라는 멍에가 이미 벗겨진 뒤 홀란드 또한 마찬가지였다.

18세기에는 아메리카와 아시아에서 식민지 쟁탈전이 치열하게 벌어지고 있었다. 유럽의 강대국들은 여기에 끼어들었지만 주요한 쟁탈전은 결국 영국과 프랑스로 압축되었다. 영국은 이미 아메리카와 인도에서 프랑스를 크게 앞지르고 있었다. 프랑스는 루이 15세의 무능과 더불어 유럽 정치에 너무 깊이 개입되어 있었다. 1756년부터 1763년 사이에 전쟁은 이 두 강대국과 다른 나라들 사이에서 일어났고 그 무대는 유럽·캐나다 그리고 인도였다. 결국 누가 최강자인가를 가르는 일전이었다. 이 전쟁은 '7년 전쟁(Seven Years' War)' 이라고 일컬어진다. 프랑스가 인도에서 영국에게 패하는 것은 이미 보았다. 캐나다에서도 영국이 이겼다. 유럽에서 영국은 자기 대신 싸울 나라에게 돈을 대주는 아주 유명한 정책을 펴고 있었다. 프리드리히 대왕이 바로 영국과 같은 편이어서 돈을 받으면서 다른 나라들과 싸우고 있었다.

이 '7년 전쟁'의 결과는 영국에게 아주 유리하게 전개되었다. 인도와 캐나다에서는 라이벌이 사라졌다. 바다에서도 영국의 해군이 패권을 확보했다. 이렇게 영국은 제국의 기초를 다지고 확대해서 세계 세력이 될 만한 태세를 정비했다. 프로이센의 세력 또한 증대했다.

전쟁이 종결된 뒤 유럽은 전쟁으로 지친 모습을 보였으나 대륙 전체에는 상대적인 평화가 깃드는 듯했다. 그러나 곧 프로이센·오스트리아·러시아가 폴란드 왕국을 서로 나누어 삼켜 버렸다. 폴란드는 이들 강대국과 상대할 형편이 되지 못했고, 그래서 세 마리의 늑대는 폴란드를 덮쳤다. 그리고 계속해서 영토가 분할되더니 결국 독립국 폴란드는 지구상에서 사라졌다. 1772년, 1793년, 1795년 등 세 차례에 걸쳐 폴란드 분할이 있었다. 첫 분할이 끝나자마자 폴란드는 개혁을 실시해 나라를 강하게 만들려고 무진 애를 썼다. 의회가 성립되었고 문학과 예술의 부흥이 있었다. 그러나 폴란드를 둘러싸고 있는 전제 군주들은 이미 피맛을 보았고 물러설 생각이 없었다. 더구나 이들은 의회를 좋아하지 않았다. 그래서 폴란드 민족은 애국심을 가지고 코시치우슈코

---

5) 폴란드의 혁명가. 프랑스에서 육군 대위로 임관해서 프랑스의 자유주의 사상을 배우고, 미국의 독립 전쟁에 참가해 워싱턴의 부관으로 활약했다. 귀국 후 폴란드의 애국자들을 지도해 러시아의 침략에 항거했지만 국왕의 굴복으로 뜻을 이루지 못하고 독일로 망명했다. 조국이 두 번째 분할된 뒤, 1794년에 민족 해방 투쟁의 지도자로서 농민을 봉건적 중압에서 해방시켰으나, 러시아·프로이센·오스트리아군의 공격과 기득권층인 귀족들의 반항으로 러시아군에 체포되었다. 1796년 사면된 뒤 외국을 전전하면서 폴란드의 독립을 꾀했지만 성공을 보지 못한 채 끝내 스위스에서 쓸쓸히 죽어 갔다. 국외에 있으면서 일생을 폴란드 해방 운동의 정신적 지주로 활약한 그는 아직도 위대한 애국자로서 폴란드 국민의 흠모의 대상이 되고 있다.

(Kosciuszko)[5]라는 위대한 영웅의 지휘 아래 용감히 저항했는데도 1795년 유럽 지도에서 자취를 감추었다. 그러나 폴란드는 사라졌어도 폴란드 민족은 애국심을 계속 불붙여 자유의 꿈을 간직했다. 이로부터 123년 뒤 그들의 꿈이 실현되어 폴란드는 제1차 세계 대전 이후 다시 독립국으로 모습을 나타냈다.

18세기 후반 유럽은 비교적 평온한 시기에 접어들었다. 그러나 그것도 오래 가지는 못했으며 다만 표면적인 현상에 불과했다. 나는 이 세기에 일어난 여러 가지 사건들을 이야기했다. 그러나 18세기는 세 가지 사건 — 세 번의 혁명으로 말미암아 더욱 유명한데, 이 세기의 100년 동안 일어난 유럽의 어떤 다른 사건을 내놓아도 이 세 가지 사건에 비교한다면 곧 빛을 잃어버려 도저히 미치지 못할 듯하다. 이 세 혁명은 모두 18세기 중에서도 마지막 4반세기에 일어났다. 그리고 세 번의 혁명은 정치 혁명, 산업 혁명, 사회 혁명의 전형적인 것들이다. 정치 혁명은 아메리카에서 일어났다. 그 곳의 영국 식민지들이 반란을 일으킨 것이다. 그 결과 우리 시대에 엄청나게 강력한 나라가 된 미합중국이라는 독립 공화국이 형성되었다. 산업 혁명은 영국에서 시작되어 서유럽 국가들로 번지면서 다른 지역으로 확대되었다. 이것은 평화 속에서 이루어진 혁명이기는 했지만 파급력이 무척이나 커서 역사상 다른 어떤 사건보다 전세계 인류의 삶에 커다란 영향을 미쳤다. 증기 기관차와 거대한 기계들이 등장하고 마침내 우리 주위에서 보는 공업화의 수많은 결과들을 산출하게 되었다. 사회 혁명은 프랑스 대혁명이었다. 이것은 프랑스의 군주제를 끝장냈을 뿐만 아니라 수많은 특권들을 쓸어 없애 버리면서 새로운 사회 계급들을 출현시켰다. 우리는 이 세 혁명을 어느 정도 자세하게 따로따로 검토해 볼 것이다.

우리는 이 커다란 격변 전야에 군주제가 유럽을 지배하고 있음을 보았다. 영국과 홀란드에는 의회가 있었으나 귀족 계급과 부자들이 장악하고 있었다. 법률은 부자들의 재산·권리 그리고 특권을 보호하기 위해 만들어졌다. 교육 또한 부자와 특권층만을 위한 것이었다. 그뿐인가, 정부 그 자체가 이들 계급을 위해 움직이고 있었다. 이 시대 최대의 문제 가운데 하나는 빈민들에 관한 문제였다. 비록 상층부의 상태는 어느 정도 개선되었으나 빈민들의 비참함은 그대로였으며 더욱 현저해졌다.

18세기 내내 유럽 여러 나라는 잔인하고 냉혹한 노예 무역을 유지하고 있었다. 그 자체로서 노예는 유럽에서는 사라지고 없었지만, 상일꾼(serf) 또는 농노(villein)라 일컬어지면서 직접 토지를 경작하는 농사꾼(cultivators)의 상태는 노예들보다 나은 점이 거의 없었다. 그러나 아메리카의 발견과 함께 과거의 노예 무역은 가장 잔인한 형태로 다시 모습을 드러냈다. 스페인과 포르투갈은 아프리카 해안 지방에서 흑인들을 사로잡아 미국의 농장에 넘김으로써 노예 무역을 시작했다. 영국도 이 혐오스러운 무역에 한몫을 단단히 담당했다. 아프리카 사람들이 마치 맹수처럼 사냥당하고 사로잡혀 쇠사슬에 묶인 채 아메리카로 실려 가는 과정에서 겪었던 고통들을 상상하는 것은 우리로서는 정말 어렵다. 목적지에 도착하기도 전에 대다수의 흑인들은 사망했다. 이 세상에서 고통을 당한 사람들 가운데 흑인들이야말로 가장 무거운 고통을 당했을 것이다. 노예제는 공식적으로 19세기에 폐지되었고 영국이 이 일에 앞장섰다. 미국에서는 내전이 일어나 이 문제가 해결되어야 했다. 오늘날 미국에 살고 있는 몇백만 흑인들은 이 노예들의 후손이다.

이 편지를 즐거운 기분으로 마치기 위해 너에게 독일과 오스트리아에서 일어난 음악의 위대한 발전에 대해서 말해 주겠다. 너도 알고 있겠지만 독일인들은 유럽 음악의 선두 주자다. 17세기에도 이들의 위대한 이름들이 역사에 나타난다. 다른 곳에서도 마찬가지지만 유럽의 음악은 거의 종교 의식의 일부를 담당하는 데 지나지 않았으나 서서히 이 상황이 바뀌어 음악은 종교와 떨어진 독자적인 예술이 된다. 18세기에 두 위대한 이름이 두각을 나타낸다. 즉 모차르트와 베토벤이다. 이들은 둘 다 신동이었고 천재적인 작곡가들이었다. 베토벤은 아마 서양의 가장 위대한 작곡가일 것이다. 그런데 묘한 운명으로 귀가 먹게 되었다. 그래서 다른 사람들을 위해 그가 만든 멋진 음악들을 정작 그 자신은 들을 수가 없었다. 그러나 그의 마음만은 그가 음악을 작곡하기 전에 그에게 노래를 들려 주었음에 틀림없다.

97 *1932년 9월 26일*

거대한 기계의 등장

이제 산업 혁명이라고 일컬어지는 것에 대해 살펴보자. 이것은 영국에서 시작되었으므로 영국의 상황과 관련해 잠시 살펴보도록 하자. 그런데 이것이 언제 일어났는지 정확한 날짜를 제시할 수는 없다. 변화라는 것은 마술처럼 특정한 날짜에 일어나는 것이 아니기 때문이다. 그러나 그것은 대단히 빨리 일어났고 18세기 중반에 시작해 100년도 되지 않아 생활 양식을 바꾸어 놓았다. 너와 나는 이 편지들을 통해 인간 역사의 시작부터 몇천 년 간을 보면서 많은 변화를 목격할 수 있었다. 그러나 이러한 변화들은 가끔 대단한 것이었는데도 사람들의 일상 생활을 근본적으로 바꾸지는 못했다. 소크라테스·아소카·율리우스 카이사르가 갑자기 인도 악바르 대제의 궁정이나 그렇지 않으면 18세기 초반의 영국이나 프랑스에 나타났다면 그들은 많은 변화를 느꼈을 것이다. 그들은 어떤 것은 시인하고 어떤 것은 승복하지 않을 것이다. 그러나 대체로 그들은 이 세계를 시인하리라고 생각한다. 어쨌든 외면적으로라도 그 사고 방식은 크게 다르지 않았을 테니까 말이다. 그리고 표면적인 형태에 관한 한 그들은 그다지 이상하게 느끼지도 않았을 것이다. 만약 여행하고 싶었다면 말을 타거나 말이 끄는 마차를 탔을 것이다. 그들이 살던 시대에 그랬던 것과 크게 다르지 않게 말이다. 그리고 여행하는 데 걸리는 시간도 과거와 별 차이가 나지 않았을 것이다.

그러나 이들 가운데 어느 누가 현대에 나타났다면 그는 대단히 놀랄 것이다. 어쩌면 이러한 놀라움은 고통스러운 것일지도 모른다. 그는 사람들이 가장 날쌘 말보다 더 빠르게, 마치 활을 벗어난 화살보다 더 빨리 여행하고 있다는 것을 알게 될 것이다. 기차·증기선·자동차·비행기 등을 사용해서 사람들은 무서운 속도로 온 세계를 여행하고 다니니까 말이다. 또한 그는 전신·전화·라디오, 현대의 인쇄기가 찍어 내는 엄청나게 많은 책들, 신문 그리고 많은 다른 것들, 즉 18세기와 이후의 산업 혁명이 가져다 준 이것들에 정신을 빼앗기고 말 것이 뻔하다. 소크라테스·아소카·카이사르 등이 이러한 새로운 방식들에 찬성할지 반대할지는 나도 모르겠지만, 그들은 이 모든 것들이 그들의 당대에 풍미했던 방식들과 근본적으로 다르다는 것을 금방 알아차릴 것이다.

산업 혁명은 거대한 기계를 세상에 가지고 왔으며 기계화의 시대를 열었다. 물론 이전에도 기계는 있어 왔다. 그러나 이 새로운 기계의 덩치에 비해서는 아무것도 아니었다. 기계란 무엇이지? 인간이 하는 일을 돕는 큰 도구라고 할 수 있다. 인간은 도구를 만드는 동물이라고 일컬어져 왔으며 태곳적부터 도구를 만들고 도구의 성능을 향상시키려고 노력해 왔다. 인간들이 저보다 훨씬 힘센 동물이 허다한 속에서 그 동물을 압도한 것은 이런 도구를 사용한 덕분이다. 도구는 말하자면 그들 손의 연장이었다. 이 도구를 제3의 손이라고 불러도 좋을 것이다. 또한 기계는 도구의 연장이다. 도구와 기계는 인간을 동물계로부터 해방시켰다. 그리고 인간 사회를 자연의 굴레로부터도 해방시켰다. 도구와 기계의 도움으로 인간은 물건을 더욱 쉽게 생산할 수 있었다. 인간은 더욱 많이 생산하고 더욱 많은 여가를 갖게 되었다. 그리하여 그 결과 예술과 문명 그리고 사상과 과학에 진보가 이루어졌다.

그러나 거대한 기계와 그에 따른 모든 부속들은 모두가 고마운 것은 아니었다. 기계는 문명의 발달을 촉진했지만 또한 동시에 전쟁과 파괴의 끔찍한 무기를 생산함으로써 야만성의 발달도 촉진시켰다. 기계는 무척이나 많은 물자를 생산했지만, 이 대량의 물자는 대중의 손에 골고루 돌아가지 못하고 주로 어떤 한정된 소수의 사람들만 차지하게 되었다. 물자는 부유한 자의 사치와 빈민의 궁핍 간의 차이를 종래보다 더 두드러지게 했다. 기계가 인간의 도구이자 종이 되는 것이 아니라 오히려 인간의 주인 노릇을 자처하게 되었다. 기계는 한편으로는 협동·조직·정확성 등과 같은 미덕을 가르친 반면 다른 한편으로는 몇백만 인간들에게 따분한 반복의 삶을 가져다 주었고, 기쁨이나 자유가 거의 없는 기계적 부담만을 안겨 주었다.

하지만 기계와 함께 여러 가지 해독이 발생했다고 해서 기계를 책망하는 것은 잘못이다. 죄는 그것을 남용한 인간과 그것을 적절히 이용하지 않았던 사회에 있기 때문이다. 이 세계나 어느 나라가 산업 혁명 이전의 옛날로 후퇴한다는 것은 생각도 할 수 없는 일이다. 그리고 어떤 종류의 해악을 없애기 위해 산업화가 가져온 수많은 좋은 것을 팽개쳐 버린다는 것은 바람직한 일이라고 할 수 없고 현명한 일이라고 생각되지 않는다. 아무튼 기계는 이미 나타났고 계속 인간과 함께할 것이다. 따라서 문제는 산업화의 좋은 점을 남기고 그에 수반하는 해악을 제거하는 일이다. 산업화가 가져온 부를 우리는 이용해야 한다. 그러나 동시에 이 부가 부를 생산하는 사람들 사이에 골고루 분배되도록 해야 한다.

이 편지에서는 영국의 산업 혁명에 관한 것을 약간 설명할 생각이었는데, 평소의 내 습관 때문에 약간 빗나가서 산업화의 영향에 대해 말하고 말았다. 나는 오늘날 사람들을 괴롭히고 있는 한 가지 문제를 너에게 제기했다. 그러나 오늘의 문제를 해결하기 위해서는 어제를 연구해야 한다. 산업화의 결과를 생각하기 전에 언제 어떻게 해서 그것이 등장했는지를 공부해야 한다. 서두가 이렇게 길어진 이유는 이 산업 혁명의 중요성을 네가 머릿속에 새겨 두길 바랐기 때문이다. 이것은 상층부의 왕과 지배자들을 갈아치우는 단순한 정치 혁명이 아니라 모든 사회 계급들, 그리고 모든 한 사람 한 사람의 생활에까지 영향을 미치는 혁명이었다. 기계와 산업화의 승리는 기계를 지배하는 계급들의 승리를 의미했다. 오래 전에 너에게 얘기했듯이 생산 수단을 관리하는 계급은 동시에 지배하는 계급이기도 하다. 옛날에는 토지가 유일한 주요 생산 수단이었다. 따라서 토지를 소유한 계급, 즉 영주가 지배자였다. 봉건 시대는 이와 같은 상태였다. 그러나 토지 이외의 다른 부가 나타나자 토지 소유 계급은 새로운 생산 수단을 소유하는 계급에게 권력을 나눠 주게 되었다. 그리고 이제 거대한 기계가 등장하자 자연히 이것을 장악하는 계급이 앞에 나서서 사회를 지배하게 되었다.

이 편지를 써 오는 도중 나는 여러 번 도시의 부르주아가 어떻게 사회의 중요한 세력이 되었고, 봉건 귀족들과 투쟁하는 가운데 곳에 따라서는 어느 정도 승리를 획득했다는 것을 이야기했다. 그것은 봉건 제도의 붕괴를 서술하고 아마도 부르주아, 즉 신흥 중간 계급이 지배자의 자리를 차지했다는 이야기를 하자는 것으로 너는 받아들일지도 모르겠구나. 만약 그렇다면 나는 정정해 두고 싶다. 왜냐하면 중간 계급의 권력 획득은 훨씬 늦었고, 지금 얘기하는 시대에는 아직 완료되지 않았기 때문이다. 부르주아가 지배 계급이 되기 위해서 프랑스에서는 대혁명을 거쳐야만 했고, 영국에서는 프랑스 혁명과 비슷한 혁명이 일어나지 않을까 하는 두려움이 필요했다. 1688년 영국 혁명은 의회의 승리로 끝났지만 너도 잘 기억하듯이 의회는 주로 지주로 이루어진 극소수 인민을 대표하는 단체에 불과했다. 도시에서 선출된 일부 대상인도 약간 끼어 있긴 했지만 대체로 상인 계급, 즉 중간 계급은 의석을 차지하지 못했다.

따라서 정치 권력은 토지를 소유한 계층의 손에 있었다. 이것은 영국의 경우에 그랬고 다른 곳에서는 더욱 그러했다. 토지는 아버지로부터 아들에게 상속되었다. 그러므로 정치 권력 자체가 하나의 세습적 특권이 되고 말았다. 언젠가 나는 너에게 '주머니 선거구', 즉 몇 명의 유권자밖에 없는데도 몇 명의 의원을 의회에 보내는 선거구에 대해 이야기한 적이 있다. 이들 몇몇 유권자는 이미 어떤 사람의 통제 아래 있었기 때문에 선거구는 그의 주머니 속에 있다고 말했던 것이다. 그러한 선거는 물론 우스꽝스러운 것이지만, 또한 뇌물과 투표와 의석의 매매가 성

거대한 기계의 등장

행했다. 신흥 중간 계급 가운데 부자들은 이런 방식으로 의석을 돈으로 매수할 수도 있었다. 그러나 대중은 이런 상황을 알 수 있는 통로가 없었다. 특권이나 권력을 상속하는 것도 아니었고, 물론 권력을 돈 주고 살 수도 없었다. 이런 상태에서 부자들과 특권층에게 이용되고 착취당하고 있을 때 그들이 무엇을 할 수 있었겠니? 그들은 의회 내에서의 투표권은 물론 의회에 보낼 의원을 선출할 권리조차 없었다. 의회 밖의 시위 운동도 당국자의 미움을 샀고, 폭력으로 진압되는 상태였다. 그들은 조직도 없고 힘도 없는 데다 의지할 곳조차 없는 존재였다. 그러나 고통과 비참의 술잔이 넘칠 때는 법과 질서를 잊고 폭동을 일으키곤 했다. 그런 까닭에 18세기 영국에서는 엄청난 위법 행위가 난무했다. 인민이 처한 일반적인 경제 상황도 나빴다. 그런데다 소농민들을 내쫓고 소유지를 확대하려 했던 대지주의 기도가 더욱 상황을 악화시켰다. 마을에 속했던 공유지마저 대지주들의 손에 들어갔다. 이 모든 것이 대중의 고통을 증가시켰다. 인민들은 또 그들이 의회에서 발언권을 갖지 못한 데 대해서도 분개했다. 그리하여 더 많은 자유에 대한 막연한 요구 사항들이 생겨나게 되었다.

프랑스에서는 상황이 더욱 나빠서 결국 혁명이 일어나게 되었다. 영국의 국왕은 그다지 세력이 없었으며 비교적 많은 사람들이 권력을 나누어 가지고 있었다. 또 영국에서는 프랑스에서 볼 수 있었던 정치 이념의 발전도 없었다. 그리하여 영국은 커다란 폭발을 면할 수 있었고, 그 변화는 서서히 단계적으로 찾아왔다. 한편 공업화와 새로운 경제 구조에 따라 일어난 급격한 변화들은 대세의 속도를 결정했다.

이것이 18세기 영국의 정치 상황이었다. 국내 산업은 외국 직인들의 이민으로 발전했다. 유럽 대륙에서의 종교 전쟁은 많은 신교도들로 하여금 영국에 피신처를 구하도록 했다. 스페인이 네덜란드의 반란을 진압하려고 하던 때에 많은 수의 직인들이 네덜란드에서 영국으로 건너왔다. 이 때 3만 명이 영국에 정착했다고 전해졌는데, 영국 여왕 엘리자베스는 직인 한 명이 영국인 도제 한 명을 고용하는 것을 조건으로 이들에게 정착할 것을 허용해 주었다. 이것은 영국이 면직물 산업을 확립하는 데 크게 기여했다. 기초가 다져지자 영국은 네덜란드에서 생산되는 면직물의 수입을 금지했다. 한편 네덜란드는 아직도 치열한 독립 전쟁을 벌이고 있었기 때문에 산업이 심한 타격을 입었다. 그리하여 지난날에는 면직물을 실은 네덜란드의 배가 영국으로 향했는데, 얼마 지나지 않아 영국산 면직물이 네덜란드로 역류하기 시작했고, 그 수량도 점점 늘어났다.

이렇게 하여 벨기에에서 온 왈론인(Walloon : 벨기에 동남쪽 지방의 주민)은 영국인들에게 면직물 제조를 가르쳤고, 나중에는 프랑스의 신교도들인 위그노(Huguenots)가 영국으로 피난해 와서 견직물업을 가르쳐 주었다. 18세기 후반에 수많은 숙련공이 유럽 대륙에서 건너왔는데, 영국인들은 이들에게 많은 직종의 기술 — 예를 들면 종이, 유리, 기계 장난감, 시계 등의 제조법을 배울 수 있었다.

이렇게 함으로써 후진국이던 영국은 이제 국위와 국부가 증가되기에 이르렀다. 이런 추세에 따라 런던도 성장해서 상인과 무역상들이 붐비는 꽤 중요한 항구가 되었다. 런던이 17세기 초 상당한 항구요 무역 중심지였다는 것을 보여 주는 재미있는 일화가 있다. 찰스 1세의 아버지였던 영국 왕 제임스 1세는 전제 정치와 왕권 신수설을 신봉하는 사람이었다. 그는 의회와 런던의 부자 상인들을 싫어했기 때문에 홧김에 궁정을 옥스퍼드로 옮기겠다고 런던 시민들에게 엄포를 놓았다. 그러나 런던 시장은 이 위협에 전혀 당황하는 기색도 없이 "폐하께서 고마우신 하념으로 런던 시민에게 템스 강만은 남겨 주시기를 희망합니다"고 말했다는 것이다.

의회를 지지해서 찰스 1세와 의회의 분쟁 때 의회에 많은 돈을 대주었던 것은 바로 런던의 부유한 상인 계급이었다.

이 때 영국에서 발달한 공업은 이른바 가내 공업이라고 일컬어졌다. 대개의 직인들과 기술자들은 집에서 조그만 집단을 이루어 일했다. 당시에는 각 직종마다 길드라고 해서 직인들의 연합체가 있었는데, 이것은 종교적 색채를 띠었던 인도의 카스트와는 달랐다. 장인이 도제들을 거느리고 기술을 가르쳤다. 천을 짜는 사람은 자신의 베틀이, 방적공은 자신의 물레가 있었다. 방적은 아주 보편화되어 소녀와 여자들이 여가 시간에 일을 할 수 있게 해 주었다. 경우에 따라서는 베틀을 많이 갖추고 여러 명이 모여 작업하는 조그만 공장들도 있었다. 그러나 여전히 베짜는 사람은 자기 베틀에서 독자적으로 일했다. 결국 집에서 혼자 베를 짜거나 여러 사람들이 같은 장소에 모여서 베를 짜는 것이나 다를 것이 없었다. 조그만 공장은 커다란 기계를 갖춘 현대식 공장과는 작업 방식이 완전히 달랐던 것이다.

당시 이 가내 공업은 영국뿐만 아니라 전세계에 걸쳐 성황을 이루었다. 인도에서도 가내 공업은 크게 발전했으며, 영국의 가내 공업이 거의 흔적도 없이 사라져 버린 오늘날에도 아직 많이 남아 있다. 인도에서는 커다란 현대식 기계와 베틀이 공존하고 있기 때문에 너는 이 둘을 비교해 볼 수 있다. 알다시피 우리는 카디(khadi)를 걸치고 있는데, 이것은 손으로 실을 뽑고 손으로 짠 옷감이다. 따라서 이것은 순전히 인도의 오두막과 진흙집에서 나온 제품이다. 그러나 새로운 기계의 발명은 영국의 가내 공업에 커다란 영향을 미쳤다. 기계는 사람이 하는 일을 점점 대신했고 훨씬 적은 노력으로 더 많은 물건을 만들어 냈다. 이러한 발명들은 18세기 중엽에 비롯된 것으로, 다음 편지에서는 이것에 대해 더 자세하게 다루도록 하자.

나는 전에 카디 운동에 대해서 간략하게 언급한 적이 있었다. 여기서 새삼스레 더 얘기하고 싶지는 않다. 그러나 이 운동과 차르카(charka : 베틀)는 거대한 기계와 경쟁하는 것이 아니라는 점을 환기해 두고 싶을 뿐이다. 많은 사람들은 이렇게 잘못 생각하고 있으며, 차르카가 우리를 중세로 되돌아가게 하고, 기계화와 산업화가 우리에게 가져다 준 모든 것을 포기하는 것을 의미한다고 생각한다. 이것은 모두 잘못된 생각이다. 우리의 운동은 공업화 그 자체나 기계 그리고 공장에 반대하는 것이 결코 아니다. 우리는 인도가 모든 분야에서 가장 좋은 것들을 가장 빠른 시간 안에 갖기를 원한다. 그러나 현재 인도의 상황, 특히 농민의 끔찍한 빈곤을 고려해서 우리는 이들에게 남는 시간에 물레를 돌리고 베틀에서 일하라고 하는 것이다. 이렇게 함으로써 이들은 약간이나마 자신들의 생활을 향상시킬 수 있을 뿐만 아니라 우리 나라에서 말할 수 없을 만큼 많은 부를 빼앗아 간 외국 옷감에 대한 의존도를 낮추는 데에도 이바지할 수 있기 때문인 것이다.

98 *1932년 9월 27일*

산업 혁명이 영국에서 시작되다

이제 생산 방식에 커다란 진전을 가져온 기계 발명품들에 대해 이야기해 보자. 오늘날 물레방앗간이나 공장에서 기계들이 돌아가는 것을 보면 아주 단순한 것 같다. 그러나 이것을 처음으로 생각하고 발명한다는 것은 아주 어려운 일이었다. 이러한 발명품들 가운데 최초의 것은 1733년에 이루어졌다. 존 케이(John Kay)라는 사람이 옷감을 짜는 데 사용되는 북(梭 : 베틀에서 날실 사이에 씨실을 넣는 데 쓰이는 배 모양의 도구)을 아주 빠르게 동작하도록 만들었다. 이것을 플라잉 셔틀(flying shuttle)이라고 한다. 이 발명이 있기 전까지는 북에 넣은 실을 직공이 손에 들고, 세로로 걸려 있는 날실이라는 다른 실 사이를 천천히 통과시켜야 했다. 플라잉 셔틀은 이 과정을 단축시켜 생산량을 두 배로 증가시켰다. 이것은 베짜는 사람이 실을 더 많이 소비할 수 있다는 것을 의미했다. 그러자 실을 생산하는 쪽에서는 추가되는 방사를 공급하기에 진땀을 뺐다. 이들은 생산량을 늘리기 위한 방법들을 찾으려고 애썼다. 이 문제는 1764년 하그리브스(Hargreves)[6]가 발명한 제니 방적기(spinning-jenny)를 통해 일부 해소되었다. 뒤이어 아크라이트(Arkwright)[7]의 발명이 있었고 뒤따라 여러 가지 발명품이 나왔다. 동력으로 수력이 이용되다가 나중에는 증기력이 동원되었다. 이러한 모든 발명품들은 처음 면직 공업에 응용되었다. 그 결과 공장들이 증가했는데, 이 같은 새로운 방법들은 다음으로 모직 공업에 응용되었다.

한편 1765년 제임스 와트(James Watt)[8]는 증기 기관을 발명했다. 이것은 거대한 사건으로, 이제 공장에서는 동력으로 증기가 사용되기 시작했다. 이렇게 되자 새로 공장의 석탄 수요가 생기고 따라서 석탄 산업이 발달했다. 석탄의 사용은 철의 제련에 새로운 방법들을 제공해 주었다. 즉 철광석을 녹여서 순수한 금속을 분리해 내는 방법이 생긴 것이다. 이로 인해 제철 공업은 급속히 발달했고, 새로운 공장들은 석탄 값이 싼 석탄 산지 가까이에 잇따라 세워졌다.

---

6) 1767년에 방직공 하그리브스가 한꺼번에 여덟 가닥의 실을 뽑아 내는 수동식 방적기(물레)를 고안하고 아내의 이름을 따서 '제니'라고 명명했다. 종전에는 한 번에 한 올씩 뽑아 내는 구식 방적기밖에 없었으므로 이 간단한 수동식 기계의 발명도 당시로서는 생산 능률의 비약적 증진을 뜻했으며, 그 뒤 격증한 실의 수요를 이것으로 겨우 충당할 수 있었다.
7) 아크라이트는 원래 랭카셔 지방의 이발사로, 방적 기계의 개량에 흥미를 갖고 몇 차례에 걸쳐 새 고안물로 특허권을 얻었다. 1769년에는 말의 힘을 방적기 작동에 이용하는 데 성공했고, 특히 1771년에는 수력 방적기의 발명으로 유명해졌다. 방직 공업에 대공장 제도가 도입된 것은 아크라이트의 공적이며, 그는 손수 방적 공장을 경영해서 큰 돈을 벌었다. 또한 아크라이트의 발명 후에도 방적 공정의 수력 방적기와 직포 공정의 '제니'를 조화시킨 크롬프턴의 뮬 방적기(1779), 직포 공정에 처음으로 증기 동력을 응용한 카트라이트의 역직기와 같은 발명품이 계속해서 쏟아져 나왔다.
8) 17세기 이래 증기 동력은 이미 영국의 토머스 세이버리(Thomas Savery)와 토머스 뉴커먼(Thomas Newcomen)이 발명해서 부분적으로 응용되고 있었다. 그러나 기계 기구상의 직공 와트는 뉴커먼의 엔진에 자극받아 '회전식 증기 기관'(1783)을 발명했다. 이는 종전의 '상하 이동식 증기 기관'에 비해 훨씬 싼 경비로 훨씬 강한 동력을 공급할 수 있는 것이어서, 비로소 각종 공업에 전면적으로 채용되어 본격적인 대규모 공장 생산이 가능해졌다. 또한 증기 기관으로 영국의 방직 공업과 채탄 공업, 제철 공업이 비약적으로 발전할 수 있게 되었을 뿐만 아니라, 나중에는 기차 · 기선 등 교통 기관에도 응용되어 전세계의 모습을 뒤바꾸는 계기를 마련했다.

결국 영국의 3대 공업 — 섬유 공업, 제철 공업 그리고 석탄 공업은 이처럼 성장해서 공장들도 석탄 산지 근처를 비롯해 적합한 입지 조건을 갖춘 여러 지역에 생겨났다. 이로써 영국의 풍경이 바뀌었다. 공장은 녹색으로 둘러싸인 기분 좋은 전원 대신 곳곳에서 뭉게뭉게 검은 연기를 뿜어 올리는 굴뚝으로 숲을 이루어 주변을 매연으로 뒤덮었다. 공장에 산더미처럼 쌓인 석탄이나 철책으로 둘러싸인 이 같은 굴뚝은 보기 좋은 것이 못 되었으며, 또 이들 공장 주위로 뻗어나는 신흥 시가도 결코 아름다운 것이 아니었다. 그것은 돈벌이 장사꾼인 공장 소유주들의 목적을 위해 세워진 것에 불과했다. 따라서 공장과 도시는 어디에서든지 건설되었다. 지저분하고 먼지로 가득 찬 큰 공장에서 주린 배를 움켜쥔 노동자들은 공장 내의 악조건 아래서 생명을 유지하기 위해 몸을 돌보지 않고 일하고 있었다.

여기서 대지주가 소농을 내쫓아 실업자가 늘어난 영국에 폭동과 위법 행위가 속출했다는 것을 알아 두자. 처음에는 새로운 산업이 사태를 한층 악화시켰다. 농업은 막다른 길에 들어섰고 실업자는 계속 늘어 가기만 했다. 사실 새로운 발명이 한 가지씩 거듭될 때마다 손노동이 기계로 대체되었다. 이것이 곧 노동자들의 일자리를 빼앗았고 이들의 불평 불만은 고조되었다. 이들 가운데 많은 사람들은 새로운 기계들을 증오한 나머지 기계를 부수려고 했다. 그래서 이들은 기계 파괴자라고 일컬어졌다.

기계를 부수는 일은 유럽에서 긴 역사를 가진 것으로, 단순한 기계 베틀이 독일에서 발명된 16세기로 거슬러 올라간다. 1579년 이탈리아 신부가 쓴 책에 따르면 단치히(Danzig)의 시 의회는 "이 새로운 발명품이 수많은 노동자들을 거리로 내몰 것을 두려워해서 기계를 파괴하고 기계의 발명가를 몰래 목 졸라 죽이거나 물에 빠뜨려 죽일 것을 결정했다"는 기록을 남기고 있다. 발명가에 대한 즉결 처형에도 불구하고 이 기계는 17세기에 다시 등장해 이것 때문에 유럽 전역에서 노동자들이 폭동을 일으켰다. 많은 곳에서 이 기계의 사용을 금지하는 법률이 제정되었고, 심지어는 광장의 사람들이 보는 앞에서 불태워 버린 적도 있었다. 만약 이 기계가 발명되었을 때 사용되기 시작했다면 다른 발명들이 잇따라 나와서 기계화 시대는 한층 앞당겨졌을 것이다. 그러나 이것이 사용되지 않았다는 사실 자체는 아직도 시기가 이 기계를 환영할 만큼 성숙하지 않았다는 것을 의미했다. 일단 시기가 성숙하자 영국에서 폭동이 대단한 횟수로 일어났는데도 기계는 자리를 잡게 되었다. 노동자들이 기계의 출현에 악감정을 가지는 것은 이유가 있어서였지만, 그들은 잘못이 기계에 있는 것이 아니라 이 기계가 오직 몇몇 사람들의 이익을 위해 이용되는 것이 문제라는 점을 서서히 깨닫게 되었다. 그러면 다시 영국에서 기계와 공장이 발전하는 양상을 살펴보자.

새로 생긴 공장들은 가내 공업과 개별 노동자들을 삼켜 버렸다. 집에서 일하는 노동자들은 도저히 이 기계와 경쟁할 만한 힘이 없었다. 그래서 그들은 오랫동안 갈고 닦았던 기술을 포기하고 증오의 대상인 공장에 임금 노동자로 취직하거나 실업자 대열에 끼어드는 길을 택하게 되었다. 가내 공업의 붕괴는 급작스럽지는 않았으나 비교적 빨리 진전되었다. 세기 말, 즉 1800년까지엔 대공장은 이미 큰 영향력을 발휘하고 있었다. 이로부터 30년쯤 뒤에 로켓호라 일컬어지는, 유명한 스티븐슨(Stephenson)의 증기 엔진을 단 기차[9]가 영국에서 가동됐다. 그리하여 기계는 이제 영국 전역에 골고루 퍼져 산업과 생활의 모든 부문에 보급되었다.

내가 언급하지 않은 많은 사람들을 포함해서 모든 발명가들이 육

---

9) 증기 기관이 발명된 뒤 이를 응용해서 차를 움직이려는 연구도 활발하게 진행되어, 19세기 초 영국의 일부 도로에서는 합승 기차가 운행되고 있었다고 한다. 그러나 훨씬 무겁고 많은 화물을 운반하려면 오늘날 볼 수 있는 강철 레일을 고안할 필요가 있었다. 이러한 기관차를 처음으로 제작한 사람은 영국의 트레비식(Trevithick)이었다(1804). 그런데 뉴카슬 부근에 있는 한 탄광 화부의 아들 스티븐슨이 제작해서 1825년에 스톡턴 - 달링턴 철도 위를 처음으로 달린 '로커모션호'와 1830년에 리버풀 - 맨체스터 철도에 사용된 '로켓호'는 90톤 이상의 열차를 시속 16~23km라는, 당시로서는 놀라운 수송 능력을 발휘해서 센세이션을 일으켰다. 오늘날 일반적으로는 이것을 증기 기관차의 시조로 치고 있다.

체 노동자 출신이었다는 사실은 흥미롭다. 초기 산업 지도자의 대다수를 배출한 것 또한 이 계급이었다. 그러나 이들의 발명과 이어 나타난 공장 제도는 고용주와 노동자들의 사이를 더 멀어지게 했을 뿐이었다. 공장 노동자들은 엄청난 경제력의 손아귀에 장악되어 톱니바퀴의 톱니에 불과한 존재가 되었으며, 압박하는 힘의 성질을 알지도 못했고, 더구나 그것을 지배한다는 것은 도저히 시도해 볼 수조차 없는 상태였다. 신흥 공장은 기술자·직공들과 경쟁을 시작했다. 그들은 기술자·직공들의 수공업 제품인 간단하고도 원시적인 가내 기구와는 비교도 안 될 만큼 훨씬 싼값으로 제품을 만들어 파는 것을 보고, 이래서는 도저히 경쟁이 안 되겠다고 체념했다. 이들은 아무런 잘못도 없이 보잘것없는 작업장 문을 닫아야 했다. 자신들의 기술로 계속 생계를 유지할 수 없음은 말할 것도 없고 그렇다고 새로운 기술을 배울 처지에 있지도 못했기 때문에 그들은 실업자 대열에 끼여 굶주려 갔다. "배고픔은 공장주의 규율 반장이다"라는 말이 있다. 마침내 배고픔은 그들을 새 공장으로 들어가 일하게 만들었다. 고용주측에서는 양보도 대우도 없었다. 그들에게 일은 제공되었으나 겨우 입에 풀칠할 정도의 월급이 주어졌고, 이를 위해 이들은 공장에서 피땀을 쏟아야 했다. 여성들과 어린이들까지도 숨막힐 듯한 비위생적인 장소에서 장시간 노동을 해내다가 마침내 이들 가운데 많은 수는 피로를 견디지 못하고 졸도하거나 쓰러졌다. 남자들은 하루 종일 땅속 깊은 석탄 갱에 기어 들어가 몇 달 동안 햇볕도 보기 어려운 형편이었다.

  그렇다고 이 모든 일들이 고용주들의 잔인함 때문이라고 생각하지는 말아라. 이들이 고의적으로 잔인했던 적은 거의 없었다. 잘못은 바로 제도에 있었던 것이다. 이들은 사업을 확장해서 멀리 떨어진 세계 시장을 확보하기 위해 안간힘을 썼으며, 이렇게 하기 위해서는 어떤 일을 희생해도 상관없다고 생각하고 있었다. 새로운 공장의 설립과 기계류의 구입에는 많은 돈이 들어갔다. 이 돈들이 다시 회수되는 것은 제품들이 공장에서 생산되어 시장에서 팔린 뒤에야 가능한 일이었다. 그래서 이들 공장 소유주들은 공장 설립을 위해 돈을 모아야만 했으며, 제품의 판매로 돈이 들어오더라도 다시 또 다음 공장의 설립에 투자해야 했다. 그들은 일찍 공업화함으로써 다른 나라들에 비해 앞서 있었고, 이 상황을 이용해 수익을 올리려고 했으며 실제로 성공했다. 그들은 사업을 늘리고 더 많은 돈을 벌고자 하는 미친 듯한 욕망에 사로잡혀 자기들의 부를 이룩하는 데 원천이 된 가난한 노동자들을 쥐어짠 것이다.

이리하여 새로운 산업 조직은 특히 강자가 약자를 착취하는 데 안성맞춤이었다. 약육강식은 역사를 통해 볼 수 있는 현상이지만, 공장 제도는 이것을 한층 더 쉽게 해 주었다. 법적으로는 노예가 없었다 해도 사실상 굶주리고 있는 노동자는 공장의 임금 노예로서 옛날의 노예와 다를 바가 하나도 없었다. 법은 모두 고용주에게 유리하게 만들어졌다. 종교조차 고용주에게 유리해서 가난한 자들에게 이 세상의 비참함이 저 세상에서 보상받을 것이라고 설교했다. 지배 계급은 빈민은 사회를 위해 필요한 존재이고, 그러므로 싼 품삯을 지불하면서도 그것은 선행일 수밖에 없다는 아주 편한 철학을 만들어 냈다. 만약 높은 임금이 지급되면 가난한 자들은 향락에 빠져 열심히 일하지 않을 것이라는 생각이었다. 이것은 그들의 물질적인 이해와 딱 맞아떨어지는, 자본가들에게는 편리하고 도움이 되는 사고 방식이었다.

이 무렵 일어났던 일들을 적은 책을 읽는 것은 아주 흥미롭고 유익하다. 생산 과정의 기계화가 경제와 사회에 끼친 엄청난 결과를 알 수 있어 큰 공부가 된다. 기존 사회의 모든 구조가 뒤집히고 새로운 계급들이 전면에 나서서 정치 권력을 장악한다. 직인 계급은 공장의 임금 노동자 계급이 된다. 뿐만 아니라 새로운 경제 상황은 종교와 도덕상의 사고 방식까지도 변하게 한다. 인간의 신념은 자신의 이해 관계나 계급 감정에 따르며, 그들이 그럴 만한 권력이 있을 때에는 자신들의 이익을 보호하는 법들을 만든다. 물론 이런 행위들은 미덕으로 치장되고, 법은 인류의 선을 위해서만 존재한다는 명제로 포장된다. 인도에서 우리는 총독을 비롯한 영국 관리들이 자비로운 감정을 내비치는 것을 많이 본다. 그들이 인도의 복지를 위해서 얼마나 노력하고 있는가에 대해서도 늘 듣는다. 그러는 한편 그들은 법령과 총칼로 우리를 통치하며 우리 인민의 고혈을 짜낸다. 우리 자민다르(지주)들도 자신들이 소작인들을 무척이나 위하는 것처럼 말한다. 하지만 소작인을 착취하고 그들이 굶주린 몸뚱이 외에 아무것도 남지 않을 때까지 모든 것을 짜낸다. 자본가들과 큰 공장 소유주들도 호의로써 노동자를 대하겠노라고 맹세하지만, 그 호의는 더 나은 임금과 더 좋은 노동 조건으로 바뀌지는 않는다. 모든 이윤은 새로운 궁전을 짓는 데 사용될 뿐, 노동자의 진흙 오두막을 개량하는 데 사용되지는 않는다.

　자신에게 이익이 되면, 자신은 물론 다른 사람들을 속이는 사람의 양심이란 참으로 놀랄 만하다. 18세기와 그 이후 영국 고용주들이 노동자의 생활을 개선하려는 모든 시도를 방해했던 사실을 우리는 알고 있다. 그들은 공장법과 주택 개량에 반대했으며, 사회가 고통의 원인들을 제거할 의무가 있다는 점을 인정하지 않았다. 그들은 고통당하는 사람들은 게으름뱅이라고 생각하면서 자신들을 위로했고, 어떤 경우에도 노동자를 자신과 같은 인간으로 취급하지 않았다. 그들은 이른바 자유 방임주의(Laissez-faire)라는 새로운 철학을 개발했는데, 그들은 자기의 사업에 관해서는 정부의 어떠한 간섭도 받지 않고 제멋대로 하고 싶어했다. 다른 나라들에 앞서서 현대식 공장을 설립해서 선두에 섰으므로 이제 돈을 벌 수 있는 모든 자유를 원했던 것이다. 자유 방임주의는 모든 사람들에게 노력만 하면 기회가 제공된다는 일종의 신성한 이론이 되었다. 남자건 여자건 모든 인간은 두각을 나타내기 위해 세상의 타인과 싸워야 하며, 만약 이 투쟁중에 많은 사람들이 낙오한다 해도 그것은 알 바가 아니라는 것이다.

　이 편지들을 통해서 나는 문명의 기초가 되어 온 인간과 인간 사이의 협동이 발달하는 것을 보여 주었다. 그러나 자유 방임주의와 신흥 자본주의는 정글의 법칙을 사회에 도입했다. 칼라일(Carlyle)은 이것을 일컬어 '돼지 철학(Pig philosophy)'이라고 했다. 삶과 사업에 대한 이러한 새로운 법칙을 과연 누가 제정했는가? 노동자들은 아니었다. 이 불쌍한 친구들은 이 일과 관련해 발언권이 없었다. 부자들은 괜히 어리석고 감상적인 이름을 위해 나섰다가 자신의 성공에 방해물이 놓이는 것을 원치 않았으며, 벼락부자가 된 상층 제조업자들이야말로 더욱 그랬던 것이다. 그래서 자유와 재산권의 이름으로 그들은 개인 주택에 대한 강제적인 위생 조치를 취하는가 하면, 제품 품질의 불량화를 막자는 조치에 대해서조차 반대했다.

나는 지금 자본주의라는 말을 사용했다. 어떤 종류가 되었든 자본주의는 오랫동안 모든 나라에서 존재해 왔다 — 이런 의미에서 자본주의는 축적된 돈으로 산업을 운영하는 것을 뜻한다. 그러나 거대한 기계의 등장과 공업화로 인해 훨씬 많은 돈이 공장 생산을 위해 필요하게 되었다. 그것을 '산업 자본(Industrial capital)'이라고 불렀다. 또한 자본주의라는 말은 이제 산업 혁명 이후 발달한 경제 체제를 표현하는 데 사용되었다. 이 체제에서는 자본의 소유주인 자본가가 공장을 장악하고 이윤을 챙겼다. 공업화와 함께 자본주의는 현재 소련과 다른 한두 군데를 제외하고는 전세계에 퍼졌다. 자본주의는 초기부터 부자와 가난한 자의 격차를 심하게 만들었다. 산업의 기계화는 훨씬 커다란 생산력을 가져왔고 따라서 더 많은 부를 생산했다. 그러나 이 새로운 부는 아주 소수, 즉 새로운 산업의 소유주에게만 주어졌다. 노동자는 여전히 가난한 상태에 머물렀다.

영국에서는 노동자의 생활 수준이 아주 느린 속도이기는 하지만 향상되어 갔다. 그러나 이것도 주로 인도나 다른 나라에 대한 착취의 결과였으며, 산업 이윤에서 노동자에게 돌아오는 몫은 아주 적었다. 산업 혁명과 자본주의는 생산의 문제를 해결했다. 그러나 생산된 새로운 부의 분배 문제는 해결하지 못했다. 그 때문에 옛날부터 있었던, 가진 자와 없는 자 사이의 싸움은 여전히 남아 있을 뿐만 아니라 더욱 격렬한 형태로 계속 존재하게 되었다.

산업 혁명은 18세기 후반에 일어났다. 이것은 영국이 인도와 캐나다에서 식민지를 차지하기 위해 싸우고 있던 바로 그 시기에 해당한다. 또 그것은 7년 전쟁 당시였으므로, 이러한 사건들은 서로 크게 영향을 미쳤다. 플라시(Plassey) 전투 이후 동인도 회사와 그 하수인들(너는 클라이브를 기억할 것이다)이 인도에서 갈취한 엄청난 양의 돈은 새로운 공업을 시작하는 데 큰 도움이 되었다. 바로 앞에서 얘기했듯이 공업화는 일단 많은 돈이 드는 일이다. 그 동안은 돈이 들어가기만 할 뿐 회수되지 않는다. 대부나 그 밖의 수단으로 많은 돈이 수중에 들어오지 않는 한, 산업이 움직이기 시작해서 이윤이 만들어질 때까지 빈곤과 고통을 면치 못하게 된다. 영국은 공업을 전개하고 공장을 확대하느라 가장 돈이 필요할 바로 그 때 인도에서 엄청난 양의 돈을 끌어올 수 있었던 것은 비할 데 없는 행운이었다.

이러한 공장들이 건설되자 이번에는 새로운 결핍이 일어났다. 공장은 제품을 만들 원료가 부족했다. 그래서 면직을 생산하기 위한 원면이 필요했다. 그러나 더욱 필요한 것은 공장에서 생산된 신제품이 팔릴 수 있는 새로운 시장이었다. 영국은 먼저 공장을 건설하는 데서 다른 나라의 추종을 불허하는 주도권을 잡았다. 그러나 이러한 장점에도 불구하고 쉽게 접근할 수 있는 시장을 발견하는 데 어려움을 겪을 수도 있었지만, 이 때 다시 인도가 구세주가 되어 주었다. 인도로서는 정말이지 하기 싫은 역할이었지만 인도의 영국인들은 모든 수단과 방법을 동원해서 인도의 산업을 파괴했고 인도에 영국산 면직을 강제로 팔아 넘겼다. 이것에 대해서는 나중에 다시 얘기할 것이다. 동시에 영국의 산업 혁명이 영국의 인도 점령과 인도 산업의 종속화를 통해 도움을 받았다는 사실을 기억해 두거라.

19세기 내내 공업화는 세계 전역에 퍼져 나갔으며, 자본주의적 공업화는 다른 나라에서도 영국에서와 마찬가지로 일반적인 과정에 따라 전개되었다. 자본주의는 필연적으로 새로운 제국주의를 낳았다. 왜냐하면 모든 곳에서 공업에 필요한 원료와 이들 제품들을 판매할 시장에 대한 수요가 있었기 때문이다. 시장과 원료를 획득할 수 있는 가장 손쉬운 방법은 다른 나라를 점령하는 것이었다. 그리하여 강대국 사이에서는 새로운 영토를 둘러싼 치열한 쟁탈전이 벌어지게 되었다. 영국은 역시 인도를 영유하고 해상권을 장악함으로써 현저하게 우위에 섰다. 그러나 제국주의와 그 결과에 대해서는 나중에 다시 말해야 할 것이다.

산업 혁명의 도래와 함께 영어권 나라들은 마침내 랭커셔(Lancashire)[10]의 대직물 제조업자, 철강 제조업자 그리고 광산주가 점점 더 장악해 갔다.

99 *1932년 10월 2일*

미국이 영국으로부터 독립하다

이제 18세기의 두 번째 대혁명, 즉 영국에 대한 아메리카 식민지의 반란을 살펴보자. 이것은 단순한 정치 혁명으로서 지금까지 살펴본 산업 혁명이나 바로 뒤를 이어서 유럽의 지반을 뒤흔든 프랑스 혁명만큼 그렇게 결정적인 것은 아니다. 그러나 미국의 정치적 변화는 중요했으며 커다란 결과들을 낳게 되었다. 자유를 획득한 아메리카 식민지들은 오늘날 세계에서 가장 강력하고 부유하며 산업면에서 가장 선진적인 나

---

10) 잉글랜드 서북부의 한 주. 자연·사회적 여러 조건 덕분에 일찍이 영국의 모직과 마직 공업의 중심지가 되었고, 그 기초 위에 17, 18세기부터 19세기에 걸쳐 면직물 공업이 눈부시게 발달했다. 영국 면직물 공업의 중심지라는 사실은 곧 세계의 중심지였음을 뜻하는 것으로, 그 곳의 제품이 세계 시장을 석권했다. 우즈리 - 맨체스터 운하, 맨체스터 - 리버풀 철도가 세계에서 가장 먼저 개통되고 근대적 의미의 노동 문제가 전형적으로 전개된 것도 이 고장에서였다. 그리하여 '랭카셔'라는 이름은 영국 산업 자본주의의 상징처럼 되어 있다.

라가 되었다.

　1620년 영국에서 아메리카로 일단의 신교도들을 싣고 간 메이플라워호(Mayflower)를 너는 기억하지? 그들은 제임스 1세의 전제 정치를 싫어했을 뿐만 아니라 그가 신봉한 종교인 가톨릭도 좋아하지 않았다. 그래서 이 때부터 '필그림 파더즈(Pilgrim Fathers)'라고 일컬어지게 된 이 사람들은 영국에서 손을 털고는 대서양 건너 낯선 새 땅으로 건너가 더 많은 자유를 누릴 수 있는 식민지를 건설하고자 했다. 그들은 대륙 북쪽에 상륙해서 그 곳을 뉴 플리머스(New Plymouth : 새로운 플리머스. 플리머스는 영국의 항구 도시)라고 이름지었다. 이들보다 앞서 대륙에 도착한 사람들은 북아메리카 해안에 있는 다른 곳으로 갔다. 이 뒤에도 계속 이들을 뒤따른 사람들이 있어 이윽고 아메리카 동부 연안 일대에는 작은 식민지들이 점점이 생기게 되었다. 가톨릭 교도들의 식민지도 있었고, 영국의 왕당파 귀족들을 통해서 생긴 식민지도 있었으며, 퀘이커(Quaker)[11] 교도들의 식민지 — 퀘이커 교도인 윌리엄 펜(William Penn)[12]의 이름을 따서 지어진 펜실베이니아도 있었다. 또 그 가운데에는 네덜란드인·독일인·덴마크인·프랑스인들이 건설한 식민지들도 있었으나 영국인의 식민지 수가 월등히 많았다. 네덜란드인들은 도시를 건설해서 뉴 암스테르담이라는 이름을 붙였지만, 영국인들이 나중에 이

---

11) 1650년 영국의 조지 폭스(George Fox)가 창설한 프로테스탄티즘의 일파. 그들은 스스로를 '빛의 아들'이라 불러, 가톨릭 교도가 교회에서, 청교도가 성서에서 찾으려 했던 권위를 그들은 조명된 인간의 영혼 속에서 찾으려 했다. 그 교리의 중심은 '내적 광명'설에 있는데, 사람은 성령을 통해 내적 광명을 얻어야 비로소 성서의 진리를 터득할 수 있다는 것이다. 교도들이 미국에 건너간 것은 1656년으로, 초기에는 본국에서와 마찬가지로 비참한 박해를 받았지만 1682년 펜(Penn)이 창설한 필라델피아가 안주의 땅이 되었다. 실천적인 면에서는 오늘날까지 노예 해방과 죄인 보호, 남녀 동등권을 비롯한 인권 옹호 운동을 전개했고, 또한 절대 평화주의 관점에서 전쟁 행위를 배척하는 등 사회에 커다란 영향을 끼쳐 왔다. 현재 미국과 영국을 중심으로 약 20만 명의 신도가 있다.
12) 영국 해군 제독의 아들로서 국왕 찰스 2세의 허가를 얻어 델라웨어(Delaware) 강 유역에 자기의 신앙(퀘이커교)에 맞는 이상적인 식민지 건설을 시도했다. 펜실베이니아(펜의 삼림지)는 그의 이름을 딴 지명이며, 필라델피아(박애의 서울)가 그 수도다.

미국이 영국으로부터 독립하다

도시를 점령하면서 그 때부터 지금은 너무도 잘 알려진 뉴욕으로 개명했다.

영국의 식민지 경영자들은 여전히 영국 왕과 의회를 자신들의 정치적 대표체로 인정하고 있었다. 이들 중 많은 사람들은 자신들의 처지에 만족하지 않거나 왕과 의회가 하는 일에 찬성하지 않아 영국을 떠난 사람들이었다. 그러나 영국으로부터 분리 독립할 생각은 없었다. 남쪽에 위치한 식민지들은 왕당파들이나 왕의 지지자들로 구성되어 있어서 북부 식민지들보다 한층 국왕과의 교섭이 깊었다. 각 식민지는 독자적으로 운영되었고 서로 같은 점이라고는 거의 없었다. 18세기까지는 동부 연안에 13개의 식민지가 성립되어 있었는데 모두 영국의 통치하에 있었다. 북쪽에는 캐나다가 있었고 남쪽에는 스페인 영토가 이웃하고 있었다. 이 13개 식민지 가운데 네덜란드인·덴마크인 등의 식민지는 모두 합병되어 영국의 지배 아래 들어갔다. 그러나 이들 식민지는 모두 해안을 따라서 그리고 해안에서 약간 들어간 내륙에만 존재하고 있었다는 사실을 기억할 필요가 있다. 이들 식민지 서쪽으로는 태평양 연안까지 광대한 지역이 펼쳐져 있었으며, 그 면적은 13개 식민지의 10배에 가까웠다. 이들 영역은 아직 유럽 어느 나라 개척민도 손대지 않고 있었다. 이 지역에는 여러 아메리카 인디언 부족들이 살면서 지배하고 있었다. 이러쿼이(Iroquios) 부족이 이들 가운데 가장 강한 부족이었다.

너도 알다시피 이 세기 중반에는 영국과 프랑스 사이의 분쟁이 전 세계에 걸쳐 진행되고 있었다. 7년 전쟁(1756~63년)이라고 일컬어지는 이것은 유럽뿐만 아니라 인도·캐나다에서도 진행되고 있었다. 결국에는 영국이 승리했기 때문에 프랑스는 캐나다를 영국에 넘겨줘야 했다. 프랑스는 아메리카에서 축출되었고, 영국은 이제 북아메리카의 모든 지역을 장악하게 되었다. 캐나다의 퀘벡(Quebec) 지방에만 프랑스인들의 거주지가 있었으나 그 밖에는 모두 영국인들 차지였다. 이상하게도 퀘벡 지방은 마치 해상의 섬처럼 아직도 앵글로색슨(Anglo-Saxon) 사람들에게 둘러싸여 있는 프랑스 언어와 문화의 영역으로 남아 있다. 퀘벡 지방의 최대 도시인 몬트리올(Montreal : 프랑스어의 Mont Royal — 왕의 산에서 유래)은 파리를 제외하고는 프랑스인이 가장 많이 사는 도시이다.

앞서 보낸 편지에서 흑인 노동자들을 아프리카에서 아메리카로 데려가는 유럽 국가들의 노예 무역을 말한 적이 있었다. 이 끔찍하고 무서운 무역은 주로 스페인 · 포르투갈 · 영국을 통해 진행되고 있었다. 아메리카, 특히 커다란 담배 농장이 발달한 남부 여러 주들이 노동력을 필요로 했다. 이 곳 원주민인 아메리카 인디언은 유목민으로서 정착하는 것을 싫어하는 데다가 노예 상태에서 일하기를 거부했다. 이들은 남에게 굽히는 것을 싫어했고, 굴복할 바에는 차라리 죽기를 택했다. 이들은 이후 멸종되다시피 할 때까지 죽음을 당했고 이들의 대부분은 새로운 생활 환경 속에서 죽어 갔다. 한때 대륙 전체에 거주했던 이들 가운데 현재 남아 있는 사람은 그리 많지 않다.

아메리카 인디언들이 남부의 대규모 농장에서 일하기를 거부한 결과 노동력이 극심하게 부족해짐에 따라, 아프리카의 불행한 흑인들은 인간 사냥에 의해 사로잡혀 상상할 수 없을 만큼 잔인한 취급을 받으면서 대서양을 건너 아메리카로 끌려왔다. 이들 아프리카 흑인들은 버지니아 · 캐롤라이나 · 조지아를 비롯한 남부의 여러 주로 끌려왔고 주로 담배를 재배하는 대농장에서 집단 노동을 강요당했다.

북부의 여러 주에서는 상황이 달랐다. 메이플라워호를 타고 온 필그림 파더즈들의 오랜 청교도 전통은 이 때까지도 빛을 내고 있었다. 농장은 작고 치밀했으며 남부에서와 같은 대농장은 없었다. 이런 농장에서는 노예나 많은 노동력이 필요 없었다. 새로운 땅이 모자라지도 않았기 때문에 모든 사람들은 각자 스스로 농장을 경영해 주인이 되는 경향이 있었다. 따라서 개척민들 사이에서는 평등 사상이 발전했다.

우리는 식민지에서 두 가지 다른 경제 체제가 성장하는 것을 보게 된다. 하나는 북부의 소농 경영과 평등 사상에 기초를 둔 것이고, 또 하나는 남부의 대농장 경영과 노예제를 기초로 한 것이다. 아메리카 인디언은 어디에도 끼어들 여지가 없었다. 그 때문에 이 대륙의 주인이었던 이 종족은 점차 박해를 당해 서서히 서부로 밀려나게 되었다. 이 과정은 인디언 자체 내부의 모진 반목과 분열로 더욱 촉진되었다.

영국의 왕과 대지주들은 특히 남부 식민지에 커다란 이해 관계를 가지고 있었다. 이들은 가능한 한 식민지들을 많이 착취하려고 애썼다. 7년 전쟁이 끝난 뒤 아메리카 식민지에서 돈을 빼 가려는 의도가 노골적으로 나타났다. 대지주들에게 장악된 영국 의회는 식민지의 착취에 혈안이 되었으며 왕의 식민지 정책을 지지했다. 세금이 부과되고 무역은 규제되었다. 바로 이 시기에 인도에서도 벵골 지방 영국인들의 엄청난 착취가 시작됨으로써 인도인들의 무역에 온갖 방식의 제한이 가해졌다.

미국 식민지들은 이러한 규제와 과세 신설에 반대했으나 7년 전쟁에 승리한 뒤 자신감에 넘친 영국 정부는 이들의 반대를 안중에 두지 않았다. 그러나 7년 전쟁은 식민지 사람들에게도 많은 교훈을 주었다. 여러 식민지와 각 주에서 온 사람들은 상대를 서로 사귀어 알게 되었다. 이들은 영국 정규군과 함께 프랑스군에 대항해 싸운 경험이 있었기 때문에 전쟁이라는 죽음의 경기에 아주 익숙했다. 그리하여 식민지 주민들은 불공정하다고 생각하거나 잘못되었다고 생각하는 처사에 대해 굴복할 뜻이 전혀 없었다.

1773년 영국 정부가 그들에게 동인도 회사의 차를 구매할 것을 강요함에 이르러 사태는 표면화되었다. 영국 본토의 많은 부자들은 동인도 회사의 주식을 보유하고 있어서 이런 류의 일에도 관심이 컸다. 그들에게 더 많은 돈을 가져다 줄 것이기 때문이었다. 정부는 그들의 영향력 아래 있었고 정부의 관리들 자신이 동인도 무역에 관여하고 있었던 듯하다. 그래서 영국 정부는 동인도 회사의 사업 진흥을 꾀해 그 차를 아메리카로 가져다가 거기서 판로를 개척해 주었다. 그런데 이렇게 되자 본 고장의 개척 산업인 차 거래에 상당한 장애가 되어 크게 격분한 식민지 주민들은 1773년 12월 동인도 회사의 차를 보스턴 항에 상륙시키려 할 때 이것에 저항했다. 어떤 식민지 주민들은 아메리카 인디언으로 가장

하고 차를 실은 배에 올라가 차를 모두 바다에 던져 버렸다. 이 행위는 동조하는 많은 군중이 지켜보는 가운데 공공연히 진행되었다. 이 도전 행위는 반란을 일으킨 여러 주와 영국의 전쟁을 일으키는 도화선이 되었다.

역사는 결코 정확하게 반복하지 않지만 때때로 이상할 만큼 비슷하게 반복되는 수가 있다. 1773년 보스턴 항에서 차를 배 밖으로 던진 이 사건은 '보스턴 차 파티(Boston tea-party)'라 하여 아주 유명해졌다. 2년 반쯤 전에 바푸(간디)가 소금 캠페인(salt campaign)을 벌이면서 단디(Dandi) 해변으로 대행진을 시작한 적이 있는데, 아메리카의 많은 사람들이 그들의 '보스턴 차 파티'를 이 새로운 '소금 파티(salt-party)'와 연관시켜 상기했던 것이다. 그러나 물론 이 둘 사이에는 큰 차이가 있다.

그 뒤 1년 반이 지난 1775년 영국과 아메리카 식민지 사이에 전쟁이 시작되었다. 식민지는 무엇을 위해 싸우고 있었겠니? 독립도 아니었고 영국과의 분리도 아니었다. 싸움이 시작되고 피가 땅을 적실 때도 식민지 지도부는 영국 왕 조지 3세를 '폐하(Most Gracious Sovereign)'라고 부르면서 자신들을 그의 충직한 신민이라고 생각했던 것이다. 이와 비슷한 경우는 흔히 있으므로 이 일은 특히 주의를 기울여도 좋을 것이다. 홀란드에서는 스페인의 펠리페 2세가 그의 군대에 반항하는 치열한 전투중에 또한 그들로부터 전하라고 일컬어진 적이 있었다. 홀란드가 할 수 없이 독립을 선언한 것은 몇 년 동안의 전쟁이 끝난 뒤였다. 인도에서는 오랜 세월 자치령의 지위[13]라는 그런 관념을 실컷 만지작거리다

---

13) 대영 제국을 구성하는 요소는 본국과 자치령, 그리고 속령으로 구분된다. 자치령과 속령은 모두 제국의 종속적 성원으로서 자치령은 제1차 세계 대전 후 실질적으로 독립국에 가깝게 되었다. 자치령은 영연방의 일원으로서 총독을 두는데, 그 총독은 양국의 결합을 상징하는 데 불과한 영국 국왕을 대리하며, 형식적으로는 국왕이 임명한다. 자치령은 외국과 외교 사절을 교환할 수 있고, 본국 및 다른 자치령과의 사전 협의를 한다는 조건 아래 조약을 체결할 수 있으며, 또한 본국 의회가 제정한 법률에 구속될 필요 없이 독자적으로 법률을 제정하는 의회를 갖는다. 이 책이 쓰인 1932년은 이것을 확정한 1926년의 제국 회의 및 1931년의 웨스트민스터 조령이 성립한 직후다.

가 주저하고 망설이던 끝에 1930년 1월 1일에야 겨우 우리의 국민회의가 독립의 목표를 분명히 했을 뿐이다.[14] 지금도 독립이라는 관념을 갖기를 두려워해서 영국의 자치령으로 남자는 말을 하는 자가 있을 정도다. 그러나 역사가 우리에게 가르쳐 주는 바에 따르면, 그리고 홀란드와 아메리카의 전례를 보면 확실히 알 수 있듯이 이러한 투쟁은 독립이 성취되기까지는 결코 그 종말을 가져오지 않는 법이다.

식민지와 영국 사이에 전쟁이 시작되기 직전인 1774년 식민지의 지도자였던 조지 워싱턴(George Washington)은 북부 아메리카에서 생각이 있는 어느 누구도 독립을 원하고 있지 않다는 뜻을 성명했다. 그런데도 바로 그 워싱턴이 미국의 초대 대통령이 되었다! 1774년 전쟁이 시작된 뒤 식민지 의회의 주요한 46인 의원들은 조지 3세에 대해 그의 충성스러운 신민의 이름으로 평화와 '인명 낭비(effusion of blood)'의 중지를 간청했다. 이들은 영국과 그 분가에 해당하는 아메리카 사이의 조화와 친선을 회복하려고 열심히 노력했다. 이들이 오직 원하는 바는 자치 정부이며, 워싱턴의 말을 통해 식자(thinking man)들은 어느 누구도 독립을 원치 않는다고 선언한 것이다. 이것이 이른바 '올리브 브랜치의 청원(Olive Branch Petition)'이었다.

그러나 이로부터 2년도 채 되지 않아 청원서에 서명한 사람들 가운데 25명은 다른 문서, 즉 독립 선언서에 서명했다.

이와 같이 식민지는 독립을 목표로 전쟁을 시작한 것은 아니었다.

---

14) 인도의 민족 해방 운동은 오랫동안 자치령 지위의 획득을 목표로 하여 발전해 왔다. 1928년 모티랄 네루의 제안으로 인도 전 당파 회의에서 승인된 '모티랄 네루 보고서'는 그것을 뚜렷이 보여 주고 있다. 국민회의파 가운데 급진 분자는 이에 반대해서 '인도 독립 연맹'을 조직했는데 저자도 여기에 속했다. 저자가 의장이 되어 주재한 1929년 말의 국민회의파 라호르 대회는 비등하는 인도 민중의 반영(反英) 기운을 배경으로, '푸라나 스와라지(Purana Swaraj)' 슬로건을 '완전한 독립'으로 정의해서 투쟁 목표를 일거에 전진시켰다. 또한 제2차 세계 대전 후인 1947년에 영국의 애틀리 노동당 내각에서 '인도 독립법'이 제정됨에 따라 인도는 얼마 동안 영국 연방의 자치령이 되었다. 그 뒤 1950년, 인도 연방 의회는 독립을 선언하고 신 헌법을 제정해 독립 공화국이 되었다.

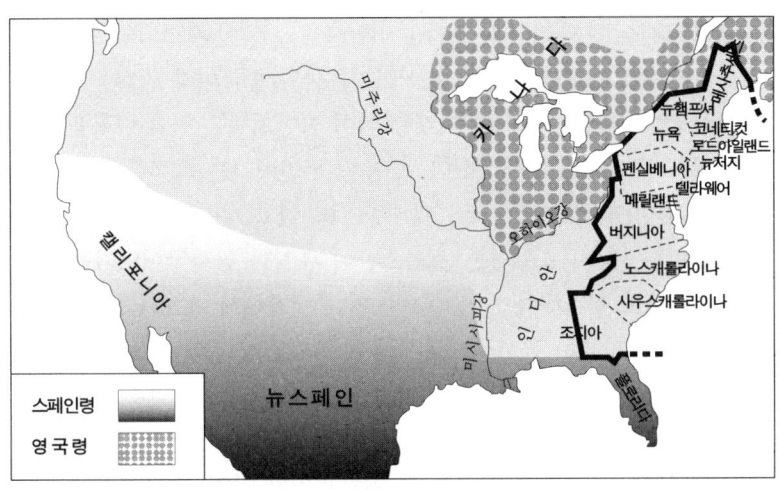

미국의 분리

그들의 불만 사항은 세금 부과와 무역에 대한 규제였다. 그들은 영국 의회가 그들의 의지에 반해 세금을 부과할 권리는 없다고 생각해 이를 거부했다. "대표권 없는 과세는 없다"가 그들의 유명한 구호였다. 그들은 영국 의회에 대표를 보내지 않고 있었다.

식민지에는 군대가 없었으나 필요할 때마다 후퇴할 수 있는 광대한 지역을 가지고 있었고, 언제든 반격을 감행할 수 있었다. 그들은 군대를 창설하고 워싱턴이 총사령관이 되었다. 이들은 몇몇 전투에서 승리를 거두었는데, 오랜 원수인 영국에 일격을 가할 수 있는 호기라고 생각한 프랑스는 식민지 편에 서서 싸웠다. 스페인 또한 영국에 선전 포고를 했다. 이제 영국은 불리한 처지에 놓이게 되었고 전쟁은 여러 해를 끌게 된다. 1776년에는 식민지측의 유명한 '독립 선언서(Declaration of Independence)'가 발표되었다. 1782년 전쟁은 끝났고, 이듬해인 1783

---

15) 1782년 11월에 서명하고 이듬해에 비준됨으로써 비로소 영미 간의 전쟁이 끝났다. 그 주된 내용은 ① 미국의 완전 독립을 인정할 것, ② 미국은 미시시피 강 동쪽을 영유할 것, ③ 미국은 영국에 대해 뉴펀들랜드의 어업권과 미시시피 강의 자유 항행권을 인정할 것 등이다. 또한 영국 대 프랑스·스페인 사이의 강화 조약은 그 이듬해인 1883년 베르사유에서 체결되었다.

미국이 영국으로부터 독립하다

년 교전국 사이에 파리 평화 조약(Peace of Paris)[15]이 체결되었다.

이리하여 아메리카의 13개 식민지는 미합중국이라 일컬어지는 독립 공화국이 되었다. 그러나 오랫동안 이 식민지들은 서로 반목을 일삼아 제각기 독립국처럼 생각했다. 공통된 국민이라는 의식은 아주 느릿느릿 생기기 시작했다. 미국은 광대한 나라였고 계속해서 서부로 팽창하고 있었다. 당시 조그마한 스위스만이 유일한 공화국이었다는 것을 잠깐 제외하고 생각한다면 이 나라는 현대 세계에서 최초의 공화국이었다. 홀란드는 말로는 공화국이었지만 귀족 계급이 장악하고 있었다. 영국은 군주국이었을 뿐만 아니라 의회는 소수의 부유한 지주 계급 손에 들어가 있었다. 그래서 미국은 새로운 유형의 나라가 되었다. 이 나라는 유럽과 아시아의 국가들이 가지고 있는 과거가 없었다. 남부의 대농장 체제와 노예제를 제외하면 봉건제의 자취는 어디에도 없었다. 세습 귀족도 없었다. 따라서 부르주아, 즉 중산 계급이 성장하는 데 장애가 될 만한 것은 거의 없었으므로 급격히 성장하기 시작했다. 독립 전쟁 당시 인구는 400만도 못되었으나 지금부터 2년 전인 1930년에는 1억 2300만 명에 육박하고 있다.

조지 워싱턴은 미합중국의 초대 대통령이 되었다. 그는 버지니아 주 출신의 대지주였다. 이 신생 공화국의 창건자로 꼽히는 탁월한 인물에는 토머스 페인(Thomas Paine)[16], 벤저민 프랭클린(Benjamin

---

16) 미국의 독립을 위해 활약한 공화주의자. 1776년의 저서 『상식(Commonsense)』은 미국 독립의 기운을 고취하는 데 크게 기여한 것으로 알려져 있다. 독립 전쟁 때 눈부신 활약을 했으며, 그 뒤 프랑스 혁명에도 가담해 혁명을 옹호하는 『인간의 권리』를 저술했다.
17) 보스턴 출신. 필라델피아에서 인쇄소를 경영하는 한편 『펜실베이니아 가제트』라는 신문을 편집, 발행했다. 30세 때인 1736년 펜실베이니아 식민지 의회의 서기가 되어 비로소 공적인 생활에 들어갔다. 1764년 이래 12년 동안 영국에 머물면서 식민지 과세 문제 해결에 정치적 수완을 발휘했다. 1776년 독립 선언 기초 위원이 되었으며, 같은 해 프랑스 주재 대사로서 파리 평화 조약 회의에 미국 대표로 참가했다. 미합중국 초창기의 정신을 구현한 정력적인 활동가였던 그는 명석한 두뇌의 소유자로서 정치·경제·자연 과학 분야에서도 다각적인 업적을 남겼다.

Franklin)[17], 패트릭 헨리(Petrick Henry), 토머스 제퍼슨(Thomas Jefferson)[18], 존 애덤스(John Adams)[19]와 제임스 매디슨(James Madison)[20]이 있다. 벤저민 프랭클린은 특별히 걸출한 인물로, 위대한 과학자이기도 했다. 소년들이 가지고 노는 연을 띄워 구름 속의 번갯불이 전기와 같은 것이라는 사실을 증명해 보였다.

 1776년의 독립 선언은 "만인은 태어나면서부터 평등하다(All men are born equal)"고 말하고 있다. 그러나 엄밀히 분석해 보면 정확한 말은 아니다. 어떤 사람은 몸이 약하고 어떤 사람은 몸이 튼튼하며 어떤 사람은 다른 사람들보다 더 똑똑하고 능력이 있기 때문이다. 그러나 이 선언서의 배경이 되는 생각은 명료하며 칭찬할 만한 가치가 있다. 식민지 주민들은 유럽의 중세적 불평등을 제거하기를 원했다. 이것만도 대단한 진보가 아니겠니. 아마 독립 선언서를 기초한 많은 사람들은 볼테르와 루소로 이어지는 18세기 프랑스 사상가들의 영향을 받은 것 같다.

 "만인은 태어나면서부터 평등하다." 그러나 이렇다 할 권리를 갖지 못한 불쌍한 흑인 노예들이 있었다. 그들은 도대체 어떠했던가? 그들은 어떻게 해서 헌법의 적용을 받는다는 것인가? 그들은 적용받지 못했으며 계속 그런 상태였다. 몇 년이 지난 뒤 남부와 북부 사이에 치열한 내전이 벌어지고 그 결과 노예 제도는 폐지되었다. 그러나 아직도 흑인 문제는 미국의 중요한 문제로 남아 있다.

---

18) 미합중국 초창기의 정치가. 독립 운동의 투사로서 독립 선언을 작성했다. 독립 후 버지니아 주지사, 프랑스 주재 공사, 국무 장관, 부통령을 거쳐 1801년부터 8년 간 대통령(제3대)에 재임했다.
19) 매사추세츠의 법률가. 독립 운동의 지도자로서 독립 선언의 기초자 가운데 한 사람이다. 주영 대사, 부통령을 거쳐 제2대 대통령에 취임했다(재위 : 1797~1801년).
20) 버지니아주의 정치가, 정치학자, 독립 운동의 지도자. 미국 헌법의 기초자로서 '미국 헌법의 아버지'라 일컬어진다. 국무 장관을 거쳐 제4대 대통령이 되었다.

100 1932년 10월 7일

바스티유의 함락

우리는 18세기에 일어난 혁명 가운데 두 혁명에 관해 매우 간략하게 살펴보았다. 이 편지에서는 세 번째 혁명, 즉 프랑스 혁명에 관해 이야기하기로 하자. 세 혁명 가운데 프랑스에서 일어난 이 사건이 가장 큰 격동을 불러일으켰다. 영국에서 시작된 산업 혁명은 매우 중요한 것이었지만 그것은 서서히 밑바닥을 흐르듯 진행되었기 때문에 대다수 사람들이 혁명 자체를 의식하지 못했고, 당시 이 혁명의 의의를 인식한 사람은 거의 없었다. 그런데 프랑스 혁명은 번개처럼 갑자기 폭발해 유럽을 아연실색하게 만들었다. 당시 유럽은 여전히 몇몇 군주와 황제들이 통치하고 있었다. 노쇠한 신성 로마 제국은 이미 오래 전 기능이 정지해 있었지만 그래도 문서상으로는 존재하고 있어서, 그 망령은 유럽 위에 긴 그림자를 드리우고 있었다. 국왕과 황제와 궁정과 궁전 세계의 한복판에서, 또한 서민의 저 깊은 심연에서 이끼 긴 관습과 특권에 아랑곳하지 않고 국왕을 왕좌에서 내쫓고, 다른 나라의 왕들을 같은 운명에 몰아넣을 것처럼 위협한 이 이상하고 무시무시한 괴물이 갑자기 뛰쳐나왔던 것이다. 국왕들과 유럽의 모든 특권 계급들은 오랜 세월에 걸쳐 자신들이 조롱하고 짓밟아 왔던 대중들이 들고일어나자 이들 앞에서 벌벌 떨었다. 그러나 따지고 보면 이런 현상도 전혀 놀라운 일은 아닌 것이다.

프랑스 혁명은 마치 화산처럼 폭발했다. 그러나 혁명이든 화산이든 아무런 까닭 없이, 또한 아무런 과정도 없이 어느 날 갑자기 폭발하지는 않는 법이다. 우리 눈에는 놀랍고도 갑작스런 사태로 보일지 모르나, 대지의 밑바닥에서는 오랜 세월에 걸쳐 여러 힘이 서로 작용하고 많은 화력이 한데 모여 지각이 더 이상 감당할 수 없게 되었을 때 비로소 화산은 거대한 화염을 하늘 높이 뿜어 올리고, 용암은 산허리를 따라 흘러내리는 것이다. 이와 마찬가지로 마침내 혁명이 되어 불을 내뿜는 힘 또한 사회의 심층부에서 오랫동안 배양되는 것이다. 물은 가열하면 끓는다. 그러나 너도 알다시피, 그것은 점점 더워지고 난 뒤에야 비로소 비등점에 도달하게 되는 것이다.

사상과 경제적 조건이 혁명을 만든다. 자기 사고 방식에 맞지 않는 것에는 눈뜬장님이나 다름없는 어리석은 정부 당국자들은, 혁명이란 선동가에 의해 일어나는 것이라고 믿는다. 선동가란 원래 현상에 만족하지 않고 변화를 원하며 변화를 위해 애쓰는 사람들이다. 혁명적 시대는 언제든지 이런 사람들을 만들어 냈으며 이들 자체가 들끓어 오르는 사회적 불평 불만의 결과물이다. 그러나 몇십, 몇백만이나 되는 사람들이 오로지 선동가의 지령에 따라 행동한다는 것은 있을 수 없는 일이다. 대다수의 사람들이 무엇보다도 바라는 것은 안전이다. 그렇기 때문에 그들은 그들이 소유한 것을 잃을지도 모르는 위험을 결코 감수하려고 하지 않는다. 그러나 일상적인 경제적 어려움이 증가하고 생활이 견딜 수 없을 정도로 무거운 짐이 되면 아무리 약자라 해도 위험을 감수할 각오를 하게 된다. 궁핍에서 벗어날 수 있는 길을 제시하는 것처럼 들리는 선동가의 목소리에 이들이 귀를 기울이게 되는 것도 바로 이 때다.

나는 전에 보낸 여러 편지에서 인민의 궁핍과 농민의 봉기에 대해 자주 언급했다. 아시아건 유럽이건 어느 나라에서나 이런 종류의 농민 반란은 있었고, 대개는 많은 피의 학살과 무자비한 탄압을 불러왔다. 궁핍은 농민을 혁명적인 행동으로 내몰았으나 그들은 대개 자신들의 행동이 어떤 목표를 가지고 있는지에 대해 명확한 관념을 갖지 못했다. 이 사상의 모호함, 이데올로기의 결핍이 흔히 그들의 노력을 물거품으로 만들었다. 그런데 우리는 프랑스 혁명에서 예전에 보지 못했던 큰 규모의 새로운 현상, 즉 사상과 경제적 동인이 혁명적 행동과 결합한 것을 보게 된다. 이 같은 결합이 있는 곳에 참된 혁명이 있다. 그리고 참된 혁명은 정치 · 경제 · 사회 · 종교는 물론 생활과 사회의 모든 구조에 영향을 미친다. 18세기의 마지막 몇 해 동안 우리는 프랑스에서 바로 이와 같은 사건을 볼 수 있다.

프랑스 국왕들의 사치와 무능과 부패, 그리고 일반 인민의 살인적인 궁핍에 대해서는 이미 말한 바 있다. 프랑스인의 마음 속 깊이 들끓고 있는 불만, 그리고 볼테르 · 루소 · 몽테스키외 등을 거쳐 길이 열린 새로운 사상에 대해서도 다소 이야기했다. 즉 거기에는 두 개의 과정, 곧 경제적 궁핍과 이데올로기의 형성이 보조를 맞추어 진행되면서 상호 작용 · 반작용하고 있었다. 인민의 이데올로기가 형성되려면 많은 시간이 필요하다. 새로운 사상은 그들 속으로 서서히 침투하는 것이며, 예전부터 품어 온 편견과 의식을 스스로 포기하려고 애쓰는 사람은 좀처럼 없기 때문이다. 따라서 새로운 이데올로기가 확립되고 마침내 사람들이 새로운 관념의 체계를 충분히 받아들였을 때는 이미 이 관념도 시대에 뒤처지기 시작하는 경우가 드물지 않다. 18세기 프랑스 철학자들의 사상이 유럽의 산업 혁명 시대 이전에 뿌리를 두고 있었다는 사실은 주목해야 할 점이다. 더구나 거의 같은 시기에 영국에서는 산업 혁명이 시작되고 있었다. 그리고 이 산업 혁명은 산업과 생활에 큰 변화를 주었고, 사실상 그것은 프랑스의 새로운 이념을 대부분 근본적으로 타파했다고 해도 과언이 아니다. 산업 혁명이 본격적으로 진행된 것은 그 뒤였고, 물론 프랑스의 철학자들은 어떤 변화가 일어날지 추측할 수조차 없었다. 그러나 프랑스 혁명이 크게 의지하고 있던 그들의 사상은 대공업의 출현과 함께 다소 시대에 뒤처지게 되었다.

아무튼 이들 프랑스 철학자들의 사상과 이론이 혁명에 강력한 영향을 준 것은 명백하다. 종전에도 대중이 반란과 봉기를 일으킨 일은 적지 않다. 그러나 이번에는 자각한 대중, 더 나아가 의식적으로 지도된 대중 봉기라는 주목할 만한 실례가 나타났다. 바로 여기에 프랑스 대혁명의 의의가 있는 것이다.

나는 루이 15세가 1715년에 그의 할아버지인 루이 14세의 뒤를 이어 59년 간 재위했다는 것을 이야기했다. 그는 "내가 죽은 뒤에 대홍수가 나건 말건 내 알 바 아니다(Après moi le déluge)"라고 말했다고 전해진다. 과연 그는 이 말에 어울리게 행동했다. 그는 분별없이 자기 나라를 나락의 구렁텅이로 떨어뜨리고 말았다. 그는 영국 혁명과 영국 국왕이 목을 잘린 사건에서도 전혀 깨달은 바가 없었다. 1774년에 어리석고 저능한 손자 루이 16세가 그의 뒤를 이었다. 그의 왕비는 합스부르크 오스트리아 황제의 누이동생 마리 앙투아네트(Marie Antoinette)였다. 그녀 또한 몹시 어리석었지만 기가 드세어 루이 16세를 좌지우지했다. 또한 그녀는 국왕 이상으로 '왕권 신수설'을 신봉해서 평민을 증오했다. 이들 부부는 군주제라는 관념이 인민의 원성의 표적이 되게끔 온갖 방자한 짓을 다했다. 프랑스 인민은 막상 혁명이 시작되었을 때에도 군주제 문제에 대해 확실한 결의를 가지고 있지는 않았다. 그러나 루이 16세와 마리 앙투아네트의 행동과 어리석은 짓거리가 혁명을 불가피하게끔 만들었다. 하긴 루이 16세보다 현명한 자가 있었다 해도 혁명으로 치닫는 정세를 바꿀 수는 없었을 것이다. 1917년 러시아 혁명 전야에 러시아의 차르와 차리나(Tsarina : 황후)도 이와 똑같이 어리석게 행동했다. 이런 작자들이 체제의 위기가 고조되면 평소보다 더 어리석어져서 스스로 파멸을 앞당기는 것은 참으로 묘한 일이다. 라틴어 속담에 이를 두고 한 말이 있다. "신은 멸망시키고자 하는 자에게 먼저 광기를 부리게 한다(quem deus perdere vult, prius dementat)." 산스크리트어에도 이와 거의 같은 뜻으로 "현자는 멸망시키고자 하는 자를 먼저 착란에 빠지게 한다(vinash kale viparit buddhi)"는 속담이 있다.

군사적 영광은 흔히 독재 정치와 군주제의 버팀목이 되기도 한다. 국내에서 골치 아픈 일이 생기면 국왕과 정부 일당은 으레 인민의 주의를 다른 곳으로 돌리기 위해 군사적인 모험을 감행하려고 한다. 그런데 프랑스의 경우 이 군사적 모험의 결과가 좋지 않았다. 7년 전쟁은 프랑스의 패배로 끝났고 군주제는 타격을 받았다. 파산은 시시각각 다가오고 있었다. 프랑스는 미국의 독립 전쟁에 개입하느라 경비를 너무 많이 지출했다. 이 돈이 다 어디서 나왔겠니? 귀족과 성직자는 특권을 누려 세금이 거의 면제되어 있었고, 그 특권을 순순히 포기하려 하지 않았다. 그러나 빚을 갚고 궁정의 낭비를 충당하기 위해서는 어디에서건 돈을 조달해야만 했다. 그럼 당시의 대중, 즉 평민은 어떤 상태에 있었는가? 영국의 저술가 칼라일(Carlyle)이 프랑스 혁명사에 대한 평에서 평민에 관해 기술한 대목을 소개하겠다. 너도 곧 느끼겠지만, 그의 문체는 좀 특이하긴 하지만 묘사는 매우 인상적이다.

근로 인민에 대해 언급하기란 다시 말하지만 쉽지 않은 노릇이다. 그도 그럴 것이, 그들은 2000만 내지 2500만이나 된다! 그런데도 우리는 그들을 싸잡아 막연하고 모호한 일체로 취급하는 것이 상례다. 무도하고 애매한, 아주 까마득히 먼 곳에 있는 것처럼 말이다. 이들 근로 인민을 가리켜 우민, 즉 어리석은 백성이라고 부른다. 또는 조금 인정적으로 말해서 '대중(masses)'이라 말한다. 물론 대중이겠지! 허나 만약 당신이 그들 각 개인을 보고 싶다면, 누구든 상상력을 빌려 저 넓은 프랑스로 가서 그들의 진흙집과 갈대로 덮은 움막과 허술한 다락방으로 찾아가 보라. 그러면 그들은 저마다 감정과 비탄을 품고 있으며, 그들 각자는 모두 사람의 피부를 가지고 있어서 쥐어짜면 피를 흘린다는 것을 알 수 있을 것이다.

이것은 비단 1789년의 프랑스뿐만 아니라 1932년의 인도까지도 훌륭하게 묘사한 글이 아니냐! 우리도 대개는 인도의 '대중', 4억의 노동자·농민을 한 묶음으로 다루며 마치 그들을 버림받고 볼품없는 짐승처럼 여기고 있지는 않을까? 그들은 오랜 동안 짐수레를 끄는 소나 말과 다름없었고, 지금도 그런 상태다. 우리는 그들을 '동정하고 (sympathize)' 그들에게 인정을 베푸는 것처럼 말하기도 한다. 그러나 우리는 좀처럼 그들이 우리와 조금도 다를 바 없는, 개성을 지닌 인간 존재라고 생각하지 않는다. 그들은 흙집 속에서 각자 생활을 영위하고 있으며, 다른 인간처럼 굶주림과 추위와 고통을 겪고 있다는 것을 명심해야 한다. 우리 정치가들은 법률을 잘 알고 있어서 헌법이니 뭐니 떠들고는 있지만, 헌법이든 법률이든 모두 인간을 위해 존재한다는 사실을 잊고 있다. 무수한 오두막집과 도시의 빈민굴에 살고 있는 주민을 위한 정치란 곧 기아를 없앨 식량과 옷과 집을 제공하는 것이어야 한다.

어쨌든 프랑스는 루이 16세의 지배 아래 있었다. 그의 치세가 시작되자 돌연 굶주린 대중이 봉기에 나섰다. 그 봉기는 몇 년 동안 잇따라 일어났고, 잠시 뜸을 두었다가는 다시 새로운 농민 봉기가 시작되었다. 디종(Dijon : 프랑스 중부 지방에 있는 도시)에서 이런 종류의 식량 폭동이 일어났을 때 그 곳 지사는 굶주린 민중을 향해 이렇게 말했다. "들판에 풀이 자라고 있으니 들판에 가서 뜯어먹어라!" 구걸을 업으로 삼는 자가 부지기수였다. 1777년 공식 보고에 따르면 프랑스에는 110만 명의 거지가 있었다. 빈곤과 궁핍에 대해 이야기하다 보니 어쩔 수 없이 인도가 뇌리를 스치는구나!

농민들은 식량에 굶주려 있었을 뿐만 아니라 토지에도 주려 있었다. 봉건 제도 밑에서는 귀족이 토지의 소유자이며, 토지에서 나오는 수익은 거의 모두가 귀족에게 들어갔다. 농민들은 어떤 뚜렷한 생각도 없었고 목표도 희미했지만 아무튼 토지를 갈망했고, 그들을 짓밟는 봉건 제도와 귀족과 성직자를 증오했으며, 그리고 (또 인도 생각이 나는구나!) 가벨(gabelle), 즉 가난한 자들에겐 특히 큰 부담이던 소금세(salt tax)를 증오했다.

농민은 이와 같은 상태에 처해 있는데도 국왕과 왕비는 갈수록 돈이 모자란다고 아우성쳤다. 국고는 바닥나고 빚은 늘어나기만 했다. 마리 앙투아네트는 '적자(赤字) 마담(Madame Dèficit)'이라는 별명을 얻었다. 이젠 더 이상 돈을 끌어댈 방법이 없었다. 그래서 루이 16세는 온갖 궁리 끝에 1789년 5월 삼부회(the States-General)를 소집했다. 이 회의는 세 계급, 즉 성직자·귀족·평민의 대표자들로 구성되어 있었다.

이 삼부회의 구성은 귀족·성직자로 구성된 상원과 하원을 갖춘 영국 의회와 그다지 다르지 않았다. 그러나 여러 가지 차이점도 있었다. 영국 의회는 몇백 년 이래 대개 정기적으로 개최되어 의회 운영에 관한 전통과 규칙과 방식이 충분히 확립되어 있는 데 비해, 삼부회는 거의 소집된 적이 없었고 따라서 전통도 없었다. 둘 모두 상층 계급을 대표하는 회의체였지만, 영국의 하원은 프랑스 삼부회의 평민에 비해 훨씬 부유한 편이었다. 농민은 양자 어디에도 대표자가 없었다.

1789년 5월 4일, 국왕이 참석한 삼부회가 베르사유에서 개최되었다. 하지만 루이 16세는 이내 세 계급을 한 자리에 소집한 것을 후회했다. 왜냐하면 제3신분, 즉 평민 또는 중간 계급의 입김이 걷잡을 수 없을 만큼 거칠어지기 시작하더니, 자기들 동의 없이 조세를 부과해서는 안 된다고 주장했기 때문이다. 그들에게는 이와 같은 권리를 확립한 영국 하원이라는 전례가 있었고, 또한 당시의 미국 또한 좋은 본보기였다. 그들은 영국을 자유로운 나라로 크게 착각하고 있었다. 그러나 사실 이는 환상일 뿐이었다. 왜냐하면 영국은 여전히 귀족과 지주 계급이 지배하고 있었기 때문이다. 투표권이 매우 제한되어 있었기 때문에 의회는 귀족 계급의 독무대였다.

아무튼 제3신분, 즉 평민들이 하는 일은 모두 국왕 루이 16세의 눈에 거슬렸다. 루이 16세는 그들을 의사당 밖으로 몰아 냈다. 그러나 의원들은 물러서려 하지 않았다. 그들은 즉시 근처의 테니스 코트에 모여 헌법을 획득하는 날까지 절대 해산하지 않기로 선서했다. 이것이 유명한 '테니스 코트의 선서(the Oath of the Tennis-Court)'다. 그러자 국왕은 무력을 사용하려 했다. 그러나 군대가 국왕의 명령을 거부하자 그야말로 일촉즉발의 위기가 닥쳐왔다. 혁명에서 위기는 으레 정부의 버팀목인 군대가 동포 군중에게 발포하라는 명령을 거부할 때 닥쳐오기 마련이다. 이에 당황한 루이 16세는 자기 군대를 포기하고, 특유의 졸렬함을 발휘해서 자기 국민을 죽이려고 외국 군대를 불러들이려 했다. 이것은 인민에게 너무 심한 짓이었다. 역사적인 1789년 7월 14일, 인민들은 파리에서 봉기해 유구한 바스티유(Bastille) 감옥을 점령하고 죄수들을 석방했다.

바스티유 감옥의 함락은 역사상 중대한 사건이다. 이는 혁명의 발단이 되어 전국적인 인민 봉기의 신호탄이 되었으며, 또한 그것은 프랑스의 낡은 질서, 즉 봉건 제도와 군주제와 특권의 종말을 의미했다. 그것은 온 유럽의 모든 국왕과 황제 일족에 대한 공포와 위협의 신호탄이었다. 지난날 당당히 군주제의 모범이었던 프랑스가 이번에는 다시 새로운 유행을 만들어 유럽을 놀라게 했다. 이 사건을 두려움의 눈으로 바라본 자도 있었으나, 대부분은 거기에서 희망을 발견했고, 더욱 나은 날이 오리라는 약속을 보았다. 7월 14일은 지금도 프랑스의 국경일로서 거국적으로 경축하는 날이 되어 있다.

7월 14일 바스티유가 파리의 반도들에게 함락되었는데도 어리석은 정부 당국자들은 그 전날인 13일 밤 베르사유 궁전에서 잔치판을 벌였다. 곧 오게 될, 파리 폭도에 대한 승리를 축하하며 국왕과 왕비 앞에서 춤추고 노래하고 건배가 오고 갔다. 유럽에서 군주제에 대한 관념이 얼마나 완고했는가는 얼른 납득이 가지 않을 정도다. 현대를 살고 있는 우리는 공화제에 익숙해 있으므로 국왕의 말을 진지하게 받아들이려 하지 않는다. 오늘날까지 남아 있는 얼마 안 되는 왕들도 앞으로 더 지독한 꼴을 당하지나 않을까 전전긍긍하고 있는 실정이다. 그런 실정인데도 많은 사람들은 그와 같은 존재가 계급 차별을 유지하고 특별 대우나 속물 근성을 조장하는 것이라 해서 반대하고 있다. 그런데 18세기의 정세는 전혀 이와 달랐다. 이 시대 사람들은 무릇 국왕이 없는 나라를 상상하기가 힘들었다. 루이 16세의 광기와 도전적인 의도에도 불구하고 그를 폐위시키자고 주장하는 사람은 하나도 없었다. 이럭저럭 2년의 세월이 흐르는 동안 인민들은 루이 16세와 그의 음모에도 인내로 대했다. 프랑스가 국왕 없이 꾸려 나가자고 결의한 것은 루이 16세가 도망치다가 체포된 뒤의 일이었다.

그러나 이는 나중의 일이다. 그러는 사이에 '삼부회'는 '국민 의회

(the National Assembly)'[21]로 바뀌었고, 국왕은 입헌 군주 또는 제한 군주, 즉 국왕은 의회의 지시에 따라 행동해야 한다고 규정되었다. 물론 루이 16세는 이를 못마땅하게 여겼고 마리 앙투아네트는 그들을 저주했다. 한편 파리의 인민측에서도 국왕을 그다지 경애하지 않았기 때문에 온갖 음모의 혐의를 그들에게 씌웠다. 그 무렵 국왕과 왕비의 궁정이 있는 베르사유는 파리의 인민들이 감시하기에는 너무 멀었다. 베르사유에서의 쾌락과 사치에 관한 소문과 풍설이 파다하게 나돌자 파리의 굶주린 인민의 신경은 날카롭게 곤두서고 말았다. 그래서 국왕과 왕비는 더없이 기묘한 행렬[22]의 전송을 받으며 파리의 튈르리(Tuileries)로 옮겨졌다.

다음 편지에 이 혁명에 대해 계속 이야기하기로 하자.

---

21) 중세적인 '삼부회'라는 명칭이 근대적인 '국민 의회'로 바뀐 경위는 다음과 같다. 모든 특권 계급을 대표하는 제1부, 성직자와 귀족을 대표하는 제2부, 그리고 평민을 대표하는 제3부 의원들은 각기 '삼부회'(1789)를 통해 자기 세력을 확립하려고 날카롭게 대립했다. 따라서 회의는 의사 절차의 문제(투표를 부별로 셈하느냐, 의원 수에 따라 셈하느냐 ; 삼부회의 정원은 귀족 188명, 성직자 247명, 그리고 제3부 500명이었다)로 벌써부터 마비 상태에 빠졌다. 평민의 압도적인 다수를 대표하는 제3부는 2부에게 3부에 합류해 줄 것을 호소했으며, 사실상 합류자가 나타났다. 이와 동시에 제3부는 스스로 '국민 의회'라 개칭해서 최고 입법 결의 기관임을 주장했다(6월 17일). 루이 16세는 국민 의회의 해산과 의원의 퇴거를 명했지만 국민 의회는 '테니스 코트의 선언'으로 이에 대응하며 더욱 결속을 다졌다. 6월 23일 어전 회의가 열려, 국왕은 강제로 국민 의회를 해산시키고 종전의 '삼부회' 방식으로 강행하려고 했지만 결국 실패했다. 그 뒤 제1부, 제2부 의원들 가운데 국민 의회에 합류하는 자가 속출해서 대세는 이미 결정되었다. 6월 30일 전체 의원이 한 자리에 모여 '국왕 만세!'를 외침으로써 정식으로 '국민 의회'가 성립되었다.
22) 1789년 10월, 이미 국민 의회는 특권 폐지를 결의하고 '인권 선언'을 채택해서 신 헌법을 심의하고 있었다. 그러나 국왕과 왕비 및 그들을 에워싼 구특권 계급의 무리들은 집요하게 법령 실행을 지연시키며 시간을 끌어서 일거에 예전의 세력을 만회할 기회를 노리고 있었다. 파리는 굶주리고 있었다. 그 때 베르사유 궁전에서 호화판 연회가 열린다는 소문이 전해졌다. 민중 사이에 분노의 감정이 불타올랐다. 그 중에서도 특히 날마다 끼니 걱정을 해야 하는 부녀자들의 가슴을 우려와 의혹과 격분으로 날카롭게 파헤쳤다. 한 젊은 아가씨가 병영 안으로 뛰어들어가 북을 두드리자 순식간에 수많은 여자들이 행렬을 지어 "빵을 달라! 빵을 달라!"고 외치면서 베르사유를 향해 행진했다.

101   *1932년 10월 10일*

프랑스 혁명

프랑스 혁명을 얘기하자면 약간 당혹스럽다. 자료가 부족해서가 아니라 도리어 자료가 너무 많기 때문이다. 혁명은 끝없이 변해 가는 놀라운 한 편의 드라마이며, 아직도 우리를 매혹하고 전율케 하고 긴장시키는 이상한 사건으로 가득 차 있다. 원래 왕후나 정치가의 정치는 밀실(closet)이나 사실(private room)에 그 고향을 갖는 것으로 신비로운 분위기에 잠겨 있다. 용의주도하게 둘러쳐진 장막이 온갖 죄악을 숨기고 있으며, 은근한 말씨는 꿈틀대는 야심과 욕망을 은폐하고 있었다. 이 같은 갈등이 전쟁을 부르고, 이러한 욕망과 야심 때문에 수없이 많은 젊은이들이 사지로 끌려가도 우리들 귀에는 그 같은 비열한 동기에 관한 얘기는 전해지지 않는다. 우리가 들을 수 있는 것이라고는 오히려 숭고한 이상이나 생명의 희생을 요구하는 대의 명분 같은 것뿐이다.

인권 선언의 최종 재가를 망설이고 있던 국왕은 "파리가 행진해 온다"는 소식을 듣고 당황한 나머지 무조건 승인한다는 회답을 국회에 보냈다. 그러나 군중의 행렬은 베르사유에 가까워질수록 그 수가 불어나기만 했다. 그들은 국왕을 자기네 사람으로 만들어야만 하겠다고 생각했다. 이제 더 이상 국왕을 베르사유 귀족들의 음모와 복마전 속에 방치해 둘 수는 없었다. 역사를 공정한 눈으로 바라보는 사람이라면, 이 군중 속에서 갑자기 불타오른 것처럼 보이는 군중의 판단을 일시적인 열광에 들뜬 망상이라고 말할 수 없을 것이다. 그들은 왕궁을 에워싸고 왕에게 파리로 환궁하라고 요청했다. 왕과 왕비 및 왕자는 더 이상 버틸 수 없어 마차에 올라탔다. 허기진 배를 움켜쥔 여자들을 비롯한 많은 군중들은 의기양양하게 이 '빵집 주인과 빵집 마누라와 빵집 아들'을 호위하고 파리로 돌아왔다. 이 때 이후 국왕은 프랑스의 주인이 아닐 뿐더러 자기 자신의 주인도 아니게 되었다. 프랑스는 비로소 '국왕의 나라'에서 '인민의 나라'로 바뀌었다. "남성들이 7월 14일(바스티유 점령)을 만들고, 여성들이 10월 6일을 만들었다"고 역사가인 쥘 미슐레(Jules Michelet)는 말하고 있다.

그러나 혁명의 경우에는 얘기가 전혀 달라진다. 혁명의 요람은 들판·거리·장터이며, 그 행동은 노골적이고 거칠다. 그것을 일으키는 것은 왕후나 경세가의 교육을 받을 기회가 없던 사람들이다. 그들의 말에는 흉악한 음모나 못된 계획을 근사하게 꾸미는 운치도 없으며 세련된 점도 없다. 그들 주변에는 아무런 신비도 없으며, 그들 마음의 움직임을 감추는 장막도 없을 뿐더러 몸뚱이를 제대로 감쌀 의복마저 거의 없었다. 혁명에서 정치는 이미 국왕이나 직업 정치가의 유희가 아니다. 그것은 현실과 직접 부딪치는 것이며, 그 배후에 있는 것은 있는 그대로의 인간과 굶주려 텅 빈 위장뿐이다.

이 같은 이유로 1789년부터 1794년까지의 운명의 5년 동안 행동으로 나선 굶주린 인민이 등장한다. 우유부단한 정치가들의 손을 비틀어 군주제를 철폐하게 하고 봉건 제도와 교회의 특권을 없애게 만든 것은 바로 이들이었다. 무시무시한 '길로틴 씨(Madame Guillotine)'에게 축사를 보내고, 예전에 인민을 짓밟던 자나 새로 얻은 자유를 위협하는 음모를 꾸민 혐의가 있던 자들을 잔혹하게 단죄한 것도 그들이었으며, 혁명을 지키기 위해 급히 군대를 조직해 전장으로 달려나가 유럽의 정규군을 격퇴한 것도 이 남루한 맨발들이었다. 프랑스 인민은 기적을 성취했다. 그러나 무서운 긴장과 투쟁의 몇 년을 보내는 동안 프랑스 혁명은 여력이 다해 스스로에게 창끝을 돌려 대고 자기가 낳은 자식을 없애기 시작했다. 이어서 혁명을 헛되이 무너뜨리고 그처럼 분투하며 고난을 감당해 온 평민들을 다시 '우월' 계급의 지배 아래 들어가게 하려는 반혁명이 닥쳐왔다. 이 반혁명 속에서 황제이며 독재자인 나폴레옹이 나타났다. 그러나 반혁명도 나폴레옹도 인민을 옛날로 되돌려 보낼 수는 없었다. 아무도 혁명의 주요 성과를 일소할 수는 없었으며, 또 아무도 프랑스 인민에게서 그리고 다른 여러 나라의 인민들에게서조차 다만 얼마 동안이나마 패자의 목이 날아가던 그 날의 감격스런 기억을 빼앗을 수는 없었다.

혁명 초기에는 숱한 당파와 그룹이 주도권을 잡으려고 서로 싸우고 있었다. 루이 16세에 뒤이어 절대 군주를 받들려는 덧없는 희망을 버리지 않는 왕당파, 헌법을 만들어 왕을 제한 군주로 존속시키자는 온건 자유주의파, 그리고 지롱드(Gironde)당으로 일컬어진 공화주의파도 있었고, 또 자코뱅(Jacobin) 수도원(도미니카 회의 성직자를 자코뱅이라고 한다)에 자주 모였다고 하여 자코뱅당이라 일컬어진 더욱 급진적인 공화파도 있었다. 이것이 두드러진 당파였으나 이들 내부와 주변에는 모험가들이 득실거렸다. 이들 모든 당파와 개인의 배후에는 프랑스의 대중이 있었으며, 특히 평민 계급 출신의 많은 무명 지도자 밑에서 활약한 파리의 인민이 있었다. 영국을 비롯한 여러 외국에서는 에미그레(émigrés), 즉 혁명을 피해 도망친 프랑스 귀족들이 여전히 반혁명 공작을 계속하고 있었고, 유럽 열강은 모두 혁명 프랑스에 대해 전열을 가다듬고 있었다. 의회제 국가이기는 하지만 귀족이 지배하던 영국도 대륙의 국왕과 황제나 마찬가지로 이 평민 세력의 이상한 폭발에 겁을 집어먹고 이를 쓰러뜨리기 위해 애쓰고 있었다.

　　왕당파와 국왕은 음모를 꾸몄지만 그것은 그들 자신의 파멸을 한층 앞당겼을 뿐이다. 국민 의회 초기에 큰 세력을 차지한 것은, 영국과 미국에 뒤이어 헌법의 확립을 주장한 온건 자유주의파였다. 그들의 총수는 미라보(Mirabeau)였다. 거의 2년 동안 그들은 의회 내의 지배권을 장악하고 혁명 초기의 성공의 영예를 누리며 기세를 올렸다. 그들은 잇따라 용감한 선언을 발표하고, 몇 가지 중요한 개혁을 이루기도 했다. 바스티유 점령의 날부터 20일 뒤인 1789년 8월 4일, 의회에서는 극적인 장면이 벌어졌다. 의회에 상정된 그 날의 의제는 봉건적 권리와 특권의 폐지였다. 그 무렵 프랑스의 공기 속에는 사람들을 흥분시키는 그 무엇이 있었으며, 봉건 영주조차 때때로 자유라는 새로운 술에 취한 것처럼 보였다. 대귀족과 교회의 우두머리들은 자진해서 국민 의회에 나타나 봉건적인 권리와 특권의 폐지를 토론했다. 그것은 몇 년 동안은 별 효과가 없었으나 그래도 그들의 태도는 솔직하고 의젓해 보였다. 드문 일이기는 하지만, 때로는 특권 계급이 이와 같은 관대한 충동에 움직일 때도 있다. 또는 어차피 특권 철폐가 임박했으므로 고결한 척 관대하게 구는 것이 최상책이라고 생각했을지도 모른다. 바로 며칠 전 우리는 인도에서 바푸(간디)가 불가촉 천민(untouchability)의 차별 대우를 철폐하기 위해 단식을 했을 때[23] 힌두의 카스트가 이 같은 이상한 태도를 보여 준 것을 보았다. 마치 마법사가 지팡이로 요술을 부린 것처럼 묘한 감정의 물결이 이 나라를 휩쓸고 지나갔다. 그리하여 힌두교가 수많은 동포를 오래도록 얽매어 놓았던 쇠사슬을 어느 정도는 풀어 주고, 불가촉 천민들에게 오랫동안 닫혀 있던 문이 그들에게 개방되었다.

이와 같이 열정의 섬광에 휩싸인 혁명 프랑스의 국민 의회는 적어도 결의상으로는 농노 제도와 여러 특권, 봉건 법정, 그리고 귀족·성직자의 조세 부담 면제, 그들의 칭호까지 잇따라 폐지해 나갔다. 국왕이 아직 재위하고 있는데 귀족의 칭호가 없어진 것은 이상한 일이기는 했다.

국민 의회는 이어서 '인권 선언(Declaration of the Rights of Man)'을 통과시켰다. 이 유명한 선언의 사상은 아마도 미국 독립 선언에서 유래된 것이리라. 그러나 미국의 선언은 짧고 간단한 반면 프랑스의 것은 길고 복잡하다. 인권이란 인간의 평등과 자유와 행복을 보장한다고 생

---

23) 불가촉 천민이란 인도의 카스트 제도에서 특수 계급으로 멸시당하고 있던 최하층의 천민을 말한다. 그들은 오물 청소, 가죽 벗기기와 같은 천한 직업에 종사하며, 일반인과의 접촉이 금지되어 있고, 물론 경제적으로도 피압박 계급이었다. 그 인구가 무려 5000만 명에 이른다고 하니 이 문제가 얼마나 큰가를 능히 짐작할 수 있다. 이 계급을 차별 대우하는 영국 정부의 헌법안에 반대해서 간디가 단식한 것에 관해서는 아흔세 번째 편지를 참조. 간디는 9월 13일에 단식할 의사를 발표했고 이 소식은 9월 15일 저자의 귀에 들어갔다. 단식은 예정대로 9월 20일부터 실행되었다. 간디의 단식은, 저자 자신도 통감한 바와 같이, 인도 인민의 관심을 '독립'에서 이탈하게 했다는 비판도 있기는 했으나, 아무튼 간디가 일단 단식에 들어가자 "모든 합리적인 사고 방식은 완전히 정지되고, 인도의 유일한 관심은 어떠한 방법으로 간디의 생명을 구하느냐"에 집중되었다. 이와 동시에 이상한 분위기 속에서 불가촉 천민에 대한 동정심이 싹터, 그들에게 출입이 금지되어 있던 사원이나 공공 시설 등이 개방되었다. 영국 정부의 타협적인 양보에 따라 단식은 6일 만에 중지되었다. 사실 그 원인의 전부를 여기에 돌릴 수는 없다 하더라도, 핵심에서 벗어난 문제가 더구나 타협으로 해결되었다는 사실은, 영국 정부의 대탄압과 인도 인민의 반격으로 시작된 1932년의 민족 해방 운동을 급속히 침체에 빠지게 했다.

각한 데서 나온 것이었다. 당시 이 선언은 과감하고 파격적인 것으로 받아들여져 그 뒤 100년 가까이나 유럽의 자유주의자와 민주주의자의 헌장이 되었다. 그러나 오늘날 그것은 이미 시대에 뒤진 것이 되어 현대의 아무런 문제도 해결해 주지 못한다. 그저 법 앞의 평등과 투표권을 갖는다고 진정한 자유·평등, 나아가 행복이 보장되는 것이 아니며, 변함없이 권력을 쥔 무리가 그들을 착취하는 온갖 수단을 갖는다는 사실을 사람들이 깨닫기까지는 여전히 많은 시간이 필요했다. 정치 사상은 프랑스 혁명 시대 이후 상당히 발전하고 변화했으므로 아마 오늘날에는 아무리 보수주의자라 할지라도 대개는 그 고양된 영향을 지닌 인권 선언의 대원칙들(high-sounding principles)을 받아들일 것이다. 하지만 그것은 누구나 쉽사리 지적할 수 있는 것처럼, 그들이 진정한 평등과 자유를 기꺼이 인정한다는 말은 아니다. 이 선언은 사실상 사유 재산을 옹호하는 것이었다. 대귀족과 교회의 소유지는 봉건적 권리와 특권이라는 이유로 몰수당했다. 그러나 재산을 소유할 권리 자체는 신성하고 침해할 수 없는 것으로 여겨졌다. 아마 너도 알고 있겠지만, 오늘날 진보한 사상은 개인적 소유는 하나의 악이며, 가능한 한 배제되어야 한다고 생각하게 되었다.

 인권 선언은 오늘날 우리에게는 진부한 문서로 보일 것이다. 어제는 대담무쌍했던 사상이 오늘은 평범한 사상으로 보이는 예는 흔하다. 그러나 그 당시로서는 전 유럽을 전율시키며 고통받는 모든 짓밟힌 사람들에게 더욱 나은 시대를 약속하는 것처럼 보였다. 그러나 국왕은 그것을 좋아하지 않았다. 그는 이 불경함에 당황하며 결재를 거부했다. 그 때 국왕은 아직 베르사유에 있었다. 파리의 반도들이 한 여성을 앞장세우고 베르사유로 들이닥쳐 국왕에게 '선언'을 결재시켰을 뿐 아니라, 그를 파리로 연행한 것도 이 때의 일이었다. 바로 전에 보낸 편지 말미에서 언급한 기묘한 행렬이라는 것이 바로 이것이다.

 국민 의회는 이 밖에도 유익한 개혁을 많이 실시했다. 방대한 교회 재산은 국가에 몰수되었다. 프랑스를 80개 지역으로 구분하는 새로운 행정 구획이 결정되었다. 이 행정 구획은 지금도 이용되고 있을 것이다. 또한 예전의 봉건 법정 대신 더욱 훌륭한 재판소가 세워졌다. 이것은 모두 좋은 일이었으나 충분하다고는 할 수 없었다. 빵에 굶주린 도시의 서민과 토지에 주린 농민에게는 별로 혜택이 돌아가지 않았다. 혁명은 가로막힌 것처럼 보였다. 이미 말한 바와 같이 국민 의회에는 농민이나 도시의 서민을 대표할 자가 전혀 없었다. 국민 의회는 미라보가 지도하는 중간 계급에게 좌우되고 있었다. 그들은 자기 목적을 달성했다고 생각하자 전력을 다해 혁명의 진행을 저지하려 했다. 그들은 국왕 루이와 결탁해서 지방 농민을 사살하는 문제를 상의하기 시작했다. 그 총수인 미라보는 사실상 국왕의 비밀 고문이 되었다. 바스티유로 몰려가 감옥을 점령하고, 그로써 억압의 쇠사슬을 끊어 버린 줄로만 알고 있던 평민들은 사태의 추이를 수상하게 여겼다. 자유는 여전히 머나먼 곳에 있는 것처럼 보였고, 국민 의회는 거의 옛날 영주와 다름없는 방법으로 그들을 압박하고 있었다.

혁명의 심장이었던 파리 시민이 국민 의회에 배신당하자 그들의 혁명적 에너지는 다른 돌파구를 찾아 냈다. 이것이 파리 코뮨(the Commune of Paris), 즉 시 정부(municipality)였다. 코뮨뿐만 아니라 몇 사람의 멤버를 코뮨에 파견한 시의 각 지구는 대중과 직접 접촉하는 하나의 살아 있는 조직이었다. 코뮨과 각 지구는 혁명의 기수가 되어 온건한 중간 계급의 국민 의회에 대항했다.

바스티유 점령 1주년 기념일이 돌아오자 파리 시민들은 7월 14일 성대한 축제를 벌였다. '연합제(the Fête of the Federation)'라는 이름을 붙인 이 축제를 진정한 자기네 축제라고 느낀 파리 시민은 제각기 열심히 시가지를 장식했다.

1790년과 1791년의 혁명 과정은 대체로 이와 같았다. 국민 의회는 혁명적 정열을 완전히 상실하고 혁명에 진저리를 치고 있었다. 그러나 파리 시민은 여전히 혁명적 에너지에 넘쳤으며, 농민은 변함없이 토지를 갈망하고 있었다. 사태는 언제까지 이대로 계속될 수는 없었다. 혁명은 전진하든가 아니면 좌절하든가 둘 중의 하나로 끝나게 마련이다. 온건파의 총수 미라보는 1791년 초에 죽었다. 국왕과 은밀하게 거래하고 있었는데도 그는 인민들에게 인기가 있어 인민의 전진을 가로막고 있었다. 1791년 6월 21일 혁명의 운명을 결정하는 사건이 일어났다. 국왕 루이와 마리 앙투아네트가 변장하고 탈출한 것이다. 그들은 거의 국경에 닿기 직전 베르됭(Verdun) 근처에 있는 바렌(Varennes)에서 몇몇 농부에게 붙들려 파리로 송환되었다.

국왕과 왕비의 이러한 행동은 파리 시민과 관계되는 일인 만큼 이들의 운명을 결정해 버렸다. 공화국의 이념이 급속히 발전했다. 하지만 이 무렵 매우 온건해져서 인민의 감정과는 전혀 동떨어져 있던 국민 의회와 정부는 루이의 폐위를 요구하는 사람들을 계속해서 총살하고 있었다. 혁명 과정에서 위대한 지도자로 등장한 마라(Jean Paul Marat)[24]는 도망치려던 국왕을 반역자로 탄핵했다는 이유로 경찰에게 쫓겨다니고 있었다. 그는 당국의 눈을 피해 파리의 하수도 안에 숨어 있다가 지독한 피부병에 걸리기도 했다.

이상하게도 루이는 그로부터 1년 남짓, 이론상 여전히 국왕으로 앉아 있었다. 1791년 9월 국민 의회는 문을 닫고 '입법 의회(the Legislative)'에 그 지위를 넘겨 주었다. 하지만 이 또한 국민 의회와 마찬가지로 온건한 것으로서 상층 계급의 대표 기관에 불과했다. 그것은 고조되고 있는 프랑스 인민의 혁명적 열광을 대표하지 못했다. 이 열광은 인민 사이에 번져, 인민 속에 뿌리박은 자코뱅당의 세력을 증대시켰다.

이 동안 유럽 열강은 경악 속에서 이 일련의 사건을 지켜보고 있었

---

24) 프랑스의 정치가 · 혁명가. 원래는 스위스 태생의 의사였다. 1789년 파리에서 혁명을 추진하기 위한 선전용 신문 『인민의 벗』을 발간했고, 공화국 성립 후에는 『인민의 벗』을 『프랑스 공화국 신문』으로 개칭하고 주필로 있었다. 그는 프랑스 혁명의 좌익을 대표해 국민 의회, 입법 의회, 국민 공회 시대를 통해 지롱드파와 날카롭게 대립했으며, 자코뱅파의 독재가 확립된 뒤에는 이른바 '공포 정치'의 최고 간부 가운데 한 사람이었으나 얼마 뒤(1793) 코르데(Corday)라는 한 소녀에게 암살당했다.

다. 얼마 동안은 프로이센과 오스트리아와 러시아는 다른 방면에서 분할 점유를 하느라 여념이 없었다. 그들은 폴란드 왕국을 결딴낸 참이었다. 그러나 프랑스의 사태가 실로 급박하게 돌아가자 그들은 프랑스에 눈길을 돌렸다. 1792년 프랑스는 오스트리아 그리고 프로이센과 전쟁을 벌이고 있었다. 당시 오스트리아는 지금 벨기에에 해당하는 네덜란드의 지역을 영유했던 관계로 프랑스와 국경을 마주하고 있었다. 외국 군대가 프랑스 영토에 침입해서 프랑스군을 무찔렀다. 충분히 예상할 수 있는 일이지만, 프랑스 국왕은 외국과 공모한 혐의를 받고 있었으며, 숱한 왕당파들이 내통 혐의를 받았다. 주위의 정세가 긴박해짐에 따라 프랑스 인민은 더욱 뜨겁게 열광하며 혼란 상태를 빚어 냈다. 그들은 도처에서 간첩이나 배반자를 목도했다. 파리의 혁명 코뮨이 이 위기 극복을 지도하게 되었다. 그들은 인민에게 왕실의 반역을 억압하기 위해 계엄령을 내렸음을 표현하려고 적기(Red Flag)를 게양하고, 1792년 8월 10일에는 왕궁의 습격을 명령했다. 국왕은 휘하의 스위스 근위대를 시켜 총을 쏘게 했다. 그러나 승리는 인민에게 돌아가고 코뮨은 의회를 누르고 국왕을 폐위시켜 감옥에 가두었다.

지금은 누구나 알고 있듯이 적기는 여러 곳에서 노동자의 깃발로 통하고 사회주의와 공산주의의 표지로 쓰이지만, 형식적으로는 인민에 대해 계엄령을 선포할 때 공식적인 깃발로 사용되는 것이 관례다. 확실한 것은 모르겠지만, 이 깃발이 인민측을 대표해 게양된 것은 파리 코뮨 때가 최초였으며, 그 뒤 노동자의 깃발로 널리 발전했던 것으로 안다.

국왕의 폐위와 투옥만으로는 아직 모자랐다. 인민들은 자신들에게 총을 쏘고 많은 사람들을 죽인 스위스 근위대의 행동에 흥분했으며, 간첩과 내통하는 자를 극도로 경계하던 그들은 곳곳을 돌아다니면서 의심스러운 사람들은 모조리 체포했다. 감옥은 그들로 만원을 이루었다. 체포당한 사람들 가운데는 물론 죄인도 많았지만, 무고한 사람들도 체포되고 투옥당했다. 며칠이 지나자 또다시 인민 속에 격렬한 정세의 물결이 밀어닥쳤다. 그들은 감옥에서 죄수들을 끌어 내 약식 재판에 회부한 뒤 대다수 사람들을 죽였다. 이 사건은 '9월 학살 사건(September massacres)'이라 일컬어졌다. 그 때 죽음을 당한 사람은 1000명 이상이나 되었다. 이것이 파리의 군중들이 피맛을 본 첫 번째 사건이었다. 더구나 이 피에 굶주린 이들을 만족시키기 위해서는 또다시 엄청난 피가 흘러야 했다.

9월에는 또 프랑스군이 오스트리아·프로이센 침략군에 대해 최초의 승리를 거두었다. 이것은 발미(Valmy)의 소규모 전투에서 얻은 승리였으나, 그 의의와 결과는 크나큰 것이었다. 그 작은 승리가 혁명을 구했기 때문이다.

1792년 9월 21일에 '국민 공회(the National Convention)'가 소집되었다. 이것은 입법 의회를 대신한 새로운 회의체였다. 그것은 선행한 두 의회에 비교하면 상당히 발전된 것이기는 했으나, 아직 코뮌에 비하면 뒤에서 꾸물거리고 있었다. 국민 공회가 처음으로 한 일은 공화국 선언이었다. 바로 뒤이어 루이 16세에 대한 재판이 열렸다. 그는 사형 선고를 받아 1793년 1월 21일 왕정이 저지른 갖가지 죄를 그의 목으로 보상했다 — 그는 길로틴으로 목이 잘린 것이다. 이로써 프랑스 인민은 이 때 스스로 퇴로를 끊어 버렸다. 그들은 마지막 한 발자국마저 내디뎌 유럽의 국왕과 황제에 도전했다. 이미 한 걸음도 물러설 수 없는 상황이었다. 국왕의 피비린내가 가시지 않은 채 선혈로 젖어 있는 길로틴 위에서 혁명의 대지도자 당통(Danton)[25]은 몰려든 군중을 향해 주변 국가들의 국왕들에게 도전하는 연설을 소리 높여 외쳤다. "유럽의 국왕들은 우리에게 도전해 올 것이다. 저들에게 국왕 루이의 목을 던져 주자!"

---

25) 프랑스 혁명 때의 정치가. 원래 샹파뉴 태생의 법률가. 파리 민주 세력의 지도자로서 혁명에 가담해 구체제의 타도에 주력한 그는 부르주아 과두 세력과 싸운 코뮌 및 자코뱅당의 유력한 멤버 가운데 한 사람이었다. 특히 공화국이 외국의 침략에 직면했을 무렵은 그가 가장 화려하게 활동한 시기였다. 그는 법무상이 되어 정부의 실권을 쥐었으며, 자코뱅당 내에서도 마라·로베스피에르와 함께 '삼거두'라 일컬어지면서 '공포 정치'의 중심 인물이 되었다. 그러나 자코뱅당의 독재가 확립된 뒤 공포 정치의 완화 문제를 놓고 로베스피에르와 대립하던 끝에 1794년 3월 실각해 처형당했다.

102 *1932년 10월 13일*

혁명과 반혁명

국왕 루이는 사라졌다. 그러나 그의 죽음에 앞서 프랑스는 이미 놀랄 만한 변화를 겪고 있었다. 인민의 피는 혁명의 뜨거운 열기로 비등점에 이르렀다. 그들의 혈관은 들끓는 피로 터질 듯했으며 불꽃처럼 타오르는 열정이 그들을 사로잡았다. 공화국 프랑스는 나머지 왕정 유럽의 공세 앞에 배수진을 쳤으며, 주변의 노쇠한 왕들에게 자유의 태양에 달구어진 애국자들의 전투 능력을 보여 주려고 했다. 그들은 새로 쟁취한 자유뿐만 아니라 국왕과 귀족에 짓눌린 다른 나라의 국민을 위해서도 싸우려고 했다. 그들은 유럽의 여러 인민을 향해 격문을 띄워 지배자에 대한 궐기를 촉구하고, 스스로 모든 인민의 벗, 모든 왕정의 적임을 자처했다. '조국(la patrie)' 프랑스는 자유의 어머니가 되어, 그 제단에 희생을 바치는 것은 곧 기쁨을 뜻하게 되었다. 이 격렬한 열광의 시간 속에서 하나의 찬란한 노래가 나타났다. 그들의 불타오르는 정감을 울리는 이 곡조는 그들로 하여금 목이 터지도록 노래하면서 전장으로 몰려 나가게 하고, 온갖 장애를 극복, 강적 앞에서도 아무 두려움 없이 약진하게 만들었다. 이것은 루제 드 릴(Rouget de Lisle)이 라인의 군대(라인 방면의 공화국 군대)를 위해 작곡한 군가로서, 그 뒤 「라 마르세예즈(La Marseillaise)」[26]로 알려진 노래이며 현재 프랑스의 국가가 되어 있다.

---

26) 프랑스군의 하사관인 루제 드 릴이 작사·작곡한 노래(1792). 공화국 프랑스가 유럽의 봉건 세력의 위협 앞에 직면했을 때 자유와 평등의 이상에 불타는 프랑스인의 흥분과 의기를 잘 나타내 주고 있다. 혁명중 프랑스 민중 사이에 널리 애창되어 뒷날 프랑스의 국가가 되었다.

일어서라, 조국의 아들들아,
영광의 날이 다가왔다!
학정에 대항하여
피에 젖은 우리 깃발이 올랐다.
들리는가, 온 강산에,
저 포악한 적병들의 울부짖는 소리가!
적들은 어느덧 우리 팔에 매달려
우리 자식, 우리 아내의 목을 따러 왔다!
무기를 들자, 시민들이여! 대오를 지어라!
행진하세, 행진하세,
적들의 더러운 피가 우리의 밭고랑을 적실 때까지!

그들은 공연히 국왕의 장수를 비는 노래 따위는 더 이상 부르지 않았다. 그 대신 그들은 조국, 자유 — 사랑하는 자유에 바치는 성스러운 사랑을 노래했다.

조국에 대한 성스러운 사랑
복수에 불타는 우리들의 팔을 이끌어 부축하라!
자유여, 사랑하는 자유여,
너를 지키는 자들과 함께 싸워라!

모진 궁핍이 뒤따랐다. 식량도, 옷도, 군화도, 신발도, 또는 무기도 충분치 못했다. 군대는 도처에서 시민에게 군화와 옷을 벗어 달라고 호소했다. 애국자들은 군대에 부족한 각종 필요한 식료품을 헌납했다. 그를 위해 어떤 사람들은 자주 굶기도 했다. 가죽, 취사 도구, 프라이 팬, 물통, 그 밖의 갖가지 가정용품이 징발되었다. 파리 가두에는 수많은 평민들을 위한 대장간이 설치되어 망치 소리가 요란했다. 모든 시민들이 병기 만드는 일을 도왔다. 지독한 궁핍이었다. 하지만 조국 프랑스, 설사 누더기를 걸치고 있어도 머리에는 자유의 왕관이 씌워졌다. 그처럼 아름다운 프랑스가 위기에 직면해서 그 문전에 적이 몰려들고 있는 이상, 어찌 그런 일들에 구애될 것인가? 그래서 프랑스 청년들은 조국을 구원하기 위해 줄지어 참여해 굶주림과 갈증을 무릅쓰고 승리를 위해 곧장 행진했다. 칼라일은 이렇게 말했다. "먹는 것 또는 실생활에 직접 관계되는 경우를 제외하고는 한 국민이 한 덩어리가 되어 어떤 신념을 관철하기 위해 참여하는 일은 지극히 드문 일이다. 하지만 그들이 일단 어떤 신념을 포착하게 되면 그 역사는 급작스럽게 정기를 띠고 활기를 나타내며 우리의 주목을 끌기에 이른다." 이 위대한 목적에 대한 신념이 혁명 속에 있는 모든 남녀에게 있었다. 그리고 이 기억해야 할 나날에 그들이 만들어 낸 역사와 그들이 견뎌 낸 희생은 지금껏 우리의 피를 끓게 하고 우리의 맥박을 울리는 힘을 갖고 있다.

    훈련도 제대로 안 된 채 날림으로 만든 혁명군이기는 했지만 그들은 모든 외국 군대를 프랑스 땅에서 몰아 냈으며, 나아가 네덜란드(벨기에를 포함한 기타 지역)를 오스트리아에서 해방시켰다. 합스부르크가는 이것을 마지막으로 네덜란드를 포기하고, 두 번 다시 돌아오지 않았다. 유럽의 정규 직업 군대는 이 혁명군을 당해 낼 수 없었다. 직업 군대는 돈 때문에 조심스럽게 싸웠으나 혁명군은 이상을 위해 싸웠으며, 이기기 위해서는 크나큰 위험도 감수할 태세가 되어 있었다. 적들은 산더미 같은 휴대품 자루를 메고 느릿느릿 움직였지만 혁명군은 거의 맨손에 가까운 차림으로 신속하게 행동했다. 혁명군은 이처럼 전쟁에서 새로운 군대의 유형을 만들고 새로운 전술로 전투에 임했다. 그들은 옛 군사 방식을 개조해 어느 정도까지 다음 100년 간의 유럽 군대의 모범을 보여 주었다. 그러나 이 군대의 진정한 강점은 그들의 정열과 대담함에 있었다. 당통은 "조국이 적을 무찌를 수 있는 필수 불가결한 요소는 첫째도, 둘째도, 셋째도 용맹 과감한 정신이다"고 말했지만, 이 유명한 문구는 그대로 그들의 모토였으며, 또한 이 단계에서 혁명 그 자체의 모토였다고 해도 좋을 것이다.

전쟁은 확대되었다. 강대한 해군력을 보유한 영국은 강적이었다. 공화국 프랑스는 이미 대육군을 건설했으나 해상에서는 열세였다. 영국은 프랑스의 모든 항만을 봉쇄하기 시작했다. 그리고 에미그레, 즉 망명한 프랑스 귀족은 영국에서 엄청난 위조 아시냐(assignats) — 프랑스 공화국의 위조 지폐를 밀반입했다. 그들은 이렇게 해서 프랑스의 통화와 금융을 교란하려고 했던 것이다.

대외 전쟁은 모든 부문에 영향을 끼쳐 국민의 에너지는 모조리 거기에 쏟아 부어졌다. 이러한 전쟁은 혁명에 매우 위험하다. 왜냐하면 외적과 전투하느라 사회 문제를 소홀히 하면 그 결과 혁명의 참다운 목적을 상실하기 때문이다. 전쟁열이 혁명열과 뒤바뀌는 것이다. 프랑스의 상황이 바로 이러했다. 그래서 이윽고 우리도 곧 보겠지만, 프랑스 혁명의 최후 단계는 나폴레옹이라는 어느 사령관의 독재 정치로 끝나게 되었다.

국내에서도 문제가 생겼다. 서부 프랑스의 방데(Vendée)에서 농민 폭동이 일어났다. 이 지방의 농민이 새로운 군대에 참여하기를 거부한 것이 한 이유였으며, 또 하나는 왕당파 지도자와 에미그레의 공작에 따른 것이었다. 혁명은 사실상 파리 시민으로부터 지지받고 지휘되고 있었으므로 농민은 수도에서 벌어지는 급격한 변화를 이해할 수 없었고 또 반기지도 않았다. 그래서 그들은 후방에 처져 있었다. 방데의 반란은 말할 수 없이 잔혹한 방법으로 진압당했다. 전쟁중에는, 특히 내전에서는 흔히 가장 악질적인 정열이 끓어오르고, 자비심은 정처 없는 방랑자가 된다. 리용(Lyons)에서도 반혁명 봉기가 있었다. 이것도 진압되었는데 그 형벌로 리용시를 불태워 버리자는 제안까지 나왔다. "리용은 자유에 반역했다. 리용은 이미 존재하지 않는다!" 다행히 이 제안은 채택되지 않았지만 리용은 모진 박해를 받았다.

그 동안 파리에서는 어떤 일이 일어나고 있었을까? 누가 파리를 지배하고 있었을까? 새로운 선거로 이루어진 코뮌(혁명 자치 정부)과 각 지구 자치단(sections)이 여전히 시의 생명을 장악하고 있었다. 국민 공회 내부에는 여러 당파간에 싸움이 벌어졌는데, 그 중에서도 두드러진 것은 지롱드당 즉 온건 공화주의자와 자코뱅당 즉 급진 공화주의자의 싸움이었다. 자코뱅당이 이겨 1793년 6월 대부분의 지롱드당 의원은 공회에서 축출되었다. 공회는 봉건적 권리를 박탈하는 마지막 조치를 취해, 봉건 영주에 소속되었던 토지는 각 지방 코뮌, 즉 지방 자치 정부에 회수되었다. 말하자면 이 토지들은 공유 재산이 된 셈이다.

이제 자코뱅당이 지배하게 된 공회는 두 위원회 — 공익 위원회(Committees of Public Welfare)와 공안 위원회(Committees of Public Safety)를 선임하고 여기에 광범한 권한을 부여했다. 두 위원회, 특히 공안 위원회는 어느덧 대단한 세력을 차지해 공포의 대상이 되었다. 그들은 마침내 혁명이 공포 정치의 밑바닥으로 굴러 떨어질 때까지 사사건건 국민 공회를 몰아세웠다. 모든 사람들에게 공포의 그림자가 드리워졌다. 그들을 포위하고 있던 외국 군대의 위협, 간첩과 내통자의 위협, 그리고 그 밖에도 많은 위협이 도사리고 있었다. 공포는 사람을 맹목적으로 만들고 자포자기 상태로 만든다. 공회는 이처럼 끊임없이 밀어닥치는 위협에 몰려 1793년 9월에 무서운 법률 — 혐의법(the Law of Suspects)을 통과시켰다. 혐의를 받은 자는 아무도 안전할 수 없었다. 혐의를 받지 않으리라고 그 누가 장담할 수 있겠는가? 1개월 뒤 22명이나 되는 공회의 지롱드당 의원들이 혁명 재판소(the Revolutionary Tribunal)에서 재판을 받고 바로 사형에 처해졌다.

이렇게 공포 정치가 시작되었다. 날마다 죄인으로 몰린 사람들이 줄지어 길로틴으로 향했다. 날마다 이 희생자들을 태운 죄수 수송차 — 텀브릴(tumbrils : 쓰레기 운반차)이라고 불렀다 — 가 파리의 자갈길을 덜거덕거리며 지나가고 시민들은 이 불행한 사람들을 야유했다. 공회에서조차 권세를 떨치는 우두머리들과 맞서는 것은 위험했다. 그랬다가는 혐의를 초래하고, 혐의는 곧 재판과 길로틴으로 이어졌기 때문이다. 공회는 공익 위원회와 공안 위원회를 통해 좌우되었다. 두 위원회는 사람을 살리고 죽이는 모든 권한을 손아귀에 쥐고 타인의 개입을 좋아하지 않았다. 그들은 파리의 코뮌과도 대립했으며, 자기들 의견에 동의

하지 않는 모든 자와 대립했다. 권력이란 사람을 타락시키는 유례없는 힘을 가지고 있다. 그래서 양 위원회는, 일찍이 혁명 당시 지구 자치단과 함께 혁명 세력의 중추를 이루었던 코뮨을 타도하려고 했다. 그들은 먼저 지구 자치단을 해체해서 기둥을 자른 뒤에 코뮨을 괴멸시켰다. 혁명은 때때로 이렇게 스스로를 망쳐 놓는다. 파리 곳곳에 결성된 지구 자치단은 상층 관리와 대중을 결합하는 관절이며, 혁명에 힘과 생명을 주는 붉은 피가 통하는 혈관이었다. 1794년 초 지구 자치단과 코뮨의 해체는 이 생명의 핏줄을 끊어 놓았다. 그 때부터 공회와 위원회는 상부에 위치하는 정부 기관이 되어 인민과의 활발한 접촉이 끊겼으며, 다른 집권자들처럼 자기 의지를 폭력적 수단으로 타인에게 강요했다. 이는 참된 혁명 시대의 종말이 시작되었음을 뜻했다. 이로부터 6개월 간 공포 정치가 계속되어 혁명은 무거운 다리를 끌면서 걸어갔다. 그러나 이미 종말이 보이고 있었다.

　　이 광란 노도의 시대에 프랑스와 파리의 지도자는 누구였던가? 많은 사람의 이름을 들 수 있다. 1789년에 바스티유 습격을 지도하고 그 밖에 다른 사건에서도 눈부시게 활약한 카미유 데물랭(Camille Desmoulins),[27] 그는 공포 정치 시대 동안 줄곧 온건한 정책을 주장했다는 혐의로 길로틴에 희생되었으며, 그의 젊은 아내 리시(Lucille)도 남편 없는 생활보다는 죽음을 택해 며칠 뒤 남편의 뒤를 따랐다. 시인 파브르 데글랑틴(Fabre d' Eglantine)[28]과 귀신 검사로 통한 푸키에 탕빌(Fouquier Tanville).[29] 아마 혁명의 군상 중에서도 가장 탁월하고 가장 유능한 지도자였던 마라. 그는

---

27) 프랑스의 문필가・정치가. 1789년 7월 11일 개혁을 주도한 네케르(Necker)의 파면에 즈음해서 "힘에는 힘으로 대응하자"는, 파리 시민에게 혁명을 선동하는 연설을 하여 시민 반란 행동의 방향을 결정했다. 1792년 국민 공회 의원이 되어 저널리스트로서 지롱드당 공격에서 활약했다. 신문 『비외 코르들리에』지를 창간했으나, 당통파로서 신흥 부르주아지의 관점으로 강력 수단의 완화를 역설하다가 공안 위원회에 체포, 당통과 더불어 로베스피에르 파에 의해 처형당했다.
28) 혁명 시인・극작가. 혁명가로서는 당통과 행동을 같이하다가 같은 날 처형당했다.
29) 1793년 3월부터 1794년 1월까지 공포 정치하의 검사로서 노련한 솜씨를 발휘해서・위세를 떨쳤지만, 1795년 5월 단두대로 보내졌다.

어린 소녀 샬로트 코르데(Charlotte Corday)의 단도에 의해 암살당했다. 이미 우리 편지에서 두 번이나 등장한, 노한 사자 같다는 평판을 듣던 웅변가 당통—그토록 출중했지만 그 또한 길로틴의 이슬로 사라졌다. 그리고 그 중에서도 가장 세상에 잘 알려진 자코뱅당의 지도자이자 공포 시대 내내 사실상 공회의 독재자였던 로베스피에르(Robespierre). 그는 마치 공포 정치의 화신처럼 알려졌고, 그의 이름을 들으면 사람들은 몸서리를 친다. 그렇지만 이 사람의 성실성과 애국 충정은 의심할 여지가 없었다. 그는 고집불통으로 알려진 인물이었다. 그러나 그의 생활은 검소했다. 다만 정도를 지나친 독선주의자로서, 자기와 의견이 다른 자를 모조리 공화국과 혁명에 대한 반역자로 여긴 것으로 보인다. 일찍이 그의 동지였던 수많은 탁월한 혁명 투사가 그의 명령에 따라 길로틴의 이슬로 사라졌다. 그 결과 그 때까지는 소심하게 그의 말에 순순히 복종만 하던 공회가 마침내는 그에게 공격의 칼날을 들이대게 되었다. 이들은 그를 압제자·전권자로 단죄해서 그와 그의 독재를 끝장냈다.

  이 지도자들은 모두 젊은 사람들이었다. 혁명이 노인 주도로 이루어진 예는 결코 없다. 그들은 모두 중요한 사람들이기는 하지만 이 엄청난 드라마에서 지배적인 역할을 연출한 것은 아니었다. 혁명 그 자체에 비하면 그들의 존재는 미미하기만 하다. 혁명은 그들을 통해 일어난 것이 아니며, 또 그들에게 좌우된 것도 아니기 때문이다. 그것은 사회 환경과 오랜 궁핍과 압제 때문에 서서히 그러나 불가항력적으로 자라나 때때로 역사의 지표를 뒤흔드는 저 자연력과도 같은 인간 세계의 대지진이었다.

  공회가 반목과 길로틴 외에 아무것도 한 일이 없다고 생각해서는 안 된다. 본격적인 혁명을 거쳐 해방된 에너지는 어떤 경우에도 가공할 만큼 엄청난 것이다. 그 에너지가 대외 전쟁에 크게 소모되었다고는 하지만 아직도 많이 남아 있어 온갖 커다란 건설 사업에 투입되었다. 예를 들면 국민 교육의 모든 체계가 재검토되었다. 지금 모든 학교의 학생들이 배우는 미터법은 이 때 채용된 것으로서 이에 따라 무게·길이·부

피의 단위가 모두 간소화했다. 이 계량 단위는 오늘날의 문명 세계라면 어디에나 보급되어 있지만 오직 보수적인 영국만은 야드(yard), 펄롱(furlong : 1마일의 8분의 1), 파운드(pound), 헌드레드 웨이트(hundredweight : 112파운드)를 비롯해 시대에 뒤떨어진 옛 제도를 고수하고 있다. 그리고 우리 인도도 시어(seer : 약 2파운드), 몬드(mount : 82파운드)와 같이 복잡한 길이나 무게의 단위를 물려받았다.

미터법의 논리적인 파생물로서 신공화력(new republican calendar)이라는 것이 만들어졌다. 이것은 공화제가 선언된 1792년 9월 22일(추분)을 출발점으로 삼은 것이다. 7일을 일 주일로 하는 제도는 10일을 일 주일로 고쳐서 10일째 되는 날이 휴일이 되었다. 12개월은 그대로 남았으나 달의 이름은 바뀌었다. 시인 파브르 데글랑틴은 계절별로 나누어 재미있는 달 이름을 붙였다. 봄철 석 달은 파종의 달(Germinal : 1794.3.21~4.19), 꽃의 달(Floréal : 1794.4.20~5.19), 초원의 달(Prairial : 1794.5.20~6.18), 여름철에 든 달은 수확의 달(Messidor : 1794.6.19~7.18), 더위의 달(Thermidor : 1794.7.19~8.17), 열매의 달(Fructidor : 1794.8. 18~9.16), 가을철에 든 달은 포도의 달(Vendémiaire : 1793.9.21~10.21), 안개의 달(Brumaire : 1793.10.22~11.20), 서리의 달(Frimaire : 1793.11.21~12.20), 그리고 겨울철에 든 달은 눈의 달(Nivôse : 1793.12.21~1794.1.19), 비의 달(Pluviôse : 1794. 1.20~2.18), 바람의 달(Ventôse : 1794.2.19~3.20)이라고 붙였다. 이 달력은 혁명 뒤에는 사용되지 않았다.

어떤 때는 강력한 반기독교 운동이 전개되어 '이성의 숭배'가 제창되어 진리의 사원이 건립되었다. 이 운동은 급속도로 지방에 전파되었다. 1793년에는 파리의 노트르담 성당에서 성대한 '자유와 이성의 제전(Fête of Liberty and Reason)'이 거행되고, 한 미녀를 선택해 살아 있는 이성의 화신으로 삼았다. 그러나 로베스피에르는 생각이 달라 이 운동에 찬성하지 않았다. 당통도 마찬가지였다. 자코뱅의 공안 위원회는 이것을 옳지 않다고 규탄, 결국 그 운동의 지도자를 길로틴으로 보내 처형했다. 이와 같이 권력에서 길로틴으로 가는 길은 도중에 숨돌릴 만한 곳도 없는 직통로였다. 로베스피에르는 자유와 이성의 숭배에 대항해 또 다른 의식 ― '최고 존재의 제전(the Fête of the Supreme Being)'을 제안했다. 그러자 공회는 표결을 거쳐 프랑스가 '최고 존재'의 신앙을 선택한다고 결의했다! 다시 로마 가톨릭이 슬며시 기어들어 왔다.

파리 지구 정부와 코뮌이 파멸한 뒤 사태는 빠르게 진행되어 갔다. 자코뱅당은 우세를 확보하고 정부는 그들에게 좌우되었으나 그들은 내부에서 분열하고 있었다. 자유와 이성의 숭배에 앞장섰던 에베르(Hebert)[30]와 그 일파가 길로틴으로 처형된 뒤 최초의 대분열이 자코뱅당에 닥쳐왔다. 파브르 데글랑틴이 에베르와 똑같은 운명을 당했으며, 이어서 1794년 초 당통·카미유 데물렝, 그 밖에 여러 사람들이 길로틴을 지나치게 남용한다고 로베스피에르를 비난했다가 그에 의해 타도되었다. 인민으로부터 방해를 받기 전에 서둘러 끝내 버린 1794년의 당통 처형은, 파리와 지방의 인민들이 볼 때 혁명이 끝장났음을 뜻했다. 혁명의 사자는 비명에 죽고 몇 안 되는 파벌이 권력을 장악하고 있었다. 사방을 적에게 포위당하고 인민으로부터도 고립된 이 일파는 곳곳에 죄악을 저질러 놓고, 공포 정치를 강화함으로써 지위를 유지하는 데만 급급했다.

그로 말미암아 공포 정치는 심각해질 뿐이었고, 길로틴을 왕래하는 죄수 수송차는 갈수록 더 많은 희생자를 실어 날랐다. 6월로 들어서자 '플레레알(초원의 달) 22일법(the Law of the 22nd Prairial)'이라는 법률이 만들어졌다. 이에 따르면 인민을 분열 또는 선동하기 위해, 또는 공공 질서와 미풍 양속을 문란케 하고 민심을 악화시키기 위해 유언비어를 퍼뜨린 자를 사형에 처하도록 되어 있었다. 로베스피에르나 그 일파와 의견을 달리하는 자는 모조리 이 법률의 한없이 큰 그물에 걸려들

---

30) 그는 코뮌과 자코뱅당의 유력한 성원. 혁명 신문 『페르 뒤셴』의 편집자이며 파리의 프롤레타리아와 프티 부르주아지를 배경으로 한 그는 혁명 좌익 중의 좌익이었다. 또한 '공포 정치'를 추진한 한 사람으로서 매점(買占) 자본가의 타도와 통제 경제를 주장했으며, 비기독교회 운동, '이성의 숭배' 등을 제안했다. 그러나 혁명 말기에 로베스피에르와 충돌해 이른바 '에베르파' 간부들과 함께 처형당했다.

게 마련이었다. 수많은 사람들이 무더기로 재판을 받고 처벌당했다. 어떤 때는 왕당파고 뭐고 구별 없이 150명이나 되는 죄수가 한꺼번에 재판에 회부되었다.

46일 동안 이 새로운 공포 정치는 계속되었다. 그러나 마침내 테르미도르(Thermidor : 더위의 달) 9일(1794년 7월 27일)에 풍향이 바뀌었다. 공회는 갑자기 로베스피에르와 그 일파에게 칼을 들이대고 "압제자를 타도하라"는 고함 소리와 함께 그를 잡아 묶었다. 로베스피에르에게는 변명의 기회조차 주어지지 않았다. 이튿날 죄수 수송차가 그를 싣고 길로틴으로 끌고 갔다. 일찍이 그가 수많은 사람의 목을 잘랐던 길로틴으로 말이다. 이렇게 해서 프랑스 혁명은 끝났다.

로베스피에르의 실각에 이어 곧 반혁명이 닥쳐왔다. 온건파가 힘을 회복해서 자코뱅당을 습격하고 그들에게 공포 정치의 마수를 휘둘렀다. 적색 공포 정치(the Red Terror)에 이어 백색 공포 정치(the White Terror)가 닥쳐온 것이다. 15개월 뒤인 1795년 10월에 공회는 해산되고, 5인으로 구성된 '총재 정부(the Directory)'가 정권을 잡았다. 이것은 완전히 부르주아 정부로서, 인민의 억압에 힘썼다. 4년 이상 총재 정부가 프랑스를 통치했다. 이는 온갖 내분에도 불구하고 공화국의 위신과 힘이 유지되고 있었음을 보여 주며, 대외 전쟁에서도 승리를 거두었다. 여기저기서 반란이 일어났으나 곧 진압되었는데, 이 반란을 진압하던 공화국의 청년 지휘관이 바로 나폴레옹 보나파르트(Napoleon Bonaparte)였다. 그는 파리의 군중을 향해 감히 총을 쏘아—이것은 '포도탄의 총격(whiff of grapeshot)'으로 알려져 있다—수많은 사람을 죽였다. 구 혁명군이 파리의 시민들을 사살하는 데 투입되게 되었으니 이제 분명 혁명은 흔적조차 찾아볼 수 없었다.

그리하여 혁명은 끝나고, 이상주의자들의 빛나는 꿈과 빈민의 희망도 함께 사라졌다. 그러나 혁명은 당초에 목표했던 많은 것들을 확보했다. 반혁명이 일어났어도 농노 제도를 부활시킬 수는 없었다. 그리고 부르봉가(Bourbon)—프랑스 왕조는 부르봉가였다—는 복귀했지만 그들도 이미 농민에게 분배된 토지를 빼앗을 수는 없었다. 농촌과 도시에서 서민의 지위는 예전 상태에 비해 크게 개선되었다. 공포 정치가 한창일 때도 그들의 생활은 혁명 전보다는 나았던 것이다. 공포 정치는 상층 계급에게 행사되었으며, 평민에게 행사되지는 않았다. 물론 말기에 이르면 비교적 가난한 사람들 가운데서도 공포 정치의 피해자가 나오기는 했다.

혁명은 좌절되었다. 그러나 혁명의 이념은 유럽 구석구석에 골고루 미치고, '인권 선언'에 나타난 여러 원칙도 함께 퍼져 나갔다.

103 *1932년 10월 27일*

지배 계급의 정부와 혁명 정부의 차이

벌써 두 주 동안이나 편지를 쓰지 못했구나. 긴장이 조금 풀린 것 같다. 내 이야기가 마침내 대단원에 가까워지고 있다고 생각하니 조금 게을러지는구나. 우리는 이제 18세기 말로 접어들고 있다. 이제 19세기의 100년 간이 우리의 검토를 기다리고 있다. 그리고 나면 우리가 사는 20세기의 서른두 해가 이어진다. 그러나 남은 132년 간에 관해서는 얘기해야 할 것이 수없이 많을 것이다. 우리와 매우 가까운 만큼 우리 눈에 더욱 중대하게 보이고 옛날의 사건보다 훨씬 중요해 보인다. 우리가 오늘날 주위에서 보는 것들은 대개 이 시대에 뿌리를 두고 있다. 너를 안내해 이 1세기 남짓한 사건과 역사의 밀림 속으로 들어간다는 것은 좀처럼 쉬운 일은 아니다. 내가 게으름을 피우는 것도 아마 그 때문이리라. 또 인간의 역사에 대한 이 이야기가 마침내 1932년에 이르러, 과거가 현재로 녹아들고 미래의 그림자 앞에 문득 멈춰 섰을 때, 나는 도대체 어떻게 해야 좋을지 모르겠구나. 그 때 너한테 무엇을 써야 한단 말인가? 내 옆에 앉아 많은 질문을 던지는 너를 생각하고 상상하면서 펜을 놓을 때 나는 또 어떤 구실을 댈 것인가?

나는 프랑스 혁명에 대해, 즉 프랑스 역사에서 불과 5년 동안 일어난 사건에 대해 세 통이나 되는 긴 편지를 썼다. 유구한 세월을 편력하는 우리 여행에서 단숨에 몇 세기를 달려 지나기도 하고 한눈으로 여러 대륙을 둘러보기도 했다. 그런데 1789년부터 1794년 사이의 프랑스에서 우리는 상당히 긴 시간을 소비했다. 하지만 내 마음 속에 숱한 주제가 꽉 차 있어서, 펜이 나가는 대로 맡겨 둘 수가 없었기 때문에 그 긴 편지도 애써 간략하게 쓰려고 노력한 것임을 안다면 너는 놀라겠지. 프랑스 혁명은 역사적인 사건이다. 그것은 한 시대의 종말과 다음 시대의 시작을 의미한다. 그러나 프랑스 혁명은 그 극적인 성격으로 인해 우리의 마음을 한층 강하게 사로잡고 많은 교훈을 준다. 세계는 지금 다시 들끓기 시작해서 우리는 바야흐로 대격변의 전야에 서 있다. 인도에 살고 있는 우리는 아무리 평화적인 것이라 할지라도 또한 혁명의 시대에 살고 있다. 따라서 우리는 프랑스 혁명이나 우리 시대에 러시아에서 일어나 아직도 우리 눈앞에서 진행되고 있다고 해도 좋은 또 하나의 혁명에서 많은 것들을 배울 수 있을 것이다. 이 두 혁명과 같은 참된 인민 혁명은 엄연한 현실에 격렬한 빛을 던져서, 마치 번갯불이 번쩍일 때 모든 전경이 환히 드러나고 특히 어둡고 가려져 있던 곳이 다 드러나는 것과 같다. 적어도 얼마 동안은 목표가 분명히 보이게 되고 더구나 바로 가까이에 있는 것처럼 생각된다. 신념과 에너지가 사람들의 가슴을 채우고 당혹과 망설임은 사라진다. 차선책과 타협의 여지가 없어진다. 혁명을 수행하는 사람들은 한눈파는 일도 없이 화살처럼 똑바로 목표를 향해 돌진한다. 그리고 그들의 꿈이 직선적이고 대담할수록 혁명은 속도를 더해 간다. 그러나 이것은 혁명이 고조기에 있고 그 지도자가 절정에 있으며 대중이 그 산허리를 오르고 있을 동안에만 통하는 이야기다. 하지만 슬프도다! 마침내 그들은 산 위에서 어두운 계곡으로 내려와야 하며, 신념은 흐려

지배 계급의 정부와 혁명 정부의 차이

지고 에너지가 약화될 때가 온다.

1778년, 생애의 대부분을 망명 생활로 보낸 늙은 볼테르가 파리로 돌아와 죽었다. 그 때 그는 84세였다. 그는 파리의 청년들에게 이렇게 외쳤다. "청년은 행복하다. 그들은 역사적 사건을 볼 것이다." 그 말대로 청년들은 역사적 사건을 맞이했고 참가했다. 그로부터 11년 뒤에 혁명이 일어났으니 말이다. 실로 오랜 세월을 기다린 혁명이었다. 17세기에 '대왕' 루이 14세는 "짐은 곧 국가다"라고 했고, 그리고 18세기에 그의 후계자 루이 15세는 "짐이 죽은 뒤에야 대홍수가 오건 말건 내 알 바 아니다"라고 했다. 그리고 정말로 그가 초대한 대로 대홍수가 일어나 루이 16세와 그 일당을 일소해 버렸다. 향수 뿌린 가발과 비단 반바지(culotte)를 입은 귀족 대신 '상퀼로트(sansculottes : 반바지를 입지 않고 긴 바지를 입었으며, 3색 휘장을 단 붉은 혁명 모자를 쓴 파리의 하층민 과격 공화주의자'가 등장해 프랑스인은 모두 '시트와이엥(citoyen)' 또는 '시트와이엔느(citoyenne : 남녀 시민)'가 되었다. '자유·평등·박애', 이것이 세계를 향해 외친 새로운 공화국의 표어였다.

공포 정치의 커다란 그림자가 혁명의 시대를 뒤덮었다. 특별 혁명 재판소가 설치되고 로베스피에르가 타도될 때까지 겨우 16개월도 안 되는 사이에 4000명 가까운 목숨이 길로틴에 올려져 희생당했다. 이것은 엄청난 숫자다. 그리고 죄 없는 많은 사람들이 길로틴에 보내진 것이 틀림없다는 사실을 생각하면 가슴이 아프고 슬퍼진다. 하지만 몇 가지 사실은 마음 속에 새겨 둘 필요가 있다. 그러면 우리는 프랑스의 공포 정치라는 것을 올바른 각도에서 볼 수 있다. 공화국은 적과 내통자, 그리고 간첩에 둘러싸여 있었다. 그래서 단죄를 받은 이들은 대부분 스스로 공화국을 파괴하기 위해 일했다는 것을 인정한 사람들이었다. 공포 정치의 목적을 위해서는 죄 없는 사람도 죄를 감수해야 했다. 공포감에 휘말리고 보면 우리의 눈은 흐려져 유죄와 무죄의 한계를 긋기 어렵게 된다. 프랑스 공화국은 중대한 고비에서, 예를 들면 라파예트(La Fayette)[31]처럼 그들의 아군이었던 탁월한 장군들의 반역과 음모에 직면해야 했다.

혁명 지도자들의 신경이 날카로워져 그들이 좌충우돌했던 것도 이상할 것이 없었다.

또한 H.G. 웰스도 지적하고 있듯이, 그 무렵의 영국·미국 및 그 밖의 여러 나라의 상황을 함께 생각해 보는 것이 좋을 것이다. 형법은 특히 재산을 옹호하는 점에 관한 한 야만적이어서 사람들은 사소한 범죄로도 교수형을 당했다. 합법적으로 고문이 행해진 곳도 있었다. 웰스에 따르면, 이런 식으로 영국이나 미국에서 교수형에 처형된 사람은 같은 시기에 프랑스 공포 정치 아래 길로틴에 처형된 사람들보다 훨씬 많았다.

나아가 그 시대에 벌어진 아프리카 노예 사냥의 무서운 잔혹성과 비인도성을 생각해 보아라. 특히 몇십만 명의 젊은이들을 죽인 근대 전쟁에 대해서 말이다. 더욱 가까운 얘기를 하자면, 우리 나라에서 최근에 일어난 사건을 보아라. 13년 전 4월, 봄철 축제가 열린 밤에 암리차르(Amritsar)에서 몇백 명이 학살되었으며, 잘리안왈라 바그(Jallianwala Bagh)에서는 가엾게도 몇천 명이 부상당했다.[32] 그리고

---

31) 프랑스의 군인·정치가. 대영주의 외아들로 태어난 그는 16세에 장교가 되었으며, 미국 독립 전쟁 당시에는 식민지 쪽에 가담해 활약하기도 했다. 귀국 후 '삼부회' 소집을 제창한 인권 선언의 기초자이자 국민군 사령관이다. 자유주의 귀족 및 상층 부르주아지의 지도자로서 입헌 군주제의 확립에 노력했으며, 군사령관이 되어 여러 차례에 걸쳐 루이 16세를 위기에서 구출했다. 프로이센·오스트리아의 침략에 즈음해서는 중부 지역의 군사령관으로 항전했다. 1792년 국왕 구금 후 반자코뱅적 태도를 명백히 밝힌 그는 반혁명파와 내통하며 국왕의 탈출을 시도했으나 실패해 오스트리아군에 투항했다. 나폴레옹 시대에 귀국, 1814년 부르봉 왕가가 복위한 뒤에도 자유주의자로 활약한 그는 7월 혁명 때에는 다시 국민군 사령관이 되었다.

32) 제1차 세계 대전중 인도의 독립을 공약한 영국 정부는 종전 후 약속을 이행하지 않고 오히려 롤라트(Rowlatt) 탄압법(재판 수속을 밟지 않고 인도인을 투옥할 수 있음)을 제정했다. 1919년 4월, 국민회의파는 암리차르에서 대회를 열고 롤라트법 반대 시위를 전개했다. 이때 영국의 디에르(Dyer) 장군은 잘리안왈라 광장에 모인 비무장 군중에게 무차별 총격을 가해 수많은 군중을 살상했다. 저자는 이 사건 직후 국민회의파에서 조직한 진상 조사반의 한 사람으로서 현지를 방문해 영국 정부의 잔학성을 생생하게 목격했다. 때마침 암리차르에서 델리로 돌아오는 차 안에서 디에르 장군과 동행하게 되었는데, 그가 자랑스런 얼굴로 암리차르 사건의 공로담을 지껄이며 기염을 토하는 모습을 보고 심한 충격을 받았다는 내용이 네루의 『자서전』에 실려 있다.

지배 계급의 정부와 혁명 정부의 차이

모든 날조된 재판, 특별 법정, 긴급 명령 — 이것은 모두 인민을 위협하고 탄압한 것이 아니고 무엇이겠는가? 탄압과 테러리즘의 잔혹성은 곧 정부가 느끼는 공포심을 잘 드러내는 척도다. 혁명 정부건 반혁명 정부건, 외국 정부건 자국 정부건, 그것이 존재를 위협당할 때면 반드시 테러리즘으로 기운다. 반동 정부는 소수 특권층을 대신해서 대중에게 테러를 휘두르고, 혁명 정부는 대중을 대신해서 소수 특권층에 항거해 행동한다. 혁명 정부의 방법은 더욱 솔직하고 직선적이며, 때때로 잔혹하며 성급한 것이기는 하지만, 거기에는 책략이나 기만이 개재될 여지는 없다. 반동 정부는 허위로 가장된 공기 속에서 산다. 반동성이 폭로되면 지위를 보존할 수 없다는 것을 알기 때문이다. 그들은 자유를 구호로 내세우지만 그 자유란 자기 좋을 대로 함부로 행동하는 자유이며, 또 정의를 구호로 내세우지만 그 정의란 남을 희생시켜 자기 배를 채우는 것을 보장하는 사회 질서의 영구화를 의미하는 데 지나지 않는다. 그 중에서도 그들이 즐겨 구호로 삼는 것은 '법과 질서(law and order)'라는 말인데, 이 상투적인 문구를 가면으로 뒤집어쓰고 제멋대로 발포하고, 살인하고, 투옥하고, 언론을 탄압하고, 온갖 부정과 불법 수단을 다 동원한다. '법과 질서'라는 허울 아래 지금까지 몇천, 몇만 명의 우리 동포가 특별 법정에서 재판을 받고 사형 선고를 받았는지 모른다. 또 2년 반 전인 4월 어느 날, 페샤와르(Peshawar)에서 우리의 수많은 용감한 파탄(Pathan : 파키스탄 서북부에 사는 아프간족) 동포들이 손에 무기도 들지 않은 채 기총 사격을 받고 쓰러졌다. 그리고 이 '법과 질서' 때문에 영국 공군은 우리의 국경 마을들을, 그리고 이라크에도 폭격을 가해 남녀 노소 구별 없이 생명을 빼앗고 불구자로 만들어 버렸다. 사람들로 하여금 비행기가 날아와도 도망치지 않게 하기 위해 '시한 폭탄'이라는 악질적인 장치가 연구되었다. 이 폭탄은 떨어져도 바로 폭발하지 않으므로, 마을 사람들이 위험이 없다고 믿고 집에 돌아왔을 때쯤에야 폭발, 살상하고 파괴하는 것이다.

또한 몇천만 명을 내리누르는 일상적인 기아의 공포를 생각해 보아

라. 우리는 우리들 주변에서 목격하는 빈곤에 익숙해져 버렸다. 우리는 노동자와 농민들이 우리보다 훨씬 둔감해서 웬만한 고생이나 궁핍쯤은 잘 견딘다고 상상한다. 이제 양심의 가책을 애써 외면하려는 변명은 집어치우자! 나는 비하르의 자리아(Jharia) 탄광을 찾아갔던 일을 생각한다. 깊은 땅 속의 아득하고 캄캄한 갱도에서 남녀 광부들이 일하는 것을 보았을 때 받은 충격은 영원히 잊을 수 없을 것이다. 광산 노동자의 8시간 노동을 논의하고 있지만, 이에 반대해 더 많은 노동력을 착취해야 한다고 생각하는 자들도 있다. 나는 이 자들의 궤변을 듣거나 읽을 때마다, 불과 8분 만에 숨이 막혀 버릴 것 같았던 캄캄하고 위험한 탄갱 바닥의 인상이 선명하게 되살아난다.

프랑스의 공포 정치는 가공할 만한 것이었다. 그렇지만 그것도 빈곤과 실업의 끊임없는 참상에 비하면 벼룩에 물리는 것 정도에 지나지 않는다. 사회 혁명의 희생은 그것이 아무리 값비싼 것이라 할지라도 결국 이들이 제거하고자 하는 해독이나 현 제도 아래에서 때때로 불가피하게 일어나는 전쟁의 희생보다는 가벼운 것이다. 프랑스 혁명의 공포 정치는 사뭇 가혹한 것으로 느껴지는데, 이는 요란한 직위에 있는 자나 귀족들이 희생되었고, 또 그들이 곤경에 빠지면 문득 동정을 하고 싶을 정도로 우리가 특권 계급을 떠받드는 데 익숙해 있기 때문이다. 물론 귀족들을 다른 사람과 다름없이 동정하는 것은 좋다. 그러나 그들은 극소수에 지나지 않는다는 사실을 명심하는 것도 필요할 것이다. 우리는 그들에게 호의를 가져도 좋다. 그러나 정말로 귀중한 것은 대중이며, 극소수를 위해 대중을 희생시킬 수는 없다. "인류를 구성하는 것은 인민이다. 인민 아닌 자는 일일이 고려할 바 못 되며 사소한 존재에 불과하다"고 루소는 말했다.

나는 이 편지에서 나폴레옹에 대해 이야기할 작정이었다. 그런데 내 마음이 엉뚱한 방향으로 흘러 펜이 다른 주제로 빗나가는 바람에 나폴레옹에까지 미치지 못했다. 나폴레옹 얘기는 다음 편지에서 하기로 하자.

지배 계급의 정부와 혁명 정부의 차이

104 *1932년 11월 4일*

나폴레옹

나폴레옹은 프랑스 혁명이 한창 진행되는 가운데 등장했다. 온 유럽의 국왕들에게 감히 도전했던 공화국 프랑스는 이 작은 코르시카인(Corsican)의 발 밑에 굴복했다. 그 무렵 프랑스는 어떤 이상한 야성미를 갖고 있었다. 프랑스의 시인 바르비에(Barbier)는 프랑스를 한 마리의 들짐승, 자부심이 강하고 속박에 굴하지 않는 젊은 망아지, 안장이나 재갈이 물리는 것을 싫어하고, 성난 기세로 땅을 박차며, 드높은 울음소리로 전세계를 떨게 하는 고삐 없는 망아지에 비유했다. 이 젊은 망아지가 코르시카 출신의 한 젊은이를 등에 태웠으며, 그는 이 말을 타고 많은 무공을 세웠다. 더구나 그는 이 말을 고분고분하게 만들어 이 분방한 야생마에게서 야성과 자유의 기개를 제거해 버렸다. 그리고 그 말을 닦달해서 마침내 기수인 자신과 함께 쓰러질 때까지 온 정력을 다 짜냈다.

> 오오, 머릿결 매끄러운 코르시카인이여!
> 한여름 햇볕에 비친 프랑스의
> 비길 데 없는 아름다움이여!
> 오호라, 쇠재갈, 황금 고삐도 없는 분방한 말이여
> 들에서 샘물 마시고,
> 왕좌의 화약 연기와 피로 몸을 적시고도
> 그 마음은 한없이 의연하다
> 인습에 젖는 대지를 한 발로 박차고
> 자유로이 사는 야생마여

욕된 손으로 등을 어루만지게 하는 자
　　　이제 용서할 수 없고
　　　외국인의 안장, 갑옷을 등에 얹는 일도
　　　이젠 또 있을 수 없다.
　　　갈기털 곱고 울음소리 드높이
　　　늠름하게 걸어가는 아름다운 방랑자,
　　　한 번 소리쳐 울면 세상에 살아 있는 온갖 것들
　　　모두 두려워 몸을 떤다.

　그러면 나폴레옹은 어떤 사나이였던가? 그는 과연 지상 최대의 영웅이고, 흔히 말하는 것처럼 '운명의 인간(the Man of Destiny)'이고, 위대한 거인이며 산적한 인류의 무거운 짐을 덜어 주는 데 공헌한 사람이었던가? 아니면 H.G. 웰스나 그 밖의 다른 사람들의 말처럼 유럽과 그 문명을 처참하게 파괴한 단순한 모험가나 도적에 지나지 않았는가? 아마도 두 견해 모두 과장이 있고, 또 일면적인 진리가 내포되어 있을 것이다. 우리 인간은 누구나 선과 악의 기묘한 혼합물이며, 거인 같은 점도 있는가 하면 또 소인이기도 하다. 나폴레옹도 이 같은 혼합물이었으나 다만 우리 보통 사람과는 달리 이상한 성질이 이 혼합물을 구성하고 있었다. 그는 용기와 자신감과 상상력과 놀랄 만한 정력과 무한한 야망을 두루 갖추고 있었다. 그는 위대한 군사령관이며, 그 옛날의 대지휘관 알렉산더나 칭기즈 칸에 비견할 만한 전술가이기도 했다. 그러나 한편 그는 소인으로서 사리사욕을 탐내는 이기주의자였으며 그의 생애를 일관한 충동은 이상보다는 개인적인 권력을 추구하려는 것에 지나지 않았다. 그는 일찍이 이렇게 말했다. "나의 애인! 권력이야말로 나의 애인이다. 그러므로 이 애인을 정복하기 위해 나는 많은 대가를 지불했으며, 누구에게 빼앗기거나 나와 나누어 갖는 것을 허락지 않겠다!" 그는 혁명의 아들이면서도 광대한 제국을 꿈꾸었다. 알렉산더의 정복이 그의 머리를 떠나지 않았다. 유럽도 좁게만 보였다. 동양, 특히 이집트와 인도가 그를 유혹했다. 그는 생애의 시작이라 할 27세 때 이렇게 말했다. "오직 동양에서만, 6억 인민이 사는 동양에서만 위대한 제국과 위대한 변화가 있었다. 유럽 따위는 두더지 굴에 불과하다!"

나폴레옹 보나파르트는 1769년 프랑스 영토였던 코르시카 섬에서 태어났다. 그는 프랑스계 코르시카인에 이탈리아인의 피가 섞인 혼혈아였다. 프랑스의 사관 학교에서 훈련을 받았으며 혁명 기간 중에는 자코뱅당원이었다. 그러나 그는 다만 자기 이익을 위해 자코뱅당에 가입한 것이지 당의 이상을 신봉한 것은 아니었다. 1793년에 그는 툴롱(Toulon)에서 첫 승리를 거두었다. 이 곳 부유 계급은 혁명 정권 아래에서 재산을 빼앗길 것을 우려해 한심스럽게도 영국을 끌어들여 프랑스 해군의 잔존 세력을 그들에게 넘겨 주었다. 이 손실은 동시에 다른 곳에도 막대한 영향을 주어 신생 공화국에 심대한 타격을 주고, 불구자가 아닌 모든 남성은 물론 여성까지 군대에 소집되었다. 나폴레옹은 이 반란을 진압하고 교묘한 습격으로 툴롱에서 영국군을 격파했다. 나폴레옹이라는 별은 이 때부터 빛나기 시작해 24세의 새파란 나이에 장군이 되었다. 그런데 몇 개월 뒤 로베스피에르가 길로틴으로 처형당했을 때, 그는 사건에 휘말려 들어 로베스피에르와의 관계를 의심받았다. 그러나 그가 정말 소속된 당에는 실로 단 한 사람의 당원밖에 없었다. 나폴레옹이 바로 그 당의 이름이다! 그 뒤 '총재 정부'가 서자 나폴레옹은 자코뱅당원이기는커녕 눈 하나 까딱 않고 인민을 사살할 수 있는 반혁명의 지도자임을 입증했다. 이것이 지난번 편지에서 얘기한 1795년의 유명한 '포도탄의 총격'이었다. 바로 이 날 나폴레옹은 공화국에 상처를 입혔다. 그리고 나서 10년도 지나기 전에 그는 공화국을 끝장내고 프랑스의 황제가 되었다.

1796년 나폴레옹은 이탈리아 방면 군사령관이 되어 북부 이탈리아에서 빛나는 전과를 올림으로써 유럽의 눈을 휘둥그렇게 만들었다. 프랑스군은 그 때까지 어느 정도 혁명의 불꽃을 유지하고 있었으나, 제대로 된 군복도 없고, 군화도 식량도 돈도 없었다. 그는 누더기를 걸치

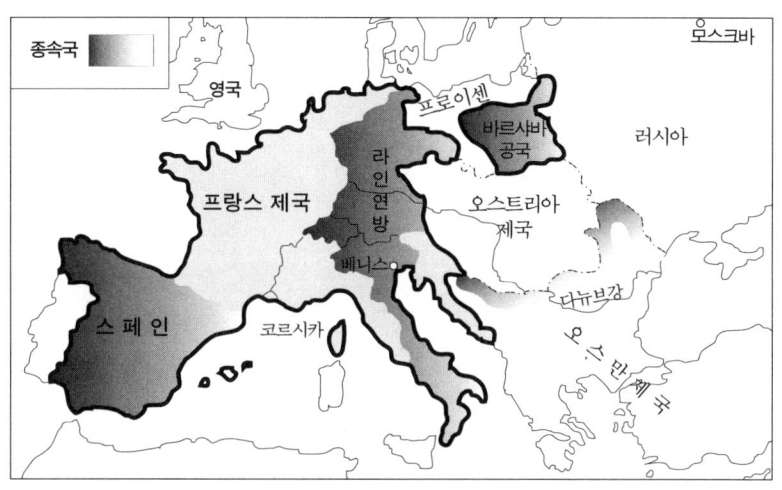

나폴레옹 제국

고 맨발로 나선 군대를 지휘해, 병사들에게 비옥한 이탈리아 평원에 도달하기만 하면 식량과 갖가지 멋진 노획물을 얻게 한다는 공약을 하고서 알프스를 넘는 강행군을 감행했다. 한편 그는 이탈리아 국민에게는 자유를 약속했다. 그는 이탈리아인들을 압제자로부터 해방시키기 위해 쳐들어오는 것이라고 선전했다. 이야말로 혁명적 언사와 약탈과 강탈의 약속이 묘하게 결합한 것이다! 이처럼 그는 교묘하게 프랑스인과 이탈리아인의 감정에 두루 호소했는데, 이탈리아인의 피가 섞여 있다는 것이 이탈리아인에게 한층 효과적인 인상을 주었다. 승리를 거듭함에 따라 그의 위세와 신망은 높아지고 그의 명성은 널리 퍼졌다. 군대에서는 최하급 졸병들과 침식을 같이하고 위험을 함께했으며, 가장 위험한 기습에서도 반드시 스스로 선두에 섰다. 그는 부하의 공훈에 늘 신경을 써서, 화약 연기와 탄우(彈雨) 속에서도 때를 가리지 않고 포상을 했다. 부하 병사에 대해서는 마치 아버지 같았으며 ― 아버지치고는 너무 나이가 젊었지만 ― '꼬마 하사(Petit Corporal)'라는 애칭으로 일컬어지면서 흔히 '너, 나(tu)'로 대화를 하곤 했다. 이러니 이 젊은 장군이 일찍이 20대부터 프랑스 병사들의 인기를 끈 것도 별로 이상한 일이 아니다.

　나폴레옹은 북부 이탈리아 전역을 석권하고, 이탈리아에 있던 오스트리아군을 격파해 베네치아의 오랜 공화국을 넘어뜨린 뒤 가혹한 제국주의적 강화를 맺고 나서 위대한 개선 장군으로 파리에 돌아왔다. 그는 이미 프랑스를 정복하기 시작한 것이다. 그러나 그는 아마도 권력을 장악하기에는 아직 시기가 성숙하지 않았다고 보았던 것 같다. 이윽고 그는 군대를 이끌고 이집트로 향하게 되었다. 그는 젊었을 때부터 동방에 유혹을 받고 있었는데 마침내 그 꿈을 만족시킬 기회를 얻은 것이다. 그의 마음 속에서는 광대한 제국의 꿈이 오락가락했을 것이 분명하다. 그는 교묘하게 영국 함대의 눈을 피해 알렉산드리아에 도착했다.

　그 무렵 이집트는 오스만 투르크 제국의 일부가 되어 있었다. 그러나 이 제국은 쇠퇴해서 투르크 술탄의 통치는 명목뿐이었고, 사실상 마멜루크(Mamelukes : 중세 이집트의 노예 기병)가 이집트를 지배하고 있었다. 이집트도 혁명과 발명의 물결에 휩쓸리기는 했겠지만 마멜루크는 여전히 중세적인 생활을 고수하고 있었다. 나폴레옹이 카이로에 접근하자 눈부실 정도로 고운 비단옷에 다마스커스풍의 갑옷을 걸친 마멜루크의 한 기사가 프랑스군에게 말을 타고 달려와 지휘관과 결투할 것을 요구했다고 한다. 이 불쌍한 사나이는 기사도에 어긋난 일제 사격에 쓰러지고 말았다. 그 뒤 곧 나폴레옹은 '피라미드 전투(the Battle of Pyramids)'에서 승리했다. 그는 극적인 포즈를 좋아했다. 그는 휘하 군대의 진두로 말을 달려 피라미드 앞을 지나가면서 병사들에게 외쳤다. "병사들이여, 40세기의 세월이 그대들을 굽어보고 있다!"

　지상전의 대가 나폴레옹은 승리에 승리를 거듭했다. 하지만 해상에서는 그도 별수 없었다. 그는 해전 전술을 몰랐으며, 아무래도 유능한 제독은 아니었던 것 같다. 이 때 영국은 지중해 방면의 해군 지휘관 가운데 한 천재를 갖고 있었다. 호레이쇼 넬슨(Horatio Nelson)이 바로 그 사람이다. 어느 날 넬슨은 뻔뻔스러울 만큼 대담하게 항만 안까지 밀고 들어와 '나일 강의 전투(the Battle of the Nile)'라 일컬어지는 싸움에서 프랑스 함대를 궤멸시켰다. 나폴레옹은 그 때문에 프랑스와 연락이 끊겼다. 그는 몰래 탈출에 성공해서 프랑스로 돌아왔으나 그로 인해 동방 원정군을 희생시켰다.

나폴레옹은 몇 차례 빛나는 승리를 거듭했는데도 동방 대원정은 실패로 끝났다. 그러나 나폴레옹이 방대한 학자·전문가·기술자들에게 모든 기구를 준비하게 하고 동행한 것은 주목할 만한 일이다. 나폴레옹도 이 조사단의 일원으로 참가해 토론했으며, 이 학자들은 훌륭한 과학적 발굴 사업을 해냈다. 오래도록 풀리지 않던 상형 문자의 수수께끼는 세 가지 문자 — 그리스어와 두 가지 자체 이집트 그림 문자 — 를 새긴 대리석판이 발견됨으로써 풀렸다. 그리스어의 도움으로 다른 두 가지 서체를 해독할 수 있었던 것이다. 이 밖에도 흥미를 끄는 것은 수에즈 지역에 운하를 파자는 제안에 나폴레옹이 큰 관심을 보였다는 점이다.

나폴레옹은 이집트에 머물 때 페르시아의 샤(Shah)와 남부 인도의 티푸 술탄(Tippu Sultan)과 교섭의 길을 열었다. 하지만 그는 바다에서는 무력했기 때문에 그 교섭에서 아무것도 얻을 수가 없었다. 궁극적으로 나폴레옹을 파멸시킨 것은 해양 세력이었다. 그리고 19세기에 영국을 위대하게 만든 것도 해양 세력이었다.

나폴레옹이 이집트에서 돌아왔을 때 프랑스는 궁지에 빠져 있었다. 총재 정부는 신용을 잃어 인기가 없었으며 사방에서 공격을 받고 있었다. 귀국한 지 한 달째인 1799년 11월, 나폴레옹은 동생 루시앙(Lucien)의 도움을 받아 공회를 강제 해산하고 — 당시는 총재 정부가 통치하고 있었다 — 헌법을 사실상 폐기했다. 이 같은 강제력을 사용하는 정치 행동을 쿠데타(coup d'état)라고 하는데, 이 쿠데타는 나폴레옹을 정치 무대 위에 화려한 인물로 등장시켰다. 그가 이렇게 할 수 있었던 것도 그에게 인기가 있었고 인민이 그를 신뢰했기 때문이다. 혁명은 이미 오래 전에 파산했고 민주주의마저 자취를 감추려 하고 있었다. 그리하여 한 장군이 대중의 인기를 업고 들판에 뛰놀던 사슴을 쏘아 쓰러뜨렸다. 세 명의 집정관(consul : 이 명칭은 고대 로마에서 딴 것이다)을 두는 신 헌법이 기초되었다. 세 명의 집정관 가운데 우두머리는 강대한 권력을 갖는 수석 집정관(First Consul)이었다. 그 자리는 10년 임기였는데 바로 그 자리에 나폴레옹이 임명되었다. 이 헌법이 논의되고 있는 동안 개중에는 실권을 갖지 않고 다만 문서에 서명을 하며 형식적으로 공화국을 대표하는 대통령, 이를테면 입헌 국왕 또는 오늘날 프랑스 대통령에 해당하는 자리가 필요하다고 주장하는 사람도 있었다. 그러나 나폴레옹이 바란 것은 실권이었지 단순한 왕자의 의상이 아니었다. 그는 이같이 위엄은 있되 실권이 없는 대통령 지위에는 털끝만치도 관심이 없었다. 그는 "이런 살찐 돼지 따월랑 치워 버려!" 하고 외쳤다.

나폴레옹을 10년 간 수석 집정관으로 앉힐 이 신 헌법은 국민 투표에 붙여져 300만 표 이상을 얻어 거의 반대 없이 채택되었다. 이리하여 프랑스 국민은 그가 자유와 행복을 가져다 주리라는 덧없는 희망을 품고서 스스로 모든 권력을 나폴레옹에게 맡겼다.

그러나 우리는 나폴레옹의 생애를 너무 상세하게 살펴볼 필요는 없다. 쿠데타가 일어난 그 날 밤, 아직 신 헌법안이 통과도 되기 전에 그는 법전을 기초하기 위한 두 위원회를 임명했다. 이것이 독재를 향한 그의 첫발이었다. 이 법전은 나폴레옹도 참가해 긴 토론을 거듭한 끝에 1804년 최종적으로 채택되었다. 이것을 '나폴레옹 법전(Code Napoléon)' 이라 한다. 혁명 사상면에서, 또는 근대적 기준에서 본다면 이 법전은 발전된 점이 없었다. 그러나 그것은 기존 질서에 비하면 분명한 진보였으며, 그로부터 100년 간 몇 가지 면에서는 유럽의 본보기가 됐다고 할 수 있다. 또한 그는 그 밖의 여러 가지 방법으로 행정의 간소화와 능률화에 힘썼다. 그는 만사에 참견을 했으며 놀랄 만큼 세밀한 점까지 기억하고 있었다. 그의 놀랄 만한 정력과 활동성 때문에 그의 협력자와 비서들은 시중들기에 바빠 두 손을 들 지경이었다. 이들 협력자의 한 사람이 그 당시의 나폴레옹에 관해 쓴 글을 보면, "그는 통치에, 행정에, 협상에 질서 정연한 두뇌를 가지고 하루 18시간씩 일을 해냈다. 다른 국왕들이 1세기에 걸쳐 겨우 해낼 만한 치적을 그는 겨우 3년 만에 이루어 냈다." 이것은 물론 과장임에 틀림없으나 나폴레옹이 마치 악바르(여든아홉 번째 편지 참조)처럼 출중한 기억력과 완전히 정돈된 두뇌의 소유자였음은 분명하다. 그 자신도 이렇게 말했다. "나는 무슨 일이든 나의 염두에서 제거하고 싶을 때는 우선 그 서랍을 닫고, 다른 일에 관한 서랍을 연다. 각 서랍의 내용은 한 번도 혼란했던 적이 없으며, 결코 나를 번거롭게 하거나 피로하게 한 적이 없다. 잠을 자고 싶을 때는 어떻게 하는가? 모든 서랍을 제자리에 돌려놓기만 하면 된다. 그러면 나는 이미 수면 상태에 들어 있다." 그는 전투가 한창일 때도 땅 위에 드러누워 30분쯤 자고 나서 다시 장시간 격무를 치러 냈다고 한다.

나폴레옹은 이미 임기 10년의 수석 집정관으로 임명되었다. 3년 뒤인 1802년에 그는 종신 집정관으로 임명됨으로써 권력의 사다리를 한 계단 더 올라가 권세를 키웠다. 공화국은 거의 몰락했고 그는 칭호야 어찌되었든 완전히 군주와 다를 바 없었다. 그리고 1804년에는 다시 국민투표를 하여 마침내 스스로 황제라 칭했다. 그는 프랑스의 전능자(all-powerful)가 됐지만 구식 전제 군주와는 크게 달랐다. 그는 전통이나 신권의 기초 위에서 자기 권위를 유지할 수는 없었다. 그는 자신의 출중한 능력과 인민, 특히 농민 사이에 퍼진 인기에 권력의 기초를 두어야 했다. 농민들은 나폴레옹 덕분에 토지를 얻을 수 있었다고 믿었으므로 나폴레옹이 죽을 때까지 농민들은 줄곧 가장 충실한 지지자였다. "내가 무엇 때문에 응접실의 호사꾼이나 잔소리꾼의 의견에 귀를 기울이겠는가? 내가 받아들이려는 의견은 단 하나뿐이다. 그것은 바로 농민의 견해다." 언젠가 나폴레옹은 그렇게 말했다. 그러나 농민들도 끊임없이 계속되는 전쟁으로 아들을 빼앗겼고 곧 피폐해졌다. 이 지지 세력이 퇴조하기 시작하자 나폴레옹이 쌓아올린 누각도 이에 따라 흔들리기 시작했다.

나폴레옹은 10년 간 황제 자리에 앉아 있었는데, 그 동안 유럽 대륙의 모든 방면에 타격을 주고 눈부신 원정을 거듭했으며 괄목할 만한 승리를 거두었다. 전 유럽은 그의 이름에 떨었으며, 아무에게도 지배당한 적이 없는 이들도 그에게 엎드렸다. 그의 시대에 지상전에서 승리를 거둔 지명을 몇 개만 들어 봐도, 마렝고(Marengo : 이것은 1800년 엄동에 눈으로 막힌 스위스의 생 베르나르령을 군대를 이끌고 넘었을 때의 일이다)·울름(Ulm)·아우스터리츠(Austerlitz)·예나(Jena)·아일라우(Eylau)·프리드란트(Friedland)·바그람(Wagram) 등이다. 오스트리아·프로이센·러시아도 그의 앞에서는 힘없이 허물어졌다. 스페인·이탈리아·네덜란드, 라인 연방으로 일컬어지던 독일의 대부분, 그리고 지금은 바르샤바 공국(the Duchy of Warsaw)으로 일컬어지는 폴란드도 잇따라 종속국이 되었다. 옛날부터 명목만 이어져 온 신성 로마 제국도 마침내 이 때 최후를 고했다.

유럽의 여러 열강 가운데서는 영국만이 재앙을 면했다. 나폴레옹이 평생 낯설어 하던 바다가 영국을 구한 것이다. 그리고 바다 덕분에 안전이 보장된 영국은 나폴레옹의 가장 크고 오만한 적국이 되었다. 나는 앞에서 나폴레옹이 세상에 알려지기 시작할 무렵 넬슨이 나일 강 전투에서 나폴레옹 함대를 쳐부수었다는 얘기를 했다. 1805년 10월 21일, 넬슨은 다시 스페인의 남안 트라팔가르(Trafalgar) 해안에서 프랑스와 스페인의 연합 함대와 싸워 대승을 거두었다. 넬슨이 자신의 함대를 향해 "영국은 제군 각자가 의무를 다할 것을 기대한다"는 유명한 신호(signal)를 내건 것은 이 해전 직전의 일이었다. 넬슨은 승리하는 순간에 전사했으나 영국 국민에게서 길이 찬양받고 있으며, 런던의 넬슨 기념비와 트라팔가르 광장으로 기념된 그의 승리는 나폴레옹의 영국 침략 야욕을 분쇄했다.

나폴레옹은 영국으로 통하는 전 유럽의 항만을 폐쇄함으로써 이에 보복했다. 나폴레옹은 모든 해상 교통을 엄금하면 '장사꾼의 나라(the nation of shop-keepers)'인 영국은 이에 굴복할 것이라고 예상했다. 이에 대해 영국측에서는 반대로 유럽의 이 항만들을 봉쇄해서 나폴레옹 제국이 아메리카를 비롯한 그 밖의 다른 나라와 무역을 못하도록 차단했다. 영국은 또 대륙에 끊임없이 모략을 퍼뜨리기 위해 나폴레옹의 적국과 중립국에 아낌없이 황금을 뿌렸다. 그 때 유럽의 대금융업자 가운

100

데 어떤 사람, 예를 들면 로스차일드가(Rothchilds)[33]가 이를 원조해 주었다.

그뿐만 아니라 영국이 나폴레옹에 대해 취한 수단에는 이 밖에 선전(propaganda)도 있었다. 이것은 새로운 전투 방법이었는데, 이 때 이후로 어떤 경우에나 흔히 볼 수 있는 전술이 되었다. 프랑스, 특히 나폴레옹에 대한 신문의 공격이 개시되었다. 신 황제를 희화화하는 온갖 종류의 평론, 팜플렛, 삐라, 시사 만화(cartoon) 그리고 악의로 가득 찬 선동적인 기사가 실린 신문이 런던에서 발행되어 비밀리에 프랑스로 수송되었다. 오늘날 신문을 통한 악의에 찬 중상은 근대 전쟁에 불가결한 요소가 되었다. 1914년부터 1918년까지의 대전중에는 모든 참전국들이 이루 말로 다할 수 없는 선동적인 선전을 부끄러워하는 기색도 없이 마구 유포했다. 그리고 이런 악의에 찬 날조와 유포에 관한 한 영국 정부는 오랫동안 제1인자의 지위를 차지하고 있었다. 나폴레옹 시대 이래 오랜 훈련을 쌓아 왔기 때문이다. 인도에 있는 우리도, 영국과 인도에서 우리 나라에 관한 진실이 얼마나 왜곡되고 있으며, 얼마나 놀라운 중상 모략이 유포되고 있는지를 너무나도 잘 알고 있다.

---

[33] 18세기 독일의 프랑크푸르트 · 암 · 마인에서 대두한 유태인 금융업자 일족. 나폴레옹 전쟁 당시 나폴레옹의 운명을 예견하고 여러 연합국 정부에 대부한 결과, 세계 각국에 업무망을 펴는 국제적 대금융 자본가가 되었다.

105 *1932년 11월 6일*

나폴레옹에 대한 보충

지난번 편지가 끝난 데서부터 또 나폴레옹의 얘기를 계속해 나가야겠다.

나폴레옹은 어딜 가든지 프랑스 혁명의 성과를 일부 가지고 갔으며, 그가 정복한 여러 나라의 인민이 꼭 그의 침공에 반감을 품은 것은 아니었다. 그들은 위에서 무겁게 짓누르고 있는 낡은 반(半)봉건적 지배자들에 대해 넌더리가 나 있었다. 이것이 나폴레옹을 크게 도와서 봉건 제도는 그의 진군과 함께 쓰러졌다. 특히 독일에서는 봉건 제도가 일거에 소탕되었다. 스페인에서는 그가 종교 재판을 철폐시켰다. 그런데 그 자신이 무의식적으로 내세운 민족주의 정신이 도리어 그를 공격해서 그의 목숨을 빼앗아 가게 되었다. 그는 구래의 국왕이나 황제는 능히 압도했지만, 자신을 향해 반항하고 일어선 인민을 정복할 수는 없었다. 이리하여 스페인 국민은 나폴레옹에 반항해 여러 해에 걸쳐 그의 에너지와 재력을 소모하게 했다. 독일 국민 또한 나폴레옹의 두려운 강적이 된 바론 폰 슈타인(Baron von Stein)의 지휘 아래 조직되어 독일 해방 전쟁을 벌였다. 이처럼 나폴레옹이 스스로 불러일으킨 민족주의는 해상 세력과 힘을 합쳐 그를 몰락시켰다. 하지만 어차피 전 유럽이 일개 독재자에 눌려 그냥 견뎌 나간다는 것은 좀처럼 있을 수 없는 일이었다. 그리고 뒷날 나폴레옹이, "나를 몰락시킨 것은 남이 아니라 바로 나다. 나 스스로가 내 최대의 적이었으며, 내 불행한 운명의 원인이었다"고 술회했지만, 아마 그의 말은 옳은 것이었으리라.

이 천재적 인물에게는 두드러진 결함이 있었다. 그는 평생 벼락출세했다는 의식을 떨쳐 버리지 못해, 구식 국왕이나 황제처럼 대우받고 싶다는 기묘한 욕망에 사로잡혀 있었다. 그는 자기 형제 자매가 형편없는 무능력자라는 점을 잘 알면서도 분에 넘치는 직책에 앉혔다. 그의 형제 가운데 그래도 나은 인물이라면 1799년 쿠데타의 난국에서 그를 도왔던 루시앙뿐이었다. 그러나 이 동생은 그 뒤 얼마 안 가서 그와 사이가 벌어져 이탈리아로 은퇴했다. 다른 형제들은 모두 우쭐대기만 하는 저능아였으나 나폴레옹 덕분에 국왕이나 군주가 되었다. 그가 친족의 영달에 쏟은 열정은 완전히 광적인 것으로서, 이 자들은 나폴레옹이 막상 궁지에 빠지자 그에게 악의를 품고 등을 돌렸다. 나폴레옹은 또 왕조의 기초를 다지기 위해 애썼다. 그가 무대에 막 등장해서 아직 이탈리아 원정도 하지 않고 별로 유명하지도 않았을 때, 그는 미인이기는 했으나 경박한 귀부인 조세핀(Josephine)[34]과 결혼했다. 왕조 건설의 야심을 품었던 나폴레옹은 그 여자가 아이를 낳지 못하자 크게 실망했다. 그래서 그 여자를 사랑하면서도 이혼하고 다른 여자와 결혼하기로 작정했다. 그는 새로운 부인으로 러시아의 공주를 원했으나 차르(알렉산드르 1세)가 동의해 주지 않았다. 나폴레옹이 유럽의 주인공이 되고 있는 것은 분명했지만 그래도 러시아 황족과 결혼하려 든다는 것은 너무 건방진 수작이라고 차르는 생각했다. 그러자 나폴레옹은 다소 협박조로 오스트리아의 합스부르크 황제(프란츠 1세)에게 딸 마리 루이즈(Marie Louise)[35]를 내

---

[34] 나폴레옹의 황후. 포병 중위인 조세프의 딸로, 1779년 보아르네 자작과 결혼해서 두 아이를 낳았다. 1794년 남편은 처형당하고 그녀도 투옥되었으나 테르미도르 반동으로 석방되어 미모와 매력으로 파리 사교계의 꽃이 되었다. 1796년 청년 사관인 나폴레옹과 재혼해서 그를 이탈리아 전선의 군사령관으로 취임시키기 위해 활약했다. 경박하고 사치를 즐겨 비난을 받았으나, 1804년 나폴레옹의 황제 즉위와 함께 황후가 되었다. 그러나 제위 계승자를 낳지 못해 1809년 이혼했다.

[35] 나폴레옹 1세의 두 번째 황후. 오스트리아의 황제 프란츠 1세의 딸. 1809년 나폴레옹은 오스트리아를 정복한 뒤 제위 세습을 고려해서 조세핀과 이혼하고 1810년 메테르니히의 주선으로 마리 루이즈와 결혼했다. 이듬해 이른바 나폴레옹 2세를 낳았으나, 1814년 나폴레옹이 연합국에 패배해서 엘바 섬에 유배되자 아들을 데리고 빈으로 갔다. 그 곳에서 나이페르크 백작과 비밀리에 결혼해서 세 아이를 낳은 마리 루이즈는 백작이 죽자 다시 봉벨 백작 샤를 르네와 결혼했다.

놓으라고 요구했다. 그는 그녀와 사이에 아들 하나36)를 두었으나 그녀는 단정치 못하고 지성이 모자란데다가 전혀 남편을 사랑하지 않는, 말하자면 악처였다. 그녀는 남편이 어려운 지경에 처하자 미련 없이 그를 버렸으며, 그 뒤 남편을 깨끗이 잊었다.

　어떤 점에서는 시대를 능가했던 이 사나이가 기존 왕실의 낡은 관념인 허식에 얽매여 있었다는 것은 얼른 이해하기 힘들다. 더구나 그는 곧잘 혁명적인 어조로 고루한 국왕들을 조롱했다. 그는 계획적으로 혁명과 새로운 질서에 등을 돌렸다. 그러나 옛 질서도 그에게 어울리지 않아, 거기에도 그가 안정된 자리를 차지할 곳은 없었다. 그리하여 그는 이 양자 사이에 끼여 몰락했다.

　이 군사적 영광의 경력은 끝내 오고야 말 비극적인 종말을 향해 천천히 접근해 가고 있었다. 나폴레옹의 부하 대신 가운데 어떤 자는 음모와 책동을 꾸미기 시작했다. 탈레랑(Talleyrand)37)은 러시아의 차르와 내통하고 푸셰(Fouché)38)는 은밀히 영국과 손을 잡았다. 나폴레옹은 그 음모의 현장을 덮쳤으나 이상하게도 그들을 책망하는 데서 그치고 여전히

---

36) 나폴레옹 2세(1811~32년)를 가리킨다. 어릴 때의 칭호는 '로마 왕'. 나폴레옹이 퇴위한 뒤 제위 계승을 인정받지 못하고 생모 마리 루이즈와 함께 오스트리아로 돌아갔다. '백일천하' 때 의회는 그를 나폴레옹 2세로서 제위를 인정했으나, 프랑스에 돌아가지 않고 외할아버지 프란츠 1세의 슬하에서 살다가 요절했다.

37) 귀족 신분으로 태어나 성직에 몸을 담은 적도 있으나 삼부회에서는 제3부(평민) 의원으로서 솔선해서 교회 영지의 몰수를 제안했다. 1792년부터 4년 간 미국에 망명했던 그는 총재 정부 때 귀국해서 나폴레옹 아래서 외상이 되었다. 그 뒤 나폴레옹을 배신하고 외국과 내통해 부르봉가의 복위를 획책했다. 나폴레옹이 몰락한 뒤 빈 회의에서 패전국의 대표인데도 '정통주의(혁명 이전의 상태로 복귀)'의 원칙에 따라 회의를 주재했다. 그 뒤에도 외상·대사로서 유럽 외교 무대에서 화려한 활약상을 보였다. '거짓말과 홍정'을 생명으로 하는 구형 외교관의 전형.

38) 선원의 아들로 낭트 근처에서 출생. 교사가 되었다가 혁명이 일어나자 자코뱅당에 가담해 낭트 지방의 간부로 활약했다. 1792년 국민 공회 의원에 선출되었으며, 산악파에 속해 국왕 사형에 찬성했다. 또한 지방 파견 의원인 그는 테러리스트로서 이름이 높았고 특히 리용의 학살은 유명하다. 그는 지나친 과격성 때문에 로베스피에르에게 소환당했으며, 테르미도르 반동 때는 로베스피에르 타도를 위해 활약했다. 이후 그의 관점은 여러 가지로 바뀌었으나, 총재 정부 때 파리 경시 총감이 되면서부터 국민을 탄압해서 권력을 길렀고, 나폴레

대신 자리에 유임시킨 채 방치했다. 그의 장군 가운데 한 사람인 베르나도트는 그에게 반기를 들어 원수가 되었다. 나폴레옹 일가는 어머니와 루시앙을 빼놓고는 변함없이 추태를 계속했으며 때때로 그에게 맞섰다. 프랑스 국내에서도 불만이 고조되자 그의 독재 정치는 압제로 변했으며 절도를 잃었다. 수많은 사람들이 재판도 받지 않은 채 감옥으로 끌려갔다. 그의 별은 명백히 몰락하고 있었고, 많은 쥐(변절자)들이 장래를 걱정하며 배를 갈아탔다. 그는 육체적으로나 지적으로나 젊은 나이에 어울리지 않게 눈에 띄게 쇠퇴하고 있었다. 그는 치열한 전투중에 지독한 방광통을 겪었다. 게다가 권세는 그를 타락시켰다. 그의 예전의 재능은 아직 남아 있었으나 움직임이 둔해졌고 때때로 주저하고 의심했으며, 그의 군대는 더욱 해이해졌다.

1812년 나폴레옹은 그랑드 아르메(Grande Armée : 1804년에 편성된 나폴레옹의 원정 부대)를 이끌고 러시아 침입을 기도했다. 그리고 러시아군을 격파하고 별 저항도 받지 않은 채 진군했다. 러시아군은 후퇴만 거듭할 뿐 전투에 응하지 않았다. 그랑드 아르메는 그들을 뒤쫓다가 마침내 모스크바에까지 이르렀다. 차르는 항복할 생각이었으나 두 인물―나폴레옹의 옛 동료이자 부하 장군이었던 프랑스인 베르나도트와, 일찍이 나폴레옹이 추방한 독일의 민족주의 지도자 폰 슈타인이 그것을 말렸다. 러시아인은 적을 연기로 그을려 쫓아 내기 위해 사랑하는 도시에 불을 질렀다. 모스크바에 불기둥이 올랐다는 통보가 페테르부르크에 전해지자 식탁에 앉아 있던 슈타인은 술잔을 쳐들고 외쳤다. "나는 지금까지 가재 도구를 잃은 것이 한두 번이 아니었다. 우리는 그런 것들을 미련 없이 내버릴 줄 알아야 한다. 우리는 언젠가 한 번은 죽을 용기를 가

옹의 쿠데타 및 그 치하에서는 경찰 대신으로서 협력했다. 그러나 반나폴레옹 세력과 내통해 1810년에 면직당했다. 그 뒤 제1제정 복고, 백일 천하, 제2제정 복고를 통해 권력자와 결탁, 기회주의적인 처신으로 보신에 힘썼으나 결국 왕당파의 미움을 사 프라하에 숨어살다가 트리에스테에서 죽었다. 1789년부터 1815년까지의 파란 많은 변동기를 교묘하게 연명해 나간 '변절의 정치가' 다.

나폴레옹에 대한 보충

져야 한다!"

그것은 초겨울의 일이었다. 나폴레옹은 불타는 모스크바를 버리고 프랑스로 돌아갈 결의를 굳혔다. 그랑드 아르메는 러시아의 코사크 기병이 쉴 새 없이 위협하고 습격하는 눈 속을 힘없이 터벅터벅 걸었고, 많은 낙오 부대가 생겼다. 혹심한 추위와 코사크 기병에게 빼앗긴 생명은 다 헤아릴 수도 없었으며, 그랑드 아르메는 모두 누더기를 걸치고 기진맥진해, 동상으로 부어오른 발을 질질 끌면서 걷는 유령의 행렬과 같았다. 나폴레옹 또한 말을 버리고 그의 친위 척탄병(grenadier)과 함께 걸었다. 그것은 무섭고 애통한 행군이었다. 그리하여 그처럼 엄청났던 대군도 점점 줄어들어 이제 흔적조차 볼 수 없었다. 겨우 살아 돌아온 병사들의 수는 손가락으로 꼽을 정도였다.

이 러시아 원정은 무서운 타격이었다. 그 때문에 프랑스는 인력을 크게 소모했다. 그렇지 않아도 쇠약했던 나폴레옹은 한층 노화해서 주의력은 산만해지고 긴장을 견뎌 낼 수 없게 되었다. 그렇다고 느긋하게 휴양이나 하고 있을 수도 없었다. 적은 사방에서 그를 에워싸고 있었다. 그는 여전히 전투에서는 승리에 빛나는 지휘관이었지만 포위망은 시일이 지남에 따라 점점 압축되었다. 탈레랑의 책동은 활발해지고 나폴레옹의 직계 장군 가운데서도 배반자가 나왔다. 지칠 대로 지쳐 버린 나폴레옹은 자포자기에 빠져 1814년 4월 황제 자리에서 물러났다.

유럽의 지도를 다시 만들기 위해 유럽 열국의 대회의가 빈에서 개최되었다. 여기에서 나폴레옹을 제외하기 위해 그를 지중해에 있는 작은 섬 엘바로 유배시켰다. 부르봉 왕가의 다른 루이 — 길로틴에 처형된 루이의 동생이다 — 가 어딘가 숨은 곳에서 끌려나와 프랑스의 왕좌에 올려져 루이 18세로 행세하게 되었다. 부르봉 왕가는 이렇게 다시 복귀했고, 동시에 여러 압제가 부활했다. 이것이 바스티유 점령 후 20년 간에 걸친 온갖 눈부신 업적의 성과였다! 빈에서는 국왕들과 대신들이 서로 논의와 싸움을 거듭하는가 하면 자주 휴회하며 시간을 낭비했다. 그들은 마음껏 활개치고 있었다. 태풍이 지나간 뒤 겨우 안도의 숨을 내쉴

수 있는 때가 온 것이다. 나폴레옹을 배반한 내통자 탈레랑은 국왕들과 대신들 중에서 특히 인기를 모아 회의에서 중요한 역할을 담당하고 있었다. 이 회의에서 또 한 사람의 유명한 외교가는 오스트리아의 외상 메테르니히(Metternich)[39]였다.

    1년도 채 못 되어 나폴레옹은 엘바 섬에 넌더리를 냈고, 프랑스는 부르봉 왕가에 넌더리를 냈다. 나폴레옹은 조각배에 몸을 싣고 가까스로 섬을 탈출해서 1815년 2월 26일 거의 단신으로 리비에라(Riviera)의 칸(Cannes)에 상륙했다. 그는 농민들에게 열광적인 환영을 받았다. 그를 체포하려고 파견된 군대는 옛 지휘관 '꼬마 하사'를 보자마자 "황제 만세!"를 외치며 그의 휘하로 들어갔다. 승리를 거둔 그는 자랑스럽게 파리에 입성했고, 부르봉 왕가의 국왕은 도망쳤다. 유럽의 다른 수도는 공포와 놀라움에 휩싸였다. 그리고 여전히 지루하게 회의가 진행되던 빈에서는 춤과 주연이 일시에 멈추었다. 공통된 공포심이 국왕과 대신들로 하여금 모든 갈등을 잊게 하고 나폴레옹 타도를 위해 다시 단결하게 만들었다. 전 유럽은 그를 향해 진군을 개시했다. 그런데 프랑스는 전쟁에 지쳐 있었다. 게다가 나폴레옹은 46세밖에 안 되었지만 그의 아내 마리 루이즈에게 버림받고 인생에 지친 노인이었다. 그는 두세 번은 승리했으나 브뤼셀 근처의 워털루(Waterloo)에서 영국의 사령관 웰링턴(Wellington)과 프로이센의 사령관 블뤼헤르(Blücher)에게 대패했다. 그가 상륙한 지 불과 100일 뒤의 일이었다. 그래서 그가 복귀한 이 기간을 '백일 천하(The Hundred Day)'라 한다. 워털루 전투에서는 매우 치열한 공방전이 벌어졌으며, 전황은 막상막하였다. 그러나 나폴레옹은 매우 운이 나빴다. 이기자면 이길 수도 있는 전투였다. 하지만 그 때 이겼

---

39) 오스트리아의 정치가, 특히 외교관. 재외 사신을 거쳐 1809년 외상에 취임한 뒤 나폴레옹 통치 시대의 대불 정책에 부심했다. 1814년 나폴레옹 전쟁 종결을 위한 파리 조약 연합국 대표의 한 사람. 빈 회의 의장. 그 뒤 유럽 반동 체제의 지주로서 '신성 동맹'의 중심 인물이 되어 모든 자유주의·민족주의 세력을 탄압했다. 1821년 총리의 지위에까지 올랐으나, 역사의 필연성에 항거하려던 그는 1830년의 7월 혁명과 1848년의 3월 혁명으로 치명상을 입고 마침내 실각해 영국에 망명했다. 나중에 귀국해서 프란츠 1세의 정치 고문이 되었다.

나폴레옹에 대한 보충

다 하더라도 어차피 일치 단결한 유럽 앞에 굴복하는 수밖에 없었으리라. 그가 참패하자 그를 지지하던 많은 사람들은 제 목숨을 위해 그를 외면했다. 전황은 절망적이었다. 그는 두 번째 퇴위를 하고는 프랑스의 한 항구에 정박중인 영국 배를 찾아가 영국에서 조용히 숨어살고 싶다고 선장에게 호소했다.

그러나 나폴레옹이 영국이나 유럽에서 너그럽고 정중한 대우를 기대했다면 그것은 큰 착오였다. 그들은 나폴레옹을 너무나 두려워했으며, 그의 엘바 섬 탈출은 그를 멀리 격리시켜 엄중히 감시해야 할 필요성을 통감하게 했다. 그래서 그의 호소도 아무런 보람 없이 그는 죄수 취급을 받으며 몇몇 동행자와 함께 대서양의 고독한 섬 세인트 헬레나(St. Helena)에 유배당했다. 그는 '유럽의 포로(the prisoner of Europe)'로 지목되어 여러 나라에서 세인트 헬레나에 있는 나폴레옹을 감시하기 위해 관원을 파견했으나 실제로는 영국이 모든 책임을 지고 감시했다. 이처럼 천애의 고도에 갇혀 세계와 완전히 단절되어 지내는 그를 감시하는 데에도 상당한 군대가 파견될 정도였다. 러시아에서 파견된 판무관(commissioner) 발메인(Balmain) 백작은 이 아득히 떨어진 세인트 헬레나 섬을 묘사하기를, "이 세상에서 가장 애수를 자아내며, 가장 고독한 곳, 지키기에 가장 손쉽고 공격을 하자면 가장 어려운 곳, 찾는 이도 없는 곳……"이라 했다. 이 섬의 영국인 교도소장은 유별나게 난폭하고 야만적인 사나이여서 나폴레옹을 가혹하게 다루었다. 나폴레옹은 섬에서 가장 조건이 나쁜 장소에 있는 너절한 집에 갇혔다. 온갖 귀찮은 규칙이 그와 그를 시중드는 사람들을 묶어 놓았다. 때에 따라서는 배불리 식사하지 못할 때도 있었다. 그는 유럽의 친구들은 물론 일찍이 자신이 득세했던 시대에 로마 왕이라는 칭호를 주었던 어린 아들과 편지 왕래조차 허락되지 않았다. 그뿐 아니라 아들 쪽에서 소식을 보내도 받아 볼 수가 없었다.

나폴레옹이 얼마나 초라한 대접을 받았는지 안다면 놀랄 것이다. 그러나 세인트 헬레나의 교도소장은 결국 영국 정부의 도구에 불과했다. 그 포로를 학대하고 모욕하는 것은 영국 정부가 고의로 취한 정책이었던 것 같다. 다른 유럽 열강도 그 정책을 지지했다. 나폴레옹의 어머니는 고령을 무릅쓰고 아들과 함께 살기를 간청했으나 열강(Great Powers)은 이를 거부했다. 날개가 잘린 채 절해의 고도에 힘없이 몸을 눕히고 있는 나폴레옹을 이처럼 비참하게 대했다는 것은, 유럽이 그를 얼마나 두려워하고 있었는지를 잘 보여 준다.

나폴레옹은 5년 반 동안 세인트 헬레나에서 산송장 노릇을 하면서 견뎌 냈다. 온몸이 야망과 에너지로 뭉쳐 있던 이 사나이가 고도의 암초에 갇혀 날마다 자잘한 모욕을 어떻게 견디고 있었는지를 상상하기란 그리 어렵지 않다. 그는 1821년 5월에 죽었는데, 죽은 뒤에까지도 교도소장의 미움을 받아 초라한 무덤에 묻혔다. 나폴레옹이 학대받고 있다는 뉴스가 차츰 유럽에 전파되자 — 이 무렵에는 뉴스의 움직임이 빠르지 않았다 — 이를 비판하는 소리가 영국을 비롯한 각국에서 일어났다. 학대의 주요 책임자인 영국 외상 캐슬레이(Castlereagh)는 이 사건과 아울러 그의 가혹한 국내 정책 때문에 크게 인기를 잃자 이 사태에 울분을 느끼고 자살할 정도였다.

위대하고 비범한 인간을 헤아리기는 어렵다. 나폴레옹이 그 나름의 위대함과 비상함을 겸비하고 있었다는 것은 의심할 여지가 없다. 그는 거의 자연력과 같은 원시성을 갖고 있었다. 훌륭한 착상과 풍부한 상상력을 갖고 있었지만, 이상의 가치나 이타적인 동기에는 전혀 관심이 없었다. 그는 이기기 위해 애썼으며, 사람들에게 영광과 재산을 주어 감동시키려 애썼다. 때문에 그의 영광과 권력이 일단 쇠퇴하자, 그가 직접 출세시킨 사람들이 계승할 만한 아무런 이상도 없었으며, 마침내는 많은 사람들이 비열하게 배신했다. 그에게 종교란 가난한 자와 불행한 사람들에게 자기의 운명을 감수케 하기 위한 수단에 불과했다. 기독교에 관해 그는 일찍이 "소크라테스나 플라톤을 비난했던 종교를 내 어찌 신봉할 수 있겠는가" 하고 말했다. 이집트에서 그가 이슬람교에 대해서 어느 정도 호의를 표시한 것도 이것이 지역 사람들의 인기를 얻는 데 좋은 방편이라고 생각했기 때문임이 틀림없다. 그는 전혀 신앙심을 갖지 않았다. 그러면서도 그가 종교를 후원한 것은 다만 종교를 기성 사회 질서의 지주라고 보았기 때문이다. 그는 또 이렇게 말했다. "종교는 평등의 관념과 천국을 결합해서 가난한 자가 부자에 대해 과격하게 저항하는 것을 막아 준다. 종교는 마치 예방 접종과 같은 가치를 갖는다. 그것은 기적에 대한 우리의 취미를 만족시키며, 우리를 돌팔이 의사에게 넘어가지 않게 한다. …… 사회는 재산의 불평등 없이는 존립할 수 없다. 그리고 이 재산의 불평등이라는 것은 종교 없이는 존재할 수 없다. 호사스런 음식을 배불리 먹는 사람을 보면서 굶주려 죽어 가는 자는 지고한 권력에 대한 신앙과, 저승에서만큼은 재산을 분배받게 되리라는 신념으로만 버텨 나갈 수 있다." 또 그는 자기의 힘을 자랑하며 다음과 같이 말했다고 한다. "만약 하늘이 내 머리 위로 무너져 내린다면 나는 창끝으로 그것을 막아 내겠다."

나폴레옹은 위인다운 자력(magnetism)을 갖고 있어서 수많은 사람들의 헌신적인 우정을 차지했다. 그의 눈길은 마치 악바르의 눈동자처럼 자력을 갖고 있었다. "나는 결코 칼을 빼어 든 적이 없었다"고 일찍이 그는 말했다. "나는 무기로 승리한 것이 아니라 눈빛으로 승리했다." 유럽을 전화 속에 몰아넣은 사람의 말치고는 참으로 놀라운 말이 아닌가! 몇 년 뒤 추방되어 있을 때도 그는 칼이 능사가 아니며, 인간의 정신이 칼보다 위대하다고 말했다. "나를 가장 놀라게 한 것이 무엇인지 그대는 아는가? 무력은 아무것도 조직할 수 없다는 사실이다. 이 세상에는 두 가지 힘이 존재한다. 정신과 칼이 바로 그것이다. 긴 눈으로 보면 칼은 반드시 정신에 굴복한다." 그러나 그에게는 '긴 눈'이 있을 수 없었다. 그는 길을 서둘렀고 그가 경력의 첫걸음을 내디딜 때에도 이미 칼의 길을 선택했다. 그는 칼로 이기고 칼로 쓰러졌다. 그는 또 이런 말도 했다. "전쟁은 시대 착오다. 언젠가 대포나 총칼에 의하지 않고 승리를 얻을 수 있는 날이 올 것이다." 그러나 주위 상황은 그에게 너무 가혹했다. 그의 웅비하는 야망, 싸움터에서 손쉽게 얻은 승리, 그리고 편히 쉴 만한 여유를 주지 않았던 유럽의 군주들이 품었던, 이 벼락 출세한 자에 대한 증오와 공포가 그를 쓰러뜨렸다. 그는 전쟁을 위해 인명을 희생하는 것을 예사로 여겼다. 그런데도 그는 학대받는 사람들을 보고 크게 마음이 움직였다는 것이다.

사생활에서도 나폴레옹은 늘 검소했다. 그리고 일에 열중하는 것 말고는 늘 절도를 잃지 않았다. 그는 다음과 같이 말했다. "인간은 아무리 절식한다 해도 사실 언제나 과식하고 있는 셈이다. 너무 먹어서 병이 나는 일은 있어도 적게 먹어 병이 되는 일은 없다." 그에게 남다른 건강과 놀라운 정력을 준 것은 이 같은 검소한 생활이었다. 그는 잠을 자고 싶으면 잘 수 있었으며 반대로 마음만 먹으면 오랫동안 자지 않을 수도 있었다. 하루종일 말을 타고 몇백 마일을 달리는 일도 그에게는 대수로운 일이 아니었다.

야심에 이끌려 유럽 대륙을 돌아다니는 동안 나폴레옹은 단일한 법과 단일한 정부를 갖는 한 국가로서의 유럽을 구상하기 시작했다. "나는 모든 국민을 하나로 융합시킬 것이다." 나중에 세인트 헬레나의 유배 생활에서 다시 단련된 이 생각은 예전보다는 사심을 배제한 형태로 그의 가슴에 되살아났다. "머지 않아 이 (유럽 국민의) 연합(union)이 사물의 자연적인 흐름에 따라 당연히 이루어질 것이다. 최초의 자극은 이미 있었다. 나의 체제가 몰락한 뒤에 유럽에 평형이 이루어지려면 여러 국민이 한 연맹(league)에 의존하는 길밖에 없다고 나는 생각한다." 그로부터 100년 이상이 지난 지금 유럽은 아직껏 '국제 연맹(League of Nations)'을 모색하고 실험하고 있다.

나폴레옹은 어린 아들에게 남긴 유서에서 아들이 언젠가 통치자가 되어 주기를 희망했다. 예전에 로마 왕이라는 칭호를 주었던 아들의 소식은 냉정하게 차단되어 있었다. 나폴레옹은 그 유서에서 나라를 평화롭게 다스리고 폭력에 의존하지 말라고 아들에게 타일렀다. "나는 무력으로 유럽을 공포에 떨게 했다. 그러나 오늘날에는 이성으로 설득해야 한다." 그러나 그의 아들은 통치자가 될 운이 아니었다. 그는 아버지가 죽은 지 11년 뒤 빈에서 젊은 나이에 죽었다.

그러나 이와 같은 사상은 나폴레옹이 추방당해 누그러져 있을 때 다듬어진 것이며, 아마 후세에 좋은 평가를 받으려고 쓴 것이리라. 그는 전성 시대에 철학자가 되기에는 너무나 행동이 앞서는 사람이었다. 그는 오직 권력의 제단에만 기도를 올렸다. 그가 마음 속으로 사랑한 유일한 것은 권력이었으나, 다만 무정하게 권력을 추구한 것이 아니라 예술가로서 권력을 사랑했다. "나는 권력을 사랑한다"고 그는 말했다. "그렇다, 나는 권력을 사랑한다. 다만 예술가처럼 ─ 마치 바이올리니스트가 음색과 화음을 연주하기 위해 바이올린을 사랑하듯이." 하지만 지나친 권력 추구는 위험한 일이다. 개인이건 민족이건 이것을 추구하는 자는 조만간 몰락과 붕괴에 직면한다. 그래서 나폴레옹은 멸망했고, 또 그는 멸망해야 했다.

한편 이 동안 부르봉 왕가가 프랑스에 군림했다. 그러나 부르봉 왕가는 새로 배운 것이 아무것도 없었고, 또 아무것도 잊은 것이 없었다고 한다. 나폴레옹이 죽은 지 9년이 지나기도 전에 프랑스는 진저리를 내며 그들을 타도했다. 또다시 새로운 군주 정치[40]가 세워졌고, 나폴레옹을 찬양하는 표시로 한때 반돔(Vendôme) 광장 기념탑에서 제거되었던 그의 동상이 다시 제자리에 서게 되었다. 그리하여 늙고 눈까지 먼 불쌍한 그의 어머니는 말했다.

"황제는 다시 파리로 돌아왔다."

---

40) 1830년 7월 반동 정치로 국민을 탄압하던 샤를 10세가 혁명을 통해 물러나고, 상층 시민 계급의 타협으로 성립된 이른바 '7월 왕정'(루이 필립을 왕으로 추대한 입헌 군주 정치)이 들어섰는데, 새로운 군주 정치란 이를 가리키는 말이다.

112

106   *1932년 11월 19일*

당시의 세계 정세

이제 나폴레옹은 오랫동안 지배했던 세계의 무대에서 물러났다. 그 뒤 100년 이상 세월이 흘러 이제 예전의 그 시끄러웠던 많은 논쟁의 먼지는 가라앉았다. 그래도 이미 말한 것처럼 나폴레옹에 대한 의견은 사람들마다 매우 다르다. 아마도 나폴레옹이 더욱 평화스러운 시대에 태어났더라면 그는 다만 출중한 장군일 뿐, 별로 주목을 끌지 않고 살았을지도 모른다. 그러나 혁명과 변화는 그에게 두각을 나타낼 기회를 주었으며 그는 그것을 놓치지 않았다. 그의 몰락과 유럽 정치에서의 낙오는 전쟁에 지쳐 있던 유럽 인민에게는 크나큰 구원이었음에 틀림없다. 진정한 평화를 누려 본 적이 없던 한 세대 전체가 그의 몰락을 원했던 것이다. 그 가운데서도 길게 안도의 숨을 내쉰 것은 오랫동안 나폴레옹의 이름에 겁을 먹고 있던 유럽의 군주들이었다.

우리는 프랑스와 유럽에 오랫동안 머물러 있었는데, 이제 19세기로 들어서게 되었다. 여기서 우선 세계를 둘러보고 나폴레옹이 몰락할 무렵 정세를 살피기로 하자.

알다시피 유럽에서는 구래의 국왕과 대신들이 빈 회의(Congress of Vienna)에 참석했다. 공포의 대상이었던 인물(bogey-man)은 이미 사라졌으나 그들은 옛날 그대로 게임을 즐길 수는 없었으며, 제멋대로 몇천만 인류의 운명을 결정할 수도 없었다. 인민이 무엇을 원하고 있느냐는 것은 문제가 아니었으며, 일국의 자연·언어적 국경이 어떻게 되어 있느냐 하는 것도 문제가 되지 않았다. 러시아의 차르, 캐슬레이를 대표로 한 영국, 메테르니히를 대표로 한 오스트리아 그리고 프로이센이 주요한 열강이었다. 거기에는 말할 것도 없이 영리하고 위트가 풍부한 데다가 인기도 있는, 지난날 나폴레옹의 대신이며 이 때는 부르봉 왕가 프랑스 왕국의 대신인 탈레랑도 있었다. 이 무리는 연회와 댄스를 즐기는 틈틈이 나폴레옹이 크게 바꾸어 놓은 유럽 지도를 고치고 있었다.

　부르봉 왕가의 루이 18세가 프랑스에 복귀했다. 스페인에서는 종교 재판까지 부활했다. 빈 회의의 군주들은 공화국을 좋아하지 않았다. 그래서 그들은 홀란드의 구 공화국만은 부활시키지 않았다. 그 대신 홀란드와 벨기에를 한데 합쳐 네덜란드 공화국을 만들었다. 독립국 폴란드는 모습을 감추고 프로이센·오스트리아, 특히 주로 러시아에 병합되었다. 베네치아와 북이탈리아는 오스트리아 차지가 되었다. 스위스와 리비에라(Riviera) 사이에는 이탈리아와 프랑스에서 한 조각씩 뜯어 맞춘 사르디니아(Sardinia) 왕국이 생겼다. 중앙 유럽에는 묘하고 막연한 독일 연방(German Confederation)이 생겼는데, 그 중심은 여전히 프로이센과 오스트리아였다. 그 밖에도 많은 변화가 있었다. 이처럼 빈 회의의 현자들은 자신들의 뜻에 따라 인민들을 강제로 이리저리 갈라 놓고 타국 언어를 지껄이게 함으로써 곳곳에 장래의 분규와 전쟁의 씨를 뿌려 놓았다.

　1814년부터 1815년에 걸쳐 빈 회의가 특히 관심을 기울인 것은 국왕들을 절대로 안전하게 하는 일이었다. 프랑스 혁명은 그들에게 생명의 위협을 느끼게 했으나, 그들은 어리석게도 새로운 혁명 사상을 막는 것이 가능하다고 생각하고 있었다. 러시아의 차르(알렉산드르 1세)와 오스트리아의 황제(프란츠 요제프 1세)는 한술 더 떠서 자신들과 다른 군주들을 방위하기 위해 '신성 동맹(The Holy Alience)'이라는 것을 체결했다. 이렇게 되고 보니 꼭 루이 14세나 루이 16세 시대로 거슬러 올라간 것 같은 꼴이다. 영국을 포함한 유럽 전체에서 모든 자유 사상이 탄압받았다. 유럽의 진보적인 사람들은 프랑스 혁명의 고투가 헛된 꽃이 되어 버린 것에 얼마나 실망했던가!

　동유럽을 보면, 투르크는 완전히 약체화해 서서히 몰락의 길을 걷고 있었다. 이집트는 투르크 제국에 속한 것으로 되어 있었으나 절반은 독립해 있었다. 그리스는 1821년 투르크에 반란을 일으켜 8년 전쟁 뒤 영국·프랑스·러시아의 도움을 얻어 독립했다. 영국의 시인 바이런(Byron)이 그리스를 편들어 의용병으로 싸우다가 전사한 것도 이 전쟁에서였다. 너도 잘 알고 있지만 그는 그리스에 관해 매우 아름다운 시를 몇 편 썼다.

그 뒤 1830년 유럽에서 일어난 두 가지 변화를 말해 두는 것도 좋을 것 같다. 프랑스는 부르봉 왕가의 전제와 압박에 넌더리가 나서 또다시 그들을 내쫓았다. 그러나 공화국이 아니라 또 다른 국왕이 선택되었다. 이것이 바로 루이 필립(Louis Philippe)이었는데, 그는 약간 나은 편이어서 어쨌든 입헌 군주로 행동했다. 그는 더욱 큰 폭발이 일어난 1848년(2월 혁명)까지 그럭저럭 군림했다. 벨기에에서도 1830년 반란이 일어나 벨기에와 홀란드가 분리되었다. 물론 유럽의 여러 대국은 공화국을 세우는 데 대해 크게 반대했다. 그래서 그들은 독일의 한 공작(레오폴드)을 벨기에에 제공해 국왕으로 삼았으며, 또 다른 독일의 공작(오토 1세)은 그리스의 왕이 되었다. 독일에는 수많은 공작이 있었으므로 어디든 왕위가 비었을 때에는 언제나 이렇게 공작을 내놓도록 되어 있었다. 지금껏 군림하는 영국 왕실도 독일의 하노버(Hanover)라는 소국에서 온 것이다.

1830년이라는 해는 유럽의 다른 나라 — 독일·이탈리아, 특히 폴란드에서 또한 반란의 해였다. 그러나 반란은 국왕들에게 진압되었다. 폴란드에서는 러시아의 잔혹한 탄압이 거듭되어 폴란드어의 사용마저 금지되었다. 이 해 — 1830년은 곧 알게 되겠지만 유럽에서 혁명의 해였던 1848년(2월 혁명)의 전주곡과 같은 해였다.

유럽은 이 정도로 해 두고, 대서양 저편에서는 미합중국이 차츰 서부를 향해 계속 확장하고 있었다. 이 나라는 유럽의 분쟁이나 전쟁에 초연했다. 얼마든지 이용할 수 있는 많은 토지를 갖고 있던 그들은 급속히 성장해 유럽을 추적해 오고 있었다. 그런데 남아메리카 쪽에서는 큰 변화가 잇따라 일어났다. 이는 간접적으로 나폴레옹에 의해 일어난 일이었

당시의 세계 정세

다. 나폴레옹이 스페인을 정복하고 그의 형 조제프 보나파르트를 이 나라의 왕좌에 앉히자 남아메리카의 스페인령 식민지가 이에 반항했다. 이때 아이러니컬하게도 스페인령 식민지를 독립으로 이끈 것은 구 스페인 왕조에 대한 그들의 충성심이었다. 그러나 이것도 일시적인 구실이었을 뿐, 독립의 기운이 남아메리카 전체에 퍼져 가고 있었던 만큼 아무래도 분열은 피할 수 없었으리라. 남미 독립의 영웅은 엘 리베르타도르(El Libertador), 즉 해방자로 일컬어진 시몽 볼리바르(Simon Bolivar)였다. 남아메리카의 볼리비아(Bolivia) 공화국은 그의 이름을 따서 붙인 것이다. 이와 같이 나폴레옹 몰락 당시 남아메리카는 스페인에서 떨어져 나가 독립을 목표로 싸우고 있었다. 나폴레옹의 폐위는 이 투쟁에 아무런 영향을 주지 않아, 스페인에 대한 항쟁이 오랫동안 계속되었다. 유럽의 국왕 가운데에는 그들의 친척인 스페인 왕을 도와 식민지의 혁명 운동을 진압하려고 한 사람도 있었다. 그러나 미합중국이 이 같은 간섭을 최종적으로 배제했다. 당시 미국의 대통령은 먼로(Monroe)였는데, 그는 유럽 열강이 남북 아메리카 어느 지역에든 간섭하면 즉시 미합중국과 교전을 해야 할 것이라고 강력하게 경고하고 나섰다. 이 엄포가 유럽 열강에 공포심을 주어, 그 뒤로 유럽 열강은 남아메리카에 적극적으로 간섭하지 못했다. 먼로 대통령의 유럽에 대한 경고는 '먼로주의(Monroe Doctrine)'로 잘 알려지게 되었다. 이에 따라 남아메리카의 새로운 공화국은 오래도록 유럽의 야망에서 벗어나 성장해 갈 수 있었다. 그들은 유럽의 위협에서는 충분히 보호받을 수 있었지만, 보호자인 미국의 손에서 지켜 줄 자는 아무도 없었다. 오늘날 그들은 미국으로부터 지배받고 있으며, 수많은 공화국들이 완전히 미국의 영향 아래 놓여 있다.

　　광대한 브라질은 포르투갈의 한 식민지였는데, 이 또한 스페인령 아메리카와 동시에 독립국이 되었다. 이로써 1830년까지 남아메리카는 모두 유럽의 지배를 벗어나 독립했다. 그러나 북아메리카에는 말할 것도 없이 영국의 식민지 캐나다가 그대로 있었다.

　　이번에는 아시아를 얘기할 차례다. 인도에서는 물론 영국이 절대

우월한 세력이었다. 유럽에서 나폴레옹 전쟁이 벌어지고 있는 동안 영국인은 그 지위를 굳혀 자바까지 점령했다.[41] 마이소르(Mysore)의 티푸 술탄은 이미 자취를 감추고, 1819년에 마라타 세력이 마지막으로 타도되었다. 그러나 펀자브에는 란지트 싱(Ranjit Singh)이 이끄는 시크국이 있었다. 영국인은 인도 곳곳으로 퍼져 나가고 있었다. 동부에서는 아삼(Assam)이 합병되고, 아라칸(Arakan) — 버마 — 이 다음 합병을 기다리고 있었다.

영국이 인도에서 세력을 확장하고 있는 동안 유럽의 또 하나의 강대국 러시아는 중앙 아시아로 확대하고 있었으며 이미 동방에서 태평양과 중국에 접하고 있었다. 그리고 중앙 아시아의 소국가를 넘어 아프가니스탄 국경까지 남하해 왔다. 인도의 영국인은 이 거인의 접근을 경계했으며, 초조한 나머지 아프가니스탄에 대해 아무런 명분도 없는 전쟁을 벌였다. 그러나 그들은 지독하게 혼이 났다.

만주족의 지배 아래 있던 중국 정부는 무역이나 종교라는 그럴 듯한 명분으로 찾아온 외국인을 의심해서 입국을 금지했다. 그런데 외국인들은 관문에 몰려와 시끄럽게 떠들고 추태를 보이며, 특히 아편 거래를 권유했다. 동인도 회사는 중국 무역의 독점권을 쥐고 있었다. 중국 황제는 아편 반입을 금지했으나 밀수는 계속되어, 외국인들은 변함없이 불법으로 아편 무역에 종사하고 있었다. 그 결과 명칭 그대로 '아편 전쟁(the Opium War)'이 일어나 영국인은 중국에 아편을 강요했다.

나는 오래 전에 너에게 일본이 1634년에 나라를 폐쇄한 적이 있었다고 이야기했다. 19세기 초에도 그들은 모든 외국인에 대한 문호를 막아 놓고 있었다. 그러나 이 닫혀진 국경 속에서 막부는 차츰 세력이 약해

---

41) 프랑스 혁명 때 네덜란드 왕실은 반혁명 연합에 가담했기 때문에 혁명 의용군에 점령되어 그 뒤 나폴레옹 시대에 이를 때까지 프랑스의 지배를 받았다. 1811년 영국 동인도 회사의 한 관리인 러플즈는 총독의 허가를 얻어 프랑스령이 된 자바를 공략하고, 네덜란드 동인도 회사의 무능으로 황폐해진 식민지 행정을 개혁해 현저한 성과를 올렸다. 그러나 나폴레옹이 몰락한 뒤 자바는 '정통주의'의 원칙에 따라 1814년 네덜란드에 반환되었다.

당시의 세계 정세

져 마침내 구체제에 갑작스럽게 종말을 고할 새로운 여러 조건들이 싹 트고 있었다. 한편 남방의 동남 아시아에서는 유럽 열강이 끊임없이 영토를 잠식하고 있었다. 스페인은 여전히 필리핀 제도를 차지하고 있었고, 포르투갈인은 오래 전부터 영국인과 네덜란드인에게 쫓겨나고 있었다. 네덜란드인은 빈 회의 이후 자바와 그 밖의 제도를 다시 찾았고, 영국인은 싱가포르와 말레이 반도를 향해 확장을 꾀하고 있었다. 베트남, 샴 그리고 버마는 때에 따라 중국에 조공을 바쳤으나 아직 독립국임에 틀림없었다.

이것이 워털루 전투 이래 1830년까지 15년 간에 걸친 세계의 정치적 상황이다. 이제 유럽은 세계를 좌우할 지위를 차지했다. 그리고 유럽에서는 반동이 승리했다. 황제와 국왕들, 그리고 영국의 반동 의회는 자유 사상을 완전히 진압했다고 믿었다. 그들은 이 사상들을 질식시키려고 했다. 물론 그 헛된 시도는 실패로 돌아가고 반란이 거듭되었다.

정치적 변화가 모든 것을 지배하는 것처럼 보인다. 그러나 영국의 산업 혁명과 함께 시작된 생산·분배 그리고 교통의 대혁명이 정치적 변화보다 훨씬 중요하다. 이 산업 혁명은 부지불식간에, 그러나 불가항력적으로 유럽과 북아메리카로 번져 나가 무수한 사람들의 사고 방식과 계급 관계를 바꾸어 가고 있었다. 덜컹거리는 기계 소리 속에서 새로운 사상이 뛰쳐나와 하나의 새로운 세계가 형성되려 하고 있었다. 마침내 유럽은 점점 더 능률적이고 효과적으로 되고 탐욕스러워지고, 제국주의적으로, 냉혈한처럼 되어 갔다. 마치 나폴레옹의 정신이 배어 나오는 것 같았다. 그러나 동시에 유럽에서는 제국주의를 타도할 여러 이념들도 계속 성장하고 있었다.

이 시대의 문학·시·음악에도 매력적인 것이 많다. 그러나 나는 앞으로만 달려나가려는 펜을 멈춰야겠다. 오늘 이야기는 이것으로 충분하니까.

# 107 *1932년 11월 22일*

제1차 세계 대전까지의 100년

나폴레옹은 1814년에 실각했다. 이듬해 그는 엘바 섬에서 탈출했으나 다시 패배했다. 꼭 100년 뒤인 1914년에 '대전(the Great War)'이 일어나 거의 세계 전역으로 번져 갔다. 전쟁이 계속된 4년 동안 끔찍스러운 정도의 손실과 고통이 있었다. 우리는 이 1세기를 어느 정도 상세하게 고찰하는 데 좀더 시간을 써야 할 것이다. 이미 나는 바로 전 편지에서 이 시기가 시작될 무렵의 상황을 간단히 이야기했다. 이 시기의 여러 나라들을 일일이 검토하기에 앞서 이 1세기를 전반적으로 바라보는 것도 유익하리라 생각한다. 그렇게 하면 아마 이 1세기의 주된 조류에 관해 더욱 올바른 개념을 갖게 되고, 나무와 함께 숲도 볼 수 있을 것이다.

1814년부터 1914년까지의 100년 간은 물론 네가 잘 알고 있듯이 대체로 19세기에 해당한다. 그러므로 완전히 정확하다고는 할 수 없어도 이 시기를 말하는 것은 곧 19세기를 설명하는 것이 된다.

19세기는 아주 흥미로운 세기다. 그러나 이것을 연구하자면 쉬운 일이 아니다. 그것은 방대한 파노라마이며 엄청난 규모의 그림인데다, 우리와 가까운 시대인 만큼 그 이전의 여러 세기에 비해 더 크고 훨씬 충만한 것처럼 보인다. 이처럼 규모가 크고 복잡해, 그것을 짜고 있는 무수한 실을 풀려다가 도리어 수습할 수 없게 되고 말 정도다.

19세기는 상상할 수 없을 정도로 기계가 발전한 시대였다. 산업 혁명은 뒤이어 기계 혁명을 불러일으켰다. 그리고 기계는 인간 생활에서 점점 중요해지게 되었다. 그것들은 종래에 인간이 하던 갖가지 일을 대신하고, 인간의 노동을 편하게 했으며, 자연에 대한 의존도를 덜어 주고, 인간을 위한 부를 생산했다. 과학은 현실에 여러 모로 응용되어, 여행과 운송은 점점 속도가 빨라 가기만 했다. 철도가 등장해 역마차를 대신했고, 증기선은 범선을 대신했으며, 이윽고 대륙과 대륙 사이에 정기적으로 쾌속 운항되는 안전하고 기동력이 좋은 거대한 기선이 출현했다. 세기말에는 자동차가 발명되어 전세계에 보급되었다. 그리고 마지막으로 비행기가 나타났다. 동시에 인간은 또 하나 놀라운 것, 즉 전기를 지배하고 이용하기 시작해 전신·전화가 등장했다. 실로 이런 것들은 세계의 모습을 바꿔 놓았다. 교통 기관이 발달해 점점 빠른 속도로 여행할 수 있게 되면서 세계는 축소되어 무척 작아진 것처럼 느껴졌다. 오늘날 우리는 이 모든 것에 익숙해져 있으므로 새삼 그것을 다시 돌아보는 일은 별로 없다. 그러나 이런 개량과 변화는 바로 얼마 전에 나타난 것으로서 모두 최근 100년 간의 산물인 것이다.

19세기는 또 유럽, 그 가운데서도 서유럽, 특히 영국의 세기였다. 산업 혁명과 기계 혁명은 여기서 시작되고 진행되었으며 그로 말미암아 서유럽은 다른 세계를 크게 앞섰다. 영국이 제해력과 공업에서 우월한 기반을 차지하고 있었으나 서유럽의 다른 나라들도 곧 이를 뒤쫓아갔다. 미국도 이 새로운 기계 문명으로 두각을 나타내, 철도는 그들을 서부로 운반해 준 끝에 저 광대한 땅을 한 나라가 되게 해 주었다. 그들은 내부 문제와 팽창에 너무 바빠 유럽이나 다른 세계에 손댈 여유가 없었다. 그러나 그들은 유럽의 간섭에는 화를 냈고 이미 그 간섭을 저지할 만한 힘도 가지고 있었다. 지난번 편지에 쓴 먼로주의는 남아메리카의 공화국을 유럽의 탐욕으로부터 보호해 주었다. 이 공화국들은 스페인과 포르투갈이 건설한 관계로 라틴 국가들이라고 한다. 이 두 나라는 이탈리아·프랑스와 함께 라틴 민족이라 일컬어지기 때문이다. 이에 대해 북유럽 여러 나라는 튜튼(Teuton) 민족이며, 영국인은 튜튼인인 앵글로색슨 계통에 해당한다. 미국 국민은 원래 앵글로색슨의 원류에서 나왔지만, 그 뒤에는 물론 다종다양한 이주민들이 건너왔다.

그 밖의 다른 세계는 공업이나 기계력에서 뒤떨어져 서유럽의 새로운 기계 문명과 경쟁할 수 없었다. 유럽의 기계 공업은 종래의 농가 수공업에 비해 훨씬 빠르고 대량으로 제품을 생산했다. 이런 제품을 만들기 위해서는 많은 원료가 필요했지만 그 원료는 대개 유럽에서 나지 않는 것들이었다. 그리고 제품이 생산되면 그것을 팔 시장이 필요했다. 그래서 서유럽은 원료를 공급해 주고 제품을 사 줄 나라를 찾아 나섰다. 아시아와 아프리카는 좋은 대상이었다. 유럽은 힘이 약한 아시아와 아프리카에게 마치 맹수처럼 덤벼들었다. 영국은 이러한 제국주의 경쟁에서 우세한 공업과 해군력 덕분에 쉽게 선두에 나설 수 있었다.

처음에 유럽인은 유럽에서 수요가 많았던 향료와 그 밖에 여러 물품들을 사들이기 위해 인도와 동양에 왔다는 것을 너도 기억하고 있을 것이다. 이리하여 동방의 산물이 유럽으로 들어가고, 베틀로 짠 동양의 많은 직물이 유럽으로 들어갔다. 그러나 기계가 발달한 오늘날 이 관계는 역전되었다. 서유럽의 더욱 싼 물품이 동양으로 흘러들고, 동인도 회사는 영국 물품의 판로를 확대하기 위해 인도의 가내 수공업을 계획적으로 절멸시켰다.

유럽은 거인 같은 아시아를 짓눌렀다. 북쪽에는 러시아 제국이 대륙을 가로질러 길게 뻗어 나갔고, 남쪽에서는 영국이 모든 면에서 가장 큰 노획물인 인도를 손아귀에 꽉 틀어쥐었다. 서쪽에서는 투르크 제국이 해체되고 있었는데, 당시 투르크는 '유럽의 환자(Sick man of Europe)' 라는 별명을 얻기까지 했다. 페르시아는 명색이 독립국이었으나 영국과 러시아에게 좌우되고 있었다. 동남 아시아 ― 버마·인도지나·말레이시아·자바·수마트라·보르네오·필리핀 등은 작은 섬을 빼고는 모두 유럽 강대국에게 점령당했다. 극동에서는 유럽의 여러 강대국이 덤벼들어 중국을 침식해서 잇따라 조계(concession)를 빼앗아 냈다. 다만 일본만이 어깨를 펴고 대등한 지위에서 유럽에 대항했다. 당시 일본은 쇄국 상태에서 벗어나 놀라운 속도로 새로운 환경에 적응했던 것이다.

아프리카는 이집트를 제외하면 크게 뒤떨어져 있었다. 아프리카는 유럽에 전혀 저항할 수 없었으며, 그 약점을 노리는 유럽 열강은 미친 듯이 제국주의 경쟁을 연출, 앞을 다투어 쳐들어가서 이 거대한 대륙을 분할해 버렸다. 수에즈 운하가 1869년에 개통되자 유럽에서 인도에 이르는 길이 훨씬 가까워졌다. 영국은 이 운하 때문에 이집트를 더욱 중시하게 되었다. 왜냐하면 이집트가 운하를 위협할 수 있는 위치에 섬으로써 인도로 가는 항로를 견제할 수 있었기 때문이다.

이처럼 기계 혁명에 따라서 자본주의 문명은 전세계로 퍼져 나가고 유럽은 모든 곳을 지배했다. 그리고 자본주의는 제국주의로 나아갈 길을 터놓았다. 따라서 이 세기는 제국주의의 세기라 해도 좋다. 그러나 이 새로운 제국주의 시대는 로마나 중국·인도·아랍·몽고 등의 구식 제국주의와 매우 달랐다. 그것은 원료와 시장에 굶주린 신형 제국주의다. 또한 새로운 제국주의는 새로운 공업 문화의 아들이었다. "무역은 군기(軍旗)를 따라 전진한다"고 했다. 그리고 가끔 군기는 바이블을 따라다녔다. 종교도 과학도 조국애도 모두 하나의 목적을 위해서 ― 대기계의 영주나 공업 문화의 왕후들이 한층 부유해지도록 ― 지구상에 자기보다 힘이 약하고 산업이 뒤떨어진 국민을 착취하는 일에 골몰했다. 진리와 사랑이라는 허울 아래 움직이는 기독교 전도사는 흔히 제국의 전초가 되었다. 그들의 신상에 무슨 재앙이라도 닥치면 그의 모국은 영토 분할과 조계 설정의 구실로 그 사건을 이용했다.

이렇게 산업과 문명의 자본주의적 편성은 필연적으로 제국주의로 가는 길을 열었다. 자본주의는 또한 민족주의를 앙양시켰다. 그러므로 이 세기를 민족주의 세기라 해도 좋다. 이런 종류의 민족주의는 단순히 자기 나라에 대한 애국심일 뿐만 아니라 모든 다른 나라에 대한 증오이기도 했다. 이처럼 자기가 속한 국가만을 신성시하는 것과 다른 나라에 대한 모욕적인 비방은 필연적으로 여러 나라 사이에 마찰과 분규를 불러일으켰다. 유럽 국가들간의 산업상의 알력과 제국주의적 대립은 사태를 한층 악화시켰다. 1814~15년의 빈 회의에서 결정된 유럽의 지도는 또 다른 분쟁의 요인을 안고 있었다. 이 지도 때문에 일부 민족주의자들은 억압되고 강제로 다른 나라 국민의 지배 아래에 놓이게 되었다. 폴란드는 이미 국가로서의 존재를 상실했다. 오스트리아 ― 헝가리는 서로 철천지원수로 여기는 온갖 종류의 주민을 잡다하게 포함한 제국이 되었다. 동남부 유럽의 투르크인은 발칸 지방에 수많은 비투르크인을 거느리고 있었다. 이탈리아는 여러 나라로 분열되고 일부는 오스트리아에 속해 있었다. 전쟁과 혁명으로 유럽 지도를 바꾸려는 기도가 여러 번 거듭되었다. 지난번 편지에서도 나는 빈 회의 직후의 정세를 어느 정도 얘기해 두었다. 세기의 후반에 들어서자 이탈리아는 북부에 있는 오스트리아인과 중부의 교황을 몰아 내 통일 국가를 이루었다. 뒤따라 독일도 프로이센의 지도 아래 통일을 성취했다. 프랑스는 독일에 패배해 굴욕을 당하고 국경 지방의 알사스와 로렌 두 지방을 떼어 주었다. 그 뒤로 프랑스는 복수를 별렀다. 그리고 50년도 채 안 돼서 피비린내 나는 무서운 복수를 했다.

확고한 주도권을 잡은 영국은 유럽의 여러 나라 가운데서도 가장 운이 좋은 나라였다. 영국은 많은 노획물을 움켜쥐고 현상에 완전히 만족하고 있었다. 인도는 착취의 대상이 되어 황금의 강물이 영국을 향해 끊임없이 흘러드는 부유한 영토로서 신형 제국의 표본이 되었다. 이제 막 제국을 건설하려는 나라는 모두 영국이 인도를 차지한 것을 부러워했다. 그들은 인도라는 표본을 본받아 세계 도처에 제국을 건설하려 했다. 프랑스인은 이러한 제국주의적 식민지 개척에 어느 정도는 성공했으나 독일인은 무대에 너무 뒤늦게 등장한 탓에 차지할 만한 곳이 전혀 남아 있지 않았다. 그래서 서로 더 많은 영토를 병합하려고 으르렁거리는 이 '대강국' 들이 빚어 내는 정치적 긴장이 온 세계를 감쌌다. 특히 러시아는 중앙 아시아에서 영국 영토인 인도에 끊임없는 위협을 가하고 있는 상태였으므로 영국과 자주 분규를 일으켰다. 러시아가 세기 중엽에 투르크를 무찌르고 콘스탄티노플을 기웃거릴 때 영국은 투르크를 지원해서 러시아를 몰아 냈다. 이는 영국이 투르크에 애정을 갖고 있어서가 아니라 투르크와 인도를 상실할까 우려했기 때문이다.

영국의 산업상 우세는 독일·프랑스 그리고 미국이 추격해 옴으로써 점차 격차가 좁혀졌다. 세기말이 되자 사태는 정점에 이르고 있었다.

세계는 유럽 열강의 끝없는 야심에 비하면 너무 좁았다. 각국은 서로 위협하고 질시하고 증오했다. 이 위협과 증오는 군대와 군함을 강화하고 확대하게 만들었으며, 이런 파괴 수단을 만들기 위해 불붙는 경쟁이 전개되었다. 다른 나라와 싸우기 위한 동맹이 여러 나라 사이에 체결되었다. 그리하여 마침내 두 개의 동맹 체제[42]가 유럽을 양분하며 대립했다. 하나는 프랑스가 이끄는 동맹으로 여기에는 영국이 비공식적으로 가담하고 있었다. 또 하나는 독일을 우두머리로 한 동맹이었다. 유럽은 무장한 진지가 되었고, 산업과 무역·군비의 경쟁은 점점 맹렬해질 뿐이었다. 대중이 거짓 선동에 속아 이웃 나라 사람들을 미워하고, 그에 따라 전쟁에 대한 마음의 준비를 하도록 편협한 민족주의에 박차가 가해졌다.

이리하여 맹목적인 민족주의가 유럽을 지배했다. 이는 교통 기관의 발달이 여러 나라를 한층 긴밀하게 연결시켜서 여행하는 사람도 많이 늘어난 것을 생각하면 참으로 묘한 이야기다. 잠시 생각해 보면, 이웃을 전보다 더 잘 알게 되면 그들에 대한 편견은 사라지고 따라서 편협한 태도는 더욱 열린 사고 방식에 자리를 양보해야 마땅할 것이다. 물론 어느 정도까지는 그랬다. 그러나 산업 자본주의가 지배하는 사회의 모든 구조는 민족과 민족, 계급과 계급, 그리고 인간과 인간 사이의 분쟁을 부추기는 성질을 갖고 있다.

민족주의는 동양에서도 발달했다. 맨 처음에 동방의 여러 나라에서 외국의 지배에 저항한 것은 봉건주의의 잔존 세력이었다. 자기 지위가 위협당한다고 느꼈기 때문이었지만 그들은 필연적으로 실패했다. 그러자 이번에는 새로운 민족주의가 일종의 종교적인 사고 방식과 결합해

---

42) 유럽 대륙에 형성된 두 개의 동맹, 즉 독일·오스트리아·이탈리아 사이에 맺어진 이른바 '삼국 동맹'과 영국·프랑스·러시아 사이의 '삼국 협상'. 전자는 비스마르크의 유럽 정책에 따라 1882년에 체결되었다. 그 뒤 비스마르크 치하의 독일이 후발 제국주의 국가로 급격히 성장해 위협적인 존재로 부상하자 이에 불안을 느낀 영국·프랑스·러시아 삼국은 이른바 '삼국 협상'으로 '독일 포위'의 태세를 취했다. 이리하여 유럽은 상호 대립하는 두 진영으로 나뉘어 제1차 세계 대전의 전제를 이루는 정세가 형성되었다.

서 일어났다. 이 종교적인 색채는 점차 퇴색하고 서유럽형 민족주의가 출현했다. 일본은 외국의 지배를 모면할 수 있었으며, 격렬한 반(半)봉건적 민족주의가 고양되었다.

아시아는 오래 전부터 유럽의 공격에 저항하기 시작했지만, 이 저항은 유럽의 군대가 소유한 신 병기의 위력과 성능이 알려지자 위축되어 버렸다. 유럽에서 이루어진 과학과 기계의 발달 덕분에 유럽의 군대는 당시 동양 여러 나라의 그 어떤 무기로도 당해 낼 수 없는 위력을 갖게 되었다. 그래서 동양의 여러 나라는 자기의 무력함을 자인하고 절망해서 머리를 숙였다. 어떤 사람은 동양은 정신적이고 서양은 물질적이라고 한다. 이런 식의 표현은 사람을 혼란시키기 쉽다. 18~19세기에 유럽이 침략자로서 나타난 당시, 동양과 서양의 차이는 사실상 동양의 중세적 문화와 서양의 산업·기계적 발전의 차이였다. 인도나 그 밖의 동양 여러 나라는 처음에 서양의 군사적 능력뿐만 아니라 과학·기술적 발전에 눈이 휘둥그래졌다. 이 같은 여러 사정이 한데 어울려 군사·기술적 영역에서 그들에 대한 열등감을 갖게 되었다. 그런데도 민족주의는 성장해서 외국인에 저항하고 추방하려는 욕구는 커져 갔다. 20세기 초 아시아의 정신에 큰 영향을 미친 사건이 일어났다. 차르 체제의 러시아가 일본에 패배한 것이다. 유럽에서 가장 크고 강대한 국가 중의 하나인 러시아를 작은 일본이 이겼다는 사실은 많은 사람들을 놀라게 했다. 특히 아시아가 이 승리를 가장 기뻐했다. 일본은 서양의 침략과 싸우는 아시아의 대표로 추앙받고, 얼마 동안 전 동양의 뜨거운 갈채를 받았다. 물론 일본은 전혀 그런 의미의 대표는 아니었다. 일본은 일본대로 자기 이익을 위해 유럽의 강대국과 조금도 다를 바 없는 방법으로 싸웠던 것이다. 나는 지금도 일본이 승리했다는 뉴스를 전해 들었을 때의 감격을 생생하게 기억하고 있다. 꼭 네 나이 때였다.

이렇게 서양의 제국주의가 점차 침략적으로 되어 가자 이에 대항해 싸우려는 동양의 민족주의도 점점 고조되어 갔다. 서쪽으로는 아랍의 여러 민족부터 동쪽으로는 몽고족에 이르기까지 온 아시아에 민족 운동이 일어났다. 처음에는 조심스럽고 온건했으나 점차 첨예한 요구를 하며 나서게 되었다. 인도에는 비로소 국민회의파가 그 모습을 나타냈다. 아시아의 반역이 시작된 것이다.

    19세기에 관한 우리의 개관은 아직도 끝났다고 할 수는 없으나 오늘 편지가 너무 길어졌으니 여기서 일단 중단해야겠다.

108   *1932년 11월 24일*

계속되는 19세기 이야기

    엊그제 편지에서는 19세기의 몇 가지 두드러진 특징과 대기계가 출현한 뒤 서유럽을 중심으로 발달한 산업 자본주의가 빚어 낸 갖가지 현상에 대해 이야기했다. 이 과정에서 유럽이 우위를 확보할 수 있었던 주요한 요인은 무엇보다 우선 탄광과 철광을 소유했기 때문이다. 석탄과 철은 대기계를 제작하고 가동하는 데 없어선 안 되는 것들이다.

    이미 본 것처럼 자본주의는 제국주의와 민족주의를 불러왔다. 민족주의는 결코 새로운 것이 아니라 전부터 있었던 것이다. 그런데 그것이 한층 격화되고 편협해졌다. 그것은 한편으로는 결속 작용을 갖지만 다른 한편 분리의 요인이 되었다. 한 국가 단위 속에서 사는 사람들은 한층 더 긴밀하게 결속되었으나, 다른 국가 단위에 속하는 사람들과는 시간이 흐름에 따라 거리가 멀어졌다. 각국에 애국적 정서가 일어나자 외국인에 대한 혐오와 불신도 함께 커져 갔다. 유럽에서는 공업이 발달한 국가들이 마치 맹수처럼 눈을 부라리고 맞섰다. 전리품을 거의 다 차지한 영국은 물론 그것을 틀어쥐고 내놓으려 하지 않았다. 그러나 다른 여러 나라, 특히 독일의 관점에서 본다면 영국은 도처에서 지나치게 큰 세력을 가지고 있었다. 그래서 분쟁은 점점 잦아져 마침내 공공연한 전쟁으로까지 발전했다. 산업 자본주의의 모든 사회 구조와 그 파생물인 제국주의가 바로 이 분규와 항쟁을 유도한 것이다. 그것은 대립과 경쟁과 착취에 기초를 두는 것이며, 거기에는 융화할 수 없는 모순이 있는 것으로 보인다. 동양에서는 제국주의의 부산물인 민족주의가 제국주의의 격렬한 적이 되었다.

그러나 이러한 모순에도 불구하고 문명의 자본주의적 형태가 수많은 유익한 교훈을 주었다. 그것은 조직이라는 것을 가르쳤다. 대기계와 대규모의 산업이 기능을 발휘하자면 여러 조직이 필요하기 때문이다. 그것은 거대한 작업 속에서 협력을 가르치고, 능률과 정확성을 가르쳤다. 이러한 능력을 발휘하지 않는 한 대공장이나 철도 기구를 운영하는 것은 불가능하다. 흔히 이러한 성질은 전형적인 서양의 특질이며 동양은 이 점을 갖지 못했다고 말하지만, 이 또한 동과 서의 문제는 아니다. 이러한 점은 공업 문화로 말미암아 발달한 것이므로 서양은 공업화했기 때문에 이것이 있고, 동양은 아직 주로 농업이 지배적이며 공업화하지 못한 탓에 그 점들을 결여한 데 불과하다.

산업 자본주의는 그 밖에도 큰 공헌을 했다. 그것은 동력 생산, 즉 대기계와 석탄과 증기가 얼마나 많은 부를 생산할 수 있는가를 보여 주었다. 세상에는 모두에게 두루 돌아갈 만한 물자가 없고, 따라서 수많은 빈민은 존재하지 않을 수 없다는 과거의 걱정은 사라져 버렸다. 과학과 기계를 이용하면 필요한 식품이나 의복, 그 밖에 무엇이든 세계 인구에게 충분히 돌아갈 만큼 생산할 수 있었다. 생산 문제는 적어도 이론상으로는 해결되었다. 하지만 문제는 거기서 끝나지 않았다. 확실히 부는 부단히 생산되기는 했으나 가난한 사람들은 여전히 가난하거나 더욱 가난해졌다. 유럽은 동양과 아프리카의 여러 나라를 지배하며 노골적으로 착취하면서도 아무런 부끄러움도 느끼지 않았다. 그 곳에 사는 불행한 사람들의 생활에 주의를 기울이는 자는 아무도 없었다. 그러나 서유럽에도 가난은 여전히 존재했으며 한층 두드러졌다. 얼마 동안은 다른 대륙에 대한 착취가 서유럽에 부를 쏟아 놓았지만 이 부는 대부분 상류의 소수 부유한 자들의 손안에 들어갔다. 어느 정도의 부는 비교적 가난한 계급에도 미쳐, 그들의 생활 수준은 미미하나마 향상되고 인구도 크게 늘었다.

그러나 이 부와 생활 수준의 향상도 대부분 아시아와 아프리카, 그리고 아직 공업화하지 못한 다른 지역에서 착취당하는 인민의 희생 위에서 가능했던 것이다. 이 착취와 부의 흡수는 어쨌든 얼마 동안 자본주의 제도의 모순을 감춰 주었다. 그래도 역시 빈부의 차는 커지고 격차는 확대될 뿐이었다. 그들은 언제나 종류가 다른 두 갈래의 인민이었고 따로 떨어진 두 민족이었다. 19세기 영국의 정치가 벤저민 디즈레일리(Benjamin Disraeli)[43]는 이 문제를 이렇게 논했다.

> 그 동안 아무런 교류도 공감도 없이 마치 열대 사람들이 한대 사람들을 대하듯이, 또는 서로 다른 행성에 사는 사람들처럼 피차 상대방의 습관·사상·감정을 알지 못한 채 다른 환경에서 자라고 다른 음식을 먹고 다른 질서에 속하면서 동일한 법률 아래 통치되지 않는 두 국민 …… 부자와 빈자.

산업의 새로운 상태는 수많은 노동자를 대공장으로 보내고 그에 따라 새로운 계급 — 공업 노동자 계급이 대두했다. 이들은 농민이나 농업 노동자들과는 여러 가지 점에서 다르다. 농민은 계절과 강우에 크게 의존한다. 이런 요소는 농민 마음대로 되지 않는다. 그래서 그들은 자신의 빈궁과 고생이 초자연적인 원인에 따른 것이라고 믿는다. 그들은 미신에 빠지고 경제적 원인을 바로 보지 못하며, 변화도 희망도 없는 생활을

---

43) 제국주의 시대의 영국을 대표하는 정치가. 보수당 당수로서 1868년 이후 두 차례에 걸쳐 내각을 조직했다. 보수당의 관점에서 사회 정책을 실시해 보수당의 새로운 진로를 개척했다.

하면서 무정한 운명을 어쩔 수 없는 것으로 체념한다. 그런데 공장 노동자들은 기계를 다루면서 일한다. 그리고 환경은 사람이 만든다. 그들은 계절이나 강우에 관계 없이 제품을 만든다. 그들은 부를 만들어 내지만 그 부가 대부분 남의 손에 들어가고 자기들은 변함없이 가난하다는 사실을 깨닫는다. 그들은 실천 속에서 어느 정도 경제 법칙을 읽어 낼 수 있다. 그래서 그들은 초자연적 원인 같은 것을 생각하지 않으며, 농민처럼 미신에 눈을 돌리지 않는다. 그들은 자신의 빈곤을 신의 탓으로 돌리지 않고 사회와 사회 제도, 특히 자기 노동의 태반을 제 주머니에 챙기는 공장 소유주인 자본가의 책임으로 돌린다. 그들은 계급 의식에 눈뜨고 사회에는 여러 계급이 있으며, 상류 계급이 자기 계급을 먹이로 삼고 있음을 깨닫는다. 이러한 자각이 그들을 불만과 반항으로 이끈다. 처음에는 막연하게 투덜대면서 불평한다. 또한 때때로 들고일어나도 맹목적이며 사상적 기반도 든든하지 못하고 힘도 약하므로 정부에 금방 진압당한다. 이제 정부는 대공장과 그 부속물을 지배하는 새로운 중간 계급의 이익을 대표하고 있기 때문이다. 그러나 굶주림을 언제까지 눌러 둘 수는 없는 일이다. 얼마 안 가서 가난한 노동자들은 동료들과 단결하면 힘을 발휘할 수 있다는 것을 알게 된다. 그 결과 노동 조합이 생겨서 노동자를 보호하고 권리를 위해 싸우게 되었다. 처음에는 정부가 노동자의 단결을 허용하지 않았으므로 노조는 비밀 단체였다. 정부는 완전히 한 계급의 정부였으며 모든 수단을 다 동원해서 그 계급의 이익을 지키는 데 전념하고 있다는 사실이 점점 명백해진다. 법률 또한 계급법에 지나지 않는다. 노동자는 서서히 힘을 얻게 되어 노동 조합은 강력한 조직이 된다. 각종 노동에 종사하는 노동자들은 자기들의 이익은 권력의 지위에 있는 착취 계급에 대항하는 한 가지 방법으로만 획득될 수 있다고 주장하게 된다. 그래서 수많은 노동 조합은 공동 보조를 취하게 되고, 일국의 노동자는 하나의 조직된 집단이 된다. 그리고 각국의 노동자들끼리 단결하는 것이 다음 과제가 된다. 그들 또한 자기들과 이해를 같이하며, 공통된 하나의 적을 갖고 있다는 것을 느끼기 때문이다. 그리하여 "만국

계속되는 19세기 이야기

의 노동자여, 단결하라!'는 슬로건이 내걸리고 노동자의 국제 조직이 결성된다. 그러는 동안에 자본주의 산업도 발달해서 국제적인 것이 된다. 그래서 노동자들은 자본주의 산업이 융성하는 곳에서는 어디서나 자본주의와 투쟁했다.

이야기를 너무 앞질렀으니 온 길을 다시 되돌아가야겠다. 그러나 이 19세기는 실로 다종다양해 때로는 서로 모순되는 경향을 뒤섞어 삶아 낸 것과 같아서 한눈에 보기가 어려울 정도다. 자본주의와 제국주의, 민족주의와 국제주의, 부와 빈곤이라는 이상한 혼합물을 과연 네가 어떻게 이해할지 모르겠구나. 하지만 생활이란 하나의 기묘한 혼합물이기 때문에 우리는 그것을 있는 그대로 인정하고 이해하며 개선하도록 노력해야 한다.

이렇게 서로 어울리지 않는 요소의 공존은 유럽과 아메리카의 많은 사람들을 반성케 했다. 나폴레옹이 죽은 직후, 즉 세기의 초엽에는 유럽 어느 나라에서도 자유를 거의 찾아볼 수 없었다. 이들 여러 나라에는 국왕의 전제 정치가 있었고, 또 어떤 나라, 예를 들어 영국 같은 나라는 소수의 귀족과 부유한 계급이 권력을 잡고 있었다. 이미 얘기한 것처럼 도처에서 자유의 요소가 억압당하고 있었다. 그런데도 아메리카와 프랑스의 혁명은 민주주의와 정치적 자유의 관념을 보급시켰고, 자유주의 사상가의 갈채를 받았다. 실로 민주주의는 모든 국가와 국민의 결함과 고민을 고쳐 줄 구제책으로서 존중받기 시작했다. 민주주의의 이상은, 국가는 그 어떤 특권도 인정하지 말아야 하며 모든 사람을 평등한 사회·정치적 가치가 있는 존재로 인정해야 한다는 것이다. 물론 사람들은 저마다 여러 가지 점에서 상당한 차이가 있다. 어떤 사람은 다른 사람보다 강하고, 또 어떤 사람은 현명하고 덜 이기적이다. 그러나 민주주의 신봉자의 말을 빌리면, 아무리 사람 사이에 차이가 있다 해도 누구나 동일한 정치적 지위를 가져야 한다는 것이다. 그리고 이는 만인에게 투표권을 줌으로써 실행에 옮겨진다. 진보적 사상가와 자유주의자는 한결같이 민주주의의 장점을 확신해서 그것을 실시하기 위해 애썼다. 보수주의자와 반동이 이에 반대해 곳곳에서 큰 투쟁이 벌어졌다. 어떤 나라에서는 혁명이 일어났다. 영국은 선거권이 확대되기에 앞서, 즉 의원 선출 투표권이 종래보다 광범위한 사람들에게 부여되기에 앞서 내전 일보 직전에까지 이르렀다. 그렇지만 대체로 여러 곳에서 민주주의가 승리해, 서유럽과 미국에서는 적어도 세기말까지는 대다수의 사람들이 투표권을 갖게 되었다. 19세기를 '민주주의의 세기'라 불러도 좋을 정도로 민주주의는 세기의 큰 이상이 되었다. 민주주의는 마침내 승리를 얻었다. 그러나 이러한 투쟁이 일단락될 즈음, 사람들은 민주주의에 대한 신념을 상실하기 시작했다. 그들은 민주주의가 빈곤과 궁핍 그리고 자본주의 제도가 안고 있는 많은 모순을 근본적으로 해결해 주지 못한다는 사실을 깨달은 것이다. 주린 배를 움켜쥔 사람이 투표의 권리를 행사해 본들 무슨 소용이 있겠는가? 그리고 또 그의 투표, 그의 노력이 몇 푼의 식비에 매수된다면 도대체 그는 어느 정도의 자유를 향유하고 있다고 말할 수 있을까? 이 때문에 민주주의는 대중의 신망을 잃어버렸다. 더욱 정확히 말하면 정치적 민주주의는 신용을 잃었다. 하지만 이것은 19세기의 시야를 넘어선 문제다.

민주주의는 자유의 여러 면 가운데 특히 정치적인 면을 말하는 것이다. 그것은 전제 정치, 그 밖의 압제에 대한 반작용이었다. 그것은 새로 제기된 산업의 문제, 빈곤, 계급 투쟁의 문제를 전혀 해결해 주지 못했다. 그것은 개인이 각자의 능력에 따라 활동하는 이론상의 자유를 강조하며, 그들이 자기 이익에 기초해 모든 점에서 향상되면 그에 따라 사회도 진보하리라는 희망을 전제로 한 것이었다. 이것이 내가 전의 편지에서 언급한 이른바 자유 방임주의의 이론적 근거였다. 그러나 이 개인적 자유에 관한 이론은 임금을 위해 일하는 사람은 거의 자유를 언급할 처지가 못 된다는 데서 결함이 폭로되었다.

노동을 함으로써 사회에 기여하는 사람들이 몇 푼 안 되는 보수를 받고, 나머지는 모두 노동하지 않는 사람들의 주머니로 들어간다. 이것이 산업 자본주의 체제에서 제기된 중대한 난점이었다. 이와 같이 보수는 노동에서 분리되었다. 그러자 그 결과로 한쪽에서는 노동하는 자들의 지위 저하와 궁핍이 일어나고, 다른 한쪽에서는 생산 과정에 들어가 노동하거나 부를 만들지 않고서 다만 산업을 통해 생활한다기보다는 기생한다고 말해야 옳은 계급이 생긴다. 그것은 마치 밭에 나가 일하는 소작인과, 직접 일하지 않고 소작인의 노동으로 이익을 얻는 자민다르(지주)의 관계와 비슷하다. 노동의 성과를 분배하는 이러한 방법이 불공정하다는 것은 분명했다. 게다가 노동자는 오랜 세월 동안 참고 견디어 온 농민과는 달리, 이것이 공정치 못하다는 것을 깨닫고 반발했다. 사태는 시간이 흐르면서 점점 악화될 뿐이었다. 공업화한 서구 여러 나라에서는 이러한 모순을 더 이상 은폐할 수 없게 되었다. 사려 깊고 진지한 사람들은 이 미로를 빠져나갈 출구를 찾고 있었다. 그리하여 일반적으로 '사회주의'라 일컬어지는, 자본주의의 아들이자 적인 사상, 아마도 자본주의를 대체할 운명을 지닌 것으로 생각되는 사상이 생겨났다. 영국에서는 그 사상이 온화한 형태를 취했으나, 프랑스와 독일에서는 더욱 혁명적이었다. 미국에서는, 이 광대한 나라에 사는 인구가 비교적 소수였으므로 산업이 발달할 가능성이 풍부했고, 따라서 서유럽 국가에서 자본주의가 초래한 불공정과 빈곤은 오랫동안 그다지 두드러지지 않았다.

19세기 중엽에 마침내, 사회주의의 예언자요 사회주의의 한 종류인 '공산주의'의 아버지가 될 운명을 타고난 인물이 나타났다. 그의 이름은 칼 마르크스였다. 그는 단순히 강단에서 이론을 논하는 애매한 철학자나 교수가 아니었다. 그는 실천적 철학자이며, 그의 자세는 과학적 방법을 정치·경제 문제에 적용함으로써 세계의 질병을 치유하려는 것이었다. 종래의 철학은 단지 세계를 설명하려고 했으나 공산주의 철학은 이를 변화시키기 위해 노력해야 한다고 그는 말했다. 또 한 사람의 주역인 엥겔스와 함께 마르크스는 자기 철학의 골자를 기술한 『공산당 선언』을 발표했다. 나중에 그는 독일어로 『자본론』이라는 대저서를 펴내 세계 역사를 과학적으로 검토하고, 사회가 어떠한 방향으로 전개되고 있는가, 그리고 그것을 촉진하자면 어떻게 해야 하는지를 설명했다.

나는 여기서 마르크스 철학을 설명하려는 것은 아니다. 그러나 마르크스의 대저작이 사회주의의 발전에 지대한 영향을 끼쳤으며, 또 그것이 오늘날 소비에트 러시아의 바이블이 되었다는 것만은 알아 두었으면 한다.

이 세기의 중반 무렵에 영국에서 발간되어 큰 센세이션을 불러일으킨 또 하나의 유명한 책이 다윈의 『종의 기원(Origin of Species)』이다. 다윈은 생물학자였다. 즉 그는 자연, 특히 동물과 식물을 연구했다. 그는 많은 실례를 들어 대자연 속의 식물과 동물의 발달 경로를 규명했는데, 하나의 종이 자연의 도태 과정을 거쳐 다른 종으로 이행하며, 단순한 형태가 점차 복잡한 형태로 변화한다고 설명했다. 이러한 과학적 해명은 세계와 인간과 동물의 창조에 관한 종교적 교리와 정면으로 대립하는 점이 있었다. 그리하여 진화론을 주장하는 과학자와 교리를 믿는 신자들 사이에 대논쟁이 벌어졌다. 그러나 참된 논점은 사실에 있다기보다는 오히려 생활 일반에 대한 태도에 있었다. 편협한 종교적 태도는 주로 공포와 마술과 미신에 뿌리박은 것이었다. 이성적인 탐구는 환영받지 못했고, 사람들은 성직자들이 하는 말을 그대로 믿고 받아들이라고 요구받았으며, 왜냐고 물어서도 안 되었다. 많은 주제는 신비와 신전의 장막에 가려져 있어, 사람이 보려고 해도 안 되고 손으로 만지려고 해도 안 되는 것으로 여겨졌다. 과학의 정신과 방법은 이와 크게 달랐다. 과학은 호기심으로 가득 찬 눈길로 온갖 것을 들춰 내려고 했기 때문이다. 그것은 가정이라는 것을 허락하지 않았고, 주제가 신성스럽다고 해서 탐구의 대상에서 제쳐놓지 않았다. 그것은 모든 사물을 면밀히 음미하고 미신을 배제했다. 그리하여 실험이나 이성을 통해 확정된 것만을 믿었다.

과학 정신은 이 같은 투쟁을 통해 고루한 종교적 태도에 대해 승리를 거두었다. 이렇게 생각한 사람들은 이미 18세기부터 대개 합리주의자가 되었다. 내가 프랑스에서 혁명 전에 나타난 철학 사상의 물결에 대해 이야기한 것을 기억하고 있겠지? 그러나 이제 변화는 더욱더 깊숙이 사회에 스며들고 있었다. 어느 정도 교육받은 사람들은 누구나 과학의 진보에 영향을 받기 시작했다. 그는 아마도 이 문제를 그다지 깊이 생각하지는 않았을 것이며, 또 과학에 관해 아는 것도 많지 않았을 것이다. 그러나 그들은 눈앞에 펼쳐지는 발명과 발견의 장관에 자극받지 않을 수 없었다. 철도·전기·전신·축음기, 그 밖에 갖가지 것들이 잇따라 쏟아져 나왔으며, 그것들은 모두 과학적 방법의 소산이었다. 그것들은 과학의 승리를 알려 주는 것으로 받아들여졌다. 과학은 인간의 지식을 늘려 줄 뿐 아니라 자연에 대한 인간의 지배력을 증대시켜 주는 것으로 보였다. 과학이 승리하자 사람들이 이 전능하고 새로운 신 앞에 무릎을 꿇은 것도 무리가 아니다. 그래서 19세기의 과학자들은 매우 독선적이고 자신감에 차 있었으며 의견은 언제나 명확했다. 오늘날 과학은 1세기 반 전인 그 때에 비해 이루 헤아릴 수 없을 만큼 발전했으나, 19세기의 자신감과 자기 도취적인 구석은 없다. 오늘날 진정한 과학자는 지식의 바다가 한없이 넓다는 것을 알고 있고, 또 그는 그 대해를 항해하려고 애쓰지만, 그들의 선배들에 비하면 더욱 겸허하고 회의적이다.

19세기의 특징으로서 거론해야 할 또 한 가지는, 서양에서 보통 교육(popular education)이 크게 발달한 점이다. 이는 지배 계급에 속하는 수많은 사람들로부터 맹렬한 반대를 받았다. 그들에 따르면 보통 교육의 확대가 서민에게 불평을 야기하고 오만 불손하게 만들며 비기독교적으로 만든다는 것이었다! 이런 식으로 말한다면 기독교란 부자와 권력자에 대한 자발적인 복종과 무지 위에 서 있는 셈이다. 그러나 이러한 반대에도 불구하고 초등 교육이 설치되고 보통 교육은 널리 보급되었다. 19세기의 다른 많은 특징들처럼 이러한 교육의 확대 또한 새로운 공업 문화의 결과였다. 왜냐하면 대공장이나 대기계는 생산의 능률을 요구하는데, 이는 오로지 교육을 통해서만 가능했기 때문이다. 이 시대의 사회에서는 온갖 종류의 숙련 노동이 널리 요구되었는데 이 수요는 보통 교육을 통해 충당되었다.

초등 교육의 보급은 수많은 식자 계급(class of literate people)을 낳았다. 그들은 교육 수준이 그리 높다고 할 정도는 아니었으나 그래도 쓰고 읽을 수는 있었으므로 신문을 읽는 습관이 퍼졌다. 값싼 신문이 발행되어 방대한 발행 부수를 올렸다. 그것은 때때로 사람들의 정열을 오도해서 이웃 나라에 대한 배타적인 감정을 선동한 적도 적지 않았다. 그리하여 이것이 전쟁의 실마리를 만들기도 했다. 그러나 어쨌든 '신문(press)'은 반드시 고려해야 할 주요 세력이 되었다.

이 편지에 쓴 것은 대체로 유럽, 특히 서유럽에 해당하는 것이었다. 이는 또한 어느 정도까지는 북아메리카에도 해당되는 이야기라고 할 수 있다. 그 밖의 세계, 즉 일본을 제외한 아시아·아프리카는 유럽의 정책을 견뎌 내야 하는 수동적인 대상이 되었다. 19세기는 앞서 말한 것처럼 유럽의 세기였다. 유럽이 온 세상을 휘어잡는 것처럼 보였고, 세계 무대의 중심을 차지하고 있었다. 과거로 거슬러 올라가면 아시아가 유럽을 제압했던 오랜 시기가 있었다. 문명과 진보의 중심이 이집트·이란·인도·중국, 그리고 그리스·로마·이탈리아에 있던 시대도 있었다. 그러나 옛 문명은 뿌리가 말라 화석으로 변해 굳어졌다. 변화와 진보의 중요 요소는 이미 그들을 떠났고, 생명은 다른 지역으로 옮겨갔다. 이번에는 유럽에 차례가 돌아왔다. 유럽은 세계 어디나 금방 갈 수 있게 된 교통의 발달에 힘입어 더욱 큰 지배력을 떨쳤다.

19세기에는 유럽 문명이 꽃을 피웠다. 이 문명은 부르주아 문명이라고 일컬어진다. 왜냐하면 부르주아 계급은 산업 자본주의에 의해 태어났고, 또 이들이 산업 자본주의를 지배했기 때문이다. 나는 이 문명의 갖가지 모순과 결점을 말했다. 그러나 어느 나라, 어느 국민이든 어딘가 위대한 자질을 갖고 있지 않는 한 번영하고 대성할 수 없다. 서유럽은 그와 같은 위대한 자질을 갖추고 있었다. 유럽의 우월한 지위는 물론 군사력 때문이지만, 또한 유럽을 위대하게 만든 자질에 바탕을 둔 것이기도 했다. 유럽의 곳곳에 풍부한 생활과 생명력과 창조성이 나타났다. 위대한 시인·저술가·과학자·철학자·음악가, 그리고 기술자와 실천가가 나왔다. 그리고 서유럽에서는 일반 사람들도 예전의 어떤 시대보다 나은 생활을 했다는 것은 의심할 여지가 없다. 수도나 대도시 ─ 런던·파리·베를린·뉴욕은 점점 팽창하고, 건축물들은 앞을 다투어 높이 솟아올랐으며 사치는 정도가 높아졌다. 그리고 과학은 인력 노동의 고역을 덜어 주고 생활의 쾌적과 향락의 향상을 위한 여러 수단을 제공했다. 상류 계급의 생활은 풍요롭고 문화적으로도 수준이 높아졌으며, 어떤 자기 만족과 자부심과 매끈함을 갖게 되었다. 그것은 문명의 쾌적한 오후, 또는 황혼처럼 보인다.

이와 같이 19세기 후반의 유럽은 즐겁고 떠들썩한 양상을 보여 주었으며, 이 원숙한 문화와 문명은 적어도 외관상으로는 영원히 번영하며 오직 승리만 계속할 것처럼 보였다. 그러나 그 겉껍질을 벗기고 안을 들여다보면 이상한 혼란과 불쾌한 광경을 볼 수 있을 것이다. 왜냐하면 이 번영하는 문화는 대체로 유럽의 상층 계급에 국한된 것이며, 수많은 나라와 수많은 인민의 착취 위에 기초한 것이었기 때문이다. 거기에는 앞서 지적한 바와 같은 모순들이 있고 민족간의 증오가 있으며, 제국주의가 그 추악하고 피에 주린 얼굴을 드러내고 있다. 이것을 본 사람은 이미 19세기 문명의 지속성과 매력을 겉모양 그대로 믿지는 않게 될 것이다. 육체의 겉모양은 상당히 혈색이 좋았으나 정신은 썩어 가고 있었다. 툭하면 건전과 진보라는 말을 입에 담지만 실은 퇴폐가 부르주아 문명의 생명을 갉아먹고 있었다.

파국은 1914년에 닥쳐왔다. 유럽은 4년 반에 걸친 전쟁을 겪은 뒤 재기했다고는 하지만 여전히 완쾌되지 못한 무서운 상처를 입었다. 그러나 그것에 대해서는 아무래도 다음에 얘기해야겠다.

109 1932년 11월 27일

인도에서의 전쟁과 반란

우리는 19세기를 검토하느라 꽤 많은 시간을 소비했다. 그러면 이번에는 좀더 파고들어 세계의 각 지역을 살펴보자. 먼저 인도부터 시작하기로 하자.

나는 얼마 전에 영국인이 인도에서 어떻게 적대 세력을 물리쳤는지에 대해 이야기했다. 프랑스는 나폴레옹 전쟁중에 결정적으로 배제되고 말았다. 마라타족과 마이소르의 티푸 술탄과 펀자브의 시크 교도들은 얼마 동안 영국인을 막아 냈다. 그러나 그들도 그리 오래 버티지는 못했다. 영국인이 가장 강하고 우수한 장비를 갖춘 세력임은 명백했다. 그들은 더욱 좋은 무기를 가졌고, 더욱 훌륭한 조직을 가졌으며, 특히 후방에서 지원해 주는 해군력을 가지고 있었다. 그들은 때때로 패배했지만 그런 때에도 그들은 손을 뗄 필요가 없었고, 해상을 지배하고 있는 덕분에 즉각 방법을 달리할 수가 있었다. 그런데 일정한 지방에 제한되어 있는 세력에게는 한 번의 패배가 회복할 수 없는 타격이 되는 수가 많았다. 영국인은 우수한 장비를 갖춘 군대를 가졌고, 훌륭한 조직력을 가지고 있을 뿐만 아니라 그들의 지방적인 적대 세력에 비해 훨씬 머리가 좋았으며, 다른 경쟁 세력보다 모든 면에서 유리한 위치를 차지했다. 따라서 필연적으로 영국인의 세력은 확대되어 갔으며, 곧 몰락의 비운에 처하게 될 다른 세력의 원조를 빌려 적대자들을 각개 격파해 나갔다. 당시 인도의 봉건 족장들이 이렇게 앞을 내다볼 줄 몰랐다는 것은 정말 놀라운 일이다. 인도의 봉건 족장들은 외적에 대해서 결코 단결해서 싸우려 하지 않았다. 각자 혼자의 힘으로 싸웠으니 패배하는 것도 당연한 일이었다.

영국인은 세력이 강해짐에 따라 침략적이며 야만적으로 되었다. 그들은 트집을 잡아서, 또는 아무 이유도 없이 싸움을 걸었다. 그런 전쟁이 수없이 일어났다. 나는 그런 무수한 전쟁 이야기로 너를 지치게 만들 생각은 없다. 원래 전쟁이란 썩 듣기 좋은 이야기는 못 되며, 역사에서 전쟁에 대해 지나치게 중요성을 부여하는 것은 틀린 일이다. 하지만 아무래도 전쟁에 대해 언급하지 않으면 이야기의 틀이 짜이지 않을 것 같구나.

나는 이미 마이소르의 하이데르 알리(Hyder Ali : 재위 1761~82년)와 영국이 벌인 두 차례의 전쟁에 관해 이야기했다. 하이데르 알리는 그 전쟁에서 큰 승리를 거두었다. 그의 아들 티푸 술탄(재위 1782~99년)은 영국의 강적이었다. 그를 굴복시키기 위해 영국은 1790~92년 및 1799년의 두 차례에 걸쳐 전쟁을 치러야 했다. 티푸는 전쟁중에 쓰러졌다. 마이소르시 부근에서는 지금도 그의 뼈를 묻은, 그의 옛 수도 세링가파탐(Seringapatam)의 유적을 볼 수 있다.

영국인의 패권에 도전하는 자로서 마라타족이 남았다. 서부에는 페슈와(Peshwa)가 있고, 또 괄리오르(Gwalior)의 신디아(Sindhia), 인도르(Indore)의 홀카르(Holkar), 그 밖의 여러 족장이 있었다. 그러나 1794년에 괄리오르의 마하다지 신디아(Mahadaji Scindia)가 죽고 1800년에 페슈와의 재상 나나 파르나비스(Nana Farnavis)가 죽은 뒤 마라타족은 사분오열되고 말았다. 하지만 마라타족은 끈질기게 버티어, 영국은 1819년 마라타족을 완전히 패망시키기 전에 몇 번인가 패배를 맛보아야 했다. 마라타의 족장들은 서로 상대방의 몰락을 팔짱을 끼고 바라보면서 하나하나 격파당했다. 신디아와 홀카르는 영국의 종주권을 인정하는 독립 군주가 되었다. 바로다(Baroda)의 가이크와르(Gaikwar)가는 전쟁이 시작되기 훨씬 전부터 벌써 외국 정부와 타협하고 있었다.

마라타족에 관한 서술을 끝내기 전에, 중부 인도에서 유명했던 이름을 하나 들고 싶다. 1765년부터 95년까지 30년 동안 인도르의 군주였던 아할리아 바이(Ahalya Bai)가 바로 그다. 왕위에 즉위했을 때 그녀는 아직 나이 삼십 안팎의 젊은 과부였지만, 그녀는 나라를 여간 잘 다스린 게 아니었다. 물론 그녀는 파르다의 관습 따위는 지키지 않았다. 마라타족은 절대로 그렇게 하지 않았다. 그녀는 정치를 직접 관장했고, 공식적인 알현도 했으며, 인도르를 작은 마을에서 부유한 도시로 부흥시켰다. 또한 전쟁을 피하고 평화를 유지했으며, 인도의 대부분이 내란 상태에 있을 때 유독 그 나라를 번영으로 이끌었다. 그녀가 아직도 중부 인도에서 성자로 추앙받고 있는 것은 전혀 이상할 게 없다.

마지막 마라타 전쟁 직전인 1814년부터 16년까지 영국인은 네팔과 전쟁을 했다. 그들은 산악 지대에서 매우 고전했으나 끝내 승리를 거두어, 지금 이 편지를 쓰고 있는 감옥이 위치한 데라 둔 지방과 쿠마운(Kumaun)과 나이니 탈(Naini Tal)이 영국의 손아귀에 들어갔다. 언젠가 중국에 관한 편지에서, 티베트를 횡단하고 히말라야를 도보로 넘어 구르카인(Gurkhas)을 그들의 영토 네팔에서 격파함으로써 놀라운 수완을 보인 중국의 한 군대에 대해 얘기한 것을 너도 기억할 것이다. 그것은 영국과 네팔이 전쟁을 벌이기 22년 전의 일이었다. 그 때부터 네팔은 중국의 종주권을 인정하게 되었지만 지금은 그 관계가 끊어진 것으로 알고 있다. 네팔은 매우 독특하고 문화가 뒤졌으며 세계의 다른 나라와 단절된 나라이지만, 그러나 한편 모든 점을 고려해 볼 때 흥미로운 위치를 차지하고 있으며 천연 자원도 풍부한 나라다. 네팔은 카슈미르나 하이데라바드(Hyderabad)처럼 종속국이 아니라 독립국으로 알려져 있으나 영국인들은 그 독립을 제한적인 것으로 생각했다. 그리고 또 네팔의 용감하고 호전적인 주민, 즉 구르카인은 영국 군대에 편입되어 인도인을 탄압하는 데 이용되고 있다.

동부에서는 버마가 아삼 지방으로 쳐들어갔다. 그래서 전진을 거듭하는 영국인과 불가피하게 충돌하게 되었다. 세 차례에 걸쳐 버마 전쟁이 있었고, 그 때마다 영국인은 영토를 조금씩 병합했다. 영국은 1824～26년의 제1차 전쟁을 통해 아삼을 차지했다. 1852년의 제2차 전쟁에서는 남부 버마를 합병하고 만달레이(Mandalay) 부근의 아바(Ava)를 수도로 삼았으며, 바다와 연락이 완전히 두절된 건조한 북부 버마 고지도 영국인 앞에 마치 바람 앞의 등불과 같았다. 1885년의 제3차 버마 전쟁과 함께 종말이 닥쳐왔다. 버마는 송두리째 영국에 병합되어 영국 제국의 아래로 들어가고 말았다. 그러나 버마는 이론상 중국의 종속국이며, 정기적으로 조공을 바치는 것으로 되어 있었다. 이상하게도 영국인은 버마를 합병한 뒤에도 중국에 계속 조공을 바치는 것을 승인했다. 이 사실은 중국이 국내 문제에 정신이 팔려 종속국 버마가 침략을 당해도 원조해 주지 못했는데도, 1885년까지만 해도 영국인은 중국을 감히 넘볼 수 없는 강대국으로 절실하게 느꼈다는 것을 증명하는 것이라 하겠다. 영국인은 1885년 이후 중국에 한 번 공물을 보냈을 뿐 그 뒤로는 중지하고 말았다.

버마 전쟁은 우리를 1885년까지 데리고 왔다. 나는 이 전쟁에 관한 이야기를 제대로 정리하고 싶었기 때문이다. 그럼 이번에는 다시 북부 인도, 그것도 18세기 초 무렵으로 돌아가기로 하자. 당시 펀자브에는 란지트 싱(Ranjit Singh)이 다스리는 시크교 국가인 암리차르(Amritsar)가 있었다. 세기 초반에 란지트 싱은 암리차르의 주인이 되었다. 1820년이 되기 전에 그는 펀자브와 카슈미르 전체를 지배했고, 1839년에 사망했다. 그가 죽자 곧 시크교 국가는 쇠퇴하고 분열되기 시작했다. 시크 교도는 "고난은 성공의 어머니요, 성공은 몰락의 어머니다"라는 옛 속담을 몸소 보여 주었다. 말기의 무굴 왕조도 박해받는 소수자 집단인 이 시크 교도를 굴복시킬 수 없었다. 그러나 정치적 성공을 거두자 곧 그 성공의 근본을 이루고 있던 것이 흔들렸다. 영국인과 시크 교도 사이에는 1845~46년과 1848~49년 두 차례에 걸쳐 전쟁이 있었다. 제2차 전쟁중에 영국인은 칠리안왈라(Chilianwala)에서 뼈아픈 패배의 쓴잔을 마셨다. 그러나 영국인은 끝내 완승을 거두고 펀자브를 병합했다. 영국인이 카슈미르를 샴의 굴라브 싱(Gulab Singh)이라는 한 라자(토후)에게 단돈 750만 루피에 팔아 넘겼다는 이야기는 카슈미르 사람인 너도 흥미가 있으리라 믿는다. 굴라브 싱에게 헐값으로 넘긴 것이다! 물론 이 거래에서 불행한 카슈미르 주민은 전혀 계산되지 않았다. 카슈미르는 오늘날 영국의 한 종속국이며, 현재의 마하라자(Maharaja)는 굴라브 싱의

자손이다.

펀자브 너머 서북 쪽에는 아프가니스탄이 있고, 아프가니스탄에서 그다지 멀지 않은 곳에 러시아인이 있었다. 러시아인이 중앙 아시아로 내려오자 영국인은 신경을 곤두세웠다. 영국인은 러시아인이 혹시 인도를 공격해 오지 않을까 걱정했다. 19세기 내내 '러시아의 위협(Russian Menace)' 이라는 말이 곧잘 떠돌았다. 인도의 영국인은 일찌감치 1839년에 아프가니스탄에 대해 아무런 이유도 없이 전쟁을 걸었다. 그 무렵 아프가니스탄의 국경은 영국령 인도에서 까마득히 떨어진 곳에 있었고, 독립국인 펀자브의 시크교 국가가 그 중간에 끼여 있었다. 그런데도 영국인은 시크 교도를 자기 편으로 만들고 카불(Kabul)로 진격했다. 그러나 아프간인은 이 영국인을 맞이해서 매서운 복수를 가했다. 그들이 아무리 여러 가지 면에서 뒤떨어져 있다 해도 역시 그들은 독립을 사랑했으며, 독립을 위해서라면 끝까지 싸우려 했다. 그런 이유로 아프가니스탄은 이 나라를 침범하는 외국 군대에게는 언제나 '벌집(hornets' nest)' 이었다. 영국인은 카불과 그 밖에 많은 지점을 점령했지만 갑자기 도처에서 반란이 일어나 영국군은 치명적인 타격을 받고 쫓겨났다.

그로부터 40년 가까이 지난 1878년에도 인도의 영국인은 또다시 러시아와 우호 관계를 맺고 있던 아프가니스탄의 아미르(Amir), 즉 왕에게 톡톡히 당했다. 이 때도 역사는 대체로 같은 일을 되풀이했다. 또다시 전쟁이 일어나 영국인은 이 나라에 침입해서 거반 승리를 거두었다고 생각되었을 즈음, 영국 공사와 그 일행이 아프간인에게 살해되고, 영국군은 패퇴했다. 이 때 영국인은 어느 정도 보복 행위를 한 뒤 이 '벌집'에서 철수했다. 그 뒤 오랫동안 아프가니스탄의 지위는 특수한 것이었다. 영국인은 아미르가 외국과 직접 관계를 맺는 것을 전혀 허락하지 않았다. 동시에 그에게 거액의 연금을 주었다. 13년 전인 1919년에 제3차 아프간 전쟁이 있었고, 그 결과 아프가니스탄은 완전한 독립국이 되었다. 그러나 이 사건은 지금 우리가 이야기하고 있는 시대의 영역이 아니다.

이 밖에도 몇몇 작은 전쟁이 있었다. 그 가운데 하나는 1843년에 영국이 신드에 강요한, 참으로 후안무치한 전쟁이다. 그 곳에 파견되어 있던 영국의 특무 기관(the British Agent)이 신드인을 학대해서 이들이 반발하도록 유도해 놓고, 그 반발을 진압하면서 모든 주를 병합했다. 그 공적으로 영국인 관리들은 상금을 받았고, 특무 기관장(찰스 네이피어 경)은 70만 루피를 받았다. 당시 탐욕스러운 영국인 투기꾼들이 모두 인도로 몰려든 것도 놀라운 일이 아니다.
　오우드(Oudh)도 1856년에 합병되었다. 이 지방은 그 무렵 무서운 악정에 시달리고 있었다. 조금 전까지 이 곳의 영주는 나와브 비지에르(Nawab-Vizier)의 일족이었다. 원래 나와브 비지에르는 델리의 무굴 황제로부터 오우드 지방에 태수로 임명된 자였는데, 무굴 제국의 쇠퇴와 함께 오우드는 독립하게 되었다. 그러나 그것도 오래 가지 못했다. 말기의 나와브 비지에르가는 완전히 무능한 데다가 부패했고, 설사 무언가 유익한 일을 하려고 계획을 세워도 동인도 회사의 간섭 때문에 아무것도 할 수 없었다. 그들에게는 전혀 실권이 없었거니와 동인도 회사는 오우드의 국내 문제에는 전혀 관심을 기울이지 않았다. 그래서 오우드는 산산이 해체되어 영국령의 일부가 될 수밖에 없었다.
　전쟁과 영토 병합에 관한 이야기는 이것으로 충분하다. 아니, 어쩌면 지나치지 않았나 생각된다. 그러나 이것들은 모두 당시 진행되고 있던 조류, 필연적으로 진행될 수밖에 없는 커다란 조류의 표면에 떠오른 작은 징후에 불과했다. 인도의 낡은 경제 질서는 영국인이 나타났을 때 이미 파산해 있었고, 봉건 제도에는 금이 가 있었다. 가령 그 때 외국인이 쳐들어오지 않았다 해도 봉건 제도는 도저히 오래 지탱할 수 없었을 것이다. 유럽의 경우처럼 봉건 제도는 서서히 새로운 질서에게 자리를 내 주고, 그 새로운 질서 밑에서 새로운 생산적 계급들이 세력을 증대해 나갔을 것이다. 그런데 이 변화가 아직 나타나지 않고 다만 파산만이 눈앞에 닥쳤을 때 영국인이 밀고 들어와 별로 힘도 들이지 않고 그 틈바구니로 침입했다. 영국인들이 싸우고 때려부순 지배자들은 이미 사라져 가는 과거의 시대에 속해 있었다. 그들은 기대할 만한 전망을 전혀 가지고 있지 않았다. 영국인은 이와 같은 상황에서 목적을 달성했다. 그들은 인도 봉건 제도의 종말을 앞당겼다. 그런데 이상한 것은 그들이 겉으로는 봉건 제도를 유지하려고 애썼고, 그럼으로써 인도가 새로운 질서로 나아가는 것을 방해하려고 했다는 점이다.

이와 같은 까닭으로 영국은 인도의 역사 과정, 즉 봉건적인 인도를 근대적 양식의 공업화한 자본주의 국가로 변화시키는 과정의 대리자가 되었다. 그들 스스로는 이것을 깨닫지 못했다. 또한 그들과 싸운 인도의 지배자들도 상상조차 할 수 없는 일이었다. 멸망해 가는 질서는 멸망의 징후를 제대로 보지 못하며, 이미 자기 임무와 기능이 다했음을 자각하지 못하며, 그 무엇도 거스를 수 없는 사물의 진행에 밀려 불명예스럽게 퇴장당하기 전에 깨끗하게 스스로 물러나겠다고 생각할 줄 모른다. 낡은 질서는 역사의 교훈을 좀처럼 배우지 못하며, 누군가 말하듯이 세상이 자기를 '역사의 쓰레기통(dustbin of history)'에 내버리고 전진하고 있다는 것을 좀처럼 이해하지 못한다. 이와 마찬가지로 인도의 낡은 봉건 질서도 이러한 사물의 흐름을 전혀 깨닫지 못한 채 영국인과 무익한 전쟁을 벌였다. 마찬가지로 현재 인도나 기타 동양에 있는 영국인들도 이미 그들의 시대는 지났으며, 제국주의 시대가 지나고 세계는 '대영 제국'을 '역사의 쓰레기통'에 밀어넣으면서 잠시도 쉬지 않고 전진하고 있다는 사실을 깨닫지 못하고 있다.

그런데 영국인이 진출하고 있을 무렵 인도에 자리잡고 있던 봉건 체제는 그 세력을 다시 일으켜 외국인을 몰아 내기 위해 다시 한 번 안간힘을 썼다. 이는 1857년의 대반란을 두고 하는 말이다. 온 나라에 영국인에 대한 불평 불만이 팽배했다. 동인도 회사는 돈을 버는 것 외에는 아무것도 하려 하지 않았다. 이 정책은, 많은 회사 직원의 무지와 탐욕과 어우러져 광범한 사람들을 궁핍에 빠뜨렸다. 그 영향은 영국군에 소속된 인도인 부대에까지 미쳤기 때문에 소규모 반항이 되풀이되었다. 봉건 족장과 그 일족은 물론 새로운 주인에게 심한 반감을 품고 있었다. 이리하여 비밀리에 대규모 반란이 조직되었던 것이다. 이 조직은 특히 연합주 주변과 중부 인도로 퍼져 갔으나 영국인들은 인도나 인도인의 언동과 사상에 대해 전혀 장님이어서 정부는 조금도 눈치채지 못했다. 어떤 날을 정해 도처에서 자동적으로 반란이 일어나게끔 되어 있었으나, 메이러트(Meerut)의 인도인 연대가 성급하게 1857년 5월 10일에 먼저 행동에 나서고 말았다. 이 경솔한 봉기는 반란 지도자의 계획을 망쳐 놓고 말았다. 정부측이 방위 태세를 갖추었기 때문이다. 그러나 반란은 연합주 전체와 델리, 그리고 중부 인도와 비하르의 일부에까지 파급되었다. 그것은 단순한 군사적 봉기가 아니라 이 지역의 반영국 인민 반란이었다. 어떤 자는 대무굴 왕조의 마지막 사람이며 늙은 시인인 바하두르 샤(Bahadur Shah)를 황제로 옹립했다. 반란은 중오의 표적이었던 외국인에 대한 인도 독립 전쟁으로 발전했다. 그러나 그 투쟁은 황제를 옹립하려는 구식 봉건형 독립이었다. 일반 인민의 독립이라는 요소는 전혀 포함되어 있지 않았다. 그러나 대부분의 인민은 자신의 비참한 상태와 빈곤을 영국인의 침략 탓이라고 생각했기 때문에, 또 어떤 곳에서는 대지주의 손아귀에 있었기 때문에 이에 합류했다. 종교적 원한이 이 불길에 기름을 끼얹어 힌두 교도와 이슬람 교도도 이 투쟁에 대거 나섰다.

  몇 개월에 걸쳐 북부와 중부 인도에서 영국의 지배는 풍전등화였다. 그러나 반란의 운명은 인도인 자신이 결정했다. 시크 교도와 구르카인이 영국인을 지원했다. 남쪽의 니잠(Nizam), 북부의 스신디아(Scindia), 그리고 그 밖에 인도의 여러 나라가 영국 편을 들어 포진했다. 이와 같은 불리한 조건 외에도 반란은 그 자체 내에 실패의 씨앗을 품고 있었다. 즉 이들은 봉건 질서라는 이미 사라진 목표를 위해 싸웠던 것이다. 훌륭한 지도력이 없었고, 조직은 엉성했으며, 줄곧 내부 분열이 그치지 않았다. 그리고 어떤 자는 참혹한 방법으로 영국인을 살해해 정의로운 전쟁의 명분을 흐리게 했다. 이와 같은 야만 행위는 두말 할 나위 없이 영국인의 신경을 자극했다. 그리하여 그들은 100배, 1000배 더 악랄한 방법으로 앙갚음했다. 영국인이 특별히 화를 낸 것은 콘포르에서 벌어진 영국인 부인과 아이의 학살 사건이었다. 더구나 이 학살은 영국인의 안전을 보장한 직후에 비열하게도 페슈와(Peshwa)의 후예인 나나 사히브(Nana Sahib)의 지령에 따라 저질러졌다고 전해진다. 콘포르에는 이 비극을 기념하는 샘물이 있다.

영국인은 많은 외딴 주둔지에서 군중들에게 포위되었다. 가끔 인도인들이 그들에게 호의를 베푼 적도 있었으나 대개는 악의를 가지고 대했다. 영국인들은 우세한 적과 용감하게 싸웠다. 그 중에서도 러크나우 포위전은 영국인의 용기와 인내력을 보여 준 오우트람(Outram)과 하베록(Havelock)의 이름과 함께 빛나고 있다. 1857년 9월의 델리 포위와 함락은 반란의 전환점이 되었다. 이 때부터 몇 개월 동안 영국인은 반란을 궤멸시켰다. 그리고 영국인들은 도처에서 테러를 전개했다. 인정사정없이 사살당한 자가 부지기수였다. 수많은 사람들이 대포의 포구에서 포탄 대신 발사되어 산산이 찢겨 나가고, 몇천 구의 시체가 길가의 나무에 매달렸다. 알라하바드에서 콘포르로 진격한 영국인 장군 네일(Neill)은 가두를 따라 나무마다 시체를 매달았기 때문에 교수대로 변하지 않은 나무가 한 그루도 없었을 정도라고 한다. 부유한 마을은 약탈당하고 파괴당했다. 그것은 피비린내 나는, 듣기만 해도 온몸에 소름이 끼치는 이야기였다. 나는 적나라한 사실을 깡그리 너에게 이야기하고 싶지 않다. 나나 사히브가 야만적이고 잔악한 짓을 저질렀다면 영국인 장교는 그보다 100배나 더 심했을 것이다. 장교나 지휘관이 없는 폭도화한 인도인 병사들이 잔혹하고 난폭한 행위를 저질렀다면 훈련된 영국 군인들은 그 잔학과 야만성에서 그들을 훨씬 능가하고도 남았다. 나는 양자를 비교할 생각은 없다. 그것은 어느 쪽이든 자랑스런 이야기가 못 된다. 그러나 사리에 어긋난 현대 역사는 인도측의 악덕과 잔혹에 대해서는 지루할 정도로 기술하면서 반대측의 행위에 대해서는 거의 언급하지 않는다. 동시에 명기해 두고 싶은 것은 폭도의 잔학성 따위는 폭도와 같은 행동을 취하기 시작한 정부의 조직적인 잔학성과는 비교도 안 된다는 사실이다. 오늘날 우리 주의 많은 마을에 가 보면 이 반란 진압 기간에 그

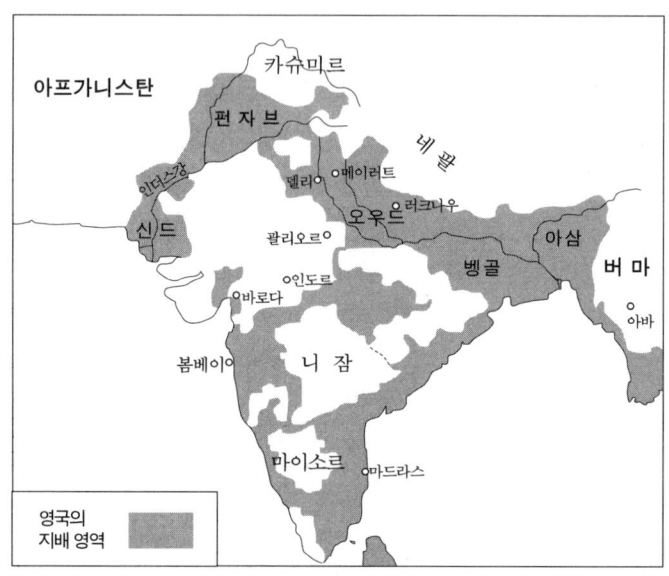

1857년 반란 당시의 인도

들이 겪은 무섭고 처참했던 기억이 아직까지 많은 사람들의 가슴에 생생하게 살아 있다는 것을 알게 될 것이다.

반란과 그에 대한 탄압의 한복판에서 오직 한 사람, 빛나는 이름이 암흑 속에 한 점의 빛을 던지고 있다. 그것은 잔시(Jhansi)의 라니(Rani : 여왕) 락슈미 바이(Lakshmi Bai)라는 여인이다. 이 여성은 젊은 과부의 몸으로 남장을 하고 대영 투쟁에서 인민을 이끌고 진두에 섰다. 그녀의 의기와 재능과 용기에 대해서 많은 이야기가 전해지고 있다. 그녀와 맞서 싸웠던 영국의 한 장군마저 그녀를 가리켜 반도 중에서 '가장 훌륭하고, 가장 용감한 지도자'라고 말했다. 그녀는 싸움터에서 전사했다.

1857~58년의 반란은 봉건 인도의 마지막 잔광이었으며 그와 함께 많은 것이 소멸되었다. 그것은 대무굴 제국을 종식시켰다. 바하두르 샤의 두 아들과 손자 하나는 영국 장교 호드슨(Hodson)에 의해 델리로 호송되다가 아무런 예고도 이유도 없이 무자비하게 총살당했다. 티무르와 바바르, 그리고 악바르의 핏줄은 이렇게 불명예스러운 최후를 마쳤다.

반란은 또 동인도 회사의 통치를 폐지하게 만들었다. 대신 영국 정부가 직접 중요한 일을 처리하게 되었고, 영국 총독은 '부왕(Viceroy)'으로 격상되었다. 19년 뒤인 1877년에 영국 여왕은 옛날 카이사르나 비잔틴 제국의 칭호를 인도에 적용해 '카이저 이 힌드(Kaiser-i-Hind)'라는 칭호를 얻었다. 무굴 왕조는 이제 자취를 감추었다. 그러나 전제 정치의 정신은, 또 그 직함까지 남게 되었으며, 또 다른 무굴이 영국에 자리잡게 되었다.

110 *1932년 12월 1일*

인도 수공업자의 파멸

우리는 19세기에 인도에서 벌어진 전쟁 이야기를 끝냈다. 마음이 아주 개운하구나. 이제 우리는 이 시대에 인도에서 일어난 가장 중요한 사건들에 관해 이야기할 수 있게 되었다. 그러나 영국의 이익을 위한 이 전쟁들의 비용을 인도가 지불했다는 사실을 잊어서는 안 된다. 즉 영국인은 인도인을 정복하는 데 든 비용을 인도인에게 부담시키는 정책을 성공리에 추진했다. 뿐만 아니라 인도 인민은 말다툼 한 번 하지 않은 이웃 인민, 즉 버마인과 아프간인을 정복하는 데 피와 재산을 제공하고 막대한 경비를 제공했다. 전쟁은 인도를 매우 빈곤하게 만들었다. 어떤 전쟁이든 부의 파괴를 뜻하기 때문이다. 전쟁은 또한 신드에서 보았듯이 정복자에게 상금을 안겨 주었다. 인도가 이처럼 빈곤해졌는데도, 금과 은은 이렇게 계속 동인도 회사로 흘러들어갔고, 따라서 이 회사의 주주들에게도 상당한 배당금이 지불되었다.

앞서 나는 영국인이 인도를 지배한 초기는 상대를 불문하고 거래하고 등쳐먹는 사기꾼 상인의 시대였다고 말했다. 동인도 회사와 그 앞잡이들은 이런 수법으로 인도에 축적된 거액의 부를 실어 냈다. 그리고 사실상 인도에는 아무런 반대 급부도 없었다. 일반적인 거래라면 어떤 형식이든 주고받기(give and take)가 있게 마련이었지만, 플라시(Plassey) 전쟁 이후인 18세기 후반에는 일방적으로 영국으로만 돈이 흘러들어갔다. 인도는 이렇게 해서 옛날의 부를 대량으로 약탈당했으며, 덕분에 영국은 중요한 전환기를 성공적으로 넘겼다. 영국이 인도를 통치한 제1기는 이런 식의 상거래와 노골적인 약탈을 기초로 했으며, 대략 18세기 말에 끝났다.

영국 통치의 제2기는, 인도가 영국 산업의 원료 공급지가 되고 영국 제품을 팔아 주는 시장 역할을 한 19세기와 겹쳐 있다. 이는 인도의 진보와 경제 발전을 희생함으로써 비로소 가능했다. 이 세기의 전반에는 원래 돈벌이를 목적으로 출발한 일개 상사(a trading company)인 동인도 회사가 인도를 통치했다. 그러나 영국 의회는 차차 인도 문제에 더 많은 관심을 기울이게 되었다. 또한 요전번 편지에서 이야기한 것처럼, 1857~58년의 내란 이후 영국 정부가 직접 인도를 통치하게 되었다. 그러나 기본적인 정책 방향이 결정적으로 변화한 것은 아니었다. 영국 정부가 대표하는 계급은 동인도 회사를 지배하는 계급과 같은 계급이었기 때문이다.

인도와 영국 사이에는 뚜렷한 경제적 이해의 대립이 있었다. 이 대립에서는 모든 권력이 영국에 있었기 때문에 언제나 영국측에 유리하게 결정되었다. 영국의 공업화가 시작되기 전부터 이미 영국의 저명한 저술가는 동인도 회사 통치의 유해한 측면을 지적하고 있다. 정치 경제학의 아버지라 일컬어지는 애덤 스미스(Adam Smith)가 바로 그 사람이다. 1776년에 발간된 『국부론』이라는 유명한 저서에서 그는 동인도 회사에 대해 언급했다.

어떤 나라에서나 상인들이 운영하는 독점 회사의 정부는 아마도 모든 정부 가운데 최악의 정부일 것이다. 인도 영토의 주권자로 볼 수 있는 동인도 회사의 이익은, 인도 영토로 반입한 유럽산 물자가 가능한 한 염가로 팔리는 데 있으며, 또 유럽에 반입된 인도 물자가 가능한 한 고가로 팔리는 데 있을 것이다. 그런데 상인인 그들의 이익은 이와 완전히 상반된다. 주권자로서 그들의 이익은 그들이 통치하는 나라의 이익과 정확히 동일하며, 상인으로서 그들의 이익은 그런 종류의 이익과 정반대다.

나는 영국인이 인도에 왔을 때 낡은 봉건 질서가 이미 파산하고 있었다고 말했다. 무굴 제국의 붕괴는 인도의 많은 지방에 정치적 혼란과 무질서 상태를 초래했다. 그러나 인도의 경제학자 로메쉬 찬드라 두트(Romesh Chandra Dutt)[44]가 전에 기술한 것처럼, "18세기의 인도는 대공업국인 동시에 대농업국이며, 인도의 수동 베틀은 아시아 및 유럽 시장의 옷감 수요를 충족시키고 있었다."

언젠가 편지에서 나는 고대 인도가 외국 시장을 지배한 것에 대해 언급한 적이 있다. 4000년 전 이집트의 미라는 정교한 인도산 메린스로 감싸였다. 그 당시 인도인 기술자의 기량은 동서에 널리 알려져 있었다. 정치적 몰락이 찾아왔을 때도 기술자들은 결코 기량을 잊지 않았다. 거래를 트기 위해 인도에 찾아온 영국인과 그 밖의 외국 상인도 처음에는 외국 상품을 팔기 위해 온 것이 아니었고 정교한 인도산 제품을 구입해서 유럽에 팔아 큰 이득을 얻고자 했다. 그렇기 때문에 유럽 상인은 처음에는 인도의 원료가 아닌 제품에 끌려온 셈이다. 동인도 회사는 인도에 영토를 획득하기 전에 인도의 린네르·비단·모직물·자수 제품을 유럽에 판매함으로써 매우 이익이 많은 장사를 계속해 왔다. 특히 인도는

---

44) 1890년의 국민회의파 의장. 저서로 『인도의 문명』, 『빅토리아 시대의 인도 경제사』, 『초기 영국 통치하의 인도 경제사』 등이 있다.

인도 수공업자의 파멸

섬유 공업, 즉 면직·비단·모직물 제조 기술은 고도로 발달해 있었다. 두트는 말한다. "직물업은 인도인의 민족 산업이며, 방적은 여성 대중의 일이었다." 인도의 직물은 영국을 비롯한 유럽 각지에 출하되었으며, 또 중국·일본·버마·아랍, 나아가서는 아프리카의 여러 지역으로도 수출되었다.

클라이브는 1757년의 벵골 지방의 도시 무르쉬다바드(Murshidabad)에 대해 "면적과 인구, 그리고 그 유복한 상태는 런던시와 거의 같지만, 다른 점은 전자에는 후자보다 훨씬 막대한 재산을 가진 자들이 존재한다는 점이다"라고 기록했다. 이것은 때마침 플라시 전쟁이 일어나 영국이 벵골에 결정적인 지반을 닦았던 그 해에 해당한다. 정치적으로 패배하는 순간까지 벵골은 각양각색의 산업으로 흥청댔고 유복했으며, 정교한 직물을 세계 각지로 수출하고 있었다. 다카(Dacca)시는 특히 양질의 메린스로 유명했으며, 방대한 물량이 수출되고 있었다.

이와 같이 그 시대의 인도는 이미 순수 농업·촌락 단계를 넘어 발달하고 있었다. 물론 인도는 농업 위주의 나라였고, 이 점은 지금도 그러하고 또 앞으로도 당분간 그럴 것이다. 그러나 농촌 생활과 함께 도시의 생활 또한 발달하고 있었다. 크고 작은 도시에는 기술자와 직공들이 모여들었으며, 집단 생산이 이뤄지게 되었다. 즉 100명 내지 그 이상의 기술자를 고용하는 작은 공장도 생겨났던 것이다. 물론 이런 종류의 공장은 그 뒤에 나타난 기계 시대의 대공장과는 비교도 안 된다. 서유럽, 특히 네덜란드에서는 공업 시대가 닥쳐오기 전부터 이와 같은 공장이 많이 있었다.

인도는 바야흐로 전환점에 와 있었다. 그것은 공업국이 되어 가는 과정으로서, 인도의 각 도시에는 부르주아 계급이 성장하려던 참이었다. 이들 공장 소유자는 기술자에게 원료를 공급하는 자본가였다. 때가 지나면 이 계급은 유럽의 경우와 같이 의심할 여지 없이 튼튼하게 세력을 굳혀 봉건 계급을 대체할 터였다. 한데 이 때 마침 영국인이 밀고 들어와 인도 산업에 치명적인 타격을 주었다.

처음 얼마 동안 동인도 회사는 인도의 공업 덕분에 돈을 벌고 있었기 때문에 인도의 공업을 장려했다. 인도 제품을 여러 나라에 널리 판매함으로써 금과 은이 인도에 흘러들었다. 하지만 영국의 산업가들은 그러한 경쟁을 좋아하지 않았다. 그래서 그들은 정부를 사주해서 18세기 초 영국에 수입되는 인도 제품에 세금을 부과시켰다. 어떤 종류의 인도 상품은 아예 영국에 상륙하는 것조차 금지되었다. 그리고 만약 어떤 자가 특정한 인도 제품을 공공연히 사용하거나 소지하고 돌아다니면 범죄로 몰리게 되었다. 그들은 법의 힘을 빌려 보이콧(불매 운동)을 강제할 수 있었던 것이다. 오늘날 인도에서는 영국 상품 불매에 대해 입만 벙끗 해도 즉시 감옥에 처박힌다. 인도 상품에 대한 영국의 이 보이콧 정책은, 그 제품 자체로서는 영국 말고도 많은 시장이 있었기 때문에 그다지 큰 문제는 되지 않았을 것이다. 그러나 때마침 그 무렵 동인도 회사를 통해 인도의 대부분을 지배할 수 있게 된 영국은 인도의 공업을 계획적으로 말살함으로써 영국 산업을 진흥시키는 정책을 취하기 시작했다. 영국 상품은 세금이나 수수료도 없이 인도에 침입할 수 있었다. 인도의 수공업 기술자와 직공들은 이 정책으로 타격을 받고 어쩔 수 없이 동인도 회사의 공장에서 일하게 되었다. 인도의 국내 상업도 일종의 통과세, 즉 화물을 다른 지방으로 옮길 때 으레 세금을 내야 하는 통에 불구자가 되고 말았다.

인도 섬유 공업의 기술은 매우 뛰어났기 때문에 발흥기에 있던 영국의 기계 공업도 인도와 맞서 싸울 수 없어서, 영국측을 보호하려면 대략 80%의 과세 조치가 필요할 정도였다. 19세기 초까지만 해도 인도의 견제품·면제품 가운데 어떤 것은 영국 제품보다 훨씬 싼값으로 영국 시장에 출하되고 있었다. 그러나 인도를 지배하는 영국이 인도의 공업을 궤멸시키려고 부심하게 되자 이런 상태는 오래 계속될 수 없었다. 하긴 인도의 농가 공업 제품은 기계 공업이 개량될 경우 언제까지고 기계 공업에 대항할 수는 없었을 것이다. 대량 생산에서는 역시 기계 공업이 월등하게 능률적인 방법이며, 그에 따라 제품 가격도 가내 공업 제품에

인도 수공업자의 파멸

비해 훨씬 싸게 먹힐 테니 말이다. 그러나 영국은 이 과정을 강제로 서둘러서, 인도가 새로운 환경에 적응할 수 없도록 훼방을 놓았다.

이리하여 몇백 년 동안 '동방 세계의 랭커셔'였으며, 18세기까지만 해도 유럽에 대규모로 면제품을 수출하던 인도는 공업국의 지위를 잃고 영국 제품의 소비자로 격하되었다. 기계는 보통의 경우라면 수입이 가능했지만 유독 인도만은 그런 기계를 전혀 수입할 수 없었고, 다만 기계가 만든 제품만이 들어왔다. 인도 제품을 싣고 외국에 나가 금과 은을 싣고 돌아오던 조류가 역류하기 시작해, 그 뒤로는 외국 제품이 인도로 흘러들고 금과 은은 인도에서 흘러 나가게 되었다.

이 일격에 맨 먼저 쓰러진 것이 인도의 섬유 공업이었다. 영국의 기계 공업이 발달함에 따라 인도의 다른 공업도 섬유 공업의 운명을 뒤따르게 되었다. 보통 자국의 산업을 보호하고 장려하는 것이 그 나라 정부의 의무다. 그러나 동인도 회사는 인도 산업의 보호 장려는 고사하고 영국의 산업과 이해 관계가 대립되는 것이라면 모조리 짓밟아 버렸다. 인도의 조선업자가 쓰러지고 야금업자가 망했으며, 제지업자와 유리업자도 사라졌다.

처음 얼마 동안은 외국 상품이 통용되는 범위는 항구 도시나 그 부근 지역으로 국한되어 있었다. 그러나 도로와 철도가 건설됨에 따라 외국 상품이 산간 벽지에까지 침투해 시골에 있는 수공업자마저 몰아 내고 말았다. 더구나 수에즈 운하의 개통으로 영국과 인도가 한층 더 가까워져서 영국 제품의 가격은 더욱 싸졌다. 이리하여 외국 제품은 잇따라 인도에 흘러들어와 벽지 구석구석까지 퍼져 갔다. 이러한 과정은 19세기 내내 진행되었으며 지금도 어느 정도는 진행되고 있다. 요 몇 년 동안은 그 과정이 약간 주춤하고 있다. 그에 대해서는 다음에 이야기하기로 하자.

옷감을 주로 한 영국 제품의 보급 · 침투는 인도의 수공업을 전멸시켰다. 그러나 여기에는 더욱 무서운 측면이 있었다. 이렇게 생업을 잃게 된 수공업자들은 도대체 어떻게 되었을까? 직업을 잃은 수많은 직조공과 그 밖의 노동자들은 어떻게 되었을까? 영국에서도 대공장이 출현했을 때 기술자들은 직업을 잃고 거리로 내쫓겼다. 그들은 몹시 괴로웠다. 그러나 그들은 곧 새 공장에서 일자리를 찾아 내 새로운 환경에 순응해 갔다. 하지만 인도에서는 그런 길이 열리지 않았다. 갈 만한 공장도 없었다. 왜냐하면 영국은 인도가 현대적인 공업국이 되는 것을 원치 않아서 공장을 지원하지 않았다. 그래서 가난하고 집도 직업도 없는 직인들은 주린 배를 움켜쥐고 시골로 돌아가 땅에 매달렸다. 허나 땅마저 그들을 환영해 주지 않았다. 그 곳에도 이미 남아돌 만큼 사람이 많았기 때문에 그들이 차지할 수 있는 땅은 남아 있지 않았다. 영락한 수공업자는 더러는 농민이 되었으나 대다수는 토지를 갖지 못해 일할 곳을 찾아 헤매는 노동자가 되고 말았다. 그리고 많은 노동자들이 굶주려 죽었을 것이다. 1834년 영국의 인도 총독 윌리엄 벤팅크(William Bentinck)는 "이것은 경제사상 미증유의 참상이다. 직조공들의 뼈는 인도의 광야를 백색으로 뒤덮고 있다"고 보고했다는 이야기가 있었다니까 말이다.

　이들 직조공과 수공업자는 대부분 도시에 살던 사람들이었다. 그러나 직업이 없어진 지금, 그들은 토지와 농촌으로 밀려났다. 때문에 도시 인구는 감소하고 농촌 인구는 증가했다. 바꾸어 말하면 인도는 도시성이 감퇴되고 더욱 전원적으로 변했다는 것이다. 이 전원화 현상은 19세기 내내 진행되었고 아직도 멎지 않았다. 이 시대에 이러한 현상이 일어났다는 것은 인도의 불가사의 가운데 하나다. 기계 공업과 공업화는 세계 어디에서나 사람들을 농촌에서 도시로 흡수하기 마련이다. 그러나 인도에서만은 정반대 현상을 보이고 있다. 도시는 점점 퇴락해 가고 있다. 그리고 고통스러운 생활의 양식을 구하고자 농업에 의존하는 인구는 점점 증가될 뿐이다.

　주요 공업과 함께 많은 보조 또는 종속적 공업 또한 소멸하기 시작했다. 풀을 먹이고 염색하고 날염하는 수공업도 눈에 띄게 줄었고 수직기는 멎었으며 물레는 각 가정에서 자취를 감추었다. 이것은 곧 농민이 부업을 통한 수입원을 잃었다는 것을 뜻한다. 종래에는 농가의 일원이 실을 잣는 등의 부업으로 토지에서 올리는 가계 수입 이외의 수입을 올리고 있었기 때문이다. 이런 현상은 물론 기계 공업이 시작될 무렵 유럽에서도 일어났다. 그러나 유럽에서는 그 변화가 자연적으로 진행되었고, 기존 질서가 사멸되는 동시에 새로운 질서가 탄생했다. 그러나 인도에서는 그 변화가 강제로 이루어졌다. 가내 제조 공업의 질서는 말살당했지만 새로운 질서는 탄생하지 않았다. 그것은 영국 당국에서 자국의 이익을 위해 금지했기 때문이다.

우리는 영국이 인도에 뿌리를 내릴 무렵에 인도가 번영하는 수공업국이었다는 사실을 보았다. 그 다음에는 기계를 도입해서 자국의 산업을 확립하는 것이 정상적인 순서였을 것이다. 그런데 인도는 전진하기는커녕 영국의 정책을 통해서 도리어 후퇴하고 말았다. 인도는 수공업국에서도 밀려나 전보다 더 비참한 농업국이 되었다.

이리하여 가난한 농업은 수많은 실업 수공업자와 그 밖의 사람들의 생계를 지탱해야 했다. 토지에 대한 압력은 놀랄 만큼 높아졌으며 지금도 계속 높아지고 있는 중이다. 이것이 인도의 빈곤 문제의 기초이자 근본이다. 우리 나라의 재난은 대부분 이 정책에서 비롯되었다. 또한 이 근본 문제가 해결되지 않는 한 인도의 농민과 농촌 주민의 빈곤은 결코 근절될 수 없을 것이다.

경작지는 자꾸만 작은 조각으로 줄어드는데도 너무나 많은 사람들이 농업 외에는 아무런 직업도 갖지 못하고 오로지 땅에만 매달려 있다. 경작지는 너무 좁았다. 각 농가가 가지고 있는 변변찮은 토지는 인간다운 생활을 꾸리기에는 너무나 좁았다. 풍작을 이룬 해에도 그들은 언제나 빈곤과 반(半)기아에 직면해 있었다. 더구나 풍작이란 어쩌다 한 번 있을까 말까 했다. 그들 농민은 계절과 날씨와 계절풍에 유린당했다. 기근과 무서운 전염병이 돌아 몇백만의 인명을 앗아 갔다. 그러자 농민들은 바니아(bania), 즉 마을의 고리대금업자에게 돈을 빌렸다. 이렇게 해서 그들의 빚은 늘어만 갈 뿐 갚을 가망은 전혀 없게 되었다. 결국 삶이라는 것은 도저히 지탱할 수조차 없는 무거운 짐이 되었다. 19세기 인도의 헤아릴 수 없이 많은 인민은 영국의 지배 아래 이런 처지가 되고 말았다.

111   *1932년 12월 2일*

인도의 촌락, 농민 그리고 지주

앞서 보낸 편지에서 나는 영국의 정책이 인도의 가내 공업을 몰락하게 하고 직인들을 농촌으로 쫓아 버렸다는 이야기를 했다. 다른 직업을 갖지 못한 수많은 사람들의, 토지에 대한 이러한 과중한 압력과 부담은 인도의 커다란 문제였다. 만일 이 인민이 토지를 떠나 다른 생산적인 일에 종사할 수만 있다면 국가의 부가 증대될 수 있을 뿐 아니라 토지에 대한 중압도 훨씬 완화되어 농업도 발전의 길을 걷게 될 것이다.

흔히 토지에 대한 과중한 압박은 인도의 인구가 증가한 탓일 뿐이며 영국의 정책과는 별로 관계가 없다고 말한다. 이러한 논리는 옳지 못하다. 인도의 인구가 최근 100년 동안 증가한 것은 사실이다. 하지만 그것은 다른 나라들에서도 마찬가지였다. 유럽, 특히 영국·벨기에·네덜란드 그리고 독일은 오히려 인도보다 인구 증가율이 훨씬 높다. 한 국가, 또는 세계 전체의 인구 증가 문제, 그리고 어떻게 이를 증가시키고 또 필요하다면 어떻게 억제할 것인가 하는 것은 매우 중요한 문제다. 여기서 그 문제에 깊이 파고드는 것은 우리 논점에서 벗어나는 것이므로 여기서는 생략하겠다. 하지만 나는 인도에서 토지에 대한 과중한 부담의 진짜 원인은 농업 이외의 다른 직업이 부족한 탓이지 인구가 증가한 탓은 아니라는 점을 명백히 밝혀 두고 싶다. 가령 다른 직업과 산업이 부흥하고 있다면 인도의 현재 인구는 어렵지 않게 흡수되어 인도 안에서 그런대로 풍족하게 살 수 있을 것이다.

그럼 인도에서 펼쳐진 영국의 정책의 몇 가지 다른 측면에 대해 검토해 보자. 먼저 농촌부터 둘러보기로 하자.

나는 몇 차례에 걸쳐 인도의 판차야트에 대해, 또 그들이 아무리 침략과 변동이 있을지라도 꿋꿋이 지탱해 온 것에 대해 이야기했다. 1830년에 접어들고 난 이후의 일이지만, 영국의 인도 총독 찰스 메트카프 경(Sir Charles Metcalfe)은 인도의 촌락 공동체에 관해 다음과 같이 기술하고 있다.

각 마을은 필요한 것을 스스로 두루 갖추고 있는 작은 공화국이며 외부와 거의 독립해 있다. 그것들은 다른 어떤 것도 존속할 수 없어 보이는 곳에서도 존속되고 있는 것으로 보인다. 각자 독립된 소국가를 이루고 있는 촌락 공동체의 연합은 …… 복지 또는 자유와 독립을 누리는 데 있어서 고도의 연대성을 갖고 있다.

이것은 유구한 촌락 제도에 대한 참으로 후한 평가다. 거의 목가적으로 그려져 있다. 물론 마을마다 그만한 지방적인 자유와 독립을 갖고 있었다는 것은 좋은 일이다. 이 제도에는 그 밖에도 좋은 특징이 있었다. 그러나 우리는 이 제도의 결함을 간과해서는 안 된다. 외부 세계와 단절된 촌락 생활은 사물의 변화에 결코 민감하게 반응할 수 없다. 성장과 진보는 더욱 큰 단위와 단위 사이의 협력 속에서만 가능하기 때문이다. 어떤 사람 또는 집단이 자기 틀 속에만 칩거한다면 우물 안 개구리가 되고 이기적으로 되며 편협해질 염려가 있다. 시골 사람들은 도시인에 비해 대개 편협하고 미신적이다. 때문에 촌락 공동체는 아무리 좋은 점이 있다 해도 진보의 중심이 될 수는 없었다. 그들은 도리어 원시적이며 시대에 뒤떨어져 있었다. 수공업과 공업은 주로 도시에서 번창했다. 물론 시골에도 많은 방적업자들이 산재하고는 있었다.

촌락 공동체가 외부와 별로 교섭도 없이 존재한 진짜 이유는 교통수단이 좋지 않은 탓이었다. 마을 사이를 잇는 도로는 그리 많지 않았다. 중앙 정부가 촌락 행정에 깊이 간섭하기 힘들었던 것도 도로의 결핍 때문이었다. 강변이나 그 부근에 있던 도시와 시골들은 배로 연락할 수 있었지만 이렇게 이용될 수 있는 강은 그다지 많지 않았다. 이 교통 사정의 어려움은 또한 국내 상업의 발전을 가로막았다.

동인도 회사는 오랫동안 이익 추구에만 전념했고 그 이익을 주주에게 배당금으로 지불하는 데에만 주력해 왔다. 그들은 좀처럼 도로 건설에 경비를 지출하지 않았으며, 나아가 교육이나 위생·병원 따위에는 한푼도 쓰지 않았다. 그러나 뒷날 영국인이 원료 구입과 영국제 기계를 판매하는 일에 몰두하게 되자 새로운 교통 정책이 강구되었다. 인도의 해안에는 신흥 도시가 무수히 건설되어 외국 무역의 발달을 도왔다. 이들 여러 도시, 가령 봄베이·캘커타·마드라스와 나중에 카라치(Karachi)에는 목면을 비롯한 수출용 원료가 집하되고, 인도 국내에 뿌려질 외국 기계 제품이 주로 영국에서 입항되었다. 이들 신흥 도시는 리버풀·맨체스터·버밍햄·셰필드처럼 유럽에 발흥하는 대공업 도시와는 전혀 양상이 달랐다. 유럽의 여러 도시는 대공장이 군집한 생산의 중심지였고 또 그 제품의 수출 선적항이었다. 그러나 인도의 여러 도시는 아무것도 생산하지 않았다. 다만 외국 제품을 쌓아 두는 장소에 불과했으며, 외국 지배의 상징에 지나지 않았다.

나는 인도가 영국의 정책으로 점점 농촌화하고 사람들은 도시를 떠나 시골과 토지로 돌아가고 있었다고 말했다. 하지만 인도의 농촌화 과정과는 별개로 해안 지대에서 여러 도시가 발달했다. 이 해안 도시들은 중도시와 소도시의 희생 위에서 발달했으므로 촌락에 대치되어 생긴 것은 아니었으며, 일반적인 농촌화 경향은 여전히 계속되고 있었다.

이 해안의 신흥 도시는 원료의 집하와 외국 제품의 판매를 촉진하기 위해 내륙과 연결될 필요가 있었다. 또한 몇 개의 다른 도시가 지방 행정의 중심지로 발달하게 되었다. 그리하여 편리한 교통 기관에 대한 요청이 높아 갔다. 도로가 신설되고 나중에는 철도도 건설되었다. 최초의 철도는 1853년 봄베이에서 개통되었다.

낡은 촌락 공동체는 인도의 공업이 붕괴되면서 초래된 상황 변화에 싫건 좋건 적응해야 할 처지였다. 그러나 훌륭한 도로와 철도가 더욱 늘어 온 나라에 마치 거미줄 같은 도로망이 들어서자 그 때까지 유지되

인도의 촌락, 농민 그리고 지주

어 온 낡은 촌락 제도는 끝내 해체, 몰락하고 말았다. 작은 촌락 공화국은 세계가 문을 두드리며 찾아왔을 때는 이미 주변으로부터의 고립을 유지할 수 없었던 것이다. 한 마을의 물가는 곧 다른 마을의 물가에 영향을 주었다. 교통의 발달로 이제는 상품을 쉽게 다른 마을로 운반할 수 있었기 때문이다. 실제로 세계적으로 교통이 발달하자 캐나다와 미국의 밀 값이 인도의 밀 값에 곧장 영향을 미치게 되었다. 이렇게 해서 인도의 촌락 제도는 사태 변동의 추이에 따라 세계 물가의 영역 안으로 말려들어 갔다. 촌락의 낡은 경제 질서는 붕괴되어 산산조각 났으며, 농민들이 멍하니 정신을 잃고 있는 동안 새로운 질서가 강제로 밀려들어왔다. 농민들은 자기 마을의 시장을 위해 식량과 그 밖의 물자를 출하하는 것이 아니라 세계 시장에 출하하는 셈이 되었던 것이다. 농민은 전세계의 생산과 물가의 소용돌이에 말려들어 끝없는 몰락의 길을 걸었다. 옛날에는 흉작으로 기근이 들면 국내의 다른 곳에서 식량을 수송할 적당한 수단이 없어서 식량이 바닥났다. 그러나 이제는 사정이 묘하게 되었다. 농민들은 풍작의 한복판에서, 또는 식량을 얻을 방법이 뻔히 있는데도 굶주려야 했다. 가령 어떤 지방에 식량이 부족하면 기차나 그 밖의 빠른 방법으로 다른 곳에서 가져올 수가 있었는데도 말이다. 물론 식량은 있었다. 다만 그것을 살 돈이 없는 것이다. 따라서 식량 기근은 없어졌지만 이번엔 돈 기근이 닥친 셈이다. 더욱 이상한 것은 최근 3년 동안 우리가 보아 왔듯이, 때로는 남아돌 만한 대풍작이 도리어 농민들을 궁핍에 빠뜨렸다!

이리하여 낡은 촌락 제도는 무너지고 판차야트도 소멸했다. 이 제도는 벌써 오래 전에 노후해서 현대 상황에 맞지 않게 되었기 때문에 그렇게 된 것이니까 애석해 할 필요는 없다. 그러나 그렇다고 해서 새로운 상황에 걸맞은 새로운 촌락 제도가 탄생했느냐 하면 그렇지는 않다. 이 재건과 부활의 임무는 모두 우리 어깨에 지워져 있다. 만약 우리가 외국의 사슬에서 놓여난다 해도 완수해야 할 과업은 이렇듯 많은 것이다.

우리는 지금까지 영국의 정책이 토지와 농민에 미친 간접적인 영향을 고찰해 왔다. 그럼 이번에는 동인도 회사의 실제 토지 정책, 즉 농민과 토지에 관계된 모든 이에게 직접 영향을 끼친 정책이 과연 어떤 것이었는지 알아보기로 하자. 이것은 워낙 복잡한 문제인 만큼 다소 지겹지나 않을까 걱정된다. 그러나 우리 나라가 가난한 농민들로 가득 차 있는 만큼, 무엇이 그들을 괴롭히고 있는지, 어떻게 하면 그들에게 도움이 될지, 어떻게 하면 그들의 운명을 더 낫게 할 수 있는지를 애써 이해해야 한다.

우리는 자민다르(zamindar)와 탈루크다르(talukdars), 그리고 그들의 소작인에 대해 이야기했다. 물론 소작인에는 여러 종류가 있다. 소작인의 소작인도 있다. 그러나 이렇게 너무 복잡한 데까지 파고들 생각은 없다. 개괄적으로 말해서 오늘날 자민다르는 중간자다. 즉 그들은 국가와 경작자의 중간에 있는 사람이다. 경작자는 그들의 소작인이며, 그들에게 소작료 또는 자민다르가 소유한 것으로 되어 있는 토지를 사용한 대가로 일종의 세금을 지불한다. 자민다르는 이 소작료 가운데 일부를 지세, 즉 그 토지에 부과된 세금을 국가에 납부한다. 결국 토지에서 거둔 생산물은 세 부분으로 분할된다. 첫째 부분은 자민다르에게, 둘째 부분은 국고에 들어가고 셋째 부분이 경작자의 손에 남는다. 이 세 부분이 모두 같은 액수라고 생각하면 안 된다. 경작자는 직접 논밭에 나가 일한다. 그리고 토지에서 생산된 것은 그의 노동, 즉 파종과 경작과 그 밖에 온갖 노동의 소산이다. 따라서 농민들에게 수고의 대가를 요구할 권리가 있다는 것은 분명한 사실이다. 사회 전체를 대표하는 국가는 만인의 이익을 대행하는 중요한 임무를 띠고 있다. 따라서 국가는 모든 아동을 교육하고, 훌륭한 도로와 그 밖의 교통 기관을 건설하고, 병원과 위생 시설, 공원과 박물관을 설치하고, 또한 무수한 일을 맡아 해야 한다. 그러기 위해서 돈이 필요하다. 그렇다면 국가가 토지의 생산물에서 일정한 몫을 거두어야 하는 것도 지당한 일이다. 물론 국가가 차지하는 몫이 어떤 종류의 몫이며 액수는 얼마인가 하는 것은 또 다른 문제다. 경작자가 국가에 바친 몫은 도로·교육·위생과 같은 복지 시설의 형태로 반드시 경작자에게 되돌아와야 할 것이다. 현실은 외국 정부가 인도를 대표하고

인도의 촌락, 농민 그리고 지주

있기 때문에 흔히 우리는 국가라는 것을 증오하기 쉽다. 하지만 정당하게 조직된 자유로운 국가에서는 그 국가는 곧 인민인 것이다.

이로써 토지 생산물의 두 가지 부분, 즉 경작자의 몫으로 돌아가는 부분과 국가에 바치는 부분을 살펴보았다. 그럼 세 번째 부분은 자민다르, 즉 중간자의 손에 들어가는 부분인데, 도대체 그들은 그 몫을 챙길 만한 무슨 일을 하거나 무슨 권리가 있을까? 아무것도 있을 수 없다. 또 사실 아무것도 없다. 그는 생산적인 일에 전혀 참여하지 않은 채 생산물에서 가장 많은 몫, 즉 소작료를 갈취하고 있는 셈이다. 따라서 그들은 자동차로 비유하자면 다섯 번째 바퀴처럼 불필요한 것일 뿐더러 현실적으로 생산의 방해자요 토지의 무거운 짐이 되어 있다. 그런데도 이 불필요한 존재 때문에 가장 고통받는 사람은, 피땀 흘려 거둔 생산물의 일부를 그에게 수탈당하는 경작 농민이다. 많은 사람들이 자민다르나 탈루크다르는 전혀 쓸모 없는 중간 착취자이고, 따라서 자민다르 제도는 나쁜 제도이며 중간 착취자를 없애도록 개혁해야만 한다고 생각하는 것도 바로 이와 같은 이유에서다. 오늘날 자민다르 제도는 주로 인도의 세 주, 즉 벵골과 비하르 그리고 연합주에 분포되어 있다.

그 밖의 여러 주에서는 경작 농민이 지세를 직접 국가에 바치고 있으며 중간자는 존재하지 않는다. 이 사람들은 자작농이라고 일컬어지고 또 펀자브와 같은 곳에서는 자민다르라고 일컬어지기도 하지만, 연합주나 벵골·비하르의 대자민다르와는 전혀 성격이 다르다.

굉장히 장황한 설명이 되었다. 단 오늘날 벵골과 비하르 그리고 연합주에서 발호하고 있는 자민다르 제도, 우리가 언제나 듣고 있는 이 자민다르 제도가 사실 인도에서는 매우 새로운 산물이었다는 사실을 말해두고자 한다. 이는 영국인이 만들어 낸 것으로서, 영국인이 인도에 들어오기 전에는 없던 제도다.

옛날에는 이와 같은 자민다르, 토지 소유자 또는 중간자는 없었다. 경작자는 생산물의 일부를 직접 국가에 바쳤다. 때로는 마을의 판차야트가 그 마을의 전체 경작 농민을 대신하기도 했다. 악바르 시대의 유명한 재무 장관 라자 토다르 말(Raja Todar Mal)은 매우 정밀한 토지 측량을 실시했다. 정부 또는 국가는 경작자로부터 생산물의 3분의 1을 거두어들였고 경작자가 원한다면 현금으로 납부할 수도 있었다. 과세는 전체적으로 그다지 무겁지 않았으며, 세금은 점차 증가하기는 했으나 그 증가는 극히 완만했다. 이윽고 무굴 제국이 멸망하자 중앙 정부는 기능을 상실해서 규정대로 세금을 징수할 힘을 잃고 말았다. 그리하여 새로운 징수 방법이 생겨났다. 정부는 봉급을 받는 세금 징수인을 임명하되 징수액의 10분의 1을 그들의 몫으로 인정해 주었다. 그들은 세금 징수인이나 자민다르 또는 타루크다르라 했는데, 이 말의 뜻은 오늘날의 의미와는 다르다는 점에 주의해야 한다.

중앙 정부의 대들보가 기울기 시작하자 이 제도는 악질적인 것으로 바뀌어 갔다. 어떤 지역의 조세 징수권은 경매에 붙여져 최고액 입찰자에게 넘겨지는 사례까지 있었다. 이것은 징수권을 얻은 자가 불행한 농민들을 마음껏 수탈할 수 있는 권리를 가졌다는 것을 뜻했으며, 사실 그들은 이 권리를 철저히 행사했다. 정부의 통제력이 약화되자 조세 징수권은 세습되는 경향마저 있었다.

실제로 벵골의 동인도 회사가 애초에 가졌던 법적 자격은 무굴 황제를 대리한 조세 징수인이었다. 1765년 이 회사에 대한 '디와니(Diwani : 조세 징수권)' 위탁이라는 것이 바로 그것이다. 이리하여 동인도 회사는 델리에 있는 무굴 황제의 일종의 재정 담당 비서(Diwan)가 된 것이다. 그러나 그것은 순전히 눈가림일 뿐이었다. 1757년의 플라시 전투 이래 영국인은 벵골에서 지배적인 세력을 차지했고, 가련한 황제는 이미 아무런 실권도 없었다.

동인도 회사와 그 직원들은 무섭도록 탐욕스러웠다. 이미 말한 것처럼 그들은 벵골의 국고를 텅 비게 했고, 돈이 있는 곳이면 장소를 가리지 않고 모조리 뒤지고 다녔다. 그들은 벵골과 비하르를 쥐어짜 철저하게 지세를 거두어들였다. 그들은 많은 중간 조세 징수인을 임명했기 때문에 인민에 대한 가렴주구는 터무니없이 가혹해졌다. 지세는 곧 두 배

인도의 촌락, 농민 그리고 지주

로 늘었고, 가차없이 징수되었으며, 지불 능력이 없는 자는 모조리 쫓겨났다. 조세 징수인은 조세 징수인대로 과중한 조세로 토지에서 쫓겨나는 경작자에게 냉정하고 탐욕스럽게 대했다. 플라시의 12년 동안과 디와니 위탁의 4년 동안, 동인도 회사의 정책은 가뭄과 합세해서 벵골과 비하르 지방에 무서운 기근을 초래함으로써 그 지방 인구의 3분의 1을 굶어 죽게 만들었다. 나는 앞서의 편지에서 1769년부터 1770년에 걸쳐 기근이 들었는데도 동인도 회사가 세금을 전액 징수했다는 것을 이야기했다. 동인도 회사 직원들의 놀라운 수완은 대서 특필할 만했다. 남녀 노소 가릴 것 없이 몇천만 명이 잇따라 죽어 가는 곁에서도 그들은 시체에서도 돈을 쥐어짜 낼 수 있었으며, 그리하여 영국의 부유한 자들을 배당금이라는 이름으로 더욱 살찌게 했던 것이다.

그 뒤 20년 이상 이러한 사태가 계속되었다. 동인도 회사는 기근이 들건 말건 세금을 쥐어짜 냈으므로 벵골 지방은 거의 황폐해지고 말았다. 조세 징수인마저 거지 같은 신세가 되고 말았다면 비참한 농민의 몰골이 어떠했을지는 능히 상상할 수 있을 것이다. 사태가 너무나 악화되자 동인도 회사도 새삼 사태를 재고하고 개선하려는 노력을 하게 되었다. 당시 총독이었던 콘월리스 경(Cornwallis)은 스스로 영국의 대지주였던 만큼 인도에서도 영국식 지주를 키워 보려고 했다. 그 동안 조세 징수인은 마치 지주인 양 처신해 왔다. 그래서 콘월리스는 그들과 협정해서 그들을 정식 지주로 대우하기로 결정했다. 그 결과 인도는 새로운 형태의 중간자를 갖게 되었으며, 경작 농민은 순수한 소작인으로 격하되었다. 영국인은 직접적으로는 토지 소유자인 자민다르와 직접 접촉하며, 그들이 소작인을 어떻게 대하건 내버려 두었다. 불쌍한 소작인은 잔혹한 지주로부터 아무런 보호도 받을 수 없었다. 1793년 벵골과 비하르의 자민다르에 관한 콘월리스의 결정을 '영구 재정(永久裁定 : Permanent Settlement)'이라 한다. '영구 재정'이라는 말은 각 자민다르가 정부에 바쳐야 할 조세액을 고정했다는 것을 뜻한다. 벵골과 비하르의 조세액은 영구히 고정된 것으로서 이후 변경될 수 없는 것이었다. 그러나 그 뒤 영국의 지배가 서북방에 있는 오우드와 아그라까지 미치자 영국의 정책도 바뀌었다. 그들은 자민다르와 일시적인 협정을 체결했는데, 그것은 벵골에서처럼 영구적인 것은 아니었다. 임시 결정은 보통 30년에 한 번씩 정기적으로 개정되며 지세액을 재조정하곤 했다.

    남방의 마드라스와 그 주변에서는 자민다르 제도가 일반적으로 시행되지는 않았다. 그 곳에서는 농민의 토지 소유가 존재하고 있었으므로 동인도 회사는 농민에게 직접 세금을 징수했다. 어디서나 마찬가지였지만 그 곳에서도 동인도 회사 직원들은 지나치게 높은 지세액을 정했고 무자비하게 징수해 갔다. 체납할 경우에는 즉각 퇴거하라고 강요했다. 그러나 가난한 그들이 도대체 어디로 가겠느냐? 토지에 대한 지나친 압박 때문에 토지는 언제나 필요했다. 조건이 아무리 가혹하다 하더라도 토지를 손에 넣고야 말겠다는 굶주린 사람들이 끊이지를 않았다. 인내심 강한 농민도 마침내 더 참을 수 없는 막다른 곳까지 몰리자 잇따라 소요와 농민 봉기를 일으키게 되었다.

    19세기 중엽 벵골에서는 또 다른 압제가 시작되었다. 어떤 영국인이 인디고(indigo)를 재배하기 위해 이 곳에 지주로 정착하면서 인디고를 재배하는 소작인에게 매우 가혹한 조건을 요구했다. 소작인은 그의 밭의 일정 부분에 인디고를 심어야 했고, 영국인 지주, 통칭 재배인에게 고정된 값에 팔아야 했다. 이 제도가 바로 플랜테이션 시스템(plantation system)이라는 것이다. 소작인에게 강제된 조건은 도저히 감당할 수 없을 만큼 힘든 것이었다. 영국 정부는 재배인을 원조하기 위해, 빈농에게 조건대로 인디고를 경작하도록 강제하는 특별법을 제정했다. 처벌 규정을 수반한 이 법률에 따라 플랜테이션의 소작인은 어떻게 보면 농노 또는 노예가 되고 말았다. 인디고 상사(factory)의 대리인들은 폭력을 휘두르며 농민들을 협박했다. 영국인 또는 그의 인도인 대리자는 정부의 보호를 등에 업고 안하무인으로 행동했다. 인디고의 가격이 떨어지면 농민의 처지에서는 다른 품목, 가령 쌀을 재배하는 편이 훨씬 유리했지만 그런 것은 허용되지 않았다. 경작자의 처지는 무서우리 만치 고통스럽

인도의 촌락, 농민 그리고 지주

고 비참했다. 지렁이도 밟으면 꿈틀하는 법이다. 농민은 재배인들을 상대로 봉기해서 상사를 습격했다. 그러나 그들은 탄압을 받고 다시 복종을 강제당해야만 했다.

나는 이 편지에서 다소 집요할 만큼 19세기의 농업 상황을 그려 보았다. 얼마나 많은 인도 농민들의 생활이 악화일로를 걸었느냐? 농민들과 관계된 모든 자, 즉 조세 징수인, 지주, 바니아(bania : 마을의 고리 대금업자), 재배인 그리고 그 앞잡이들이 어떻게 농민을 착취했는가를 설명해 보았다. 또한 최대의 바니아는 동인도 회사를 통하거나 직접 나서서 움직여 온 영국 정부였다. 왜냐하면 이 모든 착취의 밑바닥에는 영국인이 인도에서 면밀하게 추진한 정책이 깔려 있었기 때문이다. 촌락 수공업의 파괴와 이에 대한 대책의 부재, 실업 수공업자의 귀향 강요와 그 당연한 결과인 토지에 대한 과중한 압박, 영주적 지주제, 플랜테이션 시스템, 토지에 대한 중세와 그에 따른 터무니없는 소작료, 가차없는 조세 징수, 일단 걸려들면 죽는 순간까지 그 굴레에서 벗어날 수 없는 바니아의 고리대에 대한 농민의 의존, 소작료 또는 조세를 기한 내에 납부하지 못하는 자에 대한 끊임없는 추방, 그 가운데서도 특히 경찰관과 세금 징수원 또는 지주의 앞잡이와 상사의 대리인이 휘두른 부단한 폭행은 농민의 모든 영혼과 정신을 짓밟았다. 이런 사정이 필연적으로 비극과 무시무시한 파멸 말고 또 무엇을 불러들이겠느냐?

몇백만의 인민을 한 번에 쓸어 버릴 만큼 무서운 기근이 일어났다. 더구나 식량이 부족해서 인민이 굶주리고 있는 와중에도 밀과 그 밖의 곡물이 부유한 무역업자를 더욱 살찌우기 위해 다른 나라로 수출되고 있었다! 분명히 비극의 참된 원인은 식량 결핍에 있는 것이 아니었다. 식량은 철도를 통해 다른 곳에서 실어 오면 그만이었다. 다만 그것과 교환할 수단이 없었던 것이다. 1861년 북부 인도, 특히 우리 주(연합주)에 대기근이 있었다. 그 피해 지역에 살던 전체 인구 가운데 8.5% 이상이 죽었다고 한다. 15년 뒤인 1876년에도 2년에 걸친 대기근이 북부·중부·남부 인도를 엄습했다. 중부의 여러 주 가운데 펀자브와 연합주는 또다

164

시 혹심한 피해가 있었다. 대략 1000만 명이 죽었다. 다시 20년 뒤인 1896년에도 이 불행한 지역에 인도 역사상 가장 큰 기근이 또다시 닥쳐왔다. 이 같은 무시무시한 기근들은 북부와 중부 인도를 한 번에 집어삼키고 말았다. 1900년에도 또 기근이 있었다.

간단하나마 나는 40년이 경과하는 동안 네 차례나 닥친 무서운 기근에 대해 이야기했다. 이 처참한 이야기에 담긴 무서운 고난과 공포는 나로서도 필설로 다 형용할 수 없고, 너 또한 상상조차 할 수 없을 것이다. 정말 나는 네가 그와 같은 무서움을 상상해 줄 것을 바라는지 나도 모르겠다. 만약 네가 상상할 수 있다면 분노와 고통만이 치밀어 오르리라. 네가 그 나이에 벌써 그런 괴로움을 맛보지 않기를 바란다.

너도 플로렌스 나이팅게일(Florence Nightingale)[45]에 관한 이야기를 알고 있을 것이다. 전쟁에서 부상한 사람들에 대한 의료 행위를 처음으로 효과적으로 조직한 그 용감한 영국 여성 말이다. 1878년에 이미 그녀는 "동양에서, 아니 어쩌면 전세계에서 가장 비참한 것은 우리 제국(영국)의 동방에 사는 농민일 것이다"고 말한 바 있다. 그녀는 또한 "기근이라고 할 정도의 것은 존재하지 않는다는 세계에서 가장 풍요한 나라의 도처에 뼈와 살을 깎는 기록적인 반(半)기아 상태"를 낳고 있는 "영국 법률의 결과"에 대해 언급하고 있다.

그렇다! 언제나 무엇에 질린 듯한 우리 키산(kisans : 농민)들의 절망적인 모습과 움푹 꺼진 눈을 보는 것처럼 애절한 일은 없다. 우리 농민들은 얼마나 오랫동안 그 무거운 짐을 지고 살아 왔던가? 그리고 그들보다 나은 삶을 살아 온 우리도 그 무거운 짐의 일부였다는 것을 결코 잊어서는 안 된다. 외국인·인도인을 불문하고 우리는 모두 끝없이 고난을 계속하고 있는 키산을 착취하려 했고 그네들의 어깨에 걸터앉아 있었던 것이다. 그러니 그들의 등짝이 부서진들 무엇이 이상하겠느냐?

---

45) 크리미아 전쟁(1853~56년)에서 영국의 간호원으로 종군한 그녀는 온갖 역경을 무릅쓰고 다친 병사를 간호해 '크리미아의 천사'라 일컬어졌다. 또한 전 생애에 걸친 불요불굴의 헌신적 활동으로 그녀는 인도주의의 상징이 되었다.

인도의 촌락, 농민 그리고 지주

그러나 기나긴 고난 끝에 이제 그들에게도 희미하나마 희망의 빛이 비치기 시작했다. 더욱 나은 시대의 속삭임이 들려 온다. 무거운 짐이 가벼워질 기색이 보인다. 한 작은 사나이가 나타나 그들의 위축된 마음을 저 밑바닥까지 투시하듯 그들의 눈동자를 지그시 응시한다. 그는 그들의 오랜 괴로움을 이해한다. 그의 눈길에는 마술적인 힘이 있고, 그가 스치는 곳에는 불꽃이 일어난다. 그의 음성에는 이해와 공감에 넘치는 사랑, 죽도록 변치 않는 충성심이 담겨 있다. 농민·노동자 그리고 모든 짓밟힌 자들이 그를 한번 바라보고 그의 음성을 듣기만 하면 그들의 죽었던 마음이 소생하고 신비한 희망이 가슴 속에서 아우성친다. 또한 그들은 "마하트마 간디 키 자이(Mahatma Gandhi ki jai : 간디 만세)" 하고 환호한다.

그들은 이제야 슬픔의 골짜기에서 빠져나가는 행진에 힘차게 나섰다. 하지만 그토록 긴 세월 동안 그들을 괴롭혀 온 낡은 기구는 그들을 쉽사리 전진시키려 하지 않는다. 그 기구들은 다시 움직여 그들을 때려잡을 새로운 무기와 법령을 만들고, 그들을 묶을 새로운 사슬을 마련한다. 그럼 이제 어떻게 될 것인가? 그것은 너와 나의 역사 이야기가 거론할 수 있는 범주가 아니다. 그것은 내일의 일이며 내일이 오늘로 되었을 때 비로소 알게 될 것이다. 하지만 누가 그 결과를 의심하겠느냐.

112 *1932년 12월 5일*

영국은 어떻게 인도를 지배했는가

나는 이미 19세기 인도에 대해 세 통의 긴 편지를 썼다. 그것은 괴로움으로 가득한 기나긴 세월의 기록이었다. 어쩌면 내가 그것을 너무 압축한 것이나 아닌지 모르겠다. 만약 그랬다면 나는 그 시대를 오히려 이해하기 어렵게 만든 것만 같다. 아마도 나는 다른 나라의 다른 시대보다 우리 나라의 그 시대에 대해 더 많이 언급했을 것이다. 이것은 자연스러운 일이다. 내가 인도 사람이니 인도에 더 큰 관심을 갖고 더 깊이 알고 있으며, 따라서 상세히 쓸 수 있기 때문이다. 게다가 이 시대에는 그저 역사적 흥밋거리 이상의 내용이 내포되어 있다. 우리가 현재 보고 있는 오늘날의 인도는 19세기의 고통 속에서 형성되고 자라 왔다. 현재의 인도를 잘 이해하려면 그것을 낳은 힘, 그리고 그것을 이렇게 비뚤어지게 낳은 힘에 대해 알아야 할 것이다. 그 때에야 비로소 우리가 무엇을 해야 하며 또 어떤 길을 가야 할지를 알 수 있는 것이다.

　이 시대 인도의 역사를 그렇다고 지금 끝낸 것은 아니다. 너에게 말해 주어야 할 것이 아직 너무 많다. 이 편지들에서는 한두 측면을 조명해 네가 이해하기 쉽게 풀어 나갈 것이다. 그러나 물론 너는 내가 여태까지 말했고 앞으로도 말할 모든 사건들과 변화들이 거의 서로 동시에 일어났고 하나의 사건이 다른 사건에 영향을 미쳐 19세기의 인도를 낳았다는 점을 알고 있을 것이다.

　인도에 대한 영국의 통치와 관련된 좋은 일, 궂은 일들을 읽어 가면서 너는 그들이 추구해 온 정책과 그것이 빚어 낸 광범위한 빈곤에 대해 때때로 분노를 느끼기도 했을 것이다. 그러나 이러한 사태가 벌어진 것은 대체 누구의 죄였겠느냐? 그것은 우리가 무지하고 약하기 때문이 아니겠느냐? 나약함과 어리석음은 반드시 압제를 불러들이기 마련이다. 영국인이 우리 내부의 불화를 이용한다면 서로 싸우는 우리가 나쁜 것이다. 또 만일 그들이 우리를 분열시켜서 힘을 약화시키고 뿔뿔이 갈라진 집단의 이기심에 편승한다면 이를 용납하는 우리야말로 영국의 우월을 조장하는 것 아니겠느냐. 따라서 네가 화를 내고 싶다면 바로 나약함과 무지, 그리고 분열에 화를 내야 할 것이다. 바로 이런 것들이 우리를 괴롭히기 때문이다.

　우리는 곧잘 영국인의 압제를 이야기한다. 하지만 결국 그것은 누구의 압제냐? 그로 말미암아 이득을 보는 자는 누구냐? 그것은 영국인이라는 인종 전체가 아니다. 왜냐하면 그들 가운데서도 몇백 몇천만에 이르는 사람들은 불행하며 압박받고 있기 때문이다. 그리고 영국이 인도를 착취함으로써 이득을 보는 몇몇 인도인 집단이나 계급이 있다는 것도 의심할 여지가 없다. 그렇다면 우리는 기준을 어디에 두어야 할까? 그것은 개인의 문제가 아니라 제도의 문제다. 우리는 인도의 대중을 착취하고 짓밟아 온 거대한 기계 밑에서 살고 있다. 이 기계야말로 산업 자본주의의 소산이며, 새로운 제국주의의 도구인 것이다. 착취한 이윤은 주로 영국으로 흘러 들어가지만, 그 이윤은 영국에서도 거의 특정 계급의 손에 집중된다. 물론 착취한 이윤의 일부분은 인도에 남아, 또한 특정한 계급이 그 혜택을 받는다. 그러므로 한 개인에게 화를 내는 것은 물론이고 영국인 전체를 미워하는 것도 어리석은 짓이다. 제도가 잘못되어 우리에게 해를 끼친다면 그것은 뜯어고쳐야 한다. 누가 그 제도를 움직이느냐가 문제될 수 없다. 아무리 선량한 사람이라도 나쁜 제도 밑에서는 어쩔 도리가 없기 때문이다. 네가 아무리 좋은 뜻을 갖고 있더라도 돌멩이나 흙덩이를 곡식으로 만들 수 있겠느냐. 아무리 요리를 잘 하더라도 어림없다. 제국주의나 자본주의도 말하자면 그와 같은 것이다. 그것은 개량할 수 없다. 다만 개량할 수 있는 유일한 길이 있다면 그것을 송두리째 배제하는 도리밖에 없다. 그러나 이것은 나의 의견이다. 다른 의견을 갖고 있는 사람도 있겠지. 너는 이 문제에 대해 속단을 내릴 필요는 없다. 때가 오면 너도 나름대로 결론을 내리게 될 것이다. 다만 오직 한 가지 점에 대해서는 여러 사람의 의견이 일치하고 있다. 즉 잘못은 사회적 제도에 있으며, 개인 탓으로 돌리는 것은 옳지 못하다는 사실이다. 만일 우리가 변화를 원한다면 제도를 공격해서 변경시켜야 할 것이다. 우리는 인도에서 이 제도가 빚어 낸 나쁜 결과를 몇 가지 보아 왔다. 중국이나 이집트, 그 밖의 많은 나라들에 대해 생각해 볼 때 이와 같은 제도, 즉 자본주의·제국주의가 다른 나라 백성들도 착취하고 있다는 사실을 알 수 있을 것이다.

하던 이야기로 돌아가자. 나는 영국인들이 인도에 들어왔을 무렵 인도에서 가내 공업이 발전하고 있었다고 이야기했다. 생산 방법을 자연스러운 발달에 맡기고 외부에서 전혀 간섭하지 않았다면 언젠가는 반드시 인도에서도 기계 공업이 등장했을 것이다. 인도에는 석탄도 있고 철도 있다. 이것은 우리가 영국에서 본 것처럼 공업의 발달을 크게 도우며, 어느 의미에서는 공업을 낳았다고도 볼 수 있다. 혼란한 정치 정세 때문에 그 시기가 어느 정도 지연되었을지 모르지만 결국 인도에도 영국과 같은 현상이 일어났을 것이다. 그런데 거기에 영국인이 개입했다. 그들은 이미 대규모 기계 생산을 하는 나라와 사회를 대표하고 있었다. 어떤 사람은, 그러므로 영국인은 필경 인도에서도 같은 변화가 일어나도록 지원하며, 인도에서 이 변화를 가장 잘 수행할 법한 계급을 지원했을 거라고 생각할지도 모른다. 그러나 그들은 그렇게 하지 않았을 뿐만 아니라 이를 철저히 반대했다. 그들은 인도를 장래의 경쟁자로 보면서 공업의 발달을 가로막았던 것이다.

이렇게 보면 인도는 그 때 주목할 만한 상황에 있었다는 사실을 알 수 있다. 당시 유럽에서 가장 발전한 국민이었던 영국인은 인도에서 가장 뒤떨어진 보수적인 계급과 결탁했다. 그들은 몰락해 가던 봉건 계급을 안아 일으켜 지주로 만들고, 반(半)봉건 국가에 군림하는 몇백 명에 이르는 지방의 예속 영주들을 지지했다. 그들은 인도의 봉건주의를 강화했다. 그런데 영국인은, 유럽에서는 의회에 권력을 부여한 중간 계급 또는 부르주아지 혁명의 선구자였으며, 또한 전세계에 산업 자본주의의 도화선을 붙인 산업 혁명의 선구자였다. 그들이 다른 경쟁자들을 멀리 따돌리고 대제국을 건설한 것도 이 분야에서 한 걸음 앞서 있었기 때문이다.

영국인이 왜 인도에서 이러한 태도를 취했는가는 쉽게 알 수 있다. 자본주의의 기초를 전적으로 지탱하고 있는 것은 무자비한 경쟁과 착취이며, 제국주의는 그 정도가 한 걸음 앞선 것이다. 그러므로 그만한 힘을 기른 영국인은 현재의 적을 타도하는 동시에 다음에 대두할 적에 대해서도 예방책을 게을리 하지 않았다. 그들은 도저히 대중의 인기를 얻을 수 없었다. 인도에서 그들이 노린 목적은 오로지 대중을 착취하는 데 있었기 때문이다. 착취하는 자와 착취당하는 자의 이해 관계는 결코 같을 수 없다. 그리하여 그들은 인도에 아직 남아 있던 봉건 시대의 유물에 의지했다. 이 유물은 영국인이 인도에 왔을 무렵에는 이미 힘을 잃고 있었지만, 이들은 그 앞잡이가 되어 착취한 이유을 약간 나눠 갖게 되었다. 영국인은 이미 수명이 다한 계급에게 한동안 도움을 준 것이다. 만일 영국인이 준 버팀목이 쓰러지면 그들은 멸망하거나 새로운 환경에 적응해 나가는 두 가지 길밖에 없었다. 영국의 호의에 의존하는 인도의 지방 토후령(Indian State)[46]은 크고 작은 것을 합쳐 700개에 이르렀다. 이 가운데 규모가 큰 몇 개는 너도 알고 있을 것이다. 하이데라바드·카슈미르·마이소르·괄리오르 등등. 하지만 마치 대자민다르의 대다수가 유서가 그리 깊지 못한 것과 마찬가지로, 이 토후령도 대개 구봉건 귀족에서 나온 것이 아니다. 유구한 선사 시대까지 계보를 더듬을 수 있는 족장이 한 사람 있다. 그는 우다이푸르(Udaipur)의 마하라나(Maharana : 영주)로서 태양의 종족 라지푸트, 수리아 반시(Surya Vanshi)의 본가에 해당한다. 지금 살아 있는 사람으로서 이런 의미에서 그와 어깨를 나란히 할 수 있는 자는 아마 일본의 천황 정도일 것이다.

한편 영국은 종교적 보수주의를 지원했다. 영국인이 기독교 신자임을 내세우는 것을 생각하면 좀 이상한 이야기지만, 영국인의 도래는 인도의 힌두교나 이슬람교를 더욱 완고하게 만들었다. 이것도 어느 정도 수긍할 만한 이야기다. 한 나라의 종교나 문화는 외부의 침략이 있으면 스스로를 보호하기 위해 자기 껍질 속에 움츠리는 경향이 있기 때문

---

46) 영국 통치 시대, 인도에는 직할령 외에도 총면적의 약 40%를 차지하는 500여 개의 크고 작은 토후령이 있었다. 이들은 개별적으로 영국과 조약을 맺고 영국의 종주권 아래 놓여졌는데, 국방과 외교에 관해서는 영국의 제약을 받았지만 내정의 책임은 대개 각 토후령에 맡겨져 있었다. 이것은 봉건적 지배 계급을 권력의 보루로 이용하는 동시에 '분할한 뒤 지배하라' 는 원칙을 채택한 영국 통치 정책의 전형이다. 1949년 인도 및 파키스탄의 독립에 즈음해서 각 토후령은 인민의 의사에 따라 인도나 파키스탄 어느 한쪽에 가담하게 되었는데, 그 대부분은 인도 연방에 귀속했다.

이다. 이슬람 교도가 침입한 이후 힌두교가 더욱 완고해지고 카스트가 발달한 것도 바로 이런 경우다. 이번에는 힌두교와 이슬람교가 모두 이런 식으로 반발했다. 그러나 이러한 점은 차치하고라도 인도의 영국인 정부는 사실 — 계획적이든 무의식적이든 — 이 두 종교의 보수적 요소를 조장했다. 영국인의 관심이 종교니 개종이니 하는 것에 있었던 것은 아니다. 그들은 오직 돈벌이에만 전념했을 뿐이다. 그들은 인민이 분노하고 반항할까 저어하며 애써 종교 문제에 개입하지 않으려 했다. 그리하여 행여 종교에 간섭한다는 의심을 받을까 두려워 오히려 이 나라의 종교, 아니 종교의 외형을 보호하고 지원하게 되었다. 그리하여 종교는, 외형은 남되 내용은 텅 비게 되었다.

전통을 중시하는 사람들(orthodox people)을 자극할까 두려워한 정부는 개혁에 관해서는 반드시 그들 편에 섰다. 그리하여 개혁의 싹은 제거당했다. 외국인 정부라는 것은 좀처럼 개혁을 해낼 수 없다. 왜냐하면 어떤 개혁이든 반드시 인민의 분노를 사기 때문이다. 힌두교와 힌두법은 지난 몇 세기 동안 지극히 완만하게 진보해 왔지만, 또한 여러 가지 점에서 변화하고 진보하는 중이었다. 힌두법 자체는 주로 관습법이었지만 관습은 변화하고 성장하게 마련이다. 이 힌두법의 탄력성은 영국의 지배 밑에서 소멸하고, 극단적으로 전통을 중시하는 사람들에게 맡겨진 데다가 성문화된 답답한 법전에 자리를 넘겨 주었다. 때문에 그렇지 않아도 완만했던 힌두 사회의 성장은 완전히 멈추고 말았다. 이슬람 교도는 이러한 새로운 환경에 반발하며 스스로 껍질 속에 틀어박혔다.

사티(sati : 순장)라고 (그다지 정확하지 못한 명칭으로) 일컬어지는 관습, 즉 힌두교도 과부가 남편을 화장할 때 불길 속에 뛰어들어 따라 죽는 의식을 폐지시킨 것은 영국인이 요란하게 내세우는 자랑거리다. 여기에 대해서는 물론 그들이 우쭐해도 좋을 만한 점도 있다. 그러나 사실 이 관습의 폐지는 라자 람 모한 로이(Raja Ram Mohan Roy)를 수령으로 하는 인도인 개혁주의자가 다년간에 걸쳐 절규한 결과 비로소 실행에 옮겨진 것이다. 그들보다 앞서서 다른 지배자, 특히 마라타족이 이를 금지한 적도 있었다. 포르투갈인 아폰소 알부쿠에르크(Affonso Albuquerque)는 고아(Goa)에서 이 관습을 금지했다. 그것은 인도인의 선도와 기독교 전도자가 협력한 결과 영국인의 손으로 폐지된 것이다. 내 기억으로는 이는 영국 정부가 종교면에서 중요한 의식을 개혁한 유일한 것이다.

이런 식으로 영국인은 이 나라 곳곳의 뒤떨어진 보수적 요소와 결탁해서 인도를 그들의 공업 원료를 생산하는 순수 농업국으로 만들려고 했다. 그리하여 인도에서 공장이 발달하는 것을 막기 위해 인도가 수입하는 기계에 많은 세금을 부과했다. 물론 다른 나라들은 자국의 산업을 장려했다. 곧 살펴보겠지만 일본은 오로지 공업화를 거쳐 쏜살같이 전진했다. 그런데 인도에서는 영국인 정부가 공업화의 덜미를 잡고 놓으려 하지 않았다. 기계에 대한 과세는 1860년까지 폐지되지 않았지만 이로 인해 인도의 노동력은 엄청나게 싼데도 공장 건설 비용은 영국에 건설하는 것보다 네 갑절이나 더 들었다. 이러한 방해 정책은 다만 인도의 공업 발달을 늦추었을 뿐, 필연적으로 전진하게 마련인 공업화를 완전히 막을 수는 없었다. 그리하여 19세기 중엽부터 인도에서도 기계 공업이 발달하기 시작했다. 영국 자본으로 벵골의 황마(黃麻) 공장이 건설되었다. 철도의 개통은 공업의 발달을 촉진해서 1800년 이후에는 주로 인도의 자본으로 봄베이나 아마다바드(Ahmadabad)에서 방적공업이 발생했다. 이와 함께 광산업이 나타났는데, 방적업을 제외하면 이 완만한 공업화는 대체로 영국의 자본으로 이루어졌다. 그러나 이것은 모두 영국 정부를 무시하고 진행된 것이었다. 정부는 '자유 방임' 정책을 내세우며 사태를 자연적인 진행에 맡기고, 짐짓 개인의 창의에 간섭하지 않는 체했다. 일찍이 18세기, 19세기 초에 인도의 대영 무역이 영국의 대항자가 되었을 때 영국 정부는 여기에 간섭해서 과세와 제한 수단을 동원함으로써 이를 압살했다. 영국은 세계의 선두에 오른 뒤에야 비로소 '자유 방임'을 말할 만한 여유를 보였다. 하지만 그들이 정말로 팔짱을 끼고 바라보고만 있던 것은 아니었다. 사실 그들은 인도의 어떤 공업들, 특히 봄베이와 아마다바드에서 일어서고 있던 방적업을 억압했다. 이렇게 인도인 공장에서 나오는 제품에는 세금이 징수되어 이른바 '면포 국산세'라고 일컬어졌다. 이는 인도인이 생산하는 면직물과 경쟁하는, 랭커셔에서 생산되는 영국 제품의 판로를 확보하는 데 목적이 있었다. 자국의 산업을 보호하거나 세입을 조달하기 위해 외국 제품에 세금을 물리는 일은 어느 나라에서나 하는 일이다. 그러나 인도의 영국 정부는 정말로 상식을 벗어난 보기 드문 짓을 했다. 그들은 인도 상품에 스스로 세금을 부과했던 것이다! 이 면포 국산세는 반대의 목소리가 들끓었는데도 최근까지 계속되었다.

이렇게 인도의 근대 공업은 정부의 방침을 물리치며 서서히 발달했다. 인도의 비교적 부유한 계급은 점차 공업의 발전을 요구하게 되었다. 정부가 통상 산업국(a department of Commerce and Industry)을 설치한 것은 매우 늦어서, 정확히 1905년 이후의 일이었다. 이 공업상의 여러 조건의 전개는 도시의 공장에서 일하는 공업 노동자 계급을 만들어 냈다. 내가 전에 말한 토지에 대한 중압과 농촌 지역의 반(半)기아 상태는 수많은 농민들을 공장이나 벵골 및 아삼에서 일어서고 있던 플랜테이션으로 내몰았다. 이 중압은 또 어디만 가면 높은 임금을 받을 수 있다더라는 소문에 끌린 수많은 사람들을 타국으로 이주하게 만들었고, 특히 남아프리카·피지(Fiji)·모리셔스(Mauritius) 및 실론으로 이주하는 자가 많았다. 그러나 이러한 변화도 노동자에게는 별로 보탬이 되지 못했다. 어떤 나라에서는 이민을 마치 노예와 다를 바 없이 취급했다. 아삼의 플랜테이션에서도 열악한 대우는 마찬가지였다. 그들은 곧 실망과 낙담에 빠져 고향으로 돌아가려고 했다. 그러나 고향에도 그들을 받아들일 만한 토지가 없었으므로 고향에서도 따뜻하게 환영받지는 못했다.

공장 노동자들은 이윽고 임금을 다소 많이 받더라도 별로 보탬이 안 된다는 사실을 알게 되었다. 도시에서는 무엇이든 비싸기만 했다. 이것저것 다 따지고 보면 생활비는 훨씬 비쌌다. 그들의 거처는 불결하고 누추하고 어둠침침하고 축축하고 비위생적인 움막이었다. 노동 조건 또한 나빴다. 고향에서는 때때로 굶는 경우는 있어도 햇볕과 신선한 공기는 마음껏 누릴 수 있었다. 하지만 공장 노동자가 되고 보니 신선한 공기조차 마실 수 없었고 햇볕도 제대로 쬘 수 없었다. 그들의 임금은 비싼 생계비를 충당하기 힘들어 아내나 아이들까지도 장시간 일해야만 했다. 아기를 등에 업은 어머니는 일에 방해가 된다 하여 아기에게 독을 먹여 죽이기도 했다. 이들 노동자가 일하는 공장의 조건은 이토록 비참한 것이었다. 그들은 물론 불행을 느끼고 불평하기 시작했다. 때로는 절망한 나머지 파업도 했다. 그러나 그들은 약하기만 했다. 그들의 파업은 대개 정부를 등에 업은 부유한 고용주들 때문에 번번이 허사로 돌아갔다. 이런 쓰디쓴 경험을 거듭하는 동안, 그들은 지극히 느리기는 했지만 차차 단결의 가치를 배우게 되었다. 그리하여 노동 조합을 결성하기에 이르렀다.

이것을 결코 과거의 이야기라고 생각해서는 안 된다. 인도의 노동 조건은 여태껏 어느 정도 개량되기는 했다. 과연 실시되는 것인지 의심스럽기는 하지만 가난한 노동자를 보호하는 법률도 몇 가지 제정되었다. 그러나 콘포르나 봄베이, 그 밖에 공장이 많은 도시에 가서 노동자들의 살림살이를 보게 되면 너도 몸서리를 칠 것이다.

나는 이 편지와 전에 보낸 몇몇 편지에서 인도에 있는 영국인이나 영국 정부에 대해 이야기했다. 도대체 이것들은 어떤 것이며 어떤 일을 하는가? 처음에는 동인도 회사가 설립되었지만 그 배후에는 영국 의회가 도사리고 있었는데, 1858년 큰 반란이 일어난 뒤로는 영국 의회가 직접 관리하게 되었다. 그 뒤 영국 국왕, 정확히 말하면 여왕 — 당시 즉위해 있던 것은 여왕이었으므로 — 이 '카이저 이 힌드'가 되었다. 한편 인도에는 부왕(副王)을 겸한 총독을 우두머리로 하여 많은 영국 관리가 있었다. 그리고 인도는 대체로 지금처럼 큰 주와 지방 토후령으로 구분되어 있었다. 인도인 군주를 받들고 있는 토후령은 거반 독립한 형태를 취하고 있었지만 사실은 영국에 완전히 종속되어 있었다. 비교적 커다란 토후령에는 일일이 '주재관(the Resident)'이라는 영국인 관리가 주재하며 행정의 총수가 되었다. 그는 토후령 내의 개혁에는 흥미가 없었다. 토후령 정부가 아무리 열악하고 낡아빠진 것이라 해도 그는 전혀 관심을 두지 않았다. 그의 유일한 관심은 오직 영내에서 영국의 권위를 강화하는 일이었다.

인도의 거의 3분의 1은 이러한 토후령으로 분할되어 있었다. 나머지 3분의 2는 영국이 직접 통치하고 있었으므로 영국령 인도라 불렸다. 이 영국령 인도의 고관은 19세기 말엽에 두세 사람의 인도인이 등용된 것을 빼면 모두 영국인이었다. 그리하여 모든 권력과 권위는 여전히 영국인이 장악했으며 지금까지도 그렇다. 이 고관들은 무관을 제외하고 모두 '인도 문관직(Indian Civil Service)'이라는 조직의 일원으로, 인도의 모든 정치 기구는 이 단체, 즉 '인도 문관직'이 장악하고 있다. 자기네끼리 임명하며, 모든 활동 결과에 대해 백성에게 책임지는 일이 없는 이러한 관리의 정치를 관료 정치(bureaucracy)라고 한다. 이것은 프랑스어의 뷰로(bureau), 즉 관청이라는 말에서 비롯되었다.

이 '인도 문관직'에 대해서는 우리도 자주 이야기를 듣고 있다. 그들은 요상한 인간 집단이다. 어떤 면에서 그들은 유능하다. 그들은 정부를 조직하고 영국의 지배를 강화하며 더불어 자신의 이익을 도모한다. 영국의 지배를 탄탄하게 하고 세금 수납을 거드는 정부 부처라면 한결같이 규모 있게 조직되지만, 세금 수납에 별로 관계가 없는 부처는 등한시되었다. '인도 문관직'은 인민이 임명하는 것도 아니고 인민에게 책임을 지는 것도 아니므로 인민에게 가장 관계가 깊은 부문들에는 전혀 관심을 기울이지 않았다. 이런 상황이므로 당연히 그들은 거만하게 굴면서 일반 여론을 무시하게 되었다. 사고 방식이 편협한 그들은 자기들이 마치 이 지구상에서 가장 현명한 인간이나 되는 것처럼 우쭐거렸다. 그들이 말하는 '인도를 위해서'란 곧 '그들 자신의 임무를 위해서'란 말과 똑같았다. 그들은 일종의 담합 사회를 만들어 끊임없이 서로를 배려해 주었다. 무제한의 권력과 권위가 필연적으로 이러한 상태를 빚어 냈으며, 사실상 이 '인도 문관직'이 인도의 주인이 되었다. 영국 의회는 간섭의 손길을 뻗치기에는 너무 멀리 떨어져 있었고, 또 어차피 이들은 영국 의회와 영국 산업의 이익을 위해서 일하고 있었으므로 간섭할 필요도 느끼지 못했다. 인도 인민의 이익을 위해 영향력을 행사할 길은 전혀 없었다. 관리들의 행동을 한 마디라도 비판하면 그들은 신경을 날카롭게 곤두세웠다. 그들은 그토록 아량이 없었다.

하지만 '인도 문관직'에는 선량하고 정직하고 유능한 사람도 많았다. 그러나 그들은 정책을 변경하거나 인도를 끌고 가는 조류를 거스를 수는 없었다. 요컨대 '인도 문관직'이란 주로 인도를 착취함으로써 이득을 보는 영국 기업들의 하수인들에 지나지 않았다.

인도의 관료 정부는 자기 이익이나 영국 산업의 이익에 관한 한 어떤 경우에나 유능했다. 그러나 인도의 교육·위생·병원, 그 밖의 건강하고 진취적인 인간을 양성하는 일에는 전혀 관심을 두지 않았다. 오랫동안 이런 일에 관심을 갖는 자는 아무도 없었다. 옛날의 촌락 학교는 자취를 감추고 서서히 그리고 마지못해 끌려오듯 교육의 근대화가 이루어졌지만, 이것 또한 영국의 필요에서 비롯되었다. 영국인은 고관 현직을 모조리 차지했지만 하급 관청이나 하급 관리까지 모조리 차지할 수는 없었던 것이다. 서기들(clerks)이 부족했다. 그리하여 영국인이 학교나 대학을 세운 것은 이런 하급 관리를 양성하기 위해서였다. 그 이후 이것이 인도에서 이루어지는 교육의 주요 목적이었다. 그러나 곧 하급 관리의 공급이 정부의 수요를 능가하게 되었다. 채용되지 못한 자들이 많이 남아돌았다. 그리하여 이 사람들이 인텔리 실업자라는 새로운 계급을 형성하기에 이르렀다.

벵골은 이러한 영국식 교육의 발생지였다. 따라서 초기의 하급 관리는 대부분 벵골인에서 배출되었다. 1857년에는 캘커타와 봄베이와 마드라스에 각각 대학이 세워졌다. 주목할 만한 사실은 이슬람 교도들이 이 새로운 교육을 달갑지 않게 생각했다는 점이다. 때문에 그들은 말단 관리직을 차지하려는 경쟁에 끼여들지 않게 되었다. 나중에 이것은 그들의 불평거리의 하나가 되었다.

또 하나 주목할 만한 사실은 정부가 이렇게 새삼 교육에 힘쓸 때 여자들에 대해서는 전혀 관심을 갖지 않았다는 점이다. 이는 별로 놀랄 만한 일이 아니다. 교육을 실시하는 목적이 하급 관리를 양성하는 데 있었기 때문이다. 남자만이 하급 관리로 채용되었는데, 이는 뒤떨어진 사회 관습 탓이었다. 그리하여 여자는 완전히 무시되었다. 여자들에게도 교육의 혜택이 돌아가게 된 것은 훨씬 나중의 일이었다.

113 1932년 12월 7일

인도의 각성

나는 영국인이 인도에 거점을 구축했으며 그들의 정책이 인도 인민에게 빈궁과 비참을 강요했다는 것을 이야기했다. 분명히 평화는 왔다. 규율이 있는 정부도 수립되었다. 이 과정은, 무굴 제국이 붕괴하고 한참 혼란을 겪고 있을 때의 일이었기 때문에 환영을 받았다. 조직적인 절도단과 비적단도 소탕되었다. 그러나 맷돌로 갈아 뭉개는 듯한 새로운 지배 체제의 중압 아래 들판과 공장에서 일하는 사람들에게는 이러한 평화와 질서도 아무런 가치가 없었다. 그러나 다시 한 번 말하지만, 그렇다고 해서 하나의 국가와 국민, 즉 영국과 영국인에게 화를 내는 것은 어리석은 짓이다. 그들 또한 지금 우리가 그렇듯 시대 조류의 희생자들이었다. 이미 우리의 역사 연구는, 생활이란 때로 매우 냉혹하고 무정하다는 것을 가르쳐 주었다. 그런 것을 가지고 공연히 개탄하거나 한 나라 전체를 매도하는 것은 어리석을 뿐더러 아무런 도움도 되지 않는다. 그보다는 빈곤과 비참과 착취의 원인을 규명하고 그것을 제거하려고 노력하는 편이 훨씬 현명한 태도다. 만일 우리가 그렇게 하지 못하고 쓸데없이 역사의 흐름에 몸을 맡겨 버린다면 우리는 계속 고난을 겪어야만 한다. 인도는 그렇게 몸을 맡겼고 그래서 한 조각 화석이 되고 말았다. 인도 사회는 오랜 전통 속에서 응고되어, 그 사회 체제는 에너지와 생명을 잃고 제자리 걸음을 하기 시작했다. 인도가 고난을 겪는 것도 이상한 일은 아니다. 영국은 때마침 인도를 고문하는 집행인 역을 맡게 되었다. 만약 영국이 그 때 그 자리에 없었다면 아마 다른 나라가 같은 짓을 했을 것이 틀림없다.

다만 한 가지 영국은 인도에 커다란 은혜를 베풀었다. 영국인들의 새롭고 정력적인 생활이 인도에 안겨 준 커다란 충격이 인도를 일깨웠을 뿐만 아니라 정치적 통일과 민족 의식을 가져다 주었기 때문이다. 노쇠한 우리 나라와 국민을 다시 젊게 만들기 위해서는 아마 지금 우리가 몸소 겪은 그런 거센 충격이 필요했던 것이다. 하급 관리를 양성할 목적으로 실시한 영어 교육은 인도인을 유럽의 시대 풍조에 접하게 하는 결과를 낳았다. 새로운 계급, 즉 영어 교육을 받은 새로운 계급이 등장했다. 그들은 수도 적었고 대중과 유리된 자들이기는 했지만, 그들이 마침내 인도의 민족 운동을 두 어깨에 걸머지게 되었다. 이 계급은 처음에는 영국과 영국적인 자유 관념에 고스란히 마음을 빼앗겼다. 때마침 영국에서는 자유와 민주주의가 활발하게 선전되고 있었다. 이러한 관념은 일관된 것이 아니어서, 영국은 인도에서 제멋대로 압정을 자행하고 있었다. 그래도 인도의 지식인들은 영국이 때가 오면 인도에 자유를 줄 것이라고 기대했다.

서양 사상이 인도에 준 이러한 충격은 힌두교에도 어느 정도 영향을 주었다. 그러나 이는 대중과는 전혀 관계가 없는 일이었고, 또 앞서 말한 것처럼 영국 정부는 사실상 전통을 중시하는 인사들만 지원하고 있었다. 그러나 새로 대두된 정부의 관리와 지식 있는 직장인들로 이루어진 새로운 계급은 그 영향을 받았다. 19세기 초엽부터 힌두교를 서구적인 방향으로 개혁하려는 운동이 벵골에서 일어났다. 물론 힌두교에는 예로부터 무수한 개혁자가 있었다. 그 가운데 어떤 사람에 대해서는 이미 지난번 편지에서 이야기한 바 있다. 그러나 이번의 새로운 시도는 분명히 기독교와 서양 사상에 영향받은 것이었다. 이 개혁 운동의 시조는 위대한 인물이요 학자였으며, 전에도 사티의 폐지와 관련해서 언급한 적이 있는 라자 람 모한 로이(Raja Ram Mohan Roy)[47]였다. 그는 산스크리트어 · 아라비아어 등 여러 언어에 통달해 있었고 여러 종교를 깊이 연구했다. 그는 종교적 의식인 푸자(공양 의식) 등에 반대했으며, 사회 개혁과 여성 교육을 제창했다. 그가 창설한 단체는 브라모 사마지(Brahmo Samaj)라고 불렸다. 이 단체는 인원수로 보면 작은 조직이었고 그 뒤에도 커지지는 않았다. 회원은 영어를 알고 있는 벵골인으로 국한되어 있었다. 그러나 벵골인의 생활에 꽤 큰 영향을 끼쳤던 것도 사실이다. 타고르가도 그 신자였고, 시인 라빈드라나트 타고르(Rabindranath Tagore)[48]의 아버지 마하르시 데벤드라나트 타고르(Maharshi Devendranath Tagore)[49]라는 사람은 오랫동안 그 중심 인물이었다. 또 다른 지도자는 케샤브 찬드라 센(Keshab Chandra Sen)[50]이다.

그 뒤 같은 세기에 또 하나의 종교 개혁 운동이 일어났다. 이것은 펀자브 지방에서 일어난 운동으로, 스와미 다야난다 사라스바티(Swami Dayananda Saraswati)가 창시자였다. 그가 아리아 사마지(Arya Samaj)라는 단체를 창설했다. 이 일파 또한 힌두교에 나중에 덧붙여진 요소들을 배척했고, 카스트 제도를 공격했으며, '베다로 돌아가라!'고 외쳤다. 종

---

[47] 벵골의 비슈누파 브라만가에서 성장했는데, 이슬람 종교 및 학문에 접했고, 또 기독교 선교사나 영국인들과 교제했으며, 서구의 문예, 특히 기독교 사상에 정통했던 힌두 종교가. 형식화된 힌두교의 인습(사티, 일부 다처제 등) 타파에 노력했다. 그는 힌두교의 순수한 신앙은 일신교 신앙이라는 견해를 갖고 있었다. 1828년 브라모 사마지라는 일종의 종교 결사를 창립해서 힌두 종교 사상의 개혁에 착수하기도 했다. 만년에는 영국에 건너가 객사했다.
[48] 19세기 말 벵골 문학의 대표적 작가. 인도의 전통을 이어받은 깊은 명상과 풍부한 서구적 교양을 통해 세계적으로 널리 알려져 1913년에 노벨 문학상을 받았다. 『정원사』, 『3개월』, 『우체국』, 『인간의 종교』, 『민족주의』 등 수많은 창작과 평론이 있다. 평생 인도 민족 해방 운동의 지지자로서 간디와 저자와도 친교가 있었다.
[49] 서구적 교양을 깊이 쌓은 경건한 신앙가. 고대 순수 인도 사상의 추구와 그 부흥을 위해 평생을 바쳤다.
[50] 기독교의 영향을 깊이 받고 힌두교의 개혁을 위해 맹활약했다. 그의 견해와 행동가적인 성격은 브라모 사마지 안에서도 순수 인도 정신을 추구하는 명상적인 데벤드라나트 타고르와 맞지 않아 서로 헤어져 다른 파를 형성했다.

인도의 각성

교 개혁 운동이라고는 하나 분명히 이슬람교와 기독교에서 영향을 받은 것이었고, 본질적으로 전투적이며 공격적인 운동이었다. 그리고 힌두교의 여러 파 중에서 아마 가장 이슬람교에 가까운 아리아 사마지는 우습게도 이슬람교의 원수로 취급되어 대립하게 되었다. 그것은 정적이고 수세적인 힌두교를 공격적인 전도 종교로 바꾸려는 시도였고 힌두교를 부흥시키려는 시도였다. 이 종교 개혁 운동에 힘을 준 것은 민족주의적인 색채였다. 이것이 바로 당시 대두하고 있던 힌두 민족주의였다. 그것이 바로 힌두 민족주의였다는 사실이야말로 그것이 인도 민족주의로 성장하는 것을 가로막은 이유이기도 했다.

아리아 사마지는 특히 펀자브에서는 브라모 사마지보다 훨씬 널리 신봉되었지만 주로 중간 계급에 한정되어 있었다. 이 사마지(협회)는 교육 사업에 크게 힘을 기울였고 많은 남녀 학교와 대학을 세웠다.

같은 세기에 또 하나 기억해야 할 종교가는 지금 말한 사람들과는 매우 성질이 다른 라마크리슈나 파라마한사(Ramakrishna Paramahansa)였다. 그는 종교 개혁을 위해 전투적인 단체를 창설하지는 않았다. 그는 사회 사업에 중점을 두었는데, 지금도 국내 도처에 있는 라마크리슈나 세바슈람(Ramakrishna Sevashrams : 봉사단)은 그 전통을 이어받아 학대받는 가난한 사람들을 위한 사업을 전개하고 있다. 라마크리슈나의 저명한 제자 가운데 민족주의 교의에 대해 당당한 웅변을 토한 스와미 비베카난다(Swami Vivekananda)가 있다. 이것은 반이슬람주의도 아니고 그 밖의 특별한 대상을 반대하는 것을 목표로 한 것도 아니며, 또한 아리아 사마지처럼 편협한 민족주의도 아니었다. 그렇지만 이 또한 힌두 민족주의였으며, 힌두교의 종교와 문화 사이에 뿌리를 내리고 있었다.

이렇게 19세기 인도의 민족주의는 종교적 또는 힌두적이었다는 것을 기억해 두어야 한다. 물론 이슬람교는 힌두 민족주의와는 아무 관계도 없이 고립해 있었다. 영어 교육을 받을 기회가 없었기 때문에 새로운 사상에 물들지도 않았고, 이슬람교 사이에서는 지적인 움직임도 훨씬 둔했다. 이슬람교는 몇 세기가 지난 다음에야 비로소 자신의 껍질을 벗고 힌두교처럼 이슬람 민족주의의 형태를 취했다. 그들은 힌두교가 수적으로 우세했기 때문에 더욱 교세의 감소를 두려워하면서 그들의 전통과 문화에 관심을 모았다.

또 하나 관심을 끄는 것은, 이들 힌두교와 이슬람교의 새로운 운동이 그들의 오랜 종교적 태도와 습관에다 유럽에 기원을 둔 새로운 과학적·정치적 여러 관념을 최대한 결부시키려 했다는 점이다. 그들은 이러한 낡은 의식과 습관에 대해 재고할 여지도 없이 도전하거나 음미해 볼 여유나 용기도 없었고, 그렇다고 그들을 둘러싼 과학·정치·사회적인 여러 새로운 관념의 세계도 무시할 수 없었다. 그래서 그들은 예로부터 내려온 자기 종교의 성전 속에서 온갖 근대적인 여러 관념과 진보의 실마리를 찾을 수 있다는 것을 보여 줌으로써 두 가지 문제를 조화시키려 했다. 그러나 이러한 시도는 실패로 끝날 것이 뻔했다. 그것은 사물에 대해 객관적으로 생각하는 것을 방해했을 뿐이다. 대담하게 사고하고 세계를 변화시키고 있는 힘과 관념을 이해하려고 노력하는 대신 그들은 여전히 케케묵은 습관과 전통의 중압에 압도되어 있었다. 앞을 똑바로 보면서 전진하는 대신 그들의 눈길은 언제나 뒤로 향하고 있었다. 머리를 줄곧 뒤로 돌리고 뒤쪽에만 정신을 빼앗기고 있다면 앞으로 나아가기란 결코 쉽지 않다.

영국식으로 교육을 받은 계급은 도시에서 천천히 늘어 갔다. 그와 동시에 법률가·의사 따위의 직업인과 상인들로 구성된 중간 계급이 머리를 쳐들기 시작했다. 물론 예전에도 중간 계급은 있었지만 그들은 대부분 초기의 영국 정책으로 타격을 받아 쓰러지고 말았다. 그런데 이 신흥 부르주아지, 즉 중간 계급은 영국 통치의 직접적인 산물이며, 어떤 의미에서는 통치에 의존하는 자들이었다. 그들은 대중에게 착취한 것 가운데 매우 작은 부분만을 차지했으며, 영국 통치 계급의 풍성한 식탁에서 떨어지는 찌꺼기를 얻어먹고 있었다. 그들은 영국인의 행정을 보조하는 하급 직원이었고, 법정 업무의 잡무를 거들거나 소송으로 돈을 버는 법률가였으며, 또 그 가운데는 상인, 즉 영국 상품을 팔아서 이익 내지는 수수료를 버는 영국 상공업의 앞잡이도 있었다.

이들 신흥 부르주아지의 대다수는 힌두 교도였다. 이들은 이슬람 교도에 비해 어느 정도 경제 상태가 나았을 뿐만 아니라 관직과 특수 직업에 종사할 수 있는 패스포트(passport)인 영국식 교육을 받았기 때문이다. 이슬람 교도는 대개 매우 가난했다. 영국인이 인도의 공업을 파괴함으로써 막다른 데까지 몰락한 직물업자는 대부분 이슬람 교도였다. 어느 주보다 이슬람 교도 인구가 많은 벵골에서 그들은 가난한 소작인이거나 영세한 자작농이었다. 지주는 대개 힌두 교도였고, 돈놀이꾼과 마을의 상점 소유자인 촌락 바니아(고리 대금업자) 또한 그랬다. 지주와 바니아는 소작인을 압박하고 착취하는 위치에 있었고 그 지위를 이용해서 적잖은 이익을 얻고 있었다. 바로 이것이 힌두 교도와 이슬람 교도가 서로 대립하게 된 근본 원인이었던 것이다.

마찬가지로 특히 남방의 상류 카스트에 속한 힌두 교도는 대부분 농촌의 노동자인 '천민(depressed)' 계급을 착취하고 있었다. 천민 계급의 문제는 최근, 특히 바푸가 단식한 이래 우리 눈에 자주 띄게 되었다. 신분 차별은 도처에서 폐기되고 몇백 개가 넘는 사원들이 이 계급에게 개방되었다. 그러나 문제의 밑바닥에는 이러한 경제적 착취가 있고, 이것이 없어지지 않는 한 천민 계급은 여전히 그 상태를 벗어날 수 없을 것이다. 천민은 토지 소유가 허용되지 않는 농노이지만, 그 밖에도 여러 가지 신분적인 구속이 있었다.

전체적으로 인도는, 대중은 더욱 빈곤해졌지만 신흥 부르주아지를 포함하는 몇몇 사람들은 착취물을 분배받을 수 있었기 때문에 어느 정도는 여유가 있었다. 법률가나 기타 특수 직업인과 상인들은 얼마간의 돈을 저축했다. 그들은 그 돈을 투자해서 이자 수입을 얻으려 했다. 그들은 대부분 지주에게 토지를 사들여 스스로 지주가 되었다. 혹자는 영국 공업의 놀라운 번영을 보고 인도 공장에 투자하려고 했다. 이렇게 인도인의 자본이 대기계 공장으로 흘러들고 인도인 공업 자본가 계급이 대두하기 시작했다. 이것은 지금부터 약 50년 전인 1880년 이후의 일이다.

신흥 부르주아지가 성장함에 따라 그들의 욕망도 커져 갔다. 그들은 더 많은 돈을 벌고, 정부 관청에서 더 높은 지위를 차지하고, 가동한 지 얼마 안 되는 공장을 위해 더욱 많은 편익을 얻어 내려고 했다. 그들은 영국인이 모든 통로를 가로막고 있는 것을 발견했다. 온갖 고급 관직은 영국인이 독점하고 공업은 영국인의 이익을 위해 가동되고 있었던 것이다. 그런 광경을 목격한 그들은 여론에 호소하기 시작했다. 그리고 이것이 새로운 민족주의 운동의 기원이 되었다. 1857년의 반란과 그 참혹한 탄압이 있은 뒤 인민은 너무 혹독하게 당했기 때문에 여론 조성이나 투쟁적인 운동으로는 더 이상 효과를 거둘 수 없었다. 이 운동이 조금이나마 소생하려면 오랜 세월이 필요했다.

민족주의 사상은 그 때부터 일반화되어 갔으며 벵골이 선두를 달렸다. 벵골어로 된 새 책이 발행되었는데 이것은 언어의 발달과 벵골의 민족주의 발달에 큰 영향을 끼쳤다. 우리의 노래 「반데 마트람(Vande Matram)」[51]은 이 책들 가운데 반킴 찬드라 차테르지(Bankim Chandra Chaterji)가 저술한 책 『아난다 마타(Ananda Matha)』에서 나온 것이다. 닐 다르판(Nil Darpan)의 「인디고의 거울」이라는 벵골어 시도 파문을 던졌다. 이 시는 앞서도 언급했던 것처럼 플랜테이션 구조 아래서 겪었던 벵골 농민의 궁핍상을 생생하게 그린 작품이었다.

---

51) 국민회의파의 인도 국가로서 '조국 만세'라는 뜻. 벵골의 시인 반킴 찬드라 차테르지의 소설 『아난다 마타(행복의 전당)』 가운데 발췌한 것으로 그 가사의 내용은 다음과 같다.

>조국에 영광 있으라
>님은 나를 인도하는 별
>사상의 샘물
>내 마음 님에게 안기고
>내 육신 님께 머물고
>내 팔은 님이 있음에 강하고
>내 영혼 님에게 바치노라
>어머니여, 세상 만물이
>마음 속에 그려 보는 님이여!

그 사이에 인도의 자본도 어느 정도 힘을 길러서 이제 성장의 발걸음을 요구하고 있었다. 1885년에 접어들자 이들 모든 신흥 부르주아지의 희망이 한데 어우러져, 그들의 주장을 관철하기 위한 하나의 조직이 탄생했다. 이리하여 1885년에 인도 국민회의(the Indian National Congress)의 기초가 마련되었다. 너도, 아니 전 인도의 모든 소년 소녀들이 잘 알고 있는 이 조직은 최근 몇 년 동안 강대한 세력이 되었다. 이 조직은 대중의 주장을 수렴하며 어느 정도는 대중의 기수가 되었다. 그것은 또한 인도에 대한 영국의 지배에 정면으로 도전해서 그에 항쟁하는 대규모 대중 운동을 지도했다. 독립의 커다란 깃발을 드높이 쳐들고 당당히 자유를 요구하며 싸웠다. 지금도 그 투쟁은 계속되고 있다. 그러나 이것은 모두 그 뒤의 역사에 속한다. 창설 당시의 국민회의는 극히 온건하고 소극적인 단체여서, 영국에 충성을 맹세하면서 매우 정중한 태도로 두세 가지의 보잘것없는 개혁을 청원했다. 그것은 부유한 부르주아지를 대표하고 있었을 뿐이어서 비교적 가난한 중간 계급마저 참가하지 않고 있었다. 더구나 대중, 곧 농민과 노동자와는 전혀 인연이 없었다. 그것은 주로 영국식 교육을 받은 자들의 기관이며 우리의 '계모의 말(step-mother tongue)', 즉 영어를 사용하면서 활동했다. 그들의 요구는 지주, 인도인 자본가, 직업을 찾는 실업 지식층의 요구였다. 대중의 무서운 궁핍과 그네들의 요구는 거의 거들떠보지도 않았다. 그들은 정무(政務)의 '인도화(Indianization)', 즉 영국인 대신 더 많은 인도인을 정부의 관리로 채용할 것을 요구했다. 그러나 그들은 죄는 인민을 착취하는 기구에 있는 것이지 누가 그 기구를 움직이는가, 즉 인도인이냐 외국인이냐 하는 것은 문제가 아니라는 점을 이해하지 못했다. 국민회의는 또 군사·비군사의 모든 행정에서 영국인 관리에 의한 방대한 낭비와 인도의 금과 은이 영국으로 '방출(drain)' 되는 것에 대해 불만을 호소했다.

지난날의 국민회의가 얼마나 온건했는지를 지적한다고 해서 내가 그들을 비난하거나 그 가치를 인정하지 않는다고 생각하면 안 된다. 나는 그런 말을 하려는 것이 아니다. 나는 그 무렵의 국민회의와 그 지도부가 위대한 일을 해냈다고 믿고 있다. 인도 정치의 냉혹한 현실 때문에 국민회의는 싫든 좋든 한 발 한 발 전진하면서 점차 태도를 완강하게 해 나가야 했다. 그러나 초기에는 앞서 말한 이상의 조직은 아니었다. 사실 그 당시 창립자들로서는 그 이상 전진하기란 이만저만한 용기가 필요한 일이 아니었다. 군중이 우리와 함께 있고, 우리에게 박수 갈채를 보내 줄 때는 대담하게 자유를 부르짖을 수 있다. 그러나 위대한 사업의 선구자가 된다는 것은 여간 어려운 일이 아니다.

첫 번째 국민회의가 1885년 봄베이에서 개최되었다. 벵골의 본네르지(Bonnerji)가 최초의 의장이었다. 그 밖에 초기의 두드러진 인물로는 수렌드라 나트 바네르지(Surendra Nath Banerji), 바드루딘 티아브지(Badruddin Tyabji), 페로제샤 메타(Pherozeshah Mehta) 등이 있다. 그런데 이 모든 이름 위에 한 이름이 우뚝 서 있다. 그는 '인도의 대원로(Grand Old Man of India)'가 되어 인도가 추구해야 할 목표를 제시했으며, 맨 처음으로 '스와라지(자치)'라는 말을 사용한 다다브하이 나오로지(Dadabhai Naoroji)다. 그 이름은 너도 물론 잘 알고 있을 것이다. 또 한 사람의 이름을 들어 보자. 너는 이 이름 또한 잘 알고 있을 것이다. 그는 국민회의의 원로로서 지금도 생존해 있는 판디트 마단 모한 말라비야(Pandit Madan Mohan Malaviya)다. 그는 50년 이상 인도의 현실 속에서 온 힘을 쏟아 일해 왔다. 그리고 고령과 노고로 쇠약해졌으면서도 청년 시절에 품었던 꿈을 실현하고자 지금도 일하고 있다.

이와 같이 국민회의는 해를 거듭함에 따라 전진해서 그 힘을 더해 갔다. 국민회의의 구호는 예전의 힌두 민족주의처럼 편협하지 않았다. 그러나 여전히 주로 힌두 계통의 것이었다. 이슬람 교도의 소수 지도자는 이에 합류했고 간부로 선출되기도 했지만 이슬람 전체는 거리를 두고 있었다. 그 무렵 이슬람의 위대한 지도자는 사이이드 아마드 칸 경(Sir Sayyid Ahmad Khan)이었다. 그는 교육의 결여가 이슬람 교도에게 큰 장애가 되어 낙후를 초래했다는 것을 통찰했다. 그래서 그는 사람들이 정치에 손을 대기에 앞서 교육을 받고 교육에 전념해야 한다는 것을 자각해야만 한다고 느꼈다. 그는 이슬람 교도에게 국민회의와 결별할 것을 권하고, 정부와 협력해서 지금은 훌륭한 대학이 된 학교를 알리가르(Aligarh)에 세웠다. 사이이드 경의 충고는 국민회의에 합류하려고 하지 않는 대다수 이슬람 교도들의 환영을 받았다. 그러나 일부 교도는 줄곧 국민회의와 행동을 같이했다. 내가 소수니 다수니 말할 때는 언제나 상류 중간 계급, 즉 이슬람이든 힌두든 영국식 교육을 받은 계급의 소수자와 다수자를 말한다는 것을 잊어서는 안 된다. 힌두든 이슬람이든 대중은 국민회의에 관여하지 않았고, 또 당시에는 아직 국민회의에 관한 이야기를 듣는 것도 드문 일이었다. 하층 중간 계급도 많은 영향을 받았다고 할 수는 없다.

국민회의는 발전을 거듭했다. 그러나 이보다 더 빨리 성장한 것은 민족 관념과 자유를 향한 욕망이었다. 국민회의의 호소는 필연적으로 한정된 것일 수밖에 없었다. 그것은 영어를 아는 사람들만의 요구에 불과했기 때문이다. 반면에 국민회의는 여러 지방을 어느 정도 서로 접근시켜 공통된 윤곽을 형성하는 데 도움이 되었다. 그러나 인민 속에 깊이 침투할 수 없었기 때문에 그만큼 힘은 약했다. 나는 전에 아시아에 큰 자극을 준 사건에 관해 이야기했다. 그것은 1904~05년에 일본이라는 작은 나라가 거대한 러시아를 이겼다는 것이다. 이 사건에서 인도는 다른 아시아의 여러 나라와 마찬가지로 깊은 인상을 받았다. 즉 중간 계급 지식층은 감명을 받고 자신감을 키웠다. 유럽 최강국 가운데 한 나라를 일본이 이겼는데, 인도라고 그렇게 못 할 이유가 어디 있겠는가. 오랫동안 인도인은 영국인에 대한 열등감에 사로잡혀 있었다. 영국인의 오랜 지배와 1857년의 반란에 대한 야만적인 탄압이 그러한 열등 의식을 불러일으켰다. 인도인은 병기법(Arms Act)에 묶여 무장할 수 없었다. 인도에서 무슨 사건이 일어날 때마다 인도인들은 예속 인종이며 열등 인종이라는 사실이 환기되었다. 인도인이 받는 교육마저 열등 의식을 심어 주었다. 본말이 전도된 잘못된 역사는, 인도는 언제나 혼란 상태가 지배해 온 나라이며 영국인이 이 나라를 비참한 상태에서 구원해 평화와 번영을 안겨 주기 전까지는 힌두 교도와 이슬람 교도는 서로 숨통을 조이고 있었다고 가르쳤다. 어디 그뿐이랴. 유럽인은 한술 더 떠서 아시아 전체가 버림받은 대륙이며 앞으로 오래도록 유럽인의 지배를 감수해야만 한다고 공공연하게 떠들며 사실과 역사를 무시했다.

때문에 일본의 승리는 아시아에게는 위대한 구원이었다. 그리고 인도에서는 많은 사람들이 그 동안 사로잡혀 온 열등 의식을 덜 수 있었다. 민족 관념은 특히 벵골과 마하라슈트라에서 점차 광범위하게 번져 갔다. 때마침 그 무렵 벵골을 송두리째 뒤흔들고 인도 전체를 들끓게 한 사건이 발생했다. 영국 정부는 당시 비하르까지 포함하고 있던 벵골주를 둘로 분할하고 그 가운데 하나를 동벵골이라고 명명했다. 이러한 조처는 벵골에서 성장하고 있던 부르주아 민족주의자들의 분노를 샀다. 그들은 영국인이 그들을 분할해서 힘을 약화시키려는 것이 아닌가 의심했다. 동벵골에는 이슬람 교도가 많았다. 그래서 이 분할 문제를 두고 힌두 대 이슬람의 문제가 재발되었다. 대규모 반영 운동이 벵골에서 발생했다. 대다수의 지주와 인도인 자본가도 이에 참가했다. '스와데시(Swadeshi : 국산품 애용)'라는 슬로건은 이 때 처음 출현했고 그와 함께 영국 상품에 대한 불매 운동이 전개되었다. 이것은 말할 것도 없이 인도의 자본과 공업에 도움을 주었다. 이 운동은 대중 속으로도 어느 정도 번져 갔고, 어느 정도는 힌두교에서 영감을 받은 운동이었다. 이와 병행해서 벵골에서는 폭력 혁명을 주장하는 일파가 들고일어났으며 인도의 정치사상 최초로 폭탄이 등장하게 되었다. 아우로빈도 고세(Aurobindo Ghose)는 벵골의 운동을 빛낸 지도자 가운데 한 사람이었다. 그는 아직도 살아 있지만, 벌써 오래 전부터 프랑스령 퐁디셰리에서 은퇴 생활을 하고 있다.

서인도의 마하라슈트라 지방에서도 때를 같이해서 커다란 소요 사건이 있었으며, 힌두주의의 색채가 짙은 전투적 민족주의가 부활했다. 그리고 이 곳에서 위대한 지도자가 출현했다. 로카마니아(Lokamanya), 즉 '인민의 빛나는 별(Honoured of the People)'인 그의 이름은 인도 전체에 널리 알려졌던 발 강가다르 틸락(Bal Gangadhar Tilak)이었다. 틸락은 동양의 유구한 방법과 서양의 새로운 방법을 겸비한 위대한 학자였다. 그는 위대한 정치가였지만 무엇보다도 위대한 대중 지도자였다. 그 무렵 국민회의파 지도자들은 오로지 영국식 교육을 받은 계급에 호소하는 데 그쳤을 뿐이어서 대중에게 거의 알려져 있지 않았다. 하지만 틸락은 대중의 마음을 사로잡고 대중 속에서 힘의 원천을 발견한 최초의 인도 정치가였다. 그의 약동적인 인격은 대중에게 힘과 불요불굴의 용기를 불어넣고, 이를 벵골의 민족주의와 희생 정신과 결합시켜 인도의 정치 양상을 크게 변화시켰다.

1906년과 1907년 그리고 1908년의 고조기에 국민회의는 무엇을 하고 있었을까? 국민회의의 지도자들은 이 민족 정신의 각성기에 민족을 지도하려는 생각은 하지 않고 등을 돌리고 있었다. 그들은 대중의 손이 닿지 않는, 더욱 평온 무사한 정책상의 깃발을 흔드는 데 익숙해 있었다. 그들은 벵골의 활활 타오르는 열광을 못마땅해했으며 또한 마하라슈트라의 틸락으로 구체화하고 있던 그 불요불굴의 정신과도 가까워질 수 없었다. 그들은 '스와데시'를 주장했으나 막상 영국 상품의 불매 운동에 대해서는 주저했다. 국민회의 내부에 두 개의 계통이 생겨났다. 하나는 틸락과 몇몇 벵골 지도자가 영도하는 급진주의자들이었고, 또 하나는 구 국민회의 간부 밑에 있는 온건파였다. 온건파 중에서 가장 두드러진 지도자는 평생 사회를 위해 몸바친, 비범한 천재인 청년 고팔 크리슈나 고칼레(Gopal Krishna Gokhale)였다. 고칼레도 마하라슈트라 출신이었다. 틸락과 그는 각자 대립하는 그룹에 속해 있었다. 이렇게 되자 피할 수 없는 결렬의 시간이 찾아왔다. 1907년 국민회의는 드디어 결렬되고 말았다. 온건파가 여전히 국민회의의 대세를 장악하고 급진주의자는 추방당했다. 따라서 이 대립에서는 온건파가 승리했다. 그러나 그 승리는 이 나라에서 그들의 명망과 맞바꾼 승리였다. 틸락파(Tilak's party)가 인민 사이에서 훨씬 인기가 있었기 때문이다. 국민회의는 더욱 미약해졌으며 몇 년 동안은 아무런 영향력도 갖지 못한 존재가 되고 말았다.

그러면 이러는 동안에 정부는 무엇을 하고 있었을까? 정부는 인도의 민족주의의 성장에 어떤 반응을 보였는가? 정부는 이들이 달갑잖은 주장이나 요구를 했을 때 그것을 해결할 수 있는 단 한 가지 수단밖에 갖고 있지 않았다. 그것은 '몽둥이(bludgeon)'였다. 정부는 이 수단으로 억압에 광분해서 인민들을 투옥했고, 신문 단속 법령(Press laws)으로 언론을 탄압했으며, 많은 비밀 경찰의 끄나풀을 풀어 그들이 달갑지 않게 생각하는 사람은 모두 미행시켰다. 이 때부터 인도의 범죄 수사부(Criminal Intelligence Department)[52] 일원은 인도의 탁월한 정치가들의 변함없는 반려가 되었다. 벵골의 많은 지도자들이 금고를 선고받았다. 그 중에서도 특히 잊어서는 안 될 것은 로카마니아 틸락에게 6년형을 선고한 재판이었다. 그는 만달라이(Mandalay)에 유폐되어 있는 동안 유명한 책을 저술했다. 랄라 라지파트 라이(Lala Rajpat Rai)[53] 또한 버마로 이감되었다.

그러나 벵골을 질식시키려는 탄압은 성공하지 못했다. 그래서 정부는 마침내 적어도 어느 범위 내의 사람들을 무마시키기 위해 행정 개혁 조치를 단행했다. 그들의 정책은 그 뒤에도 그랬고 현재도 그렇듯 민족의 몸통을 분해하려는 것이었다. 그들은 온건파의 비위를 맞추어 급진파를 타도하려 했다. 1908년에 몰리 민토(Morley-Minto) 개혁이라는 것이 공포되었다. 그들의 비위 맞추기 작전이 주효해서 온건파는 이에 만족했다. 급진주의자는 옥중에 있는 자신들의 지도자와 함께 협박을 받고 민족 운동은 약체화되고 말았다. 그러나 분할 반대 운동은 계속되었고 마침내 운동은 성공을 거두고 끝났다. 1911년에 영국 정부는 벵골

---

52) 인도 식민 정부의 한 기관으로서, 정치·사상 관계를 담당하는 이른바 정보계 경찰의 기능을 발휘해 혁명 탄압의 숨겨진 무기로 이용되었다. 통칭 'Crimes Inventions Department(범죄 발명부)'.

53) 펀자브 사람으로 아리아 사마지 운동을 지도한 인도의 독립 운동가. 1905년 벵골 분할 반대 운동 때 체포되었으며 그 뒤 5년 동안 일본 및 미국에서 망명 생활을 했다. 『젊은 인도』, 『인도 청년에게 고함』, 『영국의 인도에 대한 부채』, 『불행한 인도』 등의 저서를 남겼다. 귀국 후 다스(C.R. Das)의 스와라지당(Swaraji Party)에 가담해 인도 민족 운동에 헌신했다.

의 분할을 취소했다. 벵골의 승리는 벵골인의 사기를 돋우었다. 그러나 1907년의 운동으로 기력을 모두 탕진해 버린 인도는 또다시 정치적 무감각에 빠지고 말았다.

1911년에는 또 델리를 수도로 한다고 결정되었다. 역대 제국의 수도이기도 했고, 또한 묘지이기도 했던 델리!

이러는 가운데 인도는 유럽에서 폭발해서 한 세기의 역사에 마침표를 찍은 1914년의 세계 전쟁을 맞이했다. 이 전쟁은 인도에도 이루 헤아릴 수 없을 만큼 많은 영향을 끼쳤다. 그러나 그에 대해서는 다음에 말하기로 하자.

나는 간신히 19세기의 인도 정세에 대한 이야기를 끝냈다. 여기서 우리는 잠시 인도와 헤어지고, 다음 편지에서는 중국으로 건너가 제국주의적 착취의 또 다른 유형을 살펴보아야겠다.

114 *1932년 12월 14일*

영국이 중국에 아편을 강요하다

나는 매우 장황하게 인도에 대한 산업·기계 혁명의 영향을 이야기했다. 또한 새로운 제국주의가 인도에서 어떻게 운영되었는가를 말했다. 나는 인도인인 이상 어떤 일정한 관점 위에 설 수밖에 없다. 따라서 나는 자신도 모르게 편견에 치우친 것은 아닌지 걱정하고 있다. 하지만 어쨌든 나는 내가 할 수 있는 말을 최대한 하려고 했다. 그래서 나는 네가 민족주의자로서 사물의 일면만을 음미하는 것이 아니라 과학자로서 공평하게 사실을 살펴보면서 이 문제를 생각하고 살펴보기를 바란다.

그런 자세를 취할 때 비로소 민족주의도 좋은 것일 수 있다. 그러나 민족주의란 썩 믿음직스럽지 못한 친구이며, 그다지 확실하지 못한 역사가이기도 하다. 그것은 흔히 많은 현상 앞에서 우리를 장님으로 만들고, 특히 사물이 우리 나라에 관계될 때는 진리를 왜곡한다. 따라서 우리는 인도의 최근의 역사를 고찰할 때 우리의 불행에 대한 모든 비난을 영국에게 떠넘기지 않도록 조심해야 한다.

지금까지 우리는 영국의 산업가와 자본가가 19세기에 인도를 착취해 온 사정을 보아 왔으니까 이번에는 아시아의 또 한 나라, 인도의 옛 친구이고 민족의 역사도 가장 오랜 중국을 살펴보자. 우리는 여기서 서양이 행한 착취의 또 다른 형태를 보게 된다. 중국은 인도처럼 유럽 어느 나라의 식민지나 종속국이 되지는 않았다. 중국은 19세기 중엽까지는 전국을 장악하고 지탱할 만한 정부를 가지고 있었기 때문에 그런 불행을 피할 수 있었다. 앞서 보았듯이 인도는 이보다 100여 년 전에 무굴 제국이 쓰러지는 동시에 갈래갈래 분열되고 말았다. 중국은 19세기에 약해지기는 했으나 그래도 통일을 유지하고 있었고, 또 여러 외국이 서로 반목하고 있었으므로 그들 가운데 어느 한 나라만이 중국의 약세를 틈타 너무 많은 이익을 차지할 수는 없었다.

중국에 관한 마지막 편지(아흔네 번째 편지였지)에서 나는 영국인이 중국과 무역 증진을 꾀했다는 이야기를 했다. 또 나는 청나라의 건륭제가 영국 국왕 조지 3세 앞으로 보낸 대단히 오만하고 선심 쓰는 듯한 편지에서 긴 인용문을 적어 보낸 적도 있다. 그것은 1792년의 일로, 이 해는 유럽을 휩쓴 폭풍의 시대였음을 상기할 수 있을 것이다. 그 해는 바로 프랑스 혁명의 시기에 해당한다. 그에 이어 나폴레옹이 나타나 나폴레옹 전쟁이 벌어졌다. 영국은 이 기간 내내 숨돌릴 겨를도 없이 이판사판으로 나폴레옹과 승부를 겨루고 있었다. 나폴레옹이 타도되고 영국이 한숨 돌릴 때까지 영국으로서는 중국 무역의 확대 같은 문제는 생각할 수 없었다. 그런데 그로부터 머지 않아 또 한 사람의 영국 사절이 중국에 파견되었다. 그러나 의례와 관련한 말썽이 생겨 중국 황제는 영국 사절 알현

영국이 중국에 아편을 강요하다

스트 경(Load Amhurst)의 접견을 거부하고 귀국을 명령했다. 영국 사절이 요구받은 의식이란 '고두(叩頭)'라 해서 엎드려 큰절을 하는 것이다. 아마 너도 '카우타우잉(Kow-towing)' 이라는 말을 들어 보았을 것이다.

그래서 영국의 이 일은 헛되이 끝났지만, 그 동안 새로운 무역이 급속히 증대하고 있었다. 다름 아닌 아편 거래였다. 이것을 새로운 무역이라고 부르는 것은 아마 옳지 않을 것이다. 왜냐하면 아편은 15세기쯤에 이미 인도에서 수입되고 있었기 때문이다. 인도는 과거에 많은 좋은 물품을 중국에 보냈다. 아편은 인도에서 보낸 것 가운데 실로 가장 악질적인 물품이었다. 그러나 무역은 한정된 것이었다. 무역은 19세기에 들어와 유럽인, 특히 영국 무역의 독점권을 가지고 있던 동인도 회사를 통해 급격히 증대했다. 동양의 네덜란드인은 담배 속에 아편을 섞어서 말라리아 예방약으로 피웠다고 한다. 이들을 통해 아편을 피우는 습관이 중국에 퍼졌다. 훨씬 나쁜 형태로 말이다. 왜냐하면 중국에서는 다른 것과 섞지 않고 그저 아편만을 피웠기 때문이다. 중국 정부는 이 습관이 백성에게 나쁜 영향을 주거니와 아편 무역이 이 나라에서 거액의 화폐를 빼앗아 간다는 이유로 이를 금지시키려 했다.

1800년 중국 정부는 용도를 불문하고 아편 수입을 완전히 금지한다는 명령을 내렸다. 하지만 이 무역은 외국인들에게는 엄청나게 이윤이 많은 장사였다. 그들은 아편 밀수를 계속하면서 중국 관리에게 뇌물을 바쳐 못 본 척 눈감아 달라고 했다. 그러자 중국 정부는 관리가 외국인과 교제하면 안 된다는 법령을 만들었다. 외국인에게 중국어 또는 만주어를 가르치는 행위도 엄벌로 다스렸다. 그러나 이렇게 여러 모로 손을 써도 목적을 달성할 수는 없었다. 아편 무역은 여전히 계속되고, 아마 거액의 뇌물과 독직 행위가 있었을 것이다. 영국 정부가 중국에 대한 무역의 독점권을 동인도 회사에서 회수해 모든 영국인에게 개방한 1834년 이후, 사태는 더욱 악화되었다.

아편 밀수액은 점점 늘어났다. 마침내 중국 정부는 이를 억압하기 위해 강경 조치를 취할 결심을 했다. 그들은 이 목적을 위해 한 사람의

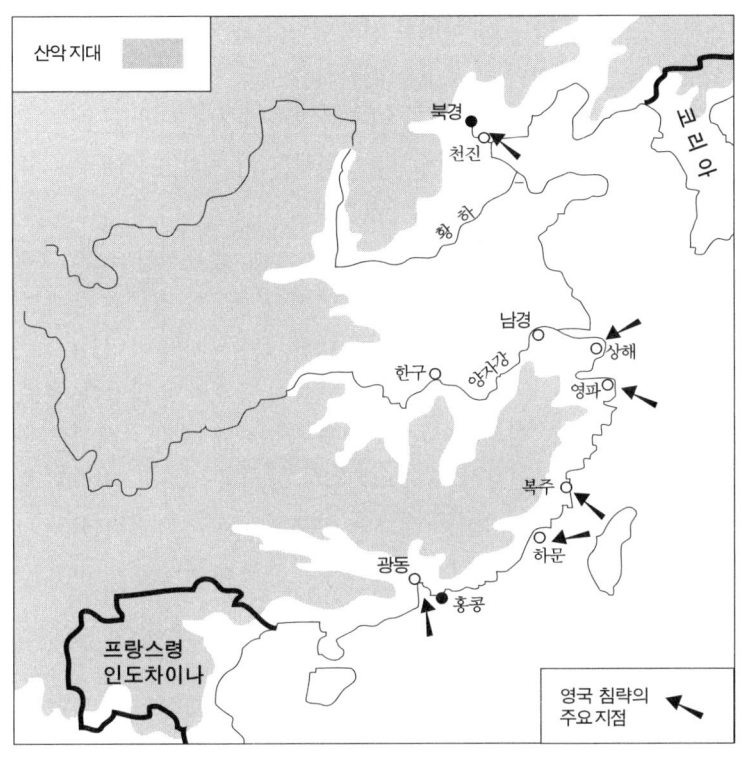

영국과 중국

탁월한 인물을 기용했다. 임칙서(林則徐)가 밀수 단속을 위한 특별 판무관(欽差大臣)에 임명된 것이다. 그는 즉시 민첩하게 행동을 개시했다. 그는 이 불법 무역의 중심인 남부의 광동에 부임하자 그 지역의 모든 외국 상인에게 소지한 아편을 모두 자기한테 제출하라고 명령했다. 처음에 그들은 이 명령에 복종하기를 거부했다. 그러자 임칙서는 복종을 강요했다. 그는 그들을 상관(商館) 안에 격리시키고 그들의 중국인 노동자와 고용인을 떠나도록 하여 외부에서 식량이 공급되지 못하도록 했다. 이 철저한 강제 조치에 결국 외국 상인은 기가 꺾여서 중국인에게 아편 2만 상자를 넘겨 주게 되었다. 그는 명백한 밀수품인 이 대량의 아편을 불태워 버렸다. 그는 또 외국 상인들에게, 선장이 아편을 가지고 다니지 않겠

영국이 중국에 아편을 강요하다

다는 서약을 하지 않는 한 어떠한 선박도 입항을 허가하지 않겠다는 요지의 포고를 했다. 만약 이 포고를 위반하면 중국 정부는 배와 그 화물을 전부 몰수한다는 것이었다. 그는 인품이 훌륭한 사람이었다. 그는 자기 임무를 충실하게 잘 해냈다. 그러나 임칙서는 이 조치로 인해 중국이 궁지에 빠지리라고는 미처 생각하지 못했다.

그 궁지란 곧 영국과의 전쟁, 중국의 패배, 굴욕적인 조약, 그리고 중국 정부가 금지하려고 했던 바로 그 아편이 중국의 입으로 강제로 처넣어진 것이다. 아편이 중국에 좋은지 나쁜지는 문제가 아니었다. 중국 정부가 무엇을 의도했는가 하는 것도 그다지 중요하지 않았다. 중요한 것은 중국에 아편을 밀수하는 것이 영국 상인에게 엄청난 이익을 안겨 주었다는 사실이다. 영국인은 이 수입원을 포기할 생각이 없었다. 흠차 대신 임칙서가 불태운 아편은 대부분 영국 상인의 소유물이었다. 그러자 1840년 영국은 국가의 명예를 내세우며 중국과 전쟁을 개시했다. 이 전쟁은 아편을 중국에 강요할 권한을 얻어 내기 위한 것이었고, 또 그 권한을 얻어 냈기 때문에 '아편 전쟁' 이라 부른다.

중국은 광동과 그 밖의 항구를 봉쇄한 영국 함대에 대해 어떻게 해 볼 도리가 없었다. 2년 뒤 중국은 어쩔 수 없이 굴복하고, 1842년 '남경 조약'에서 당시 거의 아편 무역을 뜻하던 외국 무역을 위해 다섯 개 항구가 개방되어야 한다는 결정을 했다. 이 다섯 개 항구란 광동 · 상해 · 하문(厦門) · 영파(寧波) · 복주였다. 이 항구들은 '조약항(treaty ports)' 이라 일컬어진다. 그 밖에 영국은 광동 근처의 홍콩을 차지하고, 소각된 아편과 영국이 중국과 싸우는 데 든 전쟁 비용에 대한 거액의 배상금을 받아 냈다.

이렇게 영국은 아편 전쟁에서 승리를 거두었다. 중국 황제는 당시 영국 여왕이었던 빅토리아에게 친서를 보내 완곡하고 정중하기 이를 데 없는 말씨로 중국에게 강요된 아편 무역의 무서운 해악을 호소했다. 여왕에게서는 아무런 회답도 없었다. 꼭 50년 전 그의 할아버지 건륭 황제가 영국 국왕에게 보낸 편지에 비하면 놀라운 차이가 아닌가!

이것이 중국과 서양의 여러 제국주의 나라 사이에 잇따라 일어난 분쟁의 시초였다. 고립 시대는 막을 내렸다. 중국은 외국 무역을 받아들여야만 했고, 게다가 기독교 선교사까지 받아들여야 했다. 이 기독교 선교사들은 중국에서 제국주의의 앞잡이로서 중요한 역할을 했다. 뒤이어 일어난 중국의 분쟁은 한결같이 선교사와 관계된 것이었다. 그들의 행동은 때때로 오만불손했지만 중국 법정은 그들을 재판할 수 없었다. 새로운 조약에 따라 서양에서 온 외국인은 중국인의 법률, 또는 중국의 재판에 따르지 않도록 되어 있었다. 그들은 본국의 법정에서 재판을 받았다. 이것은 '치외 법권'이라 하여 지금껏 존속하며 원성의 표적이 되어 있다. 개종자들(the converts of the missionaries)까지 이 '치외 법권'의 특별 보호를 받을 권리를 주장했다. 그들은 어떤 점으로 보나 그런 자격이 없었지만 그들의 배후에는 강력한 선교사들, 즉 제국주의 열강의 대표자가 존재하므로 자격 따위는 문제가 아니었다. 이리하여 때로는 마을과 마을이 서로 반목하고, 흥분이 어느 한계를 넘으면 촌민들이 들고 일어나 선교사를 습격하고 때로는 죽이기까지 했다. 그러면 배후의 제국주의 열강은 먹이를 낚아채는 맹수처럼 뛰어들어 거액의 배상금을 빼앗아 냈다. 유럽의 강국들에게는 중국에서 일어나는 선교사 살해 사건처럼 이익이 큰 사건도 없었다! 그들은 저마다 그런 살해 사건을 물고 늘어져 요구와 특권 확대의 도구로 사용했기 때문이다.

중국에서 가장 무섭고 참혹한 반란을 일으킨 것도 한 기독교 개종자였다. 이것은 1850년쯤 반(半)정신병자 홍수전(洪秀全)이 일으킨 태평천국의 난을 말한다. 이 종교적 광신자는 묘한 성공을 거두어 "우상 숭배자를 죽여라!"고 함성을 지르면서 마구 설쳐대며 무수한 백성을 살해했다. 반란은 중국의 절반을 휩쓸어 약 12년 동안 적어도 2000만 명이 죽은 것으로 추정된다! 물론 기독교 선교사 또는 여러 외국이 이 반란과 살육에 책임이 있다고 보는 것은 옳지 못하다. 처음 얼마 동안은 선교사들이 그 사태를 축복하는 듯이 보였으나 곧 그들은 홍수전을 부인했다. 그러나 중국 정부는 기독교 선교사가 이에 관여하고 있는 것으로 줄곧 믿었다. 이 확신은 중국인들이 그 당시부터 뒷날까지 오래도록 선교사의 활동을 얼마나 증오했는가를 보여 주는 좋은 증거다. 중국인이 볼 때 선교사들은 복음과 선의의 사절로 온 것이 아니었다. 그들은 곧 제국주의의 앞잡이였다. 어떤 영국의 저술가가 "우선 전도, 다음엔 함포, 그리고는 영토 병합, 이것이 중국인의 마음 속에 비친 사건의 순서다"라고 썼듯이 선교사는 중국의 분쟁 속에 수없이 모습을 드러내므로 이것만은 유의해 두는 것이 좋겠다.

결국 진압은 됐지만 한 병적인 광신자가 지도한 반란이 그토록 큰 성공을 거둘 수 있었던 것은 놀라운 일이다. 그 진짜 원인은 중국에서 낡은 질서가 파탄중이었다는 사실이다. 중국에 관한 최근의 편지에서 나는 조세와 경제 상태의 변화가 주는 중압, 백성의 불만 증대에 대해 이야기했다. 반만(反滿) 비밀 결사가 도처에서 들고일어나 반란이 보편화되어 있었다. 아편이나 외국 무역은 사태를 한층 악화시켰다. 중국의 외국 무역은 물론 과거부터 있었다. 그러나 이 때는 조건이 달라져 있었다. 대기계 공업이 줄기차게 생산한 제품은 서양 각국의 자체 내에서 다 소화할 수 없었다. 그래서 그들은 어떤 다른 곳에서 시장을 찾아 내야만 했다. 그리하여 인도와 마찬가지로 중국에서도 시장의 강요라는 현상이 나타났다. 이들 상품, 특히 아편은 기존의 거래 제도를 뒤집어 버렸다. 때문에 경제적 혼란은 한층 격화되었다. 인도의 경우와 마찬가지로 중국 시장도 국제 물가의 영향을 받게 되었다. 이런 모든 사정이 백성의 불만과 궁핍을 더욱 극심하게 만들어 태평 천국의 난을 뒷받침하게 된 것이었다.

이것이 중국에서 서양 열강이 날로 오만해지고 간섭의 도를 더해 간 그 시대의 배경이었다. 중국이 그들의 요구에 거의 저항할 수 없었던 것도 무리는 아니다. 시대를 더 내려가면 유럽 열강뿐만 아니라 일본도 중국의 혼란과 고뇌를 틈타 부단히 중국에서 특권과 영토를 빼앗았다. 만약 열강들이 서로 반목하고 질시하지 않았다면 사실 중국도 인도의 전철을 밟아, 서양 열강과 일본 가운데 어느 하나 또는 둘 이상의 나라에게 종속국이 되고 제국령이 되었을 것이 틀림없다.

19세기 중국의 일반적 상황과 경제적 파탄, 태평 천국의 난, 선교사 등 외국의 침략에 관해 얘기하다 보니 궤도에서 빗나가 버렸다. 그러나 사건의 맥락을 요령 있게 짚어 나가자면 아무래도 이것을 어느 정도 알아 두어야 한다. 역사에 등장하는 사건이란 기적 같은 것은 아니기 때문이다. 그것은 갖가지 원인이 그 방향으로 유도하는 것이다. 그러나 이 원인들이 언제나 명백히 드러나는 것은 아니다. 때에 따라 그것은 사건의 표면보다 깊숙한 내면에 가로놓여 있는 것이다. 그 때까지는 그처럼 위대하고 강력했던 중국의 만주인 지배자들은 갑자기 바뀌어 버린 운명의 수레바퀴에 깜짝 놀랐을 것이 분명하다. 아마 그들은 그들이 몰락한 근원이 그들의 과거 자체에 뿌리박고 있다는 사실을 몰랐으리라. 그들은 서양의 산업 발달과 그것이 중국 경제에 초래한 불길한 결과를 이해하지 못했다. 그들은 오랑캐인 외국인의 침입에 무척 화를 냈다. 당시의 황제는 이들의 침입에 대해 언급할 때 재미있는 중국의 고사를 인용했다. "그는 누구든 자기 침상의 한구석에서 코를 고는 것을 허락지 않으리라"고. 그러나 이 고전의 예지와 유머는 역경 속에서 냉정한 신념과 불요불굴의 정신을 가르치는 데는 충분해도 외국인을 격퇴하는 데는 충분하지 못했다.

　　남경 조약은 영국인을 위해 중국의 문을 열어 주었다. 그러나 영국인 혼자서만 익은 과일을 따먹을 수는 없었다. 프랑스와 미국이 끼어들어 마찬가지로 중국과 통상 조약을 맺었다. 중국은 속수무책이었다. 그리고 중국에 대한 이들의 강압은 물론 외국인에 대한 우정이나 존경을 만들 수 없었다. 중국은 이 오랑캐들을 보는 것조차 싫어했다. 외국인들 또한 결코 만족하지 않고 있었다. 중국을 쥐어짜려는 그들의 욕망은 점점 커져 갔다. 영국이 역시 그 선두에 섰다.

　　중국이 태평 천국의 난으로 여념이 없어 저항할 수 없었던 무렵은 외국인에게는 다시없는 좋은 기회였다. 그래서 영국은 전쟁의 구실을 잡으려고 책동을 시작했다. 1856년에 중국의 광동 총독[葉名琛]은 해적 행위 혐의로 중국인 선원을 억류했다. 그 배는 중국인의 것으로서 외국인과는 관계가 없으나 홍콩 정부의 허가를 얻어 영국기를 게양하고 다

영국이 중국에 아편을 강요하다

녔다. 사실 그 허가는 이미 만기가 되어 있었다. 그런데도 냇가의 이리와 양의 우화[54])처럼 영국 정부는 이것을 전쟁의 구실로 삼았다.

영국 군대가 중국으로 수송되었는데 때마침 인도에서 1857년 반란이 일어났으므로 그 군대는 인도로 향하게 되었다. 중국과의 전쟁은 인도에서 반란이 진압될 때까지 기다리지 않을 수 없었다. 1859년에 제2차 중국 전쟁이 시작되었다. 그 동안에 프랑스도 한쪽에서 거들고 나설 구실을 찾아 냈다. 프랑스인 선교사가 중국 광서성 서림현에서 살해되었기 때문이다. 그리하여 영국과 프랑스는 태평 천국의 난으로 경황이 없는 중국에 덤벼들었다. 영국과 프랑스 양국 정부는 러시아와 미국에게도 함께 행동하자고 권유했으나 호응을 얻지 못했다. 하지만 미국과 러시아도 전리품 분배에는 한몫 낄 용의가 있었다. 실제 교전도 하지 않고 전보다 훨씬 큰 특권을 차지하려는 조약[55])이 4개국 사이에 체결되었다.

그러나 제2차 중국 전쟁 이야기는 여기서 그치지 않는다. 더욱 비극적인 결과를 초래한 또 하나의 협정이 추가되었기 때문이다. 조약이 체결되면 관계 정부가 그것을 비준, 즉 확인하는 관례가 있다. 신 조약의 비준은 1년 이내에 북경에서 하기로 되어 있었다. 이 기간이 다가왔을 때 러시아 대사는 육로를 통해 북경으로 직행했다. 다른 세 나라의 대사는 해상으로 중국에 와서, 타고 온 배를 백하(白河)에 대고 북경으로 가려고 했다. 마침 그 때 이 도시는 태평 천국의 난으로 위험에 처해 있었으므로 그 강은 폐쇄되어 있었다. 그래서 중국 정부는 영국·프랑스·미국 대사에게 강으로 들어오지 말고 북방으로 우회해 육로를 사용하라고 요청했다. 이것은 무리한 요구는 아니었다. 미국은 동의했으나 영국

---

54) 『이솝 이야기』 가운데 굶주린 늑대가 이것저것 이치에 맞지 않는 트집을 잡아 어린 양을 잡아먹는 얘기가 있다.
55) 1885년 체결된 조약으로, 통칭 텐진 조약(天津條約)이라고 한다. 우장(牛莊) 외에 4개 항구의 추가 개방, 양자강의 자유 항행권, 치외 법권의 확대, 영국인과 프랑스인의 중국 오지 여행권, 영국과 프랑스 정부 대표의 북경 상주, 포교의 자유, 전비 배상 등을 내용으로 하고 있다.

과 프랑스 대사는 순순히 받아들이지 않았다. 그들은 봉쇄를 뚫고 백하를 거슬러 올라가겠다고 강경하게 나왔다. 중국인들은 그들에게 발포해 큰 손해를 입히고 격퇴시켰다.

중국 정부의 요청을 거부하고 행로를 바꾸려 하지 않은 교만한 외국의 정부들은 보복을 참으려 하지 않았다. 그들은 보복을 위해 군대를 증원해 1860년 북경을 향해 진격했다. 그들의 복수는 이 도시에서 가장 장엄하고 화려한 건축물의 파괴와 방화, 약탈의 형태로 나타났다. 이 건물은 건륭제 시대에 황족의 피서를 위해 건립한 이궁(離宮)인 원명원(圓明園)이었다. 그 궁에는 중국이 이룩한 가장 아름다운 예술과 문학상의 진귀한 재보가 가득 보관되어 있었다. 그것은 감탄할 만한 미를 지닌 고대 청동기, 정교하기 이를 데 없는 도자기, 귀중한 고문서, 중국이 몇천 년 동안 자랑해 온 온갖 골동품 · 예술품 등이었다. 무지한 불량배에 지나지 않는 영국과 프랑스의 병사들은 진귀한 보물들을 약탈해 며칠을 타오르고 있는 불길 속에 던져서 파괴해 버린 것이다! 몇천 년의 전통을 지닌 중국인들이 이런 폭행에 깊은 분노를 느끼고, 살인과 파괴밖에 모르는 이 약탈자들을 무지 몽매한 오랑캐라고 생각했다고 해서 이상할 것이 있겠는가. 그와 동시에 프랑스인, 몽고인 등 그 밖에 옛날의 야만적인 약탈자의 기억이 중국인들의 가슴 속에 되살아났을 것이 분명하다.

그러나 외국의 오랑캐들은 그들의 만행을 중국인이 어떻게 생각하든 전혀 개의치 않았다. 그들은 포함(gunboat)과 근대적인 무기를 들고 태연하기만 했다. 몇백 년에 걸쳐 수집된 진기한 많은 보물이 사라진들 무슨 상관이겠는가? 중국의 예술이나 문화에 대해 그들이 무슨 관심이 있겠는가?

> 어떤 일이 일어나든
> 우리에겐
> '맥심' 기관총이 있다네
> 적에겐 이것이 없다네.

115 *1932년 12월 24일*

곤경에 빠진 중국

    지난번 편지에서 나는 1860년에 영국과 프랑스가 북경의 장려한 이궁을 파괴한 이야기를 썼다. 이것은 중국이 휴전을 위반한 데 대한 징벌로 취한 행동이라고 말한다. 중국의 어느 군대가 그 범죄에 책임이 있었다는 것은 사실인지도 모른다. 그러나 영국인과 프랑스인의 방자한 폭행은 이보다 더해서 말로 다 표현할 수 없다. 이는 두세 명의 무지한 졸병들의 행위가 아니라 버젓한 당국자의 행위였다. 왜 그러한 사건이 일어났는가? 영국인이나 프랑스인은 문명 개화국의 국민이며 여러 방면에서 근대 문명의 선구가 아닌가. 사생활에 절제도 있고 생각도 깊은 이 두 국민도 공적인 일이나 다른 국민과 분쟁이 있을 때는 문명을 다 잊어버리고 절제를 상실해 버렸던 것이다. 개인 사이의 행동과 여러 국민 간의 행동 사이에는 기묘한 대조가 있는가 보다. 아이들은 제멋대로 굴면 안 되고, 남을 생각해서 예의바르게 행동하라는 가르침을 받는다. 교육은 우리에게 이러한 모든 교훈을 가르쳐 조금이나마 몸에 익히도록 한다. 그런데 전쟁이 일어난다. 그러면 우리는 예전의 교훈 따위가 다 무어냐는 듯 잊어버리고, 우리 내부에 도사린 야만성은 이러한 가면을 벗어던진다. 이리하여 당시 사람들은 야수처럼 행동했다.
    예를 들면 독일과 프랑스처럼 친척과 같은 민족 사이에서도 일단 전쟁을 벌이면 매한가지다. 그러니 다른 인종, 이를테면 유럽인이 아시아나 아프리카의 국민과 전쟁을 벌일 때는 더 심하지 않겠느냐. 서로 다른 인종은 서로를 잘 모른다. 상대는 마치 봉인한 책과 같은 것이다. 그리고 무지가 있는 곳에는 연대감이 없다. 인종적 증오와 오해는 커진다. 또한 두 인종 사이에 분쟁이 일어나면 그것은 정치적 분쟁일 뿐만 아니라 더욱 악질적인 인종 전쟁이 된다. 이것은 1857년 인도에서 반란이 일어났을 때의 공포, 그리고 아시아와 아프리카를 지배하는 유럽인의 잔혹성과 포학성의 이유를 어느 정도 설명해 준다.

그것은 참으로 슬프고 어리석은 짓일 뿐이다. 그러나 한 국민이 다른 국민을, 한 인민이 다른 인민을, 그리고 또 한 계급이 다른 계급을 지배하는 곳에서는 반드시 마찰 · 불만 · 반항이 있으며, 착취당하는 국민 · 인민 · 계급이 착취자를 추방하려는 사건이 일어나는 법이다. 그리고 어떤 자에 대한 다른 자의 착취는 그 속에 제국주의를 잉태한 것으로서 자본주의라 일컬어지는 현대 사회의 근본 요소다.

19세기의 대기계와 공업의 진보는 서유럽 여러 나라와 미국을 부유하고 강대하게 만들었다. 그들은 스스로 지구의 주인이며 다른 여러 국민은 자기들에 비해 훨씬 열등하며 자기들을 위해 길을 비켜 주어야 한다고 생각하기 시작했다. 자연력을 어느 정도 지배하게 되자 그들은 교만해지고 우쭐대기 시작했다. 그들은 문명인이라면 자연력뿐만 아니라 자기 자신도 억제할 수 있어야 한다는 것은 까맣게 잊고 있었다. 그리하여 19세기에 들어와 다방면에서 다른 국민을 능가하는 선진 국민이, 미개한 토착 백성까지도 얼굴을 찌푸릴 만한 행동으로 후진 국민을 대했다는 사실을 우리는 알고 있다. 이 같은 사실은 아마 네가 지나간 세기뿐만 아니라 현재 아시아와 아프리카에서 벌어지고 있는 유럽 인종의 행위를 이해하는 데 도움이 될 것이다.

내가 지금 유럽인을 우리 자신이나 다른 여러 인종과 비교해서 우리의 우월성을 강조하려 한다고 생각하지는 말아라. 우리는 누구나 털면 먼지가 나게 마련이다. 우리 가운데도 매우 나쁜 사람이 있다. 그렇지 않다면 우리가 이렇게까지 몰락하지는 않았을 것이 분명하다.

그러면 다시 중국 문제로 돌아가자. 영국과 프랑스는 이궁을 파괴해서 그들의 위력이 어떻다는 것을 과시했다. 그들은 이어서 중국에 구조약의 비준을 강제하고 중국에서 또다시 새로운 특권[56]을 빼앗았다. 상해에는 중국 정부에 의해 중국인 관리를 우두머리로 하는 중국 세관이 조직되었다. 이것은 '제국 해관(Imperial Maritime Customs)'이라 일컬어졌다.

한편 중국을 뒤흔들어 공포에 빠뜨리고 여러 외국에 침략의 기회를 준 태평 천국의 난은 여전히 계속되고 있었다. 이 난은 1864년에야 중국의 지도적 정치가가 된 이홍장(李鴻章)에 의해 완전히 진압되었다.

영국과 프랑스가 중국에서 특권을 폭력적으로 빼앗고 양보를 강요하는 동안 북방에서는 러시아가 더욱 평화적인 수단으로 괄목할 만한 성공을 거두었다. 불과 몇 년 전 러시아는 콘스탄티노플을 차지하기 위해 유럽에서 투르크를 공격하고 있었다. 영국과 프랑스는 러시아가 강대해지는 것을 우려해서 투르크와 연합해 1854년부터 56년까지 크리미아 전쟁(the Crimean War)이라는 싸움에서 러시아를 격파했다. 서쪽에서 패배한 러시아는 동쪽으로 눈을 돌려 결국 큰 성공을 거둔 것이다. 중국은 바다와 접하는 동북쪽 1개 주를, 블라디보스토크의 도시와 항구를 곁들여 러시아에 순순히 넘기도록 설복당했다. 러시아의 승리는 유능한 소장 관리 무라비에프(Muravieff)의 수완에 힘입은 것이었다. 이리하여 러시아는 3년에 걸친 전쟁과 황폐에도 불구하고 영국이나 프랑스에 비하면 온건한 방법으로 커다란 노획품을 얻을 수 있었다.

1860년의 정세는 이와 같았다. 18세기 말 아시아의 거의 절반을 지배한 만주인의 대제국은 이제 바짝 줄어들어 그 위광은 땅에 떨어졌다. 먼 유럽에서 온 서양 제국은 그들을 쓰러뜨리고 모욕했다. 한 내란이 이제 곧 제국을 전복시킬 참이었다. 이 같은 여러 사정으로 중국은 뿌리째 흔들렸다. 형세가 날이 갈수록 악화되는 것이 누구 눈에도 명백해지자 새로운 사태와 외국의 위협에 대응하기 위해 나라를 재건할 어떤 시도가 나타나게 되었다. 따라서 1860년이라는 해는 중국이 외국의 공격에 저항할 준비를 갖춘 시기의 초반에 해당한다고 할 수 있다. 이즈음 중국

---

56) 1860년 영국과 프랑스 연합군이 승리한 뒤 두 나라와 청나라 사이에 체결된 북경 조약은 천진 조약의 이행, 전비의 배상, 천진 개항, 구룡 반도를 영국령으로 양도, 기독교 선교사의 특권 등을 규정했다.

의 이웃 나라 일본도 같은 문제에 몰두하고 있었다. 일본은 중국에 비하면 훨씬 괄목할 만한 성과를 올렸지만, 그러나 중국도 사실 얼마 동안은 외국의 열강을 물리치기는 했다.

중국의 좋은 친구였던 벌링겜(Burlingame)이라는 미국인을 단장으로 한 중국의 사절단이 여러 조약국에 파견되어 비교적 유리한 결정을 하는 데 성공했다. 1868년에 중국과 미국 사이에 새로운 조약이 체결되었다. 이 조약에서 미국측이 중국인 노동자의 미국 이주를 호의와 양보로 인정한 것은 주목할 만하다. 그 무렵 미국은 태평양 연안의 여러 주, 그 중에서도 캘리포니아주의 개척에 여념이 없었는데, 이에 따라 노동력이 모자랐다. 그래서 미국은 중국의 노동력을 받아들인 것이다. 그런데 이것이 또 새로운 분쟁의 불씨가 되었다. 미국인은 노임을 헐값으로 지불하면서도 중국인의 노동력을 트집잡아 이의를 제기했고, 양국 정부 사이에 마찰이 일어났다. 그러자 미국 정부는 중국 이민을 금지하게 되었는데, 이 모욕적인 대우가 중국 인민을 분노케 하여 미국 제품 불매 운동으로 발전했다. 그러나 이것은 모두 20세기까지의 오랜 기간에 걸친 이야기다. 지금은 이 이상 파고들 필요는 없을 것이다.

태평 천국의 난이 아직 진압되지도 않았는데, 이번에는 만주인에 대항하는 또 다른 반란이 일어났다. 이 반란은 중국 본토가 아니라 서쪽, 즉 아시아의 중심부에 해당하는 투르키스탄(Turkestan)에서 일어났다. 이 지방의 주민은 주로 이슬람 교도였다. 1863년 야쿠브 베그(Yakub Beg)라는 사람의 지도 아래 이슬람교의 여러 부족이 들고일어나 중국 관헌을 추방했다. 이 지방의 반란은 두 가지 이유에서 우리의 관심을 끈다. 러시아는 중국 영토를 점령하고 이를 유리하게 이용하려 했다. 이는 물론 중국이 궁핍 상태에 있을 때 유럽이 취하는 상투적인 수법이다. 그런데 놀랍게도 중국은 이에 동의하기를 거부해서 마침내 러시아로 하여금 삼킨 것을 토해 내게 했다. 이는 중국의 장군 좌종당(左宗棠)의 야쿠브 베그에 대한 중앙 아시아 대원정에 힘입은 것이다. 그는 몇 년 동안 천천히 행군해서 반란이 일어난 지방에 도착했다. 그는 두 번이나 군용

양곡을 파종하고 추수하기에 넉넉할 만큼 오랫동안 군대를 주둔시켰다. 군용 식량을 확보하는 일은 어떤 경우에나 어려운 문제이지만 고비 사막을 횡단하는 데는 더욱 쉽지 않았을 것이 분명하다. 그래서 좌종당 장군은 이것을 기발한 방법으로 해결했다. 그런 뒤에 그는 야쿠브 베그를 격파하고 반란을 진압했다. 그의 카슈가르(Kashgar), 투르판(Turfan) 그리고 야르칸드(Yarkand) 원정은 군사적 관점에서 볼 때 경이로운 일로 평가되고 있다.

중앙 아시아에서 러시아와 만족스럽게 문제를 해결했다고 생각한 중국 정부는 광대하나 분열되어 있는 제국의 다른 지역에서 문제를 일으켰다. 이는 중국의 속국이었던 안남에서 일어난 일이다. 사건의 배후에는 프랑스가 있어서 중국과 프랑스 사이에 전투가 벌어졌다. 여기서도 중국은 전투를 유리하게 이끌며 프랑스의 위압에 굴복하지 않음으로써 세상을 놀라게 했다. 1885년에 유리한 조건을 담은 조약이 체결되었다.

제국주의 열강은 중국의 힘을 직접 느끼게 되었다. 중국은 1860년과 그 이전의 나약함을 벗어 던진 것처럼 보였다. 개혁이 논의되자 많은 사람들은 마침내 중국이 방향을 전환했다고 생각했다. 영국이 1886년 버마를 합병하면서 중국에 10년에 한 번씩 조공을 바치도록 약속한 것도 그 때문이었다.

하지만 중국은 여전히 제대로 방향을 전환할 계제가 못 되었다. 아직도 굴욕과 고민과 분열의 고통이 산더미처럼 쌓여서 기다리고 있었다. 중국의 문제점은 육군과 해군의 무력함이 아니라 더욱 뿌리 깊은 곳에 있는 그 무엇이었다. 사회 전체, 경제 구조가 바야흐로 해체되려 하고 있었다. 이미 말한 바와 같이 만주인에 저항하는 수많은 비밀 결사가 조직된 19세기 초엽에 이미 중국은 위기에 빠져 있었다. 외국 무역과 공업 국가와의 접촉이 그러한 경향에 박차를 가했다. 1860년 이후 중국이 보여 주었던 잠재적인 강력함은 겉모습일 뿐 현실적 뒷받침이 전혀 없었다. 일부 지방에서는 몇몇 활동적인 관리, 특히 이홍장의 지방적인 개혁도 볼 수 있었다. 그러나 이런 것들은 중국을 약화시키고 있는 병원체를 근본적으로 없애는 것은 못 되었다.

　이 무렵 중국이 외관상으로나마 강력할 수 있었던 주요 원인은 정부의 정점에 한 사람의 강력한 지배자가 있었기 때문이다. 그 지배자는 한 비범한 여인, 황후 서태후(西太后)였다. 아들인 명목상의 황제가 아직 어리다는 이유로 서태후가 직접 정치의 실권을 쥔 것은 그녀의 나이 불과 26세 때의 일이었다. 그녀는 57년 동안 중국에 군림하며 권력을 휘둘렀다. 그녀는 유능한 관리를 발탁해서 자신의 과감하고 결단성 있는 성격을 어느 정도 배우게 했다. 중국이 종전보다 훨씬 활발한 모습을 보여 준 것은 그녀의 힘에 의존한 바가 크다.

　그런데 그 동안 중국과 좁은 해협을 사이에 두고 있는 일본은 기적을 성취해서 아무도 생각할 수 없던 변화를 이루고 있었다. 그럼 우리는 이제 일본으로 눈길을 돌려 보아야겠다.

116 *1932년 12월 27일*

일본의 약진

　일본을 언급한 지 꽤 오래 되었구나. 17세기에 이 나라가 기묘한 방법으로 외국과의 통로를 굳게 닫았다는 것을 이야기한 것이 다섯 달 전이었던 것 같다. 일본은 1641년 이후 200년 이상이나 세계의 다른 부분과 단절된 채 지내 왔다. 이 200년 동안 유럽·아시아·아메리카 그리고 아프리카에서도 큰 변화가 있었다. 이 시기에 일어난 큰 사건 가운데 몇 가지에 대해서는 이미 이야기했다. 하지만 이 폐쇄된 나라의 사람들은 이 소용돌이치는 사건에 대해 들어 볼 기회가 없었다. 외계의 입김마저도 일본의 봉건적 분위기를 흔들어 놓을 수는 없었다. 시간의 흐름과 변화는 거의 정지해 버린 것처럼 보였다. 왜냐하면 시간은 쉴 새 없이 지나가도 당장 눈앞에 보이는 상황은 조금도 달라진 것이 없었기 때문이다. 이것이 지주 계급이 권력을 쥐고 있던 봉건 일본의 상태였다. 천황에게는 실권이 없고 실제 지배자는 강대한 번(藩)의 영주인 쇼군(將軍)이었다. 인도의 크샤트리아처럼 '사무라이'라는 무사 계급이 있어 봉건 제후와 함께 지배 계급을 이루었다. 때로는 여러 제후와 무사들이 상쟁하는 일도 있었다. 그러나 농민과 그 밖의 모든 계층을 압박하고 착취하는 데서는 제후와 무사 계급은 서로 협력했다.

그 무렵 일본에는 아직 평화가 있었다. 장기간의 내란이 이 나라를 완전히 피폐하게 했으므로 이 평화는 크게 환영받았다. 대군사 귀족 — 다이묘(大名) — 가운데 어떤 자는 타도당했다. 일본은 서서히 내란의 상처를 치유하고 있었다. 백성의 관심은 산업과 예술·문학·종교 쪽으로 더 많이 기울게 되었다. 기독교는 일찍이 절멸되고 불교가 부활했다. 나중에는 전형적인 일본인의 선조 숭배인 신도(神道)가 일어났다. 중국의 성인 공자는 사회적 행위와 도덕적인 면의 이상으로 추앙받았다. 예술은 궁정과 귀족들 사이에서 발전했다. 어떤 점에서 이 같은 양상은 유럽의 중세와 비교할 수 있다.

그러나 변화는 피할 수 없는 것이다. 외부와의 접촉은 금지됐지만 일본 내부에서 변화가 일고 있었다. 물론 외부와의 통로가 열려 있었다면 그 속도는 훨씬 빨랐을 것이 틀림없다. 다른 여러 나라와 마찬가지로 봉건 제도는 경제적인 붕괴에 부딪혔다. 불평 불만이 늘어나 정치의 정점에 있던 쇼군이 원성의 표적이 되었다. 신도를 숭배하는 세력이 확대되면서 태양의 직계 자손으로 여겨지던 천황에게 인심이 쏠리게 되었다. 이렇게 고조되는 불만 속에서 민족주의 정신이 성장했다. 그리고 이 정신은 경제적 질서의 해체 속에 기초를 두면서 일본을 불가피한 변화로 이끌어, 바야흐로 일본은 세계를 향해 개방하지 않을 수 없게 되었다.

여러 외국은 일본을 개국시키려고 온갖 방법을 궁리했으나 모두 실패로 돌아갔다. 19세기 중엽에 미국이 특히 이 문제에 관심을 갖게 되었다. 그들은 때마침 캘리포니아의 서부 연안에 도달해 샌프란시스코는 중요한 항구가 되었다. 새로 열린 중국 무역은 줄곧 그들을 유혹했으나 태평양 횡단 여행은 거리도 엄청나지만 이만저만 힘든 일이 아니었다. 그래서 그들은 일본의 한 항구를 열게 하여 그 곳을 중계지로 삼아 보급을 얻고 싶어했다. 미국이 집요하게 일본을 개국시키려 한 것도 바로 이 때문이었다.

1853년에 미국의 한 함대(페리 함대)가 미국 대통령의 편지를 지니고 일본으로 건너왔다. 이것은 일본이 처음 보는 증기함이었다. 1년 뒤에 쇼군은 2개 항구를 개방하는 데 동의했다. 뒤이어 곧 영국인·러시아인·네덜란드인도 달려와 똑같은 조약을 쇼군과 체결했다. 이리하여 일본은 213년 만에 다시 세계를 향해 개방되었다.

그런데 소동은 그것만으로 그치지 않았다. 쇼군은 여러 외국 앞에서 마치 황제처럼 행동했다. 하지만 쇼군은 이미 인민의 신망을 잃은 상태였으므로 쇼군과 외국이 맺는 대외 조약에 반대하는 운동이 대대적으로 일어났다. 몇몇 외국인이 살해당하자 여러 외국의 해군이 공격해 왔다. 사태는 갈수록 곤란해질 뿐이었다. 마침내 1867년 쇼군은 자리에서 물러나지 않을 수 없게 되었다. 그리하여 — 네가 기억하고 있을지 모르겠지만 — 1603년 이에야스 때 창시된 도쿠가와 막부는 막을 내렸다. 그뿐만이 아니었다. 700년 가까이나 계속된 막부 제도 자체가 이와 함께 무너져 내린 것이다.

새로운 천황은 이제야 제 구실을 할 수 있는 지위에 놓였다. 이제 막 황위를 이어받은 천황 무쓰히토(睦仁)는 14세 소년이었다. 그는 1867년부터 1912년까지 45년 간 황위에 있었다. 이 시기가 바로 메이지(明治 : 계몽된 정치라는 뜻) 시대로 잘 알려진 때다. 일본이 약진을 시작하고 서양을 모방하며 여러 면에서 서양의 경쟁자가 된 것은 그의 치세 때였다. 이 때 이루어진 헤아릴 수 없는 변화는 실로 놀라운 것으로서 역사상 비교할 대상이 없을 정도다. 일본은 대공업국이 되어 서양 여러 나라를

일본의 약진

뒤쫓아 제국주의적 약탈 국가가 되었다. 일본은 진보의 온갖 외면적 특징을 갖추었으며 공업에서는 그의 교사라고 해야 할 선진 열강을 능가하기까지 했다. 인구는 급격히 늘어나고, 일본의 상선은 전 지구를 두루 항해하게 되었다. 일본의 목소리는 이제 국제 정치상 중요한 의미를 갖는 것으로서 온 세계의 주목을 끌고 있었다. 하지만 이러한 모든 강대한 변화는 국민의 마음 속에 그다지 깊이 스며들지는 않았다. 물론 이 변화를 표면적인 것이라고 보는 것은 잘못이다. 그것은 그 이상의 것이다. 그러나 지배자들의 사고 방식은 여전히 봉건적이어서, 급격한 개혁과 봉건적인 외피를 결합시키려고 했다. 그들은 대체로 성공을 거둔 것으로 보였다.

일본의 귀족 가운데 몇몇 선각자들이 이러한 변혁을 떠맡았다. 일본인들은 그들을 '원로(Elder Statesman)' 라고 부르고 있다. 반외세 폭동에 뒤이어 외국 군함의 포격을 당했을 때 일본인은 자신의 고립무원한 상황을 깨닫는 동시에 뼈아픈 모욕감을 맛보았다. 그들은 자기 운명에 울부짖고 머리털을 쥐어뜯은 대신 이 굴욕과 패배에서 교훈을 배우자고 결심했다. '원로' 들은 먼저 개혁 프로그램을 짜고 집요하게 추진했다.

구 봉건제의 여러 다이묘는 이 계획에서 배제되었다. 천황의 수도는 교토(京都)에서 에도(江戶), 즉 현재는 도쿄(東京)라 개칭된 도시로 옮겨졌다. 새로운 헌법이 공포되고 양원제 국회가 열렸다. 하원은 선거제이며 상원은 지명제다. 교육·산업·법률 그 밖에 거의 모든 분야에 걸쳐 변혁이 일어났다. 공장이 잇따라 세워지고 근대적인 육해군이 조직되었다. 외국의 전문가를 초빙하고 동시에 학생들은 유럽과 미국으로 유학을 갔다. 그들은 인도가 과거에 한 것처럼 고문 변호사가 되기 위한 것이 아니라 과학자나 기술자가 되기 위해 유학을 한 것이다.

이 모든 일을 구상하고 시행한 것은, 국회가 새로 출현했는데도 여전히 법적으로도 일본 제국의 절대적 지배자였던 천황의 이름 밑에서 움직인 '원로' 들이었다. 또한 이들은 이러한 정책을 추진하는 가운데 천황 숭배의 풍습을 보급시켰다. 한편에는 공장과 근대 공업 그리고 사이비 국회가 있는가 하면, 다른 한편에는 신성한 천황에 대한 중세적 숭배가 공존하는 기묘한 구조였다. 어떻게 단시간 내에 이 두 가지가 병행해 나아갈 수 있었을까는 이해하기 어려운 일이다. 그러나 그것은 오늘날까지도 분리되지 않은 채 병존하고 있다. '원로'들은 천황의 신성에 대한 광범위한 감정을 두 가지 면으로 이용했다. 그들은 천황이라는 이름의 위광 앞에서는 결코 반항할 줄 모르는 보수적인 사회층에 변혁을 강제했다. 그리고 '원로'들의 생각보다 더 급진적으로 전진해 모든 봉건주의를 추방하려 하는 진보적인 요소를 억압한 것이다.

  19세기 후반의 중국과 일본의 이러한 대조는 매우 두드러진다. 일본은 급속히 서양화했다. 반면에 중국은, 우리가 이미 보았고 앞으로도 또 보게 되겠지만, 극도의 곤경에 빠져 있었다. 어째서 이렇게 되었을까? 중국의 광대함, 그 방대한 인구와 면적이 변화를 방해한 것이다. 인도 또한 허울만의 강대함의 원천 — 거대한 면적과 인구 — 때문에 고통받았다. 중국의 정치도 그다지 중앙 집권화되어 있지 않았다. 즉 국내의 각 지방이 광범위한 자치권을 갖고 있었던 것이다. 중국 정부는 지방에 개입해 대대적으로 변혁을 이루는 것이 일본처럼 쉽지 않았다. 게다가 또 중국의 위대한 문명은 몇천 년 동안 성장해 온 것이어서 쉽게 분해되기에는 너무나 단단하게 응결되어 있었다. 이 점에서도 중국은 인도와 비슷하다. 한편 중국 문명을 차용한 일본은 그만큼 쉽게 모습을 바꿀 수 있었다. 중국이 겪은 또 다른 재난은 유럽 국가들의 끊임없는 간섭이었다. 중국은 거대한 대륙국이었다. 섬나라 일본처럼 문호를 완전히 폐쇄할 수가 없었다. 북쪽과 서북쪽으로는 러시아와 접하고 있었다. 서남쪽에는 영국이 있고 남쪽에서는 프랑스가 잠입하고 있었다. 이 유럽 국가들은 중국에서 중요한 특권을 빼앗아 상업상의 커다란 이익을 늘려 가고 있었다. 이러한 이권은 그들에게 간섭의 구실을 찾아 내는 데 안성맞춤이었다.

  이와 같이 중국이 맹목적으로 갈팡질팡하면서 별 성과도 없이 이것저것 시도하는 동안 일본은 새로운 정세에 적응하는 길로 빠르게 돌진했다. 이보다 더욱 주목해야 할 사실이 또 있다. 일본은 서양의 기계와 공업을 육해군과 함께 받아들여 진보한 공업국의 면모를 갖추었다. 그러나 일본이 유럽의 새로운 사상과 관념, 즉 개인적·사회적 자유 의식과 생활과 사회에 관한 과학적 전망까지 그렇게 쉽게 받아들인 것은 아니다. 내면적으로 일본은 여전히 봉건적이며 권위주의적이었고, 다른 세계가 이미 오래 전에 벗어 던진 기묘한 천황 숭배에 결박당해 있었다. 일본인의 정열적·몰아적인 애국 의식은 천황에 대한 충성심과 깊이 연결되어 있었다. 즉 민족주의와 천황을 신성시하는 관습이 병존하는 것이다. 한편 중국은 대기계와 공업을 선선히 받아들이지 않았다. 그러나 중국인, 또는 근대 중국은 서양 사상과 관념, 과학적 세계관을 환영했다. 사실 이런 것들은 그들 자신의 특성과 그다지 동떨어진 것은 아니다. 그러고 보면 중국인이 한층 서양 문명의 정신에 몰입한 것이 되고, 일본인은 그 정신을 무시하고 형식만을 취한 탓에 도리어 서양 문명을 놓쳐 버렸다는 것을 알 수 있다. 전 유럽은 자기와 형식이 비슷하다는 점에서 일본을 찬양하고 그들의 동료로 받아들였다. 그러나 중국은 약했고, '맥심' 기관총 따위의 혜택을 받지 못하고 있었다. 때문에 그들은 중국을 깔보고 짓밟고 설교하고 착취할 뿐 중국의 사상과 관념에 관해서는 아무것도 돌아보려 하지 않았다.

　　일본은 산업의 방식뿐만 아니라 제국주의적 침략에 대해서도 유럽의 뒤를 따라갔다. 일본은 유럽 열강의 충실한 제자를 넘어서서 때때로 그들을 능가하기도 했다! 일본의 가장 큰 고민은 새로운 공업 문화와 구봉건주의 사이의 불협화음에 있었다. 양자를 동시에 실행하려 한 일본은 경제적인 균형을 이룰 수 없었다. 과세가 너무 무거워 백성은 내심 불평하고 있었다. 국내의 저항을 막기 위해 일본은 구태의연한 방식에 의존했다. 즉 전쟁과 제국주의적 모험으로 관심을 분산시키는 것이다. 새로운 산업도 일본으로 하여금 원료와 다른 나라 시장을 획득하지 않고는 견딜 수 없게 내몰았다. 그것은 산업 혁명이 영국을, 그리고 뒤에는 다른 유럽 열강을 대외 침략과 정복으로 내몬 것과 똑같은 것이다. 생산은 늘어나고 인구는 급속히 증가했다. 따라서 점점 많은 식량과 원료가 필요해진다. 일본은 어디서 그것을 얻을 것인가? 가장 가까운 나라를 든다면 코리아와 중국이다. 중국은 무역을 허용했으나 인구가 조밀한 나라였다. 그런데 중국의 동북쪽 변경을 이루고 있는 만주에는, 진출해서 식민할 만한 땅이 남아돌 만큼 있었다. 그래서 일본은 코리아와 만주에 탐욕스러운 눈길을 돌렸다.

또한 일본은 서양 열강이 중국에서 온갖 특권을 탈취하고 영토까지 빼앗으려 하는 것을 주시했다. 일본으로서는 결코 반가운 일이 아니었다. 만약 열강이 바다 건너편에서 강대한 세력을 확보한다면 일본의 안전은 위협받을 것이며, 대륙 진출도 가로막힐 것이다.

더구나 개국한 지 채 20년도 못 되어 일본은 중국에 침략적인 태도를 취하기 시작했다. 파선당한 몇몇 일본 어부가 중국인에게 살해된 사건에 얽힌 작은 분쟁이 일본이 중국에 대해 배상을 요구할 기회를 주었다. 처음에 중국은 이를 거부했으나 전쟁의 위협을 당하고, 안남에서 프랑스와 대치하고 있는 등 복잡한 사정이 얽혀서 일본의 요구에 굴복했다. 이것은 1874년의 일이다(대만 사변). 이 승리로 기세를 올린 일본은 다시 정복할 대상을 찾아 냈다. 코리아가 적당한 상대로 보였다. 그래서 일본은 터무니없는 이유를 들어 코리아에 침입해 배상금을 받아 내고 무역을 위해 항구를 개방시켰다.

코리아는 오랜 옛날부터 중국의 종속국이었다. 코리아는 중국에 원조를 요청하려 했으나 중국에는 그럴 능력이 없었다. 일본이 너무 큰 세력을 갖는 것을 두려워한 중국 정부는 코리아에게 일시적인 양보를 권하고, 일본의 진출을 막기 위해 서양 여러 나라와 조약을 맺으라고 권유했다. 이렇게 해서 코리아는 1882년 서구에 개방되었다. 그러나 일본은 이것으로 만족할 생각이 없었다. 일본은 중국의 곤경을 틈타 다시 코리아 문제를 거론하고, 코리아를 일본과 중국의 공동 보호 아래 두자고 주장해서 중국의 동의를 받아 냈다. 가엾은 코리아는 두 나라의 종속국이 되어 버린 것이다. 이것은 관계자인 두 나라에 모두 만족할 수 없는 상태인 것이 분명했다. 결국 분쟁이 일어날 수밖에 없었다. 사실 일본은

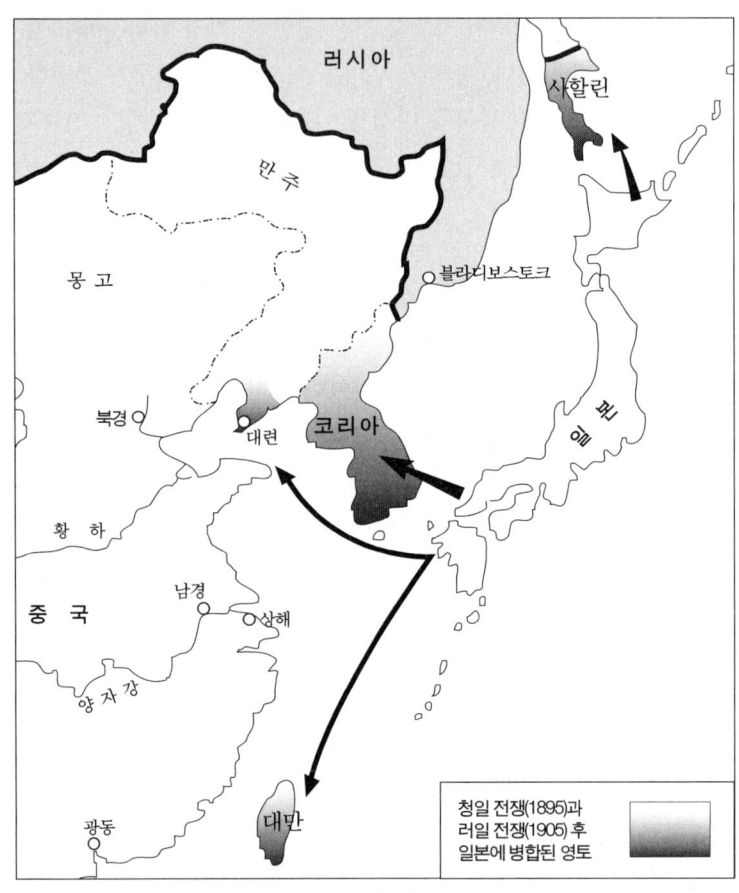

일본의 발전

이런 사태가 일어나기를 기다리고 있었다. 1894년에 마침내 일본은 중국에 전쟁(청일 전쟁)을 강요하고 나섰다.

1894년부터 95년까지 벌어진 청일 전쟁은 일본으로서는 식은 죽 먹기였다. 일본의 육해군은 신식이었으나 중국군은 구식이고 노후했다. 일본은 연전 연승해서 일본을 서양 열강과 동등한 지위로 인정하도록 하는 조약 — 시모노세키 조약(下關條約)의 체결을 강요했다. 코리아의 독립은 선언되었으나 이것은 일본의 지배를 눈가림하는 것에 불과했다.

중국은 또 여순항을 포함한 요동 반도, 대만 그리고 몇 개의 섬을 할양해야 했다.

중국이 작은 일본에 이렇게 참패하자 전세계는 깜짝 놀랐다. 서양 열강이 극동에서 강국이 등장하는 것을 좋아했을 리 없다. 청일 전쟁이 한창일 때부터 열강은 일본이 중국 본토의 항만을 병합하는 것에 동의하지 않겠다고 경고했다. 이 경고에도 불구하고 일본은 중요한 항만인 여순항을 포함한 요동 반도를 탈취했다. 그러나 일본은 끝내 그 곳을 차지하고 있을 수 없었다. 러시아 · 독일 · 프랑스 등 3대국은 일본에게 그 곳을 포기하라고 주장했다. 일본은 두려움과 원한을 품은 채 그 요구에 따르지 않을 수 없었다. 일본은 아직 이들 3국을 상대로 싸울 만큼 충분한 힘을 갖추지 못했던 것이다.

그러나 일본은 이 때 받은 모욕을 잊지 않았다. 이것은 일본으로 하여금 와신상담하며 더 큰 전쟁을 준비하게 한 원인이 되었다. 9년 뒤 일본은 러시아를 상대로 전쟁을 벌였다.

중국을 이긴 일본은 극동의 최대 강국이라는 지위를 확립했다. 또한 중국은 온갖 약점을 드러내 그 뒤 유럽 열강의 갖가지 위협을 막아 낼 수 없게 되었다. 그들은 시체 또는 다 죽어 가는 몸뚱이에 독수리가 날아들 듯 중국을 공격하고 마음껏 약탈했다. 영국 · 프랑스 · 독일 · 러시아 등 제국은 중국 연안의 항만과 근해를 두고 이권 다툼을 벌였다. 참으로 비열하고 차마 눈뜨고 보기 힘든 권익 쟁탈전이 시작되었다. 아무리 사소한 사건이라도 권익이나 양보를 끌어 낼 구실로 이용되었다. 독일은 두 명의 선교사가 살해되자 무력을 행사해 산동(山東) 반도 동부의 교주(膠州)를 점령했다. 독일이 이 곳을 차지하자 다른 열강들도 자기 몫을 주장하고 나섰다. 러시아는 불과 3년 전에 일본에게 토해 내게 한 여순을 점령했다. 러시아가 여순을 점령하자 영국은 이에 균형을 맞추기 위해 위해위(威海衛)를 점령했다. 프랑스도 안남에서 한 항구와 영토를 차지했다. 러시아는 시베리아 철도를 연장해 북만주를 횡단하는 철도를 건설할 수 있는 권리를 인정받았다.

이 얼마나 차마 눈뜨고 보지 못할 수치스러운 쟁탈전이냐? 물론 중국이 좋아서 영토나 조계를 할양한 것은 아니다. 중국은 무슨 사건만 생겼다 하면 외국 해군의 시위와 포격의 위협 아래 동의를 강제당했던 것이다. 이 볼썽사나운 행위를 무슨 이름으로 어떻게 부르면 좋을까? 날치기인가, 아니면 '깡패짓'인가? 이것이 제국주의 방식인 것이다. 이들은 가끔 남에게 온정을 베푸는 자비로운 표정과 위선의 외투로 자기의 악행을 숨긴다. 그런데 1898년의 중국에서는 외투도 '덮개'도 없었다. 노골적인 사태가 있는 그대로의 추태를 남김없이 폭로하고 있었을 뿐이다.

117 *1932년 12월 29일*

일본이 러시아를 이기다

요전 편지에 이어서 오늘도 극동에 관해 이야기하도록 하자. 내가 전쟁에 관해서만 얘기하고 부질없이 과거를 이야기하며 시간을 소비하는 것을 너는 이상하게 생각할지도 모른다. 그것은 별로 기분 좋은 이야기도 아니며 이제는 아득히 사라진 옛날 일이다. 그리고 나는 그것을 새삼 강조하고 싶지는 않다. 하지만 지금 극동에서 일어나고 있는 사태는 많은 부문이 이 분쟁 속에 뿌리를 두고 있으므로 현재의 문제를 이해하려면 아무래도 어느 정도의 지식이 필요한 것이다. 지금 이 글을 쓰는 동안에도 일본의 만주 정복[57]에 대해 격렬한 논쟁이 벌어지고 있다.

---

57) 1931년 9월, 일본 제국이 만주 침략을 개시하자 중국은 즉시 이 사실을 국제 연맹에 제소했다. 곧 국제 연맹 이사회가 소집되고 일본은 세계의 여론에 고립되었다. 1932년 1월, 미국 국무 장관 스팀슨은 일본의 행동과 그 결과를 전혀 승인하지 않을 것이

지난번 편지에서 나는 1898년 중국에서 서양 열강이 군함을 앞세우고 벌인 권익 다툼에 대해 얘기했다. 그들은 쓸 만한 항구를 모두 차지하고 그 항구의 배후 지방에 대한 온갖 권익 ─ 광산 채굴권, 철도 부설권 등을 확보했으며, 지금도 계속 또 다른 권익을 강요하고 있다. 외국 정부들은 중국에서의 '세력 범위(spheres of influence)'에 관해 논의하기 시작했다. 이는 근대 제국주의의 상투적인 수단이며, 한 나라를 분할하려는 듣기 좋은 허울에 지나지 않는다. 영유(prossesion)와 지배(control)에는 여러 단계가 있다. 합병(annexation)은 물론 완전한 영유다. 보호(protectorate)도 약간 가벼운 정도의 지배다. '세력 범위'란 그보다 더 가벼운 지배를 말한다. 그러나 어느 것이든 결국 목적은 똑같으며, 어떤 한 단계는 쉽사리 다른 단계로 옮겨진다. 아마 앞으로도 언급할 기회가 있으리라 생각하지만, 사실 합병은 결과적으로 민족주의적 항쟁을 부르기 때문에 지금은 낡고 서툰 방법으로 알려지고 있다. 한 나라의 경제적 지배를 획득하고 그 밖의 부분에 관해서는 모르는 체하는 것이 훨씬 손쉽기 때문이다.

이리하여 중국의 분할은 어느덧 촉박해졌다. 이에 놀란 것은 일본이었다. 모처럼 애써서 얻은 중국에 대한 전승의 열매가 서양 열강에게 넘어가는 것처럼 보였다. 일본은 중국이 조각나는 것을 새삼스레 항의하지도 못하는 상태에서 그저 분노의 시선으로 지켜볼 뿐이었다. 일본은 무엇보다도 자신의 여순 점령을 방해해 놓고 이제 그 곳을 차지해 버린 러시아에 격분하고 있었다.

그런데 종래에 중국의 권익 다툼이나 분할 계획에 끼어들지 않은

라는 미국의 관점을 명백히 밝혔으며, 국제 연맹은 조사단(리튼 조사단)을 현지에 파견했다. 8월, 일본 외상 우치다 고사이(內田康哉)는 회의석상에서 "일본을 초토로 만드는 한이 있더라도 '생명선'은 지키겠다"는 결의를 피력했다. 1932년 10월, 바로 이 편지가 쓰이기 3개월 전에 일본의 철병을 권고하는 리튼 조사단의 보고가 정식으로 제출되었다. 이듬해인 1933년 2월, 국제 연맹 임시 총회는 42대 1로 보고서를 채택했다. 그러자 일본 전권 대사 마쓰오카 요스케(松岡洋右)는 즉각 일본의 연맹 탈퇴를 선언했다.

일본이 러시아를 이기다

대국이 하나 있었다. 그것은 미국이다. 그러나 그것은 미국이 다른 열강보다 신중해서가 아니라 자기 나라의 광대한 국토를 개발하느라 바빴기 때문이다. 그들이 태평양을 향해 서부로 확장됨에 따라 새로운 지역을 개발할 필요가 있었고, 그들의 모든 정력과 재산을 거기에 투입했다. 뿐만 아니라 여기에는 대량의 유럽 자본까지 투입되어 있었다. 그러나 세기가 끝날 무렵에는 미국도 해외에 투자할 곳을 찾게 되었다. 그들도 중국을 주목했는데, 중국에서는 이미 유럽 여러 나라들이 '세력 범위'의 분할에 한창 열을 올리고 있었으며, 결국은 합병을 꾀하고 있다는 것을 알고는 눈초리를 세웠다. 미국은 따돌림을 당한 것이다. 미국은 그래서 중국에 이른바 '문호 개방(open-door)' 정책을 요구하고 나섰다. 이것은 모든 강국이 중국에서 무역과 사업에서 동등한 권리를 부여받아야 한다는 주장이다. 열강은 이를 승인했다.

중국 정부는 이와 같은 끊일 새 없는 외국의 공세에 낭패해 개혁과 재조직의 필요성을 절감했다. 그들은 그것을 실천에 옮기려 했으나 열강이 잇따라 새로운 권익을 요구하는 통에 좀처럼 기회를 잡을 수 없었다. 서태후는 얼마 전부터 은퇴하고 있었는데 국민들 사이에서는 그녀라면 혹시 중국을 위기에서 구할 수 있을지도 모른다는 기대가 고조되었다. 그런데 당시의 황제는 그녀를 어떤 음모의 혐의자로 몰아 유폐시키려고 했다. 그러자 이 노부인은 오히려 그를 정권에서 몰아 내고 실권을 잡아 이에 보복했다. 그녀는 일본과 같은 급격한 개혁의 수단을 취하지는 않았으나 신식 군대의 창설에 힘을 기울였으며 방위를 위한 지방 의용군의 결성을 장려했다. 이 지방 의용 군대를 의화단(義和團) — 공정한 평화의 단체라 한다. 또는 의화권(義和拳) — 공정한 평화의 철권이라고도 했다. 이 후자의 명칭이 항구 도시에 거주하는 유럽인에게 전해져 그들은 이를 '권투 선수(boxers)'라고 번역했다. 훌륭한 이름을 졸렬하게 번역한 것이다. 의화단(boxers)은 외국의 공격, 중국 또는 중국인에 대해 가해진 숱한 모욕에 대한 애국적 반발에서 생겨난 것이다. 그들이 악의 화신으로만 보이는 외국인을 좋아하지 않은 것은 당연한 일이었다. 그들은 특히 중국인을 혹독하게 괴롭힌 선교사들을 증오하고 중국인 기독교도를 매국노로 취급했다. 이것은 새로운 질서에서 스스로를 지키려고 마지막으로 노력했던 낡은 중국의 몸부림이었다. 물론 이런 방법으로 성공할 가망은 없었지만 말이다.

애국적·배외적·반선교사적·보수적인 단체와 서양인 사이의 분쟁은 불가피했다. 곳곳에서 분쟁이 일어났다. 영국인 선교사 한 명이 살해당하고 수많은 유럽인과 무수한 중국인 기독교도가 죽음을 당했다. 외국 정부들은 중국 정부에 이 '애국 권법 운동(the patriotic Boxer movement)'을 억압하라고 요구했다. 중국 정부는 살인 사건 관계자를 처벌했으나 애당초 그들의 처지에서 자기 자식이나 다름없는 인민들을 진심에서 혹독하게 억압한다는 것은 있을 수 없는 일이었다. 그러는 동안 권법 운동은 급속도로 확대되었다. 외국 사신들은 당황해서 함대의 군대를 긴급 출동시켰다. 이것을 본 중국 정부는 또다시 외국의 침략이 시작되었다고 생각했다. 사태는 긴박해졌다. 독일 공사가 살해당하고, 북경 주재 각국 공관은 포위되었다.

중국의 대부분은 애국 권법 운동에 동의하며 무장 궐기하려고 했다. 다만 어떤 지방 총독은 중립을 유지함으로써 간접적으로 외국 세력을 돕기도 했다. 서태후는 의심할 필요도 없이 '의화단'을 동정하고 있었으나 공공연하게 그들과 행동을 함께하지는 않았다. 외국인들은 '의화단' 들이 비적에 지나지 않는다는 것을 밝히려고 애썼다. 그러나 사실 1900년의 폭동은 중국을 외국의 간섭에서 해방하려는 노력이었다. 로버트 하트 경(Sir Robert Hart)은 해관(the customs) 총감독관으로 있던 영국의 고관으로서 공사관의 포위망을 뚫은 사람이었는데, 그는 중국인의 감정을 폭발시킨 책임은 외국인, 특히 선교사들에게 있다고 했다. 그는 폭동은 "애국적인 열망을 갖고 있으며, 그 목적이 대부분 정당했다는 것은 의심할 여지가 없다. 그러나 그것을 지나치게 주장하는 것도 잘못이다"라고 표현했다.

중국이 갑자기 '지렁이도 밟으면 꿈틀한다'는 식으로 나오자 서양

일본이 러시아를 이기다

열국들은 무척 초조해졌다. 그들은 북경에서 포위당해 있는 저희 국민을 보호하고 원조하겠다는 명분을 내세워 군대 파견을 서둘렀다. 독일 사령관의 지휘 아래 각국의 연합군이 공사관을 구조하기 위해 달려왔다. 독일 황제는 중국 파견군에게 '훈족(Huns : 4~5세기에 유럽 일대를 휩쓴 아시아의 유목민)' 처럼 행동하라고 명령했다. 아마도 영국인이 세계대전중 모든 독일인들을 'Huns' 라고 부른 것은 이 문서에서 연유했을 것이다.

카이저의 이 훈령은 독일 군대뿐만 아니라 연합군 전체가 받아들였다. 이 군대가 북경에 진입해서 백성에게 저지른 학대상은 많은 사람들이 그들에게 잡히는 것을 두려워한 나머지 자살했을 정도로 가혹했다. 당시 중국 여성들은 전족(纏足)을 하고 있어서 민첩하게 도망칠 수도 없었다. 그 때문에 그처럼 많은 여성들이 자살했던 것이다. 그리하여 연합군이 가는 곳마다 시체가 쌓여 뒹굴고 마을들은 불태워졌다. 연합군에 종군한 영국 통신원은 다음과 같이 보도하고 있다.

이 곳에서는 내가 감히 기술할 수도 없거니와 아마 영국에서 출판이 금지될 만한 극한적 사태가 허다하다. 이런 사태는 우리 서구 문명인이란 것이 실은 야만성을 교묘하게 위장하고 있었음에 지나지 않는다는 것을 증명할 것이다. 역사상 어떠한 전쟁도 진상이 알려진 적이 없었지만 이 전쟁도 예외는 아닐 것이다.

연합군은 북경에 도착해서 공사관을 구출했다. 그리고 북경에서 약탈이 시작되었다. 그것은 '피사로의 전성기(the day of Pizarro : 남아메리카 문명을 정복하면서 재물을 무자비하게 약탈한 스페인 장군의 이름이 피사로다)' 이래 사상 최대의 약탈 행위라고 한다. 북경의 고미술품은 그 진가를 모르는 야만스럽고 무지 몽매한 인간들의 손아귀에 들어갔다. 더구나 이 약탈에서 선교사가 큰 역할을 담당했다니, 참으로 슬픈 일이다. 이들은 떼지어 집집마다 저희들 소유라는 딱지를 붙이면서 돌아다녔다. 어느 집의 가보를 몽땅 팔아 없애고 나면 다음 대저택에 대한 습격이 시작되었다.

열강의 대립, 그리고 또 어떤 점에서는 미국의 태도가 중국을 분할에서 구해 냈다. 그러나 중국은 골수에 맺히는 굴욕의 고배를 마셔야 했다. 온갖 참을 수 없는 모욕이 중국에 가해졌다. 외국 군대는 북경에 영구적으로 주둔하며 철도를 수비하게 되었다. 수많은 성채가 파괴되었다. 배외 단체의 회원은 사형에 처한다고 공포되었다. 열강에 대한 상업적인 특권이 추가되고, 거액의 배상금을 물어야 했다. 그 중에서도 가장 큰 타격은 중국 정부가 권법 운동에 나선 애국적인 지도자들을 '반도(rebels)'로 몰아 사형에 처하도록 강요당한 일이었다. 1901년에 서명된 통칭 '북경 의정서'의 내용은 대체로 이런 것이었다.

중국 본토에서 이 같은 사건들이 일어나고 있는 동안 러시아 정부는 이 급박한 정세를 틈타 시베리아를 경유, 대부대를 만주에 파견했다. 무력한 중국이 할 수 있었던 일이라고는 항의하는 것이 고작이었다. 그러나 다른 열강은 러시아가 이런 방법으로 중국 영토의 큼지막한 덩어리를 차지하는 데 대해 강경하게 비난했다. 특히 일본 정부는 러시아의 동진(東進)에 가장 크게 불안과 위험을 느꼈다. 그래서 열강은 러시아에 압박을 가해 철수시키려고 했다. 러시아는 자신들의 선량한(honourable) 의도가 뜻하지 않은 의심을 받게 된 데 대해 도덕적인 고통과 놀라움을 느낀다는 시늉을 하면서, 자기들은 결코 중국의 주권을 침해할 뜻이 없으며 만주에 있는 러시아 철도에 질서가 회복되는 대로 철군하겠다고 열강에 약속했다. 열강은 이에 모두 만족했고 서로 그들의 특기할 만한 무욕(無慾)과 도의심에 대해 외교 사령을 교환했을 것이 분명하다! 하지만 러시아 군대는 만주에 계속 머물렀고 이후 코리아 쪽으로 뻗어 나갔다.

러시아가 만주·코리아로 전진하자 일본은 크게 자극받았다. 일본은 말없이 그러나 부지런히 전쟁을 준비하고 있었다. 그들은 자기들이 청일 전쟁 뒤 여순항을 빼앗으려 했을 때, 1895년 3국이 연합해서 간섭한 일을 잊지 않았다. 때문에 일본은 똑같은 일이 반복되지 않도록 획책

일본이 러시아를 이기다

했다. 그들은 영국 또한 러시아의 남하를 두려워해 그것을 막고자 한다는 것을 간파했다. 그리하여 1902년 극동에서 다른 나라들이 연합해서 영국과 일본 양국을 압박하는 것을 방지할 목적으로 영일 동맹이 체결되었다. 이제 일본은 안전을 보장받고 러시아에 더욱 공격적인 태도로 나섰다. 일본은 러시아 군대의 만주 철수를 요구했다. 그러나 당시의 어리석은 차르 정부는 일본을 깔보고 일본이 결코 싸울 생각이 없을 것이라고 믿고 있었다.

  1904년 초 양국 사이에 전쟁이 개시되었다. 일본은 충분히 준비가 되어 있었고, 일본 국민은 자기 정부의 선전과 천황 숭배 선동에 휩쓸려 애국적 열정 속에 힘차게 일어났다. 반면 러시아는 전혀 준비가 없는 데다가 차르 전제 정부는 끊일 새 없는 인민의 항쟁을 겨우겨우 막아 내고 있었다. 1년 반에 걸쳐 치열한 전쟁이 벌어졌는데 전 아시아, 유럽 그리고 미국은 육해전에서 일본이 승리하는 것을 목격했다. 여순항은 일본 병사의 놀라운 희생적 행위와 엄청난 출혈을 본 뒤에 마침내 함락되었다. 러시아의 대함대가 아득히 먼 유럽에서 해로를 거쳐 파견되었다. 이 강력한 함대는 몇천 마일이나 되는 세계의 절반을 돌아오느라 갑판에 녹까지 슬면서 동해에 이르렀으나, 코리아와 일본 사이의 좁은 해협에서 제독까지 깡그리 일본군에 몰살당했다. 함대는 이 패배로 거의 전멸해 버렸다.

  러시아 — 차르의 러시아는 연전 연패해 큰 타격을 받았다. 그런데도 러시아는 상당한 힘을 갖고 있었다. 100년 전 나폴레옹을 굴복시킨 바로 그 러시아가 아닌가? 하지만 그 때는 진정한 러시아, 즉 러시아의 인민이 앞장섰던 것이다.

  그 동안의 편지에서 나는 줄곧 러시아 · 영국 · 프랑스 · 미국, 그리고 중국 · 일본 등을 마치 생명이 있는 실체처럼 써 왔다. 이것은 사실 내가 책이나 신문에서 배운 나쁜 버릇이다. 물론 나는 당시의 러시아 정부, 영국 정부, 이런저런 정부를 말했던 것이다. 이 정부들은 소수의 그룹을 대표한 것에 불과했다. 또는 일정한 계급을 대표하고 있었다고 말할 수 있을지 모르지만, 전 인민을 대표하고 있던 것처럼 생각하거나 말하는 것은 옳지 않다. 19세기에 영국 정부는 소수의 부유 계급, 즉 의회를 지배하고 있던 지주, 상류 중간 계급을 대표했다고 말할 수는 있지만 인민의 대다수는 이에 전혀 관여하지 못한 것이 사실이다. 오늘날 인도에서는 때때로 인도가 국제 연맹이나 원탁 회의, 그 밖의 다른 회의에 대표를 파견한다고 말한다. 이것은 어리석은 소리다. 이른바 대표란 인도 인민이 대표자를 선출하기 전에는 인도 대표일 수가 없다. 따라서 그들은 스스로 내세운 명칭에도 불구하고 영국 정부의 한 부분에 불과한 인도 정부의 지명 대표자인 것이다. 러일 전쟁 당시 러시아는 전제 정치 아래 있었다. 차르는 전 러시아 국가의 전제 군주이며 더구나 무척 저능한 군주였다. 노동자·농민은 군대에게 억눌리고, 중간 계급까지도 정부에 대해 아무런 발언권을 갖지 못했다. 수많은 러시아의 용감한 청년들은 이 압정에 용감하게 항쟁했으며 자유를 위해 생명을 내던졌다. 많은 소녀들도 이에 뒤따랐다. 그러니까 내가 러시아가 이랬다느니 일본과 전쟁을 했다느니 말하는 것은 모두 차르 정부가 한 일을 가리키는 것이며, 그 이상의 것은 아니다.

대일 전쟁과 그 패배는 러시아의 일반 인민에게 더욱 고통을 가져다 주었다. 노동자는 때때로 정부에 압력을 가하기 위해 공장에서 파업에 돌입하기도 했다. 1905년 1월 22일 몇만 명의 비무장 노동자·농민이 한 신부의 지도 아래 차르에게 구제를 호소하기 위해 떼지어 동궁(the Winter Palace)으로 출발했다. 차르는 그들의 호소를 듣는 대신 그들에게 총격을 가하고 무서운 학살을 자행했다. 200여 명이 학살당해 페테르부르크의 흰 눈은 새빨갛게 물들었다. 그 날은 마침 일요일이었으므로 이 사건은 '피의 일요일(Blood Sunday)'이라 일컬어진다. 나라는 뒤죽박죽이 되어 온통 소란하기만 했다. 잇따라 노동자의 파업이 일어나 혁명의 시도로까지 발전했다. 1905년 혁명은 차르 정부의 잔악한 탄압으로 진압되었다. 이 사건은 몇 가지 이유로 우리의 관심을 끈다. 그 사건은 10년 뒤 러시아의 모습을 크게 변화시킬 혁명을 준비한 일종의 예비

행위였다. 그리고 혁명적 노동자가 뒷날 소비에트라는 이름으로 널리 알려지게 된 새로운 조직을 창조한 것은, 실패로 끝난 이 1905년 혁명 당시의 일이었다.

일본과 중국에 대한 이야기가 평소 버릇처럼 그만 1905년의 러시아로 흘러 버렸구나. 그러나 만주 전쟁을 벌이던 러시아의 배경을 설명하자면 이 일에 대해 어느 정도 얘기해 두는 것이 필요했다. 차르가 일본과의 전쟁을 끝낸 것은 다분히 이 혁명 때문이었다.

러일 전쟁은 1905년 9월의 포츠머스 조약(the Treaty of Portsmouth)으로 끝났다. 포츠머스는 미국에 있다. 미국 대통령이 두 나라 대표를 그 곳으로 초청해서 강화 조약이 체결되었다. 이 조약을 통해 일본은 마침내 여순항과 요동 반도를 다시 차지했다. 일본이 청일 전쟁 후 그 곳을 포기하지 않을 수 없었던 사정은 기억하고 있겠지? 일본은 또 러시아가 만주에 건설한 철도의 대부분과 일본 북방에 위치한 사할린의 절반을 차지했다. 또한 러시아는 코리아에 대한 모든 권리를 상실했다.

이처럼 승리한 일본은 마침내 대국의 대열에 끼는 숙원을 이루었다. 아시아의 한 나라인 일본의 승리는 아시아의 모든 나라에 커다란 영향을 미쳤다. 내가 소년 시절에 이 사실에 얼마나 감격했는지를 네게 자주 이야기했지. 수많은 아시아의 소년 소녀, 그리고 어른들이 같은 감격을 경험했다. 유럽의 한 강대국이 패배했다. 그렇다면 아시아는 그 옛날 때때로 그랬듯 지금도 틀림없이 유럽을 쳐부술 수 있을 것이다. 민족주의는 한층 급속도로 동방 여러 나라에 퍼져 '아시아인의 아시아(Asia for Asiatics)'라는 외침이 일어났다. 그러나 이 사상은 단순한 복고도 아니며 구래의 습관, 신앙의 고집도 아니다. 일본이 승리한 것은 서양의 새로운 산업 방식을 채용한 덕택이라고 풀이되고 있다. 이리하여 모든 동양이 이른바 서양의 사상과 방법에 관심을 기울이게 되었다.

118 *1932년 12월 30일*

중국이 공화국이 되다

　우리는 앞에서 러시아에 대한 일본의 승리가 아시아의 여러 국민을 얼마나 기쁘게 하고 즐겁게 했는지를 보았다. 그런데 그 직후의 성과란 소수의 침략적 제국주의 국가 그룹에 또 한 국가를 추가한 것에 지나지 않았다. 그 고약한 결과를 맨 처음 맞이한 것이 코리아였다. 일본의 융성은 곧 코리아의 몰락을 의미했다. 일본은 개국 당초부터 코리아와 만주의 일부를 자기의 세력 범위로 눈독을 들이고 있었다. 물론 일본은 거듭 중국의 영토 보전과 코리아의 독립을 존중하겠다고 선언했다. 제국주의 국가란 상대의 것을 강탈하면서도 예사롭게 선의를 보증하고, 살인을 하면서도 생명의 신성함을 공언하는 비열한 수단을 상습적으로 쓰는 자들 아니냐. 일본도 코리아에 대해 간섭하지 않는다고 장황하게 선언하면서도 전부터 품어 온 코리아 영유 정책을 계속 추진했다. 중국에 대한 전쟁도, 대 러시아 전쟁도 코리아와 만주에 초점을 맞춘 전쟁이었다. 일본은 한 걸음 한 걸음 지위를 굳혀, 중국이 배제되고 러시아가 패배한 이제는 마치 무인지경을 달리는 기세였다.
　제국 정책을 수행하는 일본은 전혀 부끄러워할 줄 몰랐다. 그러기는커녕 일본은 베일로 가릴 생각도 하지 않은 채 공공연하게 설쳤다. 1894년 청일 전쟁이 일어나기 직전에 일본인은 코리아의 수도의 왕궁으로 쳐들어가 일본의 요구를 들어 주지 않던 왕비 민비를 폐하여 유폐했다. 러일 전쟁 뒤인 1905년에 일본은 코리아 왕에게 독립을 포기할 것과 일본의 종주권을 받아들일 것을 강요했다. 코리아의 비극은 이에 그치지 않았다. 5년도 채 되지 않아 이 불행한 국왕은 폐위되고 코리아는 일본 제국에 합병되었다. 이것이 1910년의 일로, 4000여 년의 오랜 역사를 가진 독립국 코리아는 패망했다. 폐위당한 국왕은 500년 전에 몽고인을 축출한 왕조(이씨 조선)였다. 그러나 코리아는 형제 나라 중국과 마찬가지로 시대에 뒤지고 정체되어 있었으며, 이 때문에 대가(penalty)를 치러야 했다.

코리아는 조용한 아침의 나라라는 뜻의 조선이라는 옛 명칭으로 다시 일컬어지고 있다. 일본은 코리아에서 어느 정도 근대적인 개혁을 실시했으나 한편 한민족(Korean people)의 정신을 가차없이 유린했다. 코리아에서는 오랫동안 독립을 위한 항쟁이 계속되어 여러 차례 폭발했다. 그 가운데서도 중요한 것은 1919년의 독립 만세 운동이었다. 한민족 — 특히 청년 남녀는 우세한 적에 맞서 용감히 투쟁했다. 자유를 되찾기 위해 싸우는 한민족의 조직체가 정식으로 독립을 선언하고 일본인에 반항하면 이내 경찰에 밀고되고 모든 행동은 일일이 보고되고 말았다! 그들은 이와 같이 자신들의 이상을 위해 희생하고 순국했다. 일본인이 한민족을 억압한 것은 역사상 보기 드문 쓰라린 암흑의 일막이다. 코리아에서는 대학을 갓 졸업한 젊은 여성과 소녀가 투쟁에서 중요한 역할을 하고 있다는 사실을 안다면 너도 틀림없이 깊은 감동을 받을 것이다.

그러면 중국 문제로 돌아가자. 우리 이야기는 권법 운동의 진압과 1910년의 '북경 의정서'에서 끊겼을 것이다. 중국은 무참한 굴욕을 당한 뒤 다시 개혁 문제가 화제에 올랐다. 늙은 서태후 또한 이러한 움직임이 일어나야 한다고 생각한 것 같다. 러일 전쟁 때 중국은 자기 영토인 만주에서 싸움이 벌어지고 있는데도 시종 수동적인 방관자에 불과했다. 일본의 승리는 중국 개혁파의 힘을 강화해 주었다. 교육은 근대화해 수많은 학생이 근대 과학을 배우기 위해 유럽과 미국으로 파견되었다. 예전에 관리 임명에 이용되었던 구식 과거 시험은 폐지되었다. 중국의 상징이었던 이 제도는 한(漢) 왕조 이래 2000년 동안이나 줄곧 유지되어 온 것이었다. 그것은 벌써 오래 전에 효용을 상실한 채 중국을 제자리걸음 치게 했을 뿐이다. 그러므로 그것을 폐지한 것은 잘한 일이지만, 한편 그것은 나름으로 오랫동안 훌륭한 성과를 거두어 왔다. 즉 그것은 아시아와 유럽의 국가들과 달리, 봉건 제도나 제정 일치 제도가 아니라 이성에 기초를 둔 중국인의 사고 방식을 특징짓는 것이었다. 중국인은 시종 일관 가장 종교성이 희박한 국민이었지만, 윤리적이고 규칙적인 생활에서는 다른 어떠한 종교적인 국민보다 엄격하게 살아왔다. 그들은 합리적인 사회를 발전시키려고 노력했으나, 그것은 고전이라는 좁은 울타리 안에 국한되어 있었기 때문에 진보에 필요한 변화가 방해를 받아 정체와 화석화를 초래한 것이다. 우리 인도인은 이 중국인의 합리주의에서 많은 것을 배워야 한다. 우리는 부끄럽게도 지금까지 '카스트' 제도와 독선적인 종교, 성직자의 정략(priest craft), 봉건적인 여러 관념에 사로잡혀 있으니 말이다. 위대한 중국의 성인 공자는 사람들에게 명심할 만한 경고를 했다. "초자연적인 일에 종사한다고 일컫는 무리와 교섭을 갖지 말라. 만약 그대들이 그대들 나라에 초자연 숭배의 근거지를 허용한다면 무서운 재난을 당할 것이다." 하지만 불행하게도 우리 나라에는 여전히 머리 술(tuft)을 장식하거나, 머리를 땋아 내려뜨리거나, 수염을 길게 기르거나, 이마에 뜻을 알 수 없는 도장을 찍거나, 샛노란 외투를 걸친 무리가 마치 초자연성의 대변자인 듯 행세하면서 서민을 착취하고 있다.

그런데 중국은 예로부터 내려오던 합리주의와 교양을 지녔으면서도 현대를 감당할 힘을 잃어버려, 그 오랜 제도는 중국이 고난받는 시대에 거의 아무런 도움도 되지 못했다. 그러나 사태의 전개는 중국의 젊은 아들들에게 생기를 불어넣었고, 그들은 열렬히 다른 방면에서 빛을 찾기 시작했다. 서태후까지도 그들의 열의에 영향을 받아 헌법과 자치 정부를 승인하고 여러 외국의 헌법을 연구하기 위해 조사 위원회를 파견하기에 이르렀다.

늙은 서태후가 지배하는 중국 정부는 마침내 움직이기 시작했다. 하지만 백성의 움직임은 더욱 빨랐다. 1894년에는 벌써 중국인 손일선(孫逸仙), 즉 손문(孫文) 박사가 '흥중회(興中會)'를 창립했고, 당시 불공정하고 일방적인 조약 — 중국인들은 이를 '불평등 조약'이라 부르고 있다 — 에 반대하는 수많은 사람들이 그 밑에 모여들었다. 이 모임은 눈부시게 성장해서 이 나라 청년들 사이에 동경의 대상이 되었다. 이 조직은 1911년 국민당으로 이름을 바꾸어 중국 혁명의 핵심을 이루는 조직체가 되었다. 운동의 정신적 지도자였던 손 박사는 미국을 모델로 삼았다. 그는 공화국 체제를 택해, 영국과 같은 입헌 군주제 또는 일본과 같은 황제 숭배를 배척했다. 중국인은 일찍이 황제를 맹목적으로 숭배한 적이 없을 뿐더러 당시 군림하고 있던 왕조는 중국인 출신이 아니었다. 그 때의 왕조는 만주계여서 백성들 사이에는 반청(反淸) 감정이 강했다. 서태후를 움직인 것도 백성 속에서 들끓고 있던 이런 기운이었다. 그러나 늙은 부인은 장래의 헌법에 관해 선언한 뒤 얼마 안 가서 죽었다. 공교롭게도 서태후가 제위에서 추방한 그녀의 조카뻘인 황제 광서제(光緖帝)도 1908년 11월 서태후가 죽은 지 24시간 만에 뒤따라 죽었다. 그래서 어린 황제 선통제(宣統帝)가 허울뿐인 황제 자리에 올랐다.

다시 의회 정치의 소집을 외치는 소리가 높아지고 반청·반군주적 감정은 더욱 고조되었다. 혁명파는 이 때를 놓치지 않고 세력을 집결했다. 당시 그들에 대항할 수 있는 강력한 인물은 어떤 성의 총독인 원세개(袁世凱)를 제외하고는 아무도 없었다. 그는 교활한 늙은 여우로서 '신군(新軍)'이라는 중국의 유일한 근대적 정예 부대를 장악하고 있었다. 그런데 만주의 지배자들은 어리석게도 그를 건드려 노하게 한 데다가 면직 처분까지 해 버렸다. 그리하여 그들은 어쩌면 얼마 동안 제 목숨을 구해 주었을지도 모를 유일한 인물을 잃어버린 것이다. 1911년 10월 혁명은 양자강 유역에서 일어나 급속도로 중국 중부와 남부 중간을 휩쓸었다. 1912년 설날 아침에 이 혁명에 가담한 여러 성은 공화국을 선포해 수도를 남경에 두었다. 손일선 박사가 대통령(대총통)에 선출되었다.

그 동안 원세개는 이 혁명 드라마를 관람하면서 개입할 기회를 노리고 있었다. 어린 황제의 아버지가 섭정(攝政)을 하면서 원세개를 면직시켰다가 다시 복직시킨 사정에는 재미있는 이야기가 있는데, 모두 다 구중궁다운 정중한 허례 속에서 이루어졌다. 원세개를 면직할 때는 그의 발에 병이 났다고 포고되었다. 물론 원세개의 발은 아무 이상 없이 튼튼했지만 이는 그를 추방하기 위한 편의상의 구실에 불과했다는 것은 천하가 다 아는 사실이다. 그런데 이번에는 원세개가 이에 복수를 했다. 2년 뒤인 1911년 정부에 대한 반란과 폭동이 일어나자 섭정은 당황해서 그를 불렀다. 원세개는 원래 자기가 요구하는 대로 지휘권을 장악할 수 있는 지위를 주지 않는 한 갈 생각이 없었다. 그래서 그는 섭정의 요구에 대해, 발에 난 병이 아직 낫지를 않아 집을 나가는 일이 불가능하므로 대단히 유감스럽다는 요지의 회신을 보냈다. 1개월 뒤 원세개가 내세운 요구가 받아들여지자 그의 발은 놀라운 속도로 완쾌(?)되었다.

그러나 혁명을 저지하기에는 때가 너무 늦어 있었다. 원세개는 양편 틈에 끼여 스스로를 궁지에 몰아넣을 만큼 어리석지는 않았다. 결국 그는 만주인의 퇴진을 권고했다. 공화국의 위협에 직면해서 부하 장군에게까지 버림받은 만주인에게는 이미 선택의 여지가 없었다. 1912년 2월 12일, 황제는 퇴위를 발표했다. 이리하여 만주인 왕조는 250년에 걸친 치적을 뒤로 하고 중국의 무대에서 자취를 감추었다. 중국인의 옛 말을 빌리자면 "그들은 범의 포효와 더불어 와서 뱀꼬리처럼 사라져 갔다(龍頭蛇尾)."

같은 2월 12일에 새 공화국의 수도이며 명나라 초대 황제의 영묘가 있는 남경에서 신구의 풍습이 뒤섞인 보기 드문 식전이 거행되었다. 공화국의 대통령 손일선은 내각을 이끌고 이 영묘에 나아가 옛 의식을 따라 제물을 바쳤다. 그리고 이 자리에서 인사말을 했다. "우리는 아시아에 공화제의 새 본보기를 보여 주려 하고 있다. 노력하는 자에게는 조만간 성공이 오게 마련이며, 선한 자는 마침내 반드시 보답을 받기 마련이다. 그렇다면 오늘의 승리가 이처럼 늦어진 것을 탄식할 필요가 어디 있겠는가?"

손 박사는 국내에서, 또는 망명을 하면서 오랫동안 중국의 자유를 위해 분투해 왔다. 그리고 승리는 마침내 다가온 것처럼 보였다. 그러나 자유라는 것은 붙들기 어려운 친구와 같아서, 승리는 손안에 들어오기 전에 충분한 대가를 요구한다. 승리는 때때로 부질없는 희망으로 우리를 조롱하기도 하고, 우리에게 안기기 전에 많은 고난을 주어 시련을 겪게 한다. 중국과 손 박사의 시련은 아직도 종착역에 도달한 것은 아니었다. 오랜 세월을 신생 공화국은 생존을 위해 싸워야 했으며, 이제는 훌륭히 성숙했을 만도 한, 21년이 지난 오늘까지도 계속 싸우고 있다. 중국의 장래는 아직도 저울 위에 놓여 있는 것이다.

만주인은 물러갔으나 원세개는 여전히 새 공화국의 앞날을 가로막고서 언제 무슨 짓을 할지 알 수 없었다. 그는 북방을 장악하고 공화국은 남방을 지배하고 있었다. 내란을 회피하고 평화를 위해 손 박사는 자진해서 대통령 자리에서 물러났고 원세개가 대통령에 선출되었다. 그러나 원세개는 공화주의자가 아니었다. 그는 자기의 지위를 강화하는 데만 관심이 있었다. 그는 자신에게 대통령이라는 영예를 준 공화국을 처부수기 위해 외국에서 자금을 차용해 왔으며 의회를 부인하고 국민당을 해산시켰다. 이것이 분열의 불씨가 되어 손 박사를 원수(head)로 하는 대항 정부(광동 정부)가 남방에 수립되었다. 손 박사가 온갖 노력을 기울여 피하고자 했는데도 분열이 찾아와 중국은 두 개의 정부 아래 세계 대전을 맞이하게 되었다. 원세개는 황제가 되려다가 실패한 뒤 얼마 안 가서 죽었다.

119   *1932년 12월 31일*

동남 아시아

　우리는 잠시 극동 방면을 살펴보았다. 또 19세기의 인도에 대해서도 조금 이야기했다. 이제 서방의 유럽과 아메리카, 그리고 아프리카로 옮길 때가 왔다. 그러나 이 대여행을 시작하기 전에 아시아의 동남쪽 구석을 스케치해서 그 곳에 대한 우리의 지식을 현대까지 연장해 두는 게 좋겠다고 생각한다. 이들 나라에 대해 고찰한 지가 오래되어 잘 기억은 나지 않지만, 우리는 그 곳을 상당히 막연하게, 또 별로 정확하지 않은 여러 이름으로, 즉 말레이시아라든가 인도네시아, 동인도(East Indies) 또는 인도 이동(Farther India) 등으로 불렀던 것 같다. 이 이름들 중 어느 것이 가장 정확하게 그 지역을 표현하는 것인지는 모르겠지만, 우리가 서로 양해하고 있다면 이름 따위는 별 문제가 아니겠지.

　지도를 가지고 있으면 꺼내 보아라. 아시아의 동남쪽에 버마와 샴, 그리고 지금은 프랑스령 인도지나라고 일컬어지고 있는 반도가 보일 것이다. 그리고 버마와 샴 사이로 가느다란 육지 — 말레이 반도가 혀처럼 튀어나와 있다. 이 반도는 아래쪽으로 갈수록 굵어지며, 그 끝에 싱가포르가 있다. 말레이에서 호주에 걸쳐 기묘하게 생긴 크고 작은 섬들이 무수히 이어져 있어 마치 아시아와 호주 사이에 놓여 있던 거대한 다리가 폐허로 변한 듯한 인상을 준다. 이 섬들이 동인도 제도이고, 그 북쪽 끝에는 필리핀 제도가 있다. 요즘 나온 지도라면 버마와 말레이는 영국령, 인도지나는 프랑스령이고, 그 사이에 샴이 유일한 독립국임을 알 수 있을 것이다. 동인도 — 수마트라, 자바 및 보르네오의 대부분, 셀레베스, 몰루카, 즉 옛날 유럽의 선원들이 몇천 마일의 위험한 해로를 무릅쓰고 통과했던 유명한 향료 제도는 네덜란드령이다. 필리핀 제도는 미국의

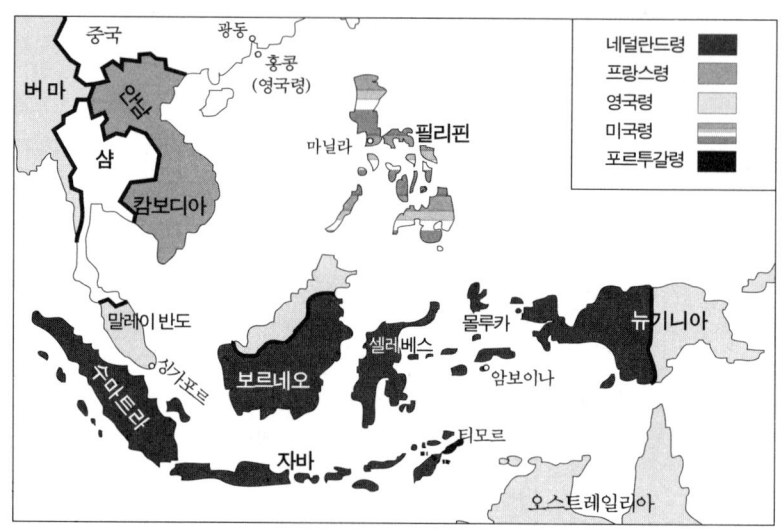

동남 아시아의 분할

통치 아래 있다.

이것이 오늘날 동방 해상에 있는 여러 나라들의 상태다. 그렇지만 너는 약 2000년 전에 인도인의 피를 이어받은 사람들이 이 나라들에 이주해 식민했던 이야기를 기억하고 있을 것이다. 또 먼 옛날에 여기에서 번영하던 대제국의 이야기라든가 훌륭한 건축물이 있었던 도시의 이야기, 그리고 무역, 또 인도와 중국 문화의 융합에 대한 내용을 잊어버리지 않았을 것이라고 생각한다.

그리고 이들 나라에 대해서 이야기한 나의 마지막 편지(일흔아홉 번째 편지)에서 나는 동양에서 포르투갈 제국이 물러나고 영국 및 네덜란드의 동인도 회사가 설립된 것에 대해서 이야기했다. 그 때 필리핀은 아직 스페인이 지배하고 있었다.

영국과 네덜란드는 연합해서 포르투갈을 축출했다. 그들은 목적을 달성했지만 두 승리자 사이에는 우호의 감정이 없었고 가끔 서로 다투기도 했다. 예를 들자면, 1623년에는 몰루카 제도의 암보이나(Amboina) 섬에 있는 네덜란드 총독이 영국 동인도 회사의 전 사원을 억류하고 네덜란드 정부에 대한 음모 혐의로 박해했는데, 이 무법적인 박해는 '암보이나의 학살'이라 일컬어지고 있다.

앞의 편지에서 언급한 한 가지 사실을 기억해 주기 바란다. 이 시대, 즉 17세기 내지 그 이후까지 유럽은 아직 공업화하지 않았다. 공업 제품의 대규모 수출은 아직 볼 수 없었다. 대기계와 산업 혁명의 시대는 아직 도래하지 않았던 것이다. 이 무렵에는 유럽보다는 아시아 쪽이 공업국·수출국의 위치에 있었다. 아시아의 산물이 유럽에 보내지면 일부는 유럽의 물품으로 지불되고 일부는 스페인령 아메리카에서 선적된 귀금속으로 지불되었다. 이러한 유럽, 아시아의 무역은 이익이 꽤 많은 것이었다. 포르투갈인이 오랫동안 그 무역을 지배해 부자가 되었다. 영국 및 네덜란드의 동인도 회사는 그 분배에 참여하기 위해 창립되었다. 그러나 포르투갈인은 그 무역권을 자기의 특수 권익으로 간주해서 어떤 사람에게도 분배해 주려고 하지 않았다. 그들은 필리핀을 지배하는 스페인과는 계속 우호 관계를 유지해 왔다. 왜냐하면 스페인 사람들은 상업보다는 주로 종교에 관심을 쏟고 있었기 때문이다. 그러나 두 개의 새로운 대상사의 대리인으로 찾아온 영국인과 네덜란드인에게는 종교적인 요소가 전혀 없었으므로 금방 분쟁이 일어났다.

포르투갈인은 1세기 반 가까이 동양을 제패하고 있었다. 그 동안 이들에 대한 원주민들의 평판은 결코 좋지는 않았으며, 불평 불만이 도처에 들끓고 있었다. 영국과 네덜란드의 두 상사는 이 불만을 틈타 인민들을 후원해 포르투갈인을 쫓아 버렸다. 그러나 바로 그 다음부터 그들 자신이 포르투갈인이 떠난 지위에 눌러앉았다. 그들은 인도 및 동인도의 지배자로서 인민에게 세금이나 기타 형태로 많은 공물을 거두었고, 이것이 유럽에 큰 부담을 주지 않고 무역을 하는 데 많은 도움이 되었다. 예전에 유럽이 동방의 여러 나라에서 수입하는 물품에 대해 값을 지불할 때 겪어 왔던 큰 곤란은 이런 식으로 경감되었다. 우리가 아는 바와 같이 영국은 금지령과 중과세로 인도 물산의 유입을 막으려고 한 적도 있었다. 산업 혁명에 이르기까지의 상황은 대체로 이런 것이었다.

동인도에서 영국과 네덜란드의 항쟁은 얼마 뒤 영국이 물러섰기 때문에 그리 오래 계속되지는 않았다. 영국은 인도의 사태가 다급해지기 시작하자 그것만으로도 힘에 벅찼던 것이다. 그리하여 동인도 제도(East Indian islands)는, 스페인 치하에 있는 필리핀을 제외하고는 오로지 네덜란드 동인도 회사의 손에 맡겨지게 되었다. 스페인은 상업에는 별로 손을 대지 않았을 뿐 아니라 영토를 확장하려 하지도 않았기 때문에 이 지역에는 네덜란드가 무서워할 만한 상대가 없었다.

네덜란드 동인도 회사는 같은 이름인 영국 동인도 회사와 마찬가지로 이 곳에 눌러앉아 악착같이 돈을 긁어모았다. 150년 동안 이 상사는 이들 여러 섬을 지배했다. 그들은 인민의 복지에는 전혀 관심을 기울이지 않고 인민을 억압했으며, 또 가능한 한 최대로 세금을 짜냈다. 세금으로 돈을 만드는 것이 쉬워지자 자연히 무역은 뒷전으로 밀려나 부진해졌다. 회사는 전혀 무능했으며, 여기에 고용된 네덜란드인은 인도의 영국 동인도 회사의 대리인과 마찬가지로 사악한 협잡꾼 유형에 속했다. 수단이 공정하든 부정하든 상관없이 돈을 만드는 것만이 그들의 관심사였다. 인도에서는 자원이 매우 풍부해서 경영상의 커다란 실패도 보충할 수 있었고, 또 유능한 영국인 총독이 많아 인민을 궁핍의 밑바닥까지 몰아넣으면서도 여전히 교묘한 방법을 동원해서 행정을 매우 효과적으로 요리해 나갔다. 그러나 너도 기억하고 있다시피 1857년의 대반란으로 인해 영국 동인도 회사의 이런 술책은 막을 내리게 되었다.

네덜란드 동인도 회사는 날로 경영이 부실해져서 마침내 1798년에는 네덜란드 정부가 동인도 제도를 직접 관장하게 되었다. 그 뒤 얼마 안 되어 전 유럽을 휩쓴 나폴레옹 전쟁이 네덜란드를 나폴레옹 제국의 일부로 만들어 버리자, 대신 영국이 이 제도를 영유하게 되었다. 이후 5년 동안 그 제도는 영국령 인도의 한 주로 취급되었으며 이 기간에 상당한 개혁이 있었다. 그 다음 나폴레옹의 몰락과 함께 동인도는 다시 네덜란드의 손에 들어갔다. 자바가 영국령 인도 정부에 묶여 있던 5년 동안 수완이 뛰어난 영국인 래플스(Thomas Stamford Raffles)가 자바 부총독으로 재임하고 있었는데, 그는 한 보고서에서 "네덜란드의 식민지 행정의 역사는 음모·사기·뇌물·학살·부정의 역사 중에서도 최악의 것 가운데 하나다"라고 말했다. 네덜란드 관리들이 펼친 시책의 한 예로서, 그들은 자바에서 일할 노예들을 확보하기 위해 셀레베스 섬의 주민들을 납치하는 방법을 항상적인 제도로 이용했다. 이 납치 제도에는 유린(devastation)과 살인이 뒤따랐다.

    네덜란드 정부의 직접 통치는 동인도 회사의 지배와 조금도 다를 게 없었다. 오히려 어떤 점에서는 인민에게 더욱 압제적이었다. 벵골의 인디고 플랜테이션 제도가 경작 농민을 극심한 빈곤 속으로 몰아넣었다는 내 이야기를 기억하고 있겠지. 자바와 기타 지역에서는 아주 비슷하거나, 또는 더 나쁜 요소가 덧붙여진 제도가 실시되었다. 회사가 지배하던 시대에는 인민은 그저 물건을 제공할 뿐이었다. 그러나 이제는 '경작 제도(culture system)'라는 이름 아래 인민은 강제적으로 해마다 정규 노동 시간의 4분의 1 또는 3분의 1 정도의 시간을 그들을 위해 일해야 했다. 하지만 실제로 경작 농민은 노동 시간을 거의 다 빼앗기는 일이 허다했다. 네덜란드 정부는, 정부에서 무이자로 대부를 받는 도급인(contractor)의 손을 통해 그 제도를 실행했다. 이 도급인들은 강제 노동을 통해 토지를 착취했다. 토지의 생산물은 정해진 비율에 따라 정부·도급인·경작자가 고루 나누어 먹었던 것 같다. 자세히는 모르겠지만 십중팔구 가난한 경작자에 돌아가는 배당이 그 중 가장 적었을 것이 틀림없다. 정부는 또 유럽에서 소비되는 일정한 작물을 재배해야 하는 토지를 규정해 커피·사탕·인디고 등의 농산물을 재배하도록 강제했다. 벵골의 인디고 플랜테이션 제도와 마찬가지로, 다른 작물이 더 수익이 많더라도 어김없이 지정 작물을 심어야만 했다.

    이리하여 네덜란드 정부는 막대한 이익을 올렸다. 도급인도 부를 쌓았다. 반면 경작 농민은 헐벗고 굶주려야 했다. 그러던 중 19세기 중엽에 무서운 기근이 들어 무수한 인민이 죽게 되었다. 이 때에야 겨우 불행한 경작자를 어떻게 배려해 주어야 한다는 문제가 고려되었다. 상태는

동남 아시아

조금씩 개선되어 갔다. 그러나 강제 노동은 1916년 이후에도 여전히 실시되고 있었다.

19세기 후반에 들어서자 네덜란드인을 통해 교육 및 기타 분야에서 많은 개혁이 있었다. 중간 계급이 새로이 성장하고, 민족 운동은 자유를 요구하기 시작했다. 인도와 마찬가지로 몇몇 지지부진한 진보가 나타났으며, 현실적인 힘이 없는 미약한 단체나마 결성되게 되었다. 5년쯤 전에 네덜란드령 인도네시아에서 혁명 세력이 반란[58]을 일으켰지만 곧 가차 없이 진압당했다. 그러나 아무리 박해와 압제로 위협한다 해도 자바나 그 밖의 제도에서 끓어오르는 자유의 정신을 완전히 말살할 수는 없다.

네덜란드인의 동인도 제도는 흔히 네덜란드령 인도로 알려져 있다. 주일마다 정기 항공편이 네덜란드에서 유럽과 아시아의 머리 위를 지나 자바의 바타비아(Batavia)시로 운행되고 있다.

이것으로 동인도 제도에 대한 이야기를 대충 끝냈다. 그럼 지금부터는 아시아 대륙의 본토로 건너가 보자. 버마에 대해서는 별로 많이 이야기할 것이 없다. 과거 역사를 통해 이 나라는 자주 남북으로 분할되어 서로 싸웠다. 이따금 강대한 국왕이 나타나 한 나라로 통일한 뒤 이웃 나라인 샴을 정복하려고 했던 적도 있다. 그 뒤 19세기에 영국과 분쟁이 일어났다. 자기의 힘을 과신한 버마 국왕은 아삼에 침입해 이를 합병했다. 그 결과 1824년에 제1차 버마 전쟁이 일어났을 때 아삼은 영국령이 되었다. 이 때 영국인은 버마의 정부와 군대가 약하다는 사실을 간파하고 버마 전역을 합병하려는 야심을 품기에 이르렀다. 그리하여 영국은 엉터리 구실을 내세워 제2차, 제3차 버마 전쟁을 일으켰으며, 1885년까지 전

---

58) 인도네시아의 반란을 가리킨다. 제1차 세계 대전 뒤 아시아 전역에서 일기 시작한 민족 해방 운동의 물결은 마침내 인도네시아에도 밀어닥쳤다. 네덜란드 정부는 '국민 의회'를 설치하는 등 형식적인 완화 정책으로 이를 무마하려 했지만 실패했으며, 1926년부터 27년 사이에 각처에서 반란이 일어났다. 정부는 공산당을 비롯한 모든 혁명 세력에 일대 탄압을 가하기 시작해, 유형자 수는 1300명에 이르렀다. 이와 같은 혹독한 탄압으로 인도네시아의 민족 운동은 한때 진정되는가 싶었는데, 실은 이 기간 중에 그 불굴의 잠재 세력을 확장시켜, 결국 네덜란드의 제국주의적 지배로는 굴복시킬 수 없는 존재로 성장했다.

버마 왕국은 영국 제국의 일부로 병합되고 말았다. 그 뒤 버마의 운명은 인도의 운명과 똑같게 되었다.

영국은 버마의 남쪽을 통해 말레이 반도까지 세력을 뻗쳐 갔다. 이 19세기 초에 차지한 교통의 요지 싱가포르는 곧 거래가 활발한 상업 도시로 번창했으며, 나아가 극동 항공로의 기항지가 되었다. 싱가포르에 눌려 그보다 안쪽에 있는 오래된 항구 도시 말라카는 급속히 쇠퇴해 갔다. 영국은 다시 싱가포르의 북쪽으로 손을 뻗치기 시작했다. 말레이 반도에는 작은 나라들이 많았는데, 대부분은 샴의 종속국이었다. 19세기 말까지 이 여러 나라는 모두 영국의 보호 아래 들어가 '말레이 연방(Federated Malay States)'이라는 일종의 연방 형태를 취하게 되었다. 따라서 샴은 그 나라들에서 차지했던 모든 권리를 영국에 넘겨 주어야 했다.

이렇게 샴은 유럽의 여러 강국들에 포위된 상태에 놓였다. 서쪽의 버마와 남쪽의 말레이에서는 영국이 패권을 잡고, 동쪽에서는 프랑스가 번번이 공격해 안남을 병합하려는 야욕을 드러내었다. 안남은 스스로 중국의 속국이라 일컬었지만 중국 자체가 곤경에 빠져 있었기 때문에 아무런 도움을 줄 수 없었다. 지난번 편지에 썼던, 중국이 프랑스의 안남 침략을 격퇴했다는 이야기를 아직 기억하고 있겠지. 하지만 프랑스는 공격을 잠시 멈추었을 뿐, 결국 19세기 후반에는 프랑스령 인도지나라고 일컬어지는, 안남과 캄보디아를 포함한 대식민지를 형성했다. 그 옛날 '빛나는 앙코르 제국'이 번영했던 캄보디아는 당시 샴에 종속되어 있었다. 프랑스는 샴을 전쟁으로 위협해 지배권을 확립했다. 이들 나라에서 사용한 프랑스의 음모가 모두 선교사의 손을 통해 이루어졌다는 것은 주목할 만하다. 이들 선교사 가운데 한 사람이 모종의 혐의를 받고 사형 선고를 받게 되자 프랑스의 제1차 원정군이 이 사건에 대한 배상을 요구하기 위해 파견되었다. 이 원정군은 1857년 남쪽에 있는 사이공을 점령했으며, 이를 계기로 프랑스는 점점 북쪽으로 지배권을 확대해 갔다.

이 제국주의 세력의 확장에 관한 추악한 이야기는 아시아에는 얼마든지 있다. 그 수법은 어디서나 대동소이했다. 더욱이 그들은 도처에서 성공을 거두었다. 나는 한 나라 한 나라에 대해서 설명해 왔지만, 그 당시의 상황에서 일치되는 점은 어느 경우를 막론하고 이 나라들에 대한 지배는 바로 유럽의 강대국을 통해 이루어졌다는 것이다. 동남 아시아에서는 오직 한 나라 — 샴만이 이 운명을 면했다.

    샴은 당시 버마를 지배한 영국과 인도지나를 지배한 프랑스 사이에 끼여 있었는데도 다행스럽게 위험을 면했다. 아마 그것은 유럽 강국이 샴의 좌우에 버티고 있었기 때문일 것이다. 샴이 이러한 행운을 누릴 수 있었던 또 한 가지 이유는, 그 나라 안에 상당히 훌륭한 정부가 존재했으며 다른 여러 나라에서 흔히 볼 수 있던 내분이 없었다는 점이다. 그러나 물론 좋은 정부가 외국 침략에 대한 확실한 보장이 된다고는 할 수 없다. 때마침 영국은 인도에서, 프랑스는 인도지나에서 힘에 벅찬 일에 여념이 없었고, 두 나라가 샴의 국경에 도달한 19세기 말에는 이미 영토 병합이란 과거의 낡은 산물이 되어 있었다. 나라를 되찾으려는 저항 정신이 각지에서 싹텄으며 식민지나 종속국에서는 민족 운동이 개시되고 있었다. 캄보디아를 둘러싸고 샴과 프랑스 사이에 전쟁이 일어날 뻔한 적도 있었으나 샴은 될 수 있는 대로 프랑스인과 사이의 마찰을 피하려고 양보하는 태도를 취했다. 한편 서쪽에서는 험준한 산악의 장벽이 버마를 지배하고 있는 영국인의 손으로부터 샴을 보호해 주었다.

    나는 과거에 적어도 두 번 버마의 국왕이 샴으로 침입, 병탄하려고까지 했다는 것을 이야기했다. 최후의 침략은 1767년에 있었는데, 이 때 아유티아(Ayuthia) 또는 아유디아(Ayudhia : 인도 지명이 자주 나오는 것에 주의하거라)라고 일컬어지는 샴의 수도가 파괴되었다. 그러나 곧 버마인은 인민의 격렬한 저항 운동에 밀려났으며, 1782년부터 국왕 라마 1세(Rama I) 밑에 새로운 왕조가 열렸다. 꼭 150년이 지난 오늘날에도 이 왕조가 샴에 군림하고 있으며, 모든 국왕이 '라마(Rama)'라고 일컬어지고 있는 모양이다. 이 새 왕조 밑에서 샴은 선정을 베풀기는 했지만 매우 가부장적인 성격을 지닌 국왕들의 통치를 받았으며, 외국 열강과 친선 관계를 증진시키려는 매우 현명한 외교 노선을 취했다. 여러 항구를 개방하고, 몇몇 외국과 통상 조약을 맺었으며, 행정도 다소 개편하고 방콕을 새로운 수도로 삼았다. 그러나 이러한 노력도 제국주의의 이리들을 쫓아 내는 데는 충분하지 못했다. 영국은 말레이에서 세력을 확장하고 그곳에 있던 샴령을 빼앗았다. 프랑스는 캄보디아를 빼앗고 동쪽의 다른 샴령을 훔쳤다. 1896년에는 영국과 프랑스가 공동으로 샴을 타도하려고 했다. 그러나 그 뒤 당시의 제국주의의 관례대로 샴의 나머지 영토를 보전할 것을 서로 약속하는 동시에 이것을 세 개의 '세력 범위'로 분할했다. 즉 동부는 프랑스가, 서부는 영국이 관할하고, 그 중간에는 중립 지대를 두어 두 나라가 함께 이권을 차지할 수 있도록 한 것이다. 샴의 영토는 이렇게 엄숙하게 보전되었지만, 몇십 년 뒤에는 프랑스가 동쪽에서 영토를 조금 늘려 차지하고 영국도 남쪽에서 영토를 늘렸다.

그렇지만 샴의 일부는 여전히 유럽의 지배를 면했으며 아시아에서는 오직 샴만이 독립을 유지했다. 유럽의 아시아 공세의 조류는 이제 가로막혔다. 유럽이 아시아에서 영토를 확장할 기회는 이제는 없어졌으며, 유럽 열강이 철수해서 고국으로 돌아갈 날이 눈앞에 오려고 한다.

샴은 바로 최근까지 전제 군주정 아래 있었으며, 약간의 개혁이 있었는데도 여전히 봉건적 색채가 농후하게 남아 있다. 몇 달 전에 혁명이 있었는데, 그 혁명은 평화적으로 이루어졌다. 아마 상층 중간 계급이 전면에 나선 것으로 보인다. 의회가 창설되었지만, 라마 1세의 후예인 국왕은 현명하게도 개혁에 동의해 지금까지도 재위하고 있다. 샴은 이제 입헌 군주국이다.

동남 아시아에서 언급해야 할 또 한 나라, 필리핀 제도가 남아 있다. 이 편지에서 이 나라에 대해서도 쓸 작정이었다. 하지만 벌써 시간도 늦었고 나도 피곤하구나. 그리고 오늘 편지는 충분히 길었다. 올해 ― 1932년은 이 편지가 마지막이 될 것이다. 묵은 해는 그 호흡을 다하고 사라져 가고 있다. 앞으로 3시간 뒤면 금년이라는 해는 없어지고 과거의 기억 속에 묻힐 것이다.

120 *1933년 1월 1일*

다시 설날을 맞이하다

    오늘은 가슴 벅찬 설날이다. 지구는 태양을 또 한 바퀴 돌았다. 지구에게는 특별한 날도, 휴일도 없겠지. 지구는 쉴 새 없이 우주 공간을 달리고 있으며, 자기 표면에서 꿈틀거리며 서로 다투는 무수한 좁쌀 알과 같은 존재에게 무슨 일이 일어나든 전혀 개의치 않는다. 땅 위의 소금이니 우주의 중심이니 하면서 어리석은 허영에 들떠 방황하는 자들이여. 모두들 가슴에 손을 얹고 자신의 모습을 돌이켜보자. 지구는 자기 자녀들의 일을 걱정하지 않겠지만 우리는 걱정하지 않을 수 없다. 그래서 설날이 되면 우리는 대개 생활의 여행을 멈추고 잠시 쉬면서 과거를 돌아보며 회고적인 기분에 사로잡히게 마련이다. 그리고 또 기분을 바꾸어서 앞을 바라보며 희망을 품어 보려 애쓴다. 그래서인지 오늘 나는 추억에 잠겨 있다. 올해로 감옥에서 세 번째 설날을 맞이하는 셈이다. 물론 그 사이에 몇 개월은 넓은 세상에 나가 있기는 했지만 말이다. 더 거슬러 올라가면 나는 지난 11년 동안 옥중에서 다섯 번이나 설날을 맞이한 셈이다. 도대체 앞으로 얼마나 더 많은 나날들과 설날을 감옥에서 맞아야 하는지.

    나는 이제 감옥 말로 하자면 '상습범(hibitual)'이 된 셈이다. 시간이 오래 흐르면서 옥중 생활에 완전히 익숙해지기는 했다. 바깥에서의 나의 생활, 업무, 활동, 큰 집회와 연설, 여기저기로 바쁘게 뛰어다니는 분주한 생활과는 참으로 대조적이다. 여기서는 모든 것이 다르다. 온갖 것이 잠잠하고 고요해서 움직임이라는 것이 전혀 없다. 나는 오랫동안 가만히 앉아 몇 시간씩 침묵 속에 빠져 있다. 하루, 한 주, 한 달이 잇따라 왔다가는 사라지고, 시간이 서로 뒤엉켜 구분하기가 힘들다. 과거는 마치 뭐가

뭐지 모르게 마구 칠해 버린 그림처럼 보인다. 어제를 생각하면 체포되던 날로 바로 연결되고 만다. 그 사이는 인상적인 일이 별로 없는 텅 빈 시간이기 때문이다. 그 생활은 마치 어떤 곳에 뿌리를 내린 식물과 같다. 주석도 설명도 없고, 소리도 내지 않고 걷지도 못한다. 옥중에 있는 사람에게는 바깥 세상에서 일어나는 일이 가끔 이상스럽게만 보여서 자기도 모르게 당황할 때가 있다. 그것들은 마치 그림자 연극처럼 멀고 희미하고 어렴풋하게만 보인다. 그래서 우리 내부에는 어느덧 두 가지 성질이 형성되어 간다. 적극과 소극, 두 가지 생활 방법, 두 가지 인격, 마치 지킬 박사와 하이드처럼 말이다. 너는 로버트 루이스 스티븐슨(Robert Louis Stevenson)[59]이 쓴 그 이야기를 읽은 적이 있는지 모르겠다.

누구나 시간만 주어지면 어떤 일에나 익숙해져 버리는 법이다. 아무 변화도 없고 별난 구석도 없는 형무소의 일상 생활까지도 말이다. 휴양은 몸에 좋고 정좌는 마음에 좋다. 그것은 사람을 사색으로 이끈다. "휴식은 참으로 좋다. 하지만 이에 권태가 따르는 것을 어찌하랴." 이렇게 말하면 너에게 보내는 이 편지가 나에게 어떤 의미를 갖는지 아마 너는 이해할 수 있을 것이다. 너에게는 이 편지가 그저 따분한 읽을거리고 싫증이 나서 이젠 읽고 싶지 않을지도 모른다. 그렇지만 편지 쓰기는 나의 감옥 생활을 충만하게 해 주었고, 지금도 매우 큰 즐거움을 주고 있다. 내가 나이니 형무소에서 처음 펜을 든 것은 꼭 2년 전의 오늘이었다. 그리고 감옥으로 돌아온 이래 편지 쓰는 작업을 계속했다. 때로는 몇 주일이나 쓰지 않기도 했고 날마다 쓸 때도 있었다. 쓰고 싶은 기분에 사로잡히면 나는 펜과 종이를 들고 의자에 앉았다. 그러면 나는 별세계로 훨훨 날아가며, 너는 나의 가장 다정한 길동무가 되어 감옥의 일은 모두 잊어버리게 된단다.

---

59) 영국의 소설가. 그는 수많은 여행에서 얻은 풍부한 경험으로 이국 취향과 괴기 취향을 길렀으며, 만년에는 남양의 사모아 섬에서 여생을 보냈다. 교묘한 수법으로 경험과 상상을 작품화했는데, 그의 『지킬 박사와 하이드』는 이중 성격자의 대명사로 알려져 있다. 그 밖에도 『보물섬』 등의 작품이 있다.

다시 설날을 맞이하다

지금 쓰고 있는 이 편지의 번호는 '120'이다. 편지에 번호를 붙이기 시작한 것은 바로 9개월 전 바레일리 감옥에서였다. 나는 벌써 이렇게 많이 썼다는 데 깜짝 놀랐다. 그리고 이 산더미 같은 편지가 네 앞에 한꺼번에 툭 떨어지면 너는 뭐라고 할까, 어떤 기분이 들까 걱정된다. 그렇지만 너는 나의 이러한 탈옥과 여행을 책망해서는 안 된다. 너를 못 본 지도 벌써 7개월이 넘었구나. 정말로 긴 시간이다!

내 편지에 담긴 이야기는 그다지 유쾌한 내용이라고는 할 수 없었다. 역사는 유쾌한 것은 못 된다. 인간이라는 존재는 자랑할 만큼 크게 진보했다고는 하지만, 여전히 참으로 불유쾌한 자기 본위적인 동물인 것이다. 그래도 아마 인간의 이기주의와 집안 싸움과 비인간성의 길고 음울하고 참혹한 이야기를 관통하면서 진보의 자취를 보여 주는 한 줄기 은빛 선을 볼 수 있을 것이다. 나는 다소 낙관주의자여서 무슨 일이든 희망적인 측면에서 바라보는 버릇이 있다. 그렇지만 이 낙관주의 때문에 우리 주위에 있는 어두운 곳과 엉뚱하고 분별없는 낙관주의의 위험을 보지 못하는 장님이 되어서는 안 된다. 현재까지의, 또 현재 존재하는 세계는 결코 낙관주의에 만족할 만한 근거를 주지 못하기 때문이다. 현실은 이상주의자나 또는 자기 신념에 따라 믿음을 갖지 못하는 사람에게는 시련의 장소가 된다. 당장 대답하지 못할 온갖 문제가 생기고 쉽게 사라지지 않는 갖가지 의문이 생긴다. 도대체 어째서 이 세계에는 이토록 많은 어리석음과 비참함이 존재해야 하는 것일까? 그것은 2500년 전에 왕자 싯다르타(Siddhartha)를 괴롭힌 낯익은 질문이다. 진리를 깨달아 불타가 되기 전에 그는 자신에게 수없이 이 질문을 던졌다고 한다. 그는 다음과 같이 물었다고 한다.

> 나는 듣도다, 브람(Brahm : 梵天)[60]이 세계를 창조했다고.
> 그렇다면 중생의 업고(業苦)에 침닉(沈溺)함은 다 무엇 때문이냐.
> 그는 전능하기(powerful) 때문에 이것을 할 수 있다.
> 어찌 그를 선(善)이라고 할 수 있겠는가.

만약 그가 전능이 아니라고 한다면,
그는 신(神)이 아니다.

우리 나라에서는 자유를 향한 투쟁이 끊임없이 진행되고 있다. 그러나 우리 국민 가운데는 이에 개의치 않고 내분과 말다툼에 시간을 허비하고, 종문이나 종파 또는 편협한 계급의 관점에서 만사를 생각하며, 더 큰 행복을 망각한 사람이 많다. 그리고 자유의 희망을 갖지 못한 어떤 사람들은,

압제자 앞에 무릎 꿇고 숨을 죽이고,
버려진 관(crowns)이나 신경(信經)을 줍고 다니며,
누더기나 조각을 기워서 몸에 걸친다.

법과 질서의 이름 아래 압제가 횡행하며, 이에 굴복하려고 하지 않는 사람들을 유린하려고 한다. 본래 약자와 피압박자를 지켜야 할 것이 오히려 압제자의 무기로 휘둘러지고 있는 것은 도대체 어찌된 일일까? 이 편지에서 이미 두세 개의 문장을 인용하기는 했지만, 내 마음에 깊이 와 닿을 뿐만 아니라 우리의 현재 상태에 꼭 들어맞는다고 생각되는 문장을 하나 더 소개해야겠다. 이것은 오래 전 편지에서 언급했던 18세기 프랑스의 철학자 몽테스키외가 쓴 어떤 책에서 인용한 것이다.

법의 그늘에 숨고 정의의 빛으로 물들여진 압정만큼 잔혹한 것은 없다. 그것은 말하자면 널빤지 위에 간신히 기어올라간 불행한 사람들을 다시 물에 빠뜨리는 것과 같다.

---

60) 고대 인도 종교의 주요 신 가운데 하나. 우주의 근원에 자존(自存)하는 원리인 브라만 관념과 브라만에 귀의하는 기도자인 브라만 관념이 결합하고 여기에 인격적 표상을 부여한 것. 우주의 창조신이며 철학적 사유의 영역에서는 최고의 지위에 있지만, 민간 신앙에서는 시바 신이나 비슈누 신과 같은 세력을 얻지는 못했다.

다시 설날을 맞이하다

이 편지는 설날 연하장으로서는 너무 우울한 글이 되고 말았다. 이것은 매우 어울리지 않는 일이다. 사실 나는 우울하지 않으며 또 무엇 때문에 우리가 우울해 하겠느냐. 우리는 하나의 큰 목적을 위해 일하며 싸운다는 기쁨을 갖고 있으며, 또한 우리는 한 사람의 위대한 지도자를 가지고 있다. 모두가 경애하는 벗이요 성실로 가득 찬 지도자를 보면 누구나 힘이 솟으며, 그를 만나면 용기가 솟아오른다. 우리는 또한 승리가 우리를 기다리고 있다는 것을 확신하고 있다. 그러므로 우리는 틀림없이 조만간 목적을 달성할 것이다. 우리에게 극복해야 할 장애가 없고 싸워 이겨야 할 투쟁이 없다면 우리 생활은 느슨하고 빛 바랜 것이 되고 말 것이다.

그리고 다시 새로운 생활의 길목에 서 있는 소중한 너는 세상의 한심스러움과 참혹함에 너무 마음을 빼앗겨서는 안 된다. 너는 생활에서 만나는 모든 일을 밝고 맑은 침착성으로 대처하고, 아무리 어려운 난관이 앞길을 가로막는다 해도 극복의 기쁨을 가지고 용기 있게 난관을 맞이하기를 바란다.

그럼 다시 만나는 날까지 안녕! 우리의 만남이 너무 먼 장래의 일이 되지 않기를 빌면서…….

121 *1933년 1월 3일*

필리핀과 미국

설날에는 이야기가 다른 데로 좀 흘렀지만, 오늘은 하던 이야기를 계속해야겠다. 아시아의 구도를 마무리하려면 필리핀에 대해서도 이야기해야 한다. 아시아나 그 밖의 지역에도 지금까지 이 편지에서 전혀 언급하지 않았던 곳이 아주 많은데, 왜 특별히 필리핀에 주의를 기울여야 할까? 우리는 지금 아시아에서 새로운 제국주의의 발전과 제국주의가 다른 문명에 끼친 작용과 반응을 더듬어 보고 있다. 이 연구의 모델이 되는 제국은 바로 인도다. 중국은 이와 종류가 다르기는 하지만 역시 산업 제국주의가 확대되는 측면을 보여 준다. 동인도 제도, 인도지나 등에서 또한 배울 것이 있으며, 이런 점에서 필리핀도 다른 지역에 못지 않게 우리의 흥미를 끈다. 한 세력 — 미합중국의 활동이 시작됨으로써 이 흥미는 더욱 깊어진다.

우리가 이미 본 바와 같이 미국은 중국에서는 다른 열강에 비해 침략적인 성격이 약했다. 때때로 그들은 다른 제국주의 정부들을 견제하는 역할까지도 담당했다. 이것은 그들이 제국주의를 싫어하거나 중국에 애정이 있었기 때문이 아니라, 다만 그들이 유럽의 여러 나라와는 다른 태도를 취하게 된 일정한 국내적 요인이 있었기 때문이다. 유럽 여러 나라는 좁은 대륙에 빈틈없이 들어차 있어서 인구는 매우 조밀하고, 서로 한치도 양보할 여지가 없어서 분쟁이 끊일 사이가 없었다. 또한 공업 문화의 출현과 함께 인구가 급격히 증가했고, 물자는 국내에서 다 소화할 수 없을 만큼 대량으로 생산되었다. 이렇게 늘어나는 인구를 위해서는 식량이, 공장을 위해서는 원료가, 또 제품을 위해서는 시장이 필요했다. 이러한 필요를 충족시키기 위한 성급한 경제적 요구가 그들을 먼 곳에 있는 다른 여러 나라로 진출하게 만들었으며, 또한 제국주의 전쟁으로 치닫게 했다.

그런데 미국에는 이러한 설명이 적용되지 않는다. 그들의 국토 면적은 대체로 유럽 전체와 비슷한 반면 인구는 비교할 수도 없이 적었으므로 토지가 매우 풍부하게 남아돌아 누구에게나 방대한 미개척지의 개발에 온 힘을 기울일 수 있는 기회가 있었다. 철도 건설이 진행됨에 따라 그들은 별다른 장애물도 없이 서쪽으로 나아가 마침내 태평양 연안에 도달했다. 미국인은 이렇게 국내에서의 일에만도 바빴기 때문에 식민지를 만드는 모험에 손을 댈 틈도 없었고 또 그럴 의향도 없었다. 실제로 어느 때는, 전에 이야기한 적이 있지만, 캘리포니아의 부족한 노동력을 보충하기 위해 중국 정부에 중국인 노동자의 공급을 요청했을 정도였다. 당시 이 요청은 받아들여졌지만 뒷날 양국의 감정이 악화되는 원인이 되었다. 이와 같이 국내 문제에 몰두하고 있던 미국은 유럽 여러 나라를 광분시키고 있던 제국주의 경쟁에 초연할 수 있었다. 다만 그들이 중국에 간섭하는 경우는 중국이 유럽인에게 분할되려고 하는 급박한 정세에만 국한되어 있었다.

그렇지만 필리핀 제도는 미국의 치하에 있었다. 이는 미국의 제국주의를 보여 주는 것이며, 따라서 필리핀의 상황은 우리의 관심을 끌기에 충분한 것이다. 미합중국의 제국주의가 필리핀 제도에만 국한된 것이라고 지레 짐작해서는 안 된다. 외견상으로는 틀림없이 필리핀 제도만이 미국이 차지한 유일한 제국령이었지만, 그들은 다른 제국주의들이 겪은 경험과 곤란을 간접적으로 체험한 결과, 그러한 구식 식민 방법을 개량했던 것이다. 즉 영국이 인도를 병합한 것처럼 한 나라를 합병하려고 애쓰지는 않았다. 그들의 관심사는 경제적인 이익이 전부였기 때문에 오직 상대국의 부만을 장악하는 수법을 취했다. 부를 지배하면 그 나라의 인민을 지배하고 국토를 지배하는 것은 아주 쉬운 일이니까. 이리하여 미국은 그다지 국제적인 말썽을 일으키거나 전투적인 민족주의와 마찰을 일으키지도 않은 채 상대 나라를 지배하고 부를 실어 냈다. 이러한 영리한 방법을 경제적 제국주의라고 한다. 지도만 보아서는 이것을 알 수 없다. 지리책이나 지도상으로는 자유롭게 독립한 것처럼 보이는 나라도 베일을 들춰보면 다른 나라, 또는 좀더 정확하게 말한다면 외국의 은행가나 대사업가의 손에 쥐어져 있다. 미국은 이처럼 눈에 보이지 않는 제국을 택했다. 한편 영국이 인도 같은 나라에서 외견상으로는 그 나라의 인민에게 정치 기구를 이양한 것처럼 하면서도 실제로는 자기 호주머니 속에 남겨 두려고 하는 것 또한, 눈에 보이지 않지만 실질적으로는 효율적인 제국일 따름이다.

우선 필리핀은 눈에 잘 띄는 제국에 속해 있으니까 우리는 현단계에서는 눈에 보이지 않는 경제적 제국에 주목할 필요는 없다.

약간 감상적이고 하찮은 이유이기는 하지만, 필리핀에는 우리의 관심을 끄는 점이 또 한 가지 있다. 오늘날 그들은 스페인·아메리카적인 용모를 가지고 있지만, 그들의 옛 문화의 배경은 모두 인도에 근원을 두고 있다. 인도의 문화는 수마트라나 자바를 거쳐서 이 곳에 전파되었으며, 생활의 거의 모든 ― 사회·종교 및 정치적 측면에 영향을 주었다. 옛날 인도의 신화와 전설과 그리고 문학의 일부도 그들에게 전래되었다. 그들의 언어에는 많은 산스크리트의 단어가 포함되어 있으며, 그들의 예술·법률이나 공예에서도 인도의 영향을 엿볼 수 있다. 또 의복이나 장식에도 인도의 흔적이 남아 있다. 그러던 것이 스페인인이 300년 이상에 걸쳐 그들을 통치하면서 이 오래된 인도 문화를 모조리 때려부쉈기 때문에 지금은 거의 흔적이 남아 있지 않다.

스페인인의 필리핀 제도 점령은 1565년에 시작되었다. 그러므로 이 제도는 아시아에서 최초로 유럽의 근거지가 된 셈이다. 스페인의 통치는 포르투갈이나 영국·네덜란드의 방법과는 전혀 달랐다. 무역은 장려되지 않았으며, 종교가 정부의 배경을 이루었고, 관리는 대부분 선교사나 교회 직원이었다. 따라서 '선교사 제국(Missionaries Empire)'이라고 일컬어졌으며, 인민의 생활을 개선하려는 노력은 전혀 없었다. 악정과 압제, 무거운 세금과 기독교로의 강제 개종이 횡행했다. 이러니 당연히 반란이 거듭 일어났다. 무역을 하기 위해 이 섬에 건너온 많은 중국인들이 기독교로 개종할 것을 거부하자 그들에 대한 조직적인 대학살이 감행되었다. 영국이나 네덜란드의 상인은 입국이 허용되지 않았다. 그들이 적국인이었기 때문이기도 하지만, 그들은 개신교도들이었으므로 로마 가톨릭 교도인 스페인인의 눈으로 볼 때는 이교도였기 때문이기도 했다.

사태는 악화되었다. 그러나 한 가지 좋은 결과도 나타났는데, 그것은 여러 섬의 모든 지방과 집단들이 통일되었으며, 19세기에 들어와 민족 의식이 대두되기 시작했다는 점이다. 19세기 중엽 외국 상인에 대한 여러 섬의 개방은 미약하나마 교육과 기타 부문에서 개혁의 길을 열었으며, 상업 무역도 증대되어 서서히 중간 계급이 형성되었다. 전부터 스페인인과 필리핀인 사이에는 잡혼이 행해졌는데, 스페인인의 피를 이어받은 필리핀 사람이 많아지자 스페인은 거의 조국과 다름없는 애정을 받게 되었으며, 따라서 스페인적인 여러 관념이 유행했다. 이런 상황에서도 민족주의 정신은 성장했으며, 탄압을 받음에 따라 혁명적으로 바뀌었다. 처음에는 스페인으로부터의 분리라는 생각은 존재하지 않았으며, 자치 정부의 수립과 '코르테스(Cortes)'라는 미약하고 무능한 스페인의 의회에 참가시켜 줄 것을 요구했을 뿐이다. 어떤 민족 운동에서나 처음에는 온건한 형태로 출발하지만 시간이 지남에 따라 필연적으로 첨예화해 결국은 분리와 독립을 주장하는 데까지 이른다는 것은 참으로 흥미로운 일이다. 억압된 자유를 향한 욕구는 머지않아 이자를 붙여서 벌충되어야만 한다. 필리핀인의 요구도 강력해졌다. 또한 이 요구를 실행에 옮기기 위해 국민 조직이 결성되고, 동시에 비밀 결사가 파급되었다. 그 가운데 호세 리살(José Rizal)이 지도하는 '청년 필리핀당(Young Filipino Party)'은 눈부신 활동을 보였다. 스페인 관헌은 그들이 유일하게 알고 있는 방식 — 테러리즘으로 이 운동을 진압하려고 했다. 그리하여 리살과 다른 많은 지도자들이 1896년에 사형을 선고받고 처형되었다.

이로써 둑은 터졌다. 스페인 정부에 대한 반란이 일어났으며, 필리핀인은 '독립 선언'을 발표했다. 투쟁은 만 1년 동안 계속되었으나 스페인인은 반란을 진압하지 못했다. 그래서 실질적인 개혁을 하겠다는 약속이 제시되고 잠시 휴전이 이루어졌다. 그러나 스페인인은 약속을 전혀 이행하지 않았다. 그러자 1898년에 다시 반란이 폭발했다.

그 무렵 미국 정부는 다른 사건(쿠바를 둘러싼 분쟁)으로 스페인과 다투게 되어 두 나라 사이에 전쟁이 일어났다. 미국 함대는 1898년 4월 스페인으로 쳐들어갔다. 필리핀 반란 세력의 지도자는 위대한 미공화국(American Republic)이 필리핀의 독립을 지원하리라는 기대를 품고서 미국을 도왔다. 그들은 거듭 독립을 선언하고 공화국 정부를 조직했다.

1898년에 의회가 소집되었다. 스페인은 무력했다. 그리하여 그 해가 지나기 전에 패배를 인정함으로써 전쟁이 끝났다. 강화 조약에 따라 스페인은 필리핀 제도를 미합중국에 넘겨 주었다. 스페인은 이렇게 인심 좋은 선물을 넘겨 주고도 전혀 자기 호주머니를 축내지 않았다. 필리핀의 반란 세력들이 필리핀의 스페인 정부의 숨통을 끊어 버린 지 오래였기 때문에 스페인으로서는 오히려 잘된 셈이었다.

그리하여 미합중국은 여러 섬들을 접수하는 절차를 밟았다. 필리핀은 이에 항의했으며, 스페인은 이미 양도할 것을 전혀 갖고 있지 못하므로 미국에 여러 섬을 넘겨 줄 자격도 능력도 없다는 점을 지적했다. 그러나 이러한 항의도 허사로 돌아가, 새로 획득한 자유를 축하한 그 순간부터 다시 싸워야만 했다. 더구나 이번에는 스페인 정부보다 훨씬 강대한 미국 정부가 적이었다. 그들은 3년 반 동안 과감한 투쟁을 계속했다. 처음 몇 개월은 하나로 조직된 정부를 통해, 그리고 그 뒤에는 게릴라 투쟁으로 계속 항쟁했다.

반란은 마침내 진압되고 미국의 지배권은 확립되었다. 교육을 비롯해서 각 방면에 현저한 개혁이 단행되었다. 그러나 독립을 요구하는 목소리는 사라지지 않았다. 1916년에 미합중국 의회는 '존스 빌(Jones Bill)'로 알려진 법안을 통과시켰으며, 그에 따라 미국인은 일정 범위의 권한을 선거로 성립된 입법부에 양도했다. 그러나 미국인 총독은 간섭할 권리를 갖고 있었으며 이 권리를 자주 행사했다.

그 뒤 필리핀 제도(island)에서는 미국인 정부에 대한 봉기가 없었다. 그러나 필리핀인은 지금의 운명을 감수하기를 거부하고 계속해서 독립을 요구하고 있다. 한편 미국인은 점점 제국주의자의 근성을 드러냈으며, 필리핀인이 자립할 능력을 갖추는 대로 철수할 것이라고 거듭 확약했다. 1916년의 존스 법안에도 "미합중국 국민의 목적은 시종 변함없이, 필리핀 제도에 대한 우리(미국인)의 주권을 철폐하고 그 땅에 안정된 정부가 확립될 수 있게 되면 즉시 그들(필리핀인)의 주권을 승인하는 데 있다"고 기록되어 있다. 그런데도 미국에는 필리핀의 독립을 공공연하게 반대하는 사람이 많다.

　이 편지를 쓰고 있는 지금도 신문은 "미합중국 의회는 필리핀인에게 10년 이내에 독립을 허용해 줄 것이라는 결의 또는 선언을 채택했다"고 전하고 있다.

　미합중국은 필리핀에 여러 종류의 경제적 이해를 가지고 있으며, 이것을 지키는 데 온 힘을 기울이고 있다. 고무는 미국에서 생산되지 않는 중요한 필수품 가운데 하나이므로 그들은 특히 필리핀의 고무 농장에 관심을 갖고 있다. 그러나 이 제도를 점거함에서 미국인의 주요한 관심사는 일본에 대한 우려라고 나는 생각한다. 일본은 필리핀 바로 옆에 있으며 끊임없이 증가하는 인구 때문에 고민하고 있어서 일본 정부가 이 제도에 굶주린 시선을 집중하고 있다는 것은 충분히 있을 법한 일이다. 그래서 미국 정부와 일본 정부의 관계는 그다지 좋지 않다. 그러므로 필리핀의 장래는 태평양 열강의 상호 관계라는 더 큰 문제의 일환인 셈이다.

122 *1933년 1월 16일*

세 대륙이 만나는 지점

　내가 새해 들어 기원한 것 가운데 한 가지가 2주일 전에 편지에 적을 때 기대한 것보다 빨리 이루어졌다. 손꼽아 기다린 끝에 마침내 우리는 면회를 했고 너를 다시 보게 되었다. 너를 만난 기쁨과 흥분으로 여러 날을 보내는 통에 일과가 어지러워지고 일상 생활이 소홀해졌을 정도란다. 꼭 휴일을 보내는 것만 같았지. 나흘 전에 만났는데도 벌써 오래 전의 일인 것 같다! 나는 벌써 앞일을 생각하고, 우리가 언제 어디서 다시 만날 수 있을까 하는 생각을 한단다.

감옥 규칙도 나의 이러한 상념의 유희를 막지 못할 터이니 앞으로도 너에게 계속 이 편지를 쓰게 될 것이다.

나는 얼마 동안 19세기에 일어난 일들을 적어 왔다. 나는 먼저, 나폴레옹 몰락 후 100년에 걸친 이 세기의 대략적인 조감도를 네게 펼쳐 보이고자 했다. 그리하여 우리는 여러 나라들에 대해서 꽤 상세한 부분까지 들여다보았다. 우리는 인도를 살펴본 다음 중국을 보고, 일본을 보고, 마지막에는 동남 아시아와 동인도의 여러 섬을 보았다. 이제까지 진행해 온 상세한 연구 속에서 우리는 아시아의 일부만을 대상으로 했을 뿐, 아직도 그 밖의 다른 세계는 언급하지 않았다. 그것은 매우 긴 이야기이기 때문에 명료하게 설명하기란 쉽지 않다. 그래서 나는 나라와 대륙을 차례차례 취급해 하나하나 따로 고찰하지 않을 수 없다. 따라서 나는 지역을 옮길 때마다 시대를 일치시키기 위해 거듭 과거로 돌아가야 한다. 때문에 아무래도 다소의 혼란이 있을 것이다. 그러나 너는 19세기 동안 여러 나라에서 일어난 사건들이 약간의 시간적 차이가 있다 해도 모두 비슷한 시기에 일어났으며, 서로 영향을 미치고 작용·반작용하며 일어난 사건들이라는 사실을 명심해야 한다. 바로 이렇기 때문에 한 나라의 역사 연구가 흔히 오해를 낳으며, 오로지 세계사만이 우리에게 사건의 중요성과 과거를 형성하고 현재를 만들어 낸 힘에 대한 올바른 인식을 줄 수 있는 것이다. 이 편지가 그런 세계사를 너에게 가르치려는 것은 아니다. 그 일은 내게 너무 벅찬 일이며, 그러한 주제를 다룬 책은 얼마든지 찾아볼 수 있을 것이다. 내가 이 편지에서 의도하는 것은 다만 너의 세계사에 대한 흥미를 불러일으키고, 세계사의 몇 가지 측면을 보여 줌으로써, 태곳적부터 현대에 이르는 인간 행동을 더듬어 보게 하려는 데 있다. 그러나 내가 얼마나 성공할 수 있을는지는 전혀 모르겠다. 나의 이러한 노력이 너에게 올바른 판단을 형성해 주기는커녕 오히려 뒤범벅을 만들어 혼란스럽게 하지나 않을지 걱정되는구나.

세 대륙이 만나는 지점

유럽은 19세기의 원동력이었다. 유럽에는 민족주의가 널리 성행하고 군림하고 공업 문화가 보급되어 세계의 방방곡곡에 그 빛을 비추었으며, 가끔 제국주의의 형태를 취했다. 우리는 먼저 이 세기에 관해 간단히 살펴보았고, 이어 제국주의가 인도와 동인도 제도에 끼친 영향을 살펴보았다. 그래서 다시 한 번 유럽으로 돌아가 더 상세히 검토하기 전에 잠깐 서아시아를 찾아가 보기로 하자. 사실 내가 그 뒤의 서아시아 역사에 대해 그리 밝지 못한 탓에 오랫동안 이 지역을 소홀히 했던 것이다.

서아시아의 상황은 동아시아나 인도와 매우 다르다. 물론 아득히 먼 옛날에는 중앙 아시아나 동아시아에서 많은 종족과 부족이 흘러들어와 널리 퍼져 나갔다. 투르크인 또한 이렇게 흘러들어왔다. 예수가 태어나기 전에 불교 또한 이러한 길을 걸어 소아시아까지 퍼졌으나 그 곳에 뿌리를 박지는 못했다. 서아시아는 그 동안 아시아나 동양과 가깝다기보다는 유럽에 가까웠다. 어떤 의미에서 그 곳은 유럽으로 통하는 아시아의 창이었다. 아시아 여러 지역에 광범하게 보급된 이슬람교도 이 곳의 서구적인 지향을 바꾸지는 못했다.

인도, 중국 그리고 그 여러 인접국은 이런 식으로 유럽을 바라보지는 않았다. 그 나라들은 아시아 속에 묻혀 있었다. 인도와 중국은 인종이나 사고 방식이나 문화에서 커다란 차이점이 있었다. 중국에는 과거에 종교상의 노예나 종교적인 계급 제도가 존재하지 않았다. 인도는 언제나 종교를 자랑으로 내세웠다. 그리하여 불타가 그 압박을 없애려고 노력했는데도 인도 사회는 종교의 지배에서 벗어나지 못했다. 그 밖에도 중국과 인도의 차이점은 여러 가지가 있다. 그런데 인도와 동아시아나 동남 아시아는 묘한 일체성이 있다. 이들 여러 국민을 묶어 주고, 예술이나 문학이나 음악이나 노래를 여러 공통적인 발상으로 엮은 불타 설화가 이 일체성을 만든 것이었다.

이슬람교는 서아시아적인 요소를 인도에 가져다 주었다. 이것은 이질적인 문화이며 이질적인 인생관이었다. 그러나 서아시아적인 세계관은, 만약 아랍인이 인도를 정복했을 때를 상상할 수 있는 것처럼 고유한 모습으로 또는 직접적으로 인도에 전달된 것은 아니었다. 그 세계관은 훨씬 나중에 이슬람의 적자(適者)라고는 할 수 없는 중앙 아시아의 여러 민족의 손을 거쳐 들어왔다. 그런데도 이슬람교는 인도를 서아시아와 결부시켜, 인도는 2대 문화의 합류점이 되었다. 이슬람교는 또한 중국에도 전해져 수많은 신자를 가졌으나 그렇다고 중국 고유의 문화에 도전하는 일은 없었다. 그런데 인도에서는 이슬람교가 오랫동안 지배 계급의 종교였기 때문에 이 도전이 가능했다. 그리하여 인도에서는 두 문화가 대립하게 되었다. 그래서 이 어려운 문제를 해결하기 위해 종합을 이루고자 하는 많은 노력이 있었음을 나는 이미 이야기했다. 이들 노력은 영국인 정복자라는 새로운 위험과 새로운 장애물이 다가올 무렵 많은 성공을 거두었다. 오늘날 이 두 문화는 예전의 의의를 상실했다. 민족주의와 공업화는 세계를 크게 변화시켜, 옛 문화는 오로지 새로운 경제 조건에 적응해야만 존재할 수 있었다. 옛 문화의 텅 빈 껍데기는 남았지만 참된 의미는 사라졌다. 이슬람의 본거지라 할 서아시아에서도 광범한 변화가 진행되고 있다. 중국과 극동도 끊임없는 혼돈 상태에 있다. 인도에서 어떠한 일이 일어나고 있는가는 우리가 직접 목격할 수 있다.

  서아시아에 대해서는 너무 오랫동안 쓰지 않은 탓에 이야기의 실마리를 찾기가 조금 어렵구나. 바그다드의 아랍인 대제국, 투르크인의 점령 — 그들은 셀주크 투르크인으로 오스만은 아니었다 — 그리고 마침내 칭기즈 칸에게 파괴된 것에 관해서 이야기한 것을 기억할 것이다. 몽고인은 이 때 중앙 아시아까지 진출해 페르시아를 지배하고 있던 호라즘 제국을 타도했다. 그 뒤 '절름발이 티무르'가 쳐들어와서 한때 군사적 성공을 거두고 학살을 자행한 나머지 이 제국은 흔적도 없이 사라졌다. 서방에서는 티무르에게 패배했는데도 하나의 새로운 제국이 대두해 계속 확대되고 있었다. 이것이 아시아의 페르시아 서쪽과 이집트 및 동남 유럽에 걸쳐 있는 오스만 투르크인 제국이었다. 그들은 몇 세대 동안 유럽을 위협해 왔는데, 중세기 무렵에 이제 막 대두한, 미신적이고 종교심이 두터운 유럽인의 눈에는 그들이 마치 죄인을 단죄하는 신의 채찍처럼 보였다.

　　오스만이 지배하는 서아시아는 역사에서 거의 자취를 감추었다. 그것은 세계의 주류에서 단절된 고인 물처럼 되었다. 몇 세기 동안, 아니 실로 몇천 년에 걸쳐 이 곳은 유럽과 아시아를 잇는 큰길이었으며, 수많은 대상(隊商)은 그 도시와 사막을 오가며 대륙에서 대륙으로 물자를 실어 날랐다. 그러나 투르크인은 무역을 장려하지는 않았다. 설령 장려했다손 치더라도 그들은 하나의 새로운 요인 앞에서 무력했을 것이다. 그 새로운 요인이란 아시아·유럽 항로의 발달이었다. 바다에서 새로운 길이 열리고 배가 사막의 낙타를 대신하게 되었다. 이 변화와 함께 세계에서 서아시아의 중요성은 현저히 떨어졌다. 그 곳은 점차 고립된 생활을 하게 되었다. 19세기 후반에 수에즈 운하가 개통되자 해로가 종전보다 훨씬 중요해졌다. 이 운하는 동과 서를 잇는 최대의 교통로가 되어 두 세계를 근접시켰다.

　　그리고 20세기인 오늘날 또 하나의 새로운 변화가 우리 눈앞에 전개되고 있다. 즉 옛날부터 있어 온 바다와 육지의 경쟁에서 육지가 이겨 바다를 세계의 일등 교통로 자리에서 물리치고 있는 것이다. 자동차의 출현이 변화를 가져오고 비행기가 또한 이에 이바지했다. 오랫동안 황폐하게 버려져 있던 옛 무역로는 다시 오가는 사람으로 활기를 찾게 되었다. 다만 이번에는 한가로이 걸어가는 낙타가 아니라 자동차가 사막을 질주하고 비행기가 상공을 날고 있다.

　　오스만 제국은 세 개의 대륙 — 아시아·아프리카 및 유럽을 연결시켰다. 그러나 19세기 훨씬 이전부터 그 힘은 시들고 있었고, 금세기에 들어서 해체되고 있다. '하늘의 채찍(Scourge of God)'이 이제 '유럽의 환자(Sick Man of Europe)'로 변했다. 1914년부터 18년까지의 세계 전쟁은 이 제국을 끝장내고, 그 잔해 속에서 자주적이고 강력하며 진보적인 새로운 투르크 및 기타 몇 개의 새로운 국가를 출현시켰다.

　　위에서 말한 바와 같이 서아시아는 유럽을 향해 열린 아시아의 창이다. 그것은 아시아와 유럽과 아프리카를 가르는 지중해와 접해 있다.

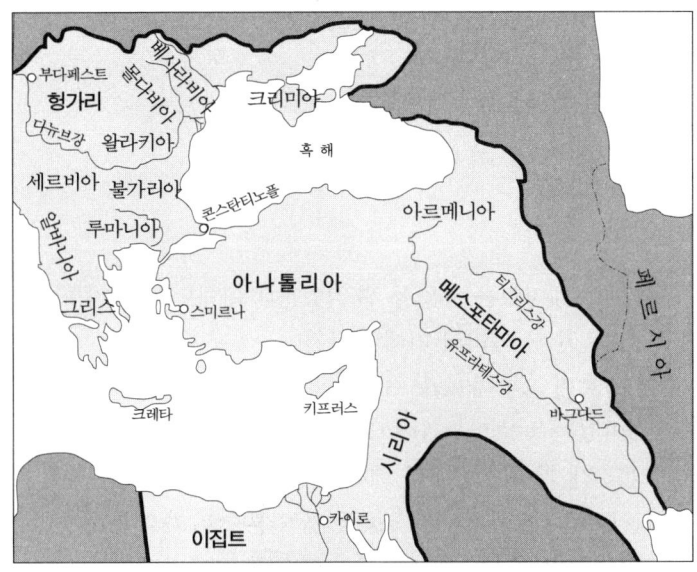

16~17세기의 오스만 제국

과거에 이 지역들간의 유대는 매우 강해서 지중해에 접한 여러 나라는 많은 공통점을 가지고 있었다. 유럽 문명은 지중해 지역에서 비롯되었다. 세 대륙을 잇는 이 바다에 고대 그리스, 곧 헬라스(Hellas)의 식민지가 산재했다. 로마 제국도 그 주변에서 널리 세력을 펼쳤다. 기독교 또한 원래는 지중해 연변에 고향을 두었다. 아랍인은 자기 문화를 지중해 동쪽 연안에서 시칠리아로 전했고, 또한 아프리카 연안을 거쳐 스페인에 가서 700년 동안이나 거기에 머물렀다.

이렇게 보면 지중해의 여러 아시아 나라와 남유럽이나 북아프리카와의 유대가 얼마나 긴밀한 것이었는지를 알 수 있다. 옛날의 서아시아는 이렇게 아시아와 그리고 다른 두 대륙 사이의 요지가 되어 있었다. 그러나 이러한 연결 지점은 잘 찾아보면 전세계에 아직도 여러 군데 있을 것이다. 우리는 자칫 민족주의의 편협한 사고 방식에 사로잡혀 세계의 일체성과 여러 나라의 공통된 이익보다 자기 나라만을 생각하기 쉽다.

세 대륙이 만나는 지점

123 *1933년 1월 19일*

지난 역사를 되돌아보며

　　최근 매우 재미있는 책을 두 권 읽었는데 네게도 그 얘기를 전해 주고 싶구나. 두 권 다 파리의 기메 박물관(La Musée Guimet)[61]의 관리자 또는 관장인 르네 그루세(René Grousset)의 저서다. 주로 불교와 예술을 다룬 이 재미있는 동양 박물관에 네가 가 본 적이 있는지 모르겠다. 나는 너를 데리고 간 기억이 없구나. 그루세는 동양 — 아시아 — 문명을 인도·중동(서아시아와 페르시아)·중국 및 일본으로 따로따로 정리했다. 예술에 관심이 있던 그는 여러 종류의 예술 활동의 발달 과정을 주제로 하여 논하고, 여기에 훌륭한 삽화를 많이 집어넣었다. 이러한 방식으로 역사를 배우는 것은 전쟁이나 국왕들의 음모에 관해서 배우는 것보다 훨씬 낫고 재미있기도 하다.

　　나는 이제까지 그루세의 저서 가운데 중동과 인도에 관한 두 권만을 읽었는데 아주 재미있었다. 아름다운 건축물이나 기품 있는 조각, 그리고 뛰어난 벽화의 사진들은 나를 데라 둔의 감옥에서 머나먼 여러 나라와 아득한 먼 옛날로 데리고 갔다.

　　나는 꽤 오래 전에 서북 인도의 인더스 계곡에 있는 모헨조다로와 하라파, 그리고 5000년 전에 번영했던 고대 문명에 관해 쓴 적이 있다. 사람들이 모헨조다로에 살고, 일하고, 노닐었던 그 태곳적에는 많은 문명의 중심지가 있었다. 우리에게 알려진 곳은 그 가운데 극히 일부분이며 아시아나 이집트의 곳곳에서 발견된 유적에 한정되어 있다. 만약 우

---

61) 프랑스의 동양학자 에밀 에티엔느 기메가 1879년에 창립해서 1885년 국립 박물관으로서 파리에 옮겨졌다. 중국이나 일본의 도자기를 비롯한 많은 동양의 미술품이 진열되어 있다.

리가 더 열심히, 그리고 광범위하게 발굴을 진행한다면 더 많은 유적이 발견될지도 모른다. 그렇지만 이미 그 무렵의 문명으로 알려져 있는 것만 해도 이집트의 나일 강 유역과 수사(Susa)를 수도로 하는 엘람국(the State of Elam)[62]이 있던 칼데아(메소포타미아), 중앙 아시아의 투르키스탄 및 중국의 황하 유역 등이 있다.

  이것은 마침 마제 석기 시대가 청동기 시대로 변하는 시기에 해당한다. 또한 이집트에서 중국에 이르는 광범한 지역 전체가 같은 발달 단계에 도달해 있었던 것 같다. 확실히 아시아 전역에 일종의 공통적인 문명의 징후를 보이는 것은 곧 각 문명의 중심지가 고립되어 있지 않고 상당한 접촉이 있었음을 보여 주는 것으로, 우리를 놀라게 한다. 농업은 활발했으며 가축도 사육되고 상업도 조금 있었다. 문자의 기록은 이미 시작되어 있었지만 이 고대의 상형 문자는 아직도 해석되지 못한 채 남아 있다. 멀리 떨어진 지역에서 서로 비슷한 도구가 발견되고 예술품도 놀랄 만큼 서로 비슷했다. 특히 무늬가 들어 있는 도기나 가지각색의 의장과 장식을 새긴 예술적인 꽃병은 사람들의 눈길을 끈다. 무엇보다도 이런 종류의 도기가 특히 많아서 이 시대 전체가 '채색 도기 문명(painted pottery civilization)'이라 불릴 정도다. 금은 세공, 석고나 대리석 주발 그릇부터 무명 직물에 이르기까지 모두가 예술적이었다. 이집트에서 인더스 강 계곡 또는 중국에 이르기까지 문명은 각기 독자성을 지니고 따로 생활을 영위하고 있었지만, 공통된 문명의 실이 서로를 잇고 있었던 것으로 보인다.

  이것은 대략 5000여 년 전의 일이다. 그러나 아무튼 이러한 문명이 꽤 발달했다는 것은 확실하며, 이렇게 발달하기까지는 몇천 년의 세월이 필요했을 것이다. 나일 강 유역이나 칼데아에서는 적어도 2000년은

---

62) 고대 오리엔트의 지명·민족명·국가명. 메소포타미아의 동쪽인 이란의 수사 고원 부근에 선사 시대부터 고대 페르시아 제국에 이르기까지 번영했던 국가. 기원전 4000년쯤에 이미 대도시가 발달했으며, 독특한 채색 토기, 그림 문자, 십진법 등이 있었다. 19세기 이후 프랑스의 탐험대가 발굴했다.

지난 역사를 되돌아보며

더 시대를 거슬러 올라가 발전의 발자취를 더듬을 수 있다.

이 초기 청동기 시대에 광범하게 분포된 공통적인 문명은 기원전 3000년의 모헨조다로 시대부터 동방에 4대 문명이 발생해 분화, 전개되었다. 이 4대 문명이란 이집트·메소포타미아·인도·중국의 그것이다. 이집트에 피라미드가 구축되고 기제(Gizeh)에 스핑크스[63]가 세워진 것도 바로 이 시대였다. 또한 그 뒤 이집트에서는 테베 시대(Theban period)가 이어져 기원전 2000년 전후에 테베 제국이 번창하고 눈부신 조각과 벽화가 생겨났다. 이 시대는 위대한, 예술 부흥의 시대였으며 룩소르(Luxor)의 대사원[64]도 이 무렵에 세워졌다. 그 이상의 것은 아무것도 알려진 것 없이 이름만 전해져 온 투탕카멘(Tutankaman)은 테베의 파라오(Pharaohs : 이집트 군주) 가운데 한 사람이었다.

칼데아에서는 두 지역 — 슈메르(Sumer)와 아카드(Akkad)에서 강력히 조직된 국가가 발흥했다. 유명한 칼데아인의 도시 우르(Ur)는 이미 모헨조다로 시대부터 뛰어난 예술 작품을 많이 낳았다. 우르의 도시는 대략 700년 가량 지배를 계속하다가 타도되었다. 시리아에서 셈 인종(Semitic people : 곧 유태인이나 아랍인)에 속하는 바빌로니아인이 들어와 새로운 지배자가 되어, 성서에 자주 언급되는 바빌론의 수도가 신 제국의 수도가 되었다. 이 무렵 새롭게 문학의 꽃이 피어 여러 편의 서사시가 쓰이고 읊어졌다. 세계 창조와 무서운 대홍수를 읊은 이 서사시들은 성서 첫머리의 몇 장을 장식한 것으로 알려져 있다.

그 뒤 바빌론이 함락되고, 시대를 한참 내려와 기원전 1000년 이후에 아시리아인이 등장해 니네베(Nineveh)를 수도로 하는 제국을 수립했다. 그들은 매우 특이한 종족이었다. 그들은 잔인 무도한 종족으로서 국

---

63) 스핑크스는 권력자의 상징으로서 고대 이집트에 세워진 인면 수신(人面獸身)의 거상(巨像). 카이로시 서쪽에 있는 기제의 스핑크스는 특히 유명하며, 높이 20m, 길이가 73m에 이른다.
64) 나일 강 동쪽 기슭의 카르나크 및 룩소르에는 고대 이집트의 최성기인 이른바 신 왕국 시대의 제국적 번영을 보여 주는 대신전의 유적이 있다.

가 조직 전체가 테러를 바탕으로 세워졌으며, 학살과 파괴를 통해 중동 전역에 대제국을 건설했다. 그러나 어떤 면에서는 매우 교양이 높았다. 니네베에는 거대한 도서관이 세워져 그 시대의 모든 부문에 걸친 지식을 총망라하고 있었다. 이것까지 얘기할 필요는 없겠으나, 이 책들은 종이로 만들어진 것도 아니며 물론 오늘날의 서적과 같은 체제를 취한 것도 아니었다. 당시의 서적은 돌조각에 새긴 것이었다. 런던의 대영 박물관에는 니네베의 옛 도서관에서 가져온 돌조각이 몇천 장 소장되어 있다. 개중에는 저절로 등골을 오싹하게 하는 내용도 있다. 국왕이 그의 적을 얼마나 잔인하게 다루었으며 또 그것을 즐겼는지가 적혀 있기 때문이다.

인도에는 모헨조다로 시대 이후에 아리아인이 들어왔다. 그들의 초기 유적이나 조각류는 아직 발견되지 않고 있다. 그러나 그들의 최대 기념물은, 인도 평원에 내려온 쾌활한 전사들의 마음을 속속들이 볼 수 있게 해 주는 그들의 옛 기록, 즉 『베다』를 비롯한 여러 기록들이다. 이들 서적은 참으로 힘찬 '자연시(Nature-poetry)'로 가득 차 있다. 그들의 여러 신들도 '자연의 신들(Nature-gods)'이었다. 자연에 대한 이러한 사랑이 예술의 발달에서 큰 역할을 한 것은 당연한 일이었다. 이미 발견된 예술적 유품 가운데에는 보팔(Bhopal) 부근에 있는 산치(Sanchi)의 문들[65]이 있다. 이들 문은 초기 불교 시대에 해당하는 것으로, 거기에 새겨진 꽃이나 잎 또는 동물 모양의 조각은 그 예술가의 자연에 대한 사랑과 이해를 말해 준다.

또한 잘 알겠지만, 그 뒤 알렉산더 이후 헬레니즘 문화의 여러 제국이 인도의 서북 국경에 인접해 나타나고 그들을 통해서 그리스의 영향이 전해졌다. 그 뒤 또한 헬레니즘의 영향 아래 있던 쿠산인의 변경 제국이 일어났다.

---

65) 인도의 마디아 프라데시(Madhya Pradesh)주 서쪽의 조그만 언덕 위에 있는 불교 유적. 기원전 1, 2세기에 건조된 것으로 추정되는 불탑·정사(精舍)·사찰 유적 가운데 20여 기의 탑이 있고 그 가운데 몇 기는 원형이 보존되어 있다. 홍살문과 비슷한 탑 문의 표면에는 고대 인도의 뛰어난 기법을 보여 주는 부조가 새겨져 있다.

불타는 우상 숭배에 반대해 스스로를 신격화하지 않고 예배를 요구하지 않았다. 그는 승직 제도가 사회에 끼친 모든 해독을 배제하려 했다. 그는 학대받는 불행한 사람들을 구원하려는 개혁자가 되었다. 그는 비나레스 근처의 이시파타나(Isipatana) 또는 사르나트(Sarnath)의 최초의 설교에서 "나는 왔노라"고 말했다. "나는 어리석은 자를 지혜로 채우기 위해 왔노라. …… 완벽한 사람이라도 제 몸을 바쳐 중생에게 자비를 베풀지 않고 버림받은 이에게 위안을 주지 못하면 없는 것과 같으니라. …… 나의 가르침은 자비의 가르침이로다. 그렇다면 이승에서 행복을 누리는 자는 이를 얻기 어려우리라. 구제의 길은 모든 이에게 열려 있도다. 브라만은 스스로 구제의 길을 막은 찬달라(Chandala)[66] 여인의 태내에서 태어나셨도다. 마치 큰 코끼리가 짚으로 지은 집을 허물 듯 그대의 번뇌에서 벗어날지어다. 무애(無碍)의 실상은 여러 악을 바로잡는 유일무이한 방패로다." 불타는 이렇게 선의 길과 생활의 길을 가르쳤다. 그러나 스승의 가르침의 속뜻을 깨닫지 못한 어리석은 제자처럼, 그의 후계자들은 그가 가르친 외면적인 규칙만을 지킬 뿐 그 깊은 참뜻을 이해하지 못했다.

그로부터 그리스나 기타 헬레니즘 여러 나라에서 새로운 관념이 도입되었는데, 이들 나라에서는 아름다운 신들의 조각을 만들어 예배했다. 서북 인도의 간다라에서는 이러한 영향을 많이 받아 아기 불타의 조각이 나타났다. 그것은 헬레니즘 여러 나라의 작고 예쁘장한 큐피드(Cupid)[67] 내지는 이탈리아인이 '사크로 밤비노(sacro bambino)'라 부른 후세의 아기 예수와 비슷한 형상으로 표현되었다. 이리하여 불교에도 우상 숭배가 시작되어 어느 불교 사원에나 불상이 눈에 띄지 않는 곳이 없을 만큼 발달했다.

---

66) 고대 카스트에서 천민을 말한다. 브라만 교도는 카스트 법규에 따라 부정(不淨)한 백성인 그들과 접촉할 수 없게 되어 있었다.
67) 로마 신화에 나오는 사랑의 신. 그리스명으로는 에로스(Eros)라 일컬어지고, 어린이의 모습으로 나타난다.

이란이나 페르시아의 영향도 인도 예술에 영향을 미쳤다. 불타 설화와 풍부한 힌두 신화는 인도의 예술가들에게 무한한 소재를 제공했다. 안드라주의 아마라바티(Amaravati),[68] 봄베이 부근의 엘레판타(Elephanta) 석굴,[69] 또한 아잔타(Ajanta)와 엘로라(Ellora)[70]나 기타 여러 장소에 이 전설과 신화가 돌에 새겨지고 그림으로 그려져, 지금도 발자취를 더듬을 수 있다. 이것들은 매우 좋은 볼거리이므로 나는 모든 학교의 학생들이 그 가운데 몇 개만이라도 꼭 보았으면 하고 생각한다.

인도의 전설은 바다를 넘어 동인도로 건너갔다. 자바의 보로부두르(Borobudur)에서는 돌에 조각된 근사한 벽화군에 불타의 일생이 그려져 있다. 앙코르와트의 유적에 또한 이 도시가 '빛나는 앙코르(Ankor the Magnificant)'로서 동아시아에 알려져 있던 800년 전의 시대를 상기시키는 아름다운 조상(彫像)이 수없이 남아 있다. 이들 조상의 얼굴 모습은 온건하면서도 생명감이 넘쳐, 그 대다수는 '앙코르의 미소(Smile of Ankor)'라 하여 신비하고 오묘한 미소를 짓고 있다. 이 미소는 인종적인 유형의 변천을 초월해 시대에서 시대로 전해졌지만 그렇다고 결코 단조롭지는 않다.

예술은 한 시대의 생활과 문화를 가장 잘 비쳐 주는 거울이다. 인도의 문명이 생명력으로 넘치고 있을 때 그것은 여러 미적 형상을 낳아 예술로 번창했고 그 영향은 먼 나라들에까지 미쳤다. 그것이 활력과 생명

---

68) 남부 인도의 키스트나 강 하류의 오른쪽 기슭에 있던 불적. 18세기 말에 발견되어 전란으로 없어졌으나 불탑을 장식했던 고대 안드라 왕조 시대의 정묘한 부조가 새겨진 판석류는 지금도 봄베이·캘커타·런던 등지의 박물관에 소장되어 있다. 부조는 주로 불경에서 주제를 취한 군상도다.
69) 봄베이 동쪽의 힌두교 석굴 사원. 7, 8세기의 힌두교 예술을 대표하는 시바파의 신상이 벽면에 군립(群立)하고 있다.
70) 남인도의 하이데라바드주에 있는 벼랑에 굴착된 석굴 사원. 34개의 굴 가운데 17개는 힌두교, 12개는 불교, 5개는 자이나교에 속한다. 불교의 석굴 사원은 7세기 전반, 힌두교 석굴 사원은 7~9세기, 자이나교 석굴 사원은 9~12세기에 만들어진 것으로서 각기 많은 유품이 남아 있다.

지난 역사를 되돌아보며

을 잃고 산산조각으로 해체되면 예술 또한 이와 더불어 하강하며, 활력과 생명을 잃고 지나치게 세밀한 묘사에만 빠지고 때로는 괴상한 취미로 치닫기도 한다. 이슬람 교도의 침입은 지나치게 장식적인 인도 예술에 충격과 영향을 미쳤다. 고대 인도의 이상은 여전히 바탕에 남아 있었지만, 아라비아나 페르시아에서 온 단순하면서도 품격 높은 의장이 도입되었다. 과거 몇천 년 동안 인도에서 많은 건축사들이 아시아로 건너갔는데, 이번에는 서아시아에서 건축가나 화가들이 인도로 들어왔다. 페르시아나 중앙 아시아에는 예술의 르네상스가 도래했다. 콘스탄티노플에서도 대건축가가 속출해 장대한 전당이 활발히 세워졌다. 이는 또한 여러 거장들이 아름다운 회화나 조각을 창조한 이탈리아 르네상스의 초기 시대에 해당된다.

    시난(Sinan)은 이 시대 투르크의 유명한 건축가였는데 바바르(Babar)는 그의 애제자인 유수프(Yusuf)를 부르기 위해 사절을 보냈다. 이란에는 대화가인 비흐자드(Bihzad)가 있었는데 악바르는 그의 제자 몇 명을 초빙해 궁정 화가로 삼았다. 건축과 회화 방면에서 페르시아의 영향은 지배적이었다. 나는 예전 편지에서도 무굴 인도 및 인도 - 이슬람 예술에 관해 얘기했고 너도 그런 것들을 많이 보았을 것이다. 이 인도 - 페르시아 예술의 최고의 성과는 타지 마할이다. 뛰어난 많은 예술가들이 이 건축에 협력했다. 그것을 주재한 것은 페르시아인 아니면 투르크인인 우스타드 이사(Ustad Isa)라는 건축가였고 인도인 건축가들이 그를 도왔다. 또한 몇몇 유럽인 예술가, 특히 이탈리아인이 내부 장식을 담당했던 것 같다. 그처럼 많은 기술자들이 참가했는데도 아무런 엇갈림도 뒤틀림도 없었으며, 가지각색의 부속물이 혼연 일체로 융합되어 참으로 불가사의한 조화를 형성하고 있다. 참으로 수많은 사람들이 이 타지를 위해 일했다. 그러나 그 주류를 이루는 두 개의 커다란 영향력은 페르시아와 인도의 그것이다. 그러기에 그루세는 이것을 '인도의 육체에 쌓아 올린 이란 넋의 구현' 이라 일컬었다.

124 *1933년 1월 20일*

이란 문화의 끈질긴 전통

　드디어 우리는, 그 넋이 인도에 와서 이 나라 타지(Taj)의 자랑스러운 육체에 깃들었다고 했던 페르시아로 가 보자. 페르시아의 예술은 또한 볼 만한 전통을 갖고 있다. 이 전통은 아시리아인 시대부터 그야말로 2000년을 면면히 이어 왔다. 정부와 왕조와 종교는 여러 번 뒤바뀌고, 외국의 지배 아래 놓이기도 했으며 또는 자국의 국왕에게 통치받기도 했다. 또 이슬람교가 들어온 이래 많은 변혁이 이루어졌으나 고유한 전통만은 지속되었다. 물론 시대의 전개에 따라 그것은 변화·발전하기도 했지만 이 지속성은 페르시아 예술과 페르시아 풍토의 긴밀한 결합 때문에 가능한 것이라고 한다.
　나는 예전 편지에서 니네베의 아시리아 제국에 관해서 얘기했다. 페르시아는 이 제국에 포함되어 있는 아시리아인에 속한다. 기원전 600~500년쯤 아리아인이었던 이란인은 니네베를 점령하고 아시리아를 무너뜨렸다. 그 때 페르시아-아리아인은 몸소 인더스 강의 양쪽 연안에서 이집트에 이르는 대제국을 수립했다. 그들은 고대 세계를 제패하고 그 지배자들은 그리스인들로부터 흔히 '대왕(Great King)'이라 일컬어졌다. 키루스·다리우스·크세르크세스 등은 이들 '대왕'의 반열에 들어간 자들이다. 너는 다리우스와 크세르크세스가 그리스인을 정복하려다 패배한 것을 기억할 것이다. 이 왕조는 220년 동안 이 광대한 제국을 지배하다가 그 뒤 마케도니아의 알렉산더 대왕에게 타도되었다.
　아시리아인이나 바빌로니아인의 압제 후에 등장한 페르시아인은 이 지역인들에게 커다란 구원이 되었음에 틀림없다. 그들은 문화의 질이 높았고 이질적인 종교나 문화의 정착을 허용한 관대한 주인이었다.

광막한 제국은 잘 통치되었으며, 전국 곳곳에 교통 편의를 위해 종횡으로 도로가 개설되었다. 이들 페르시아인과 인도에 온 인도 - 아리아인 사이에는 깊은 관계가 있었다. 그들의 종교 — 조로아스터교는 초기의 베다 종교와 이웃 사촌 격이었다. 당초 아리아인의 고향이 어디였든 간에 이 양자가 그 곳에 공통된 뿌리를 두고 있었음은 명백한 일이다.

아케메네스(Achaemenes)의 국왕들은 대대로 활발한 토목 건축 사업을 일으켰다. 그들의 수도 페르세폴리스(Persepolis)에 무수한 원주 기둥으로 떠받친 거대한 궁전을 세웠는데(그들은 사원은 세우지 않았다), 그 규모가 얼마나 컸는지를 말해 주는 유적이 아직도 몇 개 남아 있다. 아케메네스 예술은 마우리아 시대(아소카 등)의 인도 예술과 접촉했던 것 같고, 그것에 영향을 미쳤다.

알렉산더는 '대왕' 다리우스를 쳐부수고 아케메네스 왕조에 마침표를 찍었다. 그 뒤 얼마 동안 셀레우코스(그는 알렉산더의 부하 장군이었다) 및 그 후계자들이 그리스인을 지배했고 또한 반(半) 외국 군주 아래 헬레니즘의 영향을 크게 받으면서 훨씬 더 오랜 시대가 이어졌다. 인도 국경 지방에 위치하고 남쪽으로는 비나레스부터 북쪽으로는 중앙 아시아에 걸쳐 있었으며, 또한 헬레니즘의 영향 아래 있던 쿠샨 왕조도 이것과 시대를 같이했다. 이처럼 알렉산더 이래 3세기에 이르기까지 인도 서쪽의 아시아는 500년 이상을 줄곧 그리스의 영향력이 미치는 곳에 있었다. 이 영향은 주로 예술적인 것으로서, 페르시아의 종교가 여전히 조로아스터교 그대로 유지되는 데에는 별다른 방해가 되지 않았다.

3세기가 되자 페르시아에 민족 부흥이 일어나 새 왕조가 권력을 장악했다. 이것은 매우 전투적인 민족주의 색채를 띠며, 고대 아케메네스 왕조의 계승자를 자부하는 사산 왕조였다. 전투적 민족주의가 흔히 그러하듯 그것은 편협하고 배타적이었다. 서쪽의 로마 제국과 콘스탄티노플의 비잔틴 제국, 동쪽에서 압박해 오는 투르크인 여러 부족의 중간에 끼여 있는 처지에서 그것은 부득이한 일이었다. 그래도 이 왕조는 이슬람교가 출현할 때까지 400년간이나 존속했다. 사산 왕조에서는 조로아스터 교권이 모든 것을 장악해서 교회가 국가를 지배했으며 어떠한 대립 세력도 허용하지 않았다. 그들의 성전인 아베스타(Avesta)[71]가 쓰이기 시작해서 현재와 같은 형태를 취한 것도 이 시대의 일이었다고 한다.

　　인도에서도 같은 시기에 쿠샨 및 불교 시대의 뒤를 이어 민족 부흥이 일어나 굽타 제국이 번창하고 있었다. 예술·문학의 르네상스가 찾아와 칼리다사와 같은 산스크리트 최대의 작가가 몇 사람 나타났다. 사산 왕조의 페르시아와 굽타 왕조의 인도 사이에 예술상의 접촉이 있었다는 증거가 많다. 사산 시대의 회화나 조각 가운데 지금까지 전해져 오는 것은 별로 많지 않으나, 간혹 발견된 것을 보면 생명력과 생동감에 넘치며 특히 동물 같은 것은 아잔타 벽화와 매우 흡사하다. 사산 예술의 영향은 중국이나 고비 사막에까지 이르렀던 것으로 보인다.

　　사산 왕조가 쇠퇴하고 그 오랜 지배가 종말에 가까웠을 무렵, 페르시아는 곤경에 빠졌다. 오랫동안 비잔틴 제국과 전쟁을 계속한 끝에 양쪽 다 기진맥진해 있었다. 새로운 신앙에 불타는 아랍인 군대가 페르시아를 정복하는 것쯤은 문제도 아니었다. 7세기 중엽 예언자 마호메트의 사후 10년이 채 되기도 전에 페르시아는 이미 칼리프의 지배 아래 놓였다. 아랍인 군대는 중앙 아시아에서 북아프리카까지 진출했는데, 그들은 새로운 종교를 전파했을 뿐만 아니라 성장기에 있는 젊은 문화도 함께 전했다. 시리아·메소포타미아·이집트는 모두 하나같이 아랍 문화에 흡수되었다. 아랍어는 그들의 국어가 되었고 인종적으로도 동화되었다. 바그다드·다마스커스·카이로는 아랍 문화의 대중심지가 되어, 새 문명의 입김이 서린 많은 아름다운 건축물들이 즐비하게 세워졌다. 이들 여러 나라는 오늘날에도 여전히 아랍 국가들이며, 서로 분열되어 있으나 한편으로는 통일을 염원하고 있다.

　　페르시아도 마찬가지로 아랍인에게 정복당하기는 했지만, 아랍인

---

71) 조로아스터교의 성전. 송가·율법·신화·의례 등이 수록되어 있는데, 이슬람교 지배자의 박해 때문에 현존하는 것은 원본의 일부밖에 없다.

은 시리아나 이집트와 같이, 이 민족을 흡수하거나 동화시킬 수 없었다. 고대 아리아인의 혈통을 이어받은 이란 인종은 셈족(Semites)[72]인 아랍인과는 그 취향이 매우 달라서 언어마저 아리아어를 사용하고 있었다. 때문에 인종은 여전히 개성을 잃지 않았으며 언어도 변함없이 발전해 가고 있었다. 이슬람교는 급속도로 전파되어 조로아스터교의 자리를 차지했다. 조로아스터교는 결국 인도에 그 은신처를 두어야만 했다. 그런데 페르시아인은 이 이슬람교에서도 독자적인 방식을 취했다. 이슬람교 내에 분열이 일어나 시아와 수니의 2대 분파로 갈라졌는데, 여타 이슬람 세계는 거의가 수니파인 데 반해 페르시아는 대부분 시아파 교도가 되어 오늘에 이르고 있다.

페르시아가 동화되지 않았다고는 하지만 아랍 문명의 강력한 영향을 받아 인도에서처럼 이슬람교는 페르시아 예술에 새 생명을 불어넣었다. 이와 동시에 아랍의 예술과 문화 또한 페르시아의 영향을 뿌리칠 수 없었다. 페르시아적인 사치 풍조는 사막의 아들인 이들의 검소한 기풍을 물들여 아랍인 칼리프의 궁정은 다른 제국의 어느 궁정 못지않게 호화 찬란하게 변했다. 제국의 수도 바그다드는 당대 최고의 도시가 되었고, 칼리프는 그 북방인 티그리스 강가의 사마라(Samarra)에, 아직도 유적이 남아 있는 광대한 규모의 개인용 모스크(예배당)와 궁전을 세웠다. 모스크에는 굉장히 넓은 대청 마루와 연못이 딸린 정원이 있었다. 궁전은 정사각형을 이루고 있었는데, 한 면이 1km 이상이나 되었다.

9세기에 들어서자 바그다드의 제국은 쇠퇴해 여러 국가로 분열했다. 페르시아는 독립해 있었으나 동방에서 투르크인 여러 부족이 들이닥쳐 수많은 국가를 형성하고, 마침내는 페르시아까지 점령하고 바그다드에 명목뿐인 칼리프만 남겨 두었다. 11세기 초에 가즈니의 마흐무드가 일어서서 인도를 침범하고 동시에 칼리프를 위협하며 잠시 영화를

---

72) 서아시아에서 발원하며 고대 오리엔트 문화를 꽃피운 인종. 고대 바빌로니아인, 아시리아인, 헤브라이인, 사라센 문명을 건설한 아랍인, 현대 유대인 등은 모두 이 계통에 속한다.

누렸는데 이것도 마침내 또 다른 셀주크 투르크족에게 몰락했다. 셀주크인은 기독교 십자군과의 장기전에 잘 견디어, 그 제국은 150년 간 유지되었다. 그런데 12세기 말쯤에 또 하나의 투르크인 부족이 셀주크인을 몰아 내고 호라즘 또는 키바(Khiva)의 왕국을 수립했다. 그러나 그것 또한 오래 지속되지는 못했다. 왜냐하면 호라즘의 샤(황제)가 칭기즈 칸의 사절을 모욕하자 이에 분노한 칭기즈 칸이 휘하의 몽고인을 이끌고 내습해서 토지건 인민이건 송두리째 유린해 버렸기 때문이다.

    수많은 변화와 제국들에 관해서 좁은 지면에 너무 간단하게 썼으니 너는 아마 조금 혼란스러울 것이다. 내가 이들 왕조나 인종의 흥망을 얘기한 것은 너에게 부담을 주려는 것이 아니라, 페르시아의 예술적 전통과 생활이 그러한 변천에도 불구하고 유지되었다는 점을 강조하고자 했던 것이다. 동방에서 여러 투르크인 부족들이 잇따라 밀려들어와 부하라와 이라크에서 우세를 차지하고 있던 페르시아 — 아랍 문화를 받아들였다. 페르시아와는 달리 투르크인이 소아시아에 들어왔을 때 그들은 자신의 풍습을 유지하며, 아랍 문화에 굴복하기는커녕 소아시아를 마치 그들의 고국인 투르키스탄의 일부처럼 만들어 버렸다. 그런데 페르시아나 그 여러 인접국은 유서 깊은 이란 문화의 전통이 워낙 뿌리 깊었기 때문에, 그들(투르크)은 오히려 이를 섭취하고 적응했던 것이다. 여러 투르크인 왕조가 지배했지만 당시의 페르시아 예술과 문화는 그래도 융성함을 자랑했다. 술탄 마흐무드의 시대에 활약했던 시인 피르다우시에 관해서 전에 얘기한 적이 있었지? 마흐무드의 부탁을 받고 그는 페르시아의 대민족시 『샤 나메』를 썼다. 그 작품의 무대는 이슬람교 이전의 시대였고 주인공은 루스탐(Rustam)이다. 이 사실은 페르시아의 예술이나 문학이 지난날의 민족적 전통과 얼마나 깊이 연결되어 있는가를 말해 준다. 페르시아의 회화나 아름다운 세밀화(miniature)의 소재는 대부분 『샤 나메』의 이야기에서 취재한 것이다.

    피르다우시는 10세기와 11세기의 전환기, 곧 932년부터 1021년에 걸쳐 활약했다. 그에 이어 페르시아어로는 물론이고 영어로도 훌륭한

이란 문화의 끈질긴 전통

시를 쓴, 천문학자 겸 시인으로 이름 높은 페르시아의 니샤푸르 (Nishapur)의 오마르 카이얌(Omar Khayyam)[73]이 등장한다. 그리고 페르시아 최대 시인의 한 사람인 시라즈(Shiraz)의 셰이크 사디(Sheikh Sadi)[74]가 뒤를 잇는다. 그의 『굴리스탄(Gulistan : 장미원)』과 『부스탄(Bustan : 과수원)』은 인도의 마크타브(maktab : 마을 학교)의 소년 소녀들이 여러 세대에 걸쳐 배워 온 것이다.

나는 다만 서너 명의 유명한 사람만을 열거했다. 여기서 장황하게 명단을 내미는 것은 부질없는 노릇이다. 그러나 페르시아 예술과 문화의 등불은 페르시아에서 트란스옥시아나(Transoxiana : 아프가니스탄 북부 일대)까지 그 찬란한 빛을 드리우고 있었다는 것은 언제나 염두에 두기 바란다. 트란스옥시아나의 부하라나 발흐 등지의 대도시는 예술·문화의 중심지로서 페르시아의 여러 도시와 그 영광을 서로 다투었다. 하기야 세상에 너무나 잘 알려진 아랍인 철학자 이븐 시나 — 일명 아비센나가 10세기 말쯤에 태어난 곳도 바로 이 부하라가 아니냐. 발흐에서 200년 뒤 페르시아의 또 한 사람의 대시인 잘랄룻딘 루미(Jalaluddin Rumi)[75]가 태어났다. 그는 신비주의자였다고 일컬어졌는데, 춤추는 탁발 행자단을 처음으로 만들었다.

페르시아 — 아랍의 예술 및 문화는 이처럼 전쟁과 분란과 정치적 변동을 초월해서 그 활발한 생명을 지속함으로써 문학·회화 및 건축에 수많은 걸작을 낳았다. 그러나 재난이 닥쳐왔다. 13세기(1220년쯤)에 칭

---

73) 페르시아의 민요 형식을 취한 단시집 『르바이야트』의 작가로서 세계에 알려져 있다. 『르바이야트』는 현세의 쾌락에 인생의 무상을 가미한 술과 사랑과 시의 노래. 그는 또한 셀주크 투르크 왕조 시대의 탁월한 자연 과학자이자 철학자이기도 했다.
74) 몽고 시대 페르시아의 서정 시인. 시라즈에서 태어나 그 곳에서 죽었다. 바그다드의 니자미야 학원에서 수학한 뒤 탁발승 차림으로 이슬람 제국을 편력했다. 오랜 세월의 여행을 마치고 귀향해 『부스탄』과 그의 대표작으로 손꼽히는 『굴리스탄』 등을 저술했는데, 거기에는 그의 견문·일화·교훈·경험담 등이 실려 있다. 이슬람교 신비주의자로서 종교적 신념에 입각한 그의 도덕적 실천성의 교훈은 높이 평가되고 있다.
75) 페르시아어 신비주의 문학의 대표적 대작 『마스나비 마아나비』의 저자.

기즈 칸이 내습해서 호라즘과 이란을 파괴하고 몇 년 뒤에는 훌라구가 바그다드를 불태워 몇 세기에 걸쳐 축적된 수준 높은 문화를 한꺼번에 쓸어 버렸다. 나는 꽤 오래 전의 편지에서 몽고인이 중앙 아시아를 휩쓸어 황야처럼 만들어 버리고, 커다란 도시들이 사람의 그림자마저 볼 수 없는 폐허가 되었다는 것에 관해 얘기한 바 있다.

중앙 아시아는 끝내 이 재난에서 완전히 재기할 수 없었다. 현재와 같은 상태로 부흥한 것만도 놀라운 일이 아닐 수 없다. 아마 너도 기억하고 있겠지만, 칭기즈 칸이 죽은 뒤 그의 대제국은 마침내 분열되고 말았다. 그 동안에 페르시아에 해당하는 지방과 그 주변은 칭기즈 칸에게 파괴당한 이래, 평화적이고 관용적인 군주로서 일칸 왕조를 건설한 훌라구의 수중에 들어갔다. 이 일칸 족은 얼마 동안 몽고인 고유의 종교인 청천교(青天敎)를 믿었으나 곧 이슬람교로 개종했다. 그들은 이 개종을 전후해 다른 종교에 매우 관대했다. 그들의 사촌 격인 중국의 대칸과 그 일족(원나라)은 불교도였으나 상호 친선 관계를 위해 줄곧 신부(bride)를 중국에서 데려가기도 했다.

몽고인의 두 분파가 페르시아와 중국에서 나눈 교류는 예술면에서도 상당한 효과를 가져왔다. 즉 중국의 영향이 페르시아에 침투해 회화에서 아랍과 페르시아와 중국의 진기한 융합체가 나타났다. 그러나 이 같은 교류에도 불구하고 또다시 페르시아적 요소가 우세를 차지하게 되었다. 14세기 중엽 페르시아는 지금도 인도에 그 이름이 전해지고 있는 대시인 하피즈(Hafiz)[76]를 낳았다.

몽고 일칸 족은 오래 계속되지는 못했다. 그들의 마지막 후예가 트란스옥시아나 지방의 대도시인 사마르칸트의 대무장 티무르에게 타도된 것에 관해서는 이미 얘기한 바 있다. 이 가공할 잔인 무도한 야만인은 아이러니컬하게도 예술의 보호자이자 학식이 풍부한 인물로 알려져 있

---

76) 페르시아 최대의 서정 시인으로 인생의 쾌락과 예지가 번뜩이는 많은 서정시를 남겼다. 그의 생애는 분명치 않으나 그의 분방한 성격을 말해 주는 여러 편의 일화가 전해지고 있다.

이란 문화의 끈질긴 전통

다. 그가 예술품을 애호한 자로 알려진 것은, 주로 델리·시라즈·바그다드 및 다마스커스 등에서 약탈한 예술품을 자신의 고향인 사마르칸트를 꾸미기 위해 가져간 때문인 것 같다. 그런데 사마르칸트에서 가장 놀랍고 웅대한 건축물은 티무르의 분묘인 구르 아미르(Gur Amir)다. 이것은 그에게 걸맞은 영묘로서, 그 우아한 윤곽은 그의 도도한 위용과 씩씩함과 포악한 정신의 이면을 보여 준다.

티무르가 죽은 뒤 그가 정복했던 방대한 영토는 자취를 감추었지만 트란스옥시아나와 페르시아를 포함한 비교적 좁은 지역은 그의 후계자의 소유로 남았다. 15세기의 꼭 100년 동안 '티무리드(Timurids)'라 일컬어졌던 그들은 이란·부하라 및 헤라트에서 위세를 떨쳤는데, 특히 우스꽝스러운 것은 이 무자비한 정복자의 자손들이 관용과 인자함을 지닌 예술의 장려자로 세상에 알려졌다는 점이다. 티무르의 아들 샤 루크(Shah Rukh)는 특히 걸출한 인물이었다. 그는 수도였던 헤라트에 당당한 대도서관을 세워 문인들이 떼를 지어 모여들었다.

100년 간의 이 티무리드 시대는 예술·문학 방면에서 활동이 활발했던 까닭에 '티무리드 르네상스(Timurid Renaissance)'로 알려져 있을 정도다. 페르시아 문학은 이 때 풍요로운 꽃을 피웠고 수많은 회화가 쏟아져 나왔다. 대화가 비흐자드는 회화에서 총수였다. 같은 티무리드 문단에서 페르시아 문학과 함께 투르크어 문학도 발달하게 된 것은 주목할 만하다. 되풀이해서 말하지만 이것은 마침 이탈리아의 르네상스 시대에 해당되는 시기다.

티무리드는 투르크인이었지만 이란 문화에 광범위하게 압도당했다. 이란인은 투르크인이나 몽고인의 지배를 받으면서도 오히려 그 고유의 문화를 정복자에게 선물해 주었다. 게다가 페르시아인은 정치적 해방을 위해 투쟁해서 티무리드는 점차 동쪽으로 쫓겨, 그 영역은 트란스옥시아나 주변으로 축소되었다. 16세기 초에 이란의 민족주의가 승리를 거두어 티무리드는 마침내 페르시아에서 추방되었다. 사파비(Safavi) 또는 사파비드(Safavids)라고 일컬어지는 민족 왕조가 페르시아의 왕위에 올랐다. 세르 칸에 패해 인도를 탈출한 후마윤에게 보호의 손을 뻗친 것은 이 왕조의 2대째에 해당하는 타마스프(Tahmasp)였다.

사파비 시대는 1502년부터 1722년까지 220년 간 지속되었다. 그것은 페르시아 예술의 황금 시대라 일컬어진다. 수도 이스파한(Isfahan)은 찬란한 건축물로 둘러싸여 저명한 예술 중심지가 되었고, 특히 회화로 이름을 떨쳤다. 1587년부터 1629년까지 지배한 샤 아바스는 이 왕조의 걸출한 군주였으며, 또한 페르시아 최대의 지배자 가운데 한 사람으로 꼽힌다. 그는 한쪽으로는 우즈베크인(Uzbeks), 또 한쪽으로는 오스만 투르크인에게 포위당했으나 이 두 세력을 물리쳐 강대한 국가를 수립하고, 멀리 유럽의 여러 국가나 기타 국가와 국교를 열었으며, 그들의 수도를 미화하는 데 전력을 다했다. 샤 아바스의 이스파한 도시 계획은 '고전적 순수함과 고아한 취향의 걸작'이라 일컬어진다. 거기에 즐비한 건축은 그 자체만으로도 아름다운 데다 정교한 장식으로 꾸며졌으며, 구조상의 조화가 그 효과를 한층 더 높여 주고 있다. 당시 페르시아를 방문한 유럽인 여행자들은 입을 모아 그 아름다움을 격찬해 마지않았다.

건축, 문학, 벽화, 세밀화를 포함한 회화, 아름다운 융단 그리고 뛰어난 채색 도기나 모자이크, 이 모든 것이 페르시아 예술의 황금 시대를 맞아 일시에 꽃을 피웠다. 벽화나 세밀화 가운데 어떤 것은 무어라 형언할 수 없을 만큼 우아하다. 예술에 국경은 없고 또한 있을 수도 없다. 때문에 여러 가지 영향력이 16세기의 페르시아 예술에 작용해 풍요롭게 만들었음이 분명하다. 특히 이탈리아의 영향이 두드러졌다고 한다. 그러나 이 모든 것의 바탕에는 2000년이나 유지되어 온 이란 고유의 예술적 전통이 있다. 또한 이란 문화의 영역은 페르시아에 한정된 것은 아니다. 그것은 서쪽으로는 투르크에서 동쪽으로는 인도에 이르는 광대한 지역에 걸쳐 있다. 페르시아어는 마치 유럽에서 프랑스어처럼 인도의 무굴 궁정이나 서아시아 일대에서 교양어로 사용되었다. 페르시아의 예술과 오랜 전통은 아그라의 타지 마할에 불멸의 상징을 남겨 놓았다고 전에 말했다. 또한 같은 식으로 서쪽 멀리 콘스탄티노플의 오스만 건축

이란 문화의 끈질긴 전통

에 영향을 미쳐 페르시아의 영향이 깃든 많은 건축물을 낳게 했다.

페르시아의 사파비 왕조는 대략 인도의 무굴 제국과 동시대에 있었다. 인도 무굴 왕조의 초대 군주인 바바르는 사마르칸트의 티무리드 영주 가운데 한 사람이었다. 그런데 페르시아의 세력이 커짐에 따라 그들은 티무리드를 몰아세워 트란스옥시아나와 아프가니스탄만이 티무리드 영주들의 수중에 남았다. 바바르는 12세 유년 시절부터 이들 소영주들 사이의 싸움터에서 활약해야만 했다. 그는 마침내 승리를 거두어 카불의 지배자가 된 다음 인도에 온 것이었다. 당시의 티무리드 문화의 수준에 관해서는 예전의 편지에 인용한 바부르의 회상록을 통해 상상할 수 있을 것이다. 사파비 왕조 최대의 군주인 샤 아바스는 악바르 및 자한기르와 동시대의 사람이었다. 양국간에는 모든 면에서 매우 긴밀한 교섭이 있었음이 분명하다. 아프가니스탄은 인도 무굴 제국의 일부가 되어 두 나라(인도의 무굴 제국과 페르시아의 사파비 제국)는 오랜 세월 동안 국경을 사이에 두고 이웃하고 있었다.

125 *1933년 1월 21일*

페르시아의 제국주의와 민족주의

너는 나에게 충분히 불평할 자격이 있다. 복잡한 역사의 통로를 앞뒤로 오가며 너를 짜증나게 만들었으니 말이다. 여러 가지 경로를 달리하면서 19세기까지 당도한 나는 너를 갑자기 몇천 년이나 거슬러 올라가 이집트에서 인도·중국·페르시아로 뜀박질하게 했다. 이러니 네가 약이 오르고 어리둥절한 것도 무리가 아니겠지. 나는 네 투덜대는 소리가 귀에 들려 오는 것 같은데도 뭐라 변명할 말이 없구나. 르네 그루세의 책을 읽은 순간 많은 생각들이 머리에 떠올랐는데, 나는 그것을 네게 들려 주지 않고는 못 배길 것 같았다. 또한 그 동안 편지에서 페르시아에 관해 소홀했던 것 같아서 그 소홀함을 얼마간 보충하려고 해 보았다. 또 페르시아를 고찰해 온 김에 그 얘기를 현대에까지 연장해 보는 것도 무방할 것 같다.

나는 페르시아 문화의 오랜 전통과 높은 업적 및 페르시아 예술의 황금 시대, 그 밖에 이 일 저 일에 관해서 얘기를 계속해 왔다. 그 글귀를 다시 한 번 살펴보니, 말이라는 것이 매우 번지르르하지만 도무지 믿을 것이 못 된다는 생각이 든다. 자칫 잘못하면 내 말을 들은 사람들은, 정말로 황금 시대가 페르시아 인민에게 찾아와 그들의 가난이 사라지고, 마치 동화 속에 나오는 사람들처럼 행복하게 살았던 것처럼 생각할는지도 모른다. 물론 그런 일은 어디에서도 일어나지 않았다. 정도의 문제이기는 하지만 그 시대의 문화는 언제나 그렇듯 소수의 독점물로 일반 사람들에게는 전혀 혜택이 없었다. 태곳적부터 이제까지 대중의 생활은 확실히 식품과 일용품을 찾아 헤매는 발버둥이었으며, 그것은 짐승의 생활과 별 차이가 없었다. 그들은 그 밖의 다른 일에는 전혀 시간과 여가가 없었다. 하루의 노고는 그 하루에 족했을 뿐만 아니라 지나치게 족했다. 어찌 그들이 예술이나 문화에 관해 생각하거나 이해할 수가 있었으랴! 예술은 페르시아·인도·중국·이탈리아 그 밖의 유럽 여러 나라에서 궁정이나 부유층, 유한 계급의 심심풀이로서 발달했다. 단지 종교적인 예술만이 어느 정도 대중의 생활과 접촉할 수 있었을 뿐이다.

게다가 예술적인 궁정은 조금도 좋은 정부를 뜻하는 것이 아니었다. 예술의 보호를 내세우는 군주들은 가끔 통치자로서는 매우 부족하거나 잔인했다. 페르시아 사회는 그 시대 대부분의 나라들과 마찬가지로 많건 적건 봉건적이었다. 강력한 국왕은 봉건 영주의 사소한 많은 불법 행위들을 억제했으므로 평판이 좋았다. 비교적 선정이 행해진 시대도 있었고 악정이 극에 이른 시대도 있었다.

인도 무굴 제국의 지배가 종말을 고하려 할 때 사파위 왕조도 1725년에 무너졌다. 이 왕조 또한 치부를 드러냈다. 이 나라의 봉건 제도는 점차로 파탄의 길을 걸어 경제적 변화가 일어나고 구질서가 무너지기 시작했다. 중과세가 사태를 한층 더 악화시켜 인민들 사이에 불만의 소리가 높아졌다. 그 무렵 사파위 왕조의 지배 아래 있던 아프간인이 반란을 일으켜 자국에서 목적을 달성했을 뿐 아니라 이스파한을 점령해서 샤 제도를 폐지했다. 그러나 아프간인은 얼마 안 있어 스스로 왕위에 오른 페르시아인 족장 나디르 샤(Nadir Shah)에 의해 쫓겨났다. 노쇠한 무굴 왕조의 말기에 인도를 침략해서 델리의 인민을 살육하고 샤 자한의 '공작 왕좌(the Peacock Throne)'와 수많은 재보를 한꺼번에 휩쓸어 간 이가 바로 이 나디르 샤였다. 18세기의 페르시아 역사는 처참한 국내 전쟁과 엎치락뒤치락하는 선정과 악정의 기록이었다.

19세기는 새로운 분쟁을 몰고 왔다. 페르시아는 유럽의 침략적이고 호전적인 제국주의와의 분쟁에 휘말려들려 하고 있었다. 북방에서는 러시아가 쉴 새 없이 압박을 가해 오고 영국인은 페르시아 만으로 침입해 왔다. 페르시아는 인도와 그리 머지 않아서 두 지역은 점차 접근해 오늘날에 와서는 하나의 경계선을 사이에 두고 서로 대립하고 있다. 페르시아는 인도로 직행하는 통로에 위치해 있으며, 또한 해로를 내려다볼 수 있는 위치에 있었다. 요컨대 영국의 주요 정책은 인도 제국과 여기에 도달하는 여러 노선을 보호하는 데 있었다. 따라서 그들의 강적 러시아가 이 노선 위에 걸터앉아 굶주린 눈동자로 인도를 주시하는 것을 잠자코 보고 있을 수 없었다. 따라서 러시아와 영국은 모두 페르시아에 커다란 관심을 기울이며 이 힘없는 나라를 괴롭혔다. 무능하고 우매한 역대 샤는 불리한 시기에 이들과 싸우려 하기도 하고 자국민과 싸우기도 하여, 언제나 이들 손아귀에서 놀아나기만 했다. 만약 이 양대국의 대립이 없었다면 페르시아는 러시아나 영국 어느 한쪽에 완전히 점령당해 병합되었거나 이집트처럼 보호령[77]이 되었을 것이다.

20세기에 들어와 페르시아는 또 다른 이유에서 제국주의의 야욕의 대상이 되었다. 기름, 말하자면 석유가 발견되었는데 이것은 매우 귀중한 것이었다. 연로한 샤는 어리석게도 1901년에 페르시아 유전의 개발을 다르시(D'Arcy)라는 영국인에게 60년이라는 장기적인 유리한 조건으로 인가했다. 몇 년 뒤 유전 경영을 위한 '앵글로·페르시안 석유 회사(Anglo-Persian Oil Company)'라는 한 회사가 영국에서 발족했다. 그 때부터 이 회사는 경영을 담당해 방대한 이익을 올렸다. 수익 가운데 페르시아 정부가 차지하는 것은 그야말로 쥐꼬리만했고 대부분은 영국측 회사 주주들의 호주머니에 들어갔는데, 그들 중 가장 큰 대주주는 영국 정부였다. 현재의 페르시아 정부는 다분히 민족주의적이어서 외국인의 착취에 가끔 항의하고 있다. 그들은 앵글로·페르시안 회사의 근거인 60년 기한의 해묵은 '다르시 계약(D'Arcy contract)'을 파기했다. 시대가 바뀌어 이제 아시아 인민을 골탕먹이는 일이 그다지 쉽지 않은 시대가 왔다는 것을 망각한 영국 정부는 대노해 페르시아 정부를 위협하고 괴롭히려 하고 있다.*

그런데 나도 모르는 사이에 미래의 역사에까지 손을 대고 말았구나. 제국주의가 페르시아를 위협하고 샤가 날이 갈수록 괴뢰가 되어 감에 따라 필연적으로 민족주의가 성장하고 민족주의 정당이 조직되었다. 그리하여 이 정당은 외국의 간섭에 분개하는 동시에 샤의 전제 정치에 맹렬히 반대했다. 그들은 민주주의 헌법과 근대적인 개혁을 요구했다.

---

77) 19세기 이래 강대국이 약소국을 지배하던 상투적인 수법의 하나. 보호받는 나라의 주권은 형식적으로는 인정되지만, 강제로 체결된 보호 조약에 따라 병력을 주둔시키는 보호국의 감독을 받게 되며, 입법은 보호국의 거부권 아래 놓인다. 이것은 피보호국의 지배층을 이용해서 간접적으로 통치하는 한편 그들에게는 책임만 전가하는 것을 뜻하므로, 합병을 통한 직접적인 통치보다 값싸고 효과적이며 피지배국의 국민 감정과 반발을 다소 완화하는 데 유리하다. 보호 관계에 있는 지배·피지배 국가의 법률적 관계는 쌍방간에 맺어진 보호 조약의 내용에 따라 다르므로 반드시 일률적이라 할 수는 없다. 이를 페르시아에 비추어 보면, 제1차 세계 대전 후 소비에트 동맹이 영국·러시아간의 페르시아에 대한 '세력 범위' 분할의 비밀 협정을 파기한 뒤 영국은 1919년 단독으로 페르시아를 점령하고 보호 조약을 강요했으나, 이 조약은 결국 페르시아 의회의 부결로 유산되고 말았다.

* 결국 이란 정부에 훨씬 유리한 새로운 협정이 영국 정부와 석유 회사로부터 받아들여졌다.

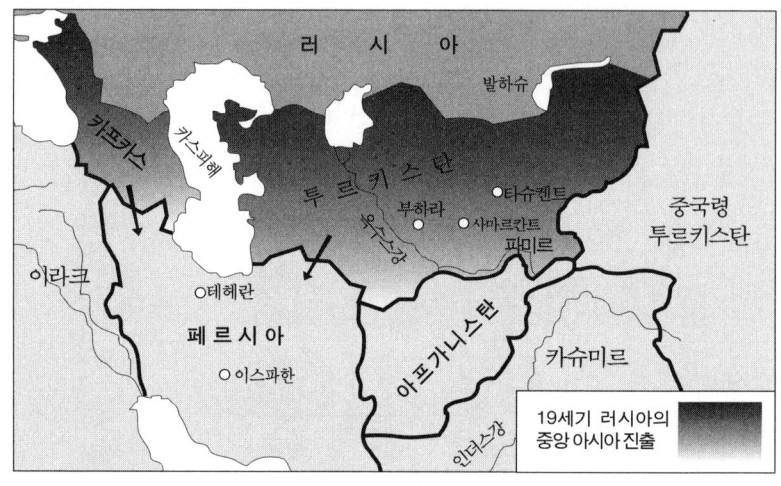

러시아와 페르시아

나라는 악정과 중과세에 신음하고, 영국인과 러시아인은 끊임없이 간섭의 손길을 뻗쳤다. 반동적인 샤는 일정한 자유를 요구하는 자국민보다 오히려 외국 정부에 친근감을 품게 되었다. 민주 헌법을 요구하는 소리는 주로 중간 계급과 지식층에서 나오는 것이었다. 1904년 차르 러시아에 대한 일본의 승리는 페르시아 국민에게 깊은 감명을 주는 동시에 그들을 흥분의 도가니로 몰아넣었다. 그것은 유럽 강국에 대한 아시아 강국의 승리였기 때문이기도 하고, 동시에 차르 러시아가 페르시아를 위협하는 침략적이고 골치 아픈 이웃이었기 때문이기도 하다. 1905년 러시아 혁명이 실패로 돌아가 가차없이 유린당했는데도 페르시아의 민족주의자들을 실천을 향한 정열과 의욕으로 들끓게 했다. 샤에 대한 압력은 날로 심해져 마침내 1906년에 그는 울며 겨자 먹기로 민주주의 헌법에 동의하기에 이르렀다. '메질리스(Majlis)'라는 국회가 구성되고 페르시아 혁명은 성취되는 듯했다.

그런데 곤란한 문제가 생겼다. 샤는 권력을 포기할 의사가 없었고, 장차 강력해져서 분규의 씨가 될지도 모르는 민주 페르시아를 러시아인과 영국인은 달갑지 않게 여겼다. 샤와 메질리스 사이에 분쟁이 일어나고 샤는 감히 자기 나라 국회를 폭격했다. 그러나 국민과 군대는 메질리스와 민족주의자들을 지지했기 때문에 샤는 러시아 군대에 의해 겨우 목숨만을 건졌다. 러시아와 영국은 다같이 무언가 구실을 만들어서 — 자국민의 보호를 간판으로 내세우는 것이 통례였다 — 군대를 파견해 주둔시켰다. 러시아에는 가공할 코사크 병사(Cossacks)가 있었고, 영국은 하등 싸울 이유가 없는 인도인 군대를 페르시아인을 협박하는 도구로 사용했다.

페르시아는 커다란 국난에 봉착했다. 돈은 말라 있었고 인민의 생활은 도탄에 빠져 있었다. 메질리스는 사태를 타개하려 힘썼으나 그들의 노력도 대부분 러시아 아니면 영국, 때로는 양쪽 모두의 반대에 부딪혀 김빠진 상태가 되었다. 마침내 그들은 미국에 원조를 요청, 한 사람의 유능한 미국인 재정가를 데려와 그들의 재정 개혁 임무를 맡겼다. 모건 셔스터(Morgan Shuster)라는 이 미국인은 페르시아의 재정을 개혁하기 위해 전력을 다했으나 러시아와 영국의 끊임없는 방해의 장벽에 부딪혔다. 그는 실의와 절망에 빠져 고국으로 돌아갔다. 셔스터는 뒷날 펴낸 저서에서 러시아와 영국의 제국주의가 페르시아에서 얼마나 많은 생명을 압살했는지를 말하고 있다. 이 책의 제목은 의미 심장한데,『페르시아의 투쟁(The Struggling of Persia)』이라는 기록이 바로 그것이다.

페르시아는 독립국으로서의 존재를 말살당할 운명을 타고난 것처럼 보였다. 이미 그 운명의 첫걸음은 러시아와 영국이 이 나라를 자기네의 '세력 범위'로 분할하는 작업을 통해서 내디뎌졌다. 그들의 군대는 각처의 요충을 점거했고, 영국의 한 회사는 석유 자원을 채굴했다. 페르시아는 매우 비참한 처지에 놓였다. 시원히 외국 세력에 병합되는 편이 오히려 나았을지도 모를 일이다. 왜냐하면 그렇게 되면 그 나라에 다소라도 책임을 전가할 수 있기 때문이다. 이 때 1914년의 세계 대전이 터졌다.

페르시아는 이 전쟁 기간에 중립을 선언했다. 그렇지만 약자의 선언은 강자에게 별 효과가 없는 법이다. 모든 관계국들은 페르시아의 중립 선언을 무시하고 군대를 투입했고, 가련한 페르시아 정부가 이 사태에 어떠한 견해를 갖고 있는가 따위는 전혀 아랑곳없이 싸움판을 벌였다. 페르시아는 여러 참전국에게 포위당해 있었다. 영국과 러시아는 같은 진영에 속한 연합국이었다. 당시 이라크와 아라비아를 차지하고 있던 투르크는 독일과 동맹 관계에 있었다. 1918년 전쟁은 영국·프랑스를 비롯한 연합국의 승리로 돌아갔다. 그리고 그 때 페르시아는 전 국토가 영국군에게 점령당해 있었다. 영국은 바야흐로 페르시아에 대한 보호령 선언 — 온건한 합병 형식 — 을 해야 할 막바지에 이르고 있었다. 동시에 지중해에서 발루치스탄(Baluchistan) 및 인도에 이르는 대영 중동 제국을 꿈꾸고 있었다. 그러나 그 꿈은 실현되지 못했다. 영국에게는 불행한 일이지만, 차르의 러시아가 쓰러지고 소비에트 러시아가 출현한 것이다. 게다가 그 계획은 투르크에서부터 차질이 생겼다. 케말 파샤가 투르크를 연합국의 호구(虎口)에서 구출한 것이다.

이 모든 사정이 페르시아의 민족주의자들을 도와서 페르시아는 명목상 독립을 유지할 수 있었다. 1921년 페르시아의 한 군인인 리자 칸(Riza Khan)이 쿠데타를 일으켜 권좌에 올랐다. 그는 군 통수권을 장악하고 뒷날 총리가 되었다. 1925년 본래의 샤는 퇴위하고, 리자 칸이 선임 국회의 투표를 거쳐 새로운 샤로 뽑혔다. 그리하여 그는 리자 샤 팔레비(Riza Shah Pahlevi)라는 칭호를 받았다.

리자 샤는 평화리에 표면상 민주적인 방식으로 왕관을 획득했다. 메질리스는 아직도 기능을 발휘하고 있으며, 새로운 샤는 전제 군주와 같은 거동은 보이지 않고 있다. 그러나 그가 페르시아 정부를 좌우하는 권력자임은 명백하다. 페르시아는 최근 몇 년 동안 커다란 변화를 겪었으며, 리자 샤는 국가의 근대적 개혁을 이룩할 여러 가지의 개혁에 부심하고 있다. 강력한 민족 부흥의 물결이 일어나 국가에 새로운 생명을 불어넣었다. 그리고 이 물결은 페르시아에 들어와 있는 외국 기업에 관계된 대목에서는 반드시 날카로운 민족주의의 형태를 취했다.

그 가운데서도 특히 주목되는 것은 이 민족 부흥이 2000년에 걸친 이란의 참된 전통 위에 서 있다는 점이다. 또한 민족 부흥은 이슬람이 침입해 오기 이전의 이란이 위대했던 시대로 그들의 눈길을 쏠리게 하며, 거기에서 활력의 원천을 찾도록 한 것이다. 리자 샤가 채용한 칭호 '팔레비'는 약동적인 이름이며, 국민을 영화로운 과거로 이끄는 이름이다. 페르시아 국민은 말할 필요도 없이 이슬람 교도 — 시아파 이슬람 교도다. 그러나 그들의 나라 일에 관한 한 민족주의가 더욱 강력한 힘이 되고 있다. 아시아 전역에서 마찬가지 현상이 일어나고 있다. 유럽에서 이런 현상은 100여 년 전인 19세기에 일어난 일이다. 그리고 지금 대부분의 사람들이 민족주의는 이미 낡아빠진 신조라고 생각하며 현실에 맞는 새로운 신념과 신앙을 갈망하고 있다.

오늘날 페르시아의 공식 명칭은 이란이다. 리자 샤는 앞으로 페르시아라는 명칭을 사용해서는 안 된다고 결정했던 것이다.

126 *1933년 1월 28일*

혁명에 대한 일반적 고찰, 특히 유럽의 1848년 혁명에 대해서

우리는 유럽으로 눈을 돌려 서로 얽히면서 끊임없이 변하는 이 대륙의 상황을 관찰해야겠다. 2개월 전에 쓴 몇 통의 편지에서도 나는 금세기를 검토하고 그 주요한 특징을 지적했다. 그 때 '주의(ism)'로 끝나는 여러 명칭들을 이제는 도저히 모두 기억하지 못하고 있을 것이라고 생각된다. 그 가운데 몇 가지만을 들어 보면 공업화(industrialism), 자본주의, 제국주의, 사회주의, 민족주의, 국제주의 등등이 있다. 나는 또 민주주의와 과학에 대해 말하고 교통 기관의 엄청난 혁명, 보통 교육과 그 성과, 근대적인 신문 등에 관해 얘기했다. 이러한 모든 것들, 뿐만 아니라 더 많은 여러 가지 것들이 금세기의 유럽 문명, 즉 신흥 중간 계급이 자본주의 제도하에서 산업 기구를 지배하는 부르주아 문명을 형성하고 있었다. 이 부르주아 유럽은 승리에 승리를 거듭하며 한 계단씩 상승해 그 폐해가 나타나기 시작한 세기말쯤에는 유럽 자체 및 전세계를 그 위력으로 압도해 버렸다.

우리는 이 문명이 아시아에서 활동하는 양상도 어느 정도 자세히 살펴보았다. 증대되는 공업화에 자극받은 유럽은 먼 나라들에게까지 손길을 뻗쳐 착취하고 지배해서 그것들을 모조리 자기 이익을 위해 마음대로 주무르려고 했다. 내가 여기에서 사용하는 유럽이라는 말은 특히 공업화의 선두에 나선 서유럽을 가리키고 있지만, 이러한 서유럽 여러 나라 가운데서도 영국은 오랫동안 확고한 우위를 차지해 다른 나라보다 훨씬 앞섰고 그 우세를 통해 큰 이익을 얻었다.

영국과 그 밖의 유럽에서 진행되었던 이러한 모든 거대한 변화를 19세기 초의 국왕과 황제들은 아직 명확하게 인식하지 못했다. 그들은 새로 일어나고 있는 위력을 마음에 그려 보려고도 하지 않았다. 나폴레옹이 최종적으로 제거된 뒤부터 이들 유럽의 군주들이 생각한 일은 오직 하나, 그들 및 그들 종족의 지위를 영원히 보전해 세계를 전제 정치를 위한 안전한 무대로 만들려는 것뿐이었다. 그들은 아직 프랑스 혁명과 나폴레옹의 공포를 완전히 잊을 수가 없었고, 또 자진해서 무엇인가를 해보려는 의욕도 없었다. 언젠가 편지에서 말했듯이 그들은 자신들의 의도대로 정치를 하기 위해 '왕권 신수설'을 지키고, 인민이 고개를 쳐드는 것을 막기 위해 '신성 동맹'을 결성해 일치 단결했다. 이 목적을 위해 전제 정치와 종교는 지난날에도 흔히 그랬듯이 제휴했다. 이런 종류의 동맹에서는 러시아의 차르 알렉산드르 1세가 앞장섰다. 그의 나라는 공업화는 물론이고 문화와 새로운 정신의 입김조차 감돌지 않아 중세적인 후진 상태에 있었다. 대도시는 몇 개 없고 상업도 부진했으며 수공업조차

일류라고는 할 수 없고 전제 정치만이 활개를 치며 횡행해 다른 유럽 여러 나라와는 아주 상황이 달랐다. 서유럽 쪽으로 감에 따라 중간 계급의 세력이 두드러지게 눈에 띄었다. 영국에서는 언젠가 말했듯이 전제 정치는 이미 존재하지 않았다. 국왕은 의회의 견제를 받고 있었다. 그러나 그 의회 자체는 극소수 부유층의 손아귀에 지배되고 있었다. 러시아의 전제 지배자와 영국 과두 정치의 부유층 지배자를 비교해 보면 큰 차이가 있다. 오직 하나 그들에게 공통된 점은 대중과 혁명에 대한 공포였다.

그리하여 유럽 전체에서 반동이 승리하고, 이에 대해 조금이라도 자유주의적인 견해를 품은 자는 닥치는 대로 사정없이 탄압당했다. 1815년 빈 회의 결정에 따라 많은 민족(한 예를 들면 이탈리아와 동유럽의 여러 민족)이 외국의 지배 아래 놓였다. 그들은 강압 때문에 굴종하고 있었지만, 그러나 이런 상황은 그렇게 오래 지속되는 것은 아니며 반드시 분규의 원인이 되는 것이다. 말하자면 그것은 펄펄 끓는 주전자를 뚜껑을 덮은 채 누르려 하는 것과 똑같은 행위이기 때문이다. 유럽은 비등점에 이르자 여러 번 증기를 내뿜었다. 나는 지난번 편지에서 유럽에 몇 가지 변화를 가져오고, 특히 프랑스에서는 마침내 부르봉 왕조를 몰아낸 1830년의 7월 혁명에 대해 얘기한 적이 있었다. 이러한 소요는 국왕과 황제와 그들의 대신들에게 더욱 공포심을 불러일으켜서 그들은 더욱더 안간힘을 기울여 인민을 압박하고 억압했다.

지금까지 이 편지를 계속 쓰고 있는 동안에도 우리는 자주 여러 나라들에서 혁명과 전쟁이 변화를 끌어들이는 상황에 부딪치고 있다. 과거의 전쟁을 보면 어떤 때는 종교 전쟁이고, 어떤 때는 왕위 쟁탈전이며, 또 때로는 한 민족의 다른 민족에 대한 정치적인 침략인 경우도 있었다. 이러한 모든 원인의 배후에는 또 대개 경제적인 원인이 뒤따랐다. 예컨대 중앙 아시아의 여러 부족의 유럽 및 아시아에 대한 침략은 굶주림 때문에 서진(西進)하게 된 결과였다. 경제 발전은 한 민족이나 또는 국가의 힘을 강화해 다른 민족에 대한 우위를 갖게 한다. 나는 유럽의 이른바 종교 전쟁이나 그 밖의 전쟁에서도 경제적인 요인이 배후에 작용하고 있였음에 주의를 환기시켜 둔 바 있다. 우리가 현대로 접근함에 따라 종교 전쟁과 왕위 쟁탈 전쟁은 찾아볼 수 없게 되었다. 물론 전쟁 자체가 없어진 것은 아니다. 오히려 불행하게도 그것은 더욱 격렬해졌다. 그러나 그 원인은 지금은 분명히 정치·경제적인 것이다. 정치적 원인은 주로 민족주의와 관계가 있다. 즉 한 민족이 다른 민족을 압박하거나 또는 두 개의 호전적인 민족 사이의 싸움이다. 더구나 이와 같은 싸움이라도 대개는 근대적인 공업 국가가 원료 산지와 소비 시장을 요구하는 것과 같은 경제적인 원인 때문에 생긴다. 그러므로 경제적인 원인은 전쟁에서 더욱더 그 중요성이 높아 가고 있음을 알 수 있다. 그야말로 오늘날에는 그것이 그 밖의 모든 원인을 압도해 버렸다 해도 과언이 아니다.

혁명 또한 성격면에서 이와 같은 변화를 거쳐 왔다. 옛날의 혁명은 대개는 궁정내의 왕권 혁명이어서 지배자의 가족에 속하는 자들이 서로 음모를 꾸미고 서로 싸우고 서로 죽이곤 했던 것이다. 또는 압박을 견디다 못한 서민이 봉기해 압제자를 쓰러뜨리거나 또 야심을 가진 군인이 군대의 힘을 빌려 왕위를 빼앗은 경우도 있었다. 이러한 궁정 혁명은 대개 소수자 사이에 벌어진 것이어서 인민 대중은 그것에 별로 영향을 받지도 않았고, 또 관심을 갖는 경우도 없었다. 군주는 바뀌어도 제도는 여전히 그대로여서 인민의 생활은 변함없이 계속되었다. 물론 압제가 심해 견딜 수 없을 정도로 혹독한 지배자도 있었을 것이고, 비교적 관대한 군주도 있었을 것이다. 그러나 지배자의 좋고 나쁨에 상관없이 대개 단순한 정치적인 변동으로는 인민의 생활은 영향을 받지 않으며 사회 혁명도 일어나지 않는 것이다.

그러나 민족 해방 혁명은 더욱 큰 변화를 일으킨다. 한 민족이 다른 민족의 지배를 받게 되면 외국인 지배 계급이 권력을 차지한다. 이것은 종속국이 외국이나 또는 그와 같은 지배를 통해 이익을 얻는 외국의 한 계급의 편익을 위한 도구로 이용되는 것이므로 여러 가지 의미로 보아 불합리한 일이다. 그것이 종속 국민의 자존심을 몹시 해치는 것임은 물론이다. 게다가 외국인의 지배 계급은 종속국의 상층 계급을 권력과 권위의 자리에서 배제시킨다. 민족 해방 혁명이 성공하면 적어도 외국적 요소는 제거되고 그 나라의 지배 계급이 권좌를 차지한다. 이렇게 하여 이런 종류의 계급은 외국인 계급을 배제함으로써 큰 이익을 얻는다. 하층 계급에 속하는 사람들은 민족 해방 혁명에 사회 혁명이 따르지 않는 한 별로 이득이 없지만 나라 전체로서는 다른 나라에 이익을 주면서 지배받지 않게 되므로 또한 이익이 된다.

사회 혁명은 단순히 사회의 표면에서만 사태의 변화가 생기는 다른 혁명과는 크게 다르다. 그것은 동시에 정치 혁명도 초래하지만 사회의 구조를 바꿔 버린다는 점에서 정치 혁명 이상의 것이다. 의회에 우위를 부여한 영국 혁명은 단순한 정치 혁명에 그치지 않고, 그것이 결국은 비교적 부유한 부르주아 권력에의 합류를 의미하고 있었으므로 어느 정도는 사회 혁명이기도 했다. 상층 부르주아 계급(upper Bourgeois class)은 이로써 정치적으로도 사회적으로도 상승했으나 하층 부르주아(lower Bourgeois)와 대중은 대체로 별로 영향을 받지 않았다. 프랑스 대혁명은 사회 혁명 이상의 성질을 띠고 있었다. 이미 보아 온 바와 같이 그것은 사회 질서를 완전히 뒤집어 놓았고 얼마 동안은 대중의 힘이 크게 작용하기까지 했다. 결국 부르주아는 여기에서도 승리했고, 대중은 혁명에서 그 역할을 다해 버리자 원래의 지위로 되돌아갔다. 그러나 특권 귀족 계급은 배제되었다.

이런 종류의 사회 혁명이 단순한 정치 혁명에 비해 훨씬 광범위한 것임은 말할 나위도 없으며, 그것은 사회적인 여러 조건과 긴밀하게 연관되어 있다. 아무리 큰 야심을 가슴에 품은 인간이라도 대중이 그것을 받아들일 만한 조건이 갖추어지지 않는 한 절대로 한 개인이나 단체의 힘만으로 사회 혁명을 달성할 수는 없다. 대중이 그것을 받아들인다고 해서 그들이 그렇게 하라는 가르침을 받고 의식적으로 마음가짐을 다진다는 의미는 아니다. 내가 말하려 하는 의미는 사회·경제적 상태 및 생활이 그들에게 너무 무거운 짐이 되어 이런 종류의 변화 없이는 구제될 길도 없고, 조정할 수단도 없는 듯한 상태가 된다는 것이다. 사실 과거 몇 세기

혁명에 대한 일반적 고찰

를 통해 볼 때 생활은 대다수의 인민으로서는 견딜 수 없을 만큼 무거운 짐이었고, 따라서 그들이 이것을 견뎌 온 노력은 놀라울 정도의 것이었다. 때때로 그런 것들은 반란, 주로 농민 반란 내지 자크리의 형태로 폭발해 맹목적인 분노에 불타 손에 닿는 것을 닥치는 대로 파괴해 버렸다. 그러나 그들이 결코 사회 질서를 변혁하려는 의욕을 자각하고 있었던 것은 아니다. 이처럼 그들은 자각하고 있지는 않았지만 예로부터 고대 로마에서도, 중세 유럽에서도, 인도에서도 또 중국에서도 기존 사회 질서의 파괴가 되풀이되어 그 때문에 많은 제국이 몰락해 버렸던 것이다.

　옛날에는 사회 · 경제적 변동이 완만하게 진행되어 생산 · 분배 · 수송 방법 등은 오랫동안 변하지 않았다. 그래서 사람들은 변화 과정을 깨닫지 못하고 옛날의 사회 질서를 영구 불멸의 것으로 생각하고 있었다. 종교는 또 이 질서와 이에 따르는 습속과 신앙에 신성한 후광을 마련해 주었다. 그래서 그들은 사태가 분명히 앞길이 막힌 상태에 이르러도 여전히 질서의 변경이라는 데에는 조금도 생각이 미치지 못할 만큼 깊이 이것을 믿어 의심치 않았다. 산업 혁명과 수송 방법의 급격한 변화와 함께 사회적 변화의 속도는 갑자기 가속도가 붙었다. 여러 신흥 계급이 대두해 유복한 생활을 누렸다. 지금까지의 수공업자나 농업 노동자와는 아주 딴판인 새로운 공업 생산 계급이 출현했다. 이러한 사정이 얽혀서 새로운 경제적 전환과 정치적 변화가 일어났다. 서유럽은 몸에 맞지 않는 옷을 억지로 입은 것 같은 기묘한 상태에 있었다. 사회가 현명한 것이라면 필요가 생길 때마다 그만큼 변하고, 변화된 조건에서 충분한 이익을 흡수할 것이다. 그러나 사회란 대개 현명한 것이 아니며, 또 하나의 전체로서의 생각을 갖는 것도 아니다. 개인이라면 자기 일을 생각하고, 무엇이 자기 이익이 될 것인가를 추측한다. 비슷한 이해 관계를 갖는 사람들의 집단인 계급도 대개 그와 비슷한 행동을 한다. 어느 계급이 어떤 사회에서 우위를 차지하면, 그들은 자기의 지위를 유지하고 다른 여러 계급을 그 밑에 종속시켜 착취함으로써 이익을 얻고자 한다. 긴 안목으로 보면 자기가 그 일원으로서 소속하고 있는 사회 전체에 이익을 가져다줌으로써 그것이 결국 자기의 이익도 된다는 것은 더욱 예리하게 생각해 보면 쉽사리 이해될 수 있는 것이다. 그런데 권력을 잡은 인간 또는 계급은 자기가 갖고 있는 것을 언제까지나 계속해서 가지려 하는 경향이 있다. 그리고 그러기 위한 가장 손쉬운 방법은 타인 또는 다른 계급으로 하여금 현존의 질서야말로 가능한 한에서는 최선의 것이라는 점을 믿게 하는 일이다. 이것을 인민의 머릿속에 주입시키기 위해 종교가 이용된다. 교육도 같은 내용을 가르치도록 꾸며진다. 그 결과 놀랍게도 거의 모든 인간이 그것을 절대적으로 믿고 따라서 그것을 변경하려고는 생각지도 않게 된다. 실제로 그 제도 탓에 괴로움을 겪고 있는 사람들까지 그 제도가 유지됨으로써 매를 맞고 발길로 차이는 등의 고초를 겪으며, 어떤 사람들이 한껏 사치한 생활을 즐기고 있는 한편에서 굶주림에 우는 것도 그저 있을 수 있는 일이라고 생각하게 된다.

그리하여 사람들은 이 세상에는 유일한 영구 불변의 사회 제도가 존재할 수 있을 뿐더러 설사 대다수의 사람들이 그 때문에 고통받고 있다 하더라도 그것은 누구의 죄도 아닌 것처럼 생각한다. 그것은 그들 자신의 죄이고 천명이고 숙명이며, 전생의 업보 때문에 감수해야 하는 징벌인 것이다. 사회는 어떤 시대에도 보수적이어서 변화를 좋아하지 않는다. 그것은 과거로부터의 관습을 굳게 지키며, 일단 습관이 되기만 하면 영원히 그 상태가 계속되도록 정해진 것이라고 굳게 믿어 의심치 않는다. 그만큼 더욱 더 그것은 그런 상태를 개선하려 하는 수많은 사람들을 벌주고 사회의 테두리 바깥으로 물러갈 것을 명령한다.

그러나 사회·경제적인 여러 조건은 사회의 자기 만족과 무지의 쾌락을 조심스레 기다리지는 않는다. 그런 것들은 사람들의 관념이 한 군데에 머물러 있는 동안에도 끊임없이 전진한다. 따라서 이러한 시대에 뒤떨어진 통념과 현실의 사이는 더욱 커지며, 이 거리를 축소하고 두 개를 하나로 만드는 어떤 조치가 취해지지 않으면 체제는 와해되고 파국이 온다. 이것이 곧 사회 혁명의 원인이 되는 것이다. 만일 상태가 이런 것이라면 재래의 여러 관념 때문에 다소 연기되는 수는 있더라도 혁명은 조만간에 반드시 일어난다. 만일 그런 상태가 존재하지 않았다면 그 경우에는 소수의 개인이 아무리 열심히 애써 보아도 그것을 성취하지는 못한다. 일단 혁명이 폭발하면 사람들의 눈에서 있는 그대로의 현실을 가리고 있던 베일이 제거되고, 이내 사람들 사이에 현실을 직시하는 눈이 생긴다. 틀에 박힌 제도 밖으로 한 걸음 나선 그들은 이제는 전속력으로 돌진하기 시작한다. 이것이 혁명의 시기에 사람들이 놀라운 에너지를 발휘해 전진하는 이유인 것이다. 그러므로 혁명은 보수주의와 인습의 불가피한 소산이라고 해야만 한다. 만일 하나의 사회가 영구 불변의 사회 질서가 존재한다고 하는 어리석은 망상에 빠지는 것을 피하고 끊임없이 변하는 상황에 대해 자기 변혁을 이루어 나갈 수 있다고 한다면 사회 혁명은 있을 수 없을 것이다. 그런 경우에는 다만 끊임없는 진화가 있을 뿐일 것이다.

나는 그럴 생각은 아니었지만, 나도 모르는 사이에 혁명에 대해 너무 오래 얘기했다. 이 주제는 오늘날 온 세계가 마치 치수가 맞지 않는 옷을 입은 것 같은 상태에 놓여 있고, 또한 사회 체제는 각 나라마다 금세 파탄에 이를 것같이 생각되는 상황에 있으므로 특히 내 관심을 끄는 것이다. 과거에 이와 같은 상태는 언제나 혁명의 조짐이 되었으므로 당연히 우리는 세계적인 대혁명의 전야에 있다는 생각에 이끌리게 되는 것이다. 인도에서는, 외국의 지배 아래에 있는 모든 나라가 그렇듯이, 외국의 지배 세력을 국외로 몰아 내려는 민족주의적 요구가 강하다. 그러나 이 민족주의적 충동은 대체로 부유한 계급에 한정되어 있다. 끝없는 결핍 속에서 생활하고 있는 농민과 노동자와 그 밖의 사람들은 막연한 민족주의적인 몽상보다는 오히려 그들의 빈 뱃속을 채우는 데에 더 많은 관심을 쏟고 있다. 그들로서는 민족주의 내지 스와라지(Swaraj : 독립)도 그것이 더 많은 식량과 더욱 좋은 생활 조건을 가져다 주는 것이 아닌 한은 무의미하기 때문이다. 따라서 오늘날 인도의 문제는 단순히 정치적인 것이라기보다는 사회적인 문제인 것이다.

내가 혁명에 관해 이렇게 길게 이야기한 것은 지금 이야기하고 있는 19세기의 유럽에서 많은 반란과 소요가 일어났기 때문이다. 이러한 반란, 특히 금세기의 전반에 일어난 반란은 대개 외국 지배에 대한 민족주의적 봉기였다. 이전 것들과 병행해서 공업화한 여러 나라에서는 사회 반란의 관념이 새로운 노동 계급과 자본주의적인 고용주의 투쟁을 보편화시켰다. 사람들은 의식적으로 사회 혁명을 생각하고 거기에 몸을 던지게 되었다.

  1848년은 유럽 혁명의 해라고 일컬어진다. 많은 나라에서 반란이 일어나 어떤 것은 부분적으로 성공했지만 대개는 실패로 돌아갔다. 폴란드 · 이탈리아 · 보헤미아 · 헝가리의 반란에는 억압된 민족 의식이 뒷받침되어 있었다. 폴란드의 반란은 프로이센에 대한 것이었고, 보헤미아와 이탈리아의 그것은 오스트리아에 대한 것이었다. 그것들은 모두 진압되고 말았다. 헝가리의 오스트리아에 대한 반란은 그 중에서도 가장 격렬한 것이었다. 그 지도자는 애국자이며 또 자유를 위한 투사로서 헝가리 역사상 가장 뛰어난 인물인 라조스 코슈트(Lajos Kossuth)[78]였다. 2년 동안 저항했으나 이 또한 진압되었다. 몇 년 뒤 헝가리는 또 한 사람의 위대한 지도자인 데아크(Ferencz Déak)[79]의 지도 아래 다른 투쟁 방식으로 성공을 거두었다. 데아크의 방식이 수동적인 저항이었음은 주목할 만하다. 1867년에 헝가리와 오스트리아는 일단 평등의 기초 위에 병합되어 합스

---

78) 이탈리아의 마치니(Mazzini) 등과 같은 경향의 철저한 민주주의적 민족주의자. 처음에는 언론 기관을 통해 민족 · 종교적 차별의 철폐와 귀족의 특권 철폐, 그리고 농민의 해방 등을 위해 싸웠다. 1849년 헝가리에 최초로 입헌 정부를 세우는 데 성공하고, 얼마 뒤 헝가리가 오스트리아와 충돌해 독립 전쟁이 일어났을 때에는 독립 헝가리의 독재 집정관으로서 국민을 지도했으나 패배해 국외로 망명한 뒤, 유럽 여러 나라에서 헝가리의 독립을 위한 선전 활동에 헌신했다.

79) 독립 전쟁에 패배한 후의 헝가리에서 민주 · 민족주의적 경향을 대표한 정치가. 헝가리 민족의 지위 향상과 입헌 정치를 부활시키기 위한 그의 노력은 1867년의 '이중 군주제'로 결실을 보았다. 이중 군주제는 프러시아와의 전쟁에 패배한 직후의 오스트리아가 제국의 붕괴를 막기 위해 헝가리의 귀족과 상층 부르주아지의 지지를 얻을 필요성을 느꼈을 때 실현된 것으로서, 오스트리아 황제(프란츠 요제프)는 헝가리 국왕을 겸하고, 오스트리아와 헝가리는 평등한 위치에서 각각 의회와 정부를 가지지만 외교 · 국방 · 재정(의 일부) 등의 공통 사항은 단일 기구를 통해 처리하기로 되어 있었다.

부르크가의 황제 프란츠 요제프를 받듦으로써 '이중 군주제(dual monarchy)'라고 일컬어지는 형태를 취했다. 데아크의 수동적인 저항 방식은 반 세기 후에 영국에 대한 아일랜드의 투쟁에서 모범이 되었다. 1920년 인도에서 비폭력 저항 운동이 시작되었을 때 데아크의 투쟁을 상기한 사람도 있었다. 그러나 이 두 방식 사이에는 큰 차이가 있다.

  1848년에는 독일에서도 반란이 일어났다. 그러나 이것은 별로 중대한 결과를 가져오지 못한 채 진압되고, 장래의 개혁만이 약속되었다. 프랑스에도 큰 변화가 있었다. 이미 1830년에 부르봉가가 쫓겨난 뒤 루이 필립이 일종의 반(半)입헌 군주로서 왕위를 차지하고 있었다. 1848년까지의 치정 기간에 인민은 그에게 싫증을 느껴 그는 폐위되고 다시 공화국이 세워졌다. 이것은 대혁명 기간중의 제1공화국에 이어 제2공화국이라고 일컬어지는 것이다. 이 소란을 틈타 나폴레옹의 조카인 루이 보나파르트가 파리에 나타나 자유의 동지인 체 행세해 공화국의 대통령으로 선출되었다. 그러나 그것은 권력을 차지하기 위한 위장에 지나지 않아, 지위가 확고하게 다져지자 그는 군대의 지휘권을 장악했다. 그리고 1851년에 쿠데타를 일으켜 자신의 군대를 파리로 진군시켰다. 그리하여 그는 인민을 사살하고 의회를 굴복시켰으며, 이듬해에는 스스로 제위에 올라 나폴레옹 3세라 칭했다. 나폴레옹의 아들은 끝내 황제는 되지 못했지만 나폴레옹 2세라고 생각되었기 때문이다. 그리하여 제2공화국은 5년이 약간 넘는 단기간의 정부로서 막을 내렸던 것이다.

  영국에서는 반란이 일어나지 않았지만 1848년에 또한 소요와 분규가 잇따라 일어났다. 영국은 분규가 심해지자 그것을 완화시키는 방도를 강구해서 이것을 무마했다. 융통성 있는 법률이 그것을 위해 도움이 되었고, 또 오랫동안의 경험에 따라 영국인은 탈출구가 없을 것처럼 보이면 어느 정도의 타협을 받아들이는 방책을 취했다. 이와 같은 방법으로 그들은 더욱 융통성이 없는 헌법과 더 비타협적인 인민을 가지고 있는 다른 나라에 자주 닥쳐온 것처럼 갑작스러운 큰 변화를 피해 왔다. 1832년 선거권을 확대하는 '개혁 법안(Reform Bill)'을 둘러싸고 영국의 여론은 크게 들끓었다. 현대의 기준으로 보면 그것은 매우 미온적이고 별로 달지도 쓰지도 않을 정도의 법안으로서 중간 계급의 소수의 사람들을 유권자로 추가한 데에 지나지 않았으며, 노동자와 그 밖의 대다수 사람들은 아직 투표권을 갖지 못했다. 의회는 소수의 부유층이 장악하고 있었기 때문에, 그들은 그 특권과 손쉽게 그들을 하원에 보내 준 '부패 선거구(rotten boroughs)' [80]를 잃을까 봐 두려워했다. 그래서 그들은 온 힘을 다해 이 법안을 반대했고, 만일 이 법안이 통과되면 영국은 개들이 날뛰는 곳으로 전락하고 세계는 종말을 고할 것이라고 말했다. 이들 반대론자가 여론을 두려워해 법안 가결에 동의했을 때에는 영국은 내란이 일어나기 직전의 위기를 맞고 있었다. 영국이 그것을 극복하고 의회가 그 전대로 존속하며, 여전히 부유층에게 장악된 것은 물론이다. 비교적 유복한 중간 계급은 더욱 세력이 강해지게 되었다.

1848년 전후에 또 하나의 큰 소동이 이 나라를 떠들썩하게 했다. 각종 개혁을 요구하는 '인민 헌장(People's Charter)' [81]을 포함해 여러 가지 인민의 권리를 주장하는 청원서를 의회에 제출할 수 있는 길을 제도화하자고 제안한 데서 이것을 '차티스트 소동(Chartist Agitation)' 이라고

---

80) 1832년에 개정된 새로운 선거법 이전의 영국 선거구제는 불합리하기 짝이 없었다. 많은 대도시를 포함하고 있는 랭커셔 지방이 겨우 14명의 의원밖에 보낼 수 없는 데 반해 인구가 고작 몇십 명 정도의 선거구가 허다했으며, 또 이미 바다 밑에 가라앉아 버린 무형의 선거구에서도 2명의 의원을 선출하는 등 불공정한 실례가 있었다. 이처럼 산업 혁명 이후 인구의 분포 상태가 일변한 사정을 무시한 채 사실상 선거구로서의 자격이 없으면서도 여전히 인정되고 있던 선거구를 '부패 선거구' 라 했다.

81) 1832의 선거법 개정이 광범위한 노동자 계급을 제외한 데 대한 환멸과 분노는 그 뒤 20여 년 동안에 걸쳐 전국적인 규모의 대중 운동(차티스트 운동)으로 번져 영국을 휩쓸었다. 이 운동은 직접적으로는 '인민 헌장' 의 6개 조항, 즉 ①모든 성인 남자에게 선거권을 줄 것, ②유권자의 인구에 비례한 의원이 선출되도록 선거구제를 개정할 것, ③의회를 해마다 소집할 것, ④재산에 따른 피선거 자격의 제한을 철폐할 것, ⑤무기명 투표 제도, ⑥하원 의원에게 급여를 지급할 것 등의 실현을 목표로 삼고 있었으나, 분명히 그 배후에는 영국 자본주의의 비약적인 발전과 대조적으로 드러난 노동자의 현실적인 생활에 대한 불만에서 오는 사회적인 여러 목적이 숨어 있었으므로, 더욱 지배 계급과 그 정부를 두렵게 하여 탄압을 강화시켰던 것이다.

일컬어진다. 이 운동은 지배 계급을 크게 두렵게 했지만 결국 진압당했다. 공장에서는 노동자 계급 사이에 심각한 빈궁과 불평 불만이 쌓여 갔다. 이 무렵에 처음으로 몇 개의 노동법이 제정되기 시작했다. 그리고 이러한 법률은 약간이나마 노동자의 처지를 개선했다. 영국은 번성하는 무역을 통해 급속히 돈을 모으고 있었다. 영국은 그야말로 '세계의 공장(workshop of the world)'이 되려 하고 있었다. 수익의 대부분은 공장주들의 호주머니로 들어갔지만 그 가운데 일부는 노동자들에게도 분배되었다. 이러한 사정이 겹쳐서 1848년의 반란을 막는 데 도움이 되었다. 그러나 그 당시로서는 반란은 금방이라도 일어날 듯한 기미를 보이고 있었다.

나는 아직 1848년에 대해 이야기를 다하지 못했다. 그 해에 로마에서 일어난 일을 이제부터 이야기하도록 하겠다. 그 이야기는 다음 편지에서 하기로 하자.

127   1933년 1월 30일

이탈리아의 통일과 독립

1848년에 관한 서술 가운데 나는 이탈리아에 대한 이야기를 남겨두었다. 손에 땀을 쥐게 하는 1848년의 모든 사건들 중에서 로마에서의 영웅적인 투쟁이야말로 가장 우리들의 마음을 끄는 것이다.

나폴레옹 시대 이전의 이탈리아는 작은 군주국들의 모자이크 같은 형태로 구성되어 있었다. 나폴레옹은 그것을 단기간에 하나로 통합했다. 나폴레옹 이후 그것은 다시금 원래대로 되돌아간 것이 아니라 그보다 더욱 심한 상태가 되었다. 1815년의 빈 회의에서 연합국은 이 나라를 서로 나누어 가졌다. 오스트리아는 베네치아와 그 주변의 큰 지역을 차지하고 몇몇 오스트리아 왕족에게 그들의 요구에 따라 그것을 분배했다. 교황은 로마로 돌아갔고 로마에 인접한 여러 나라는 '교황령(the Papal State)'이라고 일컬어지게 되었다.[82] 나폴리 및 남부 지방은 부르봉계의 국왕 아래 '양시칠리아 왕국'을 형성했다. 프랑스에 인접한 서북 지방에는 피에몽(Piemont)과 사르디니아(Sardinia) 왕국이 있었다. 이러한 재분할된 소국의 지배자들은 피에몽을 제외하고는 매우 전제적인 방법으로 통치해서 나폴레옹 시대 이전의 지배자들보다도 더 인민을 압박했다. 그러나 나폴레옹의 내습은 이 나라에 활기를 주었고 청년들의 가슴에 자유와 통일 이탈리아의 꿈을 안겨 주었다. 지배자의 압박 때문에 오히려 소규모의 반란이 잇따라 일어나고 비밀 결사가 결성되었다.

얼마 뒤, 나중에 독립 운동의 지도자가 된 투지에 넘친 한 청년이 나타났다. 이 사람이 바로 이탈리아 민족주의의 선각자 주세페 마치니(Giuseppe Mazzini)였다. 1831년에 그는 이탈리아 공화국 수립을 목표로 하는 단체인 '조비네 이탈리아(Giovine Italia : 청년 이탈리아당)'을 조직했다. 그는 오랫동안 이탈리아에서 통일을 위한 활동을 전개하다가 국외로 추방되었고, 자주 생명의 위협을 받았다. 그의 저서 대부분은 민족주의에 관한 고전으로 꼽히고 있다. 1848년 북이탈리아 전역에 반란이 일어났을 때 마치니는 기회를 놓치지 않고 로마로 들어갔다. 교황은 쫓겨나고 세 사람으로 이루어진 위원회 아래 공화국이 선포되었다. 이것은 고대 로마에서 따온 명칭으로 트리움비리(Triumvirs : 3인 집정관 가운데 한 사람)라고 일컬어졌다. 마치니는 세 명의 트리움비리 가운데 한 사람이었다. 이 젊은 공화국은 사면 팔방으로, 즉 오스트리아 · 나폴리,

---

82) 1807년 나폴레옹은 교황령을 점령하고 교황 피우스 7세(Pius VII)와 충돌해 그를 퐁텐블로(Fontainebleau)에 감금했다. 빈 회의는 '정통 복고주의'에 따라 교황령을 부활시키고 교황은 로마로 돌아왔다.

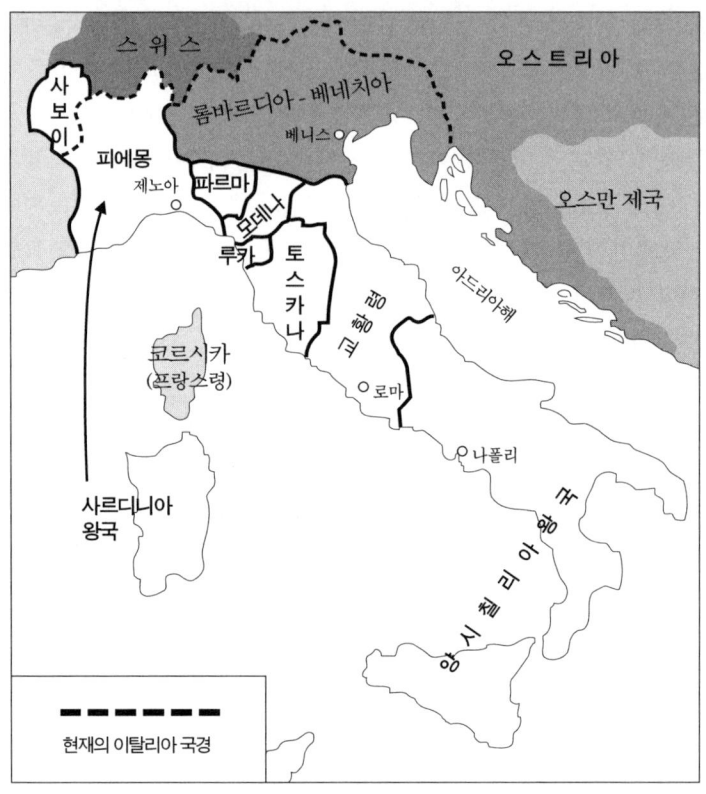

1815년의 이탈리아

또 교황의 재기를 위해 원군을 파견한 프랑스로부터 공격을 받았다. 주로 로마 공화국 편에 서서 분투한 사람은 가리발디(Garibaldi)였다. 그는 오스트리아를 물리치고 나폴리군을 무찔렀으며 프랑스도 저지시켰다. 이것은 모두 의용군의 원조로 가능했고, 로마의 가장 용감하고 뛰어난 청년들은 공화국을 방위하기 위해 목숨을 바쳤다. 그러나 결국 로마 공화국은 용전 분투한 보람도 없이 프랑스에 굴복했고, 프랑스는 교황을 도로 데리고 왔다.

그리하여 투쟁의 제1단계는 끝났다. 마치니와 가리발디는 방법을 바꾸어 선전 활동을 전개하는 동시에 다음 단계의 대활약을 준비함으로써 운동을 계속했다. 그들은 서로 매우 성격을 달리하는 인물로서 한쪽은 사상가이자 이상주의자인 데 비해 다른 한쪽은 게릴라전에 천재적인 능력을 가진 군인이었다. 두 사람 모두 이탈리아의 자유와 통일을 위해 열렬한 투지를 품고 싸웠다. 이윽고 이 큰 연극의 세 번째 주역이 나타났다. 그는 피에몽의 왕 비토리오 에마누엘레 2세(Vittorio Emanuele II : 재위 1849~61년)의 재상 카보우르(Cavour)였다. 카보우르의 관심은 주로 비토리오 에마누엘레를 이탈리아의 국왕으로 앉히는데 있었다. 그러기 위해서는 많은 군소 군주를 누르고 또 제거할 필요가 있었으므로, 그는 마치니와 가리발디의 활동에 편승할 기회를 놓치지 않았다. 그는 프랑스 — 당시에는 나폴레옹 3세가 프랑스의 군주였다 — 와 흥정해 이를 그의 적국인 오스트리아와의 전쟁에 끌어들였다. 이것이 1859년의 일이었다. 가리발디는 오스트리아가 프랑스에 패배한 기회를 이용해 나폴리와 시칠리아 왕에 대한 대대적인 원정을 감행했다. 이것이 그 유명한 가리발디와 그의 1000명의 붉은 셔츠 부대(redshirts)의 원정인데, 그들은 본격적인 무기도 물자도 없으면서 상대방의 정예 부대와 맞서 싸웠던 것이다. 붉은 셔츠 부대의 병력은 훨씬 열세였는데도, 그들의 불타는 정열과 인민들이 그들에게 베푼 호의는 그들에게 거듭 승리를 가져다 주었다. 가리발디의 명성은 올라갔고, 그는 전설적인 인물이 되어 적군도 그가 접근한다는 말만 들으면 사방으로 달아나는 판이었다. 그렇지만 그의 과업은 어려움으로 가득 찬 것이었다. 그와 그의 부대는 여러 번 패배와 궤멸의 위기에 빠졌다. 그러나 패배의 순간에조차 행운의 여신이 그에게 미소를 던졌기 때문에 패배로부터 벗어나 승리로 이끌었다.

가리발디와 1000명의 부하는 시칠리아에 상륙했다. 그들은 이탈리아 본토를 향해 서서히 진격하기 시작했다. 그는 남이탈리아의 마을들을 행군하면서도 의용병을 모집했다. 그리고 그들에게 엄청난 고액의 보수를 주었다. "오라!" 하고 그는 말했다. "오라! 고향에 머무르는 자는 비겁자다. 나는 그대들에게 피로와 고초와 전투를 약속한다. 그러나 우

이탈리아의 통일과 독립

리는 정복하지 않으면 죽음이 있을 뿐이다." 성공만큼 성공을 가져오는 것은 없다. 가리발디의 초기 승리는 이탈리아 사람들의 민족주의 정신을 고무했다. 의용병은 앞을 다투어 참가했고, 그리고 가리발디의 노래를 높이 부르면서 전진했다.

> 무덤은 파헤쳐졌도다. 사자(the dead)는 멀리서 온다.
> 우리 순교자의 영혼은 일어서서 싸움으로 치닫는다.
> 손에는 칼, 머리에는 올리브의 관,
> 죽은 심장은 지금도 조국의 부름에 높이 뛴다.
> 가라, 그들과 함께!
> 따르라, 우리 조국의 젊은이들이여!
> 흔들라, 깃발을! 지으라, 대오를!
> 칼날을 갈고 따라오라.
> 뜨거운 불을 가지고 함께 오라!
> 이탈리아의 희망의 불길과 함께 오라!
> 물러가라, 이탈리아에서! 물러가라, 우리 조국에서!
> 물러가라, 이탈리아에서!
> 오오, 외국인이여, 물러가라!

애국가라는 것은 어느 나라에서나 얼마나 비슷하냐![83]

카보우르는 가리발디의 성공에 편승해서 결국 1861년에 피에몽의 비토리오 에마누엘레 2세를 이탈리아의 국왕으로 즉위하게 했다. 로마는 여전히 프랑스군의 점령하에 있고 베네치아는 오스트리아군의 수중에 있었다. 그러나 10년이 채 지나지 않아 베네치아와 로마는 이탈리아에 가담했고 로마가 수도로 되었다. 이리하여 이탈리아는 마침내 하나

---

83) 여기서 아마 저자의 마음에 「라 마르세예즈」와 인도의 「반데마트람」이 떠오른 것으로 여겨진다.

의 민족이 되었다. 그러나 마치니는 행복하지 않았다. 그는 자기 생애를 걸고 공화국의 이상을 지향하고 있었던 것이다. 그런데 지금도 이탈리아는 피에몽의 비토리오 에마누엘레 2세의 왕국에 지나지 않고 있다. 그러나 아무튼 새 왕국은 입헌 왕국이었고, 이탈리아 의회는 에마누엘레가 즉위한 직후에 투린에서 소집되었다.

그리하여 민족 국가로서의 이탈리아는 다시 통일되어 외국의 지배에서 벗어났다. 세 사람의 인물 — 마치니, 가리발디 및 카보우르가 이를 성취했다. 만일 이들 가운데 한 사람이라도 없었더라면 독립은 뒷날까지도 실현되지 못했을 것이다. 훨씬 뒤에 영국의 시인이자 소설가인 조지 메러디스(George Meredith)[84]는 다음과 같이 썼다.

> 우리는 번민하는 이탈리아를 보았다.
> 그것은 반쯤 싹이 텄다가 이내 진흙에
> 짓밟혀 버린 전원(田園)과도 같았다.
> 그러던 것이 그것은 괭이로 이랑이 다듬어지고
> 아름답게 경작되어 이삭도 탐스럽게 달린 보리밭처럼,
> 이토록 아름답게 우리 눈앞에 펼쳐졌다.
>
> 그래서 우리는 생각한다.
> 이런 토지에 생명의 입김을 불어넣은 사람들을.
> 그들은 세 사람이다 — 카보우르, 마치니, 가리발디.
> 그들이야말로 이탈리아의 두뇌요 영혼이며 또한 방패다.
> 앞길에 오직 한 가닥의 빛을 바라보고,
> 이탈리아를 폐원(廢園) 상태에서 일으킨 사람은 그들이었다.

나는 이탈리아의 독립을 위한 투쟁의 개략적인 윤곽만을 얘기했

---

84) 영국의 시인이며 심리 묘사가 우수한 소설가. 종군 기자로서 이탈리아에 체재한 적이 있다.

이탈리아의 통일과 독립

다. 이 짧은 기술은 다른 무미 건조한 역사의 단편을 읽는 것과 별로 다를 바 없을지도 모르겠다. 그래서 너에게 이 이야기에 생명을 불어넣어 주고 이 투쟁에 흥미를 느끼지 않을 수 없게 만드는 공부 방법을 가르쳐 주마. 적어도 나는 오래 전의 소년 시절에 트리벨리언(Trevelyan)의 세 권의 책 —『가리발디와 로마 공화국을 위한 투쟁(Garibaldi and the Fight for the Roman Republic)』, 『가리발디와 1000명의 부대(Garibaldi and Thousand)』, 『가리발디와 이탈리아의 형성(Garibaldi and the Making of Italy)』— 을 읽었을 때 그렇게 느꼈던 것이다.

이탈리아가 투쟁하던 때 영국 사람들은 가리발디와 그의 붉은 셔츠 부대를 성원하고, 많은 영국 시인들이 이 싸움을 소재로 하여 감동적인 시를 썼다. 영국인들이 보내는 성원이 그들 자신의 이해가 거기에 얽혀 있지 않는 한에서는 투쟁하는 사람들 쪽에 기울어진다는 것은 이상한 일이다. 그들은 독립을 위해 싸우는 그리스에 시인 바이런을 보냈고, 이탈리아에는 온갖 후의와 격려를 보냈다. 그런데 바로 이웃인 아일랜드나 더 먼 곳인 이집트와 인도 등지에 그들의 앞잡이들이 가져온 것은 맥심 총과 파괴 행위뿐이었다. 당시 이탈리아에 관해 많은 아름다운 시를 스윈번(Swinvurne)[85]과 메러디스와 엘리자베스 바레트 브라우닝(Elizabeth Barret Browning)[86]이 썼다. 메러디스는 같은 주제를 소설에서도 다루었다. 여기서는 이탈리아의 독립 투쟁이 진행되고 있는 동안 온갖 장애에 부딪히고, 많은 내통자가 외국의 주인에게 충성을 바치고 있을 때 쓰인 스윈번의 시 「로마에서 진군을 멈추다(The Halt Before Rome)」에서 한 구절만 인용해 보기로 하자.

그대들의 주인이야말로 좋은 뇌물은 가지고 있어도
자유는 줄 까닭이 없고,

---

85) 19세기 영국의 대표적인 시인. 많은 서정시 외에 서사시・희곡・평론을 남겼다.
86) 시인 로버트 브라우닝의 부인. 남편과의 낭만적인 연애로 널리 알려져 있지만, 그녀 자신도 시인으로서 훌륭한 작품을 남겼다.

자유에는 머무르는 곳이 없으며 관문도 없다.
자유는 오로지 용사를 몰아 낸다.
자지 않고 먹지 않고 선혈을 뿌리며
그들은 농부가 씨를 뿌리듯 다만 자신들의 생명을 뿌린다.
이 생명이 티끌만한 자유의 싹을 트게 하고
민족의 열매를 맺기를 바라며,
이 영혼이 응결해 창공에 자유의 샛별을 빛나게 하기를 바라면서.

128   *1933년 1월 31일*

독일의 발흥

먼저 편지에서 우리는 지금은 잘 알려진 유럽의 한 강국의 건설 과정을 보았다. 오늘은 또 하나의 대국, 독일의 성립을 살펴보자.

언어도 같고 그 밖의 여러 가지 공통된 특징을 가지고 있는데도 독일은 오랫동안 크고 작은 많은 나라로 분열되어 있었다. 여러 세기 동안 합스부르크가의 오스트리아가 독일의 지도적인 중심 세력이었다. 프로이센이 진출하자 오스트리아와 사이에 지도권을 둘러싼 싸움이 벌어졌다. 나폴레옹은 이 두 나라를 동시에 굴복시켰다. 나폴레옹이 독일을 송두리째 흔들어 놓은 결과, 독일에서는 민족주의 세력이 신장해 그가 결정적으로 패배하게 하는 데 주요한 역할을 했다. 이와 같이 나폴레옹은 자기도 모르는 사이에 독일과 이탈리아에서 민족주의 정신과 자유의 사상을 심어 놓았다. 나폴레옹 시대의 독일 민족주의 지도자 가운데 피히테(Fichte)[87]라는 사람이 있었다. 그는 철학자이자 또 열렬한 애국자로서 그의 국민에게 크나큰 힘과 용기를 불어넣어 주었다.

나폴레옹 이후 반 세기 동안 독일은 분열 상태가 계속되었다. 몇 번인가 연방을 결성하려는 움직임이 있었으나, 오스트리아와 프로이센의 군주와 정부가 서로 주도권을 잡으려고 했기 때문에 실패했다. 그 동안 모든 자유주의적인 요소의 반응이 활발하게 일어나 1830년과 1848년에는 내란으로 번졌으나 진압되었다. 인민을 달래기 위해 약간의 개혁이 있었다.

독일의 여러 지방에는 영국과 마찬가지로 탄광과 철광이 많이 있었으므로 공업이 발달하기에는 좋은 조건을 갖추고 있었다. 독일에는 또 유명한 인물들이 많이 있었다. 철학자, 과학자 그리고 군인! 한편 공장이 세워지고 공업 노동자 계급이 형성되었다.

마침 그 무렵인 19세기 중엽에 그 뒤 오랫동안에 걸쳐 독일뿐 아니라 전 유럽의 정치에 영향을 미친 인물이 프로이센에 나타났다. 이 사람은 오토 폰 비스마르크(Otto von Bismarck)라고 하는데 그는 융커, 즉 프로이센의 지주 계급 출신이었다. 워털루 전투가 일어나던 해에 태어난 그는 오랫동안 많은 나라의 궁정에 외교 사절로 주재했다. 1862년 총리가 된 그는 존재를 과시하기 시작했다. 총리로 취임한 지 1주일이 못 되어 그는 한 연설에서 다음과 같이 말했다. "시국의 중요 현안은 연설이나 수많은 결의로가 아니라, 철과 혈(iron and blood)로써 해결될 것이다."

철과 혈! 널리 알려지게 된 이 말은 비스마르크가 빈틈없이, 또 과감하게 추진한 정책을 그대로 표현하고 있다. 그는 민주주의를 증오하고 의회와 대중 집회를 백안시했다. 그는 과거의 유물처럼 보이기는 했

---

87) 독일의 철학자. 칸트에 이은 일련의 독일 고전 철학의 거성 가운데 한 사람. 특히 실천 철학 방면에서 독자적인 체계(흔히 '주관적 관념론'이라고 일컬어진다)를 세웠다. 베를린 대학의 교수를 역임했으며 나중에 총장이 되었다. 나폴레옹이 독일을 침략했을 당시에는 민족주의자로서 활약했는데, 특히 유명한 '독일 국민에게 고함'이라는 제목의 강연으로 큰 감명을 주었다. 이 밖에도 『모든 지식학의 기초』 등 많은 이론적인 저작이 있다.

으나 능수능란한 그의 수완은 사태를 잘 요리해 그의 의도대로 따르게 했다. 그는 독일을 건설하는 동시에 19세기 후반의 역사를 만들었다. 철학자와 과학자의 나라로서의 독일은 퇴색하고 철과 피의 군사적 능력에 뛰어난 새로운 독일이 유럽 대륙을 지배하기 시작했다. 그의 시대에 학식이 깊은 어느 독일인은 "비스마르크는 독일을 위대하게 했지만 독일인을 왜소하게 만들었다"고 말했다. 독일을 유럽의 강국으로 만들려고 하는 그의 정책은 국민의 환심을 얻어 민족적 우월감이라는 영광 때문에 그에 대한 모든 반발은 무시되었다.

비스마르크는 취임할 때 이미 그가 해야 할 일의 한계를 명확하게 마음 속에 그리고 있었다. 그리고 빈틈없이 계획을 수행했다. 그는 그것을 결연히 단행해 놀라운 성공을 거두었다. 그는 독일을 그리고 독일을 통해 프로이센을 유럽의 지배자로 만들려고 했다. 당시 나폴레옹 3세 치하의 프랑스는 대륙의 최강국으로 생각되었고, 오스트리아도 독일의 무서운 적이었다. 당시의 국제 정치와 외교의 기준에서 볼 때, 비스마르크가 여러 외국과 어떻게 교섭하고 또 그들을 어떻게 처리했는가는 놀랄 만하다. 그가 맨 먼저 착수한 일은 독일의 여러 소국의 지도권 문제를 최종적으로 해결하는 것이었다. 프로이센과 오스트리아 사이의 전통적인 대립은 더 이상 방치해 둘 수 없었다. 이 때 문제를 철저하게 프로이센에 유리하게 해결해서 오스트리아로 하여금 앞으로는 1인자가 아니라 조연자의 지위를 차지하게 될 것임을 깨닫게 해야만 했다. 프로이센의 대두는 오스트리아의 몰락 이후에 와야 한다. 그리고 그것이 끝나면 다음에는 프랑스 차례다(내가 프로이센, 오스트리아, 프랑스 등의 말을 사용할 때, 그것은 그런 나라의 정부를 가리키고 있다는 점을 잊지 말도록 해라. 이런 정부는 모두 정도의 차이는 있지만 전제 정부이며, 의회는 거의 권력을 갖고 있지 않았다).

그래서 비스마르크는 묵묵히 군사 편제의 완성을 서둘렀다. 그 동안에 나폴레옹 3세는 오스트리아를 공격해 무찔렀다. 그리고 이 오스트리아의 패배가 남이탈리아에서 가리발디의 투쟁을 승리로 이끌어 주었고, 나아가서는 이탈리아 독립의 주요한 원인이 되었다. 이것은 모두 오스트리아의 힘을 약하게 하는 것이었으므로 비스마르크에게는 유리했다. 러시아령 폴란드에 반란이 일어났을 때에 비스마르크는 필요하다면 폴란드인을 사살할 수도 있는 준비를 갖추고 차르를 원조했다. 이것은 수치스러운 처사였으나 장차 일어날 유럽의 분쟁시에 차르의 지원을 얻으려는 목적에는 도움이 되었다. 이어 그는 오스트리아와 연합해서 덴마크를 친 다음 프랑스와 이탈리아의 지지를 얻을 수 있도록 공작을 해놓고 오스트리아에 맞섰다. 오스트리아는 1866년 극히 단기간 내에 프로이센에게 압도되었다. 독일의 지도권 문제를 해결해서 프로이센이 맹주임을 명백하게 하자, 그는 현명하게도 나중에 원한을 사지 않도록 하기 위해 오스트리아를 관대하게 다루었다. 이제는 프로이센의 지도 아래 북부 독일 연방의 결성 방향이 명확해졌다(오스트리아는 여기에는 참가하지 않았다). 비스마르크는 북독일 연방의 총리가 되었다. 요즘 우리나라의 어떤 정치·법률학자들은 자주 연방이니 헌법이니 하는 논의로 세월을 보내고 있지만, 이에 비해 비스마르크가 5시간 이내에 북독일 연방의 헌법을 구술로 끝낸 것은 흥미로운 일이다. 그리고 약간의 수정은 있었지만, 이 헌법이 세계 대전 뒤 1918년 독일 공화국이 수립되기까지 5년 동안 독일 헌법으로서 사용되었던 것이다.

  비스마르크는 그의 최초의 목적을 이루어 프로이센은 독일의 주도 세력이 되었다. 다음 단계는 프랑스를 꺾음으로써 유럽에서 지배적 지위를 차지하는 것이었다. 비스마르크는 독일을 단결시키고 다른 유럽 열강의 의심을 풀어 주는 데 애쓰는 한편 몰래 착착 준비를 갖추어 나갔다. 오스트리아조차 매우 관대한 대우를 받았으므로 거의 악의를 품지 않았다. 영국은 오래 전부터 프랑스의 적대국이어서 나폴레옹 3세의 야심적인 계획에 깊은 의혹을 품고 주목하고 있었다. 그래서 비스마르크로서는 프랑스와 어떤 분쟁을 일으키더라도 영국의 지지를 얻는 것은 어려운 일은 아니었다. 전쟁 준비가 끝나자 1870년 그는 교묘한 방법으로 나폴레옹 3세 쪽에서 서둘러 독일에 선전 포고를 하게끔 했다. 유럽의 눈에는 독일

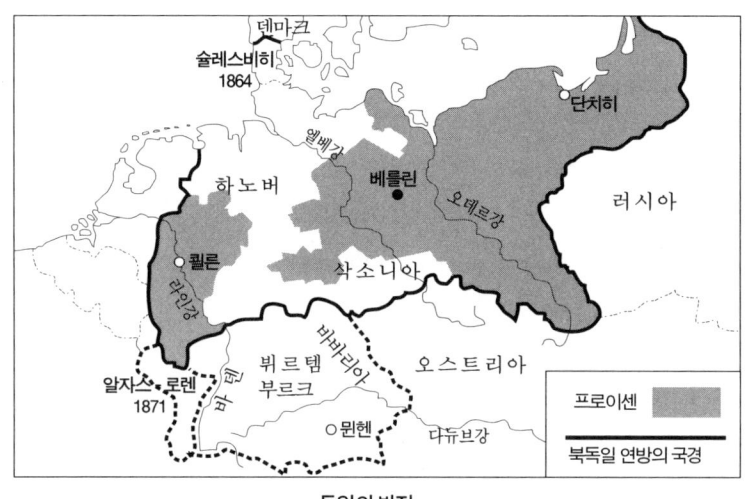

독일의 발전

이 침략적인 프랑스 때문에 죄 없이 희생되는 것처럼 보였다. "베를린으로! 베를린으로!" 하고 파리 사람들은 소리 높이 외치고 있었다. 그리고 나폴레옹 3세는 기고만장해, 얼마 뒤 승리에 도취된 군대의 선두에 서서 베를린에 입성하는 광경을 꿈꾸고 있었다. 그런데 일은 그렇게 되지 않았다. 비스마르크의 잘 훈련된 군대는 프랑스의 동북 국경으로 신속히 진격해서 프랑스는 여지없이 격파당했다. 몇 주일도 되기 전에 나폴레옹 3세 자신이 그 군대와 함께 독일인에게 사로잡히고 말았다.

곧 파리에 공화 정부가 수립되어 프랑스의 제2나폴레옹 제국은 막을 내렸다. 나폴레옹 3세가 쓰러진 데에는 여러 가지 이유가 있지만 주요한 것은 그의 압제 때문에 민심이 이탈되었기 때문이었다. 그는 어려운 사태에 당면한 국왕과 정부의 상투적인 수단을 본받아 전쟁으로 민심을 수습하려 했다. 그는 성공하지 못했을 뿐만 아니라 오히려 전쟁 자체가 그의 야심에 마침표를 찍는 결과가 되었다.

파리에서는 국민 방위군 정부가 조직되었다. 그들은 프로이센에 화평을 제의했으나 비스마르크의 조건이 너무나 모욕적이어서 사실상 군대가 존재하지 않았는데도 전쟁의 속행을 결의했다. 독일군은 장기간

파리를 포위했고, 베르사유를 비롯해 시의 거의 모든 지역이 그 군대에 점거되었다. 드디어 파리는 함락당했고, 새 공화국은 패전과 더불어 비스마르크의 가혹한 조건을 받아들였다. 거액의 배상금을 지불하게 된 데다가, 특히 불행한 일은 알자스와 로렌의 두 주가 200년 이상 프랑스령으로서의 전통을 깨뜨리고 독일에 할양해야만 했던 것이다.

그런데 파리 포위전이 채 끝나기도 전에 베르사유는 또다시 새로운 제국의 탄생을 경험했다. 나폴레옹 3세의 프랑스 제국은 1870년 9월에 끝났지만 1871년 1월에 프로이센 국왕을 카이저(Kaiser)라고 칭하는 연합 독일 제국의 성립이 베르사유 궁전 루이 14세의 호화로운 홀에서 선언되었다. 독일의 모든 제후와 대표자들이 여기에 모여 자신들의 새로운 황제 — 카이저에 대해 신하의 예를 맹세했다. 호엔촐레른의 프로이센 왕실은 이제 제실(imperial house)이 되었고, 독일 연방은 세계의 대강국의 하나가 되었다.

베르사유가 만세 소리에 싸이고 경축 식전이 떠들썩하게 벌어지고 있을 때, 파리는 비탄과 고통과 견딜 수 없는 굴욕감에 사로잡혀 있었다. 인민은 거듭되는 재난 때문에 동요하고 있었으나 안정되고 굳건한 정부는 존재하지 않았다. 많은 왕당파 의원들이 의회에 진출해서 국왕을 부활시키려는 음모에 광분하고 있었다. 그들은 앞길의 장애물을 제거하기 위해 공화주의적 색채를 띠고 있다고 생각되는 국민 방위대의 무장 해제를 획책했다. 파리의 민주주의자와 혁명 세력들은 이것은 모두 반동과 압제의 재개를 의미하는 것이라 생각했다. 그러자 폭동이 일어나 1871년 3월 '파리 코뮌'이 선언되었다. 이것은 일종의 인민 자치 정부인데 멀리 프랑스 대혁명에서 영감을 얻은 것이었다. 그러나 그것은 어떤 점에서 한 걸음 진보한 것으로 막연하기는 했지만 그 뒤에 나타난 새로운 사회주의적 관념을 구체화한 것이며, 어떤 의미에서는 러시아 소비에트의 선구자였다.

그러나 파리 코뮌은 단명으로 끝났다. 이 서민 계급의 봉기에 당황한 왕당파와 부르주아지는 파리 코뮌의 지배 아래 있는 한 구역을 포위

공격했다. 바로 옆의 베르사유 등지에 주둔하고 있던 독일군은 침묵을 지킨 채 보고만 있었다. 독일군의 포로가 되었다가 석방된 프랑스 병사들은 파리에 돌아오자, 자신들의 장교 편에 서서 코뮌과 싸웠다. 그들은 1871년 4월 말에 코뮌을 무찌르고 3만 명의 남녀를 가두에서 사살했다. 사로잡힌 많은 코뮌 대원도 나중에 사정없이 총살당했다. 그리하여 결국 코뮌은 쓰러졌지만 당시의 유럽을 크게 동요시켰다. 이 동요는 그 피비린내 나는 탄압에 따른 것이었을 뿐 아니라 그것이 기존의 사회 체제에 대한 최초의 사회주의적 반란이었던 데서 온 것이다. 빈자의 부자에 대한 봉기의 예는 예로부터 적지 않았다. 그러나 그들은 지금까지 자신들을 가난하게 만들어 온 제도 자체를 바꿔야 한다는 데 생각이 미친 적은 없었다. 코뮌은 민주주의를 위한 반란인 동시에 경제적인 반란이기도 했다. 그리하여 그것은 사회주의 사상의 이정표가 되었다. 프랑스에서의 코뮌에 대한 폭력적인 진압은 사회주의 사상을 지하로 몰아넣었고 그 회복은 용이하지 않았다.

  코뮌은 타도되었지만 어쨌든 프랑스는 더 이상 군주 정치의 실험장이 되는 것만은 면했다. 얼마 뒤 프랑스는 공화 정치의 진로를 결정해 1875년 1월 새 헌법 아래 '제3공화국'[88]을 선언했다. 이 공화국은 오래오래 유지되었고 지금도 존속하고 있다. 프랑스에서는 지금도 왕정에 대해 말하는 사람이 다소는 있지만, 그 수는 극히 적어서 아마도 프랑스는 공화주의의 발판을 완전히 굳힌 것 같다. 프랑스 공화국은 부르주아 공화국이며, 유복한 중간 계급이 지배층을 형성하고 있다.

  프랑스는 1870~71년의 독일과 벌인 전쟁의 상처도 아물고 거액의 배상금도 완제했지만, 그들이 받아야만 했던 굴욕에 대한 프랑스 인민

---

88) 제3공화국은 그 뒤 제2차 세계 대전중인 1940년, 히틀러의 독일군이 프랑스를 제압하고, 앙리 페탱(Henri Pétain)을 수반으로 하는 비시(Vichy) 괴뢰 정부가 그 헌법을 폐지했을 때 끝났다. 현재의 프랑스는 전후 1946년의 '새로운 프랑스 연합 헌법'을 통해 수립된 제4공화국을 거친 뒤 1958년 10월 5일에 공포된 '새로운 헌법'에 따라 성립된 제5공화국 체제다. 이 '새로운 헌법'은 대통령에게 강대한 권한을 부여한 것이 특색이다.

독일의 발흥

의 마음 속 분노는 가시지 않았다. 그들은 자존심이 강한 국민으로 오래도록 원한을 잊지 않았고 복수 — 라 르방슈(la revanche) — 의 관념은 그들의 마음에서 지워지지 않았다. 특히 알자스와 로렌의 상실은 큰 타격이었다. 비스마르크는 패전 뒤의 오스트리아에 대한 대우에서는 현명했으나, 프랑스에 대한 그의 가혹한 처사에서는 아무런 관대함도 예지도 찾아볼 수 없었다. 높은 긍지를 지닌 적에게 준 모욕은 그들의 영원히 잊히지 않는 무서운 적의로써 보상되었다. 스당 전투(the Battle of Sedan) 직후 아직 전쟁이 끝나지 않았을 때, 저명한 사회주의자 칼 마르크스는 하나의 선언서를 발표했다. 그 속에서 "알자스의 병합은 두 나라를 불구대천의 적으로 만드는 것이며 이것으로 일시적인 휴전은 얻을 수 있어도 결코 평화는 오지 않을 것"이라고 갈파했다. 다른 많은 분야에서뿐 아니라 이 점에 대해서도 그는 진정한 예언자였다.

파리의 아름다운 콩코드(Concorde) 광장에는 프랑스의 각 도시를 대표하는 많은 훌륭한 동상이 늘어서 있는데, 그 가운데 알자스 - 로렌의 수도인 스트라스부르(Strasbourg)를 상징하는 조각상이 있다. 나는 세계대전 전에 자주 이 조각상 앞을 지나다니곤 했다. 그것은 언제나 그 지방이 이제는 프랑스의 일부가 아니라는 슬픈 사실을 애도하는 꽃다발에 묻혀 있었다. 그것은 끊임없이 프랑스 인민에게 복수를 다짐하게 하는 것이었다. 1918년 독일이 패배한 뒤 알자스 - 로렌은 다시 주인이 바뀌었다. 그러자 파리의 스트라스부르 조각상 앞의 꽃다발도 사라졌다.

한편 비스마르크는 이제 독일 제국 전체의 재상이 되어 있었다. '철과 혈'의 정책은 더욱 성공을 거두어 독일의 국책이 되고 자유주의 사상은 무시되었다. 비스마르크는 민주주의를 믿지 않았으므로 권력을 국왕의 수중에 두려고 했다. 독일 공업의 발달과 노동자 계급의 성장은 이 계급의 세력 확대와 더불어 급진적인 변화를 요구함에 따라 새로운 문제를 낳았다. 비스마르크는 노동 조건의 개선과 사회주의에 대한 탄압이라는 두 가지 방법으로 이에 대처했다. 그는 사회 입법의 형태로 문제를 호도함으로써 노동자를 자기 편으로 끌어들이거나 또는 적어도 노동 운동의 첨예화를 방지하려고 했다. 그 때문에 독일은 이런 종류의 입법을 급히 서두르게 됨으로써 노동자의 의료 보험 제도나 노인 연금 제도, 그 밖에 노동자의 생활 조건 개선에서는 선진 공업국이며 노동 운동의 모국인 영국보다도 한 걸음 앞섰다. 이 정책은 다소 성공을 거두기는 했지만, 그 이상으로 노동자 조직은 강화되었다. 그들에게는 페르디난트 라살레(Ferdinand Lassalle)[89]와 그 밖의 유능한 지도자가 있었다. 그는 매우 걸출한 인물이며 19세기를 통해 최대의 웅변가였다고 한다. 그는 결투 때문에 젊은 나이에 세상을 떠났다. 용감한 투사이자 반항자였던 빌헬름 리프크네히트(Wilhelm Liebknecht)[90]도 하마터면 살해될 뻔했으나 살아남아 장수를 누렸다. 그의 아들 칼 리프크네히트(Karl Liebknecht)[91]도 투쟁 정신을 이어받아 정열적인 활동하다가 몇 해 전인 1919년 독일 공화국이 수립될 때 살해당했다. 끝으로 칼 마르크스에 대해서는 다른 편지에서 이야기하게 될 것이다. 그러나 마르크스는 그의

---

89) 독일 사회주의 초창기의 유력한 지도자. 1848년을 전후한 혁명기에 웅변과 투지로써 독일 노동 운동의 지도자로 활약했으며, '사회 민주당'의 전신인 '전 독일 노동자 협회'의 회장이 되기도 했다. 유명한 『노동자 강령』 등에서 볼 수 있는 그의 사상은 마르크스의 영향을 받으면서도, 역사관이나 국가관 등 근본적인 점에서는 마르크스와 경향을 달리하고 있다. 그리하여 아직도 '라살레냐, 마르크스냐?'라는 말을 하고 있지만, 실제 운동면에서는 프롤레타리아트의 이론으로서 더 명확하고 체계적인 마르크스의 이론에 대항하지 못하며, 지금은 대부분이 '역사'의 범주에 속해 있다. 저서로는 『기득권의 체계』, 『헤라클레이토스의 연구』, 『공개 답장』 등이 있다.
90) 아우구스트 베벨(August Bebel)과 함께 독일의 독일 사회 노동 민주당을 결성(1869), 프로이센·프랑스 전쟁 이후 비스마르크 정부의 탄압에 대항해서 당을 대중적인 기초 위에 두는 데 성공한 독일 사회 운동의 지도자.
91) 빌헬름의 아들로 제1차 세계 대전 당시 독일 사회 민주당이 전쟁에 협력하려는 태도를 밝혔을 때 그는 홀로 사회주의 원칙을 고수하며 군국주의 정부 및 제국주의 전쟁에 반대해 로자 룩셈부르크(Rosa Luxemburg)와 함께 스스로 조직한 '스파르타쿠스단(Spartakusbund)' — 독일 공산당의 전신을 거느리고 싸우다가 투옥되었다. 전후에 석방되자, 부르주아지와의 타협 아래 독일에 부르주아 민주주의 공화국을 수립하려는 사회 민주당 정권에 대해 프롤레타리아 혁명을 주장하며 투쟁하다가, 본문에 서술되어 있는 것처럼 1919년 독일 바이마르 공화국이 수립되려 할 때 로자 룩셈부르크처럼 살해당했다. 그의 저서 『군국주의와 반군국주의』는 반전주의 바이블로 일컬어진다.

독일의 발흥

생애의 대부분을 독일을 떠나 망명 생활 속에서 지냈다.

노동자 조직은 확대 강화되었고 1875년 그것들을 통합해서 사회민주당(Socialist Democratic Party)을 결성했다. 이러한 사회주의자에 대해 그냥 방관하고 있을 수만은 없던 비스마르크는 황제를 암살하려는 음모가 드러난 것을 기회로 하여 사회주의자에 대해 맹렬한 탄압을 가했다. 1878년에는 모든 사회주의 활동을 금지하는 반사회주의자법이 통과되었다. 그것은 사회주의자에 관한 한 계엄령(martial law)과도 같은 것이어서 많은 사회주의자가 국외로 추방되거나 투옥 판결을 받았다. 추방자의 대부분은 아메리카로 건너가 거기에서 사회주의의 개척자가 되었다. 사회 민주당은 큰 타격을 받았지만 그래도 살아 남았고 나중에 세력을 만회했다. 비스마르크의 테러리즘도 그것을 뿌리뽑지는 못했다. 그러나 이 정당의 성공은 오히려 더욱 해로운 결과를 낳았다. 세력이 강해짐에 따라 그것은 거액의 재산과 많은 직원을 거느리는 방대한 조직이 되었다. 한 사람의 인간이건 또는 하나의 조직이건 간에 생활이 풍족해지면 혁명적인 의욕을 잃게 되는 것이다. 독일의 사회 민주당을 몰락의 운명으로 이끈 것도 바로 그것이었다. 그러나 이에 대해서는 또 나중에 이야기하자.

비스마르크의 외교 수완은 여전히 탁월해서 그는 그 시대의 국제 정치에 큰 발자취를 남겼다. 그 때부터 성행되었고 지금도 사용되고 있는 이런 종류의 정책은 음모와 책략, 그리고 사기와 공갈이 기묘하게 뒤섞인 그물 같은 것으로서 모든 일이 비밀리에 베일 뒤에서 진행되었다. 만일 그것이 백일하에 드러난다면 그것들은 유지될 수가 없는 것이다. 때로는 무서운 전쟁을 초래하기도 하는 이 베일에 싸인 위험한 장난을 사람들이 방임해 온 것은 정말 우스운 일 아니겠느냐? 비스마르크는 오스트리아와 이탈리아 사이에 '3국 동맹(Triple Alliance)'이라고 일컬어지는 동맹을 맺었다. 이번에는 프랑스의 복수가 두려웠기 때문이다. 그리하여 쌍방 사이에 군비 확대와 음모와 반목이 계속되었다.

1888년에 한 젊은 청년이 독일 황제, 즉 빌헬름 2세(Wilhelm II)로 즉위했다. 그는 자기의 수완과 역량을 과신한 나머지 얼마 뒤에 비스마르크와 사이에 틈이 생겼다. 노경에 이르러 이 철혈 재상은 분노와 불만을 품은 가운데 직위에서 물러나 은퇴하게 되었다. 위자료로서 공작의 칭호를 받았으나 국왕에 대한 기대가 어긋난 그는 가득한 불평 속에서 자신의 영지로 돌아갔다. 어느 친구에게 그는 다음과 같이 말했다. "나는 존왕파적(royalist)인 감정과 국왕에 대한 경모라는 자본을 토대로 직무를 수행했다. 그런데 그 자본이 점점 축나 가기만 한 것은 유감이다! …… 나는 세 명의 벌거벗은 국왕을 보았다. 그 영광은 반드시 언제나 유쾌한 것이 아니었다."

이 자존심 강한 노인은 여러 해를 더 살다가 1898년 83세의 나이로 사망했다. 카이저에 의한 면직과 그의 죽음 뒤에도 그의 그림자는 독일을 뒤덮었고, 그의 정신은 후임자들에게 영향을 미쳤다. 그러나 그의 후임자들은 무능한 사람들이었다. 오늘날 독일은 공화국이다. 그러나 낡은 비스마르크의 혼령은 아직도 살아 있다.

129 *1933년 2월 1일*

유명한 문필가들

어제 독일의 발흥에 대해 얘기하면서 나는 19세기 초기의 최대 작가에 관해 아직 아무 이야기도 하지 않은 것을 깨닫고는 깜짝 놀랐다. 그것은 괴테에 관한 것인데, 바로 몇 달 전에 그의 사망을 추모하는 100년제가 독일에서 베풀어졌다. 또한 나는 가능하다면 그 시대 유럽의 몇몇 저명한 사상가에 대해서도 말해 주고 싶다. 그러나 그것은 내가 다루기에는 어느 정도 위험한 주제가 아닌가 싶다. 왜냐하면 나는 나의 무지를 고백하는 데 그치게 될지도 모르기 때문이다. 잘 알려진 이름을 열거하는 것만으로는 너무 싱겁고, 그 이상을 이야기한다는 것은 또한 쉬운 일이 아니다. 나는 영국 문학에 대해서도 잘 모르며, 그 밖의 유럽 문학에 관한 한 내가 아는 바는 약간의 번역물을 읽은 것에 지나지 않다. 그럼 어떻게 하면 좋을까?

이 주제에 대해 무엇인가를 말해 두고 싶다는 나의 생각이 내 마음을 사로잡아 아무래도 그것을 단념할 수가 없구나. 나는 이 매혹에 넘치는 분야의 여행에 깊이 관여할 만한 이야기 상대는 되지 못하더라도 아무튼 나아갈 방향만은 제시해 두어야 하리라는 생각이 들었다. 예술과 문학은 때때로 군중의 표면적인 활동에서보다도 더 잘 민족 영혼의 깊은 데까지를 엿보게 해 주는 수가 있기 때문이다. 그것들은 우리로 하여금 일시적인 정열이나 편견에 구애받지 않는 조용하고 차분한 사색의 세계로 들어가게 한다. 그렇지만 요즈음 같은 때에 시인과 예술가가 내일의 예언자로 간주되는 일은 매우 드물며, 그들의 당연한 명예로서 보장된 적은 좀처럼 없다. 그들이 명예를 얻은 것은 대부분 그들이 사망한 다음에 이루어진다.

나는 아마 너도 틀림없이 잘 알고 있을 몇 사람의 이름을 밝히는 데 그치고, 그것도 19세기 초기에 대해서만 언급하게 될 것이다. 그것은 다만 너의 식욕을 돋우기 위한 양념에 지나지 않을 줄 안다. 어쨌든 19세기 유럽의 여러 나라는 문학의 풍부한 보고(store)였다는 것을 잊지 않았겠지.

괴테(Goethe)는 1749년 태생이었으므로 원래는 18세기에 속하는 사람이다. 그렇지만 그는 83세의 장수를 누렸으므로 19세기의 3분의 1을 충분히 볼 수 있었다. 그는 유럽을 휩쓴 폭풍의 시대에 살면서 나폴레옹에게 정복당한 조국을 지켜보았다. 그리하여 그의 생애에는 많은 번민이 있었지만 한 걸음 한 걸음 삶의 괴로움을 내면적으로 극복하고, 드디어는 초연함과 평정의 경지에 이르러 마음의 평화를 얻었다. 그의 나이 예순이 넘었을 때 나폴레옹이 처음으로 그를 만났다. 나폴레옹에게 비친 그의 풍모에는 어쩐지 달관과 위엄으로 넘쳐 있었으므로 나폴레옹은 무심코 "여기에 한 인간이 있다!(Voilá un homme!)"라고 외쳤다. 그는 여러 가지 많은 일을 했는데 무슨 일에나 솜씨가 뛰어났다. 그는 철학자이자 시인이며 극작가인 동시에 여러 학문에 흥미를 가진 과학자였다. 그뿐 아니라 그의 실제적인 직무는 독일의 한 작은 공국 바이마르의 재상이었다. 그 중에서도 그는 작가로서 가장 잘 알려져 있는데, 가장 유명한 대표작은 『파우스트(Faust)』다. 그의 명성은 그의 긴 생애를 통해 한껏 떨쳤고, 그의 본령인 문학 방면에서 그는 국민들에게 거의 반신(半神)으로까지 숭앙받을 정도였다.

괴테는 그보다는 약간 손아래이지만 또한 시인이었던 실러(Schiller)[92]와 같은 시대의 사람이었다. 하인리히 하이네(Heinrich Heine)[93]는 훨씬 젊지만 또한 위대하고 호감이 가는 독일의 시인으로서 매우 아름다운 많은 서정시를 썼다. 이 세 시인 ― 괴테·실러·하이네는 모두 고대 그리스의 고전 문화를 열렬히 사랑했다.

독일은 또한 예로부터 철학자의 나라로 알려져 있다. 네게는 별로 흥미가 없을지 모르나 그 가운데 한두 사람을 살펴보기로 하자. 이런 종류의 문제에 흥미를 가지는 사람들만이 그들의 저서를 읽는 노력을 기울이게 된다. 왜냐하면 그런 책들은 굉장히 까다롭고 어렵기 때문이다.

---

92) 18세기 후반에 인간적인 자유를 추구하는 문학 운동이 독일에서 활발하게 전개됐을 때, 실러는 희곡 『군도(群盜)』, 『간계(奸計)와 사랑』 등으로 그 대표자의 한 사람이 되었다. 후년 바이마르에서 괴테와 사귀게 되어 그와 함께 빛나는 독일 고전주의 문학의 결실을 맺었다. 그 밖에도 희곡 『발렌슈타인』, 『빌헬름 텔』 등 많은 작품이 있는데, 모두 강렬한 이상주의로 일관되고 있으며 극적인 박력으로 넘쳐 있다.

93) 젊을 때 감미로운 연애 시집 『노래 책』으로 세계에 알려진 하이네의 다감하고 예민한 감정과 사상은 차츰 격동하는 시대의 혁명적 풍조에 눈뜨게 되어 모든 봉건주의·절대주의·군국주의에 대해 과감한 비판의 화살을 던졌다. 그 뒤 7월 혁명(1830)이 일어난 파리로 옮겨가 마르크스 등 사회주의자들과 사귀면서부터 더욱 혁명적인 사상에 젖게 되어, 혁명시 『독일의 겨울 이야기』 등 많은 작품과 평론을 발표했다. 그는 평생 동안 사랑하는 조국의 미래를 꿈꾸었지만, 끝내 현실의 독일에 받아들여지지 않아 파리에서 객사했다.

그런데도 이들 철학자, 또는 일반적으로 철학자라고 하는 자들은 흥미로운 존재이며 그들에게 배울 바도 많다. 그들이야말로 사상의 등불을 밝히는 사람들이며, 그들을 통해 우리는 사상의 발자취를 더듬을 수 있기 때문이다. 임마누엘 칸트(Immanuel Kant)는 18세기 독일 최대의 철학자였는데, 그도 오래 살다가 80세 때에 세기가 바뀌는 것을 보았다. 헤겔(Hegel) 또한 철학 방면에서는 빼놓을 수 없는 이름이다. 그는 칸트를 계승하는 동시에 공산주의의 아버지 마르크스에게 깊은 영향을 주었다고 한다. 철학자에 대해서는 이 정도로 해 두자.

19세기 초기에는 영국에 많은 시인들이 나타났다. 러시아의 가장 고명한 민족 시인 푸슈킨(Pushkin)[94]도 이 무렵의 인물이었다. 그는 결투로 젊은 나이에 사망했다. 프랑스에서도 몇 사람의 시인을 꼽을 수 있으나 나는 두 사람에 대해서만 말하겠다. 한 사람은 빅토르 위고(Victor Hugo)인데 1802년에 태어나 괴테와 마찬가지로 83세까지 살았고, 또한 괴테처럼 프랑스 문학에서 일종의 반신으로 숭앙받고 있다. 그는 작가로서, 또 정치가로서 다채로운 경력을 가지고 있다. 처음에 그는 열렬한 왕정주의자로서 전제 정치의 신봉자라 해도 좋을 정도였으나, 점차 그는 조금씩 변해 1848년에는 마침내 공화주의자가 되었다. 루이 나폴레옹이 단명했던 제2공화국의 대통령이 되자 그는 위고를 공화주의자라 하여 국외로 추방했다. 1871년에 빅토르 위고는 파리 코뮌을 지지했다. 보수파의 최우익에서 그는 서서히, 더구나 견실하게 사회주의의 최좌익으로 옮겨갔다. 많은 사람들은 나이가 들면서 보수 반동으로 변하는데 위고는 정반대였다. 그러나 우리는 작가로서의 위고만을 화제로 삼도록

---

94) 러시아의 귀족으로서 궁정적인 환경에서 자라났지만, 맑은 감수성과 풍부한 시인적인 정열은 그로 하여금 인간성을 왜곡시키는 봉건적 사회의 비판자가 되게 하고, 러시아 민중에게 깊이 뿌리 박힌 정감을 표현하는 민족 시인이 되게 했으며, 또한 젊어서 결투로 쓰러질 때까지의 짧은 생애를 자유인으로서 살게 했다. 19세기 러시아의 사실주의적인 위대한 문학은 모두 그에게서 원천을 찾을 수 있다고 한다. 소설 『에프게니 오네긴』, 『대위의 딸』이 있으며, 장편 서사시 『루슬란과 루드밀라』가 있다.

하자. 한 마디로 그는 위대한 시인이자 소설가이며 극작가였다.

내가 다음에 말하려고 하는 사람은 오노레 드 발자크(Honoré de Balzac)다. 그는 위고와 같은 시대의 사람이었지만 성격은 매우 달랐다. 그는 유난히 정력적인 소설가여서 비교적 짧은 생애에 엄청나게 많은 소설을 썼다. 그의 이야기는 서로 줄거리가 연속되어 같은 인물이 여러 번 등장한다. 그의 목적은 그 시대의 프랑스 생활 전체를 그대로 소설이라는 거울에 비춰 보자는 것이었다. 그는 그 연작을 통틀어서 『인간 희극(La Comédie Humaine)』이라는 제목을 붙였다. 그것은 무척 야심적인 구상이었고 그는 오랫동안 창작에 열중했지만 그 방대한 일을 완성하지는 못했다.

또한 19세기 초기의 영국에서는 세 사람의 시인이 명성을 떨치고 있었다. 그들은 모두 같은 시대의 사람인데 3년 동안 잇따라 숨졌다. 이 세 사람이란 키츠(Keats), 셸리(Shelley) 그리고 바이런(Byron)이다. 키츠는 빈곤과 절망의 괴로운 삶을 살았다. 그리고 1821년 로마에서 아직 이름도 알려지지 않은 채 26세라는 젊은 나이에 이 세상을 떠났다. 그러나 그는 몇 개의 매우 아름다운 시편을 남겼다. 키츠는 중간 계급 출신이었지만 그의 일생을 통해 돈의 결핍이 얼마나 큰 장애가 되었으며, 더구나 가난한 사람이 시인이나 작가가 되는 것이 얼마나 어려운 일인가를 배울 수 있을 것이다. 실제로 케임브리지 대학에서 영문학을 담당하고 있던 교수는 이에 대해 다음과 같은 절망스러운 말을 하고 있다.

> 우리 대영 제국에는 무언가 결함이 있다. 빈곤한 시인은 오늘날, 아니 200년 전부터 개보다도 못 한 생활밖에 하지 못하고 있다. 우리 나라에는 320여 개의 초등 학교가 있지만 나는 거의 10년 동안이나 그것들을 그저 구경만 하고 있었다. 민주주의에 대해 장광설을 늘어놓는 것도 좋다. 그러나 현실적으로 영국의 가난한 아동이 지적 자유의 세계로 해방될 수 있는 희망은 고대 아테네의 노예의 자식만큼도 갖고 있지 않은 것이다. 위대한 문학

은 그런 세계에서라야 나올 텐데도 말이다.

내가 이 글을 인용한 것은, 우리는 시와 문학 그리고 일반적으로 교양이라는 모든 것이 부유한 계급의 독점 아래 있다고 하는 사실을 자칫하면 잊어버리기 쉬운 것으로 생각하지 않기 때문이다. 시와 교양은 가난한 사람의 오막살이에는 발붙일 장소가 없다. 그것들은 빈 밥통과는 인연이 없는 것이다. 그 때문에 현대 우리의 교양은 쓸데없이 유복한 부르주아 계급의 마음을 비추어 주는 거울이 되어 있다. 노동자들이 다른 사회 조직 아래서 교양에 신경쓸 기회와 여가를 갖게 된다면 사태는 크게 달라질 것이다. 오늘날 소련에서의 이와 같은 변화는 흥미로운 주목거리다.

최근 몇 세대 동안 우리 인도에 나타난 심한 문화의 빈곤이 인도 인민의 빈곤 때문이라는 사실은 이렇게 생각해 보면 분명히 알 수 있다. 먹을 것이 없는 사람에게 교양 이야기를 하는 것은 그 사람을 모욕하는 것과 다름없다. 그리고 이 빈곤의 병은 이따금 비교적 혜택받은 사람들에게도 감염된다. 그래서 불행하게도 인도에서는 그런 계급조차 이상하게 교양이 없는 상태에 빠진다. 외국의 지배와 사회의 후진성이라는 것이 얼마나 많은 악의 원인을 뿌리고 있는가! 그러나 이렇게 가난하고 침체된 상태 속에서도 인도는 간디나 라빈드라나트 타고르 같은 위대한 인물과 문화의 훌륭한 모범을 낳을 수 있기도 했다.

나도 모르게 이야기가 빗나갔다.

셸리는 정말 사랑스런 존재였다. 청춘의 정열을 불태우는 모든 자유의 기수였던 그는 『무신론의 필연성(The Necessity of Atheism)』이라는 에세이를 쓴 탓에 모교인 옥스퍼드 대학에서 쫓겨났다. 그는 키츠와 마찬가지로 자못 시인답게 현실의 번거로운 생활에 초연해 공상 속에서 짧은 생애를 마쳤다. 그는 키츠가 사망한 지 1년 뒤에 이탈리아의 어느 해안에서 익사했다. 그의 시는 읽으려고 하면 얼마든지 손쉽게 구할 수 있으므로 더 얘기할 필요가 없을 것이다. 그렇지만 그의 비교적 짧은 시편 가운데 하나만을 보기로 하자. 그것은 현대 문명 속에서의 가난한 노동자의 운명을 그리고 있다. 노동자의 상태는 거의 옛날 노예 상태에 못지 않을 만큼 열악한 것이다. 이 시가 쓰인 지 100년 이상이나 되었지만 그것은 오늘날의 상태에도 여전히 어울린다고 할 수 있다. 그것은 「혼란의 가면(The Mask of Anarchy)」이라는 제목의 시다.

무엇을 자유라고 말하는가?
여기서는 다만 예속에 대해 이야기하는 것이 손쉬우리라.
그것은 자유의 그림자일 테니까.

일을 해도, 일을 해도 내 목숨 하나 겨우 지탱할 뿐
집은 모두 압제자들이 점령해 버렸구나.

그러므로 나는 한낱 옷 짜는 기계, 쟁기, 쇠갈퀴, 삽,
좋든 싫든 너는 그들의 호위병, 또한 그들의 부양자가 되었도다.

새끼들은 꼴불견이고
에미는 메말라 가는구나.
고목 가지마다 찬바람이 윙윙거려
지금도 여전히 시들어 간다.

부자에게 아첨하는 개는
기름진 고깃덩이에 배가 부르고,
그것도 차례가 오질 않아
우리는 굶주림에 운다.
일은 하나도 뜻대로 되질 않아
내 의지의 고삐를 잡으려 해도
지금은 잡을 길이 없구나.
이리하여 스스로 내 몸같지 않구나.

유명한 문필가들

참고 견디기에 목소리도 가냘프게
네가 괴롭다, 호소할 때
그 무리들은 앗아 갔다. 너도 그리고 내 아내도.
붉은 피는 아침 이슬처럼 풀을 물들였구나.

바이런도 자유를 찬탄하는 좋은 시를 썼다. 그러나 그것은 셸리의 시 같은 경제적인 자유가 아니라 민족의 자유였다. 그는 앞에서 말한 바와 같이 셸리보다 2년 뒤에 투르크에 대한 그리스의 해방 전쟁에 참가했다가 숨졌다. 나로서는 어쩐지 인물로서의 바이런은 별로 마음에 들지 않지만, 그런데도 나는 그가 친구 같은 느낌이 든다. 왜냐하면 그는 중학과 대학을 나하고 같은 해로 스쿨(Harrow School)과 케임브리지의 트리니티 칼리지(Trinity College)를 다녔기 때문이다. 키츠나 셸리와 달리 그의 명성은 비록 나중에는 떨어졌지만, 청년 시절부터 이미 널리 알려져 있었고 런던의 사교계에서 한동안 인기 있는 존재였다.

이 무렵 이 세 청년들보다 훨씬 오래 산 두 사람의 유명한 시인이 있었다. 1770년부터 1850년까지 80년 동안 산 워즈워스(William Wordsworth)[95]는 영국의 최대 시인 가운데 한 사람으로 꼽힌다. 자연을 깊이 사랑한 그의 시는 대개가 자연시다. 나는 그를 좋아하는 편이라고는 할 수 없다. 또 한 사람은 콜리지(Coleridges)다. 그의 시의 어떤 것들은 매우 좋은 작품들이다.

19세기 초기에 또 세 명의 소설가가 있었다. 월터 스콧(Walter Scott)은 그들 중에서도 가장 연장자인데, 웨이벌리 연작 소설(Waverly

---

95) 19세기를 전후한 영국 낭만파의 대표적인 시인. 그와 콜리지 두 사람의 공저인 『서정 시집』은 영국 낭만주의의 여명을 알리는 것으로서 역사적인 큰 의의를 지니고 있다. 두 시인은 허위와 위선으로 가득 찬 현실을 초월해서 자연과 전원(田園)을 찬양하고, 또 그 배후에서 영원한 소재를 포착하려 하는 경향에서 서로 공통적인 점이 있었다.
96) 스콧의 익명의 처녀작인 『웨이벌리(Waverly)』의 이름을 따서 그의 전 작품은 '웨이벌리 연작 소설'이라고 일컬어진다.

Novels)⁹⁶⁾들은 널리 읽히고 있다. 너도 그 중의 몇 편은 읽은 적이 있을 것이다. 나는 소년 시절에 그것들을 애독했음을 기억한다. 그러나 누구든지 어른이 되면 취미가 변하는 것이어서, 지금 읽으면 아마 별로 흥미를 느끼지 못할 것이다. 나머지 두 사람은 새커리(Thackeray)와 찰스 디킨스(Charles Dickens)⁹⁷⁾다. 나는 이들이 모두 스콧보다 훨씬 우수하다고 생각한다. 나는 그들이 너의 좋은 벗이 되기를 바란다. 새커리는 1811년 캘커타에서 태어나 5~6년 동안 거기에서 살았다. 그의 어떤 작품 속에는 인도의 대부호(nabobs), 즉 인도에서 엄청난 행운을 잡아 살찐 자들이 영국에 돌아가 생활을 향락하는 이야기가 바로 눈앞에 보이는 듯이 그려져 있다.

내가 19세기 초기의 작가에 대해 쓰려고 한 것은 이 정도다. 이것은 주제에 비해 조금은 우스운 일이다. 이 주제를 잘 알고 있는 사람이라면 더 재미있게 쓸 수 있었을 것이다. 그는 반드시 그 시대의 음악과 미술에 대해서도 많은 것을 얘기했을 것이다. 그것들은 모두 얘기할, 또 알 필요가 있는 일이다. 그러나 그것은 나로서는 힘겨운 일이므로 나는 내 발판을 헛디디지 않도록 조심해야겠다.

이 편지를 마무리지으면서 괴테가 지은 『파우스트』 가운데 한 구절을 선보이기로 하자. 물론 이것은 독일어로 된 것을 번역한 것이다.

애통하도다. 애통하도다.
억센 주먹으로 아름다운 세계를
그대는 부쉈도다.
세계는 무너졌도다.
반신(半神)인 인간이 부쉈도다.

---

97) 영국 빅토리아 시대의 소설가. 스콧 소설의 전통을 잇는다고 하지만, 그 세계는 더욱 일상적이고 수법은 더욱 사실적이며, 유머와 인정미와 대중성이 풍부하다. 『크리스마스 캐럴』, 『올리버 트위스트』, 『위대한 유산』 등의 많은 작품이 있다.

그 파편을 무(無) 속으로
우리는 짊어지고 가면서
잃어버린 아름다움을
한탄하노라.
지상의 아들 중에서
억센 그대
먼저보다 아름답게
그것을 다시 세우라.
상쾌한 눈과 귀로
새로운 삶의 걸음을
시작하자.
그러면 새로운 노래가 들리리라.

130 *1933년 2월 3일*

다윈과 과학의 승리

이제는 시인의 이야기에서 과학자의 이야기로 옮겨 보도록 하자.
일반적으로 문학가는 어느 시대에서나 왠지 실익이 없는 인간으로 생각된다면 지나친 말일까? 반면에 과학자는 현대의 기적의 성취자로서 세상 사람들에게 인정받고 있을 뿐 아니라 상당한 명예도 주어져 있다. 그러나 19세기 이전에는 꼭 그렇다고만은 할 수 없었다. 예로부터 과학자란 위험이 따르는 직업이었으므로 때로는 십자가에 못 박혀 일생을 마치는 수도 있었다. 그리고 언젠가 조르다노 브루노가 로마에서 교회에 의해 화형당했다는 얘기를 했다. 그 뒤 17세기에는 갈릴레이가 지구는 태양 주위를 돌고 있다고 말했던 탓에 하마터면 화형을 당할 뻔했다. 그는 변명을 하고 자기 주장을 번복했기 때문에 이단으로 몰려 화형당하는 것을 간신히 면할 수 있었다. 이렇게 하여 유럽에서 교회는 번번이 과학과 충돌해 새로운 사상을 억압하려고 했다. 유럽 등지의 종교에는 여러 가지 교조가 붙어 있어, 신자는 의문을 품거나 질문하지 않고 그것들을 받아들이는 것이 당연한 것으로 되어 있었다. 그러나 과학의 사고방식은 이와는 전혀 다르다. 과학은 절대로 근거가 없는 가정을 용납하지 않고, 교조를 갖지 않으며 또 가져서도 안 된다. 또 공공연한 탐구심을 요구하며 계속적인 실험으로 진리에 접근하려고 한다. 이런 태도는 분명히 종교적인 것과는 매우 다르므로 이 둘 사이에 분쟁이 자주 일어난 것은 매우 당연하다 할 수 있겠다.

오랜 옛날부터 많은 사람들이 여러 가지 종류의 실험을 해 왔을 것으로 상상된다. 고대 인도에서는 화학과 외과 의술이 상당히 발달해 있었다고 하는데, 이것은 실험을 거듭함으로써 비로소 가능한 일이었다. 고대 그리스인 또한 어느 정도까지는 실험을 했다. 또한 중국인은 일찍부터 마취제를 사용하고 있었다는 놀라운 기사가 1500년 전 중국인의 저서를 발췌하던 도중에 확인됐다. 그러나 우리는 이러한 시대에 대해 어떤 결론을 내릴 만큼의 충분한 지식을 갖고 있지는 못하다. 만일 고대의 여러 사람들이 그런 방법을 발견했다고 한다면, 어째서 그들은 그 뒤에는 그것을 잃어버렸을까? 또 어찌하여 그것들을 그 이상으로 발전시키지 못했을까? 아니면 그들은 그런 종류의 진보에 관해 중요성을 별로 느끼고 있지 않았다고 말하는 것이 더 현명할까? 생각하면 흥미진진한 의문들이 숱하게 생기지만, 현재 우리 손에는 그런 것에 대답할 만한 자료는 아무것도 없는 형편이다.

아랍인은 실험을 퍽 좋아했고, 이런 경향은 중세의 유럽에도 전파되었다. 그러나 그들의 실험은 참된 의미에서 모두 과학적이라고 할 수는 없는 것들이었다. 그들은 보통 금속을 금으로 변화시키는 힘이 있다고 믿었던 이른바 '현자의 돌(Philosopers' Stone)'에 대해 끊임없이 연구를 거듭했다. 대부분의 사람들이 그와 같은 금속 변조의 비밀을 발견하기 위한 실험에 생애를 바쳤다. 이것을 연금술(alchemy)이라고 한다. 또 그들은 '암리트(amrit)'라고 일컬어진 '불로 장수의 약(elixir of life)'을 열심히 찾았다. 그러나 우리는 이 '암리트' 또는 소문난 돌(the famous stone)을 발견해 냈다는 이야기를 단지 동화 속에서 읽을 수 있을 뿐이다. 이것은 실제로 재물과 권력과 장수를 얻으려는 열렬한 소망에서 일종의 마술을 부려 본 데 지나지 않았다. 따라서 이것은 과학의 정신과는 아주 다른 것이다. 과학은 마법이니 요술 따위와는 아무런 관계도 없다.

그렇지만 이후 유럽에서 참된 의미의 과학적 방법이 차차 발달하기 시작했다. 그리고 이 과학의 역사 위에 최고의 봉우리에 군림한 인물이 1642년부터 1727년까지 생존한 영국인 아이작 뉴턴(Isaac Newton)이다. 뉴턴은 중력의 법칙 — 즉 어떤 이유로 물체가 아래로 떨어지는가를 밝혔으며, 이 법칙과 또 새로 발견된 그 밖의 법칙을 함께 적용시켜 그는 태양과 행성의 운동을 설명했다. 큰 것이든 작은 것이든 모든 사물이 그의 법칙으로 설명되지 않는 것이 없었으므로 그는 큰 영예를 획득했다.

과학의 정신은 교회의 교조적인 정신에 대해 차츰 승리를 거두고 있었다. 이제 그것은 아무리 굴복시키려 해도 굴복될 수 없었고, 또 그 연구자가 과거처럼 화형에 처해지는 일도 없었다. 특히 영국과 프랑스, 후에는 독일과 미국에서 많은 과학자들이 끈질기게 연구와 실험을 계속해 많은 새로운 사실과 지식을 수집했다. 이렇게 하여 과학적 지식의 체계는 확장되어 갔다. 유럽에서 18세기는 합리주의가 지식 계급 사이에 널리 보급된 세기였다는 것쯤은 너도 알고 있겠지? 이 시기는 모든 종류의 주제를 언급, 저술함으로써 사람들을 흥분시킨 볼테르와 루소, 그 밖의 많은 유능한 프랑스인들의 세기였다. 이미 이 때에 프랑스 대혁명은 태내에서 자라고 있었다. 이와 같은 합리주의적인 사고 방식은 과학의 태도와 상응하는 것이 많았으므로 이 두 가지가 교회의 교조적인 세계관에 반항한 것은 자연스러운 일이었다.

　이미 말한 바와 같이 19세기는 여러 가지의 의미를 부여할 수 있겠지만 특히 과학의 세기가 아니냐. 산업 혁명, 기계 혁명, 수송 수단의 놀라운 발달 등은 모두 과학 덕분에 이루어진 것이었다. 수없이 많은 공장은 생산 방식을 바꾸었다. 철도와 증기선은 갑자기 세상을 좁게 만들었다. 전신은 더욱 커다란 놀라움이었다. 멀리 떨어져 있는 제국 영토에서 재화가 쏟아지듯 영국에 밀려들어왔다. 말할 나위도 없이 이 때문에 낡은 관념은 흔들리고 종교가 차지하는 몫도 축소되었다. 공장 생활은 농경 생활에 비해 사람들의 마음을 종교적인 교조보다는 경제적 관계 쪽으로 이끌어 가고 있었다.

　그러던 중 19세기 중엽, 즉 1859년에는 교조적인 세계관과 과학적 세계관의 대립을 표면화시킨 서적이 영국에서 발간되었는데, 이것이 그 유명한 찰스 다윈(Charles Darwin)의 『종의 기원(Origin of Species)』이라는 책이다. 다윈은 특별하게 뛰어난 과학자는 아니었다. 그가 책을 통해 발표한 내용은 그렇게 새로운 내용도 아니었고, 이미 다윈 이전에 다른 지질학자나 박물학자가 연구해 많은 자료를 수집한 것들도 있었다. 그런데도 다윈의 책은 획기적이고 깊은 인상을 주어 다른 어떤 과학서보다도 더 빨리 사회관의 변화를 촉진시켰으며 지식상의 큰 동요를 일으켜, 다윈의 이름은 세상에 널리 알려지게 되었다.

　다윈은 한 사람의 박물학자로서 남아메리카와 태평양을 두루 찾아다니며 많은 분량의 자료와 표본을 수집했다. 그는 수집된 자료를 이용해 동물의 종류가 어떻게 변천하고 자연의 선택 작용(natural selection)을 통해 어떻게 발전했는가를 설명했다. 그 때까지 대부분의 사람들은 인간까지 포함해서 각개의 종(species)은 따로따로 신이 창조했으며, 그 이후에는 일정 불변한 하나의 종으로서 서로 섞이지 않은 채 오늘에 이른 것이라고 생각하고 있었다 — 즉 하나의 종이 다른 종으로 변한다는 것은 절대로 있을 수 없는 일이었다. 그런데 다윈이 많은 실례를 들어 입증한 바에 따르면 하나의 종은 다른 종으로 전이된 것이며 이것이 일반적인 발달 방식이었다. 이러한 변화는 자연의 선택 작용을 통해 진행된다. 어느 종 가운데 일어난 작은 변화도 그것이 어떤 점에서 조금이라도 유리하게 그 종의 생존을 돕는 것이라면 이 변화한 종이 변화되기 이전의 것보다 더 많이 생존하게 되므로 변화는 언제나 일어나게 된다. 이렇게 해서 얼마 동안의 시일이 지난 뒤에는 이 변종(varied species)이 다수를 차지해서 그 밖의 것을 압도한다. 이런 과정으로 변화와 전이는 끊이지 않고 언제나 잇따라 일어나며, 이윽고 얼마 뒤에는 거의 새로운 종이라고 할 만한 것이 생겨난다. 이렇게 된 뒤 시간이 경과함에 따라 자연의 선택 작용대로 적자생존의 과정을 거쳐 여러 개의 새로운 종이 다시 등장한다. 이것은 동식물에 함께 적용되는 과정이며 인간 또한 마찬가지다. 그러므로 이 학설에 따르면 오늘날 우리가 보고 있는 여러 가지 동식물에 공통의 조상이 존재하고 있었다는 가정도 성립될 수 있는 것이다.

몇 해 뒤에 다윈은 『인간의 계보(The Desent of Man)』라는 또 다른 책을 발표해 자신의 이론을 인간에게도 적용시켜 보았다. 종의 발달과 자연의 선택 작용이라는 사상이 다윈과 그 일파가 제기한 것과 정확하게 일치한 방식에 따라서는 아니지만 아무튼 지금은 우리들에게 일반적으로 받아들여져 있다. 실제로 이 선택 작용의 원리를 동물의 번식이나 일반 식물 및 꽃과 과일의 재배에 인공적으로 적용시키는 것은 오늘날에는 조금도 신기한 일이 못 되며, 오늘날 볼 수 있는 많은 고급 동식물은 이와 같은 인공적인 방법으로 만들어진 새로운 종이다. 그러나 인간이 비교적 짧은 시일 안에 이와 같은 변화를 이룩하고 새로운 종을 만들어 낼 수 있다고 한다면, 어찌하여 자연이 몇천 년 몇백 년이 지나는 동안에 같은 과정을 거쳐 같은 일을 할 수 없다고 할 수가 있겠는가? 가령 런던의 사우스 켄싱턴 박물관(South Kensington Museum)[98] 같은 곳에

---

98) 박물관이 많이 몰려 있는 영국 런던의 사우스 켄싱턴에 있는 박물관 가운데 하나. 1880년에 대영 박물관에서 박물학 관계의 것들만을 여기에 옮겼는데, 모든 동물 · 식물 · 광물에 관한 연구 자료가 망라되어 있다. 이런 종류의 박물관으로서는 세계 최대의 것이다.

가 보면 동물과 식물이 얼마나 끊임없이 자신을 자연에 적응시키고 있는가를 알 수 있다.

오늘날 우리는 이런 일을 모두 당연한 일로서 이해하고 있다. 그렇지만 70년 전에는 결코 그렇지 못했다. 유럽인의 대부분은 예수가 태어나기 4004년 전에 세계가 창조되고 마지막으로 인간이 만들어졌다고 여전히 생각하고 있었으며, 또 그들은 노아(Noah)가 한 종의 동물도 사멸시키지 않기 위해 각종 동물의 수컷과 암컷의 짝을 데리고 방주를 탔다는 대홍수의 전설도 성서에 있는 그대로 믿고 있었다. 이와 같은 설명은 모두 다윈의 학설과는 양립하지 않았다. 다윈과 지질학자들은 지구의 연령을 몇백만 년으로 계산하고 있었기 때문에 겨우 6000년이라는 숫자는 우스운 것이었다. 그리하여 남녀를 막론하고 모든 사람들의 마음 속에서는 무서운 갈등이 시작되었고, 지극히 선량한 사람들 가운데는 어떻게 해야 할지조차 모르는 사람도 적지 않았다. 그들의 낡은 신앙은 한쪽을 믿으라고 명령했고 그들의 이성은 반대쪽의 것을 주장했다. 사람들이 맹목적으로 어떤 것을 믿고 있을 때 그것이 도전을 받으면, 그들은 어찌할 바를 모르고 의기소침해져 확실한 근거를 잃고 만다. 그렇다 할지라도 우리를 현실에 눈뜨게 하는 충격은 확실히 좋은 것이다.

영국과 그 밖에 유럽 각지에서 과학과 종교 사이에 큰 논쟁이 시작되었고 승부는 명백했다. 공업과 기계적 수송의 새로운 세계는 과학에 의존해야만 했고 과학을 버린다는 것은 거의 불가능했다. 과학은 전면적인 승리를 거두었고, '자연의 선택(natural selection : 자연 도태)'과 '적자 생존(survival of the fittest)'은 이 말의 뜻을 충분히 이해하지 못하는 사람들에게까지도 극히 당연한 것으로서 입에 오르내렸다. 다윈은 그의 저서『인간의 계보』속에서 인간과 어떤 종류의 원숭이의 조상이 같다는 것을 시사했다. 이 책에서는 발달의 단계를 자세히 입증하는 실례는 곁들여지지 않았다. 그런데 매우 우스꽝스러운 것은 지배 계급이 다윈의 학설을 자기들에게 유리하게 해석해 이용한 사실이다. 그들은 이로써 그들이 우월하다는 또 하나의 증거가 입증된 것으로 굳게 믿었다. 그들

다윈과 과학의 승리

은 자신들이 생존 경쟁에서 가장 적합한 자로 남았으며 '자연의 선택'을 통해 정점을 차지함으로써 지배 계급이 되었다고 주장했다. 이것은 더 나아가 어느 한 계급이 다른 계급을, 또 어느 한 인종이 다른 인종을 지배하는 데 대한 참으로 어리석은 당위성을 뒷받침하는 이유가 되었고, 제국주의와 백색 인종이 우월성을 주장하는 합리적인 증명이 되었다. 이러한 이론 아래 서양의 많은 사람들은 자신들이 다른 민족을 압제하고 사나운 폭력을 휘두를수록 인간의 가치가 그만큼 높아지는 것처럼 생각했다. 이것은 기분이 썩 후련해지는 철학이라고는 절대로 말할 수 없지만, 어쨌든 어느 정도까지는 서양 제국주의 열강이 아시아와 아프리카에서 저지른 행위를 설명해 주고 있다.

다윈의 이론은 후세의 과학자들에게 비판받기도 했지만 아직까지 그의 사상의 큰 줄거리는 그대로 이어져 오고 있다. 그의 이론이 일반적으로 받아들여짐으로써 나타난 결과 가운데 하나는 인간 및 사회 또는 세계 전체가 하나의 완성을 향해 끊임없이 전진하며 점점 향상해 가고 있다는 진보의 개념을 사람들에게 심어 준 것이었다. 이 진보의 개념은 반드시 다윈의 이론만이 원인이 된 것은 물론 아니었다. 과학상의 발견과 산업 혁명 및 그 뒤에 실현된 여러 가지 변화의 전체적인 추세가 사람들의 마음을 거기에 적응하도록 이끌었던 것이다. 여기에 다윈의 이론은 구체적인 형태를 제공해 주었고, 또한 사람들은 인류의 완성 상태가 어떤 것이든 그 목표를 향해 자랑스럽게 행진하고 있는 것으로 상상하기 시작했다. 이런 종류의 진보 개념이 전혀 새로운 것이었음은 주목할 만한 일이다. 과거에는 유럽에도 아시아에도, 또 고대 어느 문명 속에도 이와 같은 사상은 존재하지 않았던 것이다. 유럽에서 산업 혁명이 시작되기 이전 사람들은 과거에 있었던 이상적인 시대를 동경했다. 당시 그들은 고대 그리스 - 로마 시대가 그 후대의 시대에 비해 더욱 훌륭하고 더욱 발전되고 개화된 시대라고 생각했다. 또한 그 때까지는 점차적인 인종의 퇴화 내지는 퇴보가 일어났다고 생각했거나 또는 적어도 눈에 띈 변화 · 발전은 없었다고 생각했다.

인도에 또한 이와 똑같은 퇴화의 관념과 과거를 황금 시대로 생각하는 사상이 있다. 인도의 신화는 마치 지질학적인 연대 같은 엄청난 숫자로써 세대를 헤아리는데, 위대한 시대인 사티아 유가(Satya Yuga)[99]부터 시작해 거기서부터 말법(末法)인 현대의 칼리 유가(Kali Yuga)까지 내려온 것으로 되어 있다.

　　그러고 보면 인류의 진보라는 개념은 전혀 근대적인 의식임을 알 수 있다. 우리가 현재 가지고 있는 과거의 역사에 관한 지식은 우리로 하여금 이 개념을 믿도록 유도한다. 그렇지만 우리가 갖고 있는 지식이란 극히 한정된 것이기 때문에 지식이 더 많아지면 우리 생각이 달라지는 경우도 혹 있을지 모른다. 오늘날에도 19세기 후반과 같은 정도로 진보를 찬탄하는 정열이 있다고는 할 수 없다. 만일 진보의 결과로서 우리가 세계 대전중에 한 것 같은 대대적인 파괴 행위를 하게 되었다면, 그 '진보(progress)'에는 무언가 잘못된 것이 있는 것이다. 또 하나 주목할 만한 점은 다윈의 '적자 생존'은 반드시 '선자(善者)의 생존(survival of the best)'을 의미하지는 않는다는 것이다. 이런 일은 모두 학자들에게 맡겨 두기로 하고 우리로서 주의해야 할 것은 정체적 내지 무변화적인, 또는 퇴화적이기조차 했던 낡은 일반 통념이 제거되고, 그것이 동적일 뿐 아니라 언제나 변화해 가는 사회의 개념으로 대치되었다는 것이다. 이렇게 하여 진보의 개념이 나타났다. 또한 사실 사회는 모든 상상을 뛰어넘

---

[99] 힌두 사상가들은 시간의 순환 이론을 전개시켰다. 시간의 순환은 칼파(kalpa : 劫)로 일컬어지는데, 1칼파는 4320만 년에 해당한다. 칼파는 14기간으로 나뉘고, 각 기간이 끝날 때마다 우주는 재창조되고, 또다시 마누(Manu : 원초적인 인간)는 인류를 창조한다. 우리는 현재 진행중인 칼파의 14기간 중 7기간에 살고 있다. 또 각각의 기간은 71개의 커다란 간격으로 이어지는데, 하나의 간격마다 4유가(yuga : 시간의 길이)가 있다. 이 4유가는 신의 나이(신의 나이 1년은 인간의 나이 360년에 해당)로 4800년, 3600년, 2400년, 1200년 등으로 1200년씩 줄어들면서 나타나는데, 점진적으로 질적인 타락의 길로 접어들게 된다. 우리는 지금 유가의 네 번째인 칼리 유가(kali Yuga)에 살고 있다. 칼리 유가 시대에는 온 세계가 죄와 사악으로 가득 차 세계의 종말로 치닫는다. 그러나 종말에 앞서 몇 번의 1000년이 나타난다. 그리고 칼리 유가 때에 비슈누의 열 번째 화신인 칼킨(Kalkin)이 나타나서 인류를 구원한다. 이러한 생각은 기독교의 천년 왕국(Millennium)설과 매우 유사하다.

다윈과 과학의 승리

는 진보를 이룩했다.

다윈의 『종의 기원』에서 펼친 이론에 관한 이야기를 한 김에 2500년 전에 중국의 철학자가 같은 주제에 대해 쓴 것을 알아보는 것도 흥미진진한 일이겠다. 그의 이름은 촌 즈(Tson Tse)라고 하는데, 그는 기원전 6세기, 즉 불타와 같은 시대에 다음과 같은 글을 썼다.

모든 유기체는 단일한 종의 다중다양한 지속적인 변화를 받아 여러 가지 형태를 가진 모든 유기물을 발생시켰다. 이와 같은 여러 유기물은 갑자기 변이한 것이 아니라 점차적인 변천을 거쳐 변한 것이다.

이것은 다윈의 이론과 매우 비슷하다. 고대 중국의 생물학자가, 세계가 그것을 재발견하는 데 25세기나 걸렸던 결론에 이미 도달했다는 것은 놀라운 일이 아닐 수 없다.

19세기가 진전됨에 따라 변화의 속도는 더욱 빨라졌다. 과학은 잇따라 기적을 성취했고 끝없는 발명·발견의 행렬이 사람들의 눈을 현혹했다. 이러한 발명의 대부분은 사람들의 생활에 많은 변화를 가져다 주었는데, 전신·전화·자동차 그리고 그 뒤의 비행기 등이 좋은 예다. 과학은 진보해서 가장 먼 거리의 하늘을 측정하는가 하면, 또 눈에 보이지 않는 원자와 더 미세한 구성 분자마저 다루었다. 그것은 인간의 노력을 경감시키고 숱한 사람들의 생활을 편리하게 했다. 과학 덕분에 세계, 특히 여러 공업국의 인구는 격증했다. 동시에 과학은 가장 철저한 파괴 방법도 발달시켰다. 그러나 이것은 과학의 죄는 아니다. 과학은 자연에 대한 인간의 지배력을 강화시켰다. 그러나 인간은 스스로를 지배하는 방법을 알지 못했으므로 어리석게도 이따금 그것을 남용해 과학의 선물을 전혀 쓸데없는 것으로까지 만들었다. 그러나 승리에 도취한 과학의 행진은 끝없이 계속되어 약 150년 동안 세계가 그 이전의 몇천 년 동안에 보인 변화 이상의 변화를 가져왔다. 그야말로 우리 주변의 모든 방향과 모든 부문에 걸쳐 과학은 세계적인 혁명을 초래했다.

이 과학의 행진은 지금도 계속되고 있으며 그 속도는 전보다 더 빨라지고 있는 것처럼 생각된다. 그것은 잠시도 쉬지 않는다. 철도가 하나 건설되어 드디어 실제로 사용할 단계에 접어들 때쯤에는 그것은 벌써 시대에 뒤떨어진 것이 되고 만다. 기계가 하나 구입되어 설비되면 1, 2년도 채 되기 전에 더 우수하고 능률적인 기계가 제작된다. 이와 같은 경쟁은 저돌적으로 진행되어 우리가 생활하고 있는 현대에는 전기가 증기를 대신하며, 1세기 반 전의 산업 혁명과 맞먹을 정도의 대혁명을 이룩하려 하고 있다.

무수한 과학자와 전문가들은 끊임없이 과학이 걷고 있는 큰길이나 오솔길 가운데서 일하고 있다. 그들 가운데 오늘날 최대의 과학자로 지목되는 사람은 알베르트 아인슈타인(Albert Einstein)[100]으로, 그는 이 때까지의 뉴턴의 저명한 이론을 어느 정도까지 수정하는 데 성공했다.

이렇듯 최근의 과학의 거대한 진보와 이론상의 엄청날 만큼 많은 추가와 변천은 과학자 자신도 어안이 벙벙해질 정도다. 그들은 그 옛날의 자만심과 확실성의 자랑을 모두 잃어버렸다. 그들은 지금도 자신들의 결론과 미래에 대한 예언을 끌어 내는 데 주저하고 있다.

그러나 이것은 20세기의 발전과 우리 자신의 시대에 속하는 일이다. 19세기는 확신에 넘쳐 있었고 과학은 그 무수한 성과를 전시하면서 사람들 앞에 버티고 있었으며, 그리고 사람들은 마치 신을 대하듯 그 앞에 고개를 숙이고 있었다.

---

100) 독일의 이론 물리학자. "뉴턴의 이론을 어느 정도까지 수정했다"고 하는 그의 이론은 '상대성 원리'로 알려져 있는데, 1919년 영국의 일식 관측대가 실증해 유명해졌으며, 1921년 노벨 물리학상을 받았다. 1933년 나치 독일의 유태인 박해를 피해 미국에 이주한 뒤 프린스턴 대학에서 연구를 계속한 그는 국제적인 평화주의자로도 알려져 있다.

131 1933년 2월 10일

민주주의의 전진

지난번 편지는 19세기에 발생했던 과학의 전진을 개략적으로 너에게 얘기해 주고 싶어서 썼지만 이번에는 같은 세기의 다른 측면인 민주주의 사상의 성장을 살펴보기로 하자.

너는 18세기 프랑스의 사상 투쟁에 대해 내가 언젠가 얘기한 것을 기억하고 있을 것이다. 그 때 나는 그 시대 최대의 사상가이자 저술가는 볼테르이고 그 밖에도 종교와 사회에 관한 여러 가지 낡은 의식에 도전해 새로운 이론을 대담하게 전개한 사람들이 프랑스에서 활약했음을 벌써 얘기했다. 이러한 종류의 정치 사상은 당시에는 주로 프랑스에 한정되어 있었다. 이에 비해 독일에서는 추상적인 철학 문제에 관심을 갖는 철학자들이 많았다.

한편 영국에서는 비즈니스와 무역이 먼저 발달했으므로 사람들은 사정이 절박하지 않는 한 사색을 좋아하지 않았다. 오직 하나 주목할 만한 저서가 18세기 후반 영국에 나타났는데 바로 애덤 스미스의 『국부론』이다. 이것은 일반적인 의미의 정치에 관한 서적이 아니라 정치 경제학 또는 단순한 경제학에 관한 책이었다. 이 주제는 그 무렵의 다른 주제에서도 모두 마찬가지였듯이 종교 및 윤리와 뒤죽박죽이 되어 매우 혼란한 상태에 있었다. 애덤 스미스는 이것을 과학적 방법으로 다루어 논리적인 혼합물을 모두 도외시하고 경제 속에 작용하는 자연의 법칙을 발견하려고 했다. 아마 너도 알고 있겠지만, 경제학이란 국민 또는 나라 전체의 수입과 지출, 즉 그들이 생산하는 것과 소비하는 것의 운용 및 그들의 상호 관계와 다른 나라나 다른 국민과 사이의 관계를 연구하는 것이다. 애덤 스미스는 이들 모든 매우 복잡한 작용이 어떤 일정한 자연 법칙에 따라 행해지는 것으로 생각했다. 그는 또한 이 법칙이 저해받지 않기 위해서는 완전한 자유가 있어야만 한다고 믿었다. 이것이 앞에서도 잠깐 언급한 적이 있는 자유 방임주의 정책의 기원이었다. 애덤 스미스의 저서는 당시 프랑스에 싹이 돋아나려 하고 있던 민주주의 사상과는 아무런 관계도 없었다. 그러나 그가 인간 또는 국민에게 깊은 영향력을 미치는 가장 중요한 문제의 하나에 과학적인 연구 방법을 시도한 것은, 분명히 그 때까지 세상 만사를 낡은 신학적 견지에서 보던 것을 지양하고 새로운 방향으로 옮아가고 있음을 의미했다. 애덤 스미스는 '경제학의 아버지'라 일컬어졌으며 19세기 영국의 많은 경제학자들에게 커다란 자극을 주었다.

    새로운 과학으로 등장한 경제학은 교수나 소수 식자(well-read man)들의 전매품이었다. 그러나 그 동안 민주주의의 새로운 이념은 계속 퍼져 나갔고, 미국 및 프랑스 혁명이 그것에 측량하기 어려울 정도의 커다란 보급력을 부여해 주었다. 미국의 독립 선언과 프랑스 인권 선언의 매력으로 가득한 영향력은 사람들의 마음을 밑바닥부터 흔들어 놓았다. 그 영향력은 압박당하고 착취당하는 몇백만 사람들에게 전율과 해방의 메시지를 안겨 주었다. 이들 두 선언은 그 어느 것이나 자유와 평등과 만인이 누려야 할 행복에 대한 권리를 논했다. 그러나 이들 소중한 권리에 관한 참으로 자랑스러운 선언도 결국 인민에게 이것을 보장해 주지 못하고 끝났다. 이들 선언이 발표된 지 1세기 반이 지난 오늘날에도 혜택을 누리고 있다고 할 만한 사람은 거의 없다. 그런데도 이들 여러 원칙의 선언만으로도 거기에는 우리에게 비상한 생기를 불러일으키는 것이 있었다.

    유럽이나 그 밖의 곳, 기독교나 여타 종교의 옛 관념에 따르면 죄와 불행은 인간의 보편적인 그리고 불가피한 숙명인 것처럼 되어 있었다. 종교는 이 세상의 가난과 고통을 항구적일 뿐 아니라 영예스러운 것이라고 생각하도록 강요했다. 종교의 약속과 보상은 모두 피안의 세계에 관한 것이며, 이 세상에서 우리들은 체념하고 우리들의 운명을 감수해 기본적인 변화를 바라지 않게끔 설교당한다. 자선이나 가난한 사람에게 은혜를 베푸는 일은 장려되었지만, 가난 자체나 가난의 근본이 되는 제도와 결별하는 일 따위는 생각조차 할 수 없는 일이었다. 자유와 평등의 이념이야말로 교회와 사회의 권위주의적인 사고에 대립하는 것이기도 했다.

민주주의는 원래 만인이 모든 면에서 평등하다고 규정지은 것은 아니었다. 각양각색의 사람들 사이에는 차이가 있을 것이 뻔한 일이므로, 그러한 것을 주장하는 것은 애당초 불가능한 일이었다. 육체적 차이로는 어떤 사람이 다른 사람보다 강하다는 것으로, 지능적 차이로는 어떤 사람이 그 밖의 다른 사람보다 현명하다는 것으로 나타나며, 한편 도덕적 차이로는 어떤 사람은 희생 정신이 강하지만 또 어떤 사람은 그렇지 않다는 것 등이 있다. 이들 차이의 대부분은 성장 과정이나 서로 다른 교육 또는 교육의 결여 등에서 비롯되는 수가 많다. 거의 비슷한 재능을 지닌 두 사람의 소년 또는 소녀 가운데, 한쪽에는 좋은 교육을 시키고 다른 한쪽에는 교육을 시키지 않았다면 몇 년 뒤에는 쌍방간에 커다란 차이가 나타날 것이 틀림없다. 또한 한 사람에게는 영양이 있는 식사를 제공하고 또 한 사람에게는 보잘것없는 식사를 그나마 불충분하게 제공했다면, 한 사람은 정상적인 성장을 하겠지만 또 한 사람은 병약해서 제대로의 성장을 기대하기 어려울 것이다. 이와 같이 사람의 성장 과정이나 환경이나 교육은 커다란 차이를 초래하는 것이어서, 만약 우리들이 누구에게나 똑같은 환경과 기회를 부여하는 일이 가능하다면 서로간의 차이는 오늘날 우리들이 알 수 있는 것보다는 훨씬 작을지 모른다. 이것은 확실히 그러할 것이다. 그러나 민주주의에 관한 한 그것은 인간이 실제면에서 불평등함을 용인했다. 단지 그것은 인간이 평등한 정치・사회적 가치를 지닌 것으로서 취급되어야 한다고 주장했을 뿐이다.

만약 우리가 이 민주주의 이론을 액면 그대로 인정한다면, 우리는 모든 부류의 혁명적 결론에 이끌려 가게 된다. 지금 우리는 거기까지 논의를 진행시킬 필요는 없다. 다만 이 이론에서 하나의 명백한 귀결은 각자가 국정의 집회, 바꿔 말하면 의회를 위한 대표자를 선거할 때에 반드시 한 표를 던질 권리를 가져야 한다는 것이었다. 투표권은 정치적 권력의 상징이었다. 만일 모든 사람이 투표권을 한 표씩 갖는 것이라면 그 사람은 정치적 권력에 대해 한 개의 평등한 배당을 받는 것이라는 가정이 성립된다. 그리하여 19세기를 통해서 민주주의의 주요한 요구 사항은 선거권, 곧 투표하는 권리를 확장시키는 데 있었다. 오랫동안 여성들은 투표권을 인정받지 못했다. 그래서 그들이, 특히 영국의 여성들이 격렬한 참정권 운동을 벌인 것은 그다지 오래된 일이 아니다. 오늘날에는, 대부분의 선진국에서는 성년 남녀에 대해 선거권이 인정되고 있다.

그런데 기묘하게도 대개의 사람들은 선거권은 취득했지만 그렇다고 그것이 특별한 이익을 가져온다고는 생각하지 않았다. 투표권은 주린 배를 움켜쥐어야 할 사람에게는 아무런 소용도 없는 것이었다. 진정한 의미에서 권력의 소유자란 배고픈 사람들의 공복을 미끼로 하여 자기 자신의 이익을 위해 그들을 마음대로 부릴 수 있는 위치에 있는 패거리들을 일컫는 말이었다. 이렇게 하여 투표권을 통해 응당 부여되어야 할 정치적인 권력은 경제력을 지니지 않는 한 실체가 없는 그림자와 같은 것이 되었다. 평등은 선거권에서 비롯된다는 초기 민주주의 투사들의 거창한 꿈은 진정 환멸로 그치고 말았다.

그러나 이것은 훨씬 나중에 일어난 일로서 18세기 말에서 19세기 초에는 민주주의자들은 크나큰 정열에 불타고 있었다. 민주주의는 모든 사람을 자유롭고도 평등한 시민이 되게 하고, 정부는 모든 사람의 행복을 위해 기능을 발휘하는 것이 마땅한 본령으로 누구에게나 인식되어 있었다. 18세기의 여러 나라 국왕이나 정부의 전제 정치에 대해 또는 그들이 절대 권력을 마음대로 휘두르는 데 대해 거센 반발이 일어났다. 이것은 바로 여러 선언에 나타난 인민들 개인의 권리에 대한 성명으로 나타났다. 추측컨대 미국이나 프랑스의 선언에서 개인의 권리에 대한 성명은 분명 어딘가 잘못된 데가 있었을 것이다. 하나의 복잡한 사회에서는 개개인을 분명히 구별해서 그들에게 각각 완전한 자유를 부여하기란 결코 쉬운 일이 아니다. 그러한 의미에서 개인과 사회는 서로 모순될는

지도 모를 일이며 또한 실제로 모순된다. 민주주의는 그것이 어떠한 모순된 형태를 이룬다 할지라도 언제나 개인의 자유를 확대하는 편에 서 있다.

18세기에는 정치 사상면에서 더욱 뒤떨어져 있던 영국은 미국 및 프랑스 혁명에서 커다란 영향을 받았다. 최초의 반응은 새로운 민주주의와 국내에서 사회 혁명의 가능성에 대한 두려움이었다. 지배 계급은 이제까지보다 훨씬 더 보수적이고 반동적으로 되었다. 그러나 그런데도 민주주의는 지식인층 사이에 퍼져 나갔다. 토머스 페인(Thomas Paine)은 이 시대 영국에서 주목할 만한 인물이었다. 그는 미국의 독립 전쟁 무렵에는 미국에 있으면서 미국인에 협력했다. 그는 약간은 미국의 민심을 완전 독립의 사상으로 향하게 만든 공로자의 한 사람이었다고 짐작된다. 영국에 귀국하자마자 즉시 그는 때마침 시작된 프랑스 혁명을 변호해 『인간의 권리(The Right of Man)』라는 책을 썼다. 이 책에서 그는 군주 정치를 깎아 내리고 민주주의를 변호했다. 그는 이 일로 인해 영국 정부로부터 추방당해 프랑스로 망명해야만 했다. 이내 곧 그는 파리에서 국민 공회(National Convention)의 의원이 되었으나 1793년 루이 16세의 처형에 반대한 죄목으로 자코뱅당원에 의해 투옥되었다. 파리의 감옥에서 그는 종교 사상을 비판한 또 한 권의 책 『이성의 시대(The Age of Reason)』를 써 냈다. 페인은 영국의 손이 미치지 못하는 곳에 있어 안전했으나(그는 로베스피에르가 죽은 뒤 파리에서 석방되었다), 영국에서 그의 책을 출판한 사람은 그 일로 인해 금고에 처해졌다. 종교는 가난한 사람을 그대로 계속 가난하게 하는 데 필요했으므로 이러한 책은 당시 사회에 아주 해로운 것으로 간주되었던 것이다. 결국 페인의 저서를 출판한 부인을 포함한 몇 사람이 감옥에 보내졌다. 이 때 시인인 셸리가 이 재판에 항의하는 편지를 보낸 사실은 우리의 흥미를 끈다.

프랑스 혁명은 19세기 전반(前半)에 걸쳐 파급된 민주주의 사상의 모체가 되었다. 게다가 급속히 변화하는 환경에도 불구하고 혁명 사상만은 고수되었다. 이들 민주주의 사상은 국왕이나 전제 정치에 대한 지적 반발이었음은 이미 앞에서 얘기했다. 그에 관해 좀더 자세히 살펴보도록 하자. 그것들은 공업화 이전의 상태에 기초를 두고 있었다. 그러나 새로운 산업 — 증기와 큰 기계는 구질서를 뿌리째 뒤엎어 버렸다. 그런데 묘한 사실은 19세기 초기의 급진주의자나 민주주의자들이 이 변화를 무시한 채 여전히 혁명이나 인권 선언의 미사여구를 되풀이하고 있었다는 것이다. 그들의 견해로는 아마도 이들 변화는 오로지 물질적인 것이어서 민주주의의 고매한 정신·도덕·정치적 요청과는 하등 관련이 없는 것 같았다. 그러나 물질적인 사항이란 아무래도 무시 못 할 어떤 성질을 띠고 있는 법이다. 사람들이 낡은 관념을 버리고 새로운 관념을 받아들이는 일이 얼마나 커다란 어려움을 수반하는 것인가는 지극히 흥미로운 일이 아니냐. 그들은 눈을 감고 보기를 거부하며 낡은 것이 그들 자신에게 해를 끼치는 경우에마저 그것을 지속시키기 위해 싸우려 한다. 그들은 새로운 관념을 받아들여 새로운 환경에 적응하는 일을 제외하고는 어떠한 일이라도 거의 다 해냈다. 보수주의의 힘은 상상할 수 없을 만큼 강한 법이다. 자신의 생각으로는 머리가 앞서 있다고 자부하는 급진주의자마저 낡고 낡아 파탄 상태에 이른 봉건적 관념에 매달려 새롭게 변화하는 환경에는 낯을 돌리는 경우가 가끔 있다. 진보가 완만해서 이따금 객관적인 현실 상태와 사람들의 관념 사이에 커다란 괴리가 생겨 혁명을 필요로 하는 상태가 초래된다 해도 놀라울 것은 없다.

　이러한 까닭에 민주주의란 몇십 년 동안은 프랑스 혁명의 전통과 사상을 여전히 지속시켜 나가는 것에 불과했다. 이러한 새로운 환경에 대한 적응 능력의 부족이 세기말에 걸쳐 민주주의의 힘을 약화시켰고, 또한 그 뒤에는 많은 사람들에게 부정되는 결과가 되었다. 오늘날 인도에서도 우리의 진보적 사상가 중에는 아직도 프랑스 혁명이나 인권 선언의 테두리를 벗어나지 못한 채 그 이후에 일어난 여러 사건들을 평가하지 않는 자가 많다.

　초기의 민주주의자는 말할 필요도 없이 합리주의의 자세를 취했다. 그들의 사상·언론의 자유에 대한 요청은 교조적인 종교나 신학과는 양립하기 어려운 것이었다. 따라서 민주주의는 신학적 교조의 근거를 약화시키기 위해 과학과 손을 잡았다. 사람들은 『성서』를 하나의 혼해빠진 서적과 마찬가지로 취급, 맹목적인 것으로 받아들이지 않고 비판하는 용기를 갖기 시작했다. 이 성서 비판은 '고등 비판(higher criticism)' 이라 일컬어졌다. 비평가들은 『성서』는 서로 다른 시대에 서로 다른 몇 사람들이 기록한 것의 수집이라는 결론에 도달했다. 또한 그들의 견해에 따르면 예수는 하나의 종교를 창립하려는 의도를 가지고 있었던 것이 아니었다. 이러한 비판에 따라 재래 신앙의 대부분이 뿌리부터 흔들렸다.

낡은 종교의 기초가 과학과 민주주의 때문에 흔들리자 그 대신에 철학을 확립하려는 시도가 있었다. 이 같은 시도를 한 사람의 하나로 1798년부터 1857년까지 생존했던 프랑스의 오귀스트 콩트(Auguste Comte)가 있다. 콩트는 낡은 신학이나 독단적인 종교는 시대에 뒤떨어져 있다는 것을 인정했으나 또한 일종의 종교가 사회에 필요하다는 것을 믿었다. 그래서 그는 '인간성의 종교(religion of humanity)'를 제창해서 이것을 '실증주의(Positivism)'라고 명명했다. 이것은 사랑과 질서와 진보를 기초로 했다. 거기에는 초자연적인 요소는 아무것도 없었으며 단지 과학에 기초를 두었다. 19세기의 모든 시대 사상을 받쳐 주고 있던 인류의 진보 관념이 그것을 배후에서 지탱해 주고 있었다. 콩트의 학설을 믿은 것은 소수의 지식인에 한정되어 있었지만 그가 유럽 사상에 끼친 일반적인 영향력은 실로 큰 것이었다. 그는 인간의 사회와 문화를 취급하는 사회학이라는 학문을 처음 시작한 사람이라 해도 무방할 것이다.

콩트와 같은 시대에 나서 그보다도 훨씬 오래 산 영국의 철학자이며 경제학자인 존 스튜어트 밀(John Stuart Mill)이 있다. 밀은 콩트의 학설 및 그의 사회학상의 여러 관념의 영향을 받았다. 그는 애덤 스미스의 학설을 중심으로 전개된 정치 경제학의 영국 학파에 새로운 방향을 제시하기 위해 새로운 경제 사상이라는 일종의 사회주의적 원칙을 도입했다. 그러나 그는 특히 '공리주의자(utilitarian)'로 세상에 알려져 있다.

'공리주의(utilitarianism)'는 그보다 조금 이전에 영국에서 비롯되어 밀에 의해 한층 뚜렷한 지위를 차지하게 된 것이다. 그 명칭이 말해 주는 것처럼 공리주의의 중심 사상은 '공리성(utility)' 또는 '유용성(usefulness)'에 있었다. '최대 다수의 최대 행복'이라는 것이 공리주의자의 근본 원리였다. 이것이 선과 악, 옳고 그름을 판단하기 위한 유일한 기준이 되었다. 행위는 행복을 증진하는 경향에 비례해서 올바르거나 또는 그릇된 것으로 간주되었다. 사회와 정부는 응당 이 관점 — 최대 다수의 최대 행복의 촉진이라는 관점에서 조직되어야 하는 것이었다. 이 견해는 만인을 위한 평등한 권리에 관한 초기의 민주주의 교의와 꼭 같은 것이라고는 말할 수 없었다. 최대 다수의 최대 행복은 당연히 소수자의 희생이나 불행을 요구하는 일이 있을 수 있었다. 나는 단지 그 차이점을 지적할 뿐으로 여기서 그것을 논의할 필요는 없다. 민주주의는 이렇게 하여 다수자의 권리를 뜻하는 것이 되었다.

존 스튜어트 밀은 개인의 자유와 개인의 자유에 관한 민주주의 사상의 강력한 옹호자였다. 그는 『자유론(On Liberty)』이라는 작은 책자를 썼는데 상당히 훌륭한 것이다. 이 책 속에서 언론의 자유 및 의견의 자유로운 발표를 변호한 한 대목을 발췌해 보기로 하자.

> 그러나 어떤 의견의 발표를 막는 행위의 특별한 해독은 현존 세대와 또한 후세를 포함해 인류에게 마땅히 주어져야 할 기회를 상실케 하는 일이다. 이것은 그 의견을 지지하는 사람들에 대해서보다도 그와 의견을 달리하는 사람들에 대해서 더 한층 심할 것이다. 만약 이 의견이 올바르다면 이 의견에 반대했던 사람들은 자신의 오류를 교정하는 기회를 상실하게 된다. 만약 이 의견이 그릇된 것이라면 그들은 거의 그것과 동등한 이익, 곧 착오와 서로 충돌함으로써 발생하는 진리의 더욱 명석한 지각, 더욱 뚜렷한 인상을 놓치고 말 것이다. …… 우리는 우리가 말살하려 하는 의견이 그릇된 의견이라고 단정할 수는 없다. 만약 우리가 그

처럼 단정하고 만다면 말살은 더 한층 격심한 악이 될 것이다.

이러한 태도는 독단적인 종교나 전제 정치와는 서로 용납되지 않는다. 그것은 철학자, 곧 진리 탐구자의 태도였다.

나는 19세기를 일관해 온 이념의 발자취를 더듬어 사상계의 이정표로 삼기 위해 서너 명의 주요한 사상가 이름을 들었다. 그런데 이들뿐만 아니라 대체로 초기 민주주의자의 영향을 받은 사람은 많건 적건 지식 계급에 한정되어 있었지만, 어느 정도 그것은 지식 계급의 범위를 넘어서 다른 일반인에게도 침투되어 갔다. 대중에 대한 직접적인 영향은 경미한 것이었으나 간접적인 영향은 컸다. 또한 직접적인 영향에서도, 이를테면 선거권의 요구와 같은 그러한 문제에 관해서는 대체로 커다란 영향을 미쳤다.

19세기도 시간이 지남에 따라 별개의 운동 — 노동자 계급 운동과 사회주의 운동이 전개되었다. 이들 운동은 그 시대의 지배적인 민주주의 사상에 영향을 미치기도 했지만 또한 그것으로부터 스스로 영향을 받기도 했다. 일부 사람들은 사회주의를 평가해 민주주의의 상관 요인으로 삼고, 또한 어떤 사람들은 이것을 민주주의의 불가결한 일부를 이루는 것이라고 했다. 우리가 보아 온 바와 같이 민주주의자들은 자유와 평등과 행복에 관한 만인 평등의 권리 의식에 충만해 있었다. 그러나 얼마 안 있어 그들은 행복을 단순히 기본적 권리로 삼는 것만으로는 행복은 결코 오지 않는다는 사실을 깨닫게 되었다. 무엇보다도 먼저 육체적인 복지가 필요했다. 굶주림에 고통을 받는 자가 '나는 행복하다' 따위의 말을 할 수는 없는 일이었다. 이러한 점에서 그들은, 행복은 사람들 사이에 더욱 나은 재화의 분배를 실현하는 데 달려 있다는 것에 생각이 미쳤다. 사회주의로 이끄는 길은 이렇게 하여 열렸는데, 그 이상의 이야기는 다음 편지까지 미루도록 하자.

19세기 전반에 종속 민족이 독립을 위해 싸우는 곳이면 어디서나 민주주의와 민족주의가 서로 손을 잡았다. 이탈리아의 마치니는 이런 종류의 민주주의적 애국자의 전형적인 인물이었다. 세기말에 들어와 민족주의는 이전의 민주주의적인 성격을 잃고 그전보다 더 공격적이고 권위주의적인 것이 되어 '국가'는 모든 사람이 예배해야 할 신으로 절대시되었다.

영국의 사업가들은 새로운 산업의 지도자였다. 그들은 고도의 민주주의 원칙과 인민의 자유에 대한 권리에는 관심을 갖지 않았지만, 인민에게 상당한 자유를 주는 것이 장사를 하는 데에 유리하다는 것만은 깨달았다. 이것이 노동자의 생활 조건을 향상시키고 그들에게 다소나마 자유를 차지하고 있는 듯한 환상을 심어 주어 그들을 더욱 작업에 열중하도록 하는 이점을 주었다. 보통 교육 또한 산업상의 능률을 올리기 위한 필요 조건이었다. 사업가와 실업가는 자신들의 필요에 따라 인민에게 이러한 사상을 심어 주는 데 점잖게 동의했다. 그리하여 19세기 후반에는 영국과 서유럽의 대중 사이에 이들을 위한 교육이 급속히 보급되었다.

132   1933년 2월 13일

사회주의의 등장

지금까지 나는 민주주의의 승리에 대해 말했지만, 그러나 이것이 힘든 싸움의 결과였음을 잊어서는 안 된다. 현존하는 질서에서 이익을 얻는 자들은 변화를 좋아하지 않았으므로 전력을 다해 이에 저항했다. 그런데도 진보 또는 개선이란 일종의 변화를 뜻하는 것이며, 정치 제도 또는 방법은 어느 때든 더욱 좋은 것으로 바뀌어야만 한다. 그리고 이와 같은 변화를 원하는 자는 아무래도 낡은 제도나 낡은 습관을 공격하지 않을 수 없는 것이다. 따라서 그들이 가는 길은 현존 질서에 대한 끊임없는 거부이며 그것을 통해 이익을 얻는 자와 싸움이 되게 마련이다. 서유럽의 지배 계급은 모든 진보에 대해 사사건건 저항했다. 영국의 지배 계급도 그들이 진보를 거부할 경우 곧 폭력 혁명이 발생할 듯싶은 때에만 굴복했다. 또 그들이 진보를 지향하게 되었던 다른 하나의 이유는 이미 말한 바와 같이 신흥 사업가들 사이에서 어느 정도의 민주주의는 사업상 편리하고 유익하다는 감정에서였다.

그러나 이러한 민주주의 사상은 19세기 전반에는 주로 지식인층에 한정된 것이었음을 다시 한 번 말해 둔다. 일반 인민들은 공업화의 진전에 따라 싫든 좋든 토지에서 쫓겨나 공장으로 흘러들어갔다. 이렇게 형성된 공업 노동자 계급은 일반적으로 탄전 부근에 생긴 지저분하고 비위생적인 공업 도시에 넘치듯 붐비고 있었다. 이러한 노동자들은 급격한 변화에 발맞추어 놀랍도록 새로운 기능을 발휘하고 있었다. 그들은 굶주림에 쫓겨 공장에 모여든 농민이나 수공업자와는 매우 다른 점이 있었다. 영국은 이들 공장의 설립면에서 한 걸음 앞섰던 까닭에 이런 부류의 공업 노동자 계급의 형성에서도 최초의 나라가 되었다. 공장의 상태도 형편없는 것이었지만 노동자의 주택이나 가옥에 이르러서는 더 한층 그러했다. 그들의 생활은 비참하기가 극에 이르러 있었으며 나이 어린 아이나 부녀자까지도 믿어지지 않을 만큼 장시간 노동에 종사했다. 게다가 이들 공장이나 주택을 개선하는 법률을 만들려 하면 소유주들이 강경하게 반대했다. 이들은 재산권에 대한 몰염치한 침해가 아니냐는 변명을 방패로 내세우곤 했다. 사유 가옥에 필수적인 하수도 설비마저 같은 이유로 반대에 부딪혔다.

불쌍한 영국 노동자들 사이에는 만성적인 굶주림과 과로 때문에 죽어 가는 자가 속출했다. 나폴레옹 전쟁 후 나라는 피폐하고 경제 불황이 일어났으며 특히 노동자들은 이 때문에 도탄에 빠졌다. 따라서 노동자들은 자연히 단체를 조직해서 자신들을 지키고 생활 조건을 개선하기 위해 싸우게 되었다. 예전에도 직공이나 숙련 노동자의 동업 조합이 있기는 했지만 이번 것은 그와는 전혀 성질이 다른 것이었다. 하기야 예전의 이러한 동업 조합이 그들 공장 노동자들로 하여금 그들 자신의 단체를 만들게 한 커다란 유인이 되었음에 틀림없다. 그러나 그들의 그러한 활동은 저지당했다. 프랑스 혁명에 커다란 위협을 느끼고 있던 영국의 지배 계급은 비참한 노동자들이 자신들의 불평을 토의하기 위해 집회를 갖는 것마저 금지하는 법률 — 그것은 '단결 금지법(Combination Acts)' 이라 일컬어졌다 — 을 만들었다. '법과 질서'는 당시의 영국에서도 오늘날의 인도처럼 위정자의 지위에 있는 극소수 패거리들의 목적에 도움이 되었으며, 그들의 호주머니를 두둑이 하는 데에 매우 효과적인 기능을 발휘하는 것이었다.

    그런데 노동자의 집회를 금지하는 법률은 그들의 생활 상태를 조금도 개선할 수 없었다. 그것은 공연히 그들에게 분노를 불러일으켜 죽느냐 사느냐 하는 막다른 골목으로 몰아넣었을 뿐이다. 그들은 한밤중에 외딴 곳에서 회합해 비밀 결사를 만들고 서로가 비밀을 엄수할 것을 맹약했다. 배신자가 생기거나 발각되었을 때에는 맹약 위반으로 무서운 형벌이 가해졌다. 그들은 때로는 흥분한 나머지 기계를 파괴하고 공장에 불을 지르고, 고용주측에 속하는 몇 사람을 살해한 일마저 있었다. 1825년에 이르러서야 노동자 단체에 대한 제한의 일부가 철폐되어 비로소 노동 조합이 결성되기 시작했다. 이들 조합은 비교적 좋은 봉급을 받는 숙련 노동자들로 이루어졌다. 미숙련 노동자의 대다수는 그 뒤에도 오랫동안 미조직 상태에 있었다. 노동 운동은 이처럼 집단 교섭의 방법을 통한 근로 조건 개선을 목적으로 하여 결성된 노동 조합 조직의 형태를 취했다. 노동자의 유일하고 효과적인 무기는 파업권, 곧 작업을 거부함으로써 공장을 휴지 상태에 있게 하는 일이었다. 이것은 확실히 강력한 무기이기는 했으나 그들의 고용주들은 그것보다 훨씬 더 큰 무기 — 말하자면 그들을 굶주림에 빠뜨려 굴복시키는 능력을 지니고 있었다. 그 때문에 노동 계급의 투쟁은 노동자측의 커다란 희생 위에 계속되어 서서히 발판을 다져 갔다. 그들은 투표권도 갖지 못한 형편이었으므로 의회에 대해 직접적인 영향력도 지니지 못했다. 그처럼 강경한 반대에 봉착했던 1832년의 선거 개정 법안도 부유한 중간 계급층에만 투표권을 부여하는 데 그쳤다. 노동자뿐 아니라 하층의 중간 계급도 아직은 투표권을 지니고 있지 못했던 것이다.

그러는 동안에 인도주의자로서 노동자의 비참한 상태에 상심하고 있던 한 인물이 맨체스터의 공장 소유자 가운데서 나타났다. 그가 바로 로버트 오언(Robert Owen)이었다. 그는 자신의 공장에 여러 가지 개혁을 단행해 노동자들의 생활 개선을 도모했다. 그는 자기가 속해 있는 고용주 계급에 호소해 설득함으로써 고용주들의 마음을 노동자의 처우 개선에 돌리려 했다. 영국 의회가 고용주의 탐욕과 이기심에 대해 노동자를 보호하는 최초의 법률을 통과시킨 것은 어느 정도까지는 그의 덕택이었다. 이것은 1819년의 '공장 조례(Factory Act)'를 일컫는 것으로, 이 조례는 9세의 아동은 하루 12시간 이상 일을 시키면 안 된다는 것을 정했다. 이 규정은 그 무렵 노동자가 강요당하고 있던 무시무시한 상태를 다소나마 엿볼 수 있게 해 준다.

'사회주의'라는 말은 1830년쯤에 로버트 오언이 처음으로 사용했다고 한다. 말할 것도 없이 부자와 가난한 사람의 격차를 좁혀 재산을 다소간이나마 평등하게 분배하려는 착상은 결코 새로운 것은 아니었다. 옛날부터 이런 종류의 주장을 한 사람은 많았다. 또한 원시 사회에서는 일종의 공산주의가 존재해 공동체 내지는 촌락 전체가 토지와 그 밖의 재산을 공유하고 있었다. 이것을 원시 공산주의라고 하는데, 인도를 포함한 많은 나라에서 볼 수 있는 것이다. 그러나 새로운 사회주의는 사람들을 평등화하려는 막연한 욕망을 훨씬 초월한 것이다. 그것은 더욱 명료한 것으로 애당초 새로운 공장 생산 체제에 적용할 것을 의도하면서 출발했다. 그러므로 그것은 공업 체제가 낳은 자식이라고 할 수도 있을 것이다. 오언의 구상은 노동자들이 상호 부조 단체를 설립하고, 또 공장 재산의 일부를 분배받아야 한다는 것이었다. 그는 실제로 모범 공장과 집단 주택을 미국과 영국에 세워 상당한 성과를 거두었다. 그렇지만 그는 고용주들과 정부를 설득하는 데에는 실패했다. 그래도 그의 시대를 통해 그의 영향력은 매우 커서, 그 때부터 많은 사람들의 마음을 사로잡은 사회주의라는 말을 유행시켰다.

한편 이 시대 전체를 통해 자본주의 산업은 계속 발달해서 연이어 대성공을 기록하고 있었다. 그러나 한편 노동자 계급의 문제도 함께 증가했다. 자본주의는 점점 많은 생산을 했고 이것 때문에 엄청난 속도로 인구가 증가했다. 점점 더 많은 사람들이 생계를 유지할 수 있었기 때문이다. 각종 부문 사이의 복잡한 협업으로 운영되는 대기업들이 생겨났고 동시에 소기업은 경쟁에서 밀려났다. 재화는 영국으로 많이 들어갔으며 대부분은 새로운 공장이나 철도 또는 유사한 기업을 신설하는 데 투여되었다. 노동자는 파업을 통해 대우 개선을 꾀했지만 대개는 참담한 패배로 끝났고, 그 뒤 그들은 1840년대의 차티스트 운동(Chartist movement)[101]에 합류했으나 이 운동마저 혁명의 해인 1848년에 무너졌다.

자본주의의 승리는 사람들의 눈을 현혹시켰다. 그러나 나라의 부가 증가하는데도 치열한 경쟁과 이것이 노동자들에게 가하고 있는 고통에 대해 분노하는 급진주의자들이나 선진적인 견해를 가지고 있는 사람들 또는 인도주의자들이 있었다. 영국과 프랑스와 독일에서 이러한 종류의 사람들은 자본주의에 대신할 수 있는 여러 가지 제도를 고안해 냈다. 그리하여 몇 가지 해결 방안이 시사되었고, 그들은 모두 사회주의·집단주의 또는 사회 민주주의라는 대개 같은 의미를 갖고 있는 이름 아래 단결했다. 이러한 개혁가들은 일반적으로 문제의 화근이 사유 재산 제도와 개인의 산업 지배에 있다는 점에서 일치를 보았다. 다시 말하자면 국가가 이들을 모두 소유하고 통제할 수 있다면, 또는 적어도 토지나 중요 산업과 같은 주요한 생산 수단만이라도 소유하고 통제할 수 있다면 노동자가 혹심한 착취를 당할 염려는 없을 것이라고 생각했다. 막연

---

101) 차티스트는 1848년에 일대 청원 운동을 일으켜 대대적인 데모 행진을 계획했으나 정부가 계엄령으로 탄압해서 실패했다. 잇따라 지도자는 거의 모두 투옥 또는 추방당했으며, 그 뒤 10년 동안에 자연히 소멸되었다.

하기는 했지만 사람들은 이처럼 자본주의를 대신할 만한 것을 찾았다. 그렇지만 자본주의는 조금도 무너질 기색을 보이지 않았고 더 한층 융성의 길을 걸을 뿐이었다.

이러한 사회주의 사상은 지식인이나 로버트 오언 같은 공장 소유자로부터 시작된 것이었다. 노동 조합 운동의 발전은 얼마 동안은 다른 경로를 취해 오직 임금과 노동 조건의 개선만을 요구했을 뿐이었다. 그러나 노동 조합 운동이 이런 종류의 사상을 통해 큰 영향을 받고 또 상대적으로 사회주의의 발전에 큰 영향을 준 것은 지극히 당연한 일이었다. 유럽의 선진 공업국 — 영국·프랑스 및 독일에서는 그 나라 운동 세력의 계급과 성격에 따라 사회주의의 발전 방법에 다소간 차이가 있었다. 영국의 사회주의는 대체로 보수적이고 점진적인 방법과 완만한 진보를 취한 데 반해, 대륙의 사회주의는 더욱 급진적이고 혁명적이었다. 미국에서는 또 노동의 수요도 막대했으므로 조건이 유럽과는 매우 달랐다. 따라서 강력한 노동 계급 운동은 오랫동안 발달하지 않았던 것이다.

세기의 중엽 이후 한 세대 동안 영국의 산업이 세계를 지배해, 산업의 이윤은 물론 인도를 비롯한 그 밖의 많은 식민지에서 재화가 한껏 흘러 들어왔다. 이 방대한 재화의 일부는 노동자들에게까지 돌아가 그들의 생활 수준은 지금까지 볼 수 없었던 정도로 높아졌다. 번영과 혁명은 결코 인연이 닿지 않는다. 그래서 결국 영국 노동자의 혁명 정신은 사라졌고, 영국식 사회주의는 오늘날에 이르기까지 지극히 온건한 것이 되었다. 이것은 적과 직접 전투를 벌이는 것을 피하고 그들이 지치기를 기다렸던 고대 로마의 장군 이름을 따서 페이비어니즘(Fabianism)이라고 일컬어졌다. 1867년 영국의 선거권은 더 확장되어 도시 노동자의 일부가 투표권을 갖게 되었다. 노동 조합은 아주 얌전해졌고 호주머니 사정도 좋아졌기 때문에 노동자의 표가 영국 자유당[102]에 던져질 정도였다.

---

102) 19세기 영국의 2대 정당이었던 보수당과 자유당의 성격에 관해서는 백서른다섯 번째 편지 참조.

영국이 번영하면서 의젓한 태도로 점잔을 빼고 있는 동안 유럽 대륙에서는 하나의 새로운 신조가 열광적인 지지를 얻고 있었다. 그것은 무정부주의라는 것으로서 이에 대해 아무것도 모르는 사람도 그 이름을 들으면 겁을 내는 것 같다. 무정부주의란 가능한 한 중앙 집권 정부를 배제하고 광범한 개인적 자유를 지닌 하나의 사회를 지향하는 것이다. 무정부주의의 이상은 놀랄 만큼 높았다. 애타심, 연대 의식, 타인의 권리에 대한 자발적인 존경에 기초한 정치 공동체에 대한 신념이 이것이다. 국가의 강제와 압박은 존재해서는 안 되는 것이었다. "통치하지 않는 정부야말로 최상의 정부다. 그리고 사람들이 거기에 알맞은 상태에 도달했을 때 사람들은 그와 같은 종류의 정부를 갖게 될 것이다"라고 미국인 소로(Thoreau)[103]는 말했다.

이것은 참으로 훌륭한 이상 같아 보인다 — 모든 사람을 위한 완전한 자유, 각자의 각자에 대한 존경, 주위의 모든 것에 대한 이타심, 그리고 자발적인 협동. 그러나 이기심과 폭력이 횡행하는 현대의 세계는 이것과는 너무나 거리가 멀다. 무정부주의에서 말하는 중앙 정부의 폐지 또는 최소한의 중앙 정부를 바라는 소망은 인민이 그토록 오래 괴로움을 받아 온 전제와 압제에 대한 반발로서 나타난 것이 틀림없다. 정부는 그들을 짓밟고 그들 위에 폭압의 채찍을 휘둘러 왔다. 그러니 정부를 없애자는 것이다. 무정부주의자들은 또 일종의 사회주의 정부 아래에서는 국가가 모든 생산 수단의 지배자가 됨으로써 압제적인 것이 되지 않을까 염려도 했다. 그러므로 무정부주의자는 지방적·개인적 자유에 극도로 중점을 두는 일종의 사회주의자였다. 이에 대해 대부분의 사회주의자들은 먼 이상으로서는 무정부주의자의 신조에 동의하고 싶지만 당분간은 사회주의 아래 강력한 중앙 정부가 필요하다는 견해를 가졌다. 그래서 사회주의와 무정부주의 사이에는 본질상 큰 차이가 있는데도 이

---

103) 미국의 시인·수필가. 자연의 예찬자로서 월덴 호반에서 은자적인 생활을 하며 시를 쓰는 한편 미국의 문명을 비판했다. 정치적 관점은 무정부주의에 접근했다고 한다. 『대삼림』, 『시민으로서의 반항』, 『숲 속의 생활』 등의 저서가 있다.

두 극단 사이에는 다양한 조류들이 있어서 서로 겹치는 쪽들도 있었다.

근대 산업은 조직된 노동자 계급의 대두를 촉진했다. 무정부주의는 본질적으로 충분히 조직된 운동일 수는 없었다. 따라서 노동 조합과 노동자 조직이 성장한 공업국에서는 별로 발전할 기회가 없었다. 그래서 영국에서도 또 독일에서도 무정부주의는 많은 지지를 받지 못했다. 그러나 공업화가 뒤떨어진 남부 및 동부 유럽은 이 사상에 더욱 튼튼한 지반을 제공해 주었다. 하지만 산업이 동부와 남부로 확대됨에 따라 무정부주의 세력은 점점 쇠퇴했다. 오늘날에 이르러 그것은 이미 교의로서는 죽은 것이 되어 버렸지만 그래도 스페인 같은 비공업국에서는 아직도 어느 정도의 세력을 가지고 있다.

무정부주의는 이상으로서는 정말 훌륭한 것이다. 그러나 그것은 격하기 쉬운 불만을 품은 사람들뿐 아니라 이상이라는 허울의 그늘에 숨어 자기의 배를 채우려 하는 이기적인 개인에게도 적절한 피난처를 제공해 주었다. 게다가 그것은 누구든지 그 용어에서 느낄 수 있고 또 그 때문에 적지 않게 불신의 씨가 된 일종의 폭력 행위에도 길을 열어 주었다. 규모가 큰 방법을 사용해서는 그들이 원하는 바대로 사회를 변화시킬 수가 없으므로 무정부주의자들 가운데 일부는 색다른 방법으로 선전한 것을 생각하기도 했다. 이것은 말하자면 '행동을 통한 선전(propaganda by the deed)'이라는 것으로서 용감한 모범적 행위, 즉 압제에 대항해 스스로의 생명을 희생시키더라도 기꺼이 사회 변화에 기여해야 한다는 것이다. 이런 정신으로 봉기가 도처에서 일어났지만, 이에 관여한 사람들은 눈앞의 성공을 예상하지는 않았다. 그들은 자신들의 목적을 위한 이 새로운 선전을 위해 자진해서 생명의 위험을 무릅썼다. 물론 이런 폭동은 진압되었다. 그러자 무정부주의자들은 이번에는 폭탄을 던지거나 국왕의 대신들을 사살하는 테러 수단에 호소하기 시작했다. 이 어리석은 폭력 행위는 그들 세력의 퇴조와 자포자기를 반영했다. 19세기 말기에 일어난 운동인 무정부주의는 차츰 소멸의 운명을 걷게 되었다. 그러나 많은 지도적인 무정부주의자들은 폭탄 투척과 '행동을 통한 선전'을 부인했다.

여기서 유명한 무정부주의자들을 몇 사람 소개해 두기로 하자. 이들 무정부주의자들이 개인 생활면에서는 퍽 온화하고 이상가적인 바람직한 인물이었다는 것은 매우 흥미 있는 일이다. 최초의 무정부주의 지도자는 1809년부터 65년까지 살았던 프랑스인 피에르 프루동(Pierre Proudhon)[104]이다. 유럽, 특히 남유럽의 대중적 지도자였던 러시아 귀족 미하일 바쿠닌(Mikhail Bakunin)[105]은 그보다 약간 손아래였다. 그는 마르크스와 대립, 패배함으로써 그 일파와 함께 자신이 창립한 국제 노동자 협회에서 쫓겨났다. 세 번째로 들 수 있는 사람 또한 러시아의 공작이었던 표트르 크로포트킨(Pyotr Kropotkin)[106]으로, 이 사람은 거의 현대인이라고 해도 좋다. 그는 무정부주의와 그 밖의 주제에 관한 매우 흥미로운 책을 저술했다. 다음으로 말하고 싶은 네 번째 사람은 이탈리아인 엔리코 말라테스타(Enrico Malatesta)다. 그는 지금은 80세 이상이나 된 노인으로서 19세기의 위대한 무정부주의자들의 면모를 보여 주는 마지막 사람이라고 할 수 있다.

말라테스타에 관해서는 여기서 꼭 이야기하고 싶은 것이 있다. 그

---

104) 프랑스의 무정부주의자. '무정부주의의 아버지'라고 일컬어지는 그는 제1인터내셔널 초기의 간부 가운데 한 사람이었다. 그는 『재산이란 무엇인가?』, 『빈곤의 철학』 등의 저서를 통해 자본주의 사회를 예리하게 비판했으나 그 논증에 있어 조직적인 것이 못 되었고, 장래의 사회에 대한 구상이 공상적이어서 마르크스의 『철학의 빈곤』이라는 저서를 통해 비판받았다.
105) 러시아 귀족 출신의 무정부주의 혁명가. 1848년 프랑스의 2월 혁명에 참가했고, 1849년 5월 드레스덴(Dresden) 폭동을 선동한 혐의로 러시아 정부에 넘겨져 사형을 선고받았다. 그러나 감형된 뒤 시베리아로 유배당했다가 1860년 일본을 거쳐 런던으로 탈출하는 데 성공했다. 제1인터내셔널에서는 유력한 지도자로서 마르크스와 대립했지만, 결국 실천적인 활동면에서나 이론면에서 제압당했다. 그의 저서 『신과 국가』는 무정부주의 이론의 철학적 기초를 이루고 있다.
106) 러시아 귀족 출신의 지리학자이자 무정부주의 이론가. 무정부주의 운동을 벌인 탓으로 러시아에서 추방되어 오랫동안 영국에 살면서 저술과 선전 활동에 종사했는데, 그의 사상은 폭력 대신 교육과 선동을 통한 설득력, 평화적 방법을 주장하는 무정부주의의 인도주의적인 측면을 강하게 나타내고 있다. 저서에 『상호 부조론』, 『프랑스 혁명사』 등이 있다.

는 이탈리아의 어느 재판소에 고소당해 있었다. 재판에서 검사는 "말라테스타가 그 지방의 노동자들에게 끼친 영향은 매우 큰 것으로 그들의 성격을 완전히 변화시켰다. 그 때문에 범죄는 거의 없어져 버렸는데 만일 모든 범죄가 완전히 없어진다면 재판소는 도대체 무슨 일을 해야 할 것인가"라고 논고했다. 아무튼 말라테스타는 감옥에 갇혀 6개월 동안의 형기를 고스란히 치러야 했다.

불행하게도 무정부주의는 폭력 행위와 지나치게 동일시되어 그것이 많은 우수한 사람들의 마음에 호소했던 하나의 철학이며 이상이라는 사실이 잊혀지고 있다. 하나의 이상으로서 그것은 오늘날의 우리의 불완전한 세계와는 너무나 동떨어져 있다. 그리고 우리의 현대 문명은 그 단순한 운동 방법을 사용하기에는 너무나 복잡하다.

133 *1933년 2월 14일*

칼 마르크스와 노동자 조직의 성장

19세기 중엽 주목할 만한 새로운 인물이 유럽의 노동자와 사회주의 세계에 나타났다. 그는 바로 이 편지 속에도 이미 나온 적이 있는 칼 마르크스(Karl Marx)다. 그는 1818년 유태계 독일인으로 태어나 학생 시절에는 법률과 역사와 철학을 공부했다. 그는 자신이 편집한 『라인 신문』 때문에 독일 당국과 충돌한 뒤 파리에 가서 새로운 사람들과 접촉해 사회주의와 무정부주의에 관한 서적을 읽고 사회주의의 신봉자가 되었다. 동시에 그는, 이미 영국에 살면서 신흥 면직 공업의 유복한 독일인 공장주인 프리드리히 엥겔스(Friedrich Engels)와 만났다. 엥겔스 또한 당시의 사회 상태를 우려하고 이에 불만을 품으면서 그가 피부로 느낄 수 있던 빈곤과 착취에 대한 구제 수단을 찾고 있었다. 로버트 오언의 사상과 개혁의 시도가 그의 마음을 움직여, 그도 오언의 추종자인 오어나이트(Owenite)가 되었다. 그는 파리를 방문해 마르크스를 처음 만나게 되었고 이후 그는 많은 변화를 겪었다. 이들은 이 때부터 가깝게 지내면서 같은 견해를 가지고 같은 목적을 향해 진심으로 협력하는 동지가 되었다. 나이도 비슷한 그들의 관계는 그들의 저서가 대부분 공저로 발표될 만큼 깊은 것이었다.

당시 루이 필립의 프랑스 정부는 마르크스를 파리에서 추방했다. 그는 런던에 가서 오랫동안 그 곳 대영 박물관의 책 속에 묻혀 살았다. 그는 일에 열중해서 자신의 이론을 완성하고 그것에 관한 저서를 썼다. 하지만 그는 결코 속세의 일에 초연해 그저 이론만을 전개하는 단순한 학자는 아니었다. 그는 비교적 막연했던 사회주의 이데올로기를 발전시키고 명확하게 했고, 그 앞길에 뚜렷하게 구체적인 사상과 목표를 내세우는 동시에, 그 운동과 노동자 조직 속에서 적극적으로 지도적인 역할을 담당했다. 유럽 혁명의 해인 1848년에 일어난 일은 말할 것도 없이 그에게 큰 자극을 주었다. 같은 해에 그는 엥겔스와 공동으로, 나중에 매우 잘 알려지게 된 하나의 선언문을 발표했다. 그것은 『공산당 선언(Communist manifesto)』이라는 것으로, 그 속에서 그들은 프랑스 혁명과 그 뒤에 잇따라 일어난 반란의 배후에 깔린 여러 사상들을 논해, 그것들이 얼마나 현실에 대해 불충분했고 또 모순된 것인가를 지적했다. 또한 그 시대에 유행하고 있던 '자유·평등·박애'라는 민주주의의 표어를 비판해서 그것들이 인민을 위한 것이 아니라 오히려 부르주아 국가를 위한 그럴 듯한 연설에 지나지 않음을 폭로했다. 그들은 더 나아가 그들 자신의 사회주의 이론을 간단 명료하게 전개하고, 모든 노동자에 대한 하나의 호소로써 이 선언을 끝맺었다. "만국의 노동자여 단결하라. 당신들은 당신들의 쇠사슬 외에 잃을 것이 하나도 없으며, 얻어야 할 세계를 가지고 있다!"

칼 마르크스와 노동자 조직의 성장

이 호소는 하나의 행동이 되었다. 마르크스는 곧이어 신문과 팜플렛을 통해 끊임없는 선전을 하는 한편, 노동자의 단결과 통일을 위해서도 쉬지 않는 노력을 기울였다. 그는 아마도 유럽에 큰 공황이 금방 닥쳐올 것을 예감했던 것으로 생각된다. 그래서 그는 노동자에게 거기에 대비할 것을 호소하고, 그들로 하여금 그 기회를 완전히 포착하게 하려고 했던 것이다. 그의 사회주의 이론에 따르면, 자본주의 체제에서는 공황의 발생이 불가피했다는 것이다. 1854년 뉴욕의 한 신문에 기고한 글에서 그는 이렇게 말했다.

그러나 우리는 잊어서는 안 된다. 어느 일정한 순간에는 이른바 5대 열강을 제압하고 그들로 하여금 굴복하지 않을 수 없게 할 제6의 세력이 유럽에 존재하게 되리라는 사실을. 이 세력이란 즉 혁명이다. 오랫동안 지내 온 조용한 은둔 생활 뒤에 그것은 이제 다시 공황과 기아를 거쳐 싸움터로 소환된다. …… 필요한 것은 오직 신호뿐이다. 제6의 유럽 최강 세력은 곧 올림푸스신(Olympian)의 이마에서 뛰어나온 미네르바(Minerva)[107]처럼 빛나는 갑옷을 입고 손에 칼을 든 채 말을 타고 진두에 나설 것이다. 이제 곧 다가올 유럽 전쟁은 그 신호가 될 것이다.

이와 같은 마르크스의 예언은 유럽에 다가올 전쟁에 관해서는 정확하지 않았다. 세계 전쟁이 일어나고 유럽의 일부 지역에 혁명이 일어나게 될 때까지는, 그가 이 글을 썼을 때부터 60년 이상이나 걸렸다. 또한 1871년의 파리 코뮨은 우리도 본 것처럼 사정없이 진압되었다.

1864년 마르크스는 런던에서 다양한 구성원을 가진 모임을 하나 조직하는 데 성공했다. 모인 사람들은 대부분 매우 막연하기는 했지만

---

107) 로마 신화 속의 여신. 미네르바는 로마식 이름이며 그리스에서는 아테나라고 한다. 아테네의 수호신이며 또한 지혜와 전쟁과 예술의 신이다. 올림푸스의 주신 주피터(제우스)의 이마에서 무장을 한 채 태어났다고 한다.

사회주의자를 자칭하는 그룹들이었다. 이들은 한편으로는 외국의 지배 아래 있는 몇몇 유럽 국가에서 온 민주주의자와 애국자들로서 사회주의적 신념은 극히 희박했으며, 오히려 민족의 독립을 생각하는 자도 있는가 하면 다른 한편으로는 즉각적인 결전을 지향하는 무정부주의자도 있었다. 마르크스 외에 두드러진 인물로서는 여러 해 동안 투옥되어 있다가 3년 전 시베리아에서 탈출한 바쿠닌이 있었다. 바쿠닌 일파는 주로 산업이 뒤떨어져 발달되지 못한 상태에 있던 남유럽의 이탈리아나 스페인 같은 라틴 여러 나라에서 모인 자들이었다. 그들은 실업 인텔리와 현존 사회 질서에서 자리잡지 못한 이상한 혁명 분자였다. 마르크스 편을 드는 사람은 노동자의 상태가 비교적 좋았던 독일을 비롯한 여러 공업국에서 온 사람들이었다. 따라서 마르크스는 성장하고 있는 비교적 유복한 노동자 계급을 대표했고, 바쿠닌은 더 가난한 노동자와 인텔리와 불평 분자의 대표자였다. 마르크스는 끈질긴 조직과 함께 그가 가까운 장래에 기대하고 있는 행동의 시기가 도래할 때까지는 자신의 사회주의 이론으로 노동자를 교육할 것을 주장했으나 바쿠닌과 그 일파는 즉각적인 행동을 주장했다. 대세는 마르크스 쪽으로 기울었고, 이 때에 '국제 노동자 협회'가 창립되어 '제1인터내셔널'이라고 일컬어지게 되었다.

    3년 뒤인 1867년 마르크스의 저서 『자본론』이 독일어로 발간되었다. 이것은 여러 해에 걸친 런던에서의 그의 노작으로, 그 속에서 그는 기존의 여러 경제학 이론을 비판한 뒤 사회주의 이론을 마지막에 밝혔다. 그것은 과학적 방법만을 채용한 역작이었다. 그는 모든 모호함과 관념론을 배척하면서 냉정하게 과학적으로 역사와 경제의 발전을 다루었다. 그는 또 특히 큰 기계에 의한 공업 문명의 성장을 논평하고 인간 사회의 발전 과정과 역사와 계급 투쟁에 관해 광범한 결론을 끌어 냈다. 때문에 이 명확하고도 이론적으로 논증된 새로운 마르크스의 사회주의는 재래의 모호한 '공상적(utopian)' 또는 '관념적(idealistic)' 사회주의에 대해 '과학적 사회주의(scientific socialism)'라고 일컬어졌다. 마르크스의 『자본론』은 읽기 쉬운 책은 아니다. 그렇기는커녕 평이하다는 말과는 아주 정반대의 것이다. 그런데도 그것은 대다수 사람들의 사고 방식에 많은 영향을 주어 그들의 이데올로기 전체를 변하게 했으며, 이를 통해 인류의 발전을 좌우한 서적의 하나로 손꼽힌다.

1871년에는 모름지기 의식적인 사회주의 반란으로서는 최초의 것이었던 파리 코뮨의 비극이 있었다. 이 사건은 유럽의 여러 정부를 공포에 떨도록 함으로써 노동자 운동에 대해 더욱 가혹한 태도를 취하게 했다. 그 이듬해에 마르크스가 창립한 노동자 '인터내셔널'의 집회가 열렸고, 그는 그 본부를 뉴욕으로 옮기는 데 성공했다. 마르크스의 의도는 분명히 바쿠닌이 거느리는 무정부주의자 일파를 축출하는 데에 있기도 했지만, 그와 동시에 아마도 그가 파리 코뮨 때문에 자극받은 유럽 정부의 관할 아래 있는 것보다는 그쪽이 더욱 안전할 것으로 생각했기 때문이다. 하지만 인터내셔널이 중추 세력으로부터 그토록 먼 곳에 존재한다는 것은 결국은 불가능한 일이었다. 그 세력은 모두 유럽에 있었고 유럽에서마저 노동자 운동은 고난의 시기에 당면하고 있었다. 때문에 제1인터내셔널은 서서히 소멸하고 말았다.

마르크스주의 또는 마르크스 사회주의는 유럽, 그 중에서도 독일 및 오스트리아의 사회주의자들에게 퍼져 나가 일반적으로 '사회 민주주의(social democracy)'라 일컬어졌다. 그러나 그것은 영국에서는 만족스러운 환영을 받지 못했다. 그 무렵 영국은 어쨌든 진보적인 사회주의 신조를 받아들이기에는 너무나 번영된 상태에 있었던 것이다. 영국식 사회주의를 대표하는 것은 머나먼 장래의 변화에 관한 온건한 프로그램의 페이비언 협회(Fabian Society)였다. 페이비언은 노동자와 관련되었다기보다는 진보적 자유주의 지식인의 모임이었다. 조지 버나드 쇼(George Bernard Shaw)[108]도 초기 페이비언의 한 사람이었는데, 그들의 정책은 또 한 사람의 저명한 페이비언인 시드니 웨브(Sidney Webb)[109]의 그 유

---

108) 극작가인 동시에 페이비언 협회 창립자의 한 사람. 진보와 과학의 자세를 옹호한 그는 모든 작품이 풍자와 경구에 넘쳐 있어 셰익스피어 이후 가장 주목할 만한 극작가로 평가되고 있다. 『인간과 초인』 등 많은 작품이 있다.

명한 '점진의 필연성(the inevitability of gradualness)'이라는 말에 집약되어 있다 할 수 있으리라.

프랑스에서는 코뮨 이래 사회주의가 또다시 적극적인 세력으로 대두하기까지 12년이라는 오랜 회복 기간을 필요로 했다. 더구나 그것은 무정부주의와 사회주의가 혼합된 형태를 취했다. 이것은 프랑스어의 '생디카(syndicat : 노동자 조직 또는 노동 조합)'에서 온 말로서 '생디칼리즘(syndicalism)'이라 일컬어진다. 사회주의 이론에 따르면 사회 전체를 대표하는 '국가'가 마땅히 생산 수단 — 곧 토지·공장 등등을 소유하고 관리해야 한다는 것이다. 그런데 어느 범위까지 이 사회화가 행해져야 하는가에 관해서는 약간씩 다른 견해가 존재한다. 이를테면 도구나 가정용 기계와 같이 애당초 사회화라는 말이 어울리지 않는 그러한 물건이 수두룩하다. 그러나 사회주의자들은 대개 타인의 노동에서 사적인 이윤을 올리는 데 쓰이는 모든 것은 사회화, 곧 '국가'의 재산으로 삼아야 한다는 점에서는 일치하고 있다. 생디칼리스트도 무정부주의자와 비슷해서 '국가'라는 것을 달갑지 않게 여겨 그 권력을 제한하려 했다. 이 구상에 따르면 여러 종류의 생디카는 하나의 총평의회(a general council)에 대해 대표자를 선거하기로 되어 있었다. 이 평의회는 국가 전체의 정무를 처리하는 한편 산업 내부의 운영에는 영향력을 행사하지 않는 범위 안에서 일반적인 정무를 위한 일종의 의회로서의 기능을 다해야 한다는 것이었다. 이러한 상태를 실현하기 위해 생디칼리스트는 국가의 기능을 정지 상태로 이끌어 갔으며, 그리하여 그들의 목적을 달성하기 위한 총파업을 단행하는 일을 시인했다. 마르크스주의자는 생디칼리즘에 전혀 동조하지 않았으나, 기묘하게도 생디칼리스트들은 마르크스도(이것은 그가 죽은 뒤의 일이지만) 그들과 같은 류의 한 사람이라고 생각하고 있었다.

---

109) 페이비언 사회주의의 대표적인 사상가. 런던 정치 경제 학교의 설립 등, 특히 정치 교육면에서 큰 발자취를 남겼다. 또 영국 노동당에 소속된 정치가로서 상무상(商務相)·식민상(植民相) 등을 역임했다. 저서에 『노동 조합 운동사』, 『산업 민주주의론』 등이 있다.

칼 마르크스와 노동자 조직의 성장

칼 마르크스는 지금으로부터 꼭 50년 전인 1883년에 죽었다. 그 때에는 이미 영국이나 독일이나 기타 여러 공업 국가에서 노동 조합이 강력히 성장해 있었다. 영국의 산업은 이미 한풀 꺾여 날로 높아 가는 독일과 미국의 경쟁에 직면한 나머지 퇴락을 향해 가고 있었다. 말할 나위도 없이 미국은 풍부한 자연의 혜택으로 급격하게 산업이 발달했다. 독일은 (미력하고 약체인 의회를 통해 어느 정도 완화되어 있었지만) 전제 정치와 공업 발달의 기묘한 혼합물이었다. 비스마르크가 지도한 시대부터 훨씬 뒤에 이르기까지 독일 정부는 여러 가지 수단을 강구해 공업을 조장했으며, 또한 사회 개혁을 통해 노동자의 생활 조건을 높임으로써 노동자 계급의 지지를 획득하는 데 힘썼다. 같은 방법으로 영국의 자유당(the Liberals) 또한 노동 시간을 단축함으로써 노동자의 처지를 어느 정도까지 개선한 몇 가지 사회 개혁의 조치를 성립시켰다. 번영이 지속되고 있는 동안 이 방법은 기능을 발휘해서 영국의 노동자는 여전히 온건하고 미온적인 관점에서 충실하게 자유당에 투표를 계속했다. 그러나 1880년대가 되자 다른 나라와의 경쟁이 오랜 기간의 번영 시대에 종말을 고하게 하여 영국의 무역은 불황에 빠지고 노동자의 임금은 하락했다. 이리하여 노동자 계급이 다시 눈을 뜨게 되자 혁명적 분위기도 가득 차기 시작했으며, 마르크스주의에 기대를 거는 사람이 많아졌다.

1889년에 또 노동자 인터내셔널을 설립하려는 움직임이 있었다. 많은 노동 조합은 탄탄한 재정과 많은 유급 직원을 거느린 강력한 존재가 되어 있었다. 이 해에 결성된 인터내셔널(그 명칭은 '노동자 사회주의 인터내셔널'이었다고 생각한다)은 '제2인터내셔널'이라고 일컬어졌다. 이것은 세계 대전의 시련에 부딪혀서 결함이 드러나기까지 4반세기 동안 존속했다. 이 인터내셔널의 구성원 중에는 나중에 각국에서 요직에 앉은 사람들이 많았는데, 이들 가운데는 노동 운동을 자기의 출세 도구로 이용했다가 나중에는 배신한 사람도 있었다. 이들은 총리·대통령 등이 되어 개인적인 성공을 거두었지만, 그들을 후원하고 신뢰했던 숱한 사람들은 배신을 당하고 과거 그대로의 위치로 버림받았다. 이 지도

자들 중에는 마르크스의 이름으로 맹세한 사람이나 열렬한 생디칼리스트도 있었지만, 그들이 의회에 보내지고 또 보수가 많은 노동 조합의 간부가 되자 그만큼 그들의 그럴 듯한 지위를 위험 속에 내놓기가 점점 어려워졌다. 그리하여 그들은 얌전해지고, 노동자 대중이 필사적으로 혁명화해 행동을 요구할 때조차도 오히려 그들을 억누르려고 했다. 독일의 사회 민주주의자는 (전후) 공화국의 대통령과 총리가 되었다. 그리고 프랑스에서는 총파업을 창도한 열렬한 생디칼리스트 아리스티드 브리앙(Aristide Briand)[110]이 열한 번이나 총리가 되어 지난날의 동지들이 조직한 파업을 탄압했다. 영국에서도 램지 맥도널드(Ramsay MacDonald)[111]가 총리가 되었는데 그는 그를 길러 준 노동당을 배반했다. 스웨덴에서도, 덴마크에서도, 벨기에에서도, 오스트리아에서도 같은 일이 있었다. 지금 서유럽에는 지난날 사회주의자였던 독재자와 당국자들이 우글거리고 있다. 나이가 들면서 그들은 그 옛날에 품었던 이상을 향한 정열을 잊었고, 때때로 지난날의 동지들에게 총칼을 겨누었다. 이탈리아의 두체(the Duce : 총통) 베니토 무솔리니(Benito Mussolini)[112]도 원래는 사회주의자였고, 폴란드의 독재자 피우수츠키

---

110) 특히 제1차 세계 대전 후의 프랑스 정계에서 사회당을 중심으로 11회나 조각해 배상 문제, 1928년 켈로그 - 브리앙(Kellogg-Briand) 협정(전쟁 포기에 관한 조약) 등 거의 모든 국제 문제에서 활약했다. 그가 '지난날의 동지들이 조직한 파업을 탄압한' 것은 1910년 독일의 위협을 눈앞에 두고 철도 종업원의 파업이 일어났을 때의 일이었다.

111) 영국 노동당의 지도자. 전쟁 전에 이미 당수가 되었는데, 제1차 세계 대전 때에는 당내의 대세에 항거해 전쟁을 반대했다. 1924년 최초의 노동당 내각 총리가 되었고 1929년에 다시 조각했으나, 1931년의 재정적인 위기를 맞아 노동당과 결별하고 거국 내각을 조직했다. 이 편지가 쓰인 것은 바로 이 제3차 맥도널드 내각 시대였다.

112) 이탈리아의 파시스트 독재자. 제1차 세계 대전 전에는 사회주의자로서 활약했으나 전쟁중에 이탈리아 사회당이 중립을 결의했는데도 맹렬히 참전론을 주장해 제명되었다. 전후에는 파시스트당을 조직하고 당수가 되었으며, 1922년 '로마 진군'을 감행해 정권을 탈취했다. 그 뒤 이탈리아의 독재자로서 침략주의적인 정책을 펼쳐 국제 위기를 심화시키는 역할을 했다. 북아프리카의 에티오피아를 침략한 것은 이 편지가 쓰인 이듬해인 1934년의 일이었다. 제2차 세계 대전 때에는 파시스트 이탈리아를 이끌고 독일측에 서서 참전했지만, 1945년 패배해 이탈리아 해방 의용군의 유격대에게 밀라노 부근에서 살해되었다.

(Pilsudski)¹¹³⁾ 또한 그랬다.

거의 어느 나라에서든지 이런 지도자와 요인들(prominent workers)의 배신 때문에 노동 운동과 민족 독립 운동이 흔히 저해받았던 것이다. 그들은 얼마 뒤에는 성과가 오르지 않는 싸움에 권태를 느꼈으며, 순교자의 공허한 영광의 매력은 오래 지탱되지 않았다. 그들은 질식하고 그 정열의 불길은 밝은 빛을 잃는다. 더 사심이 많고 뻔뻔스러운 자들은 반대쪽으로 돌아누워, 자신들이 지금까지는 반대하고 공격해 온 상대와 제멋대로 전투 중지의 흥정을 한다. 인간의 양심이라는 것은 그가 하고 싶어하는 것과 어떤 경우에도 손쉽게 박자를 맞춘 것이다. 운동은 이런 종류의 배신 때문에 답보하고 후퇴한다. 이들 배신자들은 노동자와 피압박 민족을 위해 싸우는 사람들을 잘 알고 있기 때문에 온갖 유혹과 달콤한 말로 그들을 자기들 편으로 끌어들이려고 한다. 그러나 개인적인 유혹과 미사여구는 자유를 찾는 노동자 대중과 학대받는 민족에게는 아무런 구원도 되지 않는다. 그래서 때로는 이탈자가 있고 후퇴가 있어도, 투쟁은 불가피하게 어느 일정한 종국까지 전진하지 않으면 멎지 않는다.

1889년에 발족한 제2인터내셔널은 점점 인원이 늘어나고 체제를 갖추어 갔다. 몇 년 뒤 그들은 말라테스타가 거느리는 무정부주의자들을 그들이 의회 선거권 이용을 거부했다는 이유로 쫓아 냈다. 이로써 인터내셔널의 사회주의자들에게는 동지와의 단결보다는 의회가 더 중요하다는 것이 입증되었다. 그들은 일단 전쟁이 일어날 경우 행해야 할 사회주의자의 의무에 관해 여러 가지 용감한 선언을 발표했다. 사회주의자는 그들의 임무에 관한 한 국경을 인정하지 않았다. 그들은 보통 의미의 민족주의자는 아니었다. 그들은 말했다 ― 전쟁을 반대할 것이라고. 그러나 1914년에 전쟁이 시작되자 제2인터내셔널은 뿌리째 무너지고

---

113) 폴란드 민족 독립 운동의 지도자로서 청년 시절에 러시아 황제 암살을 모의했다가 시베리아에 유형당했다. 1892년 폴란드 사회당을 창립했으며, 제1차 세계 대전 후에는 군의 실권을 장악, 독립된 폴란드의 대통령이 되었고, 몇 번의 쿠데타를 거쳐 독재 권력을 확립했다.

말았다. 그리고 각국의 사회주의자와 노동자 정당은 크로포트킨과 같은 무정부주의자에 이르기까지 이내 급조된 민족주의자가 되고 누구와도 다름없는 외국 증오자가 되었다. 반항한 사람은 극히 소수에 지나지 않았다. 그 결과 이들 소수는 장기간의 체형을 포함한 여러 가지 방법으로 심한 박해를 받았다.

전쟁이 끝난 뒤인 1919년 레닌(Lenin)은 새로운 노동자의 인터내셔널을 모스크바에서 창립했다. 이것은 순수한 공산주의자들만의 조직이어서 참가할 수 있는 사람은 공공연한 공산주의자로 한정되고 지금까지도 존속하고 있어 '제3인터내셔널' 이라 일컬어지고 있다. 이와 함께 제2인터내셔널의 잔류자도 전후에 조금씩 모여들었다. 모스크바의 새로운 제3인터내셔널에 합류하는 자도 약간은 있었지만, 대부분은 모스크바와 그 방침에 반감을 품고 이에 접근하기를 절대로 거부하고 제2인터내셔널을 재건했다. 이것 또한 지금도 존속하고 있으므로 현재는 간단하게 '제2인터내셔널' 과 '제3인터내셔널' 로 약칭되는 두 개의 국제 노동자 조직이 있는 셈이다. 정말 우습게도 그들은 모두 마르크스주의를 신봉할 것을 맹세하면서도 이것을 각각 달리 해석하고 있을 뿐더러, 그들의 공동의 적이어야 할 자본주의에 대해서보다 서로를 더 증오하고 있다.

이 두 개의 인터내셔널이 온 세계의 노동 조합과 노동자 단체를 전부 포함하고 있는 것은 아니다. 그 가운데 어느 것에도 속하지 않는 것들도 많다. 미국의 노동 조합은 대다수가 매우 보수적이기 때문에 고립되어 있으며, 인도의 노동 조합도 양편 어느 쪽에도 참가하고 있지 않다.

아마 너는 「인터내셔널(Internationale)」이라는 노래를 알고 있을 줄 안다. 이것은 노동자와 사회주의자의 노래로서 온 세계에서 불려지고 있는 노래다.

134 *1933년 2월 16일*

마르크스주의

나는 그저께 편지에서 유럽의 사회주의 세계에 그토록 큰 파문을 던진 마르크스의 사상에 관해 다소 얘기할 작정이었다. 그러나 그 편지가 너무 길어진 관계로 그것을 오늘까지 미뤄야만 했다. 이 얘기를 한다는 것은 나로서는 쉬운 일은 아니다. 왜냐하면 나는 그 방면의 전문가가 아닐 뿐더러 전문가와 학자들 사이에서조차도 이에 대한 의견은 여러 가지로 갈라져 있기 때문이다. 그러니까 나는 마르크스주의의 개략적인 특징만을 말하고 어려운 점은 언급하지 않기로 하겠다. 이런 설명으로는 아무렇게나 그린 초벌 그림만을 보이는 셈이 되지만, 그러나 이 편지의 목적은 어떤 일에 대해서도 빈틈없이 상세한 마무리 그림을 보이려는 것은 아니니까 괜찮을 줄 안다.

전에도 말했지만 사회주의에는 여러 가지가 있다. 그렇지만 생산 수단, 즉 토지·광산·공장 등과 철도와 같은 운송 수단, 또 은행 및 이와 유사한 시설들을 국가가 관리한다는 점에서는 모두 같다. 이것은 한 개인이 이러한 시설의 어느 것인가를 착취하거나, 또 남의 노동을 착취함으로써 사적인 이익을 올려서는 안 된다는 사상이다. 오늘날에는 이런 것들의 대부분은 사유되어 그 결과로서 사회 전체가 큰 고민을 안은 채 대중은 여전히 빈곤에 시달리고 있는 반면 일부 사람들만 번영하고 유복해진다. 또한 현재로는 이러한 생산 수단의 소유자들 사이에서조차 맹렬한 경쟁이 벌어지며 그 때문에 막대한 에너지가 소모되고 있다. 만일 이와 같은 사적인 전쟁을 그만두고 적절하게 생산을 변경하고 사려 깊은 분배를 한다면, 경쟁 때문에 생겨나는 무익한 낭비를 하지 않아도 되는 것은 물론 현재 볼 수 있는 것과 같은 서로 다른 계급 사이의 커다란 재부의 불평등은 없어질 수 있을 것이다. 그러므로 생산과 분배, 또 그 밖의 중요한 일은 대부분 사회가, 다시 말하면 국가, 즉 인민 전체가 관리하도록 해야 한다. 이것이 사회주의의 기본 사상이다.

사회주의 아래에서는 국가나 또는 정부의 형태가 어떤 것이어야 하는가는 별문제이며, 이것은 매우 중요한 문제이기는 하지만 지금은 그것에 대해 깊이 생각할 필요는 없다.

사회주의의 이상에 대해 의견이 일치했다면 다음에 생각해야 할 것은 그것이 어떻게 실현되어야 하는가 하는 문제다. 이 점에서는 사회주의자들의 의견이 저마다 달라서 여러 가지 과정을 제시하는 여러 가지 그룹들이 있지만, 그것은 크게 다음의 두 종류로 나눌 수 있다. (1)영국 노동당[114]과 페이비언 협회처럼 한 걸음 한 걸음 전진해 의회를 통해 효과를 올릴 것을 지지하는 점진파와, (2)의회 활동의 효과를 믿지 않는 혁명파다. 나중의 그룹에 속한 대다수는 마르크스주의자다.

전자의 점진파 그룹은 인원수는 지금은 매우 적어서 영국에서조차 점점 세력이 약해지고 있으며, 그들과 자유당이나 그 밖의 비사회주의자를 구분하는 경계는 차츰 모호해지려 하고 있다. 그래서 지금은 마르크스주의가 사회주의의 일반적인 교설로 간주되고 있다. 그러나 마르크스주의자 중에도 크게 나누어 두 개의 분파가 있어서 한쪽에는 러시아 공산당이, 다른 한쪽에는 독일·오스트리아와 그 밖의 낡은 사회 민주주의 정당이 있는데 이 두 정당의 관계는 매우 험악했다. 후자인 사회 민주주의자는 세계 대전중과 전후에 그들의 사명을 완수하는 데 실패한 탓으로 지난날의 우세가 몹시 약화되었다. 그들 가운데 특히 열성적인

---

114) 19세기 영국의 노동자 계급은 자기들을 대표하는 일정한 정치 세력을 갖지 못하고 기껏 자유당의 사회 입법에 기대했을 뿐이었지만, 1900년에 노동 조합과 그 밖의 단체를 배경으로 하는 노동자 대표 위원회가 결성되어 1906년의 총선거에서 30개의 의석을 차지하고 노동당이라는 명칭을 채택했다. 제1차 세계 대전 뒤 노동당은 점차 세력을 확대해, 자유당 대신 보수당에 대립하는 2대 정당의 하나가 되어 오늘날에 이르고 있다. 그 정책은 사회주의에 입각한 '복지 국가'의 실현을 궁극적인 목적으로 삼고 있지만, 전통적으로 폭력 혁명을 회피하고 의회 정치를 통해 목표에 접근하는 방식을 취하고 있다.

분자는 대개 공산주의 진영으로 빠져나가 버렸지만, 아직도 그들은 서유럽에서의 노동 조합의 대기구를 지배하고 있다. 공산주의는 러시아에서의 성공 때문에 세력이 커져 가고 있는 교의다. 유럽에서, 또 온 세계에서 그것은 오늘날에는 자본주의의 최대의 적이 되고 있다.

그러면 대체 마르크스주의란 무엇일까? 그것은 역사와 정치와 경제와 인간 생활, 그리고 인간의 욕망을 해석하는 하나의 방법이며, 다방면에 걸친 인간 생활의 활동에 관해 나름대로의 견해를 제시하는 하나의 철학이다. 또 그것은 과거, 현재, 미래를 통한 인류사를 일종의 운명 또는 키스메트(kismet : 투르크어로 운명이라는 뜻)의 필연성을 띤 엄밀한 논리적 체계로 정리하려 하는 일종의 시도다. 물론 생활이 필경 그렇게까지 논리적인 것이고 그렇게까지 엄격한 철칙에 의존하는 것인지 어떤지는 언뜻 보아 명백한 일이 아니며, 또 많은 사람들이 의심한 바였다. 그러나 마르크스는 과거의 역사를 과학자로서 음미해 거기에서 어떤 일정한 결론을 끌어 냈다. 그는 태고의 시대부터 인간이 자연에 대해, 또 같은 동포에 대해 생존을 위한 싸움을 벌이고 있었음을 보았다. 그 밖의 생활에 필요한 것을 얻기 위해 노동을 했는데 그 방법은 시대가 흐름에 따라 더욱 복잡하고 발달된 것으로 변화해 갔다. 마르크스에 따르면 생활 수단의 생산 방법은 인간 생활과 모든 시대를 통한 사회 생활에서 가장 중요한 의의를 지니는 것이었으며, 그것들은 역사의 각 시대를 지배하고 그 시대의 모든 활동과 사회 관계에 영향을 주었다. 그리고 그것이 변화함에 따라 역사적이며 사회적인 큰 변화가 이에 뒤따랐다. 어느 범위까지는 우리도 이 편지를 통해 이 변화의 큰 효과의 자취를 더듬어 왔다. 예를 들면 농업이 도입되자 무섭게 큰 변화가 생겼다. 떠돌던 유목 종족이 정주하면서 촌락과 도시가 발달했다. 농업에서 생산력 확대를 통해 잉여 물자가 발생하고 인구가 증가하고 재부가 늘어나고 여가가 많아져서, 이것이 예술과 수공업의 진흥에 기회를 마련해 주었다. 또 하나의 알기 쉬운 실례로는 생산을 위해 도입된 큰 기계가 또다시 엄청나게 큰 변화를 가져왔던 산업 혁명을 들 수 있고, 이 밖에도 예를 들자면 많이 있다.

역사의 어떤 한 시대의 생산 방법은 인민 성장의 일정한 단계와 상응한다. 이 생산 노동을 계속하는 동안에, 또 그 결과로서 사람들은 생산 방법에 규정되고, 생산 방법에 상응하는 어떤 일정한 관계(예컨대 물물 교환, 매매, 거래 등과 같은)에 들어간다. 이 관계가 사회 전체의 경제적 구조를 구성한다. 그리고 이 경제적 토대 위에 법률, 정치, 사회 관습, 여러 관념 그리고 그 밖에 모든 것이 구축된다. 따라서 마르크스의 견해에 따르면 생산 방법이 변함에 따라 경제적 구조도 변하며, 잇따라 사람들의 관념과 법률과 정치 등도 변한다는 것이다.

마르크스는 또 역사를 계급 투쟁의 기록으로 보았다. "모든 인간 사회의 역사는 과거에도 또 현재에도 계급 투쟁의 역사다." 생산 수단을 지배하는 계급이 우월한 지위를 차지한다. 이들은 다른 계급의 노동을 착취해서 거기에서 이익을 얻는다. 일하는 사람들이 그들 노동의 대가를 고스란히 다 차지하는 것은 아니다. 그들은 다만 그 중에서 꼭 필요한 부분만을 얻을 뿐이며, 그 밖의 부분, 즉 잉여 부분은 착취하는 계급의 호주머니에 들어간다. 국가와 정부는 생산을 지배하는 계급에 지배되며, 따라서 국가의 제1의 목적은 이 지배 계급을 보호하는 일이 된다. "그러므로 국가는 하나의 전체로서 지배 계급의 업무를 운영하는 집행 위원회다"라고 마르크스는 말했다. 법률은 이 목적을 위해 제정된다. 그리고 교육과 종교를 이용해서 또 다른 방법을 통해 이 계급의 우월성이 정의와 자연의 이치에 합당한 것임을 인민으로 하여금 믿게 한다. 이와 같은 방법으로 착취되는 여러 계급이 사태의 진상에 눈뜨고 불만을 품게 되지 않도록 정부와 법률의 계급성을 은폐하는 모든 종류의 시도가 행해진다. 마침 누군가가 불만을 품고 이 체제에 도전하거나 하면 그는 사회의 적으로 지목되며 예로부터 관습의 파괴자로서 국가에게 압살당한다.

그러나 아무리 노력하더라도 하나의 계급이 영원히 지배권을 장악하고 있기는 불가능하다. 또한 우월성을 부여한 요인 자체가 결국은 거기에 대항하는 작용을 하게 된다. 원래 그들은 당시에 현존해 있던 생산 수단을 지배했기 때문에 지배 계급이 되고 착취 계급이 되었던 것이다. 그런데 새로운 생산 방법이 생기기 시작하면 이윽고 그것을 지배하는 새로운 계급이 세력을 얻어 착취당하는 것을 거부하게 된다. 새로운 관념이 사람들의 마음을 흔들고, 이데올로기 혁명이라고도 할 만한 것이 일어나 낡은 관념과 도그마를 몰아 낸다. 그리고 잇따라 새로 일어나는 계급과 여전히 권력에 매달리는 낡은 계급 사이에 투쟁이 시작된다. 새로운 계급은 이제는 경제적인 힘을 장악하고 있으므로 필연적으로 승리하게 되며, 역사 위에 그 역할을 다해 버린 낡은 계급은 몰락하게 된다.

이 새로운 계급의 승리는 정치적 승리인 동시에 경제적 승리이며, 또 새로운 생산 방법의 승리를 의미하는 것이기도 하다. 또한 사회의 모든 구조의 변화가 이에 따른다. 새로운 관념, 새로운 정치 기구, 법률, 관습 등 — 모든 것들이 영향을 받는다. 그리고 이 신흥 계급은 순서에 따라 피지배 계급 가운데 어떤 무리에게 교체될 때까지 다른 계급에 대해 착취 계급으로서 군림한다. 이와 같이 투쟁은 되풀이되어 다른 자를 착취하는 계급이 존재하지 않게 될 때까지 끊임없이 계속된다. 계급적 차별이 소멸되고 오직 하나의 계급만이 남겨질 때 비로소 투쟁은 끝날 것이다. 왜냐하면 거기에는 더 이상 착취의 기회는 존재하지 않을 것이기 때문이다. 계급이 하나라면 그것은 자기 자신을 착취할 수는 없다. 그렇게 함으로써만이 오늘날 볼 수 있는 것 같은 끊임없는 투쟁과 경쟁 대신 사회의 균형과 완전한 협력이 있을 수 있을 것이다. 이제 국가의 주요한 임무인 강제는 필요하지 않으며, 국가 자체도 '쇠멸(wither away)' 할 것이다. 따라서 무정부주의자의 이상에도 접근하게 될 것이 틀림없다.

마르크스는 이처럼 역사를 불가피한 계급 투쟁에 따라 형성되는 큰 규모의 발전 과정으로 보았다. 엄청나게 많은 상세한 예증을 들면서 마르크스는 과거에 어떻게 이와 같은 과정이 생겼고, 또 어떻게 큰 기계의 출현과 함께 봉건 시대가 자본주의 시대로 바뀌었으며, 봉건 계급이 자본가 계급에게 그 지위를 물려주었는가를 보여 주었다. 그에 따르면 현대에야말로 부르주아지와 노동자 계급 사이에 마지막 계급 투쟁이 벌어지고 있으며, 자본주의 자체가 결국은 자본주의를 쓰러뜨리고 계급 없는 사회와 함께 사회주의를 건설할 계급(노동자 계급)과 그 세력을 스스로 낳을 뿐 아니라 계속 증대시키고 있다는 것이다.

마르크스가 설명한 이러한 역사관은 '유물 사관'이라고 일컬어진다. 이 '유물론'이라는 말은 마르크스 시대에 매우 특수한 의미로 사용된 '관념론'이라는 말에 대해 관념론이 아니라는 뜻으로 그렇게 일컬어졌던 것이다. 발전(evolution)의 관념은 그 시대에 널리 보급되어 있었다. 이미 말한 바와 같이 다윈은 종족의 발생과 발전(development)에 관한 한도내에서 이것을 일반 사람들의 마음에 심어 놓았다. 그러나 이것은 결코 인간의 사회 관계를 설명하는 것은 아니었다. 어떤 철학자들은 인류의 진보를 정신의 진보라는 모호한 관념으로 설명하려고 했다. 마르크스는 문제를 이렇게 설정하는 방식은 잘못이라고 말했다. 그에 따르면 뜬구름 잡기와 같은 모호한 사색과 관념론은 사람들이 이런 종류의 방법으로 구체적인 사실에 기초를 두지 않은 온갖 종류의 일들을 공상하기 쉽기 때문에 위험한 것이었다. 그래서 그는 사실을 검증하는 과학적인 절차를 밟았다. 거기에서 '유물론'이라는 것이 생겼다.

마르크스는 끊임없이 착취와 계급 투쟁을 입에 담는다. 그러면 우리는 대개 우리 주변에서 보는 불공평에 화를 낸다. 그러나 마르크스의 생각으로는 이것이 화를 낸다거나 도덕적으로 그럴 듯한 충고를 한다거나 할 문제는 아니었다. 착취는 착취하는 개인의 죄가 아니다. 한 계급의 다른 계급에 대한 지배는 역사가 진보하는 데 따르는 자연적인 결과이며, 때가 지나면 또 다른 관계로 옮겨지는 것이다. 가령 어느 개인이 지배 계급에 속해서 그 위치에서 남을 착취했더라도 그것은 그 자신에게 그토록 무서운 죄라고는 할 수 없다. 그는 하나의 제도의 한 부분에 지나지 않으므로 그를 증오에 가득 찬 이름으로 부른다는 것은 어리석은 짓이다. 우리는 이 제도와 개인의 구별을 너무나 쉽게 잊어버린다. 인도는 영국 제국주의 아래 있으며, 우리는 사력을 다해 이 제국주의와 싸우고 있다. 그러나 그렇다고 해서 인도에서의 제도를 지탱하게 된 영국인을 나무라는 것은 옳지 않다. 그들은 거대한 기계의 한 부분이며, 필경 그 운동을 좌우할 만한 힘을 갖지 못한 작은 톱니바퀴의 톱니에 지나지 않는다. 이와 마찬가지로 우리들 중에는 자민다르 제도가 시대에 뒤떨어진 제도이며, 그 아래에서 몹시 착취당하는 소작인에게는 가장 해로운 것이라고 생각하는 사람도 있다. 그러나 또한 개개의 자민다르가 나쁘다고는 할 수 없다. 흔히 착취자로서 비난을 받는 자본가도 그렇다. 죄는 언제나 제도에 있는 것이지 개인에게 있는 것은 아니다.

마르크스는 계급 투쟁을 제창한 것이 아니다. 그는 다만 사실로서 그것이 존재한다는 것을, 그리고 또 어떤 형태로건 언제나 존재하고 있었음을 보여 주었다. 그가 『자본론』을 쓴 목적은 '현대 사회의 운동의 경제적 법칙을 폭로해' 보이는 데 있었다. 이렇게 하여 사회의 껍질이 벗겨졌을 때 거기에 서로 다른 계급 사이의 격렬한 투쟁이 드러났던 것이다. 이러한 투쟁이 언제나 계급 투쟁인 것은 단번에 알 수 있는 것이 아니다. 왜냐하면 지배 계급은 어떤 경우에나 반드시 자기의 계급적 성격을 감추려고 하기 때문이다. 그러나 현존 질서가 위협받게 되면, 그것은 온갖 위장을 벗어 던지고 본성을 드러내 여러 계급 사이에 공공연한 투쟁이 벌어진다. 한 번 이런 사태가 발생하게 되면 민주주의의 여러 형식도, 평상시의 법률도, 절차도 모두 헝클어져 버린다. 이러한 계급 투쟁은 어떤 사람들이 말하는 것처럼 오해나 또는 선동가의 뻔뻔스런 행동 때문에 일어나는 것이 아니라, 오히려 이해의 충돌에 대한 인식이 높아짐에 따라 심해진다.

그러면 이 마르크스의 이론과 인도의 현상을 한번 연결시켜 보자. 영국 정부는 오랫동안 자기들의 인도 통치는 정의와 인도 인민의 복지에 입각하는 것이라고 주장해 왔고, 과거에는 우리 나라 사람 중에도 이 주장도 일리가 있다고 생각하는 사람이 많았던 것은 의심할 여지가 없다. 그러나 이제는 그 통치가 규모가 큰 대중 운동의 도전으로 중대한 위협을 받고 있는 결과로서 본성이 여지없이 드러나 누구의 눈으로도 이 총검 위에 형성된 제국주의적 착취의 현실은 대번에 간파할 수 있게 되었다. 모든 형식과 온화한 것 같은 말의 치장은 흔적도 없이 벗겨지고 긴급 명령이니 언론·집회·보도와 같은 극히 당연한 자유의 억압이 나라의 정상적인 법률이 되고 제도가 된다. 현존의 권위에 대한 도전이 심해질수록 이와 똑같은 일들이 자꾸 벌어지게 될 것이다. 하나의 계급이 다른 계급에게 중대한 위협을 줄 때에도 마찬가지다. 우리는 우리 나라의 농민과 노동자, 또 그들 편을 드는 사람들에게 내려지는 야만적인 판결에서 그것을 볼 수 있다.

마르크스의 역사 이론은 이처럼 끊임없이 변하고 진보해 가는 사회 이론이었다. 그것은 고정되어 있지 않은 동적인 개념이었다. 또한 무엇이 일어나건 그것에는 상관없이 하나의 사회에서 다른 사회로 교대하면서 진행하는 것이었다. 그러나 하나의 사회 질서는 그것이 그 과정을 경과해서 완전히 성숙한 다음에야 비로소 소멸했다. 사회가 이 한도를 넘어 여전히 성장을 계속하면 그 질서는 이미 맞지 않게 되어 사회의 성장을 도리어 억제하게 된다. 사회는 이 낡은 질서를 벗어 던지고 새로운 옷으로 갈아입는다.

이 발전의 장대한 역사 과정을 돕는 것이 마르크스에 따르면 인간의 사명이었다. 앞서야 할 모든 단계는 지나가 버렸다. 자본주의 부르주아 사회와 노동자 계급 사이에는 이제 마지막 계급 투쟁이 벌어지고 있다(이것은 물론 자본주의가 완전히 발달한 선진 공업국에서의 일이다. 자본주의가 발달하지 못한 나라에서는 선진국에 비해 뒤떨어져 있기 때문에 그들의 투쟁은 다소 다른 요인과 뒤섞인 실정이다. 그러나 본질적으로 말하면 세계는 더욱더 서로 관련되는 경향을 띠고 있으므로 후진국에서도 이 투쟁의 한 측면은 진행되고 있다). 자본주의는 곤란에 이어 곤란, 공황에 이은 공황에 부딪히면서, 또 그 자체의 균형의 결핍 때문에 전복되기에 이를 것이라고 마르크스는 말했다. 마르크스가 이런 글을 쓴 지 벌써 66년이 되었고, 자본주의는 그 뒤로 되풀이해서 큰 위기에 부딪혔지만 종말을 고하기는커녕 일찍부터 그것이 존재하지 않은 러시아를 제외하고는 더욱 강력하게 성장했다. 그러나 이렇게 이 편지를 쓰고 있는 동안에도 자본주의는 이제 온 세계에서 위독한 상태에 빠져 있는 것 같아 의사들은 회복될 가망이 없는 것으로 진단하려 하고 있다.

자본주의는 마르크스가 충분히 고려하지 못했던 요인 때문에 현재까지도 생명을 부지할 수 있었다고 한다. 그 요인이란 서방 선진 여러 나라의 식민지 제국 착취였다. 이것이 자본주의에 새로운 생명을 주고 번영을 가져다 주었다. 말할 나위도 없이 그렇게 해서 착취당하는 불쌍한 나라들의 희생을 통해.

우리는 흔히 현대 자본주의 제도하에서 부자가 가난한 자를, 또 자본가가 노동자를 착취하는 것을 비난한다. 이것이 사실이라는 데에는 더 의문의 여지가 없다. 다만 그것은 자본가의 죄가 아니다. 제도 자체가 그와 같은 착취에 입각하는 것일 뿐이다. 동시에 우리는 이것이 자본주의와 함께 시작된 일이 아님을 잊지 않도록 하자. 착취는 오늘날까지 모든 제도 가운데서 일하는 사람과 가난한 사람에게 주어진 변함없는 고난의 숙명이었다. 그러나 자본주의 착취에도 불구하고 확실히 그들의 생활은 오늘날에는 과거의 어느 시대보다도 좋아져 있다고 할 수 있다. 하지만 그렇게 현저한 향상은 아니다.

현대에 마르크스주의의 최대의 계승자는 레닌이다. 그는 단순히 그것을 저술하고 설명했을 뿐 아니라 몸소 실천했다. 더구나 그는 우리에게 마르크스주의를 불변 불멸의 교조로 생각하지 말라고 경고하고 있다. 그 본질적인 부분의 진리를 굳게 확신하면서도 그는 모든 점에서 지엽적인 것까지 다 받아들이고 또 적용하려고는 하지 않았다. 그는 우리에게 다음과 같이 말한다.

> 어떤 의미에서도 우리는 마르크스주의의 이론이 완전하다거나 또 이의를 제기할 여지가 없는 것으로는 보지 않는다. 그뿐 아니라 이 이론은 사회주의자가 생활에 뒤지지 않으려면 모든 방면으로 계속해서 발전시켜야 할 초석이라고 믿고 있다. 우리는 러시아의 사회주의자에게는 마르크스주의 이론의 자주적인 연구

가 특히 필요하다고 생각한다. 왜냐하면 이 이론은 예를 들면, 영국에서는 프랑스와는 다르게 적용되고, 프랑스에서는 독일과, 독일에서는 러시아와 다르게 적용되어야 하듯이 큰 테두리의 일반적인 지침만을 주는 데 지나지 않기 때문이다.

나는 이 편지에서 마르크스의 이론에 관해 자세히 말하고 싶었다. 하지만 나는 이처럼 개략적인 내 글에서 네가 크게 얻는 것이 있었는지 어떤지, 또 그것이 너에게 명백한 개념을 주었는지 어떤지는 모른다. 이러한 이론은 오늘날 남녀를 불문하고 방대한 대중을 움직이고 있으며, 우리 나라에서도 도움이 되는 경우도 있는 만큼 이것에 대해 알고 있는 것은 좋은 일이다. 러시아라는 하나의 대민족과 소련 내의 기타 지역에서는 마르크스를 주요한 예언자로 생각하고 있다. 그리고 오늘날의 세계적인 불황 속에서 구제 수단을 찾는 많은 사람들이 마르크스에게서 구제의 가능성을 기대하고 그에게 희망을 걸고 있다.

자, 이제 나는 영국의 시인인 앨프레드 테니슨(Alfred Tennyson)[115]에게서 몇 줄의 말을 인용하는 것으로 이 편지를 끝내고자 한다.

> 낡은 것은 변해 새 질서에 길을 양보한다.
> 그리하여 신은 변화가 무궁 무진해 스스로를 이룩한다.
> 신은, 비록 좋은 제도라도 결국은
> 세계를 타락시키리라는 것을 알고 있으리라.

---

115) 영국의 대표적인 시인. 격조 높은 아름다움과 견실한 도덕 정신, 풍부한 학식으로 빅토리아 시대의 시단에서 높은 지위를 차지했다.

135 *1933년 2월 22일*

영국의 빅토리아 시대

　사회주의 사상의 발달을 다룬 내 편지 속에서 나는 영국형 사회주의가 그 중에서도 가장 온건한 것이라는 점을 지적했다. 영국형 사회주의는 유럽에 유행하고 있었다. 이데올로기 중에서 가장 혁명성이 희박한 것으로, 더욱 좋은 상태에 대해 점진적인 태도를 갖는 폭 좁은 전망을 가지고 있었다. 무역이 부진하거나 불경기나 실업이 중대할 때, 또는 임금이 하락해 인민이 가난에 허덕일 때에는 때로는 영국에도 혁명적인 풍조가 일어났지만 상태가 개선되면 이내 진정되어 버렸다. 이 19세기를 통해 영국 사상의 미온성은 영국의 번영과 긴밀하게 연결되었다. 번영과 혁명은 서로 용납할 수 없는 어떤 면이 있기 때문이다. 혁명은 규모가 큰 변화를 의미하지만, 현존 질서에 대체로 만족하고 있는 자들은 위험을 무릅쓰고서라도 자기들의 상태를 개선하려고 시도하지는 않는 법이다.

　19세기는 참으로 영국이 위대함을 자랑한 세기였다. 영국은 18세기에 산업 혁명이 일어나 다른 나라들보다 앞질러 공장을 건설함으로써 얻은 우세를 19세기 내내 거의 계속해서 유지했다. 전에도 말한 것처럼 영국은 세계의 공장이었고, 재화는 먼 나라들로부터 여전히 계속 흘러 들어왔다. 인도와 그 밖의 식민지에서의 착취는 영국에 쉴 새 없이 풍족한 헌납품을 가져다 주었고, 국위를 크게 증가시켰다. 유럽의 거의 모든 나라들에 변화가 일어나고 있는 동안 영국은 어떤 혁명도 없이 바위 같은 강력함과 견고함을 마냥 누리고 있는 것처럼 생각되었다. 간혹 위험이 닥쳐왔지만 그런 것들은 몇몇 사람들에게 투표권을 주는 것만으로도 극복되었다. 그 동안 프랑스에서는 우리도 본 바와 같이 공화국과 제국이 잇따라 빠르게 교체되었다. 이탈리아에서는 하나의 새로운 국가가 발흥해서 오랫동안 계속되어 온 분열의 시대에 마침표를 찍고 모든 반도의 통일을 성취했다. 독일에는 새 제국이 출현했고 벨기에·덴마크·그리스 등의 여러 작은 나라에서도 여러 가지 변화가 생겼다. 유럽에서 가장 오랜 전통을 지닌 합스부르크 왕가가 여전히 버티고 있던 오스트리아는 프랑스·이탈리아 및 프로이센 때문에 되풀이해서 수모를 당했다. 다만 동방의 러시아만이 거만하게 군림하는 차르를 받들고, 아무 변화도 없이 존속하고 있는 것 같아 보였다. 그러나 러시아는 공업이 몹시 뒤떨어진 농업국이었던 까닭에 새로운 여러 사상과 신흥 산업의 입김이 아직 거기까지 이르지 못했던 것이다.

영국의 부와 제국과 해군력은 영국으로 하여금 유럽과 세계에서 지배적인 지위를 차지하게 했다. 이 나라는 선진 민족으로서 전세계에 촉수를 뻗쳤다. 미국은 여전히 자기 나라의 국내 분규에 골치를 앓아 세계 정세보다는 국내의 발전에만 전념하고 있었다. 교통 수단에서 놀라운 변화가 일어나 세계는 어느 새 더 좁고 더 긴밀한 일체가 되었고, 영국은 이것을 이용해 더욱 편리하게 먼 나라의 고삐를 조이는 데 힘썼다. 이처럼 여러 가지 사정이 변했지만 영국의 정치 형태는 여전히 그대로였다. 한 사람의 입헌 군주─즉 권력이 없는 군주와 하나의 의회가 주권자의 지위에 있는 것으로 간주되었다. 의회는 처음에는 한 떼의 지주들과 부유한 사람들 중심의 선거로 구성되었으나, 세월이 지남에 따라 위기가 닥칠 때마다 그 분규를 피하기 위해 점점 많은 사람들에게 선거권이 주어지게 되었다.

영국에서는 19세기의 태반을 빅토리아(Victoria) 여왕이 다스렸다. 그녀는 18세기 동안 여러 사람의 조지(George 1세·2세·3세 및 4세)를 영국의 왕위에 오르게 한 독일의 하노버가(House of Hanover) 출신이었다. 그녀는 1837년 18세 소녀의 몸으로 즉위해서 세기의 끝인 1900년까지 왕위에 있었다. 이 시대는 흔히 빅토리아 시대라고 일컬어진다. 따라

영국의 빅토리아 시대

서 이 시대는 유럽과 그 밖의 지역에 여러 가지 변화가 생기는 것을 모두 지켜보았으며, 낡은 이정표가 사라지고 새로운 것이 나타나는 것을 경험했다. 또 유럽에서의 여러 혁명, 프랑스에서의 변화, 이탈리아 왕국의 출현, 또 독일 제국의 성립을 보았다. 여왕이 사망하는 순간까지 그녀는 말하자면 유럽의, 또 유럽 여러 국왕의 할머니 같은 지위에 있었다. 한편 빅토리아와 시대를 같이하고 거의 비슷한 기록을 가진 또 한 사람의 국왕이 있었다. 그는 오스트리아 합스부르크가의 프란츠 요제프였다. 그도 혁명의 해인 1848년 또한 18세에 기둥이 기울어진 그의 제국의 제위에 올랐다. 그는 68년 동안 재위했는데 오스트리아와 헝가리와 그 밖의 지역을 자신의 통치 아래 묶어 두는 데 그럭저럭 성공했다. 그러나 세계 전쟁(제1차 대전. 1914~18년)이 그의 생명과 함께 그의 제국에 마침표를 찍었다.

빅토리아는 그보다 더 운이 좋았다. 그녀의 재위 기간에 영국은 국력의 신장과 함께 영토의 확대를 이룩했다. 그녀가 왕위에 올랐을 무렵 캐나다에 일련의 소란이 있었다. 캐나다 식민지는 공공연히 반란을 일으켜서 거기에 있는 많은 개척자들은 영국과 손을 끊고 이웃 나라인 미국과 합동하려고 했다. 그러나 미국의 독립 전쟁에 진저리가 난 영국은 급히 광범위한 자치를 부여해서 캐나다인을 달랬다. 그 얼마 뒤 이 나라는 완전한 자치를 향유하는 영토가 되었으며, 이것은 제국(empire)의 실험에서 새로운 형태를 이루었다. 자유와 제국은 본질상 양립할 수 없는 것이었지만, 그렇게 하지 않으면 캐나다를 잃게 될 운명이었으므로 영국은 정세에 밀려나는 것이었다. 캐나다 국민의 대부분은 영국계였으므로 그들에게는 모국과 사이에 강한 감정적 유대가 있었다. 인구가 희박하고 광대한 미개척의 토지가 산재해 있는 이 새로운 나라는 영국의 제조업과 자금에 크게 의존하고 있었기 때문에 두 나라의 이해 관계는 별로 충돌하는 일도 없었고, 그들의 새로운 관계에도 긴장이 감도는 일은 거의 없었다.

그 뒤 같은 세기에 영국의 해외 식민지에 대한 이런 종류의 자치 허용 방법은 세기의 중엽까지는 거의 유형수 식민지라고 해도 지나치지 않았던 오스트레일리아에도 확장되었다. 그리하여 세기말쯤 오스트레일리아는 제국내의 자치령이 되었다.

한편 인도에서 영국의 장악력은 한층 강화되어 잇따른 전쟁을 통해 영국령 인도는 더욱 확대되었다. 인도는 영국의 속국이 되고 거기에는 자치 정부의 그림자도 비치지 않았다. 1857년의 반란은 성과도 없이 진압되고, 그 이전보다 더한 영국의 중압은 인도의 어깨를 한껏 짓눌렀다. 이제까지 나는 다른 방면을 얘기하면서 얼마나 여러 가지 방법으로 인도가 영국에 착취당했는가를 언급했다. 새삼스럽게 말할 것도 없지만 인도는 한 마디로 영국의 '제국'이었다. 이 사실을 세계에 널리 알리기 위해 빅토리아 여왕은 인도 황제의 칭호를 받았다. 그러나 인도 외에도 영국은 세계 도처에 비교적 작은 많은 속령을 가지고 있었다.

영국 제국은 이렇게 하여 두 가지 형태의 나라들이 뒤섞인 기묘한 집합체가 되었다. 나중에 자치령이라고 일컬어지게 된 자치권을 가진 여러 나라와, 그리고 속령과 보호령이 있었다. 전자는 일단은 본국의 지도적 지위를 인정한다는 가정 아래 제국을 구성하는 일종의 성원이었으나, 후자는 하인이나 노예 같은 존재여서 마구 멸시당하고 학대받았다. 자치령은 영국인 내지 다른 유럽인과 토착민으로 이루어져 있었지만 속령은 모두 비영국인·비유럽인이었다. 영국 제국내의 두 부분의 차별은 지금까지도 계속되고 있다.

영국은 재력이 풍부할 뿐만 아니라 제국적인 체제를 갖추었으므로 여하튼 만족스런 형태를 보이는 강국이었다. 그러나 완전히 만족하고 있었다고는 할 수 없다. 제국주의적인 본능이라는 것은 결코 만족할 줄을 모르며 끊임없이 팽창을 바라 마지 않는 것이기 때문이다. 그렇지만 영국의 주요한 관심은 더 이상 손을 벌리는 것보다는 한번 손에 넣은 것을 움켜쥐는 데 있었다. 특히 인도는 영국이 마지막까지 내놓지 않으려고 한 비장의 식민지였다. 따라서 그 외교 정책은 모두 인도의 장악과 동방에서의 안전한 해상 교통로의 확보를 중심으로 하여 펼쳐졌다. 그 때문에 영국은 이집트에 간섭해서 끝내 이 나라를 차지해 버렸고, 또 같은 방법으로 페르시아에도, 아프가니스탄에도 간섭의 손을 뻗쳤으며, 더 교묘한 수단을 써서 수에즈 운하 회사의 주식을 사들임으로써 운하의 지배권까지 장악했다.

한편 유럽 대륙의 여러 나라는 19세기의 전반에 걸쳐 국내 문제에 무척 바빴고, 또 이따금 서로 전쟁을 하고 있던 차였으므로 영국에 관심을 기울일 겨를이 없었다. 반면에 영국은 여전히 다른 나라에 대해 한 나라를 북돋움으로써 유럽을 대립 상태에 빠뜨린 뒤 그것을 유리하게 이용하는 술책을 썼다. 그래서 프랑스의 나폴레옹 3세는 위험한 인물처럼 생각되었으나 몰락해 버렸다. 프랑스가 회복하기까지는 얼마간의 시간이 필요했다. 독일은 강대한 적으로 보기에는 아직 너무 어렸다. 그러나 어느 한 나라가 영국에 대항해서 싸움을 걸 형세에까지 이르렀는데 그것이 바로 차르의 러시아였다. 비록 뒤떨어지기는 했지만 그래도 어쨌든 지도 위에서는 대국인 러시아였다. 영국이 인도에서 남아시아로 확대하는 동안에 러시아는 북아시아로부터 중앙 아시아로 뻗어 나가 그 국경은 인도에서 그다지 많이 떨어져 있지는 않았다. 이 러시아의 접근은 밤마다 영국을 위협하는 몽마(夢魔)와도 같은 것이었다. 나는 언젠가 인도에 대해 이야기하면서 영국의 아프가니스탄 침략과 아프간 전쟁에 대해 말했다. 이것은 거의 차르의 러시아에 대한 공포 때문에 생기는 일이었다.

영국과 러시아의 문제는 유럽에서도 있었다. 러시아는 1년 내내 개방할 수 있도록 겨울에도 얼지 않는 좋은 항구를 원하고 있었다. 영토가 그토록 방대했는데도 러시아의 항만은 모두 북극권에 가까운 곳에 있었기 때문에 1년 중 어느 한 기간은 얼어붙어 버렸다. 인도와 아프가니스탄에서 러시아는 영국 때문에 바다에의 접근을 제대로 시도하지 못하고 있었다. 이는 페르시아에서도 마찬가지였으며, 흑해는 보스포루스(Bosphorus) 및 다르다넬스(Dardanelles) 해협을 장악한 투르크 때문에 봉쇄되어 있었다. 지난날에는 콘스탄티노플을 탈취하려고 한 적도 있었지만 투르크는 러시아에게는 너무 강한 존재였다. 그러나 이제는 투르크가 약해졌기 때문에 대망의 목표물은 손아귀에 들어올 것 같은 형세였다. 러시아는 그것을 빼앗으려고 했다. 그런데 여기에 영국이 방해를 했다. 영국은 오직 자기 이익을 위해서 투르크의 후원자가 되었다. 1854년 크리미아(Crimia) 전쟁이 일어났고, 또 그 뒤에도 다시 전쟁이 일어날 것 같은 상태에서 러시아는 밀려 나갔다.

플로렌스 나이팅게일이 용감한 여자 지원자들을 거느리고 부상병을 간호한 것은 크리미아 전쟁 때의 일이었다. 빅토리아 시대의 중산층 여성들은 내성적이었기 때문에 이것은 당시로서는 놀랍고도 신기한 일이었다. 플로렌스 나이팅게일은 그녀들에게 새로운 모범을 보여 많은 여성들을 그녀들의 내실에서 끌어 냈다. 그녀는 이렇게 하여 여성 운동사에 중요한 지위를 차지하게 되었다.

영국의 정치 형태는 이른바 입헌 군주제 또는 '왕관을 쓴 공화국(crowned republic)'이었다. 이것은 왕관을 쓰고 있는 자가 진짜 권력을 갖지 않으며, 의회가 신임한 대신의 대변인에 지나지 않는다는 의미였다. 정치적으로는 그(또는 그녀)는 대신의 손에 조종되는 꼭두각시에 지나지 않는 존재로 간주되었다. 그는 '정치를 초월했다(above politics)'는 말을 들었던 것이다. 그러나 실제로 온전한 지능과 의지를 가진 자라면 누구든지 단순한 꼭두각시가 될 리는 없었다. 그래서 영국의 국왕 또는 여왕은 얼마든지 국무에 관여할 기회를 가지고 있었는데 이것은 대개는 병풍 뒤에서 행해지므로 인민은 훨씬 뒷날에까지도 좀처럼 그것을 알지 못했다. 만일 공공연하게 간섭이라도 한다면 아마 일반의 분격을 사서 군주제는 위기에 부딪히게 되었을 것이다. 입헌 군주가 가져야 하는 큰 덕성 가운데 하나는 재치(tact)다. 이것만 있으면 그는 훌륭하게 잘 나갈 수 있다.

헌법상 또는 법적으로는 공화국의 대통령(예컨대 미국 대통령)이 의회제 국가의 왕관을 쓰고 있는 원수보다 훨씬 큰 권력을 가지고 있다. 그러나 전자는 자주 교체되며 후자는 오랫동안 눌러 앉는다. 그래서 은연 중에나마 그가 뜻하는 방향으로 계속해서 정무에 영향을 끼칠 수 있다.

국왕에게는 또 음모를 꾸민다거나 사회적인 압력을 가하는 기회도 얼마든지 주어졌다. 사교 방면에서는 그는 지고의 지위에 있기 때문이다. 왕실과 궁정의 분위기는 그야말로 권위주의적인 분위기이며, 서열과 칭호와 계층으로 이루어져 있다. 그것은 사회적인 평등과 계급의 철폐와는 양립할 수 없는 것이다. 영국 왕실의 존재가 영국인의 지성을 규정하고 그가 사회의 계급적 차별을 시인케 하는 데 큰 힘을 가지고 있었음은 의심할 나위도 없다. 대개의 다른 나라들에서는 이런 왕실 제도가 자취를 감춰 버렸는데도 영국에서 잘 연명된 것은 지배 계급을 인정하기 때문이라고 말하는 편이 옳을지도 모른다. '영국인의 영주 받들기(Every Englishman loves a lord)' 는 옛날 속담이지만 여기에는 충분한 진리가 담겨 있다. 유럽과 아메리카에서는, 또 일본과 인도를 제외하면 아시아에서도 아마 영국만큼 계급적 차별이 뚜렷한 곳은 없을 것이다. 영국이 과거부터 정치적 민주주의와 공업화에서는 선진국이었지만 사회적으로 이렇게 뒤떨어지고 근본적으로 보수적이라는 사실은 이상한 일이 아닐 수 없다.

영국 의회는 '의회의 어머니(Mother of Parliaments)' 라고 일컬어진다. 그것은 명예로운 오랜 전통을 가졌고 많은 점에서 국왕의 전제 정치에 대한 투쟁의 선구자였다. 국왕의 전제 정치가 의회의 과두 정치, 즉 소수의 지주 계급에게 자리를 양보했다. 이어 민주주의가 나팔 소리와 함께 등장해 투쟁을 거듭한 끝에 하원 의원 선거를 위한 투표권이 주민의 대다수에게 주어졌다. 실제로는 이것은 참된 민주주의 지배를 실현케 하지는 못했고, 부유한 산업가들이 의회를 지배한 데에만 그쳐 민주주의 대신 금권 정치(plutocracy)가 실현되었다.

영국 의회는 그 통치와 입법의 업무를 처리하는 데 매우 신기한 제도를 마련했는데, 양당 제도가 바로 그것이다. 두 정당 사이에는 별로 차이가 없었다. 그것은 따로 상반되는 정강을 내세운 것은 아니었으며, 둘 다 현존하는 사회 제도를 시인하는 부유한 사람들의 정당이었다. 두 정당 가운데 하나는 낡은 지주 계급에 속하는 사람들의 수가 많았고, 다른 하나는 부유한 공장주가 많았지만 어쨌든 간에 매한가지였다. 그것들은 처음에는 '토리당(Tories)'과 '휘그당(Whigs)'으로 흔히 일컬어졌지만 19세기에 이르러 '보수당(Conservatives)'과 '자유당(Liberals)'으로 일컬어지게 되었다. 그러나 다른 유럽 여러 나라에서는 사정이 매우 달라서 저마다 다른 강령과 이데올로기 아래 현실적으로 의미를 지닌 정당이 원내·원외를 통해 몹시 다투었다. 그런데 영국에서는 그것이 말하자면 가정내의 문제였고, 반대 자체가 일종의 협력이 되어 두 정당이 서로 여당이 되기도 하고 야당이 되기도 했다. 거기에는 (대륙의 여러 나라와 달리) 사람들의 정열을 부채질하는 중대한 종교 문제도 없었고, 또 인종과 민족 문제도 없었다. 세기말쯤에 오직 하나, 아일랜드의 민족주의자인 한 의원에 의해 참된 의미로 긴박함을 알리는 것 같은 사건이 야기되었다. 그들로서는 아일랜드의 독립은 민족 문제였기 때문이다.

이와 같은 양대 정당이 의회에 의원을 보내게 되면 개인과 소당파가 의원으로 선출되기는 매우 어려워진다. 민주주의가 있고 선거권이 있어도 가난한 선거민은 거의 발언권을 얻지 못한다. 그는 두 정당의 한쪽 후보자에게 한 표를 던지거나 아니면 집에 남아 기권하는 수밖에 없다. 그리고 의회 안에서도 정당에 소속된 의원에게는 거의 독립 행동의 여지가 없다. 그들은 정당 간부의 지시에 따라 움직이는 것 외에는 아무것도 할 수가 없다. 이와 같은 방식을 취하지 않는 한, 그들은 당의 결속을 유지하고 반대당을 패퇴시킬 만한 힘을 발휘해 정권을 잡을 수 없기 때문이다. 이러한 결속과 통일 행동은 그 자체로서는 좋은 것임에 틀림없지만 민주주의와는 인연이 먼 것이다.

흔히 민주주의 진보의 모범 가운데 모범이라 칭송받는 영국에서조차 민주주의가 눈부신 성공을 거두었다고 할 수 없음은 앞에서 살펴본 바와 같다. 어떻게 하여 인민을 통치하기 위해 최량의 사람들이 인민으로부터 선출되어야 하는가 하는 정치상의 큰 문제는 아직 충분히 해결되지 않았다. 지금까지 본 민주주의는 함부로 소리치거나 연설하는 일에 지나지 않으며, 가난한 유권자는 전혀 모르는 사람에게 한 표를 던지도록 부추김을 받고, 총선거는 모든 다양한 약속이 남발되는 공인된 경매 시장이라고밖에 생각되지 않는다. 그렇지만 이렇게 많은 결점을 드러내면서도 이 가짜 내지는 그릇된 민주주의는 영국에서 번영을 누리고 이 번영이 제도의 붕괴를 막으면서 어느 정도의 만족을 가져왔다.

19세기 후반 영국 정당의 2대 지도자는 디즈레일리(Disraeli)와 글래드스턴(Gladstone)이었다. 나중에 비컨스필드 백작(Earl of Beaconsfield)이 된 디즈레일리는 보수당의 지도자로서 여러 번 총리가 되었다. 이것은 그로서는 대단한 출세였다. 왜냐하면 그는 그럴 듯한 연줄도 없는 유태인이었는데, 유태인은 영국에서는 배척당하고 있었기 때문이다. 그러나 그는 오직 수완과 노력 하나로 그에 대한 모든 편견을 극복하고 자기 자신을 발군의 지위에 올려놓았다. 그는 제국주의의 거울이었으며, 빅토리아 여왕을 인도의 황제로 만든 것도 그였다. 한편 글래드스턴은 부유한 영국의 명문 출신이었다. 그는 자유당의 지도자였으며 또한 여러 번 총리가 되었다. 제국주의와 외교 정책에 관한 한 글래드스턴과 디즈레일리 사이에 이렇다 할 큰 차이는 없다. 그러나 디즈레일리는 터놓고 제국주의를 휘둘렀던 데 비해, 전형적인 영국인이었던 글래드스턴은 아름다운 문구와 그럴 듯한 표현으로 그것을 장식해 마치 자신이 하는 일은 모두 먼저 하느님에게 의논하고 있는 것처럼 꾸몄다. 그는 발칸에서의 투르크의 잔학 행위에 대해 크게 반대하는 운동을 일으켰다. 이에 대해 디즈레일리는 물론 분명히 투르크를 지지해 이것에 대항했다. 실제로는 발칸에서 그들의 지배를 받고 있던 여러 민족들에게도 투르크인에게도 모두 죄가 있어, 서로 무서운 살육과 잔학 행위를 감행하고 있었던 것이다.

글래드스턴은 또 아일랜드의 자치를 옹호했으나 성공하지 못했다. 영국의 반대가 너무 심했기 때문에 자유당 자체가 분열되어 그 일부는 보수당에 합류할 정도였다. 이 일파는 아일랜드와의 통일을 원했기 때문에 지금은 '통일당원(Unionist)'이라고 일컬어지고 있다.

이러한 여러 가지 일과 또 빅토리아 시대에 일어난 그 밖의 일들에 대해서는 다음 편지에서 이야기하도록 하자.

136 *1933년 2월 23일*

세계의 채권자가 된 영국

　19세기 영국의 번영은 여러 산업과 식민지 및 속령의 착취에 따른 것이었다. 그 국부의 증대는 특히 이른바 '기간(basic)' 산업이라고 불러도 좋을 만한 목면·석탄·철강·선박 등 여러 공업의 기초 위에 서 있었다. 일단의 다른 여러 공업은 중공업도 경공업도 이런 것들의 주변 또는 이런 것들과는 별개로 발달했다. 큰 사무소와 큰 은행 건물이 잇따라 세워졌다. 영국 상선은 세계 도처에서 볼 수 있었고, 이것들은 영국의 상품뿐 아니라 다른 여러 공업국의 제품들을 모두 운반했다. 그들은 전세계 화물의 최대 운반자가 되었으며, 런던의 로이드(Lloyd) 보험업자 조합[116] 사무소는 세계 해운의 중심이 되었다. 이러한 여러 산업과 여러 사업은 의회를 장악했다.

　재화가 이 나라에 홍수처럼 쏟아져 상층 계급과 중간 계급은 더욱 부유해지기만 했다. 노동자 계급도 그 여파에 힘입어 생활 수준이 향상되었다. 그러면 이렇게 부자들이 벌어들이는 막대한 돈은 도대체 어떻게 처리되고 있었을까? 그것을 사용하지 않고 사장시키는 것은 어리석은 일이었다. 그래서 누구나 앞을 다투어 산업을 확장하고 더욱 많은 제품을 생산함으로써 한층 더 많은 이익을 올렸다. 이러한 재부의 대부분은 영국과 스코틀랜드의 공장과 철도와 이와 비슷한 종류의 기업으로 넘어갔다. 얼마 뒤 엄청나게 많은 공장이 서고 나라가 완전히 공업화되

---

[116] 17세기 말쯤에 에드워드 로이드라는 사람이 개설한 커피 하우스(다방)에 해상 보험업자들이 모였는데, 그것이 차츰 그들의 클럽으로 발전해 동업자 조합이 되었다. 보험 업무 외에도 해운에 관한 정보(로이드 리스트)를 제공해서 영국이 이른바 7대양을 지배함에 따라 세계 해운계의 중심이 되었다.

었을 때에는 경쟁도 따라서 심해졌고 이윤은 자연히 감소되었다. 그래서 돈을 갖고 있는 자본가는 더 유리한 투자 분야를 찾아 해외로 눈을 돌려 거기에서 풍부한 투자 대상을 발견했다. 그리하여 온 세계에 철도, 전신·전화선이 부설되고 공장이 세워졌으며, 영국의 남는 돈들은 유럽과 아메리카와 아프리카 및 세계 각지에 흩어져 있는 영국의 여러 속령 내의 이러한 많은 기업들에 뿌려졌다. 이 때 풍부한 자원이 있는 미국은 급속히 발전해서 철도와 그 밖의 시설을 위해 거액의 영국 자본을 흡수했다. 남아메리카, 특히 아르헨티나에서 영국인은 광대한 농원의 소유자가 되었으며, 캐나다와 오스트레일리아도 영국 자본으로 개발되었다. 중국에서도 열강들 사이에 권익 쟁탈전이 치열하게 벌어지고 있었음은 이미 말한 바와 같다. 인도에서는 말할 것도 없이 영국인이 활개를 치고 있어 그들이 제멋대로 정한 터무니없는 조건으로 철도와 그 밖의 사업에 돈을 댔다.

　　이리하여 영국은 세계의 채권자가 되고 런던은 세계의 금융 시장이 되었다. 그러나 그렇다고 해서 금·은과 돈을 넣은 굉장히 큰 자루가 돈을 빌려 주자마자 이내 영국에서 다른 나라로 운반되었다고 생각해서는 안 된다. 현대의 사업은 현금을 사용하지 않는 방법으로 진행된다. 그렇지 않으면 금과 은은 넉넉히 사용하기에는 아무래도 모자랄 테니까. 이런 것을 몹시 중요하게 생각하는 어리석은 사람들이 있다. 그렇지만 그것들은 단순히 교환 수단이며 유통의 재료에 지나지 않을 뿐 누구도 그것들을 별로 쓸모가 없는 장식으로 쓰는 외에는 먹을 수도 입을 수도 없는 것이다. 진짜 재화란 사용할 수 있는 것을 소유하는 일이다. 그래서 영국이라기보다는 영국 자본가가 돈을 미리 빌려 주었다는 것은 그들이 어떤 금액을 외국의 산업이나 철도에 투자해 현금 대신 영국 제품을 보내 주었음을 의미한다. 영국의 기계나 철도 자재가 이와 같이 여러 외국에 수출되었던 것이다. 이것이 영국의 산업을 도왔고, 동시에 영국의 투자 계급에게는 넉넉한 이윤 대신 그들이 가진 잉여의 현금을 투자할 기회를 제공했다.

금융은 이익이 많은 장사다. 그래서 영국이 이 업무를 많이 맡을수록 그만큼 더 부유해졌다. 오로지 이 사업에서 나오는 이윤과 배당금만으로 생활하는 유한 계급이 엄청나게 많이 생겨났다. 그들은 무언가를 생산하기 위해 일할 필요가 없었다. 어느 철도 회사와 차 농장 또는 제조 회사의 주식을 가지고만 있으면 그 배당금은 정기적으로 그들의 주머니에 들어왔다. 이렇게 한가한 사람들의 집단 주택지가 프랑스의 리비에라(Riviera)나 이탈리아, 스위스 등지의 경치 좋은 곳에 발달했다. 그러나 물론 그들의 대부분은 영국에 남아 있었다.

이미 얘기한 바와 같이 영국에서 돈을 꾸어 쓴 나라들은 대체 어떻게 하여 그 이자와 거기에서 생기는 배당금을 지불해 나갔을까? 또한 그들도 그것을 금이나 은의 형태로 지불하지는 못했다. 그들은 해마다 지불해야 할 금과 은을 갖고 있지 못했다. 따라서 그들은 물건의 형태로, 그러나 나라 자체가 이미 선진 제조 공업국이었던 영국처럼 제품의 형태로 지불하기보다는 식료품과 원료품의 형태로 지불했다. 그들은 밀·차·커피·육류·과일·주류·면화 등을 끊임없이 영국에 보냈다.

두 국민 사이의 거래는 물품의 상호 교환으로 이루어진다. 한 나라는 계속 팔고 다른 나라는 사들이기만 하는 것은 불가능하다. 만일 그런 일이 행해진다면, 그 때에는 지불은 금이나 은으로만 이루어져야 할 것이다. 또한 금과 은은 이내 모두 소비되거나 아니면 이와 같은 일반적인 무역이 정지 상태에 이르게 된다. 상호 무역에서는 어떤 때는 한쪽에 유리하게, 또 어떤 때에는 다른 쪽에 유리하게 그 경우에 각기 알맞은 교환이 행해진다. 19세기를 통한 영국의 무역을 살펴보면 전반적으로 수출보다 수입이 많았음을 알 수 있을 것이다. 그러니 영국은 분명히 판 것보다는 많은 것을 샀으며, 이것은 장사를 계속하는 데 있어 건전한 상태라고는 할 수 없다. 그러나 사실 이 수입 초과는 대출된 돈에 대해 생기는 이윤으로서, 채무국 또는 인도와 같은 속령으로부터의 헌납물이었다.

투자에서 얻어진 이윤이 모두 영국으로 흘러들어간 것은 아니었

세계의 채권자가 된 영국

다. 대부분은 채무국에 머물러 영국인 자본가에 의해 재투자되었다. 그 결과 영국에서 다시 돈과 물건을 보내지 않더라도 영국의 해외 투자 총액은 계속 증가했다. 인도에서 우리는 흔히 철도와 운하와 그 밖의 무수한 사업에 방대한 영국 자본이 투입되어 있는 데 주목하게 된다. 그리고 이런 설명에 따르면 영국에 대한 인도의 '부채'는 막대한 금액이 된다고 한다. 많은 인도인은 여러 가지 점에서 여기에 이의를 제기하고 있다. 우리는 이 자리에서 그것을 상세하게 논의할 필요는 없지만, 아무튼 이러한 거액의 투자가 영국에서 곧 신규의 자본이 투입되었음을 의미하는 것은 아니라는 점은 주목할 만하다. 그것들은 인도에서 얻은 이윤이 재투자되었음을 나타내는 것이다. 전에 말한 것처럼 영국은 플라시와 클라이브의 시대부터 엄청난 액수의 황금과 재보를 인도에서 빼앗아 갔다. 그 뒤 인도의 착취는 파악하기가 더욱 곤란한 다른 형태를 취하게 되어 그 이익의 일부는 이 나라에서의 투자에도 충당되었다.

영국은 세계적인 규모의 대금업을 계속하려면 물품으로 이자를 지불하는 방법을 받아들이는 수밖에 없다는 것을 알았다. 아까 말한 것처럼 영국은 돈의 형태를 취하는 데 집착하지 않았다. 이것은 두 가지 중대한 결과를 가져왔다. 영국은 그 인구를 먹여 살리기 위해 해외에서 식량을 사들이는 것을 허락하며 그 때문에 자기 나라의 농업이 타격을 받는 것도 감수했다. 해외로 수출되는 물자의 공업 생산에 중점을 두게 되어 농민의 어려운 처지는 묵살당했다. 값싼 식량을 해외에서 얻을 수 있다면 무엇 때문에 국내에서 수확을 올릴 필요가 있겠는가? 또 공업에서 더 많은 이익을 올릴 수 있다면 무엇 때문에 쓸데없이 농업에 신경쓸 필요가 있겠는가? 그리하여 영국은 식량을 외국에 의존하는 완전한 공업국이 되었다.

둘째 결과는 자유 무역 정책이 채택된 것이었다. 즉 영국은 자기 나라의 항구에 들어오는 외국 제품에 전혀 과세하지 않거나, 하더라도 아주 조금밖에는 하지 않았다. 영국은 선진 공업국이었기 때문에 제품에 관해서는 오랫동안 조금도 경쟁을 두려워하지 않았다. 그래서 외국 제품에 과세한다고 하면 자기 나라에 수입되는 외국산 식량과 원료에 과세하는 것을 의미하고 있었다. 이것은 식량 가격을 끌어올리고 따라서 자기 나라의 공업 제품을 비싸게 만드는 결과가 되는 셈이었다. 그뿐 아니라 만일 무거운 세금을 통해 외국 제품의 수입을 억제했다면, 채무국인 여러 외국으로부터 받을 것을 다 받아 낼 길이 있었을까? 그들은 물건으로밖에 지불하지 못했던 것이다. 이것이 다른 여러 공업국은 모두 보호 정책을 채택했을 때, 즉 수입되는 외국 제품에 과세함으로써 발달 도상에 있는 자기 나라의 공업을 보호하려 하고 있을 때 오직 영국만이 자유 무역 정책을 채택한 이유였다. 미국도, 프랑스도, 독일도 모두 보호 무역국이었다.

농업을 경시하고 공업에 관심을 집중해서 외부로부터 식량을 조달하고 해외에서 들어오는 공납물로 안락하게 사는 것은 이득이 많은 매우 쾌적한 일처럼 생각되었다. 그렇지만 그것은 이제 와서 보면 그 나름대로 상당히 명백한 위험이 있었다. 이 정책은 공업에서의 영국의 우월성과 그 막대한 외국 무역에 기초를 두는 것이었다. 그러나 만일 이 우월성이 흔들리고 외국 무역이 퇴조를 나타낸다면 어떻게 될까? 영국은 어떤 방법으로 그 식량 대금을 지불할 수 있을까? 그리고 설사 식량 대금을 지불할 수 있었다 하더라도 강대한 적이 앞길을 가로막고 있다면, 영국은 어떻게 해외로부터 식량을 구해 올 수 있을까? 최근의 세계 대전(제1차)중에는 영국에 식량 공급이 거의 두절되었기 때문에 인민은 자칫하면 굶어 죽을 지경까지 되었던 것이다. 또 그보다 더 무서운 것은 외국과의 경쟁 때문에 외국 무역이 점점 쇠퇴하기 시작한 일이었다. 이 경쟁은 미국과 독일이 영국의 외국 시장에 눈독을 들이기 시작한 19세기의 80년대부터 두드러졌다. 이윽고 여러 다른 나라들도 점점 공업화해 이 쟁탈전에 끼어들게 되었으며, 지금은 온 세계가 대개 공업화해 있다. 각 나라는 자국이 필요로 하는 물자를 될 수 있는 대로 자기 나라에서 제조해 외국 제품을 몰아 내는 데 힘쓰고 있다. 인도도 외국의 직물을 몰아 내기를 바라고 있다. 이렇게 되면 대체 랭커셔는 어떻게 되는 것일까? 그리

세계의 채권자가 된 영국

고 외국 무역에 의존하는 그 밖의 영국 산업은 또 어떻게 될까?

영국으로서는 심상치 않은 문제가 많이 있어, 바야흐로 고난의 시대가 닥쳐오려는 것처럼 생각된다. 영국은 스스로의 껍질 속에 틀어박혀 자기 나라의 식량과 필수품을 생산하는 자급 자족의 생활은 할 수도 없다. 현대 세계는 그렇게 하기에는 너무나 복잡하며, 혹시 고립을 지탱할 수 있다고 해도 과연 지나치게 많아진 그 인구를 먹여 살릴 만한 식량을 생산할 수 있을지 어떨지는 의심스럽다. 그러나 이런 일은 현대의 문제에 속하며 19세기에는 별로 의미가 없었다. 그래서 영국은 모험을 하여 그 때까지 유지되어 온 우위에 의존했다. 이것은 큰 도박이어서 세계의 지도적 역할을 담당하는 국가로서의 지위를 유지하든가, 아니면 거기서 밀려나든가의 분수령이었다. 그러나 빅토리아 시대의 영국인 중간 계급은 자신감과 자만심에서는 부족함이 없을 정도다. 오랫동안의 번영과 성공, 산업과 사업상에서의 우월은 그들에게 다른 세계의 인간에 비해 자기들이 특별히 우수한 것 같은 확신을 주었다. 그들은 모든 외국인을 얕잡아 보았다. 아시아와 아프리카 사람들은 새삼 말할 것도 없이 뒤떨어진 미개 인종이며, 후진 인종을 지배하고 개량하는 영국인의 천부의 재능을 발휘하는 데 더없이 좋은 기회를 제공하는 것에 지나지 않았다. 유럽 대륙의 여러 국민조차 무지하고 미신적인 이방인이었다. 영국인은 문명의 절정에 선택된 민족이며, 그 자체가 그 밖의 세계를 지휘하는 유럽의 선두에 서서 행진하는 기수였다. 또한 영국 제국은 이 인종적 우월성에 최종적인 봉인(seal)을 새기는 반쯤은 신성한 기구였던 것이다. 30년 전에 인도 총독이었고 그 시대의 가장 유능한 영국인 중 한 사람이었던 커즌 경(Lord Curzon)은 그의 저서에 "대영 제국이야말로 신의 섭리에 따라 지난날 선을 위해 이바지하며 존재했던 세계 최대의 나라임을 믿는 사람들에게 바치노라" 라는 헌사를 써 넣었다.

빅토리아 시대의 영국인에 관해 지금 내가 쓰고 있는 일들은 좀 과장된 것이어서 정상 궤도를 벗어난 것처럼 보인다. 아마 너는 내가 그들을 우습게 보고 농담을 하고 있는 것이라 생각할지도 모른다. 누구든지 분별이 있는 개인이 이런 짓을 하고 그렇게 자기 본위의 한심한 태도를 취했다면 그것은 물론 우스운 일이다. 그러나 민족 집단은 그들의 허영심을 북돋고 그들에게 이익이 되는 일이라면 어떤 일이든지 믿어 버린다. 개인이라면 주위 사람들에 대해 그처럼 건방지고 무례한 태도는 취하지 않을 것이다. 그러나 민족에게는 그런 조심성이 없다. 우리는 대부분 이런 행동을 해서 자기 민족의 덕성을 찬양하고 활개를 치며 돌아다닌다. 빅토리아 시대의 영국인은 다소 정도의 차이는 있을지언정 어디서든지 자랑거리를 가지고 있다. 이 현상은 아메리카에서도 아시아에서도 마찬가지다.

영국 및 서유럽의 번영은 산업 자본주의가 발달한 덕택이었다. 이 자본주의는 끊임없이 이윤을 찾아 전진했다. 그들에게는 성공과 이윤이야말로 유일한 신이었다. 자본주의에는 신도 도덕도 없고, 그것은 다만 개인과 개인, 민족과 민족 사이에서 서로 목을 베는 경쟁의 교의만 있을 뿐이었다. 그리하여 악마가 마지막 승리를 차지했다. 빅토리아 시대의 사람들은 자신들의 종교적 관용을 자랑했다. 그들은 진리와 종교를 믿고, 그들의 사업과 제국의 성공이야말로 그들 편에서 보면 그들이 생존 경쟁에서 이긴 우월자임을 증명하는 것이 분명했다. 다윈도 그것을 말하지 않았던가. 그러나 그들의 종교 문제에 관한 관용이란 실은 무관심에 지나지 않았다. 영국의 저술가 토니(R.H. Tawney)[117]는 이 사태에 관해서 그 핵심을 찌르는 설명을 했다. 그는 말했다. "신은 지상의 문제에서 배제되어 고유의 위치(천국)에 안치되었다. 천상에도 지상에서와 같은 제한 군주제가 있었다." 이것은 부르주아지의 관점이었고, 대중에 대해서는 그들이 혁명적 풍조에 물들지 않게 하려는 생각에서 예배와 종교 등을 장려했다. 종교에서의 관용이 다른 분야에서의 관용을 의미하지는 않았다. 대다수 사람들이 진지하게 생각하는 일들에서는 관용은

---

117) 페이비언 협회에 속하는 경제학 및 경제사 학자. 저서로 『욕구 사회(자본주의 사회)의 질병』, 『종교와 자본주의의 발생』 등이 있다.

전혀 존재하지 않았으며, 사태가 긴박해지면 모든 관용은 날아가 버렸다. 인도에서 영국 정부는 종교에 대해 매우 관대하고, 또 이것을 자랑거리로 여기고 있었다. 실제로 종교야 어찌되건 조금도 관심을 기울이지 않았다. 그러나 정치 문제에서는 털끝만큼이라도 비판을 하면 이내 귀를 기울이곤 했으니, 관대와는 거리가 먼 이야기였다. 긴장이 크면 그만큼 반동도 컸다. 그리고 이 압력이 특히 커졌을 때에는 정부는 모든 관용의 가면을 던져 버리고 공공연히 파렴치한 테러리즘으로 치달아 이내 광분하는 것이었다. 이것은 오늘날의 인도에서도 바로 우리 눈앞에서 실제로 벌어지고 있는 일이다. 얼마 전 나는 신문에서 20세가 될까 말까 한 소년이 영국 관리들에게 협박장을 썼다 하여 8년의 징역형을 선고받았다는 기사를 보았다!

자본주의의 발달은 여러 가지 변화를 가져왔다. 자본주의는 더욱더 그 기능을 확대해 갔다. 큰 기업체는 작은 기업체보다 이익이 많고 일의 능률도 높았다. 그래서 방대한 기업의 연합과 합동이 잇따라 발생해 각 산업 부문을 지배하고, 작고 독립된 제조업자와 공장을 삼켜 버렸다. 그 때문에 개인의 창의를 발휘할 기회는 훨씬 적어져서 낡은 사상은 무너졌다. 강대한 기업 연합과 합동체가 정부를 좌우하게 되었다.

자본주의는 또 다른 더 흉포한 제국주의의 길을 열었다. 여러 공업국 사이의 경쟁은 19세기 후반에 이르러 심각해졌다. 그들은 온 세계에 더 넓게 손을 뻗쳐 시장과 원료를 찾아다녔고 온 세계에 맹렬한 제국 쟁탈전이 벌어졌다. 나는 아시아 — 인도와 중국과 동남 아시아에서 일어난 일들에 대해서는 이미 어느 정도 자세히 말했다. 이번에는 유럽 열강이 아프리카를 사나운 매처럼 습격해서 각자 나누어 가졌다. 여기서도 영국의 몫 — 북부 이집트와 동부·서부·남부의 광대한 여러 지역이 제일 컸다. 프랑스도 제법 괜찮게 나누어 가졌다. 이탈리아도 한몫 끼려 했으나 아비시니아(Abyssinia) 때문에 아무도 예상하지 못했던 심한 패배를 당했다. 독일도 그들 틈에 끼였으나 만족스럽게 갖지는 못했다. 도처에서 외쳐 대고, 위협하고, 쟁탈하는 제국주의가 난무했다. 영국 제국주의의 인기 시인 러드야드 키플링(Rudyard Kipling)[118]은 '백인이 짊어지는 무거운 짐'을 노래하고 프랑스인은 그들의 '미숑 시빌리자트리스(mission civilisatrice)' — 개화의 사명을 말했다. 독일인은 물론 그들의 '쿨투르(Kultur)' — 문화를 퍼뜨렸다. 이와 같이 개화와 개량의 사명과 다른 국민의 무거운 짐을 어깨에 짊어진 그들은 마치 희생의 제물을 바치는 것 같은 정신으로 활보하며 갈색 인종과 황색 인종과 흑인의 등에 올라탔다. 그런데도 누구 하나 흑인의 무거운 짐을 위해 노래하는 사람은 없었다.

그러나 세계는 이렇게 서로 싸우는 강도 같은 제국주의를 모두 수용할 만큼 넓지는 않았다. 시장을 찾는 맹렬한 자본의 충동이 각국을 유혹해서 이따금 서로 충돌하게 했다. 영국과 프랑스는 몇 번인가 전쟁 직전에 이르렀다. 그러나 이해 관계의 충돌에 기인한 싸움은 영국과 독일의 공업 사이에서 일어났다. 독일의 공업과 해운은 영국을 바짝 쫓아 도처의 시장에서 이에 도전했다. 그러나 독일은 지구 표면의 어디에서도 영국이 가장 좋은 장소를 차지하고 있다는 사실에 부딪혔다. 영국은 득의 양양하게, 원기 왕성하게, 세차게 여러 후진국을 계속 능가하는 데 열을 올리면서 그들과 결전을 벌이기 위한 준비를 게을리 하지 않았다. 유럽 전체가 무장하고 육해군은 확대되었다. 여러 나라들 사이에 동맹이 맺어지고, 그 결과 대개 두 개의 진영이 서로 대립하는 형세가 되었다. 독일・오스트리아 및 이탈리아의 3국 동맹과 프랑스와 러시아 두 나라의 동맹에 비공식으로 영국이 개입한 데서 발생한 대립이 그것이다.

그 동안에 영국은 남아프리카에서 홀로 작은 전쟁을 치렀다. 1899년 트란스발(Transvaal)의 보어(Boer) 공화국에서 금광이 발견된 것이 전쟁의 단서가 되었다. 보어인은 놀라운 용감성과 인내력을 발휘해서 유럽에서 으뜸가는 강국을 상대로 3년 동안 싸웠으나 끝내 패배를 인정해

---

118) 인도 태생의 영국 작가. 『정글 북』 등 인도를 무대로 한 소설이 많다. 시집 『일곱 개의 바다』 등에서 영국 제국주의를 칭송했다.

야만 했다. 그러나 그로부터 얼마 뒤 영국은(당시 자유당이 정권을 잡고 있었다) 현명하고 또 관대한 조처를 취해 조금 전까지 그들의 적이었던 보어인에게 완전한 자치권을 주었다. 그리고 얼마 뒤 남아프리카 전체가 영국 제국의 자치령이 되었다.

137 *1933년 2월 27일*

미국의 남북 전쟁

갈등과 음모, 국왕과 혁명, 증오와 민주주의로 가득한 '구세계(Old World)'에 우리는 오랜 시간을 소비했다. 이번에는 대서양을 건너 아메리카의 '신세계(New World)'를 찾아가 그것이 유럽의 손을 벗어난 뒤 어떻게 되었는가를 살펴보기로 하자. 특히 미국이 우리의 주의를 끈다. 그것은 처음에는 작은 싹이었지만 성장에 성장을 거듭한 결과 지금은 세계의 국면을 지배하고 있는 것처럼 보인다. 오늘날에는 영국도 옛날의 모습은 전혀 찾아볼 수 없으며, 세계의 채권자이기는커녕 유럽의 다른 나라들과 마찬가지로 미국의 동정을 바라는 초라한 채무자로 전락했다. 미국은 채권자의 외투를 걸치게 되었고 재화는 그리로 흘러들어 많은 백만 장자를 살찌우고 있다. 그러나 옛날 동화에 나오는 미다스(Midas)[119]의 경우와 마찬가지로 미국의 황금들이 그다지 많은 행복을 가져다 주지는 않았다. 오늘날 미국의 대중은 그 많은 부에도 불구하고 결

---

119) 손에 닿는 모든 것이 황금으로 되기를 바랐기 때문에 음식까지 입술에 닿자마자 황금이 되어 절망적인 상태에 빠졌다는, 고대 그리스 전설 속의 인물.

핍과 빈곤에 시달리고 있다.

    1775년 영국에서 분리된 연안 13개 주에는 기껏해야 400만도 못 되는 인구밖에 없었다. 오늘날에는 뉴욕의 인구만으로도 그 갑절이 되며 미합중국 전체로는 1억 2000만이라는 인구를 가지고 있다. 연방에는 이 밖에도 많은 주가 있어 이것들이 대륙을 횡단해 태평양 연안까지 이르고 있다. 19세기에 들어와 이 대국은 면적 및 인구뿐 아니라 근대 산업과 무역, 부와 세력에서도 크게 확대되었다. 미합중국은 유럽과 사이에 많은 어려운 문제가 일어나 때로는 전쟁과 분쟁도 야기되었지만, 그보다 더 큰 시련은 자국내의 북부와 남부의 여러 주 사이에 국토를 황폐하게 한 격렬한 전쟁을 통해 그들에게 덮쳐 왔다.

    미국이 독립한 몇 년 뒤 프랑스에 혁명이 일어나고 잇따라 나폴레옹 전쟁이 터졌다. 나폴레옹과 영국은 서로 무역을 봉쇄했는데 그러는 동안 미국과 사이에도 말썽이 생겼다. 미국의 해외 무역은 마비 상태에 빠졌고, 그 때문에 1812년에는 또다시 영국과의 전쟁이 시작되었다. 이 2년 동안의 전쟁은 그다지 큰 결과를 가져오지는 않았다. 이 전쟁 동안 나폴레옹이 엘바 섬에 유배되자 영국은 여유를 가져 수도 워싱턴을 함락하고 국회 의사당 캐피틀(Capitol)과 대통령 관저 백악관(White House)을 포함한 중요한 공공 건물들을 닥치는 대로 불살랐으나 오래지 않아 패배했다.

    이 전쟁이 일어나기 훨씬 전에 미국은 남부에서 영토의 큰 부분을 추가했다. 이것은 나폴레옹이 영국 해군의 공격을 막을 길이 없었기 때문에 그들에게 팔아 넘긴 루이지애나의 예전 프랑스 식민지였다. 몇 년 뒤인 1822년에는 스페인으로부터 플로리다를 사들였다. 1848년 멕시코와 벌인 전쟁에서의 승리는 다시 서남부의 캘리포니아를 포함한 몇 주를 추가하게 했다. 이 서남부의 여러 도시의 명칭은 지금도 대개는 스페인식 이름인데, 지난날 스페인인 또는 스페인어를 사용하는 멕시코인이 지배했던 시대를 상기시킨다. 영화롭던 로스엔젤레스나 샌프란시스코의 이름은 누구든지 알고 있으리라.

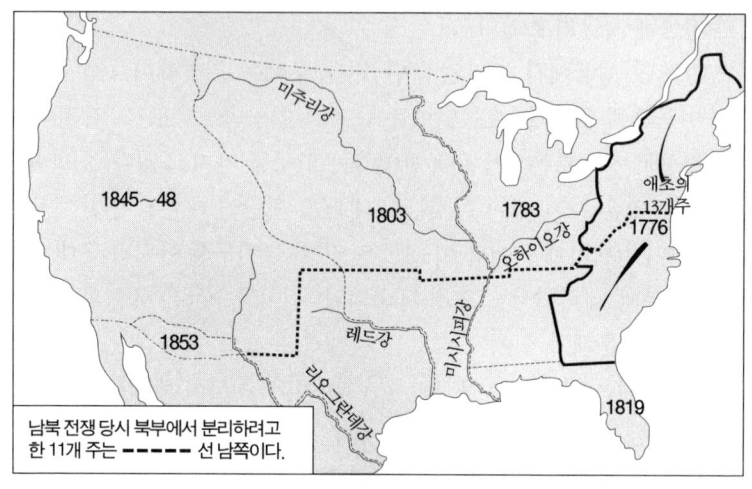

미국의 팽창

　유럽이 여러 번 혁명과 반동을 되풀이하고 있을 동안 미국은 서쪽으로 전진을 계속했다. 유럽에서의 반동 정치는 이민을 촉진해서 많은 사람들이 광대한 영토와 높은 임금의 소문을 전해 듣고 미국으로 모여들었다. 인구가 서부로 확대됨에 따라 새로운 주가 만들어지고 이것들이 연방에 가입되었다.

　북부의 여러 주와 남부의 여러 주 사이에는 처음부터 큰 차이가 있었다. 북부는 공업을 주로 하여 거기에는 현대적인 대기계 공업이 급속히 발달했고, 남부에는 대부분 노예 노동을 통해 경영되는 대농장이 많았다. 노예 제도는 법률로 공인되어 있었지만 북부에서는 이것이 보편적이지 않았으며 중요성도 갖지 못했다. 반면에 남부는 전적으로 노예 노동에 의존하고 있었고, 노예는 물론 아프리카에서 온 흑인이었다. 백인으로 노예가 되는 자는 없었다. "모든 사람은 태어나면서부터 평등하다"고 독립 선언은 말하고 있다. 그러나 이것은 백인을 위한 것일 뿐 흑인에게는 적용되지 않았다.

　흑인들이 아프리카에서 노예로 끌려온 이야기는 말할 수 없이 비참하다. 노예 무역은 17세기 초에 시작되어 1863년까지 계속 정규적인 공급이 있었다. 맨 처음에는 서아프리카 ― 그 연안의 일부는 지금도 '노예 해안(Slave Coast)'이라고 일컬어지고 있다 ― 로 다니는 화물선이 편리한 대로 아프리카인을 납치해서 미국으로 끌고 갔다. 아프리카인 자체 내에는 노예 제도 같은 것이 거의 없었으며, 단지 전쟁 포로나 채무자가 그런 종류의 취급을 받은 데 지나지 않았다. 이들 아프리카인을 미국으로 수송해 노예로 팔아 치우는 일은 매우 이익이 큰 장사로 알려져 노예 무역은 증대했고, 주로 영국인과 스페인인·포루투갈인의 전업으로 장려되었다. 갑판 사이에 우리를 마련한 특별선 ― 노예 무역선이 건조되었다. 이 우리 안에 불쌍한 흑인들은 모두 쇠사슬로 두 사람씩 묶여 얽매인 채 누워 있었다. 대서양을 횡단하는 항해는 몇 주일 또는 몇 달이 걸렸다. 이 몇 주일 또는 몇 달 동안 흑인들은 그 좁은 우리 안에 누워 지내야 했으며, 둘씩 묶여져 한 사람 한 사람에게 허용된 공간은 겨우 길이 5피트 반에 너비 16인치였다!

리버풀(Liverpool)은 이런 노예 무역을 바탕으로 대도시가 된 대표적인 예다. 1713년에 영국은 이미 위트레히트 평화 조약(Peace of Utrecht)[120]에 따라 스페인과 아프리카 사이의 노예 수송의 특권을 스페인으로부터 빼앗았다. 그러나 그 이전부터 영국은 아메리카의 식민지에 노예를 공급하고 있었다. 그리하여 18세기에는 아프리카와 미국 사이의 노예 무역을 영국이 독점하려는 움직임이 획책되고 있었다. 1730년 리버풀에는 노예 무역에 종사하는 배가 16척이나 있었다. 이 수는 더욱 늘어나 1792년에는 132척이나 되었다. 산업 혁명 초기에 영국 랭커셔의 목면 방직업은 크게 발달해, 이것이 미국의 노예 수요를 더욱 높게 했다. 왜냐하면 랭커셔의 방직 공장에서 사용된 원면은 미국 남부 여러 주의 광대한 목면 재배 농장에서 공급되는 것이었기 때문이다. 때문에 목면 재배 농장은 급격히 확장되고 노예는 더욱 많이 아프리카에서 바다를

---

120) 18세기 초에 스페인 왕위의 계승권을 둘러싸고 영국(윌리엄 3세)·네덜란드·오스트리아·프랑스(루이 14세)·스페인과 사이에 세계적인 규모로 벌어진 전쟁에 결말을 지은 조약.

건너 실려 오고, 흑인을 번식시키기 위한 온갖 수단이 강구되었다! 1790년에는 69만 7000명이었던 노예가 1861년에는 400만 명으로 증가했다.

19세기 초 영국 의회에서는 노예 제도를 엄금하는 법률을 가결했고, 다른 유럽과 아메리카의 여러 나라도 이에 찬성했다. 따라서 노예 무역은 불법화되었지만 여전히 흑인은 아프리카에서 아메리카로 운반되었으며, 운반중 그들에 대한 대우는 오히려 훨씬 더 악화되었다. 왜냐하면 그들을 공공연히 운반할 수 없게 되었기 때문에 그들은 상자에 넣어 쌓여졌고 눈에 띄지 않게끔 숨겨졌다. 어느 미국의 저술가에 따르면 이따금 "밑에 사람의 무릎 위에 잇따라 쌓아서 마치 만원 썰매 위에 탄 것" 같은 형편이었다. 이 무서운 광경을 그대로 상상하기란 불가능하다. 노예선은 너댓 번 항해하면 못 쓰게 될 정도로 불결했다. 그러나 이익은 막대한 것이어서 18세기 말부터 19세기 초에 걸쳐 해마다 10만 명 이상의 노예가 아프리카의 노예 해안으로부터 끌려갔다. 더구나 이 정도의 인원을 납치하려면 이들을 확보하기 위한 흑인 사냥에서 이보다 훨씬 많은 수를 죽여야만 했다.

주요한 나라들에서는 모두 19세기를 전후해서 법률상 이 무역을 금지했다. 미국도 마찬가지였다. 그러나 노예 무역은 금지당했어도 미국에서의 노예 제도 자체는 여전히 법률적으로 인정되고 있었다. 즉 예로부터의 노예는 여전히 노예로 남아 있었다. 그리고 노예 제도가 합법적이었던 만큼 노예 무역도 비밀리에 계속되었다. 영국이 노예 제도까지 폐지한 다음부터는 뉴욕이 노예 무역의 중심항이 되었다.

뉴욕에서 세기의 중엽까지 오랫동안 이런 종류의 무역이 행해지는 동안 북부에서는 노예 제도를 반대했다. 그러나 남부는 큰 농장을 경영하기 위해 계속 노예가 필요했다. 노예 제도를 폐지한 주도 여럿 있었지만 또 다른 주에서는 이것을 그대로 유지했다. 노예 제도가 유지된 주의 흑인은 노예 제도가 폐지된 주로 자주 도망해서 그들에 관한 논쟁이 그치지 않았다.

북부와 남부는 경제적인 이해가 달라 1830년에는 이미 관세율과 통관 수수료 때문에 분규가 생겼고 연방 탈퇴 문제로까지 발전했다. 주에서는 한사코 자신들의 권리를 주장하면서 연방 정부의 지나친 간섭을 싫어했다. 주의 주권을 수장하는 사람들과 강력한 연방 정부를 갈망하는 사람들이 국내의 두 정당으로 나뉘어 대립했다. 이러한 의견 대립은 북부와 남부의 간격을 더욱 크게 했다. 그리고 새로운 주가 연방에 추가될 때에는 반드시 그들이 어느 쪽에 가담할 것인가 하는 문제가 생겼다. 그러면 어느 쪽이 다수를 차지하고 있었을까? 북부의 인구는 유럽으로부터의 이민 때문에 급격히 증가하고 있었는데, 이것이 남부 사람들에게는 오래지 않아 인구면에서 그들이 북부에 압도되어 모든 면에 걸쳐 그들의 주장이 부결되지나 않을까 하는 염려를 자아내게 했다. 그 때문에 남북간의 긴장이 격화되기 시작했다.

그 동안 북부에서는 노예를 전면 폐지하려는 운동이 세력을 강화하고 있었다. 이것을 지지하는 사람들은 '폐지론자(Abolitionists)'라고 일컬어졌는데, 윌리엄 로이드 개리슨(William Lloyd Garrison)이 최고 지도자였다. 1831년 개리슨은 그의 반노예제 운동을 촉진하기 위해 『해방자(Liberator)』라는 신문을 발행했다. 창간 제1호 첫머리부터 그는 이 문제에 관해 조금도 타협하지 않을 것이며, 한 걸음도 물러서지 않을 것이라는 결의를 천명했다. 창간호에 실린 그의 문장 가운데 어떤 것은 널리 선전되었는데, 나도 여기에서 그것을 소개하기로 하겠다.

나는 진리처럼 단호하며 정의처럼 타협하지 않을 것이다. 나는 이 문제에 관해서 결코 온건하게 생각하거나 이야기하거나 쓰지 않을 것이다. 자기 집이 지금 불길에 싸이려고 하는 자에게는 절도 있는 경보를 울리게 하라. 자기 아내가 지금 능욕을 당하려고 하는 자에게는 조용히 그녀를 지키게 하라. 또 자기 자식이 불 속에 구르는 것을 보는 어머니에게는 완만한 동작으로 그를 구하게 하라 — 그러나 노예 제도 폐지 문제에 관한 한 나에게 자숙과 자제를 요구하지 말라. 나는 진지하다 — 나는 한 마디도 말끝을 흐리지 않을 것이다 — 나는 해명하지 않을 것이다 — 나는 결단코 한치도 뒤로 물러서지 않을 것이다 — 그리하여 나는 이것을 관철할 것이다.

그렇지만 이런 과감한 태도는 극히 소수의 사람들에게 한정되어 있었다. 노예 제도를 반대하는 많은 사람들도 이미 존재하고 있는 것에 대해서는 굳이 손대려 하지 않았다. 그런데도 북부와 남부의 대립은 격화되었다. 그럴 수밖에 없었던 것이 이 대립은 특히 관세 문제를 둘러싸고 엇갈리고 있던 경제적 사정과도 깊은 관련이 있었기 때문이다.

1860년 에이브러햄 링컨(Abraham Lincoln)이 대통령으로 선출되었는데, 이것이 남부가 연방에서 분리하는 신호가 되었다. 그는 노예 제도에는 반대했으나, 또한 기존의 것에 대해서는 굳이 논의하지 않을 것을 그 전부터 천명하고 있었다. 그는 그것을 새로 추가된 주에 확대하거나 합법성을 부여할 의사가 없었다. 그러나 남부는 이 보장에 대해서도 타협하지 않았다. 잇따라 여러 주가 연방에서 탈퇴하고, 미합중국은 분열 상태에 빠지고 말았다. 새 대통령이 취임하자마자 당면한 것은 이와 같은 험악한 정세였다. 그는 남부의 협력을 지속시키고 분열을 회피하기 위해 더욱 골똘히 연구해 노예 제도의 존속에 온갖 보장을 주는 동시에 현재의 것에 대해서는 그 존속을 인정하는 것 같은 조항을 헌법에 추가할 것까지를 제안했다. 사실 그는 평화를 유지하기 위해서는 거의 어떤 희생도 감수하겠다는 그런 태도였다. 다만 그가 한치도 양보할 수 없었던 한 가지는 연방의 분열이었다. 그는 설사 한 주라도 연방에서 떨어져 나가는 것을 절대로 용납하지 않았다.

내전을 막으려고 한 링컨의 노력은 실패했다. 남부는 탈퇴를 결정하고 11개 주가 이에 따랐을 뿐 아니라 인접한 여러 주에서 이에 동정하는 자도 있었다. 탈퇴한 여러 주는 '연합주(Confederate States)' 라 호칭하고, 제퍼슨 데이비스(Jefferson Davis)를 독자적인 대통령으로 뽑았다. 1861년에 내전(Civil War)이 시작되어 약 4년 동안 계속되었는데, 그 동안에는 형제와 친구끼리 양쪽으로 갈라져 싸우는 사람도 많았다. 전쟁이 진행됨에 따라 각각 방대한 군대가 형성되었다. 북부는 여러 가지로 유리해서 인구면에서나 재력면에서 모두 우세를 점하고 있었다. 공업지대였으므로 물자도 훨씬 풍부하고 철도도 발달해 있었다. 반면에 남부는 우수한 군인과 장군, 특히 리 장군(General Lee)을 비롯한 유능한 지휘관을 가지고 있어 초기에는 남부가 연전 연승을 거듭했다. 그러나 막바지에 이르러 남부는 피폐해지고, 북부의 해군이 남부를 유럽 시장으로부터 완전히 차단해 목면과 담배를 수출하지 못하게 되었다. 그 때문에 남부는 전투력을 잃었고, 또 랭커셔는 목면 부족으로 조업이 정지되는 방직 공장이 속출해 적잖은 피해가 있었다. 랭커셔의 노동자들은 실직해서 가두를 헤매게 되었고 심한 빈궁에 시달렸다.

이 전쟁에 관한 영국의 태도는 대개 남부에 기울어져 있었는데, 부유층은 남부를 편들었고 진보 세력은 이에 반해 북부를 지지했다.

노예 제도가 전쟁의 진짜 원인은 아니었다. 이미 말한 바와 같이 링컨은 끝까지 기존의 노예 제도에는 대체로 손대지 않을 것을 보장하고 있었다. 사실 싸움은 남북간 이해의 부조화와 이것저것 서로 얽힌 모순 관계에서 생겨났다. 그리고 링컨은 드디어 연방을 지키기 위해 일어섰다. 전쟁이 시작된 뒤에도 링컨은 노예 제도에 관해서만은 북부에도 이해 관계를 갖고 있는 사람들이 있음을 고려해 이들을 자극하지 않기 위해 명백한 의견을 공표하지는 않았지만, 전쟁이 진행됨에 따라 점점 명확한 태도를 취하기 시작했다. 그는 우선 노예 소유주들에게 보상을 조건으로 노예를 해방시킬 것을 의회에 제안했다. 이윽고 그는 이 보상이라는 생각도 버리고 1862년 9월에는 드디어 '해방 선언(Proclamation of Emancipation)'을 발표해서 1863년 1월 1일 내지 그 뒤에 반란에 가담한 모든 주의 노예가 해방되리라는 것을 언명했다. 이 선언을 발표한 주요한 목적은 남부 여러 주의 힘을 약화시키는 데 있었다. 이로써 400만의 노예가 해방되었다. 이것이 남부의 여러 주를 혼란에 빠뜨리기 위한 조치였음은 명백한 일이었다.

내전은 남부가 기진 맥진한 1865년 끝났다. 전쟁이란 언제 어떤 경우에도 무서운 것이지만, 내전의 경우에 오히려 더욱 처참해지는 수가 있다. 이 무서운 4년 동안의 내전에서 가장 무거운 짐은 누구보다도 대통령 링컨의 두 어깨를 심하게 짓눌렀다. 그것은 주로 그가 주위의 실망과 모든 비참한 사태를 무릅쓰고 목표를 향해 돌진하려는 냉철한 결의를 다졌기 때문이었다. 그가 목적한 바는 그저 이기는 데 그치지 않고, 될 수 있는 대로 서로의 악의를 배제해 연방을 강제적인 방법이 아니라 진정한 마음으로부터 우러나는 결합체로 만드는 데 있었다. 그래서 전쟁에 이기자 그는 패배한 남부에 대해 관대한 태도를 취하기 시작했다. 그러나 며칠이 가지 못해 그는 흉탄에 쓰러졌다.

에이브러햄 링컨은 미국의 위대한 영웅의 한 사람으로 꼽힌다. 그는 또 세계의 위인 중에도 끼이게 되었다. 그런 그도 처음에는 정말 비참한 처지에서 출발했다. 그는 이렇다 할 만한 학력도 없었고, 그가 지니고 있던 대부분의 교양은 다만 독학을 통해 갖춰진 것이었다. 그런데도 그는 대정치가가 되고 대웅변가가 되었으며, 큰 난국을 맞이해서 조국의 방향타를 아주 잘 잡아 갔다.

링컨이 사망한 뒤 미국 의회는 남부의 백인들에 대해 링컨이라면 그랬을 것이라고 생각될 정도의 관대한 태도는 보이지 않았다. 남부의 백인들은 여러 가지 방법으로 처벌을 받고, 그 가운데 많은 사람들이 선거권을 박탈당했다. 즉 그들은 투표할 권리를 빼앗겼다. 한편 흑인들은 시민으로서 완전한 권리를 얻었고, 이것이 미국 헌법에 명문화되었다. 동시에 어떤 주도 한 인간에게 그 인종, 색깔, 노예로서의 경력 때문에 공민권을 부여하지 않는 일이 있어서는 안 된다는 것이 결정되었다.

흑인들은 이렇게 하여 자유의 몸이 되고 선거권을 얻었다. 그러나 경제적인 상태는 여전했기 때문에 그들에게는 그다지 도움이 되지 않았다. 해방된 흑인들은 전혀 재산을 갖고 있지 않아 그들을 어떻게 처리하면 좋을까 하는 것이 큰 문제로 대두되었다. 북부로 이주한 자도 있었지만, 대부분은 전에 있던 그대로 머물러 그 전과 같이 남부의 옛날 백인

주인들에 의해 마음대로 다루어졌다. 그들은 같은 농장에서 백인 고용주가 일방적으로 정한 임금을 받고 임금 노동자로 일했다. 남부의 백인들은 서로 약속해서 조직적으로 온갖 테러리즘의 수단을 강구, 흑인들을 박해했다. '쿠 클럭스 클랜(Ku Klux Klan)'이라는 괴상한 반(半)비밀 결사가 조직되어 그 회원들이 복면을 쓰고 흑인들을 습격하는가 하면 선거에 투표하는 것까지 방해했다.

최근 반 세기 동안 흑인들의 상태도 다소 나아졌다. 재산을 소유한 자도 많아졌고 몇 개의 훌륭한 교육 기관도 생겼다. 그렇지만 아직도 그들은 분명히 예속된 인간이다. 미국에는 약 1200만 명의 흑인이 있는데 이는 총인구의 10%에 해당한다. 그들은 북부의 여러 지방처럼 흑인 수가 적은 곳에서는 관대하게 다루어졌지만, 조금이라도 수가 많은 지방에서는 몹시 짓밟히고 그 옛날 노예 시대의 상태와 별로 다를 것이 없음을 느끼게 했다. 그들은 격리되어 호텔·식당·교회·대학·공원·해수욕장·전차·가게 등 그 어느 곳에서든지 백인과는 다른 장소가 주어진다. 기차를 탈 때에도 그들은 '흑인 전용차(Jim-Crow cars)'라는 특별한 객차로 여행해야 한다. 백인과 흑인의 결혼은 법률로 금지되어 있다. 그야말로 온갖 기묘한 법률이 다 있어 버지니아주 같은 곳에서는 1926년에까지 백인과 유색 인종은 같은 마룻바닥 위에 앉아서는 안 된다는 법률이 제정되었다.

때때로 백인과 흑인 사이에 무서운 소요가 일어났다. 특히 남부에서는 무서운 린치 사건이 잇따라 발생했다. 이것은 폭도가 어떤 범죄 용의자를 잡으면 그냥 죽이는 것이다. 요즘에는 흑인이 백인 폭도에 의해 십자가에 매달리고 화형당한 사례도 있다.

미국 전역에 걸쳐, 특히 남부의 여러 주에서 흑인은 지금도 심한 박해를 받고 있다. 노동력이 부족하면 흔히 죄 없는 흑인이 무고한 죄를 뒤집어쓰고 감옥에 갇힌 뒤 사적인 계약자에게 징역 노동을 파는 도구로 사용되는 것이 보통이다. 이것만으로도 비참하지만 거기에 따르는 조건을 보면 더욱 가슴 아픈 것이 있다. 결국 법적인 자유라는 것은 별로 쓸모가 없는 것임을 이로써도 충분히 알 수 있다.

너는 스토 부인(Harriet Beecher Stowe)[121]의 『톰 아저씨의 오두막(Uncle Tom's Cabin)』이라는 소설을 읽거나 들은 적이 있지? 이 책은 남부 여러 주에 있던 옛날 흑인 노예의 슬픈 이야기를 엮은 것이다. 이것은 내전이 일어나기 10년 전에 출판되어 노예 제도를 타도하는 운동에 큰 영향을 주었다.

138   1933년 2월 28일

보이지 않는 제국, 아메리카

남북 전쟁은 많은 미국 청년들의 삶을 앗아 갔고 나라를 빚더미에 올라앉게 했다. 그러나 이 나라는 젊고 활력에 넘쳐 있어서 여전히 성장을 계속했다. 거기에는 풍부한 자원이 있고 특히 광산물이 많았으며, 근대 공업과 근대 문명의 기초를 이루는 세 가지 물자 — 석탄, 철 및 석유를 풍부히 지니고 있었다. 전력을 생산하는 원천이 되는 수력도 남아돌고 있었다. 이렇게 말하면 이내 너의 뇌리를 스치고 지나가겠지만 나이애가라 폭포도 그 한 예다. 나라가 광대한 데 비해 인구는 적어서 누구든 얼마든지 필요한 토지를 얻을 수도 있었다. 그래서 이 나라는 대공업국

---

[121] 신시내티에서 거주할 때 노예 주(州)인 켄터키의 흑인 노예에 관한 직접적인 견문을 바탕으로 하여 1851년 신문 『국민 시대(National Years)』에 연재한 소설이 『톰 아저씨의 오두막』이었다. 때마침 노예 제도를 둘러싸고 여론이 들끓었고, 이 소설은 대중성이 풍부했기 때문에 광범한 독자층을 얻을 수 있었다. 그리하여 비참한 노예 제도에 대한 사회의 인도주의적 관심을 환기시키는 데 크게 기여했다.

으로 발달하는 데 이점을 갖고 있었으며, 또 실제로 급격한 속도로 발달했다. 19세기의 80년대에 이르러 미국의 공업은 영국의 공업과 더불어 외국 시장을 다투게 되었다. 미국과 독일은 영국이 100년 동안 외국 무역에서 손쉽게 유지해 온 우월한 지위에 마침표를 찍게 했다.

이민은 자꾸 이 나라로 흘러들어왔다. 독일인·스칸디나비아인·아일랜드인·이탈리아인, 또 유태인도 있고 폴란드인도 있어 모든 종류의 유럽인이 거기에 끼여 있었다. 그리고 대부분은 고국에서 정치적 박해를 받던 사람들이어서 더욱 좋은 생활 조건을 찾아온 사람들이었다. 인구 과잉인 유럽은 잉여 인구를 미국으로 보냈다. 그래서 거기에는 인종·민족·언어 및 종교의 굉장한 뒤섞임이 생겼다. 유럽에서 그들은 저마다 서로 증오와 원한을 가슴 가득 품으면서 따로따로 자기들만의 작은 세계 속에 살고 있었다. 그런데 여기서는 지난날의 증오 따위는 별로 문제도 되지 않는 새로운 분위기 속에 모두 함께 투입되었다. 일률적인 의무 교육이 이민들의 민족적 특성을 제거하고 미국식 성격 유형이 인종적 잡탕 속에서 성장하기 시작했다. 옛날부터 살고 있던 앵글로색슨 계통은 스스로 귀족을 자처해서 사회의 지도적인 지위를 차지하고 그 다음에 북유럽의 여러 인종이 이와 거의 비슷한 지위를 획득했다. 남유럽계, 특히 이탈리아인은 이들 북유럽인으로부터 약간 하류층으로 간주되어 경멸의 뜻을 담아 '데이고(Dagos)'라 일컬어졌다. 흑인은 말할 것도 없이 따돌림을 받았다. 그들은 최하류층으로 시달리며 어느 백색 인종과도 섞이지 못했다. 서해안에는 노동력의 수요가 높아짐에 따라 건너온 소수의 중국인과 인도인·일본인이 있었다. 이들 아시아 인종 또한 차별 대우를 받았다.

철도와 전화의 광범위한 발달은 이 광대한 국토를 그물코처럼 연결하는 효과를 가져왔다. 이것은 한쪽 해안에서 다른 해안까지 여행하는 데 몇 주일, 몇 달이 걸렸던 옛날에는 도저히 있을 수 없는 일이었다. 우리는 지난날 아시아와 유럽에 자주 대제국이 일어났던 것을 보았다. 그러나 그것들은 교통 및 운송의 곤란 때문에 긴밀하게 연결된 일체일 수가 없었다. 제국의 여러 지역은 황제의 지고한 지위를 인정하고 그에게 공납을 하기는 했으나 그것을 제외하고는 각기 다른 생활 양식을 지녀 실제로는 독립되어 있었을 것이다. 그것들은 한 사람을 우두머리로 하는 산만한 결합체로서 공통된 사고 방식을 갖고 있지 않았다. 그런데 미국은 철도와 그 밖의 교통 기관 및 통일된 교육의 힘을 이용해 여러 인종을 연결하는 공동 의식을 발달시켰다. 여러 인종은 차차 융합되어 하나의 공통된 덩어리를 형성했다. 이 과정은 결코 완벽한 것이라고는 할 수 없었지만 그래도 끊임없이 진행됐다. 이처럼 규모가 큰 융합 과정은 역사상 찾아볼 수 없는 것이었다.

미국은 유럽과 강대국들의 분규와 음모에서 벗어나려고 애썼고, 또 유럽이 북부건 남부건 미국에 가까이하지 않기를 바랐다. 나는 전에 유럽의 몇 개 강국 — '신성 동맹' — 이 스페인 제국의 보존을 위해 남아메리카에 간섭의 손을 뻗쳤을 때 미국 대통령 먼로가 정한 규칙인 '먼로주의'에 대해 얘기한 적이 있다. 먼로는 "미국은 전 아메리카에 대해 어떤 유럽 강국이 무장 간섭을 하는 것도 좌시할 수 없다"고 선언했다. 이 선언이 젊은 아메리카의 여러 공화국을 유럽의 손에서 구해 냈다. 한 번은 영국과 전쟁을 치를 뻔한 적도 있었지만 이제 미국은 100년 이상이나 이 정책을 잘 지켜 오고 있다.

원래 남아메리카는 북아메리카와는 사정이 매우 달랐는데 100년이라는 세월도 이 간격을 축소시키지는 못했다. 북아메리카의 캐나다는 훨씬 더 미국과 비슷한 양상을 띠고 있었다. 그러나 남아메리카의 여러 공화국은 그렇지 않았으며, 전에 말한 바와 같이 북아메리카에 있는 멕시코를 포함해 라틴 아메리카 여러 나라를 이루고 있다. 미국과 멕시코 사이의 국경은 전혀 다른 두 개의 민족과 문화를 가르는 하나의 선이다. 거기부터 남쪽은 중앙 아메리카 지협(thin band)을 지나 저 광대한 남아메리카 전역에 걸쳐 스페인어와 포르투갈어가 여러 국민의 국어로 사용되고 있다. 포르투갈어는 브라질에서만 사용되고 있으므로 실제로는 스페인어가 지배적이다. 남아메리카 때문에 스페인어는 오늘날까지도 세계어의 하나로 인정받고 있고, 남아메리카는 지금도 스페인을 문화적 영감의 원천지로 삼고 있다. 인종적 다양성은 미국과 캐나다만큼 현저하지 않다. 스페인 계통과 원주민, 즉 레드 인디언 내지는 어느 범위에서의 흑인과의 혼교는 일종의 혼혈 인종을 낳고 있다.

　라틴 아메리카의 여러 공화국은 독립을 얻은 지가 100년이나 되는데도 좀처럼 안정되지 않았다. 그래서 주기적으로 혁명과 군사 독재를 겪어야만 했기 때문에, 끊임없이 바뀌는 그들의 정책과 정부의 자취를 더듬는 것은 쉬운 일이 아니다. 남아메리카에서 지도적 위치에 있던 국가는 아르헨티나와 브라질과 칠레 — 각국의 머릿글자를 따서 A · B · C 3국이라 일컬어진다. 북아메리카에서는 멕시코가 지도적인 라틴 아메리카 국가다. 한편 미국은 유럽의 간섭에 대해 먼로주의로써 라틴 아메리카를 방위했다. 그러나 그들이 부유해짐에 따라 그들은 새로운 팽창의 영역을 국외에서 찾기 시작했다. 그들의 눈이 맨 처음 라틴 아메리카로 쏠린 것은 당연하다. 그들은 이러한 여러 나라를 예전처럼 제국 건설이라는 방법으로 차지하려고는 하지 않았다. 즉 그들은 그들의 상품으로 그들의 시장을 장악한 것이다. 그들은 또 그들의 자본을 남아메리카의 철도와 광산과 그 밖의 사업에 투자하고 여러 나라의 정부와 때로는 혁명의 소용돌이 속에 휘말린 파벌에 자금을 빌려 주기도 했다. '그들(they)' 이라고 나는 말했지만 이것을 좀더 구체적으로 말하면 미국의 자본가와 은행가를 말한다. 물론 그들의 배후에서는 미국 정부가 도움을 주고 있었다. 점차 이들 은행가들은 돈을 빌려 주거나 투자함으로써 남아메리카와 중앙 아메리카의 작은 나라들을 지배했다. 또 은행가들은 어느 당파에는 돈과 무기를 빌려 주고 다른 당파에는 빌려 주지 않음으로써 혁명조차 일으킬 수 있었다. 은행가와 자본가의 배후에 미국 정부가 있는 이상 미력하고 약체인 남아메리카 여러 나라가 무엇을 할 수 있었겠니. 때로 미합중국은 '질서를 유지하기 위해서' 라는 명목 아래 실제로 어느 한 나라의 특정 당파를 위해 군대를 파견한 적도 있었다.

　이같이 미국 자본가들은 남아메리카의 여러 작은 나라에 효과적인

보이지 않는 제국, 아메리카

지배력을 행사함으로써 은행과 철도와 광산을 움직여 자기의 이익대로 그들을 착취했다. 라틴 아메리카의 비교적 큰 나라들에서조차도 그들은 그들의 투자와 금융 지배를 통해 큰 영향력을 발휘했다. 이것은 말하자면 그들이 이러한 여러 나라의 재화나 또는 재화의 대부분을 차지했음을 뜻한다. 그런데 이것은 제국의 새로운 형태와 근대적 형식을 보여 주는 것으로 주목할 만하다. 그것은 눈에 보이지 않는 경제적인 것으로서 아무런 외부적인 징후도 없이 착취하고 지배한다. 남아메리카의 여러 공화국은 정치·국제적으로는 독립되어 있고 지도상으로 광대한 대국이며, 그들이 독립되어 있지 않음을 나타내는 아무런 조짐도 없다. 그런데도 그 대다수는 완전히 미국의 지배 아래 놓여 있다.

우리는 여러 시대의 여러 가지 제국주의를 차례로 훑어보아 왔다. 처음에는 전쟁에서 한 나라가 다른 나라를 이기면 그것만으로 승자는 피정복국과 피정복 국민을 마음대로 할 수 있었다. 그들은 토지와 국민을 한꺼번에 병합했다. 다시 말하면 피정복 국민은 노예가 되었다. 이것이 흔히 볼 수 있는 과정이었다. 성서를 읽어 보면 유태인이 전쟁에서 바빌로니아인에게 졌기 때문에 포로로 끌려갔다고 쓰여 있고, 이 밖에도 같은 예는 얼마든지 있다. 그런데 차차 이것이 또 하나의 다른 제국주의 형식으로 바뀌어 토지만이 병합되고 인민은 노예가 되지 않게 되었다. 이것은 분명히 과세와 그 밖의 착취 방법을 통해 그들로부터 합법적으로 돈을 빼앗는 편이 더 용이하다는 사실이 발견되었기 때문이었다. 아직도 우리의 대다수는 인도에서의 영국과 같은 종류의 제국을 연상하면서, 만일 영국인이 실제로 인도에서 정치적 지배를 하지 않았다면 인도가 자유로울 것이라고 상상한다. 그러나 이런 형식을 지닌 제국의 시대도 이미 지나, 더 발전되고 더 완전한 방법으로 바뀌려 하고 있다. 가장 새로운 종류의 제국은 토지조차도 차지하지 않는다. 다만 그 나라의 재화나 재화를 낳는 여러 요인을 차지하는 데 지나지 않는다. 이런 방법으로 그것은 자기 이익을 위해 톡톡히 착취할 수 있고 지배할 수 있으며, 동시에 그 나라의 통치와 치안에 대해 아무런 책임을 질 필요도 없다. 실효면으로 보면 그 나라와 인민은 모두 지배를 받고 아주 쉽게 장악되어 버린다.

　이와 같은 경로를 거쳐 제국주의는 시간이 지남에 따라 더욱 완성된 형태를 취하게 되어 제국의 현대적 형식은 눈에 보이지 않는 경제 제국이 되었다. 노예 제도가 폐지되고, 또 봉건적 양식의 농노 제도도 몰락했을 때 인간은 진실로 해방된 것처럼 생각했다. 그러나 이윽고 인간은 지금도 돈의 힘을 등에 업고 있는 자들에게 착취당하고 지배당하고 있음을 알게 되었다. 사람들은 노예와 농노로부터 임금 노예로 모습을 바꾸었다. 그들을 위한 자유는 아직 먼 곳에 있다. 나라도 마찬가지여서 사람들은 한 나라에 대한 다른 나라의 정치적 지배가 유일한 화근이며 만일 이것이 없어진다면 자유는 자동으로 올 것처럼 상상한다. 그러나 이것은 정치적 독립국도 경제적인 지배를 통해 완전하게 다른 나라의 조종 아래 놓일 수 있다는 사실이 있는 이상 그렇게 간단 명료하지 않다. 그렇지만 인도에서 영국 제국은 누구의 눈에도 명료하게 보인다. 영국은 인도를 정치적으로 지배하고 있다. 이 눈에 보이는 제국과 병행해서 그 필연적인 요소로서 영국인은 인도에 대한 경제적인 지배를 강화하고 있다. 인도에 대한 영국인의 눈에 보이는 지배력이 머지 않아 소멸하리라는 것은 충분히 상상할 수 있는 일이지만, 그래도 경제적 지배는 여전히 보이지 않는 제국으로서 남을는지도 모른다. 만일 그런 일이 있다면 그것은 영국인의 인도 착취가 여전히 지속되는 것을 의미한다.

　경제적 제국주의는 지배 세력으로서는 가장 간편한 형식이다. 많은 사람들은 지배되고 있다는 사실을 깨닫지 못하므로 그것은 정치적인 지배만큼 반발을 초래하지 않는다. 그러나 외국의 지배가 점점 필사적이 되면 사람들은 그 작용을 깨닫기 시작해 이에 반발한다. 지금 라틴 아메리카는 미국에 대해 그리 좋은 감정을 갖지 않으며 북아메리카의 지배에 대항하기 위해 라틴 아메리카의 여러 국가의 블록을 만들려는 움직임이 여러 가지로 있어 왔다. 그러나 그들은 그들의 빈번한 궁정 쿠데타나 상호 항쟁에서 벗어나지 않는 한 별로 이렇다 할 성공을 거둘 것 같

보이지 않는 제국, 아메리카

지 않다.

　미국의 눈에 보이는 제국주의 통치는 필리핀 제도에까지 뻗어 있다. 이전에 보낸 한 통의 편지에서 나는 미국이 스페인과 벌인 전쟁을 통해 스페인의 속령을 차지한 경위를 얘기한 적이 있다. 이 전쟁은 1898년 대서양에서 쿠바 섬을 둘러싸고 일어났던 것이다. 쿠바[122]는 독립했지만 그것은 명목일 뿐 쿠바도 아이티(Haiti)도 미국의 지배 아래 있다.

　약 20년 전에 파나마 운하가 개통되었다. 이것은 중앙 아메리카의 좁고 긴 지대에 있으며, 대서양과 태평양을 잇는 것이다. 이것은 50여 년 전에 수에즈 운하를 건설한 레셉스(Ferdinand de Lesseps)[123]가 설계했다. 그러나 그는 형벌을 받고 운하는 미국인에 의해 개통되었다. 그들은 말라리아와 황열병(yellow fever) 등의 어려움을 무릅쓰고 이러한 장해를 극복해 마침내 성공을 거두었다. 그들은 말라리아 모기와 그 밖의 병균의 매개물을 모두 제거해 운하 지대를 완전한 위생 지대로 만들었다. 운하는 작은 파나마 공화국 안에 위치하고 있는데 미국은 이 공화국과 함께 운하도 지배하고 있다. 여기를 거치지 않으면 배는 남아메리카를 일주해야 하기 때문에 미국으로서는 이 운하가 다시없는 보물인 셈이다. 그래도 파나마 운하의 의의는 수에즈 운하의 중요성만큼 큰 것은 아니다.

　이와 같이 하여 미국은 더욱더 커지고 부유해져서 여러 가지 변화를 보였는데, 그 중에서도 특히 백만 장자와 고층 빌딩을 잇따라 만들어 냈다. 그들은 여러 면에서 유럽을 상대로 경쟁하고 한 걸음 나아가 그것

---

122) 쿠바는 16세기부터 3세기 이상 절대주의 스페인의 식민지 지배를 받고 있었다. 1868년의 제1차 독립 전쟁을 거쳐 1895년에는 제2차 독립 전쟁이 일어났다. 스페인의 군사 행동은 미국의 개입을 초래해, 마침내 이것이 미국 - 스페인 전쟁으로 발전했다. 스페인이 패배한 결과 쿠바는 독립이 승인되었지만, 그 때부터 미국은 쿠바의 사탕수수 농장에 막대한 투자를 하여 사실상 이 나라를 보호국 상태로 만들어 놓았다.
123) 레셉스는 원래 프랑스의 외교관이었다. 이집트에 주재할 때부터 수에즈의 운하 건설에 흥미를 갖게 된 그는 스페인 대사를 마지막으로 퇴직한 뒤 이집트에 초대되어 1856년에 공사를 착수, 1869년에 이 대사업을 완성했다. 1881년 파나마 운하 건설 계획이 있었을 당시 운하 회사의 사장이 되었으나 경영에 실패하고 부정 사건에 관련되어 좌절했다. 그 뒤 운하의 부설권은 미국 정부로 넘어가 많은 어려움 끝에 1914년 개통되었다.

을 앞질렀다. 산업상으로는 그들은 세계의 지도 국가가 되었고, 노동자의 생활 수준은 다른 어느 곳에서도 볼 수 없을 만큼 높아졌다. 마치 19세기 영국의 경우와 마찬가지로 이 번영 때문에 사회주의와 그 밖의 급진적인 사상은 발판을 마련할 수가 없었다. 미국의 노동자들은 소수의 예외를 제외하면 매우 온건하고 보수적이 되었다. 그들은 비교적 좋은 보수를 받았다. 그렇다면 그들이 현실적으로 누리고 있는 쾌적한 생활을 걸고서까지 미심쩍은 장래의 개선을 바랄 까닭이 있을까? 노동자 계급은 주로 '데이고'라고 경멸적으로 일컬어지는 이탈리아인 등으로 이루어져 있었다. 그들은 미력하고 조직을 갖고 있지 않았으며 사회적 지위도 낮았다. 비교적 넉넉한 보수를 받는 숙련 노동자들조차 스스로 이러한 데이고와는 다른 계급이라고 생각하고 있었다.

미국은 정치면에서는 2대 정당 — 공화당(the Republican Party)과 민주당(the Democratic Party)이 발달했다. 영국 이상으로 그것들은 부유 계급을 대표하는 것이며, 그 사이에 이념상의 차이는 거의 없다고 해도 좋다.

세계 전쟁(제1차)이 발발해, 마침내 미국도 전쟁의 소용돌이 속에 말려들기까지의 상황은 대개 이와 같았다.

139 *1933년 3월 4일*

700년에 걸친 아일랜드와 영국 간의 분쟁

다시 대서양을 건너 구세계로 되돌아가자. 해로나 항공로를 이용하는 여행자의 눈에 맨 처음 띄는 육지는 아일랜드다. 그러니 우리도 먼저 여기에 들르기로 하자. 이 초원으로 덮인 아름다운 섬은 유럽의 서쪽 멀리 대서양의 물결에 씻기고 있다. 이 섬은 세계 역사의 본류에서 멀리 떨어진 작은 섬이다. 그러나 작지만 과거 몇 세기 동안 민족의 자유를 위한 투쟁을 통해 여러 난관을 겪으며 불굴의 용기와 희생 정신을 발휘했다. 또한 아일랜드는 강대한 이웃 나라에 대한 투쟁에서 놀라운 불굴의 기록을 남겼다. 항쟁의 시초는 750년 전의 옛날로 거슬러 올라간다. 그리고 지금도 그것은 해결되지 않고 있다. 우리는 이미 영국의 제국주의가 인도에서, 중국에서, 또 그 밖의 나라들에서 맹위를 떨치는 것을 보았다. 그러나 아일랜드는 훨씬 옛날부터 그 화살을 받아야만 했다. 그래도 아일랜드는 결코 나약하게 굴복하지 않았기 때문에 영국에 대한 항전을 경험하지 못한 세대는 거의 없었다고 해도 좋을 것이다. 가장 용감한 이 나라의 아들들은 모두 자유를 위한 투쟁으로 쓰러지고, 또는 영국 관헌의 박해에 시달렸다. 아일랜드인 가운데 사랑하는 조국을 버리고 외국에 이주한 사람도 엄청나게 많았다. 또 조국을 지배하고 압박하는 나라에 항거해서 그들의 힘을 바칠 기회를 얻으려고 영국과 전쟁을 하는 외국 군대에 참가하는 사람도 많았다. 아일랜드의 망명자는 먼 나라에까지 흩어져 어디를 가건 가슴 속에 한 조각의 아일랜드 정신을 깊이 간직하는 것을 결코 잊지 않았다.

불행한 개인이나 압박받고 해방을 찾아 싸우는 국가, 이 모두는 불만을 품고 현재를 즐기는 길을 갖지 못했을 경우 모두 과거로 눈을 돌려 거기에서 위안을 찾으려고 한다. 그들은 과거를 과장하고 위대했던 지난날을 회상하는 데서 기쁨을 찾는다. 현재가 암울할 때에는 과거가 구원과 감화를 제공하는 피난처가 된다. 그리고 또한 과거의 비운은 가슴에 맺혀서 결코 잊혀지지 않는다. 과거의 환상만 좇는 일은 한 민족으로서는 결코 건강한 태도는 아니다. 건전한 국민, 건전한 나라는 현재에 행동하며 미래를 바라본다. 그러나 자유를 갖지 못한 개인이나 국가는 건강을 유지하지는 못한다. 따라서 그들이 과거를 돌이켜보고 어떤 의미에서는 과거 속에 묻혀 사는 것도 무리는 아니다.

그래서 아일랜드는 지금도 과거에 살며, 아일랜드 국민은 자유로웠던 지난날의 꿈을 소중하게 간직하고 자유를 위해 싸운 숱한 투쟁과 과거의 비운을 생생하게 기억하고 있다. 그들은 6세기까지 거슬러 올라가 아일랜드가 서유럽 학문의 중심으로서 먼 곳에서 온 학생들을 모았던 1400년 전을 생각한다. 로마 제국이 이미 망하고 반달족과 훈족이 로마 문명을 유린할 그 무렵부터 아일랜드는 유럽에 새로운 문명이 재생되는 날까지 문화의 등불을 줄곧 켜 온 몇 안 되는 곳 중의 하나였다고 한다. 기독교는 일찍부터 아일랜드에 건너갔다. 아일랜드를 수호한다는 성 패트릭(St. Patrick)[124]이 이것을 전했던 것으로 되어 있다. 영국 북부는 아일랜드에서 기독교가 건너갔던 곳이다. 아일랜드에는 옛날 인도의 아슈람이나 불교의 사원과 비슷한 수도원이 많이 세워졌는데, 이런 곳이 학문의 중심이 되어 야외에서 학습이 행해졌다. 이 같은 수도원에서 전도자들이 배출되어 북부와 서부 유럽을 돌아다니면서 이교도들에게 새로운 기독교의 가르침을 알렸다. 또 일부 아일랜드 수도원의 성직자들이 쓰고 손수 장정한 아름다운 필사본이 만들어졌는데, 약 1200년 전에 쓴 것으로 보이는 『켈스 전적(Book of Kells)』[125]이라고 일컬어지는 아름다운 필사본이 지금도 더블린(Dublin)에 남아 있다.

6세기부터 이 200~300년 동안 많은 아일랜드인에 의해 게일 문화(Gaelic culture)가 절정에 이르러 '아일랜드의 황금 시대'로 일컬어지고 있다. 아마 시대의 격차가 이 낡은 시대에 일종의 매력을 주어 그것을 실제로 있었던 것보다 더 위대하게 보이게 하는 것이리라. 그 무렵 아일랜드는 많은 부족으로 분할되어 있었고, 이 부족들은 끊임없이 서로 다투고 있었다. 아일랜드의 약점은 인도와 마찬가지로 동족 내부의 분규에

---

124) 5세기의 아일랜드의 전도사. 소년 시절 여기저기 떠돌아다니다가 갈리아(Gallia : 프랑스 지역)에 표착해 기독교도가 되었고, 그 뒤 고국에 돌아가서 아일랜드를 교화했다. 그 때부터 아일랜드인들에게 숭앙을 받아, 그들의 신앙과 불가분한 존재가 되었다.
125) 켈스는 동부 아일랜드의 더블린 서북쪽 50마일 지점에 있는 도시 이름. 중세기 때에는 이 곳에 아일랜드의 왕궁이 있었다. 『켈스 전적』은 아름다운 장정으로 유명한 복음서의 라틴어 사본인데, 그 지방의 기록도 실려 있다. 이 책은 현재 더블린 도서관에 보존되어 있다.

700년에 걸친 아일랜드와 영국 간의 분쟁

있었다. 그 뒤 영국과 프랑스에 건너간 덴마크인과 노르만인이 여기로 건너와 아일랜드인을 박해하고 광대한 영토를 빼앗았다. 11세기 초에 브라이언 보루마(Brian Boruma)라는 유명한 아일랜드 국왕이 덴마크인을 무찔러 얼마 동안 아일랜드를 통일했으나 그가 죽은 뒤에 나라는 또다시 분열되었다.

너는 '정복자 윌리엄(William the Conqueror)'이 거느린 노르만인이 11세기에 영국을 정복했던 일을 기억할 것이다. 그로부터 100년 뒤에 이 앵글로 노르만인(Anglo-Normans)이 아일랜드를 침략해 그들이 정복한 토지를 '페일(Pale : 울타리로 둘러진 장소)'이라고 불렀던 것이다. 흔히 특권층이나 사회적 그룹 이외의 것을 가리켜 '페일 저편(beyond the pale)'이라는 표현을 사용하는 것은 이런 연유에서 나온 말일 것이다. 이 1169년의 앵글로 노르만인의 침입은 고대 게일인의 문화를 몹시 손상시키고 그 때부터 거의 쉴 새 없이 계속된 아일랜드 여러 부족과의 전쟁의 실마리가 되었다. 몇백 년 동안이나 계속된 이런 전쟁은 말할 수 없이 야만적이고 잔혹한 것이었다. 영국인(앵글로 노르만인)은 언제나 아일랜드인을 일종의 반(半)미개 종족으로 보고 경멸했다. 영국인은 앵글로 색슨인이고 아일랜드인은 켈트인이라는 인종의 차이가 있는 데다 뒤에 영국인은 프로테스탄트가 된 데 비해 아일랜드인은 여전히 로마 가톨릭교의 신앙을 가졌다는 종교상의 차이가 덧붙여졌다. 그 때문에 이러한 영국인 대 아일랜드인의 전쟁은 인종 전쟁과 종교 전쟁의 가혹함을 띠고 있었다. 영국인은 세심하게 두 종족의 혼혈을 막았다. 그리하여 영국인과 아일랜드인의 혼인을 금지하는 법률(킬케니의 율법)이 제정된 적도 있었다.

아일랜드에는 반란이 잇달았다. 그러나 언제나 지독하게 잔학한 방법으로 진압당했다. 그럴수록 아일랜드인은 그들의 외국인 지배자와 압제자를 증오해서 기회가 있을 때마다 반란을 일으켰고 기회가 없어도 봉기하는 판이었다. "영국의 어려움은 아일랜드의 좋은 기회"라는 말은 낡은 속담이지만 종교적 이유와 정치적 이유로 아일랜드는 자주 프랑스와 스페인을 비롯한 영국의 적국 편에 가담했다. 이것이 영국인을 몹시 화나게 했으며, 뒤통수를 호되게 얻어맞은 것처럼 느낀 그들은 온갖 잔학한 수단을 동원해 보복을 가했다.

엘리자베스 여왕 시대(16세기)에 아일랜드인 사이에 영국인 지주를 육성함으로써 저항을 근절시키려는 방침이 정해졌다. 그 때문에 토지가 몰수되고 예로부터 이어 온 아일랜드의 지주 계급은 그 지위를 빼앗겼다. 그리하여 아일랜드는 사실상 외국인 지주를 섬기는 가난한 농민의 나라가 되어 버렸다. 또한 이 지주들은 몇백 년이 지나도 여전히 아일랜드인 쪽에서 보면 이국인인 것이었다.

엘리자베스 여왕의 뒤를 이은 영국의 제임스 1세는 아일랜드의 정신을 꺾기 위해 또 다른 책략을 꾸몄다. 그는 아일랜드 안에 외국인 이민의 상설 농장을 만들기로 결정하고 북아일랜드 얼스터(Ulster) 지방의 6개 군의 모든 땅을 이 목적을 위해 거의 고스란히 몰수했다. 공짜로 차지할 수 있는 토지가 생기자 영국과 스코틀랜드에서 무모한 자들이 떼를 지어 몰려왔다. 이들 영국인과 스코틀랜드인의 대부분은 토지를 얻어 농민으로서 그 곳에서 살았다. 런던시도 이 개척에 협력해서 '얼스터 개발(Plantation of Ulster)'을 위해 특별한 단체를 만들었다. 북부(아일랜드)의 데리(Derry)시가 런던데리(Londonderry)라고 일컬어지게 된 것도 이 때문이다.

그리하여 얼스터는 영국의 영토가 되었는데 이것이 아일랜드인을 몹시 화나게 한 것은 당연한 일이었다. 한편 새로운 얼스터 지방인은 아일랜드인을 증오하고 그들을 경멸했다. 아일랜드를 두 진영으로 갈라놓은 영국의 술책은 제국주의자로서 자못 빈틈없는 것이었다. 300년 이상이나 지난 오늘날에도 얼스터 문제는 해결되지 않은 채 남아 있다.

얼스터의 개발 뒤 곧 영국에서는 찰스 1세와 의회 사이에 내전이 일어났다. 의회측에는 프로테스탄트(신교도)와 퓨리턴(청교도)이 한편이 되고, 가톨릭인 아일랜드는 당연히 국왕 편을 들었으며, 얼스터는 의회를 지지했다. 퓨리턴이 가톨릭파를 박멸할까 봐 두려워한 아일랜드인의 우려는 반드시 근거가 없는 것은 아니었다. 그래서 그들은 1641년에 크

700년에 걸친 아일랜드와 영국 간의 분쟁

게 반란을 일으켰다. 이 반란과 그 진압은 지금까지의 그 어느 것보다도 잔혹하고 야만적인 것이었다. 아일랜드의 가톨릭 교도는 가차없이 프로테스탄트를 살육했고, 크롬웰의 보복도 처절한 것이었다. 아일랜드인, 특히 가톨릭 성직자에 대한 학살이 잇달았고 크롬웰은 지금도 아일랜드인의 가슴 속에 비분의 기억을 남겨 두고 있다.

이렇게 테러리즘과 포학한 행위가 기승을 부렸어도 몇십 년 뒤에는 또다시 내란과 내전이 발생해 런던데리와 리머릭(Limerick)의 두 도시가 포위되는 사건이 일어났다. 얼스터에 있는 프로테스탄트 도시인 런던데리는 1668년 가톨릭 교도 아일랜드인에게 포위되었다. 이 곳을 지키는 사람들은 식량도 없어 굶주림에 허덕이면서도 뛰어난 무용을 발휘했다. 4개월 간의 포위와 곤궁을 견딘 끝에 드디어 영국의 배들이 식량을 싣고 와서 그들을 구출했다. 1690년 리머릭의 경우는 사정이 달라 가톨릭 아일랜드인이 영국인에게 포위되었다. 이 공격전의 영웅은 우세한 대적을 맞아 리머릭을 끝까지 훌륭하게 지킨 패트릭 사스필드(Patrick Sarsfield)였다. 아일랜드인은 여자들까지 싸웠고, 사스필드와 그 부대의 용감성을 전해 주는 게일어 노래는 지금도 아일랜드의 시골에서 불리고 있다. 사스필드는 결국 리머릭을 포기했으나 그 뒤 곧 영국과 명예로운 협약이 맺어졌다. 이 협약의 한 조항에는 "아일랜드인 가톨릭 교도는 완전한 시민권과 종교적인 자유를 가진다"는 것이 규정되었다.

이 '리머릭 협약(Treaty of Limerick)'은 영국인이라기보다는 아일랜드의 영국인 지주 문벌에 의해 파기되었다. 이들 프로테스탄트 문벌은 더블린의 속령 의회를 좌우하고 있어 리머릭에서의 엄숙한 서약에도 불구하고 가톨릭 교도에게 시민으로서의 자유와 신앙의 자유를 주는 것을 거부했다. 게다가 그들은 가톨릭 교도를 징벌하는 법률이며 아일랜드의 양모 무역을 파괴하는 법률을 가결했다. 아일랜드의 소작인은 무자비하게 짓밟혀 토지에서 추방당했다. 이것은 소수의 외국인 프로테스탄트 지주가 가톨릭이며 대부분이 소작인이던 압도적 다수의 국민에 대해 행한 처사였음을 잊어서는 안 된다. 그러나 권력은 모두 이러한 영국인 지주의 손아귀에 들어 있었고, 그들은 소작인들을 잔혹하고 탐욕스러운 대리인과 소작료 징수인에게 맡기고 영지에서 멀리 떨어진 곳에서 살고 있는 것이었다.

리머릭의 이야기는 옛날 일이다. 그렇지만 엄숙한 서약을 배신함으로써 폭발된 원한과 분노는 지금도 가라앉지 않고 있다. 그리고 오늘날에도 리머릭은 아일랜드에 대한 온갖 영국의 배신 행위 가운데서도 제일 먼저 아일랜드 민족주의자들의 가슴을 끓어오르게 하는 것이다. 그 무렵 이 협약의 위반과 종교상의 박해, 탄압과 지주의 잔혹한 처사를 견디다 못해 많은 아일랜드인이 다른 나라로 빠져나갔다. 우수한 아일랜드 청년이 외국으로 건너가서 영국과 싸우는 나라라면 어느 나라에나 협력했기 때문에 영국을 상대로 하는 전쟁이 있는 곳에서는 어김없이 아일랜드인의 모습을 볼 수 있을 정도였다. 『걸리버 여행기』의 저자 조너선 스위프트(Jonathan Swift)[126]는 이 시대의 사람이었는데, 그가 아일랜드인에게 준 "석탄 이외에는 닥치는 대로 영국의 것을 불사르라"는 권고는 그가 영국인에 대해 얼마나 분노를 느끼고 있었는가를 짐작하게 한다. 더블린의 성 패트릭 사원에 있는 그의 비석에 새겨진 비문은 더 격렬한 것이다. 이 비문은 그 자신이 쓴 것임이 거의 확실하다.

    30년 동안 이 사원의 성직자였던
    조너선 스위프트의 시신은
    이 무덤에 잠들고 있다.
    미친 듯한 분노의 불길도
    지금은 그의 영혼을 불태우지 못한다.

---

126) 더블린 태생의 풍자 소설가. 그의 작품 『걸리버 여행기』는 공상적인 동화로서도 재미있지만, 분명히 당시의 사회에 대한 통렬한 풍자 소설이다. 장년 시절에는 정치에도 흥미를 갖고 때로는 보수당, 때로는 자유당 편에 서서 날카로운 정론을 폈으나, 만년에는 성 패트릭 사원의 부감독으로서 실의 속에 지내다가 애인 스텔라가 사망한 뒤부터는 폐인처럼 되어 정신 분열증으로 사망했다고 한다. 여기에 인용된 묘비명은 동요가 심했던 그의 내면 생활은 이해하는 데 도움이 될 것 같다.

700년에 걸친 아일랜드와 영국 간의 분쟁

이 무덤을 찾는 사람이여
만일 그대가 할 수 있다면
자유를 지키기 위해
인간의 본분을 다한 사람을 본받으라.

  1774년 미국의 독립 전쟁이 일어나자 영국은 자신의 군대를 대서양 저편으로 보내지 않을 수 없게 되어 실제로 한때는 영국 군대가 아일랜드에 머물러 있지 않게 되었다. 그리고 그전부터 프랑스도 영국에 선전 포고를 하고 있었기 때문에 프랑스가 침입할 것이라는 소문이 퍼졌다. 그래서 가톨릭 교도도, 프로테스탄트도 방위 의용군을 일으켰다. 얼마 동안 그들은 옛날의 원한을 잊고 서로 협력해 그들의 힘을 보여 주었다. 그러다가 또다시 반란의 위기에 부딪힌 영국은 아일랜드가 미국을 본받아 분리할 것이 두려워 아일랜드에 의회를 두는 것을 승인했다. 이렇게 하여 여전히 같은 국왕을 받들고 있던 것을 제외하면 이론상 아일랜드는 영국에서 독립한 셈이었다. 그러나 아일랜드 의회는 과거 오랫동안 가톨릭 교도에게 중압을 가해 온 프로테스탄트에게 독점되어 옛날 그대로 지주 계급 본위의 폭이 좁은 회의체였다. 가톨릭 교도는 여전히 여러 가지 방법으로 처벌을 받았다. 다만 달라진 것은 프로테스탄트와 가톨릭 교도 사이의 공기가 다소 호전된 것뿐이었다. 의회의 지도자 헨리 그래턴(Henry Grattan)은 그 자신은 비록 프로테스탄트였지만 가톨릭 교도의 무권리 상태를 폐지하려고 했다. 그러나 그의 계획은 거의 효과를 보지 못한 채 끝났다.
  얼마 뒤 프랑스 혁명이 일어나자 이것은 아일랜드에 큰 희망을 안겨 주게 되었다. 정말 우습게도 이것은 때가 지남에 따라 더 친밀해진 가톨릭파와 프로테스탄트파 양쪽에게 환영을 받았다. 그들을 협력하도록 하고 또한 가톨릭 교도를 해방하기 위해 '통일 아일랜드인회'라는 조직이 창립되었다. 그러나 '통일 아일랜드인회(United Irishmen)'는 정부의 지지를 받지 못하고 해산되었다. 이렇게 해서 불가피하고 주기적인 반란이 1798년에 일어났다. 이것은 예로부터 흔히 있던 얼스터와 국내 다른 지방 사이의 종교적 분쟁이 아니라 어느 정도까지 양자가 손을 잡고 참가한 민족 반란이었다. 이 반란은 영국에게 평정되고 아일랜드인 지도자 울프 톤(Wolfe Tone)은 반역죄로 처형당했다.

　이처럼 아일랜드 독립 의회도 아일랜드 인민에게 큰 변화를 가져다주지는 못했다. 그 무렵의 영국 의회 자체도 포켓 선거구 등에서 선출되어 협소하고 부패한 것이라서 소수의 지주 계급과 약간의 부유한 상인이 지배하고 있었는데, 아일랜드 의회는 이 모든 결함을 갖고 있었을 뿐만 아니라 가톨릭 나라 안에 있는 소수 프로테스탄트의 전유물이었다. 영국 정부는 이에 만족하지 않고 아일랜드 의회를 폐지하고 아일랜드를 영국에 합병할 것을 결의했다. 이것은 아일랜드의 강경한 반대에 부딪혔으나 더블린의 의회 의원에게 거액의 뇌물이 뿌려진 결과, 그들은 그들 자신의 의회를 말살하기 위해 투표했다. '연방 조례(Act of Union)'는 1800년에 제정되고 그래턴의 단명(short-lived) 의회는 이렇게 하여 종말을 고했으며, 그 대신 몇 사람의 아일랜드 의원이 런던의 영국 의회로 보내졌다.

　의회가 그렇게 부패해 개선될 가망이 없는 것이라면 아예 폐지되었더라도 별로 큰 손실은 아니었을 것이다. 그러나 이 연방 조례는 하나의 실제적인 폐해를 가져왔고 아마도 처음은 아니었을 것이다. 그것은 북부 남부, 즉 프로테스탄트파와 가톨릭파의 통일을 위한 움직임을 단절시켰다. 프로테스탄트인 얼스터 지방은 다시 그 밖의 지방으로부터 등을 돌리고 양자는 서로 소원해질 뿐이었다. 어느 새 또 다른 차이점이 둘 사이에 나타나기 시작했다. 얼스터는 영국과 마찬가지로 근대 공업을 받아들였지만 그 이외의 지방은 여전히 주로 농사를 지었는데, 더구나 그 농업조차 토지 제도의 결함과 끊임없는 국외 이주 때문에 활발하지 못했다. 그리하여 북부는 공업화한 데 비해 남부와 동부, 특히 서부는 산업적으로 뒤떨어져서 여전히 중세적이었다.

　이에 항의하는 반란 없이 연방 조례를 통과시킬 수는 없었다. 실패로 끝난 이번 반란의 지도자는 로버트 에메트(Robert Emmett)였는데, 그는 훌륭한 청년으로 선인들 뒤를 따라 교수대의 이슬로 사라졌다.

아일랜드 의원들이 영국 하원에 파견되기는 했어도 가톨릭 교도는 보내지지 않았다. 가톨릭 교도는 영국뿐만 아니라 아일랜드에서도 허용되지 않았다. 1829년에야 이 제도가 폐지되어 가톨릭 교도도 영국 의회의 의석을 차지할 수 있게 되었다. 이 장애를 배제하는 데 성공한 사람은 아일랜드의 지도자인 대니얼 오코넬(Daniel O'Connell)인데 그는 이것 때문에 '해방자(Liberator)'라고 일컬어졌다. 또 하나 달라진 것은 투표권을 점점 많은 사람들에게 주게 된 선거권의 점차적인 확대였다. 아일랜드는 이제 영국에 합병되어 있어 같은 법률이 양자에서 적용되는 것이었다. 1832년의 '개정 선거법(Reform Bill)'도 영국과 아일랜드에 동시에 시행되었다. 그 뒤의 '선거권법(Franchise Bill)'[127]에서도 마찬가지였으며, 이 과정을 통해 영국 하원 내 아일랜드 의원의 구성도 변하기 시작했다. 아일랜드의 대표 의원은 지주의 대표였으나 이제 가톨릭과 농민과 아일랜드 민족주의의 대변자가 되었다.

지주에게 압박받고 소작료를 착취당하던 아일랜드의 가난한 소작농은 감자를 주식으로 하고 있었다. 그들은 사실 감자로 겨우 목숨을 부지했기 때문에 오늘날 인도의 농민과 마찬가지로 저축을 할 수도 없었고 위급할 때에 대한 준비는 아무것도 없었다. 그들은 간신히 최저 생활을 지탱할 뿐이어서 이미 저항력을 잃고 있었다. 1846년 감자가 흉작이어서 큰 기근이 생겼다. 그러나 기근도 아랑곳없이 지주들은 소작료를 내지 않는다고 소작인들을 몰아 냈다. 많은 아일랜드인이 고향을 버리고 아메리카로 건너가 아일랜드는 마치 무인 지대처럼 되었고, 대부분의 밭은 경작하지 않았기 때문에 초원으로 변해 버렸다.

---

[127] 1832년의 영국 선거법 개정안은 아직도 보통·평등 선거의 이상과는 거리가 먼 것이었으나, 1867년(다비 보수당 내각)과 1884년(글래드스턴 자유당 내각)의 개정을 거쳐 점차 확장 보완되었고, 제1차 세계 대전 후인 1918년 및 1921년의 로이드 조지 내각하에서의 여성 참정권의 실현을 통해 보통·평등 선거 제도에 도달했다.

옛날에는 농지였던 땅이 이처럼 양의 사료용 목초지로 변화하는 과정은 현재에 이르기까지 100년 이상이나 계속되었는데 주요한 이유는 영국에 양모 섬유 제조 공업이 발달했기 때문이었다. 기계가 많이 사용될수록 그만큼 생산도 늘어나고 또 양모의 수요도 증대했다. 아일랜드의 지주로서는 토지를 사람이 경작하는 것보다는 양을 치기 위한 목초지로 이용하는 편이 유리해졌다. 목초지에는 사람의 손이 거의 필요치 않으며 양을 지키기 위한 약간의 인원만 있으면 된다. 때문에 농업 노동자는 할 일이 없어져 농토에서 쫓겨났다. 이리하여 아일랜드는 실제로 인구는 줄어들었는데도 끊임없이 '잉여(superfluous)' 노동력을 지니게 되어 인구 감소의 과정이 진행되었다. 아일랜드는 그야말로 '공업적(industrial)' 영국에 대한 원료 공급 지역 외에는 아무것도 아니었다. 종래의 경작지로부터 목초지로 전화하는 과정이 요즘에는 역행되기 시작해 다시 이전처럼 경작지로 돌아가고 있다. 묘하게도 이것은 1932년에 시작된 아일랜드와 영국 사이의 무역 전쟁[128] 이후의 일이다.

19세기의 태반을 통해 아일랜드의 주요한 문제는 토지 문제, 즉 부재 지주 아래에 있는 비참한 농민의 생활난이었다. 결국 영국 정부는 지주 토지의 강제 매입과 소작인에 대한 재분배를 통해 지주를 철저하게 배제하는 정책을 펴 나갔다. 물론 지주는 조금도 손해를 보지 않았다. 그들은 정부로부터 넉넉히 그 대가를 받았기 때문이다. 소작인은 토지를 얻었지만 동시에 이에 따르는 가격을 무거운 짐으로 짊어졌다. 그들은 전액을 일시에 지불하는 것이 아니라 분할해서 조금씩 정기적으로 지불했던 것이다.

1798년의 민족 반란 이후 아일랜드에는 100년이 넘도록 규모가 큰 반란은 없었다. 19세기에는 그 때까지와는 달리 아일랜드의 연중 행사

---

128) 1932년 아일랜드에 성립된 데 발레라(Eamon de Valera) 내각이 토지 문제 등으로 영국과 충돌하게 되자, 영국은 아일랜드 제품의 수입 관세를 인상해서 아일랜드를 경제적으로 압박하려 했다. 이에 아일랜드측에서도 보복 관세로써 대응해 격렬한 관세 전쟁이 벌어졌다. 상세한 것은 백쉰두 번째 편지 참조.

700년에 걸친 아일랜드와 영국 간의 분쟁

인 반란이 없었다. 그러나 이것은 불만의 감정이 가셨기 때문이 아니라 마지막 있었던 반란과 큰 기근과 인구 감소에서 온 피폐 때문이며, 또 어느 정도는 아일랜드의 대표 의원이 무엇인가를 할 수 있지 않을까 하는 막연한 희망을 통해 인심이 영국 의회로 돌아섰기 때문이기도 했다. 그렇지만 아직도 아일랜드인 중에는 주기적 봉기의 전통을 유지하려 하는 사람들이 있었다. 그들은 아일랜드의 영혼과 정신은 그렇게 함으로써만이 신선하게 때문지 않고 이어진다고 생각했던 것이다. 아메리카로 건너간 아일랜드인 이민들은 그 곳에서 아일랜드의 독립을 위한 단체를 설립했다. '페니언(Fenians)'이라고 일컬어진 그들은 아일랜드 국내에 규모가 작은 봉기들을 조직했다. 그러나 대중은 냉담했고 이들은 곧 진압되었다.

이야기가 너무 길어졌으므로 이번 편지를 끝내야겠구나. 그러나 아일랜드의 이야기는 아직 끝난 것이 아니다.

140 *1933년 3월 9일*

아일랜드의 자치와 신 페인

수없이 무장 봉기를 되풀이한 아일랜드는 기근을 비롯한 그 밖의 여러 재해 때문에 이런 종류의 방법으로 자유를 얻는 것에 좀 피로한 빛을 보이기 시작했다. 19세기 후반 영국 의회에 대한 선거권이 확장되었을 때 많은 아일랜드의 민족주의 의원이 영국 하원에 보내졌다. 사람들은 이들이 아일랜드의 자유를 위해 무엇인가를 해 줄 것이라는 희망을 갖기 시작했다. 그들은 그 옛날의 무장 봉기 방법을 버리고 의회 활동에 기대를 걸게 된 것이다.

　　북부의 얼스터 지방과 아일랜드의 다른 여러 지방의 격차는 매우 심해졌다. 인종・종교적 차이가 여전히 지속되는 위에 경제적 차이가 유난히 두드러졌다. 얼스터는 잉글랜드나 스코틀랜드와 마찬가지로 공업화해 큰 공장에서의 생산이 시작되고 있었다. 그러나 얼스터 이외의 다른 지방은 농업적이고 중세적이며 인구가 희박하며 가난했다. 아일랜드를 둘로 나누는 영국의 낡은 정책은 너무나 효과적이었다. 그 때문에 영국이 뒷날 거기에서 생긴 곤란을 극복하려고 했을 때 영국 자신이 그 불가능을 원망하는 판이었다. 얼스터는 아일랜드의 독립에 최대의 암적 존재가 되었다. 얼스터의 부유한 프로테스탄트는 아일랜드가 독립하는 날에는 자기들도 아일랜드의 가난한 가톨릭처럼 되지 않을까 하고 걱정했다.

　　영국 의회와 아일랜드에서는 새로운 용어가 사용되었는데, '자치(Home Rule)'라는 말이 바로 그것이다. 아일랜드의 요구는 이제 '자치'인 것으로 알려졌다. 이것은 700년 동안 있었던 독립의 요구에 비하면 훨씬 작은 소망이며, 또 훨씬 성질이 다른 것이었다. 그것은 지방적인 정무만을 다루는 아일랜드 속령 의회의 설립을 의미할 뿐, 일정한 중요한 사항에 관해서는 여전히 영국 의회에 처리를 맡기는 것을 뜻하고 있었다. 많은 아일랜드인은 예로부터의 독립의 요구에 이런 식으로 찬물을 끼얹는 것을 수긍하지 않았다. 그러나 그들은 반란과 투쟁에 지쳐 때로는 결국 실패로 돌아간 봉기의 기도에 동조하기를 거부한 적도 있었다.

　　영국 하원의 아일랜드 의원 가운데 찰스 스튜어트 파넬(Charles Stewart Parnell)이라는 사람이 있었다. 그는 영국의 보수당이나 자유당이 조금도 아일랜드에 관심을 기울이지 않는 것을 보고 그들이 정중한 의회 놀이를 계속하는 것을 방해하기로 결심했다. 그는 몇 명의 아일랜드 의원과 짜고 오직 시간을 끄는 것을 목적으로 하는 장광설과 그 밖의 전술로 의사 진행을 방해하기 시작했다. 영국인 의원들은 이런 전술에 몹시 골치를 잃았다. 그들은 그것이 의회 정치에 어긋나는 일이며 신사적이지 않다고 말했지만, 파넬은 이런 종류의 비판에 전혀 귀를 기울이지 않았다. 그는 영국식 규칙에 맞는 점잖은 의회 놀이를 하기 위해 일부러 의회에 온 것은 아니었다. 그는 아일랜드에 이바지하기 위해 왔으며, 그리고 그것을 정상적인 방법으로 이룰 수 없어서 변칙적인 방법을 사용해서 관철한다는 것이 조금도 부정한 일이 아니라고 생각했던 것이다. 아무튼 그는 영국 의회가 아일랜드에 주의를 기울이게 하는 데에는 성공했다.

파넬은 영국 하원 안의 '아일랜드 자치당(Irish Home Rule Party)'의 지도자가 되고, 이 정당은 재래의 영국의 두 정당에게 눈엣가시가 되었다. 이 2대 정당이 다소간에 서로 다툴 때에는 아일랜드 자치당은 어느 쪽으로든지 방향타를 잡을 수 있었다. 이렇게 하여 아일랜드 자치당은 언제나 중요한 존재가 되었다. 글래드스턴(Gladstone)은 마침내 아일랜드의 자치에 동의해 1886년 하원에 '자치 법안(Home Rule Bill)'을 상정했다. 이것은 매우 이론적인 자치 정부안이었지만, 그래도 거센 반향을 불러일으켰다. 보수당은 말할 것도 없이 정면으로 반대했고, 글래드스턴의 당인 자유당조차 이것을 달갑게 여기지 않아 당은 두 파로 갈라져 한 파는 짐짓 보수당에 합류했다. 이 한 파는 아일랜드와의 통일을 지지했으므로 '통일파(Unionists)'라고 일컬어졌다. '자치 법안'은 부결되고 그와 함께 글래드스턴도 실각했다.

7년 뒤인 1893년 이미 84세의 고령이 된 글래드스턴은 다시 내각을 조직해 제2차 자치 법안을 제출했는데, 이것은 근소한 차로 하원을 통과했다. 그러나 모든 법안은 법률화되기에 앞서 상원을 통과해야 한다. 그런데 상원은 보수당원과 반동가의 소굴이었다. 그것은 선거를 통해 뽑힌 것이 아니라 대지주에다 약간의 주교들을 곁들인 세습 회의체였다. 이 상원이 하원에서 통과된 '자치 법안'을 통과시킬 리가 없었다.

이와 같이 하여 아일랜드가 원하는 것을 성취하려고 한 의회 내의 노력도 실패로 돌아갔다. 지금도 아일랜드 민족주의당(Irish Nationalist Party : 자치당)은 성공을 기대하면서 의회 활동을 계속하고 있으며 대체로 그들은 아일랜드 인민에게 신임을 받고 있다. 그러나 이런 종류의 방법과 영국 의회에 대한 신뢰를 버린 사람도 적지 않다. 또한 좁은 의미에서의 정치에 정이 떨어져 문화 활동이나 경제 활동에 전념하는 아일랜드인도 많다. 20세기 초 아일랜드에는 일종의 문화적 르네상스가 일어났다. 특히 지금도 서부의 농촌 지방에서 사용되고 있는 오래된 국어인 게일어[129]를 부활하려는 움직임이 활발해졌다. 켈트어에 속하는 이 언어는 아일랜드의 문학을 풍요하게 발달시켰지만 몇 세기에 걸친 영국의 지배가 이것을 도시에서 몰아 냈기 때문에 거의 소멸되어 가고 있었던 것이다. 아일랜드의 민족주의자는, 아일랜드는 그들 자신의 국어를 매개로 해서만 그들의 정신과 그들의 전통적인 문학을 보존할 수 있다고 생각해, 이것을 서부의 마을들에서 열심히 발굴해서 일상으로 사용케 하는 데 힘썼다. 외국에 의존하는 운동은 결코 대중을 장악하지 못하며, 또 그 속에 뿌리박지도 못한다. 아일랜드에서 영어는 거의 외국어라고는 할 수 없을 정도로 전국적으로 보급되어 사용되고 있었다. 확실히 그것은 게일어 이상으로 잘 알려져 있었다고 할 수 있을 것이다. 그러나 그런데도 아일랜드인은 그들의 전통적인 문화와 접촉을 끊지 않기 위해서는 게일어의 부활이 기어코 필요하다고 생각했던 것이다.

　이 무렵 아일랜드는 힘의 원천이란 외부에서 오는 것이 아니라 내부에서 솟아난다는 자각이 싹트고 있었다. 의회에서의 정치적 차원의 활동에 대해서는 이미 환멸을 느껴 그와는 다른 방법으로 민족을 더욱 견고한 기초 위에 놓으려는 시도가 있었다. 20세기 초기의 새로운 아일랜드는 옛날의 아일랜드와는 그 면모를 달리하고 있었다. 여러 방면에서 르네상스의 기운이 감돌았다. 문학과 문화 방면에 대해서뿐만 아니라 경제 방면에서도 농민을 협동 조합의 기초 위에 재편성하려는 노력이 기울여져 드디어는 성공했다.

---

129) 켈트어 계통의 언어로서 아일랜드 및 스코틀랜드의 일부에 자취가 남아 있다. 켈트어 자체는 인도 - 유럽 어족에 속하지만 발생 계통은 자세히 알려져 있지 않다. 켈트인은 원래 유럽 중남부에 살고 있었다고 하는데, 서북으로 이동한 사람들 가운데 일부가 기원전 2세기 이전의 몇 세기에 걸쳐 아일랜드에 정착, 그 원주민이 되어 게일인이라 일컬어졌다.

그러나 이러한 모든 것의 배후에는 자유에 대한 갈망이 여전히 작용하고 있다. 영국 의회에서의 아일랜드 민족주의당 의원은 아일랜드 인민의 신임을 받고 있는 것처럼 보였지만, 사실상 그들에 대한 신망은 흔들리고 있었다. 그들은 그저 연설만을 좋아할 뿐 실제로는 아무것도 할 능력이 없는 단순한 정치꾼에 지나지 않는다는 생각이 고개를 들기 시작했다. 예전의 페니언 당원이나 독립을 찾는 사람들은 이러한 국회 의원과 그들이 말하는 '자치'를 신뢰한 적이 없었다. 그러나 이제는 새롭고 젊은 아일랜드 또한 의회에서 눈을 돌리기 시작했다. 자주·자립 사상이 시대의 풍조가 되어 있을 때 어떻게 이것을 정치에 적용하지 않을 수 있겠는가? 사람들의 가슴 속에 무장 반란의 관념이 다시 싹트기 시작했다. 그런데 이 같은 행동에 대한 의욕에 새로운 전기가 주어졌다. 아일랜드의 한 청년 아서 그리피스(Arthur Griffith)가 '우리 스스로의 손으로'라는 뜻의 '신 페인(Sinn Fein)'이라는 이름으로 알려지게 된 새로운 정책을 제창했던 것이다.

이 용어 자체가 그 배후의 정책을 시사하고 있는데, 신 페인주의자(Sinn Feiners)는 스스로를 의지할 뿐 영국의 원조와 동정을 구하지 않는 아일랜드를 원했다. 그들은 아일랜드의 힘을 내부로부터 기르려고 했다. 그들은 게일어 부활 운동과 학문 부흥을 지지했다. 한편 그들은 무장 봉기를 실행할 수 있는 것으로는 생각지 않았다. 그들은 의회 활동에 대립한다는 의미에서의 '직접 행동(direct action)', 즉 영국 정부에 대한 일종의 비협력 수단에 호소할 것을 제창했다. 아서 그리피스는 한 시대 전에 수동적 저항 정책에 성공한 헝가리의 예를 들어 이와 비슷한 정책을 채용함으로써 영국을 궁지에 몰아넣고자 역설했던 것이다.

최근 13년 동안 우리는 인도에서 온갖 형태의 비협력 운동에 관여해 왔다. 그래서 이 아일랜드의 선례와 우리 것을 비교해 보면 퍽 재미있다. 온 세계에 널리 알려져 있듯이 우리 운동의 기본을 이루는 것은 비폭력이다. 아일랜드에는 이러한 토대 또는 배경이 없다. 그렇지만 제안된 비협력의 힘은 평화적인 수동 저항에 있다. 그 투쟁은 본질적으로 평화적인 것이었다.

신 페인 사상은 서서히 아일랜드 청년들 사이에 번져 나갔다. 그러나 아일랜드에 금방 이 운동의 불길이 타오른 것은 아니었다. 아직 의회에 기대를 거는 사람도 많이 있었는데, 특히 1906년 자유당이 다시 대다수를 차지해 정권을 잡았기 때문에 이 기대감은 더욱 고조되었다. 자유당은 하원에서 다수를 차지했는데도 보수당과 통일파가 여전히 수많은 세력을 차지하고 있는 상원에서 반대에 직면해야만 했다. 그리하여 얼마 뒤 양자 사이에 충돌이 생겼다. 그 결과 상원은 권한이 제한되었다. 재정 문제에 관해서는 연속 3회기에 걸쳐 상원이 반대한 법안을 하원이 가결함으로써 그들의 간섭은 배척당하게 되었다. 이와 같이 자유당은 1911년 '의회 조례(Parliament Act)'를 통해 상원을 무력하게 만들었다. 그러나 상원에는 아직도 대폭적인 묵살과 간섭의 권한이 남겨져 있었다.

상원에서의 반대가 여전히 계속되는데도 자유당은 제3차 자치 법안을 제출했고 이것은 1913년 하원을 통과했다. 상원은 이 법안을 일축해 버렸지만 하원은 3회기 가결의 귀찮은 절차를 밟아 1914년 이것을 법률화했고, 곧 얼스터를 포함하는 아일랜드 전역에 적용시키게 되었다.

아일랜드는 간신히 자치를 얻은 것처럼 보였지만, 그러나 여기에는 또 여러 가지로 단서가 붙어 있었다. 1912년과 1913년에 의회에서 자치를 토의하고 있는 동안 북아일랜드에는 이상한 일이 생겼다. 얼스터의 지도자가 그들은 그것을 받아들이지 않을 것이며 또 설사 그것이 법률화되더라도 거기에 대해 항쟁할 것이라고 말하기 시작한 것이다. 그뿐 아니라 그들은 이 자치와 싸우기 위해서는 어느 외국 — 이것은 독일을 의미하고 있었다 — 의 원조를 구하는 것도 서슴지 않을 것이라고 성명했다. 이것은 논의할 여지도 없이 공공연한 반역죄에 해당하는 것이었다. 더욱 재미있는 일은 영국의 보수당 지도자가 이 반역적인 움직임을 환영해서 이를 후원하는 자도 적지 않았다는 사실이다. 부유한 보수 계급으로부터 얼스터에 많은 돈이 뿌려졌다. 이른바 '상류 계급(upper classes)' 이나 또는 지배 계급이 대개 얼스터를 지지하고 있었음은 명백하며, 또 이들 계급 출신인 군 장교의 대부분도 같은 태도를 취했다. 무기가 밀수되고 의용군이 공공연하게 훈련받았다. 시기가 도래하면 국정을 담당하기 위해 임시 정부가 설립되기까지 했다. 얼스터의 지도적 '반도(rebels)'의 한 사람이 보수당 의원이며 버큰헤드 경(Lord Birkenhead)으로서 나중에 인도상과 그 밖의 고관을 지낸 스미스(Frederick Edwin Smith)[130]였다는 것이 주목을 끈다.

반란은 역사상으로는 흔히 있는 현상이고, 특히 아일랜드에서는 그 사례가 적지 않았다. 그렇지만 이 얼스터 반란 계획은 배후에서 그것을 조종하는 자가 입헌적·보수적인 성격을 스스로 자랑하는 당파라는 점에서 특수한 흥미를 끄는 것이다. 그것은 입버릇처럼 '법과 질서'를 설교하는 당파이며, 이 법과 질서를 어지럽히는 사람들을 엄벌에 처하는 데 찬성하는 정당이었던 것이다. 그런데도 버젓한 이 정당의 간부들이 공공연히 반역을 거론하고 무장 봉기를 계획해서 반도들에게 자금을 보내 이를 지원했다니! 그리고 특기할 것은, 이 계획된 반란이 바로 자치법안을 심의중이었고 후에는 이것을 통과시킨 의회의 권위를 향해 꾸며진 것이었다는 점이다. 이로써 민주주의의 토대 자체가 충격을 받았으며 예로부터 그들 자신이 법의 지배와 입헌적 활동의 신봉자라고 자랑해 오던 영국 국민의 투철한 정신적 전통은 소멸되고 말았다.

1912~14년의 얼스터 '반란'은 이 위장과 미사여구의 가면을 벗겨 내 정치적 지배와 근대 민주주의의 본성을 백일하에 폭로했다. '법과 질서'가 지배 계급의 특권과 이익의 옹호를 의미하는 한 그것은 바람직한 것이며, 민주주의가 이러한 특권과 이익을 방해하지 않는 범위 안에서 그것은 용인되어도 좋은 것이었다. 그러나 혹시 이러한 특권이 공격당하는 일이 있다면 이 계급은 싸울 것이다. 따라서 '법과 질서'란 그들에게는 그들 자신의 이익을 의미하는 듣기 좋은 말에 지나지 않는 것이다.

---

130) 영국의 정치가. 아일랜드 문제로 활약한 뒤 대심원장, 대법관 등을 거쳐 1915년부터 1924년까지 인도 식민상을 지냈다.

이것은 영국 정부가 사실상 특정 계급만의 정부이며 의회에서의 다수가 이에 반대할 때조차도 쉽게 그것을 물리칠 수 없음을 명백하게 증명해 준다. 가령 그와 같은 다수가 그들의 특권을 축소하는 듯한 사회주의적인 법률을 가결하려고 했다면 그들은 민주주의의 원칙 따위는 내동댕이 치고 이에 항쟁할 것이다. 이것은 명심해 두는 것이 좋다. 왜냐하면 이것은 어느 나라의 경우에나 적용되는 일이며, 더구나 우리는 자칫하면 동정 어린 제의나 귀가 솔깃해지는 말에 속아 이 현실을 쉽게 잊어버리기 때문이다. 이런 관점에서 말하면 혁명이 쉴 새 없이 일어나는 남아메리카의 공화국이든 안정된 정부를 가진 영국이든 이들 사이에 어떤 본질적인 차이는 없다. 안정이라는 것은, 지배 계급이 박아 놓은 쐐기가 그만큼 길어 지금 당장은 그것을 파헤칠 만한 강력한 다른 계급이 없다는 것을 의미한다. 1911년 그들의 방패의 하나인 상원은 힘이 줄어들자 깜짝 놀랐고 그래서 얼스터가 반란의 구실로 이용된 것이다.

얼스터가 반란을 위해 무기와 의용군을 모으는 동안 정부는 이것을 조용히 방관하고 있었다. 이 반란 계획에 대해 긴급 명령 한 번 내리지 않았다. 얼마 뒤에는 얼스터 이외의 아일랜드에서도 얼스터를 본받아 반란이 일어나 '국민 의용군(National Volunteers)'을 결성했다. 그러나 이것은 자치를 위해 싸우려는 것이었고, 필요하다면 얼스터와도 일전을 불사하기 위해 일어난 것이었다. 이리하여 아일랜드에는 서로 대립하는 두 군대가 생겼다. 얼스터의 반란 의용군에는 추파를 던지던 영국 정부가 '국민 의용군'에 대해서는 그것이 자치 법안을 반대하는 것도 아닌데 발벗고 나서서 탄압을 하려는 우스운 일이 벌어졌다.

아일랜드의 두 의용군 사이의 충돌은 피할 수 없는 형편에 이르러 내전은 불가피한 것으로 보였다. 마침 그 때 더 큰 전쟁 — 세계 대전 — 이 1914년 8월에 시작되었다. 이 때문에 다른 일은 모조리 뒤로 밀려나 눈앞에서 치워져 버렸다. 그렇지만 자치 법안은 확실히 법률화되었고, 동시에 전쟁이 끝날 때까지는 그것을 발효하지 않는다는 규정이 곁들여졌다. 그래서 자치는 여전히 손이 닿지 않는 곳에 멀찍이 앉아 있게 되었고, 아일랜드는 전쟁이 끝날 때까지 또 다사 다난한 길을 걸어야만 했다.

나는 지금 세계 대전이 일어나기까지의 여러 나라의 사정을 설명하는 가운데 아일랜드의 국면에 도달했다. 그래서 우리는 이쯤에서 잠시 걸음을 멈춰야겠다. 그러나 이 편지를 끝내기 전에 말해 두어야 할 것이 하나 있다. 얼스터 반란의 지도자들은 그들의 반란 때문에 벌을 받기는커녕 얼마 뒤에는 그 공로로 내각에 입각해 영국 정부의 고관이 되었다는 사실이다.

141 1933년 3월 11일

영국이 이집트를 차지하다

우리는 아메리카에서 대서양을 뛰어넘어 아일랜드에 이르렀다. 이번에는 또 한 번 뛰어 제3의 대륙 아프리카로 가 보자. 나는 앞의 편지에서 가끔 고대 이집트의 역사에 대해 언급하곤 했다. 그것들은 우리가 잘 모르기 때문에 간단하고 엉성한 것이었다. 내가 이야기하는 주제에 관해 더 풍부한 지식을 가졌다 해도 나는 여기까지 이야기를 끌고 온 이상에는 또다시 태고 시대까지 거슬러 올라갈 수는 없을 것이다. 우리는 드디어 기나긴 19세기의 여행을 대강 끝내고 20세기의 문턱에 와 있다. 우리는 여기서 뒷걸음칠 수는 없다. 계속 앞으로 나가는 데에서 자꾸 뒷걸음친다면 좀 곤란한 일이겠지. 그리고 만일 모든 나라의 과거 역사에 대해 일일이 이야기하고 지나간다면 언제 이 편지가 끝나게 될는지 알 수 없지 않겠니?

그렇다고 해서 이집트의 역사가 어느 정도 공허한 것이라고 상상해 달라는 이야기는 아니다. 이집트는 여러 나라들 가운데 원로격이며, 또 그 역사는 다른 어느 나라보다도 더 옛날로 거슬러 올라가 그 연대는 몇 세기 정도가 아니라 몇천 년을 헤아릴 정도이기 때문이다. 신비에 넘친 장엄한 유적은 지금도 우리 마음을 먼 과거로 이끌어 간다. 이집트는 고고학적 탐구에 최고의, 그리고 최대의 분야를 제공하며 석조 기념물과 그 밖의 유적이 모래 속에서 발굴됨에 따라 그것들이 아직 젊었을 때인 머나먼 옛날의 매혹적인 이야기를 말해 주었다. 이 발굴과 발견의 과정은 지금도 계속되고 있으며, 이집트의 고대사에 새로운 페이지를 한장 한장 덧붙여 가고 있다. 그렇지만 그것이 언제 시작되었고 또 어떻게 시작되었는지는 아직 모른다. 약 7000년 전에 이미 그 배후에 문화적 진보의 장대한 기록을 가진 문명인이 나일 강 계곡에 살고 있었다. 그들은 자신들의 그림 글씨 — 상형 문자로 글을 쓰고, 아름다운 도기와 꽃병, 금이나 구리, 상아 조각을 넣은 설화 석고(alabaster) 그릇을 만들었다.

마케도니아의 알렉산더가 기원전 4세기에 이집트를 정복한 것은 이미 31개의 왕조가 교대로 그 나라를 통치한 뒤의 일이었다고 한다. 이렇게 4000~5000년의 헤아릴 수 없을 정도로 오랜 옛날부터 몇 사람의 걸출한 남자와 여자가 있어서 마치 오늘날에도 살아 활약하고 있는 것처럼 그 모습이 눈앞에 떠오른다 — 이를테면 대건축가, 위대한 몽상가와 사상가, 군인, 폭군, 그리고 압제자, 거만하고 자만심이 강한 군주며 용모가 아름다운 여성 등 몇천 년 동안 이어진 파라오(왕)의 긴 대열이 우리 눈앞을 지나간다. 여성은 완전한 자유를 가졌고 군주들 중에도 여자가 섞여 있다. 그 나라는 신관이 만능인 나라였기 때문에 사람들의 마음은 미래니 내세니 하는 것들로 가득 차 있었다. 강제 노동과 노동자의 심한 혹사를 통해 이룩된 거대한 피라미드도 파라오의 후세(future)를 위한 일종의 시설이었다. 미라 또한 사람의 몸을 미래까지 보존하려 했던 하나의 방법이었다. 이런 것들을 보면 어쩐지 딱딱하고 음산해서 우울한 기분이 든다. 그리고 우리 눈을 끄는 것은 남자의 머리인데, 그 머리

영국이 이집트를 차지하다

털은 민대머리로 밀어 놓았다. 다음에는 어린이의 장난감 인형과 공과 발이 움직이는 동물 장난감 등 여러 가지가 있다. 이런 장난감은 당돌하게도 우리에게 고대 이집트인의 인간적인 측면을 생각하게 하여 그들의 모습이 오랜 세월을 뛰어넘어 아주 우리 가까이에 있는 것처럼 느끼게 한다.

불타의 시대인 기원전 6세기에 이집트를 정복한 페르시아인은 이 땅을 나일 강에서 인더스 강에 걸쳐 펼쳐지는 그들의 광대한 제국의 한 주로 삼았다. 페르세폴리스(Persepolis)[131]를 수도로 삼고 그리스를 복속시키려다 실패해 마지막에는 알렉산더 대왕에게 패배한 아케메네스 왕들은 바로 그들이었다. 페르시아의 가혹한 통치 뒤에 나타난 알렉산더는 마치 구세주와 같은 환영을 받았다. 그는 자기를 기념하는 의미에서 알렉산드리아시를 건설했는데, 이 도시는 학술 및 그리스 문화의 중심지가 되었다.

너도 기억하고 있겠지만 알렉산더가 사망한 뒤 그의 제국은 그의 장군들 사이에서 분할되어 이집트는 프톨레마이오스가 차지하게 되었다. 프톨레마이오스는 이내 그 곳 풍습에 동화해서 페르시아인과는 달리 이집트의 습관을 받아들였다. 그들은 이집트인처럼 행세해 일반 사람들은 그들이 마치 옛날 파라오의 계통을 잇는 것처럼 생각하게 되었다. 클레오파트라는 프톨레마이오스 왕조의 마지막 군주인데, 서력 기원이 시작되기 몇 해 전에 그녀의 죽음과 함께 이집트는 로마 제국의 속령이 되었다.

로마가 기독교를 받아들이기 훨씬 전부터 이집트에서는 기독교를 믿었고 이집트의 기독교도는 로마인의 박해를 받아 사막에 숨어살아야 했다. 비밀스런 수도원이 사막 속에 발달하고 이 무렵의 기독교 세계는

---

131) 고대 페르시아 제국의 궁전이 있던 곳으로 이란의 시라즈(Shiraz) 부근에 광대한 유적이 아직도 남아 있다. 또한 아케메네스는 키로스 · 캄비세스 · 다리우스 · 크세르크세스 등의 왕을 배출한 왕조의 이름으로, 알렉산더 대왕의 원정에 굴복할 때까지 이 궁전에서 살고 있었다.

그런 은자들이 이루어 놓은 기적의 신비스럽고 불가사의한 이야기로 가득 차 있었다. 그 뒤 콘스탄티누스가 그것을 받아들이면서부터 기독교는 로마 제국의 국교가 되었고, 이 때 이집트의 기독교도는 비기독교도 또는 낡은 이집트의 종교를 믿는 이른바 이교도에게 잔혹한 박해를 가함으로써 보복했다. 알렉산드리아는 이번에는 유명한 기독교의 학술 중심지가 되었지만, 기독교가 국교로 된 지금에 이르러서는 끊임없이 서로 다투고 패권 쟁탈을 위한 싸움을 벌이는 파벌(sects)과 도당(parties)의 소굴이 되었다. 이와 같은 피비린내 나는 반목은 사람들의 골칫거리가 되었고, 기독교의 파벌을 모두 못마땅하게 생각하고 있던 7세기에 아랍인이 새로운 종교를 가지고 들어오자 그들은 크게 환영을 받았다. 이것이 아랍인이 이집트 및 북아프리카를 쉽게 정복한 이유 가운데 하나였다. 기독교는 또다시 박해받는 종교가 되어 무자비하게 압박을 받았다.

이렇게 하여 이집트는 칼리프 제국의 속령이 되었다. 아랍어와 아랍 문화가 급속히 보급되어 이집트어를 압도하기에 이르렀다. 그로부터 200년 뒤인 9세기에 바그다드의 칼리프 세력이 쇠퇴함에 따라 이집트는 투르크인 총독들 아래 반독립국이 되었다. 300년 뒤에는 십자군 전쟁 당시 이슬람 교도의 영웅이던 살라딘(Saladin)이 스스로 이집트의 술탄(황제)이 되었다. 얼마 뒤 그의 후계자 한 사람이 코카서스 지방에서 많은 투르크인 노예를 거느리고 와서는 그들을 군인으로 만들었다. 이 백인 노예들은 노예라는 뜻의 '맘루크'라는 이름으로 일컬어졌다. 그들은 엄중한 검사를 거쳐 군대에 배속되어 정예 부대가 되었다. 몇 년 뒤에는 맘루크 부대가 반란을 일으켜 그들 중 한 사람을 이집트의 술탄으로 앉혔다. 이렇게 하여 3세기 반에 걸친 맘루크족의 이집트 지배가 시작되고, 또 그 뒤에도 반독립 상태가 300년 동안 계속되었다. 따라서 외국인 노예의 한 부대가 이집트를 500년 이상이나 지배한 셈이 되는데, 이것은 역사상 유례를 찾을 수 없는 주목할 만한 일이다.

맘루크족이 이집트에서 세습적 카스트 또는 계급을 형성하고 있었

영국이 이집트를 차지하다

다고는 생각되지 않는다. 그들은 코카서스의 백색 인종에 속하는 노예 중에서 가장 질이 좋은 층을 계속 뽑아 냄으로써 그 수를 늘렸다. 이 코카서스 인종은 아리아인 계통이었으므로 맘루크족도 자연히 아리아인이었던 것이다. 이 외래 종족은 이집트에서는 제대로 번식하지 못해 그들의 일족은 몇 세대도 되기 전에 사멸했다. 그렇지만 잇따라 새로운 맘루크인이 공급되었기 때문에 이 계급의 인구, 특히 그 위력과 활력은 유지되었다. 따라서 그들은 세습적 계급은 되지 못했다. 그러나 그들은 오랫동안 남아서 귀족 정치를 구성하고 지배 계급을 형성했다.

16세기 초 콘스탄티노플의 오스만 투르크인 술탄이 이집트를 정복하고 맘루크인 술탄을 목 매달아 죽였다. 이집트는 오스만 제국의 한 주가 되었지만 아직 맘루크족이 지배하는 귀족 정치가 남아 있었다. 나중에 유럽에서 투르크인의 세력이 약해지자, 이론상이기는 했지만 이집트가 오스만 제국의 일부였는데도 맘루크족은 이집트에서 마음대로 행동했다. 18세기 말엽 나폴레옹이 이집트에 왔을 때 그는 맘루크인과 싸워 그들을 무찔렀다. 맘루크군의 기사가 프랑스군의 진두로 말을 타고 가서 중세의 기사도 시대의 관습에 따라 적의 대장과 결투하려고 했다는 이야기는 너는 기억하고 있을 줄 안다.

드디어 우리는 19세기에 도달했다. 19세기의 전반에는 알바니아 투르크인(Albanian Turk) 메헤메트 알리(Mehemet Ali)가 '케디베(Khedive)'라고 일컬어진 총독으로 임명되어 이집트를 지배하고 있었다. 메헤메트 알리는 근대 이집트의 창시자로 알려져 있다. 그가 맨 처음 한 일은 맘루크족을 음모의 함정에 몰아넣어 학살함으로써 그 세력을 타파한 일이었다. 그는 또 이집트의 영국군을 격퇴해 형식상 투르크 술탄의 종주권을 인정한 채 이 나라의 실권을 잡았다. 그는 맘루크족이 아닌 농민 중에서 선발한 이집트군을 창설했고 새로 운하를 만들었으며, 이집트의 주요 산업이 된 면화 재배를 장려했다. 그는 그의 명목상의 주인을 몰아 내 콘스탄티노플까지 점령하려고 했지만, 마음을 돌려 시리아를 이집트의 영토로 만드는 데 그쳤다.

메헤메트 알리는 1849년 80세로 숨졌다. 그의 후계자들은 무력하고 무절제하고 무능한 사람들이었다. 설사 그들이 실제보다 더 나은 자들이었더라도 국제 금융 자본가들의 탐욕과 유럽 제국주의자의 야심에 대항하기는 어려웠을 것이다. 외국인 특히 영국과 프랑스의 금융업자들은 대개는 개인적인 용도를 충당하기 위해 빌리는 케디베에게 엄청난 이율로 돈을 빌려 주고, 기한 내에 이자를 지불하지 않으면 군함을 몰고 와 이자를 독촉했다! 이것은 놀라운 국제적 음모에 관한 이야기로서 금융 자본가가 다른 나라를 약탈하고 지배하기 위해서 정부와 함께 얼마나 빈틈없는 공동 작전을 벌이는가를 보여 주는 것이다. 몇몇 케디베의 무능에도 불구하고 이집트는 상당히 발전했다. 1876년 1월 영국의 주요 신문 『더 타임스(The Times)』[132]가 "이집트는 훌륭한 발전의 모범이며, 다른 나라 같으면 500년이나 걸릴 일을 70년 동안에 해치웠다"고 말할 정도였다. 그런데 외국의 금융업자는 이집트의 뼛속까지 속속들이 빨아 내려고 이 나라가 파탄에 직면해 외국의 간섭을 요구하고 있는 것처럼 선전했다. 외국 정부, 특히 영국과 프랑스 정부는 오로지 간섭할 기회만을 엿보고 있었다. 그들은 구실을 찾았다. 이집트를 독립국으로 방치해 두기에는 너무나 매혹적인 존재이며, 또 인도로 가는 통로였기 때문이다.

그 동안 강제 노동과 극심한 무자비함에 기초해 수에즈 운하가 건설되어 1869년에는 이미 통행이 시작되었다. (기원전 1400년의 고대 이집트 왕국 시대에 홍해와 지중해를 잇는 비슷한 운하가 있었다는 말을 들으면 너도 틀림없이 흥미를 느낄 것이다!) 이 운하의 개통은 이내 유럽과 아시아와 오스트레일리아 사이의 물자를 수에즈에 모이게 하여 이집트의 가치는 더욱 높아졌다. 인도와 동양에 사활적인 이해 관계를 가진 영국으로서는 운하와 이집트에 대한 지배가 최대의 중요성을 지니는 것이었다. 1875년 영국 총리 디즈레일리는 빚에 시달리는 케디베로부터 수

---

[132] 『런던 타임스』를 말하는데, 1785년에 창립된 뒤 가장 권위 있는 보도 기관으로 국제적인 신용을 얻고 있는 신문이다.

에즈 운하의 주식을 아주 헐값으로 매점해 버리는 기민한 재주를 부렸다. 그것은 그 자체로서도 상당히 유리한 거래였을 뿐 아니라 운하의 지배권이 대폭 영국으로 넘어오는 결과가 되었다. 운하에 관한 이집트의 나머지 보유 주식은 프랑스 금융업자의 손으로 넘어가고, 그 때문에 이집트에는 사실상 운하에 대한 재정적 지배권이 아무것도 남지 않았다. 이 주식으로 영국인과 프랑스인은 거액의 배당금을 뜯어 내는 동시에 운하를 지배해 이집트의 숨통을 눌렀다. 1932년에는 영국 정부가 차지한 배당금만도 총투자액인 400만 파운드에 대해 350만 파운드나 되었다.

영국 정부가 이 나라에서 지배권을 더욱더 강화하리라는 것은 틀림없었다. 그래서 그들은 1879년부터 이집트의 내정에 끊임없이 간섭하기 시작해 자기 나라의 금융업자까지 그 통제 아래 두었다. 이와 같은 사태는 당연히 많은 이집트인을 분노케 하여 외국의 지배를 몰아 내자는 목적으로 민족주의 정당이 발생했다. 이것을 지도한 사람은 가난한 노동자 계급의 부모 밑에서 자라 개인 자격으로 이집트군에 참가한 청년 장교 아라비 파샤(Arabi Pasha)였다. 그의 세력은 차츰 커져서 그는 국방상이 되었지만 국방상으로서 영국과 프랑스 감독관의 지시를 따르기를 거절했다. 이 외국의 법령에 대한 복종의 거부에 영국은 전쟁으로 응수했다. 그리고 1882년 영국 함대는 알렉산드리아에 포격을 가해 이 도시를 불살랐다. 영국은 이렇게 하여 서양 문명의 우월성을 내외에 과시하고, 동시에 육상에서도 이집트군을 격파함으로써 이집트를 완전히 장악해 버렸다.

영국의 이집트 점령은 이렇게 하여 시작되었다. 이것은 국제법상으로 보면 변칙적인 관계였다. 이집트는 투르크의 한 주 내지는 속령이었다. 영국은 투르크와 우호 관계를 유지하고 있다고 생각되고 있었는데도 영토의 일부를 태연하게 점령했다. 영국은 거기에 감시관을 두었다. 그는 인도의 부왕(viceroy)처럼 만인 위의 지위를 차지하고 있어 케디베와 그의 대신들도 영국의 감독관 앞에서는 고개를 들지 못했다. 제1

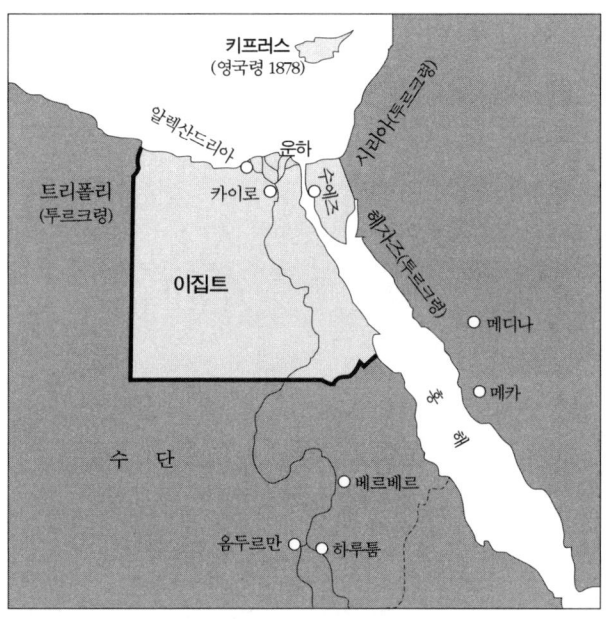

영국의 이집트 획득

대의 영국 대표는 25년 동안이나 이집트를 지배해 크로머 경(Lord Cromer)이 된 베어링(Baring) 소령이었다. 그는 전제 군주처럼 이집트를 통치했다. 그의 첫째 관심사는 외국인 금융업자와 채권 소유자에 대한 배당금의 상환이었다. 이것이 규칙적으로 잘 이루어졌기 때문에 영국의 건전한 재정은 아주 호평을 받았다. 인도의 경우와 마찬가지로 어느 정도의 행정적 능률성이 과시되었다. 그러나 25년의 통치 끝에도 이집트의 부채액은 그의 취임 당초와 다를 게 없었다. 교육은 사실상 아주 등한시되었을 뿐 아니라 크로머는 국립 대학의 창립을 중지했다. 그의 생각은 1892년 당시의 영국 총리 솔즈버리 경(Lord Salisbury)[133]에게 보낸, "요즘 케디베는 매우 이집트적으로 되려는 경향이 있습니다"라고 한 편

---

133) 영국 보수당의 정치가. 인도 식민상, 옥스퍼드 대학 총장 등을 거쳐 1885년 디즈레일리의 후계자로서 조각한 뒤, 영국의 제국주의가 절정에 이른 시대에 세 번이나 총리를 지냈다.

지에 잘 나타나 있다. 마치 오늘날 인도인이 인도인답게 행동하면 영국인의 미움을 사서 벌을 받게 되는 것처럼, 이집트인이 이집트인답게 행동하는 것이 크로머 경의 눈에는 반항으로 보였던 모양이다.

프랑스인은 영국의 이집트 지배를 달갑게 여기지 않았다. 그들은 취득물을 나눠 갖지 못했다. 다른 유럽 열강도 좋아하지 않았고, 물론 이집트인은 이것을 몹시 미워했다. 영국 정부는 모두에게, 그들은 잠시 이집트에 머물러 있다가 이내 철수할 것이니 안심하라고 말했다. 그들은 정부를 통해 공식적으로 장차 이집트에서 철수할 것임을 여러 번 되풀이해 성명했다. 이런 종류의 성명은 50번 이상이나 발표되었는데, 그 횟수를 정확하게 셀 수 없을 정도다. 그러나 영국은 지금도 거기에 눌러 앉아 있다!

1904년 영국은 프랑스와 여러 가지 현안에 관한 협정을 맺었다. 그들은 모로코에서 프랑스의 행동의 자유를 인정하고, 그 대가로 프랑스는 영국의 이집트 점령을 승인했다. 이것은 매우 공평한 협정이었으나 아직도 이집트의 종주국으로 되어 있는 투르크만은 아무 의논도 받지 않았고, 더구나 이집트인의 의견을 묻는다는 것은 처음부터 도외시되어 있었다!

그 시기 이집트의 또 하나 특징은 이집트의 재판소가 외국인에 대해서는 아무 권한도 갖고 있지 못했다는 것, 즉 외국인은 그 관할 밖에 놓여 있었다는 점이다. 이러한 법정은 그 능력을 충분히 가지고 있지 못한 것으로 간주되었고, 외국인은 자기 나라의 재판소에서 재판받을 권리가 주어졌다. 그리하여 외국인 재판관에 의해 외국의 이익을 내면에 몰래 간직한 '치외 법권' 재판이라는 것이 자꾸 벌어졌다. 어느 외국인 재판관은 그것에 관해 "그들의 재판소는 이 나라를 개발한 일단의 외국인들에게 충성을 바쳤다"고 쓰고 있다. 나는 또 이집트에 있던 외국인은 대부분의 과세가 면제되어 있었을 것이라고 생각한다. 세금도 부과되지 않고, 자기가 살고 있는 나라의 법률과 재판에도 얽매이지 않은 데다, 그 나라를 착취하기 위한 온갖 편의가 주어져 있었으니 얼마나 유리한 지위인가!

　이렇게 하여 영국은 이집트를 통치하고 또 착취했으며, 그 판무관(agent)과 대표 같은 자들은 그들의 관저에서 마치 전제 군주처럼 호화로운 생활을 했다. 따라서 민족주의가 성장하고 개혁 운동이 일어나기 시작한 것은 당연하다. 19세기 이집트의 최대 개혁자는 이슬람교를 현대의 시류에 적합하게 근대화하려고 했던 종교적 지도자 자말웃딘 아프가니(Jamaluddin Afghani)였다. 그는 모든 진보는 이슬람교 안에서 소화될 수 있다고 주장했다. 그가 시작한 이슬람교 근대화의 시도는 본질면에서 인도의 힌두교 근대화 시도와 공통된 것이 있다. 이러한 시도는 일정한 기본적 교리로 거슬러 올라가 낡은 관습과 독단 대신 새로운 의미와 해석을 찾아 내는 데 기초를 두는 것이다. 이런 방법은 물론 어떤 전제도 없이 대담하게 전진하는 과학적 방법과는 성질이 크게 다르다. 그렇지만 자말웃딘 아프가니의 영향은 이집트뿐 아니라 다른 아랍 여러 나라에서도 대단한 것이었다.

　외국 무역의 발달과 함께 이집트에도 새로운 중간 계급이 대두했고, 이 계급이 민족주의의 새로운 배경이 되었다. 현대 이집트 최대의 지도자인 사드 자글룰 파샤(Sad Zaghlul Pasha)[134]는 이 계급 출신이다. 이집트는 대체로 이슬람 국가다. 그러나 또한 상당한 수의 콥트(Copts) — 기독교도가 있다. 이들 콥트는 가장 순수한 옛날 이집트인이

---

[134] '현대 이집트의 아버지'로 일컬어지는 민족 운동의 지도자. 제1차 세계 대전 당시 영국은 보호령이던 이집트에 대해 막대한 군사비와 인력 동원을 강요했다. 독일이 항복한 직후인 1918년 11월 13일 영국 관헌은 보호국의 폐지와 완전 독립의 승인을 공식적으로 요구하고 나서는 그를 체포해 몰타 섬으로 유배시켰다. 이에 이집트 민중의 독립 운동이 폭동으로 격화되자 그는 석방되고, 영국은 자글룰과 문제를 해결하기 위해 상의하지 않을 수 없게 되어 1920년 8월 런던에서 협정을 맺고 조건부 독립이 약속되었다. 그 뒤 또다시 영국의 배반으로 여러 차례의 유형 생활을 겪다가 형식적인 이집트 왕국의 탄생과 함께 풀려난 그는 지식인·농민·상인들을 모아 와프드(Wafd)당을 조직하고, 1924년의 총선거에서 승리해 총리가 되었다. 자글룰은 곧바로 영국군의 즉시 철수와 치외 법권의 철폐, 그리고 수에즈 운하 문제 등을 교섭했으나 때마침 수단 총독 스태크의 암살 사건을 이유로 영국은 자글룰의 내각을 와해시켰다. 1926년의 선거에서도 와프드당이 과반수를 얻었으나 영국은 자글

다. 신흥 중간 계급은 이슬람 교도와 콥트를 아울러 포함하고 있었지만 다행히도 양자 사이에는 적대 감정이 없었다. 영국인은 그들 사이에 마찰이 생기게 하려고 획책했지만 별로 성공하지 못했다. 영국인은 또 민족주의자 당의 분열도 획책했다. 경우에 따라서는 인도에서도 그랬지만 그들은 소수의 온건파를 그들과 협력하게 하는 데 성공한 적도 있었다. 그러나 이에 대해서는 나중에 얘기하기로 하자.

이것이 1914년 세계 대전이 시작되었을 당시 이집트의 상황이었다. 3개월 뒤 투르크는 영국과 프랑스 및 연합국에 대항해 독일측에 가담해 참전했다. 영국은 곧 이집트를 병합하려는 결의까지 했지만 어떤 장애가 생겨 이집트를 보호령으로 할 것을 선언했다.

이집트에 관해서는 이 정도로 해 두고 다른 아프리카 지역에 대해 한번 살펴보자. 이 지역들 또한 19세기 후반 유럽 제국주의의 먹이가 되었다. 무서운 쟁탈전이 벌어져서 이 거대한 대륙은 유럽 열강의 손에 고스란히 분할되었다. 그들은 사나운 매처럼 덤벼들었고 때로는 서로 같이 뜯어먹기도 했다. 이탈리아가 1896년 아비시니아에서 패배한 외에는 어느 나라도 저항다운 저항을 받지 않았다. 아프리카는 대개 영국과 프랑스의 지배를 받았으나 어떤 지역은 벨기에・이탈리아 및 포르투갈의 지배를 받기도 했다. 독일도 전쟁에 질 때까지 거기에 한몫 끼어들고 있었다. 아비시니아와 작은 나라인 리베리아만이 동서에 독립국으로서 남았다. 모로코는 프랑스와 스페인의 세력 아래 있었다.

어떻게 하여 이토록 방대한 영토가 병합되었는지를 말한다면 아주 길고 소름끼치는 이야기가 된다. 그것은 아직도 결코 지난날의 이야기라고 할 수 없다. 이 대륙을 착취하기 위해 채택된 방법에 이르면 더욱

룰의 조각을 중지시켰다. 인기 없는 국왕과는 대조적으로 그는 1927년에 생애를 마칠 때까지 국민의 신망을 한 몸에 지니고 이집트 민족 해방을 위한 투쟁을 계속했다. 이집트는 마침내 1954년 7월 영국과 사이에 수에즈 운하의 기지에서 영국 주둔군 철수(20개월 이내)에 관한 협정을 체결했는데, 나세르(Nasser) 총리는 그 때 "우리는 유럽의 지배에 마침표를 찍는 협정에 서명했다"는 성명을 발표하면서 선구자 자글룰을 상기시켰다.

심한 것들이 드러난다. 특히 고무 채취 사업이 유난히 심했다. 지금부터 오래 전에 벨기에령 콩고에서 행해진 잔학 행위가 전해져서 이른바 문명 세계에 공포의 충격을 준 적도 있었다. '흑인'이 짊어지는 무거운 짐은 여전히 무서운 것이다.

'암흑 대륙'으로 알려진 아프리카는 그 오지만은 19세기 후반까지도 거의 미지의 세계였다. 이 신비한 대륙이 지도 위에 정확하게 그려지기까지는 모험과 스릴에 넘친 횡단 및 종단의 여행이 몇 차례 기도되어야 했다. 그 중에서도 최대의 탐험가는 스코틀랜드의 전도사 데이비드 리빙스턴(David Livingstone)[135]이었다. 여러 해 동안 이 대륙은 그를 삼켜 버려 그의 소식은 외계에서는 전혀 근절되어 버렸다. 그의 이름과 관련해서 신문 기자이며 또한 탐험가인 헨리 모턴 스탠리(Henry Morton Stanley)[136]의 이름이 머리에 떠오른다. 그는 리빙스턴의 행방을 찾아 대륙에 들어갔다가 대륙의 중심부에서 드디어 그를 발견한 사람이다.

---

135) 1841년 영국 전도 협회(傳道協會) 회원으로서 아프리카에 파견된 것을 시초로 하여 전후 3회에 걸쳐 아프리카 오지를 탐험, 빅토리아 호를 비롯해 많은 지리적 발견을 했다. 『전도 여행기(Missionary Travels and Researches in South Africa)』, 『잠베지 강과 그 지류(Zambesi and its Tributaries)』, 『중앙 아프리카에서의 리빙스턴의 최후 일지(The Last Journals of David Livingstone in Central Africa)』 등의 기행문이 있다.
136) 영국의 탐험가. 1871년 『뉴욕 헤럴드』지의 특파원으로 당시 아프리카 오지에서 소식이 끊어진 리빙스턴을 찾아 나서 탕가니카 호 부근에서 그를 발견하고 다음해에 귀국했다. 저서에 『암흑 대륙 횡단기』가 있다.

142 *1933년 3월 14일*

투르크, '유럽의 환자'가 되다

이집트까지 오면 투르크가 지중해 건너편에 있어 자연히 거기에 들러 보고 싶어진다. 19세기는 오스만 투르크 제국이 차츰 와해되는 시대였다. 이 단계적인 몰락의 과정은 이미 18세기에 시작되고 있었다. 아마 너는 투르크인이 비엔나를 포위해 한때는 유럽이 투르크의 예봉 앞에서 전율한 데 대해 쓴 내 편지를 기억하고 있을 것이다. 서방의 독실한 기독교도는 이것을 그들이 지은 범죄 때문에 내려진 '신의 천벌(Scourge of God)'이라고 생각했다. 그러나 마지막으로 투르크군이 비엔나의 성문에서 격퇴되면서부터 형세는 완전히 바뀌었다. 그 때부터 그들은 유럽에서는 수세에 몰렸다. 그들이 동남 유럽에 거느린 수많은 민족은 동시에 그들을 괴롭히는 가시가 되었다. 그들을 동화시키기 위한 수단은 전혀 강구되지 않았다. 그러나 혹시 그런 기도가 있었다 하더라도 아마 그것은 불가능했을 것이다. 민족주의 정신은 투르크 지배의 중압과 마찰을 일으키고 있었다. 북동 방면에서는 차르의 러시아가 더욱 커질 뿐이어서 끊임없이 투르크의 영토에 강압을 가하고 있었다. 러시아는 투르크의 전통적이고도 끈질긴 숙적이 되어 거의 200년 동안 간헐적이기는 하지만 자주 전쟁을 걸어 와서 차르도, 술탄도, 그 제국도 함께 쓰러질 뻔했을 정도다.

오스만 제국은 제국으로서는 무척 오랫동안 지속되었다. 오랫동안 소아시아에 도사리고 있던 투르크는 1361년 유럽에 그 세력을 뿌리박았다. 콘스탄티노플 제국은 투르크인에게 함락되지 않고 1453년까지 버텼지만, 주변의 영토는 그보다 훨씬 전부터 그들의 것이 되어 있었다. 이 대도시는 티무르가 돌연 서아시아를 교란하고, 1402년 앙카라에서 투르크인 술탄에게 궤멸적인 타격을 가했기 때문에 얼마 동안은 무사했다. 그러나 투르크인은 얼마 뒤 기력을 회복했다. 1361년부터 1922년 투르크 제국의 종말까지는 무려 5세기 반이 넘는 오랜 세월이다.

그렇지만 투르크는 중세 말기부터 유럽에서 벌어지고 있던 새로운 사태에 적응하는 능력을 전혀 갖고 있지 않았다. 무역과 상업은 발달 단계에 있었고, 생산은 더 큰 규모로 유럽의 여러 도시에 재편성되고 있었다. 그러나 투르크인은 이런 종류의 사태에 조금도 매력을 느끼지 않았다. 그들은 우수한 군인이었고 무서운 전사였으며 군율을 존중하는 사람들이었다. 한가한 휴식 때에는 결코 엄격하지 않았지만 감정이 격발하면 아주 흉포하고 잔혹해졌다. 그들은 도시에 정주해 거리를 훌륭한 건축물로 미화했지만, 그 옛날 유목 시대의 습관을 버리지 못하고 거기에 따라 생활해 나갔다. 이와 같은 생활 방식은 투르크인의 본토에서는 가장 적합한 것이었겠지만 유럽이나 소아시아 등의 새로운 환경에는 어울리지 않았다. 투르크인은 새로운 환경에 동화하기를 거부한 채 이 두 개의 서로 다른 체제의 모순에 끊임없이 시달렸다.

오스만 제국은 세 개의 대륙 — 유럽과 아시아 그리고 아프리카를 연결했다. 그것은 동쪽과 서쪽 사이의 모든 옛 무역 경로를 집중시키고 있었다. 만일 투르크인이 거기에 적합한 성격을 지니고 필요한 능력을 갖추고 있었다면 그들은 이 유리한 지위를 활용해서 큰 상업 민족이 될 수도 있었을 것이다. 그러나 그들에게는 그런 성격도 능력도 없었고, 또 다른 국민이 그것을 통해 이익을 얻는 것을 싫어했기 때문이겠지만 이 무역을 막는 방향으로 벗어나고 말았다. 유럽의 항해 상업 민족이 부득이 동방으로 가는 다른 통로의 필요성을 느껴 서쪽에서는 콜럼버스, 동쪽에서는 리아스와 바스코 다 가마의 신 항로 발견이 있게 된 것은 다소나마 이 통상로의 폐쇄 때문이기도 했다. 그러나 투르크인은 여전히 이런 일에 무관심해 그들의 제국만을 엄격한 군율과 군사력으로 계속 지켰다. 그 결과 오스만 제국의 유럽 쪽 지역에서는 무역과 재부를 창조하는 활동이 위축되어 버렸다. 동시에 이것은 어떤 점에서는 인종·종교적인 상극에서 비롯된 결과이기도 했다. 투르크인과 발칸 여러 나라의 기독교도는 십자군 시대 또는 그보다 더 이전부터 낡은 종교적인 다툼을 계속해 오고 있었다. 새로운 민족주의의 성장은 이 불에 장작을 던졌다. 유럽에 있는 오스만령의 상태가 얼마나 악화되어 갔는지에 대해 하나의 실례를 들어 보자. 그 옛날 명성을 떨치던 아테네는 1829년 그리스가 독립했을 때에는 겨우 인구 2000명 정도의 촌(a village)에 지나지 않았다(100년 뒤인 오늘날 아테네는 50만 명 이상의 인구를 가지고 있다).

무역과 그 밖의 생산 활동의 몰락은 결국 투르크의 군주들에게도 달가운 일은 아니었다. 제국의 손발이 쇠약해짐에 따라 제국의 심장도 약해져서 신통치 못하게 되었다. 이렇게 모순과 사고투성이 상태에서 제국이 그토록 오래 존속했다는 것이 오히려 놀라운 일이다.

몇백 년 동안 오스만 술탄의 위력의 원천이 된 것은 소년 시절부터 엄하게 훈련을 받은 기독교도의 노예 부대인 자니사리였다. 자니사리는 이집트의 맘루크를 연상케 하지만 그들 사이에는 현저한 차이가 있다. 그들은 투르크 부대의 꽃이기는 했지만 이집트의 경우처럼 결코 지배세력이 되지는 않았다. 그러나 그들이 세습적 카스트를 형성하지 않은 점은 맘루크와 비슷했다. 노예의 몸으로 그들은 그들을 위해 남겨진 높은 지위와 관직에 오를 수 있는 혜택받은 사람들이었다. 그러나 그들의 아들들은 자유로운 이슬람 교도가 되어 노예에게만 국한된 이 혜택받은 부대에 오래 머물러 있지는 못했다. 대원은 반드시 기독교도인 백인 노예로만 충당되었다. 이것은 모두 퍽 우스운 일처럼 들릴 테지? 그러나 잊지 말아야 할 것은 그 무렵 이슬람교의 여러 나라에서 이 노예라는 말은 오늘날 우리가 알고 있는 것과는 매우 다른 뜻으로 사용되고 있었다는 점이다. 노예는 가끔 기술・법률적으로 노예인 데 지나지 않아 높은 관직에 오르는 수도 있었다. 인도의 델리에서는 노예 출신 국왕이 여러 명 나왔던 일이 생각날 것이다. 이집트의 살라딘 또한 원래는 노예였다. 투르크인은 지배 계급을 될 수 있는 대로 유능하게 하기 위해 그들을 철저하게 훈련시켜야 한다는 견해를 가지고 있었던 것 같다. 그들은 어떤

교사를 막론하고 누구나 다 알고 있는 것처럼, 한 인간을 훈련하는 데 가장 효과적인 것은 소년 시절부터의 훈련이라는 것을 잘 알고 있었다. 이슬람 신민의 자제를 선발해 그들의 양친으로부터 완전히 격리시키거나 그들을 노예로 만드는 것은 아마도 쉬운 일은 아니었을 것이다. 그래서 그들은 어린 기독교도 소년들을 구해 술탄의 노예 가정(household)에 연결, 엄격하게 훈련시켰다. 물론 이 어린 소년들은 어른이 되면 이슬람 교도가 되었다.

이 제도는 술탄 자신에까지 적용되었다. 술탄은 예사 방법으로는 결혼하지 않았다. 신중하게 선발된 노예 소녀가 그의 집에 고용되면 그녀는 이윽고 그의 아들들의 어머니가 되었다. 그래서 18세기 초엽까지 오스만 술탄은 누구든지 노예인 어머니에게 길러졌던 것이다. 또한 그는 노예 가정의 다른 사람들과 마찬가지로 엄격한 훈련과 엄중한 규율을 견뎌야만 했다.

이와 같이 면밀한 노예 선발과 술탄을 비롯해 여러 가지 특수 기능을 위한 교양과 훈련을 위해서는 어느 정도의 과학이 필요했다. 특수한 방면에서는 어느 정도의 능률이 확보되고 또 새로운 노예로부터 끊임없이 신선한 혈액이 도입됨으로써 세습적 지배 계급의 형성은 저해받았다. 아마 제국 초기의 강력함은 이 제도 때문이었을 것이다. 그러나 그것이 유럽과 아시아의 사태에는 전혀 적합하지 않은 것이었음은 말할 필요도 없다. 그것은 봉건 제도와도 전혀 성격이 달랐지만, 유럽에서 봉건 제도의 뒤를 이어 바야흐로 그것과 자리를 바꾸려는 움직임을 보이고 있던 체제와는 더군다나 거리가 멀었다. 이와 같은 체제 아래에서는, 또 상업과 무역의 진흥이 없는 곳에서는 참된 의미의 중간 계급이 성장할 수 없다. 이 제도는 세습적 요소가 노예 가정에 혼입되고, 그에 속하는 성원의 아들들이 거기에 계속 남아 아버지가 걸어간 길을 걸을 수 있게 된 16세기 후반 이후에는 그 고유한 순수성을 유지할 수가 없었다. 그 이외의 점에서도 이 체제에 여러 가지로 결함이 나타나기 시작했다. 그렇지만 그 배경을 이루는 바탕에는 변함이 없었다. 그리고 이것이 몇 세기에 걸쳐 양측이 실로 긴밀한 관계를 맺어 왔는데도, 투르크를 유럽과 아주 양상이 다른 나라로 만들고 유럽에서의 변종으로 만들어 버렸다. 투르크 자체 안에서의 외국인 사회는 독자적인 취락을 이루어 독자적인 법률을 지키며 아주 격리되어 있었다.

이 신기한 투르크의 낡은 제도는 매우 독특한 것으로 오스만 제국의 형성을 도운 것이었기 때문에 나는 그것에 대해 많은 이야기를 했다. 하지만 지금은 이미 자취도 없이 사라져 존재하지 않고 다만 역사 속에서만 찾아볼 수 있는 문제가 되었다.

최근 200년 동안의 투르크 역사는 끊임없이 남하해 오는 러시아인과 종속된 여러 민족의 반란에 대한 전쟁의 역사였다. 그리스·루마니아·세르비아·불가리아·몬테네그로(Montenegro)·보스니아는 모두 발칸의 나라들이며 오스만 제국의 영토였다. 그리스가 1829년 영국과 프랑스 및 러시아의 원조를 얻어 분열해 나간 것은 이미 보아 온 바와 같다. 러시아는 슬라브국이고, 발칸의 불가리아와 세르비아 또한 마찬가지였다. 러시아는 발칸과 슬라브 여러 나라의 큰 기둥이 되어 수호자의 지위를 차지하려고 했다. 러시아의 진짜 목표는 콘스탄티노플이었다. 따라서 외교 정책은 모두 이 낡은 제국의 중심지를 궁극적으로 차지하려는 데 집중되어 있었다. 차르는 비잔틴계(동로마 제국)의 후계자로 자처하고 있었기 때문이다. 1730년 러시아와 투르크 사이에 일련의 전쟁이 시작되었다. 이 전쟁은 휴전 기간을 사이에 두고 1768년, 1792년, 1807년, 1828년, 1853년, 1877년에 계속되어 마지막에는 1914년의 대전으로 돌입했다. 1774년 러시아는 투르크에서 크리미아를 빼앗음으로써 흑해에 이르렀다. 그러나 흑해는 내해(內海)인 데다가 콘스탄티노플이 목구멍을 조이고 있어서 별로 도움을 주지 못했다. 1792년과 1807년 러시아는 콘스탄티노플을 향해 국경을 넓혀 가고 있었고, 이에 따라 투르크의 국경은 줄어들어 갔다. 그리스의 독립 전쟁중에 차르는 투르크의 허점을 찔러 공격하려고 했다. 영국과 오스트리아의 간섭이 없었더라면 차르는 벌써 콘스탄티노플을 점령했을 것이다.

영국과 오스트리아는 왜 투르크를 도와 주었을까? 그것은 투르크를 동정했기 때문이 아니라 러시아에 대한 경쟁심과 두려움 때문이었다. 나는 아시아와 그 밖의 다른 지역에서 영국과 러시아의 전통적인 대립에 대해 얘기한 적이 있었다. 특히 영국이 인도를 영유한 결과 두 나라의 국경이 가까워지게 되었다. 그래서 그들은 차르의 러시아가 인도를 건드리지 않을까 싶어 늘 겁을 내고 있었다. 그리하여 러시아의 진출과 강대화를 방지하는 것이 곧 영국의 정책이었다. 콘스탄티노플의 영유는 러시아에 지중해 연안의 좋은 항구를 제공하는 셈이 되며, 인도 항로에 접근해 함대를 가질 수 있게 한다. 이것은 심각한 위험이었다. 그리하여 영국은 되풀이해서 투르크에 대한 러시아의 공격을 제지했다. 오스트리아 또한 러시아를 멀리해 두는 것이 유리했다. 오스트리아는 지금 작은 나라이지만 10여 년 전까지만 해도 발칸 여러 나라에 인접하는 큰 제국이었다. 그래서 투르크가 무너질 때에는 발칸 여러 나라에서 큰 몫을 차지하려고 생각하고 있었는데, 바로 그런 속셈이 있어 오스트리아 또한 러시아의 남진을 방해한 것이다.

가엾은 투르크는 이런 강대한 이웃 나라 사이에 끼여 궁지에 빠진 채 누군가 덤벼들어 갈기갈기 찢을 것을 기다리고 앉아 있는 꼴이 되었다. 러시아의 차르는 1853년 영국 대사에게 투르크에 대해 다음과 같이 말했다. "지금 우리는 환자, 그것도 아주 아픈 환자를 앞에 두고 있소. 어쩌면 급사할지도 모르는 환자요." 이 말은 곧 유명해지고 투르크는 '유럽의 환자(Sick Man of Europe)'가 되었다. 그러나 이 환자는 정말이지 오랜 시간이 지난 뒤에야 죽었다!

바로 이 해 1853년 차르는 투르크를 끝장낼 또 하나의 새로운 시도를 했다. 그 결과 크리미아 전쟁이 일어났고 영국과 프랑스는 러시아의 기도를 저지했다. 이로부터 21년 뒤인 1877년 차르는 다시 투르크를 침략해서 패배시켰다. 그러나 또다시 외국이 개입해 어느 정도 투르크의 생명을 연장시켰고 러시아는 콘스탄티노플을 점령하지 못했다. 1878년 베를린에서 유명한 국제 회의가 열려 투르크의 운명이 논의되었다. 비

투르크의 유럽 영토 상실

스마르크, 디즈레일리 외에 유럽의 주요한 정치인들이 모여 서로 위협하고 음모를 꾸몄다. 영국은 곧 러시아와 전쟁을 할 것 같았으나 후자가 굴복했다. 베를린 조약에 따라 불가리아·세르비아·루마니아·몬테네그로가 독립했다. 오스트리아는 이론상 투르크의 주권 아래 있던 보스니아와 헤르체고비나(Herzegovina)를 점령했다. 영국은 어느 정도 투르크 편을 든 대가로 투르크로부터 키프로스(Cyprus) 섬을 얻어 냈다.

    이로부터 36년이 지난 1914년 세계 대전이 발발하면서 러시아와 투르크는 다시 한 번 맞붙게 된다.

    한편 투르크에는 커다란 변화가 진행되었다. 1774년 러시아에게 결정적인 패배를 당하자 투르크인들은 처음으로 큰 충격을 받고 자신들이 유럽의 다른 나라들에게 뒤지고 있다고 인식하게 되었다. 군사 대국이었던 관계로 군대가 최신식이어야 한다는 생각이 먼저 들었다. 이 일은 어느 정도 진행되었고 서구의 사상이 투르크로 들어온 것도 바로 새로운 장교들을 통해서였다. 너에게 전에도 말했듯이 투르크는 중간 계급이 미약했고 그렇다고 조직된 계급도 달리 없었다. 1853~56년 동안 벌어진 크리미아 전쟁 이후 서구화를 이루려는 본격적인 시도가 진행되었다. 술탄의 전제 정치 대신 민주적인 의회가 갖추어진 입헌 체제를 수립하고자 하는 운동이 전개되었다. 미드하트 파샤(Midhat Pasha)[137]가 이 운동의 지도자였다. 1876년에 헌법을 요구하는 봉기가 일어나 술탄의 승인을 받았다. 그러나 불가리아에서 일어난 봉기와 러시아와의 전쟁 때문에 이 조치는 곧 취소되었다. 이 전쟁의 무거운 비용과 근본적인 경제적 변화가 없는 상층부의 개혁이 가져온 재정상의 부담은 투르크 정부의 파산을 가져왔다. 결국 서방 금융가들에게 돈을 빌려 올 수밖에 없었고 이들이 지출의 일부를 통제했다. 이래서 서구화와 개혁에 대한 시도는 성공하지 못했다. 과거 제국의 체제에 이러한 시도를 하는 것이 아귀가 맞을 리가 없었다.

20세기 초 헌법에 대한 요구가 강해졌다. 전과 마찬가지로 조직된 계층이라고는 장교들밖에 없었다. '청년 투르크당(Young Turk Party)'[138]이라는 새 정당이 급속히 성장한 것도 이들 사이에서였다. '통일과 진보 위원회(Committees of Union and Progress)'라는 비밀 조직이 구성되고 군대의 대다수를 장악했다. 1908년 이들은 1876년의 헌법을 술탄이

---

137) 오스만 투르크의 유능한 행정관으로서 시류에 날카로운 인식을 가지고 보수 세력과 싸우면서 서구적인 입헌 정치를 투르크에 끌어들이는 데 노력했다. 1876년 압둘 하미드 2세 밑에서 두 번에 걸쳐 재상이 되어 '1876년의 헌법'을 실현시켰으나, 이 헌법은 본문에 기술된 바와 같이 술탄과 보수 세력에 의해 중지되고 그는 국외로 추방당했다. 그 뒤 선대의 황제인 압둘 아지즈 암살 사건에 연루되어 메카 부근의 유형지에서 생애를 마쳤다.
138) 압둘 하미드 2세의 전제 정치 아래 미드하트 파샤의 헌법 부활 운동의 중핵이 된 국내외의 진보적 투르크인 지식 계급과 군인 등을 모체로 한 정당. 1891년 제네바에서 결성된 '통일과 진보 위원회'가 주체가 되었다. 1908년 엔베르 베이 등의 지휘로 쿠데타를 일으켜 정권을 장악한 뒤 국민 의회의 선거를 시행하고 당의 내각을 조직했으며, 세계 대전에 패배하기까지 투르크의 서구화에 힘썼다.

회복하도록 강요했다. 도처에 큰 축제가 개최되었으며, 그전까지 서로 살육을 되풀이해 온 투르크인도, 아르메니아인도, 그 밖의 사람들도 모두 평등하게 되고, 종속 민족도 완전한 권리를 얻게 되자 새 시대의 여명을 축하하며 기쁨의 눈물을 흘렸다. 풍채가 당당하고 멋을 잘 부리기는 하지만 과감한 결단력이 있는 엔베르 베이(Enver Bey)가 이 무혈 혁명의 주역이었다. 투르크의 구국자가 된 무스타파 케말(Mustapha Kemal)도 청년 투르크당의 중요한 지도자였지만, 엔베르만큼은 화려하게 활약하지 못했고, 또 이 두 사람은 서로 호감을 갖고 있지 않았다.

청년 투르크당이 걸어온 길이 결코 평탄한 것은 아니었다. 술탄이 그들을 억압해 유혈 사건이 일어나 그는 폐위되고, 다음 술탄에게 제위를 물려 주었다. 외국 열강과의 분규도 잇달았다. 오스트리아는 혼란에 편승해 보스니아와 헤르체고비나(1878년의 베를린 조약 이후 오스트리아는 이미 이 곳을 점령하고 있었다)의 병합을 선언했다. 이탈리아는 북아프리카의 트리폴리(Tripoli)를 강탈하고 선전을 포고했다. 해군다운 해군이 없던 투르크는 어쩔 수 없이 이탈리아의 요구에 굴복했다. 그것이 끝나자 곧 더 가까이에서 새로운 위험이 닥쳐왔다. 유럽에서 투르크를 추방하고 그 유산을 노리고 있던 불가리와와 세르비아와 그리스와 몬테네그로는 호기를 놓칠세라 '발칸 연맹(Balkan League)'을 결성해서 1912년 10월 투르크를 공격했다. 투르크는 기진 맥진한 데다 헌정파와 반동파 사이의 권력 투쟁이 계속되었다. 투르크는 발칸 연맹의 공격으로 철저하게 괴멸해 엄청난 손해가 있었다. 그리하여 제1차 발칸 전쟁은 몇 달로 끝나고 투르크는 거의 완전히 유럽에서 쫓겨나 겨우 콘스탄티노플만을 유지하게 되었다. 투르크가 유럽에 가지고 있던 가장 오랜 도시 아드리아노플(Adrianople)마저 빼앗기고 말았다.

그런데 얼마 뒤 전승국 사이에 전리품을 둘러싼 분규가 일어나 불가리아는 느닷없이 지난날의 연합국에 배신적인 공격을 가했다. 상호간에 살육이 되풀이되었는데 전에는 국외자로 있던 루마니아가 이에 개입했다. 결국 불가리아는 한 번 얻은 것을 모두 잃고 루마니아와 그리스와 세르비아는 크게 영토를 늘렸으며, 투르크도 아드리아노플을 회복했다. 발칸의 여러 나라 국민 사이의 적대 감정에는 놀라운 것이 있다. 발칸 여러 나라는 모두 작은 나라들이지만 여러 경우에서 유럽의 화약고가 되었다.

1909년 청년 투르크당에 의해 폐위된 술탄은 흥미로운 인물이었다. 압둘 하미드 2세(Abul Hamid II)라고 일컬어진 그는 1876년에 즉위했다. 그는 개혁이니 혁신이니 하는 것은 싫어했지만, 그 나름대로 유능한 인물이어서 큰 강국을 조종해 서로 싸우게 하는 데 명수로 알려져 있었다. 너도 알다시피 오스만 술탄은 누구든지 칼리프를 겸하고 있어 이슬람교의 종교적 수장(head)이기도 했다. 압둘 하미드는 이 지위를 이용해 범이슬람 운동(Pan-Islamic Movement)의 결성을 시도했다. 즉 이 운동에는 다른 나라의 이슬람 교도도 참가할 수 있었기 때문에 그는 그들의 지지까지도 받을 수 있었다. 몇 해 동안은 아시아에서도 유럽에서도 범이슬람 운동이 논의되었지만, 그러나 실제적인 기초가 마련되기도 전에 세계 대전으로 인해 완전히 중단되어 버렸다. 투르크에서는 범이슬람주의가 민족주의의 반대에 부딪혀, 이 둘 가운데 민족주의가 더 뿌리 깊은 세력임을 입증했다.

술탄 압둘 하미드는 불가리아와 아르메니아 등지에서의 폭정과 학살 사건의 책임자로 지목되었기 때문에 유럽에서 매우 평판이 좋지 않았다. 글래드스턴은 그에게 '대암살자(Great Assassin)' 라는 별명을 붙여 그런 잔학 행위에 대한 대대적인 반대 운동을 영국 안에서 일으켰다. 투르크인 자신도 그의 치세를 사상 최대의 암흑 시대로 생각하고 있다. 학살이니 폭정이니 하는 것은 발칸과 아르메니아에서는 다반사로 여겨졌던 모양이어서 서로 다투는 두 파는 모두 이에 열중하는 판이었다. 따라서 발칸인과 아르메니아인은 투르크인의 학살에 책임이 있고, 또 투르크인은 그들의 학살에 책임이 있다. 여러 시기에 걸친 인종·종교적인 적대 감정은 이러한 여러 국민의 천성 속에까지 깊이 뿌리를 박아 그것이 무서운 방법으로 표현되었다. 아르메니아는 최대의 피해자였는데,

이 나라는 지금 코카서스 부근에서 소련의 동맹국이 되어 있다.

그런데 발칸 전쟁 이후 투르크는 아주 피폐해 버려 유럽에서는 단지 유일한 거점만을 유지하고 있을 뿐이었다. 제국의 다른 곳 또한 분열하고 있었다. 이집트는 물론 명목상으로만 제국의 영토일 뿐 실제로는 영국이 점령해 착취하고 있었다. 또한 다른 아랍국들도 운동의 징후를 보이고 있었다. 투르크가 절망하고 환멸을 느낀 것도 이상한 일은 아니다. 1908년의 모든 눈부신 희망은 꺼져 재로 변해 버린 것 같았다. 마침 이 때 독일이 이 나라를 동정하는 것처럼 보였다. 독일은 동방에 눈을 돌려 중동에 독일의 영향력을 침투시킬 것을 꿈꾸고 있었다. 투르크 또한 독일의 힘에 의지했고, 그들의 접촉은 깊어졌다. 이것이 제2차 발칸 전쟁이 끝난 1년 후인 1914년, 즉 세계 대전이 시작될 무렵의 상황이었다. 투르크는 휴식을 취할 겨를도 없었다.

143 *1933년 3월 16일*

차르 시대의 러시아

오늘날의 러시아는 소비에트 국가이며, 그 정부는 노동자와 농민의 대표자가 운영하고 있다. 어떤 의미에서 이 나라는 세계에서 가장 진보적인 나라일지도 모른다. 현실이 어떤 상태이건 정부와 사회의 모든 기구는 사회적 평등의 원칙 위에 세워져 있다. 지금은 이렇지만, 19세기 이전부터 바로 몇 해 전까지만 해도 러시아는 유럽에서 가장 뒤떨어진 반동적인 나라였다. 전제 정치와 권위주의 일변도의 정치 행태가 봄을 구가하고 있었다. 서유럽의 혁명과 변화들에도 불구하고 역대 차르들은 왕권 신수설을 굳게 지키고 있었다. 로마 가톨릭도, 프로테스탄트도 아니었던 그리스 정교회였던 교회조차도 다른 나라보다 더욱 권위주의적이어서 차르 정부의 기둥이 되고 도구가 되어 있었다. 이 나라는 '신성한 러시아'라고 일컬어졌고, 차르는 모든 사람의 '우리의 성스러운 아버지(Little White Father)'였다. 그리고 이와 같은 성인 이야기(legend)가 교회와 당국자에 의해 인민의 정신을 잠들게 하고, 그들의 주의를 정치와 경제에서 빗나가게 하는 데 사용되었다. 신성이라는 것은 역사의 과정 위에서 이상한 동반자들을 지닌 것이다.

'신성한 러시아'를 전형적으로 상징하는 것은 '나우트(knout)'이며, 자주 '포그롬(pogroms)'이 행해졌다. 이것은 둘 다 차르 러시아가 세계에 소개한 말들이다. '나우트'는 농노 등을 벌주는 채찍이고, '포그롬'은 파괴와 조직적 박해라는 의미인데 실제로는 학살, 특히 유태인의 살육을 의미했다. 그리고 차르 러시아의 배후에는 유형과 감옥과 절망과 함께 반드시 연상되는 황량하고 적막한 시베리아가 가로놓여 있었다. 엄청난 수의 정치범들이 시베리아에 보내져 커다란 정치범 수용소와 거리가 생기고 그 부근에는 자살자의 묘지가 마련되었다. 유형 생활을 하거나 감옥에서 오랜 형기를 마친다는 것은 견디기 어려운 괴로움이어서 많은 용감한 사람들의 정신은 꺾이고, 육체는 쇠사슬 아래 썩어 갔다. 세계로부터 소식이 끊어지고, 친구와 친지들이며 자기의 희망을 얘기하고 무거운 짐을 가볍게 해 주는 사람들과 멀리 떨어져 살려면 강인한 정신과 냉정하고 착실한 내면적인 침착성과 괴로움을 견디는 용기가 필요하다. 이와 같이 하여 차르 러시아는 쳐든 목을 닥치는 대로 베어 버리고, 자유를 확보하려 하는 모든 움직임을 짓밟아 버렸다. 자유 사상이 국외로부터 흘러들어오지 않을까 하는 두려움에서 여행을 하는 것조차도 어렵게 만들었다. 그러나 억압된 자유라는 것은 눈덩이처럼 커지게 마련이며, 움직이기 시작할 때에는 실로 약진적이어서 낡은 사과 수레를 한꺼번에 뒤집어 버린다.

지난번 편지에서도 우리는 아시아와 유럽의 여러 지역 — 극동과 중앙 아시아와 페르시아와 투르크에서 러시아의 활동과 정책을 대충 살펴보았다. 그러니 우리는 약간 이 소묘를 마무리짓고, 각개의 활동을 주된 조류에 따라 연결시켜 보자. 러시아는 지리적인 위치 때문에 언제나 두 개의 얼굴을 가지고 있었다. 하나는 동쪽을 향하고 또 하나는 서쪽을 향하고 있었다. 서쪽에서 밀치면 그들은 동쪽에 눈을 돌리고, 동쪽에서 제지당하면 서쪽으로 돌아섰다.

나는 이미 칭기즈 칸의 유산인 몽고 여러 제국의 분열과 '황금의 유목민'인 몽고인이 마지막에는 '모스크바 대공(the Prince of moscow)'이 통솔하는 러시아 제후에게 밀려난 경과를 말했다. 이것은 14세기 말쯤의 일이었다. 모스크바 대공들은 점점 나라 전체에 전제 군주로서 군림하게 되어 스스로 차르(또는 카이저)라고 호칭하기 시작했다. 그들의 사고 방식과 풍습은 여전히 몽고풍이 주류를 이루었고, 그들과 그들을 야만시하고 있던 서유럽과 사이에는 어떤 공통점도 없었다. 1689년 차르 표트르가 즉위해 표트르 대제라고 일컬어졌다. 그는 러시아를 서방으로 진출시키기로 결심하고, 그 상태를 연구하기 위해 유럽 여러 나라를 시찰하는 긴 여행을 떠났다. 그는 그가 보고 들은 많은 것을 모방하고, 그의 서구화 사상을 다루기 힘들며 무지한 귀족들에게 강제로 고취시켰다. 대중은 물론 훨씬 뒤떨어져 있었고 또 짓눌려 있어, 그들이 그의 개혁을 어떻게 생각하는가 하는 문제는 표트르의 안중에도 없었다. 표트르는 그 시대의 강국이 해상에서 세력을 떨치고 있는 것을 보고 해군력의 중요성을 통감했다. 러시아는 광대하기는 했지만 별로 쓸모가 없는 북극해를 제외하고는 바다로 출구를 갖고 있지 못했다. 그래서 그는 서북에서는 발트 해, 또 남쪽에서는 크리미아에 눈길을 던졌다. 그는 크리미아에는 손이 닿지 못했지만(나중에 그의 후계자들이 뜻을 이루었다), 스웨덴을 무찔러 발트 해에 도달했다. 그는 네바 강가의 발트 해로 통하는 핀란드 만 앞에 페테르부르크라고 일컬어지는 서구식 도시를 건설해서 이 곳을 수도로 정하고 모스크바에 얽힌 낡은 전통의 굴레를 끊어 버리려 했다. 표트르는 1725년에 세상을 떠났다.

표트르의 업적을 계승해서 1762년 또 한 명의 러시아 군주가 이 나라의 '서구화'를 계획했다. 이 사람은 여성인데 또한 대제라고 일컬어지는 예카테리나 2세(Ekaterina II : 재위 1762~96년)였다. 그녀는 성격이 강한 반면 잔혹했으며, 매사에 유능했고, 사생활에서는 불미스러운 소문이 자주 돌았지만 비범한 여성이었다. 그녀는 남편인 차르를 살해하고 러시아의 전제 군주가 되어 34년 동안 통치했다. 그녀는 또 문화를 애호해 볼테르와 교제하기를 자청해 그와 편지 왕래를 하기도 했다. 그녀는 베르사유의 프랑스 궁정을 다소 모방하기도 했으며 몇 가지 교육상의 개혁을 도입하기도 했다. 그러나 이것은 모두 상층 계급에 국한된 일이었고, 전시 효과를 노린 것이었다. 문화는 갑작스럽게 모방할 수 있는 것이 아니다. 그것은 깊이 뿌리 박혀야만 하는 것이다. 단순히 선진 국민을 모방하는 후진 국민은 금이나 은에 비길 만한 참된 문화를 주석이나 놋쇠 등의 가짜로 만들어 버린다. 서유럽의 문화는 일정한 사회적 제반 조건의 소산이었다. 표트르와 예카테리나는 이러한 여러 조건을 만들어 내려고는 하지 않고 다만 상층 구조만을 모방하려 했다. 그 결과 이러한 변화의 부담은 대중의 어깨에 전가되어 농노 제도와 차르의 전제 정치를 강화할 뿐이었다.

　　이런 식으로 차르 시대의 러시아에서는 1파운드의 진보가 1톤의 반동을 수반하면서 진행되었다. 러시아 농민은 사실상 노예와 같았다. 그들은 토지에 얽매여 있어서 특별한 허가 없이는 거기에서 떠나지 못했다. 교육은 모두 시골 귀족 계급에서 뽑힌 관리와 지식 계층이 독점하고 있었다. 사실상 중간 계급은 없고 대중은 모두 문맹자로서 진보의 과정에서 뒤떨어져 있었다. 과거에도 지나친 압박에 대한 맹목적인 반항으로 여러 번 피비린내 나는 반란이 일어났으나 진압되곤 했다. 그런데 상층부에 약간의 교육이 보급되자 서유럽에 유행하고 있던 사상이 흘러 들어왔다. 그 때가 바로 프랑스 혁명부터 나폴레옹에 이르는 시대였다. 나폴레옹의 몰락은 전 유럽에 반동 세력이 기승을 부리게 했으며, 차르 알렉산드르 1세는 자신이 고안한 황제들의 '신성 동맹'을 통해 이 반동에 앞장을 섰다. 그의 후계자들은 더 혹독했다. 그리하여 청년 관리와 일단의 지식인들이 궐기해 1825년 반란을 일으켰다. 그러나 그들은 모두 지주 계급에 속해 있었던 만큼 대중과 군대의 지지를 얻지 못해 곧 진압되었다. 그들은 12월(러시아어로 데카브리라고 한다)에 봉기했기 때문에 데카브리스트(Dekabrist)라고 일컬어진다. 이 반란은 외면적으로 최초로 나타난 정치적 각성의 징후였다. 모든 정치 결사는 차르 정부로부터 억압당했기 때문에 비밀 결사가 주도적인 역할을 했다. 이러한 비밀 결사는 그 뒤까지 존속해 특히 지식 계급과 대학생 사이에 혁명 사상이 보급되기 시작했다.

크리미아 전쟁에서 러시아가 패배한 뒤 몇 가지 개혁이 이루어져서 1861년 농노 제도는 폐지되었다. 이것은 농노들에게는 큰 사건이기는 했지만 해방된 농노도 생계를 유지할 만한 토지를 얻지 못했기 때문에 크게 도움은 되지 못했다. 한편 인텔리겐차(intelligentsia)[139] 사이에 혁명 사상이 보급되고 그들에 대한 차르 정부의 탄압이 동시에 진행되었다. 이들 진보적 인텔리겐차와 농민의 사이에는 연관성도 공통의 지반도 없었다. 그래서 1870년대가 되자 사회주의적 경향을 지닌 (그들은 모두 매우 막연하고 이상주의적이었다) 학생들은 농촌으로 들어갔다. 그들의 의도를 모르는 농민들은 그들을 믿지 않은 것은 물론 농노 제도를 부활하려는 음모를 품고 있지 않나 의심했다. 심지어 농민들은 생명의 위험을 무릅쓰고 찾아온 많은 학생들을 붙잡아 차르의 경찰에 넘겨 준 적까지 있었다. 이것은 대중과의 접촉이 없고 뿌리깊은 지반 없이 활동하는 경우의 대표적인 한 예다.

농민들에 대한 공작에서 완전히 실패한 학생들은 심각한 타격을 받

---

[139] 일찍이 서구적인 사상과 교양의 세례를 받은 러시아의 일부 귀족 및 여러 계급에 속하는 지식인층은 봉건적이고 후진적인 러시아 사회에 비판적인 관점을 취하는 한편 그 개혁에 고민했다. 그 결과 이것이 급진적인 정치 행동으로 나타나게 되고 혁명에서 일정한 선구적 역할을 했는데, 그들은 스스로를 '인텔리겐차' 라고 불렀다. 이른바 '지식 계급' 의 성격은 나라와 사회에 따라 제각기 다르지만, 이 말은 각국의 지식인 계층과 거기에 속하는 개인을 표현하는 말로 쓰이게 되었다.

고 자포자기에 빠져 이른바 테러리즘, 즉 폭탄과 그 밖의 수단으로 요인을 살해하려는 움직임을 보이기 시작했다. 이것이 러시아에서의 테러리즘과 폭탄 예찬의 시초이며, 이와 함께 혁명을 위한 활동은 새로운 양상을 보였다. 이들 테러리스트는 '폭탄을 가진 자유주의자(Liberals with a bomb)'라 자칭했고, 그들의 조직을 '인민의 의지(Will of the People)'라고 불렀다. 이에 관여한 사람들은 비교적 소수의 그룹에 지나지 않았기 때문에 그런 명칭은 좀 과장된 것이었다.

그리하여 이렇게 해서 일어난 남녀 혁명주의자들과 차르 정부 사이에 새로운 투쟁이 시작되었다. 혁명 세력은 러시아의 많은 종속 인종과 소수 민족이 참가함으로써 점점 증가했다. 이들 인종과 소수 민족 모두는 정부의 박해를 받고 있었던 것이다. 그들은 그들 자신의 언어를 사용하지 못하도록 금지당했고 이 밖에도 여러 가지 방법으로 천대를 받고 수모를 당하기도 했다. 공업에서 러시아보다도 앞서고 있던 폴란드는 전부터 러시아의 한 주로 편입되어 있어 폴란드라는 이름조차 자취를 감추었고 폴란드어의 사용도 금지되었다. 폴란드가 이런 정도의 수모를 당할 정도였으니 다른 소수 민족과 인종이 받은 대우는 더 혹심한 것이었다. 1860년대에 폴란드에서 반란이 일어나 참혹한 방법으로 진압당하고 5만 명의 폴란드인이 시베리아로 유배되었다. 유태인은 끊임없이 포그롬, 즉 학살의 대상이 되어 외국으로 달아나는 사람도 많았다.

그러므로 유태인을 비롯한 사람들이 그들 인종에게 가해진 차르의 압제에 대한 분노를 가슴 가득히 품고 러시아의 테러리스트와 합세한 것도 무리는 아니다. 니힐리즘(Nihilism)이라고 일컬어진 이런 종류의 테러 행위는 더욱 극렬해졌고, 당연히 피비린내 나는 탄압에 부딪혔다. 정치범은 줄을 이어 시베리아 벌판으로 무거운 발걸음을 옮기고 있었고 처형된 사람도 부지기수였다. 이러한 위협에 대처하기 위해 차르 정부는 극단적인 방법을 과감하게 채택했다. 그들은 일단의 테러리스트들과 혁명가들 사이에 '도발 첩자(agent-provocateurs)'를 잠입시켰다. 이들은 폭탄을 던지라고 부추기기도 하고 또 자폭해서 다른 사람들이 연루

되게 하기도 했다. 이들 도발 첩자 가운데 유명한 자는 아제프(Azeff)인데, 그는 폭탄 테러 혁명가 리더 가운데 한 사람인 동시에 러시아 비밀 경찰의 두목이었던 것이다! 이 밖에 흔히 사용된 술책 중에는 차르의 비밀 경찰 요인들이 남을 체포하기 위해 일부러 폭탄을 던지는 따위의 행위도 있었다!

이런 일들이 잇따라 일어나고 있는 동안에도 러시아의 세력은 끊임없이 동쪽으로 뻗어, 앞에서도 말했듯이 그 영토가 드디어 태평양에까지 이르렀다. 중앙 아시아에서 그들은 아프가니스탄 국경에 육박했고, 남쪽에서는 투르크의 국경을 밀어 제치고 있었다. 또 하나 중요한 발전은 16세기 이후 서부에서 이루어진 공업의 발달이었다. 그러나 이것은 페테르부르크와 그 근교, 그리고 모스크바 같은 소수의 지역에 한정되어 있어서 전체적으로 보면 여전히 농업 위주였다. 그러나 새로 건설된 공장은 매우 신식이어서 대개는 영국인이 경영을 맡았다. 여기에서 두 가지 결과가 생겼다. 러시아 자본주의가 이러한 제한된 공업 지대에서 급격하게 발달했으며, 노동자 계급 또한 급속히 성장한 것이었다. 영국 공장 제도의 초기처럼 러시아의 노동자들은 몹시 착취를 당하고 거의 밤낮을 가리지 않고 일해야 했다. 그러나 영국 노동자와 러시아 노동자 사이에는 차이점이 있었다. 러시아에 사회주의와 공산주의의 새로운 사상이 도입되자 소박한 정신의 소유자였던 러시아의 노동자들은 쉽사리 그런 관념을 받아들인 반면, 오랜 전통을 배경으로 갖고 있는 영국의 노동자는 보수적으로 기울어 낡은 관념에 얽매여 있었던 것이다.

이러한 새로운 사상이 일정한 형태를 갖추어 '사회 민주 노동당(Social Democratic Labour Party)' 이 결성되었다. 이것은 마르크스 철학에 기초를 두는 것이었다. 이들 마르크스주의자들은 테러리즘의 행동에 반대하는 태도를 명확히 밝혔다. 칼 마르크스의 이론에 따르면 모든 노동자 계급이 행동을 위해 각성되어야 하며, 그와 같은 대중 행동을 통해서만 비로소 목적이 이루어진다는 것이다. 테러리즘을 통한 개인의 살해는 결코 노동자 계급을 그와 같은 행동으로 나서게 하지 못할 것이다.

목적은 어디까지나 차르 제도를 뒤엎는 것이지, 차르나 그의 대신들을 암살하는 데 있는 것은 아니었기 때문이다.

1880년대에는 이미 뒷날 레닌(Lenin)이라는 이름으로 전세계에 알려지게 된 한 청년이 학생 시절부터 혁명 운동에 참가하고 있었다. 1887년에 그는 매우 충격적인 사건에 부딪혔다. 레닌이 깊이 경애하던 자신의 형이 차르를 암살하려는 테러 계획에 관여한 탓으로 사형에 처해진 것이다. 이 충격에도 불구하고 레닌은 이미 그 무렵부터 자유는 테러리즘의 방법으로는 도저히 얻을 수 없는 것이라고 말하고 있었다. 방법은 오직 하나, 대중 행동밖에 없었다. 그는 이를 악물고 열심히 학업을 계속해 졸업 시험도 우수한 성적으로 치렀다. 이것이 바로 30년 뒤에 혁명의 지도자이며 창조자를 낳게 한 요소(stuff)였다!

마르크스는 그가 예언한 노동자 계급 혁명이 독일처럼 규모가 큰 조직을 가진 노동자가 존재하는 선진 공업국에서 시작될 것이라고 생각하고 있었다. 그는 러시아는 후진성과 중세적인 체제 때문에 혁명에는 가장 적합하지 않은 나라라고 생각했다. 그런데 그는 그런 러시아에서 자신들의 가혹한 상태에 마침표를 찍기 위해서는 무엇을 해야 할 것인지를 발견하는 데 정열을 바치는 성실한 제자들을 찾아 냈다. 차르 러시아에서는 어떠한 공적인 활동도, 합법적인 방법도 그들에게 허용되지 않았다는 사실이 오히려 그들로 하여금 그런 종류의 연구를 하게 하고, 서로 토론을 하도록 도와 준 격이 되었다. 투옥되고, 시베리아에 유배되고, 국외로 추방된 사람은 엄청나게 많았지만 그들은 어디를 가건 마르크스주의에 대한 연구와 행동의 날을 위한 준비를 게을리 하지 않았다.

144 *1933년 3월 17일*

실패한 1905년의 러시아 혁명

러시아 마르크스주의자들 — 사회 민주당은 1903년 하나의 위기에 직면했다. 그것은 일정한 원칙과 명확한 이상에 입각해서 활동하는 정당이라면 이따금 부딪히게 되는 문제인데, 이것은 반드시 고려하고 대답해야만 하는 문제였다. 진정으로 원칙과 신념을 가진 사람은 남자나 여자나 일생에 몇 번은 그러한 위기에 직면하게 마련인 것이다. 그 문제란 원칙을 곧바로 관철해서 곧 노동자의 혁명을 일으켜야 하는가, 아니면 어느 정도는 기존의 여러 조건에 양보해 궁극적인 혁명의 기반을 준비해야 하는가였다. 이 문제는 서유럽의 모든 나라와 다른 여러 나라에서 제기되어 사회 민주당 또는 유사한 정당의 약체화와 내부 분쟁을 가져왔다. 독일 마르크스주의자들은 단호하게 모든 것을 요구할 것을 선언했으나, 실제로는 미온적이 되고 더욱 온화한 태도를 취했다. 프랑스에서는 많은 지도적인 사회주의자가 자신의 당을 버리고 내각에 입각했다. 이탈리아와 벨기에와 그 밖의 나라들에서 또한 같은 문제가 있었다. 영국에서는 마르크스주의자가 미력했기 때문에 문제는 일어나지 않았지만 그래도 한 노동당원이 각료가 되었다.

의회 활동의 여지가 없던 러시아에서는 사정이 달랐다. 이 나라에는 의회는 없었다. 그래도 거기에는 차르 제도에 대한 이른바 '비합법(illegal)' 투쟁을 포기하고 당분간은 조용히 이론상의 선전을 계속하려는 방침을 주장하는 경향도 있었다. 그러나 레닌은 이 문제에 대해 명확한 견해를 가지고 있었다. 그는 한 걸음도 후퇴하거나 타협하려 하지 않았다. 그렇게 하지 않으면 그들의 당이 유혹의 구렁텅이에 빠질 것을 염려했기 때문이다. 그는 전부터 서구의 사회주의 정당이 채택한 방법을 주시하고 있기는 했지만 거기에 동요되지 않았다. 다른 문제와 관련해서 나중에 그가 쓴 것처럼 "서구의 사회주의자가 실행한 의회주의적인 전술은 말할 수 없을 만큼 타락하고 있으며, 그 때문에 각 사회주의 정당은 차츰 출세주의자와 관직을 탐내는 도배들이 모이는 하나의 작은 태머니 홀(Tammany Hall : 뉴욕에 있는 것으로 정치적 부패의 상징이 되어 있다)로 변해 가고 있다." 레닌은 얼마나 많은 사람들이 자신과 행동을 함께할 것인가를 고려하지 않았다 — 어느 시기에는 그야말로 아주 고립되는 위험을 겪기도 했다. 그러나 그는 목적을 위해 모든 것을 바칠 각오가 되어 있고 대중의 박수 갈채를 받지 않고서도 끝까지 해내는 '철저하게 헌신적인 사람(whole-hoggers)'만이 동지로 뽑혀야 한다는 주장을 양보하지 않았다. 그는 운동을 효과적으로 추진할 수 있는 확고한 신념이 있는 혁명가 조직을 확립하려고 했다. 그에게 단순한 동조자라거나 기회주의적인(fair-weather) 동지는 아무 데도 쓸모가 없는 것이었다.

이러한 노선을 취한다는 것은 많은 난관을 가지고 있을 뿐만 아니라 많은 사람들은 이것을 현명하지 못한 방법이라고 생각했다. 그러나 전체적으로 보면 승리는 레닌 쪽으로 돌아왔다. 또한 사회 민주 노동당은 두 파로 분열해서 그 때부터 일반에게 알려지게 된 두 이름 — 볼셰비키(Bolsheviki)와 멘셰비키(Mensheviki)가 생겼다. 볼셰비키라는 말이 지금 어떤 사람들에게는 공포를 주고 있지만, 그 의미는 다수파이며, 멘셰비키는 소수파라는 뜻이다. 1903년의 분열 이후로 레닌의 그룹은 당내에서 다수를 차지해 볼셰비키 — 즉 다수파라고 일컬어졌다. 1917년 혁명에서는 레닌의 유력한 동지가 된, 당시 24세의 청년 트로츠키(Trotsky)가 이 때에는 멘셰비키에 속해 있었다는 사실은 주목을 끈다.

이러한 논의나 토의는 러시아에서 멀리 떨어진 런던에서 행해졌다. 러시아의 당 회합이 런던에서 열려야 했던 것은 차르의 러시아에서는 회합을 열 수가 없었고, 참가자의 대부분이 망명자나 시베리아에서 탈출한 정치범이었기 때문이다.

그 동안 러시아는 몹시 뒤숭숭한 상태여서 정치 파업이 빈발했다.

실패한 1905년의 러시아 혁명

노동자의 정치 파업이란 임금 인상과 같은 경제적 조건의 개선을 요구하는 것이 아니라 정부의 어떤 정치적 행위에 대해 항의하기 위한 파업을 말한다. 이것은 노동자가 어느 정도 정치 의식을 가지고 있음을 뜻한다. 예를 들면, 만약 인도의 공장 노동자가 간디의 구금에 대해 또는 어떤 압박을 위한 비상 조치에 대해 파업을 했다면 그것은 곧 정치 파업이다. 서유럽에서 노동 조합이나 노동자의 조직이 강력한데도 이런 종류의 정치 파업이 아주 적은 것은 퍽 이상한 일이다. 아마 노동 운동 지도자들의 사회적 지위가 향상되었기 때문에 오히려 온순해져서 그런지도 모른다. 러시아에서는 차르 제도의 끊임없는 압제가 언제나 정치적인 측면을 전면에 내세우도록 한 결과를 낳았다. 1903년에는 이미 남러시아에서 자연 발생적인 파업이 잇따라 일어났다. 이 운동은 대중적인 규모로 크게 추진되었지만 지도자가 없었기 때문에 소멸했다.

이듬해에는 극동 방면에서 분규가 일어났다. 나는 먼저 편지에서 북부 아시아의 대초원을 관통해 태평양에 이르는 장대한 시베리아 철도의 건설과 1894년 이후 일본과의 충돌, 그리고 또 1904~05년의 러일 전쟁에 대해 말했다. 나는 또 '피의 일요일(Red Sunday)' — 1905년 1월 22일, 즉 한 사람의 성직자에 이끌려 '우리의 성스러운 아버지' 차르에게 빵을 구하러 간 무기 없는 시위자들을 향해 차르의 군대가 발포해 많은 사람들을 사살했던 일도 얘기했다. 공포가 이 나라를 전율케 하고 정치 파업이 잇따라 일어났다. 이것이 마지막에는 러시아 전국에 걸친 총파업으로 발전해 새로운 유형의 마르크스주의 혁명이 시작되었다.

특히 페테르부르크와 모스크바 같은 대도시에서 파업을 일으킨 노동자들은 각지에서 새로운 조직 — '소비에트(Soviet)'를 수립했다. 이것은 처음에는 총파업을 추진하는 위원회에 지나지 않았다. 트로츠키는 페테르부르크 지구 소비에트의 지도자가 되었다. 차르 정부는 극도로 낭패해 어느 정도의 양보를 인정하고 입헌 국회와 민주적 선거를 약속했다. 전제 정치의 거대한 성채는 이미 무너진 것처럼 보였다. 과거에도 여러 번 농민 반란이 실패했고 테러리스트들이 그들의 폭탄을 갖고서도 성공하지 못했으며, 또 온건한 자유주의적인 헌정론자들이 그들의 조심스러운 설득으로 이루지 못했던 일을 노동자들은 총파업을 통해 이루었다. 차르 정권은 역사상 처음으로 인민 앞에 굴복했다. 그러나 그것은 공허한 승리였음이 이윽고 드러났다. 하지만 이러한 경험들이 노동자들에게 희망의 봉화가 된 것은 부인할 수 없다.

차르는 입헌 국회 ― 그것은 '두마(Duma)' 라고 일컬어졌다 ― 의 창설을 약속했다. 이 말은 (프랑스어인 parler에서 온) 의회(Parliament), 즉 '잡담의 장소(talking-shop)' 와는 달리 '생각하는 장소(thinking-place)' 라는 뜻이다. 이 약속은 그것으로 만족해 버린 온건한 자유주의자들의 정열을 냉각시킬 수 있었다. 그들은 언제나 쉽사리 만족했다. 혁명을 두려워한 지주들은 그들에게 여전히 이익을 주는 이러한 다소의 개혁 정도는 받아들였다. 차르 정부는 그 때 진짜 혁명가들을 맞이해서 그들의 약점을 이용하면서 이것을 농락했다. 한편으로는 정치 조직 같은 문제보다는 빵과 더욱 많은 임금을 필요로 하는 굶주린 노동자와 "토지를 달라!"는 위험하기 짝이 없는 구호를 내건 빈농이 있었던 데 대해, 다른 한편으로는 주된 정치적 측면에 관심을 갖고 서유럽을 본받아 의회의 창설을 바라면서 가장 시급한 문제인 대중의 감정은 별로 생각지 못하는 혁명가들이 있었다. 노동 조합으로 조직된 대다수 상급(better-class) 숙련 노동자층은 정치의 중요성을 이해했기 때문에 혁명에 참가했다. 그러나 도시와 농촌의 일반 대중은 무관심했다. 이것을 본 차르 정부와 경찰은 모든 전제주의가 장기로 삼는 수단을 취했다. 즉 그들은 분열을 획책하고 굶주린 대중을 부추겨 일부 혁명 세력과 싸우게 했다. 불행한 유태인은 러시아인에게, 아르메니아인은 타타르인에게 학살당하고, 혁명적인 학생층과 하급 노동자들 사이에서조차 충돌이 일어났다. 이렇게 하여 먼저 혁명의 배후를 교란한 차르 정부는 두 군데의 폭풍의 중심 ― 페테르부르크와 모스크바를 공격했다. 페테르부르크 지구 소비에트는 어렵지 않게 타도되었다. 모스크바에서는 군대가 혁명가들을 원조해 소비에트가 최종적으로 타도될 때까지 5일 동안 전투가 벌어졌다.

실패한 1905년의 러시아 혁명

이어 복수전이 시작되었다. 모스크바에서 정부는 1000명을 재판 없이 사형에 처하고 7만 명을 투옥했다고 한다. 전국을 통해 1만 4000명에 이르는 사람들이 갖가지 봉기의 결과로 처형당했다.

이와 같이 1905년 러시아 혁명은 참담한 패배 속에 막을 내렸다. 그러나 그것은 마침내 성공을 거둔 1917년 혁명의 서막이었다. 그들의 의식이 앙양되고 그들이 대대적인 규모의 행동으로 발전할 수 있기 위해서는 "대중은 큰 사건을 통해 훈련을 받아야 한다." 1905년의 사건은 값진 희생을 치르기는 했으나 그들에게 바로 이런 교훈을 주었던 것이다.

'두마'는 선거를 통해 1906년에 소집되었다. 그것은 결코 혁명적인 회의체라고 할 만한 것은 못 되었다. 그러나 그래도 차르의 관점에서 보면 너무 자유주의적이었다. 그래서 그는 겨우 두 달 반이 지나자 그들을 집으로 쫓아 버렸다. 이미 혁명을 짓밟은 그는 두마의 노여움을 그리 걱정하지도 않았다. 중간 계급의 자유주의 헌정파였던 두마의 면직 의원들은 핀란드(페테르부르크 바로 옆의 핀란드는 그 때 차르의 종주권 아래에 있는 반독립국이었다)로 달아나 두마를 해산한 데 대한 항의 표시로 납세 거부와 육해군의 징병 기피를 러시아 국민에게 호소했다. 그러나 이 의원들은 대중과의 접촉이 없었기 때문에 그들의 호소는 아무런 반향도 일으키지 못했다.

이듬해인 1907년 제2차 두마가 선출되었다. 경찰은 급진적인 후보자의 선출을 막기 위해 온갖 방해 공작을 자행했는데, 때로는 그들을 무조건 체포해 버린 일조차 있었다. 그런데도 차르는 두마가 또 마음에 들지 않아 3개월 뒤에 해산해 버렸다. 차르 정부는 모든 달갑지 않은 인물이 선출되는 것을 막기 위해 이번에는 선거법을 개정했다. 이것이 주효해서 제3차 두마는 매우 존경할 만한 보수적 회의체가 되어 오래 유지되었다.

1905년 혁명을 분쇄해 버린 차르는 마음대로 행동할 만한 실력을 가지고 있었는데 왜 별로 달갑지도 않은 두마를 설치하게 되었을까 하고 너는 이상하게 생각할는지도 모른다. 그 이유의 일부는 지주와 상인을 주축으로 하는 러시아 소수 그룹의 비위를 맞추기 위해서였다. 국내 정세는 몹시 악화되어 있었다. 인민은 확실히 짓밟히기는 했지만 그들 마음 속에서는 분노가 타오르고 있었다. 그래서 적어도 최상층의 부유한 사람들을 손아귀에 넣어 두는 것이 중요하다고 생각했던 것이다. 그러나 그보다 더 큰 이유는 유럽 여러 나라에 차르는 자유를 존중하는 군주라는 인상을 주는 데에 있었다. 서유럽에서는 차르의 악정과 압제가 정평이 나 있었다. 제1차 두마가 해산되었을 때 영국의 한 자유당 간부는 국회에서 "두마는 죽었다. 두마 만세!"라고 외쳤던 것이다. 이것은 두마가 얼마나 대외적으로 크게 동정받고 있었는가를 입증하는 것이었다. 게다가 차르에게는 거액의 자금이 필요했다. 돈이 많은 프랑스인이 그전부터 그에게 돈을 빌려 주고 있었는데, 차르가 1905년 혁명을 분쇄한 것도 사실은 이 프랑스로부터 받은 돈의 영향이 컸다. 전제 러시아가 급진주의자와 혁명주의자를 분쇄하는 일에 공화국인 프랑스가 원조한다는 것은 이상한 현상이 아닐 수 없다. 그러나 프랑스는 공화국이었지만 원조는 프랑스의 은행가들이 한 일이었다. 어쨌든 차르는 체면만은 세워야만 했는데, 두마는 거기에 도움이 되었던 것이다.

한편 유럽 및 세계 정세는 급격히 변하고 있었다. 러시아가 일본에 패배한 뒤 영국은 그 때까지 품어 온 러시아에 대한 공포감을 버렸다. 그런데 영국에게 새로운 공포의 대상이 생겼다. 그것은 종래에는 영국의 독점 무대였던 공업과 바다에 독일이 등장한 것이다. 프랑스가 순순히 러시아에 돈을 빌려 준 것 또한 독일에 대한 공포 때문이었다. 이러한 독일의 위협이 오랜 원수(영국과 러시아)로 하여금 손을 잡게 했다. 1907년 아프가니스탄과 페르시아와 다른 지역의 모든 중요한 현안을 해결한 영러 조약이 맺어졌고, 그 뒤 영국과 프랑스 및 러시아 사이에 '3국 협상'이 이루어졌다. 발칸에서는 오스트리아가 러시아의 경쟁 상대였으며 독일의 동맹국이었다. 그리고 서류상으로 이탈리아 또한 동맹국이었다. 그래서 영국과 프랑스 및 러시아의 '3국 협상'과 독일과 오스트리아 및 이탈리아의 '3국 동맹'이 정면으로 대립했다. 그리하여 평화를 즐기는

실패한 1905년의 러시아 혁명

사람들이 공포가 그들을 기다리고 있는 줄도 모르고 조는 동안 서로 등진 원수들은 행동의 기회를 엿보고 있었다.

1905년 이후 3년 동안은 러시아의 반동기였다. 볼셰비즘을 비롯한 혁명적 요소는 기세가 꺾여 있었다. 망명중인 볼셰비키 중에는 레닌처럼 외국에서 끈질기게 책을 쓰고 팜플렛을 발행하면서 마르크스주의 이론을 변화하는 사태에 적응시키기 위해 애쓰고 있는 자도 있었다. 멘셰비즘(마르크스주의자 가운데 온건한 소수)과 볼셰비즘 사이의 간격은 멀어졌다. 멘셰비즘은 이 3년 동안의 반동기에 우세를 차지했다. 그들은 소수파로 일컬어지고 있었지만 실제로는 그 당시 훨씬 많은 세력을 가지고 있었다. 1912년 이후부터는 또다시 어떤 변화가 러시아에 나타나기 시작했다. 혁명 활동은 신장되고 그와 함께 볼셰비즘도 강화되었다. 1914년의 중간쯤에 페테르부르크는 1905년처럼 혁명이 일어날 것이라는 소문이 떠도는 음산한 공기에 싸이고 자주 정치 파업이 일어났다. 그리고 더구나 — 때때로 혁명이란 이런 것으로 이루어지는 것이다! 페테르부르크의 7명의 볼셰비키 위원 가운데 세 명이 차르의 비밀 특무 기관원이었음이 나중에 밝혀졌던 것이다! 볼셰비키는 두마 안에 소수의 그룹을 갖고 있었는데 지도자는 말리노프스키(Malinowsky)였다. 그런데 그 또한 경찰의 첩자임이 드러났다. 더욱이 레닌은 그를 신임하고 있었던 것이다.

세계 대전은 1914년 8월에 시작되었다. 이것을 기화로 모든 사람들의 주의가 이내 전쟁이 한창 벌어지고 있는 전선에 쏠리고, 징병을 통해 많은 노동자들도 흡수되어 버리는 바람에 운동은 기세가 꺾였다. 전쟁을 반대한 볼셰비키는 극히 소수여서 그들은 극도로 나쁜 평을 받았다.

우리는 드디어 목표로 삼은 정박지 — 세계 대전에 당도했다. 여기서 잠시 걸음을 멈추기로 하자. 그러나 이 편지를 끝내면서 나는 러시아의 예술과 문화에 관해 너의 주의를 환기시켜 주고 싶다. 차르 러시아는 결점투성이였지만 아무튼 누구나 알고 있듯이 훌륭한 무용(dancing)의 전통을 보존했다. 또 그것은 19세기에 위대한 문학적 전통을 쌓아올린

일군의 작가를 낳았다. 장편 소설과 단편 소설의 두 방면에서 그들은 놀라운 재능을 발휘했다. 19세기의 초기에는 바이런·셸리·키츠와 시대를 같이해서 러시아 최대의 시인이라 일컬어지는 푸슈킨이 나왔다. 소설 방면에서는 세기의 유명한 작가로 고골리, 투르게네프, 도스토예프스키 그리고 체호프가 있다. 그리고 이들 가운데서도 최대의 문호라고 생각되는 톨스토이는 소설의 창작에서 천재적이었을 뿐만 아니라 종교·정신적 지도자로서도 광범한 영향을 끼쳤다. 실로 그 영향은 그 무렵 남아프리카에 있던 간디에게까지 미쳐 이 두 사람은 서로 존경하면서 서신을 교환했던 것이다. 그들을 이렇게 맺어 준 것은 두 사람의 무저항 내지는 비폭력에 대한 공통된 굳은 신념이었다. 톨스토이에 따르면 이것은 예수의 근본적인 가르침이었고, 간디는 힌두교의 고전에서 같은 결론을 끌어 냈다. 톨스토이가 평생 이러한 확신을 가슴 속에 깊이 품고 세상을 초월한 예언자로 그친 데 비해 간디는 언뜻 소극적으로 보이는 이 신념을 남아프리카와 인도의 대중 문제에 적극적인 방법으로 적용시켰다. 19세기 러시아의 위대한 작가 가운데 한 사람이 아직 살아 있는데, 그는 막심 고리키(Maxim Gorky)[140]다.

---

140) 소비에트 러시아의 대표적인 작가. 청년 시절에는 사회 하층의 온갖 직업에 종사하며 방랑 생활을 하면서 민중과 접촉하다가 10월 혁명에 참가해서 문화 방면의 지도자로 활약했다. 그의 작품은 19세기에 활발하게 전개된 러시아 리얼리즘의 전통 속에서 성장해 '사회주의적 리얼리즘'에 도달했다. 하층 계급의 고된 삶을 그린 희곡 「밑바닥」, 「밤 주막」으로 세계적 명성을 얻었다. 작품에 『알타모노프 일가의 사업』, 『어머니』 등이 있다.

실패한 1905년의 러시아 혁명

145 *1933년 3월 22일*

한 시대의 종말

19세기! 얼마나 오랫동안 우리는 이 한 세기에 붙들려 있었던 것일까. 4개월 동안 나는 이 시대에 대해 써 왔고 이제 다소 지쳤는데, 아마 너도 이런 편지를 받았을 때 같은 느낌이었을 것이다. 나는 이 시대가 매력에 넘친 시대라는 것을 말하면서 쓰기 시작했지만 매력도 때가 지나면 싫증이 난다. 우리는 실제로는 19세기를 지나 20세기의 중간까지 발을 들여 놓고 말았다. 1914년이 우리의 이야기를 일단 매듭지은 해였다. 이 해는 흔히 말하듯 전쟁의 개들이 쇠사슬에서 풀려나 유럽으로부터 온 세계로 돌아다닌 해다. 이 해는 역사의 전환점을 이루어 한 시대의 막을 내리는 동시에 새 시대의 개막을 알린다.

1900년 그리고 14년! 그 해도 네가 태어나기 전이며 더구나 그것은 겨우 19년 전의 일인 것이다. 이것은 또한 인류가 걸어온 길에 비하면 그렇게 긴 세월은 아니며 역사가 시작된 뒤의 세월과 비교해도 그렇게 길다고는 할 수 없다. 그러나 세계는 이 기간 동안에 무섭게 변했고 지금도 변하고 있어 그 당시부터 이미 한 시대가 지나가 버린 듯한 느낌을 주고 있다. 그리고 1914년 이전의 세월은 훨씬 먼 역사 속에 자취를 감추어 우리가 책에서 읽는 먼 과거의 일부가 되어 우리 시대와는 퍽 다른 성질을 지니고 있다. 이러한 큰 변화에 대해서는 이제부터 쓰는 편지에서 이야기하게 될 것이다. 그래서 나는 너에게 한 가지 주의할 점을 지적해 두려고 한다. 너는 학교에서 지리를 공부하고 있지만, 네가 배우는 지리는 내가 학교 다닐 때 배운 지리와는 퍽 다르다. 또한 오늘날 네가 공부하고 있는 지리는 예전의 지리가 그랬듯이 앞으로 머지 않아 아무 쓸모도 없는 것이 될지도 모른다. 오래된 지방의 이름과 옛날 나라들은 전쟁의 연기 속에 사라지고, 좀처럼 기억하기 어려운 새로운 이름의 나라들로 바뀌었다. 몇백 개의 도시는 거의 하룻밤 사이에 그 이름을 바꾸어 페테르부르크는 페트로그라드(Petrograd)에서, 다시 레닌그라드(Leningrad)가 되고, 콘스탄티노플은 이스탄불(Istanbul), 북경은 북평(北平)으로 고쳐졌으며, 보헤미아의 프라그(Prague)는 체코슬로바키아의 프라하(Praha)가 되었다.

19세기에 관한 편지에서 나는 부득이 여러 대륙과 나라들을 따로따로 다루었다. 우리는 여러 가지 분야와 운동 또한 따로 기술했다. 그렇지만 물론 너도 잘 알다시피 이런 일들은 모두 거의 동시에 일어난 것이며, 역사는 온 세계에 걸쳐 한꺼번에 1000개의 발로 걷는 것이다. 과학과 산업, 정치와 경제, 부유와 빈곤, 자본주의와 제국주의, 다윈과 마르크스, 자유와 부자유, 기근과 질병, 전쟁과 평화, 문명과 야만 — 이런 것들은 저마다 이 기묘한 공장 속에서 그 자리를 지키고 서로 작용과 반작용을 교환하고 있는 것이다. 그러니 우리가 이 시대나 또는 다른 시대를 한 장의 그림으로 생각할 때 그것은 아무래도 만화경처럼 쉴 새 없이 움직이며 변하는 복잡한 그림이 아니어서는 안 된다. 설사 그 그림의 많은 부분은 보아서 기분 좋은 것은 아니더라도 말이다.

이 시대의 주요한 특징은 이미 우리도 본 바와 같이 규모가 큰 동력 생산, 즉 수력이나 증기력 또는 전기를 사용하는 생산을 통한 자본주의 산업의 발달이었다. 이것의 영향은 장소에 따라 다르며, 또 그 영향에는 직접적인 것과 간접적인 것이 있었다. 그리하여 랭커셔에서 동력 기계로 직물을 생산하는 것은 멀고 먼 인도에서 그 농촌의 상태를 크게 변화시켜 이제까지 있었던 여러 가지 직업을 사멸시켜 버렸다. 자본주의 산업은 생동적인 것이며, 이 성질 때문에 그것은 끝없이 확대해 그 증대되는 욕구는 만족할 줄을 모른다. 자본주의의 두드러진 특색은 바로 끊임없이 증대되는 탐욕에 있다. 그것은 끊임없이 획득하고 장악하며, 또다시 새로운 것을 획득하려 한다. 개인도 그렇게 했고, 또 민족도 그렇게 했다. 이 체제 아래 발달한 사회는 따라서 타산적 사회라고 일컬어진다.

그 목표는 말할 것도 없이 끝없이 많이 생산하고, 그렇게 하여 생산된 잉여의 재부를 다시 그 이상의 공장과 철도와 다른 유사한 기업에 투입해 소유주의 주머니를 살찌게 하는 데 있다. 그리고 이 목적을 수행하기 위해서 수많은 것들이 희생되었다. 실질적으로 산업의 재부를 생산하는 노동자들은 거기서 나오는 이익을 조금밖에 분배받지 못했다. 뿐만 아니라 그들은 자신들의 처지를 조금이라도 개선시키는 데는 오랜 시간을 기다려야 했다. 식민지와 종속된 여러 나라 또한 자본주의 산업과 그것을 소유하는 여러 민족의 이익을 위해 희생되고 착취당해야 했다.

이렇게 하여 자본주의는 닥치는 대로 많은 희생자들을 그 수레바퀴 자국에 남기면서 행진했다. 그런데도 그 행진은 눈부신 진보를 보였다. 과학의 도움을 받으면서 그것은 여러 방면에서 성공을 거두고, 이 성공이 세계의 눈을 현혹시켜 그것에 부수되는 비참한 상황을 보충하고도 남는 것처럼 보였다. 사실 거기에 대한 계획적인 배려가 있었던 것은 아니지만, 우연히도 그것은 생활에 유익한 것을 많이 만들어 냈다. 그러나 현란한 이 외견과 선(善) 뒤에는 너무나 많은 악이 가로놓여 있었다. 거기에서 나타나는 가장 두드러진 현상은 그것을 통해 파생되는 선과 악의 대조적 측면이었다. 자본주의가 발달함에 따라 이러한 대조도 비례해서 증대했다. 극단적인 빈곤에 대해 거대한 부가 있고, 빈민굴에 대해 높은 빌딩이 있으며, 제국적 대국가에 대해 종속된 피압박 식민지가 있었다. 유럽은 지배 대륙이고 아시아와 아프리카는 종속 대륙이었다. 중앙 아메리카의 큰 부분은 세기 전반에 걸쳐 세계적인 사건의 흐름 밖에 있었지만, 어느 새 선두에 나서기 시작해 방대한 재력을 쌓아올렸다. 유럽에서는 영국이 자본주의, 특히 제국주의적 측면이 가장 많이 나타나는 부유하고 오만하고 점잖을 빼는 선구자였다.

자본주의 산업의 이와 같은 속도와 약탈적 성질은 사태를 표면화해 저항과 선동을 낳고, 결국에는 노동자를 보호하기 위해 어느 정도 억제된다. 초기의 공장 제도는 노동자, 특히 여성과 아동의 무서운 착취를 의미하는 것이었다. 여성과 아동은 임금이 낮았기 때문에 남자보다 우선적으로 고용되었지만, 그들은 차마 눈 뜨고 볼 수 없을 정도의 극도로 비위생적인 조건 속에서 때로는 하루에 18시간의 노동을 하기도 했다. 그래서 결국은 국가가 간섭해 하루의 노동 시간을 제한하고 노동 조건을 개선하는 법률 — 공장 입법을 통과시켰다. 특히 여성과 아동이 보호 대상이 되었다. 그러나 완고한 공장주들의 반대를 무릅쓰고 이런 것들을 성립시키기 위해서는 괴롭고도 오랜 투쟁이 필요했다.

한편 자본주의 산업은 사회주의와 공산주의 사상을 향한 길을 열어 주었는데, 그것들은 새로운 산업을 받아들이면서도 동시에 자본주의의 근간을 뒤흔들었다. 노동자의 조직과 노동 조합과 국제 노동자 조직(인터내셔널)도 이것들과 함께 발전했다.

자본주의는 제국주의로 이어지며, 예로부터 동양 여러 나라에 뿌리를 내려 온 여러 경제적 조건에 대한 서양 자본주의 산업의 충격은 그 나라들에게 참혹한 재해를 가져온다. 이윽고 이러한 동양 여러 나라에서조차 자본주의는 서서히 태동하고 성장하기 시작한다. 동시에 거기서는 민족주의가 발달해 서양의 제국주의에 도전하기 시작한다.

이렇게 하여 자본주의는 세계를 뒤흔들어 놓았고 인류에게 가공스러운 비참한 상처를 가져다 주었는데도 서양 여러 나라에게만은 유익한 움직임이었다. 그것은 규모가 큰 물질적 진보를 동반해 인류의 복지 수준을 현저하게 향상시켰다. 그래서 보통 사람들의 중요성은 과거 어느 때보다도 훨씬 증대했다. 실질적으로 보통 사람은 환상적인 선거권에도 불구하고 아무런 발언권도 갖지 못했지만, 어쨌든 이론적으로는 정치적 지위가 향상되고 따라서 그들의 자존심도 세어졌다. 이런 말을 할 수 있는 것은 물론 자본주의 산업이 확립되어 있던 서양 여러 나라에 국한된 일이다. 거기에는 방대한 지식이 쌓이고 과학은 기적을 이루어, 이것을 생활에 여러 가지로 응용한 결과 모든 사람들의 생활을 편리하게 했다. 의학, 특히 예방 의학 및 위생은 인류에게 재액을 주어 온 많은 질병을 제압하고 근절시켜 버렸다. 한 가지 예를 들면, 말라리아 병원체와 그에 대한 예방 방법이 발견되어 지금은 필요한 조치만 강구하면 어느 지역

한 시대의 종말

에서도 그것을 방지할 수 있다. 인도와 그 밖의 지역에 지금도 말라리아가 있어 몇백만의 희생자를 내고 있는 것은 과학의 무능 때문이 아니라 냉담한 정치와 주민의 무지 때문이다.

아마 이 세기의 가장 놀라운 특징은 운송과 통신 분야의 진보일 것이다. 철도・기선・전화 그리고 자동차는 세계의 모습을 완전히 변화시켜 지금까지 지속되어 온 상태와는 전혀 다른 모양으로 바꾸어 놓았다. 세계는 축소되어 사람들은 서로 더 많이 접근하고 만나는 기회가 많아졌으며, 또 서로 지식을 교환함으로써 무지에서 생기는 많은 난관을 극복했다. 공통된 여러 관념이 보급되기 시작해 온 세계에 어느 정도의 통일을 실현했다. 지금 우리가 이야기하고 있는 세기의 말쯤에 무선 전신과 항공기가 나타났다. 그런 것들은 오늘날에는 흔히 볼 수 있고, 또 비행기는 너도 몇 번 타 보았으니 별로 신기하게 생각지도 않을 것이다. 무선 전신과 항공기의 발달은 20세기, 즉 현대에 속하는 일이다. 예전에도 사람들은 자주 기구(balloons)를 타고 하늘로 올라간 적은 있었다. 그러나 신화나 옛날 이야기인 『아라비안 나이트』에 나오는 하늘을 나는 융단이라든가, 우리 인도의 이야기인 우란카톨라(urankathola)[141] 같은 것 이외에는 공기보다 무거운 것으로 하늘을 비행한 사람은 아무도 없었다. 처음으로 공기보다 무거운 기계로 하늘을 비행하는 데 성공해 현대 항공기의 아버지가 된 사람은 두 사람의 미국인 형제 윌버(Wilbur)와 오빌 라이트(Orville Wright)였다. 그들은 1903년 12월에 겨우 300야드 가까이를 비행한 데 지나지 않았지만, 그래도 그들은 지금까지 누구도 하지 못한 일을 해냈던 것이다. 그 때부터 항공 기술은 끊임없이 발달해 1909년 프랑스인 블레리오(Blériot)가 영국 해협을 횡단해 프랑스에서 영국으로 비행하는 데 성공했다. 그 때의 감격을 나는 아직도 기억하고 있다. 그리고 얼마 뒤 나는 파리에서 에펠탑을 날아서 넘은 최초의 비행기를 보았다. 또 몇

---

141) 인도의 옛날 이야기에 나오는 하늘을 나는 수레. 이것을 타는 사람은 자유 자재로 조종할 수 있다.

년 뒤인 1927년 5월 찰스 린드버그(Charles Lindbergh)가 비행기의 날개를 은빛 화살처럼 빛내면서 대서양을 횡단해 파리의 르 부르주(Le Bouryes) 공항에 착륙했을 때는 마침 너와 함께 파리에 있었지.

이런 것들은 모두 자본주의 산업이 이루어 놓은 이 시대의 신뢰할 만한 일들이다. 인간은 확실히 이 세기에 접어들어 훌륭한 업적을 남겼다. 또 하나 신뢰할 만한 측면에 속하는 것이 있다. 탐욕스러운 자본주의가 발달함에 따라 협동 조합 운동의 형태로 이것을 억제하는 방안이 제시되었던 것이다. 이것은 사람들이 단결해 일괄적으로 물자를 매매해서 이익을 같이 나누는 방법이었다. 보통의 자본주의 방식은 각자가 남을 능가하기 위해 서로 상대방의 목에 칼을 들이대는 것 같은 경쟁이었다. 그러나 협동 조합 방식은 상호간의 협력이 기본이 된다. 너는 협동 조합 매점을 여러 번 본 적이 있을 것이다. 협동 조합 운동은 19세기 유럽에서 크게 발달했다. 아마 그것이 가장 성공한 곳은 작은 나라이지만 덴마크일 것이다.

정치 방면에서는 민주주의가 점차 발달해 더욱 많은 사람들이 자기 나라의 의회나 국회를 위해 투표하는 권리를 얻었다. 그러나 이 선거권, 즉 투표하는 권리는 남성에게 국한되어 있었고, 여성은 다른 방면에서는 아무리 유능해도 이 권리를 갖기에 충분할 만큼 선량하지도 현명하지도 못한 존재로 생각되었다. 많은 여성들은 이에 분노를 느껴 영국에서는 19세기 초의 몇 해 동안 여성들이 대대적인 규모의 운동 세력을 조직했다. 이것은 여성 참정권 운동이라고 일컬어졌는데, 남자들이 이것을 진지하게 다루지 않고 거의 관심을 기울이지 않았기 때문에 여성 참정권론자들은 주의를 환기시키기 위해 강압적이거나 거의 폭력적인 방법을 사용했다. 그녀들은 '활극(scenes)'을 연출함으로써 의회의 의사(business)를 혼란시키고 육탄으로 영국 내각의 각료들에게 부딪쳐 갔기 때문에 장관들은 끊임없이 경찰의 보호를 받아야만 할 정도였다. 큰 규모의 조직적 폭력을 휘두른 적도 있어 많은 여성이 감옥에 갇혔는데, 그들은 거기에서 단식 투쟁을 벌였다. 그 때문에 그들은 일단 석방되었지만 몸이 회복되자 또 감옥에 갇혔다. 의회는 할 수 없이 이런 운동을 공인하는 특별 법률을 만들었는데, 이것은 흔히 '고양이와 쥐 조례(Cat and Mouse Act)'라고 일컬어졌다. 참정권론자가 사용한 이러한 운동 방법은 확실히 광범한 주의를 환기시키는 데에는 성공했다. 그리고 얼마 뒤 세계 대전이 시작된 다음 여성의 투표권이 인정되었다.

여성 운동, 또는 때로 페미니스트(feminist) 운동이라고도 일컬어진 이 운동은 선거권을 요구하는 것에 머무르지 않고 모든 방면에 걸쳐 남성과의 평등을 요구하는 단계에까지 이르렀다. 서양에서 여성의 지위는 얼마 전까지도 매우 낮았다. 여성들은 권리라고 할 만한 것을 갖고 있지 못했다. 영국 여성들은 법률로 인정된 자기 재산을 가질 수 없었고, 설령 아내가 번 것이라도 그것은 고스란히 남편 소유가 되었다. 따라서 그들은 법률적으로는 힌두법 아래에서의 여성의 상태보다도 더 낮은 지위에 있었다. 서양 여성들은 현재 많은 인도 여성이 그렇듯 실제로는 일종의 종속 인종이었다. 선거권을 위한 운동이 시작되기 훨씬 전부터 여성들은 다른 방면에서 남성과의 평등한 대우를 요구하고 있었다. 결국 1880년대에 영국에서 여성들은 재산 소유에 관한 몇 가지 권리를 얻었다. 여성들이 이 같은 성과를 거둔 것은 어떤 점에서는 공장 소유주 계급이 이것을 지지했기 때문이다. 여성들이 그들 스스로 버는 돈을 차지할 수 있게 되면 그것은 그들을 공장에서 노동하게 하는 유인이 될 수 있다고 생각했기 때문이다.

모든 방면에서 큰 변화가 우리의 눈을 끈다. 다만 통치 방법만은 변하지 않았다. 여러 대국은 마키아벨리와 그보다 1800년 전에 인도의 재상 차나키아가 제창한 권모 술수의 방법에 의존했다. 그들 사이에는 끊임없는 대립이 있고 비밀 조약과 동맹 관계가 난무하고 있으며, 그리하여 각 강대국은 다른 나라를 능가하기 위해 끊임없이 겨루고 있었다. 이미 본 바와 같이 유럽은 능동적이며 공격적인 역할을 했고, 아시아는 수동적이며 방어적인 위치에 섰다. 미국은 국내 문제에 몰두하고 있었기 때문에 세계 정치에서 차지하는 비중이 비교적 작았다.

민족주의 사상이 성장함에 따라 '좋건 나쁘건 조국은 조국'이라는 관념이 발달해, 국가는 개인의 경우라면 비도덕적인 나쁜 행위라고 생각될 일을 하는 것을 자랑으로 삼았다. 이처럼 개인의 도덕과 국가의 도덕 사이의 기묘한 모순이 더욱 심해져서 개인의 악덕이 바로 국가의 미덕이 되었다. 이기주의와 탐욕과 오만과 야비함은 개인의 경우에는 용서할 수 없는 나쁜 것으로 생각되지만, 국가라는 집단의 경우에는 그것들이 애국주의와 조국애라는 그럴 듯한 의상을 입고 찬양되고 장려되었다. 민족이라는 큰 집단의 차원에서는 살인도 살육도 찬탄할 만한 것으로 생각되었다. 최근의 어떤 책의 저자는 "문명은 개인의 악덕을 더욱 큰 사회(communities)로 하여금 대행시키는 구조로 구성되었다"고 지적했는데, 이것은 아주 적절한 표현이라 하겠다.

146 *1933년 3월 23일*

세계 대전이 시작되다

나는 국가가 서로 각축하고 있을 때 얼마나 비도덕적이고 나쁘게 되는지를 지적하는 것으로 지난번 편지를 끝냈다. 그들은 기회만 있으면 다른 나라에 대해 공격적이고 배타적인 태도와, (자기에게 소용없는 것도 남이 쓰려면 방해하는) 심술쟁이 정책을 취하는 것이 독립의 징표인 것처럼 생각하고 있었다. 그들의 행동에 명령을 내리는 권위 같은 것은 있을 수 없었다. 왜냐하면 그들은 독립해 있었기 때문이다. 그러니 어찌 화를 내지 않을 수 있겠느냐? 그들의 행동을 억제하는 것이 있다면 그것은 결과에 대한 두려움을 그들 스스로 느끼는 것뿐이었다. 그래서 강자는 어느 정도까지 존경을 받고 약자는 천대를 받았다.

이러한 국가적 경쟁은 확실히 자본주의 산업 발달의 필연적인 귀결이었다. 시장과 원료에 대한 끝없는 요구가 얼마나 자본주의 열강으로 하여금 온 세계에 제국의 식민지를 찾는 경쟁에 광분케 했는가를 우리는 보았다. 그들은 일제히 아시아와 아프리카로 몰려가서 착취하기 위해 얻을 수 있는 모든 영토를 점령했다. 온 세계에 손을 뻗쳐 이제는 더 넓힐 여지가 없어지자 그들은 서로 무서운 얼굴로 노려보면서 기회만 있으면 상대방의 영토를 빼앗으려 했다. 아시아와 아프리카에서는 이런 강대국 사이에 끊임없이 충돌이 일어나고 분노의 감정이 불타서 그야말로 일촉즉발의 전쟁 위기를 드러냈다. 어느 강대국은 다른 강대국보다 여유가 있기도 했는데, 특히 영국은 공업상의 우월성과 그들이 이미 소유한 영토로 해서 그 중에서도 가장 유리한 상태에 있는 것처럼 생각되었다. 그러나 영국이라고 해서 만족하고 있었던 것은 아니다. 왜냐하면 가진 자일수록 욕망은 끝없는 것이기 때문이다. '제국 건설자들(empire-builders)'의 머릿속에는 제국을 확대하려는 원대한 설계도가 그려져 있었다. 카이로에서 희망봉까지 아프리카를 남북으로 단절 없이 관통하려는 엄청난 설계도였다. 그러나 영국은 공업 분야에서 독일과 미국의 도전에 시달렸다. 이런 나라들은 영국보다 싼값으로 공업 제품을 생산해 그것으로 영국의 시장을 침식하고 있었다.

영국조차 만족하고 있지 않았다면 하물며 다른 나라는 더 말할 나위도 없었다. 특히 뒤늦게 강대국의 대열에 끼어들어 모든 익은 과일이 모조리 떨어지는 것을 본 독일에서는 그것이 더욱 심했다. 독일은 이미 과학과 교육과 산업 분야에서 장족의 발전을 보인 동시에 막강한 군대도 조직했다. 뿐만 아니라 노동자에 대한 사회 입법 방면에 이르기까지 영국을 포함한 다른 나라들보다 앞서고 있었다. 독일이 등장했을 때에는 이미 세계는 다른 나라들에게 점거되어 착취의 무대와 방법이 한정된 것인데도 그들은 온갖 노력을 기울여 산업 자본주의 국가 중에서 가장 강력하고 능률적인 국가가 되었다. 독일 상선은 도처의 항구에 나타났고, 또 그들의 항구 함부르크와 브레멘은 세계 최대의 무역항과 어깨를 나란히 했다. 독일의 상선은 독일 상품을 먼 곳에 운송했을 뿐 아니라 다른 나라의 운송업도 잠식했다.

이처럼 성공해 자기의 역량을 충분히 의식한 제국적인 독일이 그 뒤의 발전을 방해하는 제약에 초조감을 느낀 것은 이상한 일이 아니었다. 독일 제국의 지도 세력은 프로이센이었는데, 권력을 장악하고 있던 프로이센의 지주·군인 계급은 겸양 같은 것과는 아예 인연이 없는 사람들이었다. 그들은 호전적이고, 또 거리낌없이 그런 행동을 하는 것을 자랑으로 삼고 있었다. 또한 그들의 황제인 호엔촐레른가(프로이센 왕실)의 카이저 빌헬름 2세(Wilhelm II)는 이런 종류의 무단적이며 완고한 정신의 이상적인 지도자로 숭앙을 받고 있었다. 카이저는 독일이 세계의 지도자가 되려 하고 있다느니, 볕이 드는 장소를 원한다느니, 그 장래는 해상에 있다느니, 독일 '쿨투르(Kultur)', 즉 독일 문화를 온 세계에 널리 펴는 것이 사명이라느니 하고 떠들어댔다.

그런데 이런 일은 모두 그 이전에 다른 국민들도 입에 담고 있었던 것이다. 영국의 '백인의 무거운 짐(White Man's Burden)'이나 프랑스의 '개화의 사명(Civilizing Mission)' 등도 독일의 '쿨투르'와 같은 계통에 속하는 것들이다. 영국은 해상에서 패자의 지위를 주장했고 사실 해상을 제패하고 있었다. 카이저는 영국인이 영국을 위해 한 말을 좀 과장해서 독일을 위해 말한 데 지나지 않았다. 다만 다른 점은 영국은 가진 나라고 독일은 그렇지 않았다는 것뿐이다. 그런데도 카이저의 호언은 영국인을 몹시 초조하게 했다. 어느 다른 나라가 세계의 지도자가 되고 싶어한다는 사실은 그들로서는 매우 못마땅한 일이었다. 그것은 일종의 이단 사상이고, 분명히 세계의 지도자로 자처하는 영국에 대한 공격이었다. 특히 바다는 100년 전에 나폴레옹이 트라팔가르에서 패배한 뒤로 영국의 독점적인 세력권으로 생각되어 왔기 때문에 독일이나 또는 어느 나라가 그 지위에 도전한다는 것은 영국으로 보면 매우 비위에 거슬리는 일이었다. 만일 영국이 해상에서 강자의 지위를 빼앗긴다면 멀리에 흩어져 있는 제국은 과연 어떻게 될까?

    카이저의 도전과 위협은 이미 고약한 일이었지만 더 나쁜 것은 그가 실제로 해군력을 증강한 일이었다. 이에 기분이 몹시 상한 영국은 지지 않고 자기 나라의 해군을 강화했다. 그리하여 두 나라 사이에는 해군을 증강하는 경쟁이 시작되고, 쌍방의 신문은 끊임없이 군함의 추가 건조를 떠들어대면서 서로에 대한 민족적 증오심을 부채질했다.

    이것이 유럽에서의 위험 지대의 하나였다. 그러나 이 밖에도 다른 위험 지대가 많이 있었다. 프랑스와 독일은 물론 옛날부터 숙적이었고, 특히 1870년의 패배의 쓴 기억은 프랑스인의 가슴 속에서 가시지 않아 그들은 복수를 꿈꾸고 있었다. 발칸의 여러 나라는 여전히 온갖 이해가 얽힌 화약고였다. 독일은 또 그 영향력을 서아시아에서 행사할 의도로 터키와 우호 관계를 맺기 시작했다. 유럽에서 콘스탄티노플을 거쳐 바그다드에 이르는 철도의 건설이 제안되었다. 이 제안은 적절한 때에 나온 것이었지만, 독일이 이 바그다드 철도를 관리하려고 했기 때문에 국가적인 시기심이 생겼다.

    이윽고 전쟁의 공포가 유럽에 점점 번져 가서 열강은 자기 나라를 방위하기 위해 동맹을 찾았다. 강국의 대열은 독일·오스트리아·이탈리아의 3국 동맹과 영국·프랑스 및 러시아의 3국 협상의 두 계열로 나뉘었다. 이탈리아는 3국 동맹 가운데서는 매우 소극적인 일원이어서 실제 전쟁이 일어났을 때에는 맹약을 어기고 적측으로 돌아섰다. 과학과 음악과 예술의 중심지인 아름다운 비엔나를 수도로 하는 오스트리아는 금이 간 제국이어서 지도상으로는 크지만 그 속에는 온갖 잡다한 부조화의 요소들을 간직하고 있었다. 그러므로 3국 동맹이란 사실상 독일을 의미하는 것에 지나지 않았다. 그러나 물론 시련이 닥치기까지는 이탈리아와 오스트리아가 어떤 태도로 나올 것인지는 아무도 알지 못했다.

    이리하여 전 유럽은 공포의 분위기 속에 완전히 빠져 있었다. 각국은 다투어 전쟁 준비를 하고 최대한의 군비로 무장했다. 그리하여 군비 확장 경쟁이 벌어지게 되었는데 한 나라가 군비를 증강하면 다른 나라도 이에 따라 증강하지 않을 수 없었다. 무기 — 즉 총포, 군함, 탄약, 그 밖의 온갖 종류의 전쟁 물자를 제조하는 개인 회사가 많은 이익을 얻어 살찐 것은 당연하다. 그들은 한 걸음 더 나아가 여러 나라가 그들에게 더 많은 무기를 사게 하기 위해 전쟁이 일어날 것이라는 풍문을 퍼뜨리기에 이르렀다. 이러한 군수 산업체는 많은 재부와 세력을 가지고 있었고, 또 영국과 프랑스와 독일 등의 내각 각료와 관리들은 그 주주였기 때문에 군수 산업의 번창으로 이익을 얻는 위치였다. 군수 산업체의 번영은 전쟁에 관한 풍문 그리고 전쟁과 함께 온다. 그러므로 이것은 많은 정부의 각료와 고관이 재정적으로 전쟁에서 이익을 추구한다는 놀라운 상황임이 명백했다! 이러한 회사는 또 다른 방법을 통해 여러 나라의 전쟁 비용 지출을 촉진하려고 꾀했다. 그들은 여론에 압력을 가하기 위해 신문을 발행하고 자주 정부의 관리에게 뇌물을 주어 사람들이 흥분할 만한 풍문을 보도했다. 남을 죽게 함으로써 살고, 자기가 이익을 얻기 위해서는 전쟁의 공포를 유발하고 또 실제의 전쟁을 일으키는 것도 주저하지 않는 이런 무기 산업은 얼마나 무서운 것이냐! 어느 정도는 이 무기 산업이 1914년으로 전쟁을 앞당겼던 것이다. 오늘날까지도 이 게임은 계속되고 있다.

전쟁에 대한 이야기를 잠깐 중단하고 나는 평화를 위한 기묘한 시도가 있었던 것에 관해 말해 두어야 하겠다. 러시아의 차르 니콜라이 2세(Nicholai II)가 여러 나라를 향해 그들이 세계 평화를 실현하기 위해 회동할 것을 제의한 것이다. 제국 내 모든 자유주의적 운동을 탄압하고, 유형에 처한 정치범들로 시베리아를 메운 차르가 그런 제의를 한 것이다. 그가 평화를 논의하는 것은 거의 농담을 하는 것이라고밖에는 생각되지 않았다. 그러나 아마 그는 자못 진지했을 것이다. 왜냐하면 평화는 그로서는 현존 질서와 그 자신의 전제 정치의 항구화를 의미하는 것이었기 때문이다. 그의 제안을 수락해서 네덜란드의 헤이그에서 1899년과 1907년 두 번에 걸쳐 평화 회의가 열렸다. 거기에서 중요한 일은 하나도

세계 대전이 시작되다

논의되지 않았다. 평화는 돌연 하늘에서 내려오는 것이 아니다. 평화는 분규의 근본적인 원인이 제거되기 전에는 성립될 수 없다.

나는 열강의 대립과 전쟁의 공포에 관해 많은 이야기를 했다. 가엾은 작은 나라들은 분발해서 서두르지 않는 한 흔히 무시되기가 쉽다. 유럽의 북부에는 탐욕스럽고 약탈적인 강대국과 성질이 매우 다른 작은 나라가 몇 개 있다. 스칸디나비아에는 스웨덴과 노르웨이가 있고 바로 아래에는 덴마크가 있다. 이런 나라는 북극 지대에 가까이 있어 한랭하고 살기가 어려운 나라들이다. 거기에는 소수의 인구밖에 먹고 살 수 없는 곳이다. 그러나 그런 나라들은 증오와 질시와 적의가 지배하는 강대국들의 세력 밖에 있기 때문에 생활은 평화스럽고 에너지는 문화적인 방향으로 소비된다. 거기서는 과학과 문학이 발달했다. 노르웨이와 스웨덴은 1905년까지는 결합되어 있어서 하나의 국가를 형성하고 있었다. 이 해에 노르웨이는 분리해서 독립할 것을 결의했다. 그래서 두 나라는 평화롭게 각각 독립 국가가 되어 정복을 위한 전쟁도 없이 이웃의 우방으로서 친교를 맺어 오고 있다.

작은 나라 덴마크는 육해군을 폐지함으로써 크고 작은 여러 나라들에 모범을 보여 주고 있다. 그 나라는 농업국이고 소농의 나라이며 빈부의 차가 적다. 이 평등화는 주로 이 나라에서 협동 조합이 크게 발달한 덕택인 것이다.

그러나 유럽의 작은 나라들이 모두 덕성의 모범인 것은 아니다. 네덜란드는 그 자체로서는 작지만 동인도(자바·수마트라 등)의 대제국을 여전히 지배하고 있다. 이웃의 벨기에도 아프리카의 콩고를 착취하고 있다. 그렇지만 유럽 정치에서 중요하게 고려되어야 할 것은 지정학적 위치다. 그 나라는 독일과 프랑스 사이에 위치해 두 나라가 전쟁을 벌이면 반드시 거기에 휩쓸리게 되어 있다. 유명한 워털루는 벨기에의 브뤼셀 부근에 있다. 이런 까닭에 벨기에는 '유럽의 조종석(cockpit of Europe)'이라 일컬어지고 있다. 주요 열강은 전쟁을 할 때면 벨기에의 중립성을 존중하는 협정을 맺었다.[142] 그러나 얼마 뒤 막상 전쟁이 시작되었을 때 이 협정과 약속은 깨끗이 파기되어 버렸다.

그러나 유럽과 다른 모든 작은 나라들 중에서도 가장 골칫거리는 발칸의 여러 나라들이다. 여러 세대에 걸친 적대감과 대립을 배경으로 하는 여러 인종과 민족의 전시장 같은 이 지역은 언제 폭발할지 모르는 서로에 대한 적대감으로 긴장이 팽배해 있다. 1912년과 1913년의 발칸 전쟁은 유별나게 피비린내 나는 것이어서 짧은 기간에 협소한 지역에서 엄청나게 큰 손실을 입게 됐다. 불가리아인은 망명자와 퇴각하는 투르크군에게 무섭도록 잔학한 행위를 했다고 한다. 투르크인은 투르크인대로 그 초기에 매우 비난을 면치 못하는 기록을 남기고 있다. 세르비아(지금은 유고슬라비아의 일부로 되어 있지만)는 암살로 해서 굉장히 음산한 명성을 떨쳤다. '검은 손(Black Hand)'이라고 자칭하는 이른바 애국자의 비밀 살인 조직에는 많은 정부 고관들도 끼어 있었는데, 이들이 일련의 전율할 살인 사건의 주역들이었다. 이 나라의 국왕과 왕비 — 국왕 알렉산드르(Alexander)와 왕비 드라가(Draga)는 왕비의 형제들과 총리 및 그 밖의 사람들과 함께 비열한 방법으로 학살당했다. 이것은 하나의 궁정 혁명에 지나지 않았으며 그래서 다른 인물이 국왕이 되었다.

이리하여 20세기 유럽의 새벽은 번개가 치고 뇌성이 울리는 가운데 동이 텄다. 그리고 해가 바뀜에 따라 날씨는 더욱 폭풍의 양상을 명백히 드러냈다. 유럽에서 혼란과 갈등은 더욱 심각해지고 하나의 응어리가 점점 엉켜 갔다. 여러 대국들은 모두 전쟁이 일어날 것을 예상하고 열병에 걸린 것처럼 전쟁 준비를 위해 광분했다. 더구나 자신을 갖고 이에 대처한 나라는 아마 하나도 없었을 것이다. 그들은 모두 어느 정도까지 그것을 두려워하고 있었다. 그 결과가 어떤 것이 될는지를 예언할 수 있

---

142) 벨기에는 네덜란드에서 독립한 이듬해, 즉 1831년 '런던 조약'에 따라 영국·프랑스·오스트리아·프로이센·러시아로부터 '영세 중립국'으로서의 지위를 인정받았다. 이것은 자국의 안전 보장에 대한 벨기에측의 요구도 있었지만, 무엇보다도 열강이 상호간의 세력 균형을 위해 완충국을 두려는 정책을 취했기 때문이다. 벨기에의 영세 중립은 1839년에 관계된 여러 나라에 의해 재확인되었다.

세계 대전이 시작되다

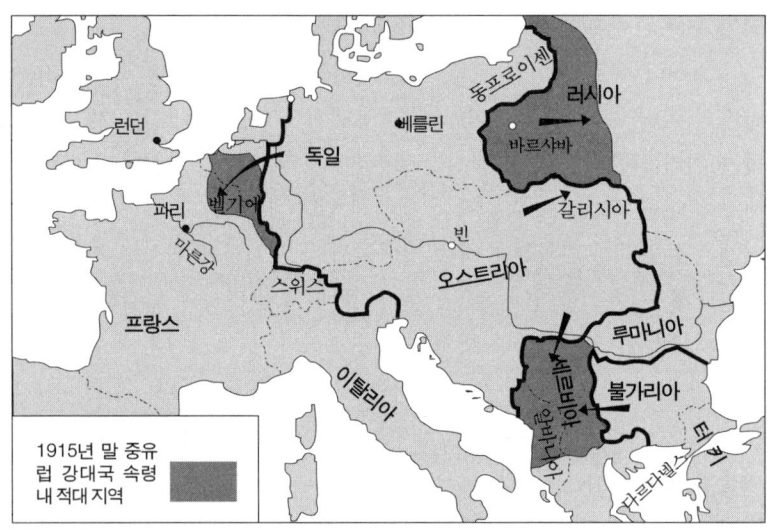

유럽(1914~15년)

는 사람은 아무도 없었기 때문이다. 더구나 공포 그 자체가 그들을 전쟁으로 점점 치닫게 했다. 이미 말했듯이 유럽은 두 진영으로 나뉘어 서로 노려보고 있었다. 그것은 '세력 균형(the balance of power)'이라고 일컬어졌지만 한 번 건드리기만 하면 대번에 뒤집힐 자못 미묘한 균형이었다. 일본은 유럽에서 훨씬 먼 곳에 위치해 지역적인 문제에는 별로 이해가 없었지만 또한 그 동맹의 한쪽에 참가해 '세력 균형'에 속해 있었다. 왜냐하면 일본은 영국의 동맹국이었기 때문이다. 이 동맹의 의의는 동양, 특히 인도에서 영국의 이익을 옹호하는 데 있었다. 그것은 영국과 러시아의 대립 시대에 맺어졌는데, 영국과 러시아가 같은 진영에 서게 된 지금도 존속되고 있었다. 미국은 이 유럽의 동맹과 균형 체제에 초연해 있던 유일한 대국이었다.

1914년의 정세는 이와 같았다. 당시 영국은 아일랜드의 자치 법안 때문에 몹시 골치를 앓고 있었음을 너도 기억할 것이다. 얼스터에 소요가 일어나려 했고, 북부에서도 남부에서도 의용군이 실전 연습을 시작해 아일랜드에 내전이 일어날 것이라는 소문이 나돌고 있었다. 독일 정부가 영국은 아일랜드의 분쟁 때문에 설사 유럽에서 전쟁이 일어나더라도 이에 개입하지 못할 것이라고 생각했다는 것도 물론 있을 수 있는 일이다. 영국 정부는 사실은 전쟁이 일어나면 프랑스에 동조할 것을 비공식으로 약속하고 있었고 이것은 일반에게는 알려져 있지 않았다.

1914년 6월 28일이야말로 불길을 솟아오르게 한 불꽃이 튄 날이었다. 오스트리아의 왕위 계승자인 대공 프란츠 페르디난트(Franz Ferdinand)는 발칸의 보스니아의 수도 사라예보를 방문하고 있었다. 보스니아는 전에 말한 것처럼 그보다 몇 해 전에 청년 투르크당이 그들의 술탄을 추방하려는 동안 오스트리아에 합병되었던 것이다. 대공은 그의 부인과 함께 포장이 없는 마차를 타고 사라예보 시가를 행진하다가 총격을 받아 부인과 함께 암살당했다. 오스트리아 정부와 국민은 분격해서 세르비아 정부가 이 범죄에 개입되어 있음을 규탄했다. 물론 세르비아 정부는 이것을 부인했다. 조사해서 판명된 바에 따르면 세르비아 정부는 이 살인 사건에 직접 관여하지는 않았지만, 그 준비 행위에 대해 전혀 모르고 있었던 것도 아니었다. 그렇지만 이 살인의 책임은 전적으로 세르비아의 '검은 손'의 조직에 돌아가야 하는 것이었다.

오스트리아 정부는 겉으로는 매우 분개했으나 내심은 정책적으로 세르비아에 대해 몹시 고압적인 태도를 취했다. 분명히 오스트리아는 세르비아를 영원히 무너뜨리려고 결심하고 전쟁이 확대될 경우 독일의 강력한 원조를 기대했다. 그리하여 세르비아의 변명을 받아들이지 않고 1914년 7월 23일 오스트리아는 세르비아에 최후 통첩을 보냈다. 그리고 5일 뒤인 7월 28일 오스트리아는 드디어 세르비아에 선전 포고를 했다.

오스트리아의 정책은 전쟁에 광분한 허영심 많고 어리석은 어느 장관의 손에 놀아나고 있었다. 늙은 황제 프란츠 요제프(그는 1814년부터 재위하고 있었다)가 그 정책에 동의하도록 유도되었고, 독일의 애매한 약속은 완전한 보장을 의미하는 것으로 해석되었다. 사실 당시 오스트리아를 제외하고는 어느 강대국도 전쟁할 의사가 별로 없었다. 모든 준비를 끝낸 호전적인 독일조차 결코 결연했던 것은 아니어서 카이저 빌헬름 2세도 결단을 내리지 못한 채 그것을 제지하려 했을 정도였다. 영국과 프랑스도 결심하지 못하고 있었다. 러시아 정부란 곧 차르(니콜라이 2세)를 말하는 것이었지만, 그는 의지가 박약한 어리석은 사람이어서 그 자신이 고른 주제넘고 어리석은 신하들에게 둘러싸여 이리 끌리고 저리 끌리고 있었다. 이런 사람의 손에 숱한 인민의 운명이 달려 있었던 것이다. 그 자신은 전쟁에 대체로 반대하고 있었지만, 그의 고문들은 전쟁의 지연이 초래할 결과를 운운하며 그를 위협해 군을 동원하는 데 동의하게 해 버렸다. 이 '동원(mobilization)'이라는 것은 여러 군대를 소집해서 현역으로 만드는 것인데, 러시아처럼 광대한 나라에서는 무척 시간이 걸리는 일이다. 독일에 대한 공포심이 아마도 러시아로 하여금 동원을 급히 서두르게 했을 것이다. 7월 30일에 시작된 이 동원에 대한 소식은 독일을 놀라게 하여 독일은 러시아에 동원을 중지할 것을 요청했다. 그러나 이제는 이 방대한 전쟁 기구의 활동을 갑자기 정지시킬 수도 없었다. 이틀 뒤인 8월 1일에 독일은 동원령을 내리고 프랑스와 러시아에 대해 선전 포고를 했다. 그리고 갑자기 독일의 대군은 벨기에에 침입해 비교적 진격이 용이했던 이 방면을 거쳐 프랑스로 향했다. 이 가엾은 벨기에는 독일에 해를 끼친 적이 없었다. 그렇지만 한 번 국가가 목숨을 걸고 싸우기 시작하게 되면 그들은 그런 사정이나 또 전에 한 약속 따위는 염두에도 없다. 독일 정부는 군대를 벨기에 영토를 통과시키기 위해 벨기에 정부의 허가를 요구했다. 물론 이런 요구가 단호하게 거절당한 것은 당연하다.

영국을 비롯해 각국에서 독일이 중립국 벨기에를 침범한 데 대해 비난의 소리가 몹시 높았다. 영국은 이것을 독일에 대한 선전 포고의 이유로 삼았지만 실제로 영국이 어느 쪽에 붙을 것인지는 훨씬 전에 이미 정해져 있는 일이어서 벨기에 문제는 다만 적당한 구실로 이용된 데 지나지 않았다. 지금은, 프랑스군 측에서도 전쟁 전부터 필요하다면 그 군대가 벨기에를 통과해 독일을 공격한다는 계획을 입안하고 있었다는 것이 밝혀지고 있다. 아무튼 영국은 조약을 '한 조각의 휴지(scraps of paper)'로 만들어 버린 독일에 대항하는 동시에 정의와 진리의 위대한 옹호자이며 작은 나라의 수호신인 듯한 태도를 취했다. 8월 4일 밤 영국은 독일에 대해 전쟁을 선언했다. 그러나 어떤 재해를 방지하기 위해 그보다 하루 먼저 그 군대 — 영국 파견군을 영국 해협 저편에 보낼 준비를 게을리 하지 않았다. 그리하여 세계가 영국이 참전하느냐, 아니면 얼마 동안 보류하느냐를 놓고 여러 가지로 추측하고 있는 동안 영국군은 이미 대륙에 도착하고 있었다.

그리하여 오스트리아·러시아·독일·프랑스·영국이 잇따라 전쟁에 휘말려 들어갔다. 물론 어떤 의미에서 이 파국의 직접적인 원인이 된 세르비아 또한 이 소용돌이 속에 있었다. 독일과 오스트리아의 동맹국이었던 이탈리아는 어떻게 하고 있었을까? 이탈리아는 어느 쪽이 우세한가를 관망하고 있다가 드디어 6개월 뒤에 영국·프랑스·러시아 진영에 가담해서 예전에는 동맹국이었던 나라들의 반대편에 서서 참가했다.

이와 같이 해서 1914년 8월 1일을 기해 유럽에서는 여러 나라 군대가 집합해 행진을 시작하게 되었는데, 이 군대란 대체 어떤 것이었을까? 옛날에 군대는 일정한 수의 직업 군인으로 이루어진 것이었고 그들은 영구적인 상비군이었다. 그런데 프랑스 혁명은 그것에 큰 변화를 주었다. 혁명으로 외국의 공격을 받게 되자 숱한 일반 시민이 소집되어 훈련을 받았다. 그 때부터 유럽에서는 한정된 수의 직업적인 지원병 군대가 징병 군대 — 국내의 적격한 남자 모두가 의무적으로 복무해야 하는 군대로 바뀌는 경향이 있었다. 그러나 이런 종류의 모든 남성 적격자들의 보편 일률적인 군대 복무 제도는 프랑스 혁명의 소산이었다. 이것은 대륙 전체에 보급되어 청년 남자는 모두 2년이나 그 이상을 병영에서 훈련받고, 그 뒤에 소집되었을 때에는 군대에 복무해야만 했다. 따라서 현역 군대는 사실상 그 국민의 모든 청년 남자를 집합시킨 것과 다름없었다. 이것은 프랑스·독일·오스트리아 또 러시아에서도 마찬가지여서 이런 나라에서 동원한다는 것은 전국의 거리와 마을에서 해당되는 청년을 소집하는 것을 의미했다. 영국에는 전쟁이 시작되던 당시에 이런 종류의

세계 대전이 시작되다

일반 의무 제도가 없었다. 영국은 강대한 해군에 의지해 비교적 소수의 상비군을 유지하고 있을 뿐이었다. 그러나 전쟁중에 영국도 다른 나라의 예를 본받지 않을 수 없게 되어 징병 제도, 즉 강제 복무 제도를 마련했다.

이 보편적인 군대 제도는 요컨대 전국을 무장하는 것을 의미했다. 동원령은 방방곡곡의 거리와 마을과 가정에 영향을 끼쳤다. 이 해 8월 상순에는 많은 유럽 지역에서 돌연 생활이 기능을 멈춰 버렸다. 청년들은 몇백만의 가정에서 자취를 감추어 다시는 돌아오지 않았다. 도처에서 행진을 볼 수 있었고, 군화 소리가 들리고 군대를 향해 외치는 만세 소리가 들리고, 애국적 정열의 규모 큰 연출이 있고, 마음의 끈이 죄어지고, 그리고 일종의 해방된 듯한 가벼운 기분마저 느껴졌다. 이윽고 닥칠 공포는 아직까지도 그들의 마음 속에 떠오르지도 않았던 것이다.

이 열정적인 애국심은 모든 사람을 휩쓸어 버렸다. 한때는 그토록 소리 높이 국제주의를 부르짖은 사회주의자와, 전세계 노동자의 공통의 적인 자본주의에 대해 단결을 호소했던 마르크스주의자는 스스로 마음을 돌려 열광적인 애국자로서 자본가의 전쟁에 합류했다. 원칙을 지킨 자도 약간은 있었지만 그러나 그들은 비겁자로 몰려 지탄받고 때때로 처벌받기도 했다. 대다수 사람들은 적에 대한 증오 때문에 미친 듯이 날뛰었다. 영국과 독일의 노동자들이 서로 죽이는 싸움을 벌이고 있는 동안, 두 나라와 또 모든 교전국의 지식인·학생·교수들은 서로 욕설을 퍼붓고 서로 상대방에 관한 소름끼치는 풍문을 믿기도 했다.

이렇게 하여 전쟁이 시작되자 19세기는 종말을 고했다. 강물처럼 유유히 흐르던 서양 문명의 물결은 돌연 전쟁의 무서운 소용돌이 속에 휩쓸려 버렸다. 낡은 세계는 영원히 사라졌고 4년 이상의 격동 뒤에 새로운 무엇인가가 나타났다.

147 *1933년 3월 29일*

세계 대전 전야의 인도

　내가 인도에 대해 편지를 쓴 지도 퍽 오래되었구나. 그래서 나는 이 주제로 되돌아가 대전 전야의 인도가 어떤 상태에 있었는가를 말하고 싶다.

　이미 우리는 몇 통의 긴 편지를 통해, 19세기 인도 생활의 여러 측면과 인도에서의 영국 지배에 대해 살펴보았다. 이 시대의 주요한 특징은 인도에 대한 영국의 지배력 강화와 이에 따르는 착취였다. 인도는 세 종류의 점령군의 중압 ― 군사·행정·상업적인 ― 에 눌려 있었다. 영국의 정규군과 영국 장교가 통솔하는 인도인 용병 부대는 글자 그대로 외국의 점령군이었다. 그러나 누구에 대해서도 책임을 지지 않는 고도로 중앙 집권화한 관료 조직인 공무원의 지배력은 더 강력한 것이었다. 또한 제3의 군대, 즉 상업적인 군대는 이 둘의 지지를 받는 것으로서 그 중에서도 가장 위험한 것이었다. 왜냐하면 대부분의 착취가 이들에 의해서, 이들을 위해서 이루어졌는데 이들의 착취 방법이 다른 두 부류의 방법보다 명확하게 나타나지 않았기 때문이다. 실제로 오랫동안 그리고 어느 정도는 현재까지도 대개의 인도인은 앞의 두 가지에 대해서만 훨씬 많이 항의했고, 마지막 것은 그렇게 중요시하고 있지 않았던 것으로 생각된다.

　인도에서 영국의 일관된 정책의 하나는 그들 자신의 손으로 그들에게 의존하며, 그들의 기둥이 될 만한 특권 계급을 만드는 것이었다. 이와 같이 하여 봉건 왕후는 강화되고 자민다르와 탈루크다르가 형성되었으며, 종교 불간섭주의 명목 아래 사회적인 전통조차 온존되었다. 이런 특권 계급은 나라의 모든 착취에서 이익을 얻으며, 그리고 바로 이 착취 때문에 생존할 수 있었던 것이다. 인도에서 창설된 최대의 특권 계급은 영국인 자본가 계급이었다.

인도상이었던 솔즈베리 경의 성명은 흔히 인용되었지만, 시사하는 바가 큰 것이므로 여기에 다시 소개한다. 그는 1875년에 이렇게 말했다.

> 인도는 피를 흘려야 하기 때문에 란셋(lancet)은 피가 모여 있거나 적어도 풍부하게 있는 곳에 보내져야 하며, 이미 그것의 결핍 때문에 쇠약해지고 있는 층에 보내져서는 안 된다.

영국의 인도 점령과 거기서 그들이 수행한 정책은 여러 가지 결과를 낳았는데, 그 중 어떤 것은 영국인에게 바람직하지 못한 것이었다. 그러나 개인조차 그의 행위의 모든 결과를 마음대로 조정할 수는 없는 법이며 하물며 국가의 경우는 더욱 그렇다. 일정한 행위의 결과 속에는 그러한 행위 자체를 반대해 그것들과 투쟁하고, 그것들을 극복하는 새로운 세력이 섞여 있는 경우도 드물지는 않다. 제국주의는 민족주의를 낳고, 자본주의는 단결해서 자본주의 고용주와 항쟁하는 수많은 공장 노동자를 발생케 했다. 하나의 운동을 압살하고 일정한 무리의 사람들을 억압하기 위한 정부의 탄압은 오히려 때로는 그들의 힘을 강화하고 그들을 단련시킴으로써 종국에 가서는 승리할 준비를 굳히는 결과를 낳았다.

우리는 인도에서 영국의 산업 정책이 더욱 격화하는 농촌화, 즉 더욱 많은 사람들이 다른 직업을 얻지 못하고 거리에서 시골로 밀려 나가는 경향으로 이끌었음을 보았다. 토지에 대한 중압은 더 심해지고, 농민의 소유지 — 즉 그들의 농장과 경작지의 면적은 더욱 좁아지기만 했다. 이러한 소유지의 대부분은 '비경제적', 즉 경작자에게 최저한의 생계를 보장할 만한 수입도 주지 못하는 것이었다. 그래도 경작자는 그렇게 하는 수밖에 없어 대개는 때가 지남에 따라 늘어나는 빚을 짊어지면서 견디어 가야만 했다. 영국인의 토지 정책은 특히 자민다르와 탈루크다르 지역에서 사태를 더욱 악화시켰다. 이런 지역에서도, 농민이 직접 소유하는 경작지가 더 많은 다른 지방에서도 농민은 정부에 대한 세금과 자민다르에 대한 소작료를 지불하지 못했기 때문에 그들의 소유지에서 쫓겨났다. 그 결과, 그리고 시골로 되돌아오는 사람들이 많아질 때는 언젠가 말했듯 무서운 대기근이 자주 들이닥쳤다.

이 방대한 무산자 계급은 경작할 토지를 갖고 있지 못했지만, 그렇다고 해서 그들 모두에게 나누어 줄 만한 토지도 없었다. 자민다르 지역에서 지주는 이 토지의 수요를 이용해 소작료를 인상했다. 소작인을 보호하기 위해 제정된 몇 가지 소작법은 일정한 비율을 초과하는 소작료의 돌발적인 인상을 금지했다. 그러나 이런 것들은 온갖 종류의 비공식 부과료를 통해 무시당했다. 나는 전에 오우드주의 어느 탈루크다르 소유지에서는 비공식적인 부과료가 50종류 이상이나 있다는 말을 들은 적이 있다. 그 가운데서도 주요한 것은 나즈라나(nazrana : 소작인이 처음부터 지불하는 일종의 할증금)였다. 도대체 어떻게 가난한 소작인이 그런 여러 가지를 지불할 수 있겠는가? 그들은 마을의 은행가인 바니아(bania)에게 돈을 꾸어 지불하는 수밖에 없다. 갚을 가망도 능력도 없이 빚을 지는 것은 어리석은 일임에 틀림없다. 그러면 가난한 농민은 도대체 어떻게 하면 좋단 말인가? 어디를 둘러보아도 희망을 가질 수 없는 그들은 만일의 요행에 기대를 걸고 경작할 토지를 기어코 얻으려고 했다. 그 결과 때때로 그들은 돈을 주고서도 지주의 요구를 충족시키지 못해 그의 소유지에서 쫓겨나 또다시 토지가 없는 노동자들의 무리에 끼어드는 것이었다.

자작농도, 소작농도, 또 토지가 없는 많은 노동자도 모두 바니아의 희생양이 되었다. 그들은 절대로 빚의 굴레에서 벗어나지 못했다. 그들은 벌이를 할 때마다 조금씩 갚았지만 이자를 지불하는 것이 고작이었고, 빚은 여전히 남았다. 바니아는 거의 마음대로 그들의 것을 빼앗았고, 그들은 실제적인 농노로서 그들에게 얽매인다. 불쌍한 소작인은 이를테면 자민다르와 바니아 사이의 이중의 농노인 것이다.

이런 상황이 오래 계속될 수가 없음은 명백한 사실이다. 이윽고 농민은 그들에게 과해지는 어떤 요구에도 전혀 응할 수가 없게 되고, 바니아는 돈을 빌려 주기를 거절하며, 이와 함께 자민다르도 심각한 타격을 받을 때가 올 것이다. 이것은 처음부터 몰락의 요인과 불안정성이 생생하게 얼굴에 새겨져 있는 것 같은 제도다. 우리가 전국적으로 경험하고 있는 최근의 농업 쟁의 사건은 이러한 체제는 이제 금이 가고 있으며, 앞으로 오래 지속될 가망이 없음을 말해 주고 있는 것으로 생각된다.

나는 이 편지에서 먼저 편지에 쓴 것과 같은 일을 표현만 약간 바꾸어 되풀이하지 않았는가 의심이 가지만, 인도란 이러한 몇백만의 불행한 농민을 뜻하는 것이지, 결코 그 간격을 메우는 한 줌의 중간 계급 사람들을 뜻하는 것이 아님을 네가 잘 이해해 주기를 바랄 뿐이다.

토지를 가지지 않은 노동자로 이루어지는 방대한 무산자 계급의 존재는 큰 공장의 창설을 용이하게 한다. 이런 종류의 공장은 임금 때문에 일할 용의가 있는 사람들이 충분히(오히려 필요 이상으로) 존재하는 경우에만 조업을 시작할 수 있다. 조금이라도 토지를 얻은 사람들은 토지를 버리려고 하지 않는다. 따라서 토지가 없는 엄청나게 많은 실업자가 존재한다는 것은 공장 제도로서는 필수 조건이다. 그 수가 많을수록 공장 주인은 싼 임금으로 그들을 지배할 수 있다.

이미 말한 것 같기도 하지만, 마침 이 무렵 인도에 중간 계급이 차츰 대두해 투자할 만한 약간의 자본을 축적했다. 그 결과 돈도 있고 노동력도 있어 공장이 세워졌다. 그러나 이미 인도에 투입된 자본의 대부분은 외국(영국) 자본이었다. 그래서 이런 공장은 영국 정부로부터 후원을 받기는커녕 반대로 인도가 단지 영국에 원료를 공급하고 영국 제품을 소비하는 순전히 농업국의 상태에 머무르게 하는 정책을 썼다. 그러나 앞에서 지적한 것 같은 여러 조건으로 보면 인도에 큰 기계 생산이 일어난다는 것은 불가피한 형세였고, 영국 정부도 쉽게 이것을 정지시키지는 못했다. 그래서 정부가 이것을 간섭하지 않았는데도 공장은 발달했다. 정부의 반대를 나타내는 한 가지 방법은 인도에 수입되는 기계에 대한 과세였고, 또 하나는 국산 면사세(綿絲稅), 즉 인도인 방직 공장의 제품에만 부과되는 세금이었다.

　인도에서 초기의 최대 실업가는 잠세드지 나사르완지 타타(Jamshedji Nasarwanji Tata)였다. 그는 산업을 건설했는데, 그 중에서도 최대의 것은 비하르주의 사크치(Sakchi)에 있는 타타 철강 회사였다. 이것은 1907년 창립되어 1912년에 조업을 시작했다. 제철 공업은 이른바 '기간 산업'의 하나로, 오늘날에는 제철업이 없는 나라는 대개 외국에 의존하고 있을 정도로 철의 의의는 큰 것이다. 타타 제철 공장이 세워진 것은 큰 사건이었다. 사크치 마을은 지금은 잠세드푸르(Jamshedpur)시가 되었고 거기에서 조금 떨어진 곳에 있는 정거장은 타타나가르(Tatanagar)라고 일컬어진다. 제철 공업은 전쟁에 필요한 무기를 제조할 수도 있어 전쟁중에 특히 진가를 발휘한다. 세계 대전이 시작되었을 때 타타 제철 공장이 있었다는 것은 인도를 장악하고 있던 영국 정부에게는 여간 다행한 일이 아니었다.

　인도 공장의 노동 조건은 몹시 나빴다. 그것은 19세기 초기 영국의 공장 상태와 흡사했다. 토지를 잃은 많은 실업 인구가 있었기 때문에 임금은 낮고, 하루의 노동 시간은 무척 길었다. 1911년 최초의 전국적인 인도 공장 조례가 가결되었지만, 이 법률조차도 성인 남자에게는 하루 12시간, 아동에게는 6시간의 노동 시간을 정한 데 지나지 않았다.

　이런 공장들도 토지가 없는 노동자를 모두 흡수한 것은 아니었다. 아셈이나 그 밖의 차 등을 재배하는 다른 농장에 들어간 사람도 많았다. 그들이 이들 농장에서 일하는 조건은 자신을 피고용인의 노예로 만들었다.

　200만 명이 넘는 인도인 노동자는 해외에 이주했다. 그들의 대부분은 실론과 말레이의 농장에 취업했다. 마우리티우스(Mauritius : 인도양의 마다가스카르 섬 끝에 있다), 트리니다드(Trinidad : 남아메리카의 정북방), 피지(Fiji : 오스트레일리아 부근)와 남아프리카, 동아프리카, 영국령 기아나(Guiana : 남아메리카)에 이주한 사람도 많았다. 이러한 여러 지역에 그들은 대개 '기한부 계약 노동자'라는 이름으로 갔지만, 실상은 농노와 다를 것이 없었다. '기한부 계약 증서'는 이런 노동자와의 계약을 명기한 문서였지만, 이것으로써 그들은 고용주의 노예가 되어 버렸다. 기한부 계약 제도에 관한 여러 가지 무서운 보도가 특히 피지에서 인도로 전해지자 나라 안에 반대 운동이 일어나 이 제도는 폐지되었다.

이것은 농업 노동자와 이민의 이야기다. 그들은 오래 전부터 묵묵히 고생해 온 가난한 대중이었다. 실제로 발언을 한 것은 실질적으로 영국과의 관계의 소산이면서도 이에 비판의 화살을 던지기 시작한 신흥 중간 계급이었다. 이것이 성장함에 따라 민족 운동이 발달해 1907~08년에는 점차 표면화한 대중 운동이 벵골을 휩쓸었고, 국민회의가 두 개의 분파 — 급진파와 온건파로 분열되었던 것은 너도 이미 알고 있을 것이다. 영국인은 그들의 전통적인 정책을 따라 진보파 그룹을 쓰러뜨리고, 몇 가지 작은 개혁을 통해 온건파 그룹을 자기 편으로 끌어들였다. 소수 사회로서의 이슬람 교도를 별개로 하여 그들을 특별히 대우하자는 정치적 주장 또한 이 때 새로운 요인으로 나타났다. 그래서 정부는 인도인을 분열시키기 위해 이 요구를 후원했고, 또 그렇게 함으로써 민족주의의 성장을 누른 것은 잘 알려진 바와 같다.

영국 정부는 얼마 동안은 이 정책에 성공했다. 로카마니아 틸락(Lokamanya Tilak)은 옥중에 있었고 그의 일파는 탄압받았다. 온건파는 인도의 손에 아무런 권력도 쥐어 주지 않은 행정상의 개혁(당시의 인도상과 총독의 이름을 따서 민토-몰리 개혁이라고 일컬어진다)을 공손하게 받아들였다. 그리고 얼마 뒤 벵골 분할안이 철회됨으로써 벵골인의 불만은 가라앉았다. 1907년과 그 이후의 정치 운동은 또다시 안락에 자족하는 사람들의 소일거리가 되었다. 그래서 1914년 전쟁이 시작되었을 때에도 적극적인 정치의 숨결은 이 나라 어디에서도 찾아볼 수 없었다. 온건파만을 대표하는 국민회의는 1년에 한 번 모임을 가져 두세 건의 학자 냄새가 나는 결의를 통과시켰을 뿐 그 밖에는 아무것도 하지 않았다.

정치 분야와는 다른 방면에서 서양과의 접촉을 통해 여러 가지 반응이 나타났다. 새로운 중간 계급의 (그러나 대중의 것은 아닌) 종교 관념은 흔들렸고, 브라만 사마지와 아리아 사마지와 같은 새로운 운동이 일어났으며, 카스트 제도의 엄격함은 이완되기 시작했다. 또한 벵골이 특히 문화적으로 각성해 작가들은 벵골어를 인도의 근대 언어 중에서 가장 중요한 것으로 만들었고, 벵골은 이 시대 우리 나라의 최대 시인 라빈드라나트 타고르를 낳았다. 그는 다행히 지금도 우리와 함께 살아 있다. 벵골은 또 위대한 과학자 — 자가디쉬 찬드라 보세(Jagadish Chandra Bose)과 프라풀라 찬드라 라이(Prafulla Chandra Ray)도 낳았다. 내가 또 인도의 대과학자로서 덧붙이고 싶은 사람은 라마누잠(Ramanujam)과 찬드라쉐카라 벤카타 라만(Chandrashekhara Venkata Raman)이다.[143] 이리하여 인도는 오랫동안 유럽의 위대한 기초를 이루어 온 과학 방면에서 탁월한 지위를 차지했다.

그리고 나는 여기서 또 한 사람의 이름을 들고 싶다. 그것은 우르두어와 특히 페르시아어의 천재 시인 무하마드 이크발(Muhammad Iqbal)[144]이라는 이름이다. 그는 민족주의에 대한 아름다운 시 몇 편을 썼는데, 불행하게도 그는 만년에 시 창작을 그만두고 다른 일에 몰두했다.

전쟁이 일어나기 몇 해 전 인도가 정치적인 동면 상태를 계속하는 동안에 먼 곳의 어느 한 나라가 인도의 명예를 위해 독자적으로 과감한 투쟁을 벌이고 있었다. 이것은 많은 인도인 노동자와 약간의 인도인 상인이 이주해 있던 남아프리카에서의 일이다. 그 곳은 인종적인 편견이 심한 곳이어서 그들은 여러 가지 방법으로 학대를 받고 모욕을 당하고 있었다. 이 때 마침 어떤 소송 사건에 인도인의 젊은 고문 변호사가 초빙되었다. 그는 동포들의 상태를 보고 굴욕과 고뇌를 느꼈다. 그는 그들을

---

143) 자가디쉬 찬드라 보세(물리학자), 프라풀라 찬드라 라이(화학자), 라마누잠(수학자), 찬드라쉐카라 벤카타 라만(물리학자) 등은 모두 국제적으로 널리 알려진 인도의 자연 과학자들이다. 특히 라만은 물체에 투사되어 산란하는 빛의 파장을 연구해 이른바 '라만 효과'를 증명, 1930년 노벨 물리학상을 받았다.
144) 최근 100년 동안에 민족주의가 대두되면서 인도의 각 지방어 문화가 활발하게 부흥되었는데, 이크발은 현대 우르두어를 재건하는 데 최대로 이바지한 작가 가운데 한 사람이다.

구하기 위해 자신이 할 수 있는 모든 일을 하기로 결심했다. 여러 해 동안 그는 직업을 포기하고 또 그 자신의 모든 것을 잊고, 자신이 세운 목표를 향해 묵묵히 일했다. 이 사람이 바로 모한다스 카람찬드 간디(Mohandas Karamchand Gandhi)였다. 오늘날 인도에서는 어떤 어린이든지 그를 알며 그를 사랑하고 있다. 그러나 당시에는 남아프리카 밖에서 그를 아는 사람이 거의 없었다. 그의 이름은 전광 석화처럼 인도에 전해져서 사람들은 갑자기 그와 그의 용감한 투쟁을 놀라움과 찬탄과 자랑스러운 마음으로 서로 전하게 되었다. 남아프리카 정부는 전부터 그 곳의 인도인 거류민을 더욱 모욕하려 했지만, 그들은 간디의 지도 아래 굴욕을 거부했다. 가난하고 짓밟힌 무지한 노동자와 소상인들이 먼 이국에서 이처럼 과감한 태도를 취한다는 것은 놀라운 일이다. 그보다도 더 사람들의 눈을 휘둥그렇게 한 것은 그가 채용한 방법이었다. 왜냐하면 그것은 정치적 무기로서 세계 역사상 지금까지 볼 수 없었던 것이었기 때문이다. 그 때부터 우리는 자주 그것에 대해 듣는다. 그것은 '진리의 파악' 을 의미하는 간디의 사티아그라하(satyagraha)다. 그것은 때때로 수동적 저항이라고도 일컬어진다. 그러나 이것은 올바른 해석이 아니다. 그것은 충분히 능동적인 것이기 때문이다. 그것은 단순한 '무저항' 도 아니다. 아힘사(ahimsa), 즉 비폭력주의가 그것의 본질적인 부분을 이루는 것이다. 간디는 이 비폭력 항쟁으로써 인도와 남아프리카를 진동시키고, 인도 인민은 자랑스러움과 기쁨 속에서 남아프리카에서 스스로 감옥에 갇힌 몇천 명의 남녀 동포에 관한 이야기를 전해 들었다. 우리가 우리 나라에서의 우리들 자신의 굴종과 무능을 부끄러워하고 있을 때 우리 인민을 위해 과감히 도전한 이 본보기는 우리의 자존심을 앙양시켰다. 이 사건에 직면해 인도는 갑자기 정치적으로 눈뜨고 이를 지원하는 의연금이 남아프리카에 끊임없이 이어졌다. 투쟁은 간디와 남아프리카 정부가 협정을 맺었을 때 멎었다. 그것은 당시 인도의 목적에 비추어 볼 때 의심 없는 승리였는데도 인도인에 대한 여러 가지 차별 대우는 여전히 계속되었으며, 남아프리카 정부는 협정을 지키지 않게 되었다고 한다. 인도인의 해외 거류민 문제는 지금도 우리의 문제이며, 인도가 자유를 얻을 때까지는 우리와 함께 있을 것이다. 인도인이 자기 나라에서도 자유를 성취하지 못하는데 어떻게 다른 나라에서 명예를 얻을 수 있겠느냐? 그리고 우리가 우리 자신의 나라에서 우리 자신을 구하는 데 성공하지 못하는 한 어떻게 우리가 그들을 구할 수 있겠느냐?

세계 대전 전 몇 해 동안 인도는 대개 이런 상황에 있었다. 1911년 투르크가 이탈리아의 공격을 받았을 때 인도에서는 투르크를 몹시 동정하는 사람이 많았다. 투르크는 아시아의, 동양의 강대국으로서 존경을 받았고, 또 그런 것을 통해 모든 인도인에게 호감을 주고 있었기 때문이다. 특히 인도의 이슬람 교도는 투르크의 술탄을 자신들의 칼리프, 즉 이슬람교의 수장으로 받들고 있었기 때문에 매우 심각한 동요를 느꼈다. 때마침 이 무렵 투르크의 술탄 압둘 하미드가 제창한 범이슬람주의가 논의되고 있었다. 1912년과 1913년의 발칸 전쟁은 인도의 이슬람 교도를 이 때 이상으로 흥분케 하여 우호와 친선의 뜻을 나타내기 위해 '홍신월장(紅新月章) 사절단(Red Crescent Mission)'이라고 일컬어지는 의료단이 투르크인 부상병을 돕기 위해 찾아가기도 했다.

그로부터 얼마 뒤에 세계 대전이 시작되었다. 이에 말려든 투르크는 영국의 적 뒤편에 서서 싸우게 되었다. 그러나 거기까지 이야기를 진전시키면 전쟁 시기를 다루게 되는데, 나는 일단 여기서 펜을 놓아야겠다.

세계 대전 전야의 인도

148 *1933년 3월 31일*

1914~18년, 제1차 세계 대전

　이 전쟁, 즉 세계 대전에 대해 도대체 무엇부터 먼저 쓰는 것이 좋을까? 그것은 4년 동안이나 휘몰아치면서 유럽과 아시아와 아프리카의 일부를 잿더미로 만들어 버리고, 몇백만에 이르는 젊은이의 목숨을 단숨에 삼켜 버렸다. 전쟁에 대해 상세히 이야기하는 것은 그다지 유쾌한 일이 못 된다. 그것은 추악하지만 때때로 찬양되며 아름다운 말로 표현되기도 한다. 전쟁은 금속을 녹이는 불길처럼 너무나 오랫동안 안락한 생활을 누려 온 탓으로 약화되고, 퇴폐하고, 게을러빠진 여러 민족을 단련해 힘을 불러일으키는 것이라고도 한다. 때문에 엄청난 용기와 희생적 행위에 대한 본보기가 제시되는데, 마치 전쟁이 이들 덕성의 어머니라도 되는 것처럼 과장된다.
　나는 너와 함께 이 전쟁을 일으킨 하나의 원인, 즉 자본주의 공업 국가들의 탐욕과 제국주의 열강의 적대 감정이 어떻게 충돌해 끝내 분규를 일으키지 않을 수 없었던가에 대해, 그리고 이들 나라의 지도자들이 어떻게 끊임없이 착취할 수 있는 기회를 지혜롭게 찾아 헤맸으며, 또 금융업자들이 어떻게 더욱 많은 돈을, 그리고 무기 제조업자들이 어떻게 더욱더 많은 이윤을 추구해 왔는가를 검토해 보고자 한다. 이들은 물불을 가리지 않고 전쟁에 돌입했으며, 이른바 자신들을 대표하는 정치인들의 명령 하나로 여러 나라의 젊은이들은 앞을 다투어 목숨을 던졌다. 이들 젊은이의 대다수는 물론 교전 국가들의 일반인들은 전쟁이 일어나게 된 원인에 대해 아무것도 알지 못했다. 사실상 그들은 전쟁에는 무관심했으며, 승리하든 패배하든 손해를 보게 마련이었다. 그것은 뭇 사람들, 특히 젊은이의 생명을 걸고 부유층이 감행하는 모험이었다. 그러나 일반인들의 마음이 내키지 않는다면 전쟁은 있을 수 없는 것이다. 전에도 말한 바와 같이 징병 또는 강제 병역 제도는 대륙의 여러 나라에서 실시되었으며, 영국은 한 걸음 뒤늦어 전쟁중에 실시했다. 그러나 아무리 강제라 하더라도 만일 백성들 전체가 정말 전쟁을 원치 않는다면 이것은 불가능한 일이다.

그러므로 모든 참전 국가에서는 국민의 열광적인 애국심을 북돋워 주기 위해 용의 주도한 대책이 강구되었다. 두 진영에서는 각각 상대방을 '침략자(aggressor)'라 부르고, 오로지 자기들은 침략에 대한 방위를 위해 싸우고 있는 듯이 가장했다. 독일은 자기 나라가 적의 포위 속에 놓여 있었는데, 러시아와 프랑스가 먼저 침략의 포문을 열었다고 이를 규탄했다. 영국은 독일이 뻔뻔스럽게도 중립 국가인 벨기에를 짓밟았기 때문에 정의의 방위를 위해 나서야 한다고 했다. 이렇게 참전국들은 각각 자신의 공정한 태도를 내세우고 적국을 향해 모든 비난을 퍼부었다. 이리하여 자국의 국민들은 모두 자기들의 자유가 침해당했기 때문에 방위에 나서야 한다고 생각하게 되었다. 특히 신문은 사실상 적국의 국민에 대한 맹렬한 증오심을 의미하는 전쟁 분위기를 조성하는 데 큰 역할을 했다.

이 히스테리의 물결은 모든 것을 휩쓸어 버릴 정도로 대단했다. 군중에게 대중적 격정을 불러일으키게 하기는 쉬운 일이었다. 그러나 지식과 지성을 갖춘 사람들, 남녀를 막론하고 냉정하고 평정한 기질을 갖고 있다는 사람들, 사상가·작가·교수·과학자들 — 참전국의 이런 류의 모든 사람들까지도 마음의 평형을 잃고 적국민에 대한 유혈의 욕망과 증오심으로 가득 차게 되었다. 평화를 천직으로 하는 성직자·종교가들조차 남들 못지 않게 피에 굶주렸다. 평화주의자나 사회주의자도 제정신을 잃고 자기 주의를 헛되이 저버렸다. 거의 모두가 이 모양이었지만 간혹 예외가 있었는데, 참전국 여러 나라에서 극히 소수의 사람들은 히스테리에 휩쓸리기를 거부하고 이 전쟁에 희생되려고 하지 않았다. 그러나 그들은 비웃음을 사고 비겁한 자라는 비난을 받았으며, 군무

1914~18년, 제1차 세계 대전

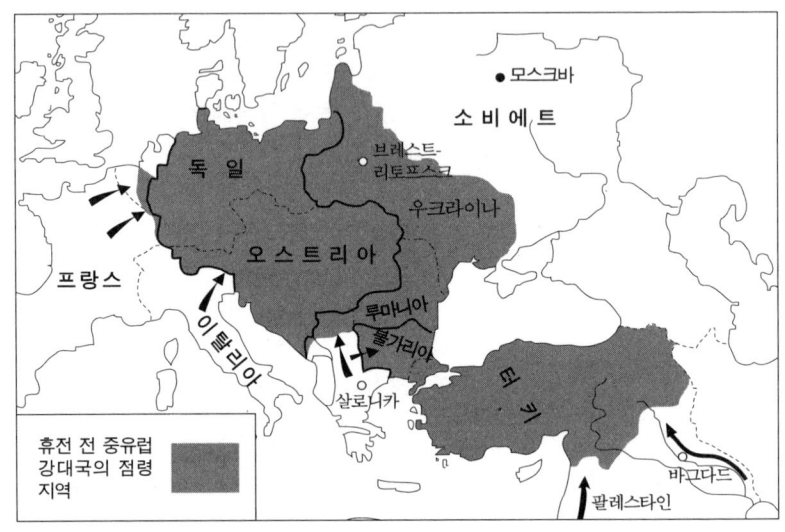

유럽(1918년)

에 종사할 것을 거부해 투옥된 자도 많았다. 그들 가운데 어떤 사람은 사회주의자이고, 또 양심의 명령에 따라 전쟁에 반대한 퀘이커와 같은 종교 단체도 있었다. 오늘날 전쟁이 시작되면 이에 휩쓸려 사람이 미치광이가 된다고 한 것은 맞는 말이다.

전쟁이 일어나자마자 각국 정부는 이를 구실 삼아 모든 진실을 왜곡하고 거짓을 일삼았다. 국민의 개인적 자유도 억압받았다. 또한 반대파는 완전히 말살당했다. 때문에 사람들은 다만 사건의 일면만을, 그것도 대단히 왜곡되고 때로는 전혀 엉터리인 보도를 들을 뿐이었다. 그렇게 하여 국민을 바보로 만드는 것은 어려운 일이 아니었다.

편협한 민족주의의 선전과 신문의 선동적인 기사는 평화 시기에 사람들을 바보로 만들어 전쟁의 터전을 닦는 동시에 전쟁 자체를 미화했던 것이다. 독일, 아니 이보다는 프로이센에서는 이 전쟁 예찬이 카이저 이하 모든 위정자가 명확하게 지니고 있는 철학이 될 정도였다. 이를 정당화해, 전쟁이 '생물학적 필요', 즉 인류의 발전에 없어서는 안 되는 것임을 증명하기 위한 많은 책들이 발간되었다. 위엄을 부리는 카이저는 언제나 각광을 받아 크게 인기를 얻고 있었다. 그러나 이와 비슷한 사상은 영국이나 다른 나라들의 군인과 상류 계급 사이에도 유행했다. 존 러스킨(John Ruskin)[145]은 19세기 영국의 최대 문장가의 한 사람으로 아마 너도 그의 글을 몇 편 읽었을 게다. 이 고귀한 정신의 소유자는 어떤 저서에서 다음과 같이 쓰고 있다.

요컨대 나는 모든 국민들은 전쟁을 통해 자신들의 말의 진실과 사상의 힘을 배우고, 평화를 통해 이를 낭비했다는 것을 알았다. 그들은 전쟁을 통해 배우고 평화를 통해 기만을 당하며, 전쟁을 통해 단련을 받고 평화를 통해 더럽혀진다. 한 마디로 말하면 전쟁 속에서 태어나 평화 속에서 죽어 가는 것이다.

러스킨이 얼마나 굉장한 제국주의자였던가를 입증하기 위해 그의 문장을 하나만 더 인용하고자 한다.

그것은 영국이 목숨을 걸고 수행해야 할 문제다. 영국은 식민지를 건설해야만 한다. …… 우리가 발을 붙일 수 있는 모든 버려진 옥토를 모조리 확보해 우리 나라의 개척민에게 제공하고, 그들의 첫째 목적은 …… 바다와 육지를 통해 영국의 국력을 확대하는 데 있다는 것을 가르쳐 주어야 한다.

또 하나의 예를 영국군 총사령관이 쓴 글에서 들어 보자. 그에 따르면 전쟁의 승리는 '계획적인 거짓' 또는 '거짓의 실행', 그리고 '기만'을 하지 않고서는 거의 불가능한 것이라고 했다. 이어서 그는 "그러한

---

145) 영국의 미술 평론가이자 칼라일과 상통하는 이상주의적 문명 비평가. 예술부터 경제에 이르기까지의 여러 문제점을 도덕적 이상주의의 관점에서, 또는 거기에 관련시켜 비평했으며, 또한 같은 관점에서 19세기 자본주의 문명을 공격했다. 저서에 『근대 화가론』, 『참깨와 백합』 등이 있다.

1914~18년, 제1차 세계 대전

일을 거부하는 국민은 누구를 막론하고 일부러 그의 동료나 부하를 배반하는 자들이며, 따라서 가장 비열한 겁쟁이라고 볼 수밖에 없다. 그리고 도덕과 부도덕 — 이러한 것은 국민이 존망의 위기에 놓였을 때에는 무슨 의미가 있겠는가?'라고 했다. 어떤 국가는 "그 적국이 치명적인 타격을 받을 때까지는 이를 계속해서 때려눕혀야만 한다"고 했다. 러스킨이 이것을 읽으면 어떤 생각이 들까? 물론 그것이 모든 영국인의 대표적인 견해라고 생각하거나 카이저가 말한 허풍이 일반 독일인을 대표한다고 생각해서는 안 된다. 그러나 불행한 것은 이러한 사고 방식을 가진 인사가 가끔 권세 있는 자리를 차지하고, 또 전쟁 때가 되면 거의 빠짐없이 역사 무대의 전면에 나타나 날뛴다는 사실이다.

보통 때에는 적어도 그렇게 노골적인 말을 드러내 놓고 하는 일이 없었지만, 전쟁이 그럴 듯하게 유도해 가는 것이다. 그래서 유럽을 비롯한 그 밖의 지역의 몇백 마일에 이르는 전선에서 대량 살육이 감행되고 있는 동안, 후방에서는 이 살육을 정당화하기 위해 사람들을 혼란에 빠뜨리는 갖가지 미사여구가 쏟아져 나온다. 즉 그것은 자유와 명예를 위한 전쟁이며, 전쟁에 종말을 고하기 위한 전쟁이요 민주주의를 지키기 위한 전쟁이고, 소수 민족의 자결과 독립을 위한 전쟁 등등으로 묘사되는 것이다. 그러는 동안 후방에 유유히 도사리고 앉아서 애국자다운 그럴 듯한 아름다운 언사로 젊은이들을 전쟁의 도가니 속에 뛰어들게 한 많은 금융업자, 실업가, 군수품 제조업자들은 막대한 이득을 올려 백만장자가 되었다.

전쟁이 나날이 격해짐에 따라 각국은 잇따라 전쟁의 소용돌이에 휩쓸려 들었다. 어느 편이나 모두 은밀히 뇌물을 써서 중립국을 자기 편으로 끌어들이기 위해 혈안이 되었다. 이러한 종류의 공식 제안은 한결같이 세상에 널리 퍼져 있는 높은 이상과 훌륭한 문구로 채색되어 있었는데, 이 점에서 영국과 프랑스가 독일보다 한 걸음 앞섰다. 그리하여 나중에 참전하게 된 중립국의 대부분은 영국·프랑스·러시아 측에 가담했다. 독일의 동맹국이었던 이탈리아는 소아시아와 그 밖의 영토를 보장한다는 비밀 조약을 맺음으로써 연합국과 손잡게 되었고, 또 하나의 비밀 조약은 러시아에 콘스탄티노플을 제공할 것을 약속했다.[146] 이렇게 자기 네끼리 세계를 나눠 가지는 것은 통쾌한 일이었을 게다. 이들 비밀 조약은 연합국 정치가들이 공공연히 떠들어댄 것을 완전히 뒤엎어 놓았다.

그리하여 결국 한 다스 또는 그 이상의 나라가 연합국(잠시 영국·프랑스 측을 연합국이라고 부르기로 하자)에 가담했다. 그것은 즉 영국·프랑스·러시아·이탈리아·미국·벨기에·세르비아·일본·중국·루마니아·그리스·포르투갈 등등의 나라들이었다. 이 밖에도 내가 미처 생각하지 못한 한두 나라가 더 있을지 모른다. 한편 독일측에는 독일·오스트리아·투르크 그리고 불가리아가 가담했다. 미국은 전쟁이 일어난 지 3년 뒤에 참전했는데, 이를 계산하지 않더라도 연합국측이 더욱 우세한 것은 사실이었다. 그들은 훨씬 더 많은 인구와 재력과 군수품 공장을 갖고 있었으며, 무엇보다도 그들은 중립 지역의 자원을 쉽사리 거두어들일 수 있는 제해권을 장악하고 있었다. 따라서 연합군은 해군력을 바탕으로 미국으로부터 무기와 식량을 확보할 수 있었고 또 돈을 빌려 쓸 수도 있었다. 그로 인해 독일과 동맹국들은 적국에 포위되었는데, 당초 독일과 손잡은 나라들은 너무나 보잘것없는 약소국들뿐이었다. 그들은 경우에 따라서는 오히려 독일의 짐이 되어 원조를 받아야 했다. 그러므로 실제로는 독일이 단독으로 거의 세계 각국을 상대해 싸우는 형편이었고, 모든 점에서 이것은 승부가 빤히 들여다보이는 싸움이었다. 그러나 독일은 4년 동안이나 세계를 궁지에 몰아넣고 몇 번이나 승리의 직전까지 이르기도 했다. 해를 거듭할수록 승패는 가까스로 균형을 유지하고 있었다. 그것을 일개 국가의 힘으로 유지하는 데는 엄청난 노력이 필요했는데, 그것은 독일이 쌓아 온 강력한 군사 무기가 있었기 때문에 비로소 가능한 일이었다. 독일과 동맹국들이 굴복한 전쟁 말기에도 독일 군

---

146) 1915년 3월 18일 페트로그라드에서 체결된 '다르다넬스·보스포러스 해협의 처분에 관한 콘스탄티노플 협정'으로서, 당사국은 영국·프랑스 및 러시아였다.

1914~18년, 제1차 세계 대전

대는 여전히 건재해 대부분 국경을 넘어 외국 땅에 가 있었다.

연합국측에서 진격의 선두에 나선 것은 주로 프랑스군이었는데, 많은 청년들의 생명을 희생시켜 독일의 공격을 저지했다. 또 영국인이 크게 공헌한 것은 해군력과 외교, 그리고 선전 분야에서였다. 군사력을 자랑하던 독일은 중립 국가와의 외교나 선전 방법에서 단순하고 독선적이었다. 전쟁 기간을 통해 영국은 사실의 왜곡과 거짓 선전의 능력과 완벽함에서 모든 나라들 가운데 최고였다. 러시아나 이탈리아, 그 밖의 연합국이 전쟁에서 수행한 역할은 별로 신통한 것이 없었다. 그런데도 러시아가 지불한 손실은 아마 다른 어느 나라보다도 막대했을 것이다. 전쟁 말기에 참전한 미국은 독일의 마지막 목을 조르는 데 결정적인 역할을 했다.

전쟁 직후 몇 달 동안 영국과 미국이 심각하게 대립되어 두 나라 사이에는 전쟁이 일어나리라는 소문이 나돌 정도였다. 그것은 미국 상선이 독일로 가져가는 물자를 싣고 있지 않나 하여 영국이 미국 해운에 간섭하기 시작한 데서 비롯되었다. 어쨌든 영국의 선전 기관은 미국을 끌어들이기 위해 눈부신 활동을 계속했다. 처음에 채택된 것은 잔인성에 대한 선전이었는데, 독일군이 벨기에에서 저지른 만행에 대한 무서운 이야기였다. 그것은 훈(Hun) 또는 보셰(Boche : 독일인이나 독일 군인을 경멸하는 프랑스인의 속어)라 일컬어지던 독일인에 대한 '공포'였다. 이야기의 어떤 것은 예컨대 루뱅(Louvain) 도서관의 파괴에 관한 것처럼 사실에 입각하기도 했지만, 대부분은 완전한 거짓말이었다. 그 중에는 독일인이 경영했다는 시체 공장에 대한 터무니없는 이야기조차 있었다! 그러나 적국에 대한 국민들의 증오심은 무엇이라도 믿어 버릴 만큼 격심했다.

미국에 파견된 영국 군사 사절단이 500명의 장교와 1만 명의 보좌관으로 구성되었다면, 너는 영국의 선전 기관이 얼마나 큰 규모였는가를 상상할 수 있을 테지. 그나마 이것은 공식적인 것이었고 이 밖에도 상상할 수 없을 정도의 비공식적인 활동이 있었다. 선전을 위해서 좋은 것,

나쁜 것 가리지 않고 모든 방법이 동원되었다. 영국은 스웨덴 국민의 환심을 사기 위해 스톡홀름에 버라이어티 쇼를 공연하는 일종의 영국 관제 음악당까지 개설했다!

이러한 선전은 내가 나중에 이야기할 독일의 잠수함 활동과 마찬가지로 미국을 즉각적으로 연합국 측에 합류시키는 데 주효했다. 그러나 결국 결정적 요인은 돈이었다. 전쟁은 엄청나게 돈이 드는 일이다. 그것은 산더미 같은 귀중한 자재를 단숨에 삼키는 대신 다만 그 위에 잿더미만을 남기게 된다. 그것은 대부분의 생산 활동을 정지시키고 사람들의 에너지를 파괴로 몰아넣는다. 그렇다면 대체 이 많은 돈은 어디서 들어오겠느냐? 연합국측에서는 영국과 프랑스만이 경제적으로 여유가 있었다. 그들은 자기 나라의 전쟁 비용을 부담했을 뿐만 아니라 다른 연합국들에게도 돈과 물자를 공급해 주었다. 그런데 얼마 안 가서 파리가 손을 들었다. 재정이 바닥났던 것이다. 그 뒤에 런던이 연합국 측의 금고 역할을 계속했으나 전쟁이 2년 동안 지속되자 런던도 돈이 달리기 시작했다. 그리하여 1916년 말에는 두 나라의 신용 거래는 모두가 바닥이 났다. 그러자 미국에 원조를 요청하기 위해 중요한 정치가들로 구성된 영국의 사절단이 미국으로 건너갔다. 미국은 돈을 꾸어 주기로 약속했고, 그 뒤로 연합국측의 전쟁은 미국 돈으로 충당되었다. 따라서 미국에 대한 연합국의 부채는 놀라운 수치에 이르렀으며, 이에 따라 돈을 빌려 준 미국의 대은행가나 대자본가는 날이 갈수록 연합국의 승리에 큰 관심을 갖게 되었다. 만일 연합국이 패전한다면 미국에서 꾸어 준 막대한 돈은 어떻게 되겠느냐? 미국 은행가들의 마음이 차차 불안해지면서 미국이 연합국측에 참전하도록 촉구하는 압력이 날로 증가해 결국 미국도 참전한 것이다.

요즈음 미국의 채권 문제가 날마다 신문에 보도되고 있다. 영국이나 프랑스의 목에 커다란 돌덩이처럼 매달려 있는 이 부채는 전쟁 동안에 쌓인 것이다. 만일 그 당시에 이만한 돈이 제공되지 않았던들 그들의 명성은 완전히 땅에 떨어지고, 아마 미국도 참전하지 않았을 것이다.

1914~18년, 제1차 세계 대전

149 1933년 4월 1일

전쟁의 경과

1914년 8월 초 세계 대전이 발발했을 때, 전세계의 눈은 벨기에와 북부 프랑스의 전선에 집중되었다. 강대한 독일군은 전진에 전진을 거듭해 앞길을 가로막는 모든 장애물을 소탕해 버렸다. 얼마 동안 그들은 작은 벨기에에게 저지당하고 나서 분노해 테러리즘 행위로 벨기에인을 위협하려고 했다. 그리고 바로 이것이 연합국이 작성한 독일군의 잔학성에 관한 이야기의 줄거리를 제공했던 것이다. 그들은 파리를 향해 전진을 계속해서 그들 앞에서 프랑스군은 대번에 격파당하는 것처럼 보였고, 영국의 작은 군단 같은 것은 이내 짓밟혀 버렸다. 전쟁이 시작된 지 한 달 안에 파리의 운명은 이미 결정된 듯한 양상을 보였고, 실제로 프랑스 정부는 관청과 중요 물자를 남쪽의 보르도(Bordeaux)로 옮길 준비를 했을 정도였다. 독일인들 가운데는 그들이 이미 실제로 전쟁에 이겼다고 생각하는 사람도 있었다. 8월 말쯤 서부 전선(프랑스 전선)의 전황은 이러했다.

그 사이에 러시아군은 동프로이센을 침입하고 있었는데, 서부 전선에서 독일의 주의를 다소나마 돌려 보려는 시도였다. 프랑스와 영국은 '스팀 롤러(steam-roller : 압력 수단)' 라 일컬어지기도 한 러시아군이 베를린을 향해 진격할 것을 크게 기대하고 있었다. 그러나 러시아 병사들의 장비는 빈약했고 장교는 아주 무능했으며, 더구나 배후에는 부패한 차르의 정부가 도사리고 있었다. 독일인은 돌연 반격을 개시해서 그들에게 덤벼들어 러시아의 대군을 동프로이센의 호수와 늪지대에 몰아넣고 철저히 무찔렀다. '탄넨부르크의 회전(the Battle of Tannenburg)' 이란 이 때의 독일군의 눈부신 대승을 가리키는 말인데, 뒷날 독일 대통령이 된 폰 힌덴부르크(von Hindenburg)[147]는 이 전투에 참가한 주요한 장군 가운데 한 사람이었다.

그것은 큰 승리이기는 했지만, 그래도 독일은 간접적으로는 그 때문에 큰 병력이 소모되었다. 이 승리를 이루기 위해, 그리고 동부에서의 러시아군의 진출에 다소 동요한 그들은 군대의 일부를 프랑스군과의 싸움에서 빼돌려 러시아군의 정면에 투입했다. 이것은 서부 전선에 대한 중압을 다소나마 덜어 주는 것이 되었기 때문에 프랑스군은 전력을 다해 침입한 독일군을 격퇴하는 데 힘썼다. 그리하여 1914년 9월 초의 '마른 회전(the Battle of the Marne)'에서 그들은 독일군을 50마일 정도 물러서게 하는 데 성공했다. 파리는 구원되었고 프랑스와 영국은 잠시 한숨을 돌릴 수 있게 되었다.

독일군은 다시 한 번 전선의 돌파를 강행해 거의 성공하는 듯싶었으나 마지막 순간에 저지당했다. 양쪽 군대는 이번에는 땅을 파서 몸을 감추었는데, 이 때부터 새로운 종류의 전투 방식 — 참호전이 시작되었다. 이것은 일종의 구덩이 같은 것으로서 3년 동안, 아니 어떤 의미에서는 전쟁이 끝날 때까지 서부 전선에서 이 참호전이 계속되었는데, 쌍방의 대부대는 두더지처럼 땅 속에 몸을 묻고 상대방을 격파하려고 했다. 이 전선에서 독일과 프랑스 양쪽 군대는 처음부터 몇백만의 병력을 가지고 있었고, 영국의 작은 부대까지도 여기서는 급속히 팽창해 또한 백만을 헤아리게 되었다.

동부 전선 또는 러시아 전선에서의 움직임은 더욱 빨랐다. 러시아군은 자주 오스트리아군을 무찔렀으나 독일군에게는 여전히 패하고 있었다. 이 전선의 피해자와 사상자 수는 막대했다. 서부 전선에서는 참호

---

147) 프로이센·프랑스 전쟁과 프로이센·오스트리아 전쟁 때 이미 장군으로서 큰 전공을 세웠다. 일단 퇴역했다가 제1차 세계 대전이 일어나자 다시 복역해 탄넨부르크 전투에서 위세를 떨치고 1916년 이후 참모 총장이 되었다. 전후에 독일 보수 세력의 우두머리로서 독일 공화국 대통령에 당선되었으나, 1933년 히틀러에게 총리 자리를 내주면서부터 로봇이 되었다.

전쟁의 경과

전이 벌어졌기 때문에 우리 생각으로는 그 피해가 훨씬 적었을 것 같지만 사실은 그렇지도 않았다. 인간의 생명은 놀랍도록 무참하게 사용되었는데, 몇천의 병사들이 참호 진지를 향해 성공할 가망이 전혀 없는 결사적인 돌격을 수없이 되풀이해야 했다.

전쟁의 위협은 이 밖에도 도처에 있었다. 투르크는 수에즈 운하를 습격하려다가 격퇴당했다. 전에 말했듯이 이집트는 1914년 12월에 영국의 보호국이 되었다. 영국은 곧 새 입법 의회를 중지했고, 요주의 인물들로 형무소를 가득 채웠다. 민족주의자의 신문은 발행이 중지되었고 5명 이상의 회합은 허용되지 않았다. 거기에서 시행된 검열 제도에 대해 런던의 『타임스』는 '야만적인 무자비함(savagely ruthless)'이라고 평했다. 이 나라는 전쟁이 계속되는 동안 내내 군법 아래 놓여 있었던 것이다.

영국은 쇠약해진 투르크 제국의 약점을 이용해서 여기저기 — 이라크, 그리고 이어서 팔레스타인과 시리아를 공격했다. 아라비아에서 영국인은 아랍인의 민족주의적 감정에 편승했는데, 투르크에 대한 아랍인의 반란은 뇌물로 들어온 풍성한 돈과 물자로 조직되었다. 영국의 아라비아 파견관이었던 로렌스(Lawrence) 대령은 이 반란에 깊이 관여하고 있었는데, 나중에 그는 아시아의 많은 운동의 뒤에서 활약해 신비한 사람(아라비아 로렌스)으로 유명해졌다.

그러나 투르크인의 심장부에 대한 직접적인 공격은 1915년 2월 영국 함대가 다르다넬스 해협을 탈취하고, 콘스탄티노플을 점령하려고 했을 때 시작되었다. 만일 그들이 이 때 성공하기만 했더라면 투르크를 전쟁중에 쓰러뜨릴 수 있었을 뿐만 아니라 서아시아에서 독일의 영향력을 배제할 수도 있었을 것이다. 그러나 그들은 실패했다. 투르크인은 용감하게 싸웠고, 더구나 주목할 것은 무스타파 케말 파샤가 이 때 공적을 남긴 일이었다. 1년 가까이 영국은 이탈리아의 갈리폴리(Gallipoli)에서 이러한 공격을 계속했지만 큰 손실을 입고 퇴각했다.

서부 및 동부 아프리카의 독일 식민지도 연합국의 공격을 받았다.

이런 식민지들은 독일 본국과 연락이 완전히 끊겨서 원조를 받지 못해 잇따라 굴복했다. 중국에서는 독일의 교주(膠州) 조차지가 쉽게 일본군에 함락되었다. 일본은 극동에서 거의 할 일도 없이 아주 안락한 나날을 보내고 있었다. 그래서 일본은 이 기회를 이용해 중국을 협박하고 위협함으로써 온갖 종류의 귀중한 권익과 특권을 제공하도록 요구했다.

여러 달 동안 전쟁의 경과를 관망하면서 어느 쪽이 이길 것인지를 판단하려 했던 이탈리아는 마침내 연합국측에 승산이 있다고 보고, 그들이 제공한 뇌물을 받는 동시에 비밀 조약을 맺었다.[148] 1915년 5월, 이탈리아는 정식으로 연합국측에 끼어 참전했다. 2년 동안 이탈리아군과 오스트리아군은 전투를 계속했으나 별로 큰 성과는 올리지 못했다. 그때 독일군이 오스트리아군을 원조하러 오자 이탈리아군은 그들 앞에서 패퇴했다. 오스트리아와 독일군은 베네치아 가까이까지 진격했다.

불가리아는 1915년 10월 독일에 합류했다. 그리고 얼마 뒤 오스트리아 - 독일군은 불가리아와 협력해 세르비아를 철저히 격멸시켰다. 세르비아의 군주는 패잔군을 거느리고 연합국 함선으로 피신해야만 했으며, 세르비아는 독일의 지배 아래 들어갔다.

루마니아는 발칸 전쟁에서 취한 태도로 인해 그 기회주의가 특히 널리 알려져 있었다. 이 나라는 2년 동안 대전의 경과를 지켜본 끝에 1916년 8월 연합군측에 가담했으나, 이내 독일군의 공격을 받아 모든 저항은 압살되고 말았다. 루마니아 또한 오스트리아와 독일군의 점령 아래 나날을 보냈다.

그리하여 동맹국(the Central Powers), 즉 독일과 오스트리아는 벨기에, 프랑스 동북부, 폴란드, 세르비아 및 루마니아를 점령하게 되었다.

---

148) 1915년 4월 영국과 프랑스는 비밀 조약에 따라 오스트리아의 영토 가운데 이탈리아와 국경을 접하고 있는 남부 티롤(Tirol), 트렌티노(Trentino) 및 아드리아 해 연안의 트리에스테(Trieste), 그리고 그 밖의 몇 개 지역을 이탈리아에 넘겨 줄 것을 약속했다. 이탈리아는 그 해 5월 3일에 3국 동맹에 관한 조약을 폐기하고, 같은 달 24일에는 오스트리아에 대해 선전 포고했다.

전쟁의 부차적인 작은 국면에서 승리는 대개 그들에게 돌아갔다. 그러나 전투의 핵심부는 서부 전선과 해상에 있었고, 이 방면에서는 그들은 조금도 전진하지 못했다. 서부 전선의 양측 군대는 죽음의 포옹 속에 서로 얽힌 채 움직이지 않았다. 해상에서는 연합국이 우세했다. 전쟁 초기에는 독일의 순양함 몇 척이 연합국의 해운을 방해하며 돌아다녔다. 유명한 엠덴호(Emden)[149]는 그 중의 한 척으로 마드라스까지 포격했던 것이다. 그러나 이것은 하찮은 견제 작전에 지나지 않아 연합국은 여전히 해로를 지배하고 있었다. 그리고 이에 힘입어 그들은 동맹국, 즉 독일과 오스트리아에 대한 식량과 다른 물자의 공급을 완전히 차단하려고 했다. 독일과 오스트리아에 대한 이 봉쇄는 그들로서는 무서운 시련이었다. 식량은 바닥이 나고 기근이 전 국민의 눈앞에 다가왔기 때문이다.

한편 독일은 잠수함으로 연합국의 함선을 격침하기 시작했다. 이 잠수함 공격은 큰 효과를 올려, 그 때문에 영국에 대한 식량 공급이 몹시 감소해 영국에 기근의 위험이 닥쳤을 정도였다. 1915년 5월 한 독일 잠수함은 영국의 대서양 항로를 운항하는 거선 루시타니아호(Lusitania)를 격침해 많은 사람들이 익사했다. 이 배에는 미국인도 많이 타고 있었기 때문에 미국의 여론을 격노케 했다.

독일은 또 하늘에서 영국을 공격했다. 체펠린(Zeppelin) 비행선[150]은 달빛을 받으며 그 거대한 모습을 상공에 나타내고는 런던과 여러 군데의 무기 공장 지대에 폭탄을 떨어뜨렸다. 나중에는 비행기가 이 폭격을 계속했다. 비행기의 굉음이 머리 위에서 울린다고 생각하면 고사포의 불을 뿜는 소리가 들리고, 그러면 사람들은 급히 지하실 같은 곳으로

---

149) 독일의 경순양함. 제1차 세계 대전 초기에 영국의 통상로를 파괴하기 위해 활약했다. 1914년 11월 오스트레일리아의 순양함 시드니호에 의해 인도양에서 격침되었다.
150) 독일의 퇴역 군인 체펠린이 설계한 경금속 골격을 가진 고성능 비행선으로서 1900년에 시험 비행에 성공했다. 그 뒤 잇따라 건조해 제1차 세계 대전 때에는 런던을 공습하는 데 사용되어 런던 시민을 공포에 몰아넣었다. 전후에도 몇 차례에 걸쳐 개량되어 북극 탐험과 세계 일주 등에 성공해 세계의 이목을 끌었다.

뛰어내려가 몸을 숨기는 것이 일상사가 되었다. 영국인은 비무장 시민에 대한 이 폭격에 몹시 분격했다. 그들은 그것이 무섭기 때문에 화를 냈다. 그러나 영국인은 영국 비행기가 폭탄을 떨어뜨리거나, 특히 인도의 서북 국경 지방과 이라크에 그 고약한 발명품 — '시한 폭탄'을 투하할 때는 전혀 화를 내지 않았다. 이것은 '치안 업무(police work)'라고 일컬어졌는데, 이른바 평상시에조차도 행해지는 것이다.

그런데 전쟁은 쉴 새 없이 진행되어 마치 산불이 메뚜기 떼를 불살라 버리듯 인명을 빼앗고, 더구나 전황이 진전됨에 따라 더욱 파괴적으로 되었음은 물론 야만성을 더해 갔다. 독일이 독가스를 사용하기 시작하자 이내 쌍방이 다 이것을 사용하게 되었다. 비행기는 폭탄 투하를 위해 더욱 많이 이용되었고, 처음으로 영국측에 탱크라고 하여 송충이처럼 모든 것 위를 기어다니는 거대한 괴물 같은 기계가 나타났다. 전선과 후방에서 쓰러지는 사람은 부지기수였고, 여자도 어린이도 기아와 결핍에 시달렸다. 특히 독일과 오스트리아는 봉쇄 작전 때문에 무서운 기아 상태에 빠졌다. 이것은 지구력 테스트가 되었다. 어느 쪽이 이 시련을 이겨 내 마지막까지 살아남을까? 어느 군대가 상대방 군대를 먼저 지치게 만들까? 연합국의 독일 봉쇄 작전은 독일의 정신을 꺾을 수 있을까? 아니면 독일의 잠수함 작전이 영국을 굶주리게 하여 그 정신과 도의를 엉망으로 만들어 버릴까? 각국의 배후에는 모두 희생과 고투의 거대한 기록이 펼쳐져 있었다. 도대체 이 무서운 희생과 고뇌는 모두 헛되이 소비되었던 것일까 하고 사람들은 의심했다. 우리는 죽은 우리 동포를 잊고 적에게 굴복해도 좋을까? 전쟁 전의 나날은 이미 먼 옛날의 일이었고 전쟁이 시작된 연유조차 잊혀져 있었다. 남자건 여자건 모든 사람들의 마음에서 떠나지 않는 유일한 소망은 승리와 복수뿐이었다.

그들의 마음 속에 소중하게 간직한 목적을 위해 스스로를 희생한 사자(the dead)가 부르는 소리는 무서운 것이다. 그의 또는 그녀의 마음 속에 한 조각의 뜻을 간직한 사람이라면, 누가 이를 거역할 수 있겠는가? 이 전쟁의 말기에는 도처에 암운이 깔리고, 전쟁하는 나라들의 모든 가

전쟁의 경과

정은 슬픔에 싸이고 피로와 환멸에 뒤덮여 있었다. 그런 상황에서 사람들은 횃불을 높이 쳐드는 외에 무엇을 할 수 있었을까? 영국의 장교인 매크레이(McCrae) 소령이 쓴 감동적인 시를 읽어 보거라. 이 어둡고 음산한 전쟁의 나날에 이것을 읽은 그의 남녀 동포들을 얼마나 감동시켰을까를 상상해 보라. 또한 여러 나라에서 많은 언어로 비슷한 시가들이 쓰였음을 잊어서는 안 된다.

> 벗이여, 사자(死者)의 부르짖음을 들으라!
> 우리도 그대들과 같이 살아
> 아침에는 상쾌한 기분을 느끼고
> 저녁에는 황혼을 바라보고,
> 또 사랑하고 사랑을 받기도 했다.
> 벗이여, 그것은 겨우 2, 3일 전의 일이다.
> 그러나 우리는 헛되이 플랜더스의 벌판에 누워 있다.
>
> 벗이여, 이어받아 달라! 우리의 싸움을!
> 쭈그러드는 손으로 우리는 그대들을 향해 횃불을 높이 쳐든다.
> 벗이여! 이것은 그대들의 것이다.
> 이것을 높이 들라.
> 만일 그대들이 죽어 가는 자에 대한 맹세를 저버린다면
> 우리는 도저히 잠들지 못하리라,
> 개양귀비 꽃들은 플랜더스의 벌판에 필지라도.

1916년 말쯤에 승리는 연합국측으로 기울어진 듯했다. 그들의 신형 탱크는 서부 전선의 주도권을 그들에게 주었다. 영국을 공습하는 체펠린 비행선은 천재를 만나 조난당했다. 독일의 잠수함 작전을 무릅쓰고 충분한 식량이 중립국의 선박을 통해 영국으로 수송되었다. 1916년 5월 북해에서 유틀란트(Jutland) 해전이 벌어져 영국의 승리로 끝났다. 한

편 독일에 대한 봉쇄 작전은 오스트리아와 독일 국민을 한층 더 기아의 위험 속으로 몰아넣었다. 시운은 중부 유럽 세력에서 멀어져 오래지 않아 결말이 날 것이 틀림없을 듯싶었다. 독일은 화평을 타진하기까지에 이르렀으나 연합국은 이것을 받아들이지 않았다. 완승의 여지를 남겨 두고 전쟁을 끝내기에는 연합국 정부들이 여러 나라를 분할하기 위해 그들 사이에 맺어진 비밀 조약에 너무 지나치게 구속당해 있었다. 미국 대통령 우드로 윌슨(Woodrow Wilson)도 평화를 회복하기 위해 열심히 노력했지만 성공하지 못했다.

그러자 독일의 지도자들은 그들의 잠수함 작전을 강화해서 영국을 기아 상태로 몰아넣음으로써 굴복을 강요하려는 방침을 취했다. 그들은 1917년 1월 중립국이 영국에 식량을 수송하는 것을 방지하기 위해서 일정한 해역 안에서는 중립국의 선박일지라도 격침할 것이라고 선언했다. 이 성명은 미국의 감정을 몹시 상하게 했다. 미국은 이와 같은 방법으로 자기 나라 상선이 격침되는 것을 좌시할 수 없었다. 이것은 미국의 참전을 불가피하게 하는 일이며, 또 독일 정부로서도 그들이 무제한으로 잠수함 작전을 벌일 결의를 했을 때 틀림없이 이 점을 알고 있었을 것이다. 아마 그들은 다른 방도가 없다는 것을 깨닫고 짐짓 위험을 무릅쓰지 않을 수 없었을 것이다. 또는 그들은 미국의 금융가들이 이미 연합국을 충분히 원조하고 있었다는 것을 생각했을지도 모른다. 어쨌든 미국은 1917년 4월 선전을 포고했다. 다른 나라들이 모두 극도로 피폐했을 때 방대한 자원을 가지고 있었고 신선한 조건 아래 있던 미국의 개입은 독일측의 패배를 결정적인 것으로 만들었다.

더구나 미국이 선전을 포고하기 전에 이미 결정적인 중요성을 지닌 또 하나의 사건이 발생하고 있었다. 1917년 3월 15일, 제1차 러시아 혁명의 결과 차르가 퇴위하게 되었던 것이다. 이 혁명에 관해서는 다음 기회에 쓰기로 하겠다. 다만 지금 여기서 밝혀 두고 싶은 것은 이 혁명이 전쟁에 큰 영향을 주었다는 점이다. 러시아는 이제 분명히 독일에 대해 전투다운 전투를 할 수 없게 되어 버린 것이다. 그리고 이것은 독일이 동

전쟁의 경과

부 전선에서 모든 염려로부터 해방되었음을 의미했다. 독일은 동부의 정면에 파견한 군대의 전부 또는 대부분을 서부 전선으로 이동시켜 프랑스군과 영국군에 대항하도록 했다. 국면은 갑자기 독일에 유리하게 전개되었다. 만일 독일이 러시아 혁명이 일어나기 6~7주 전부터 그것을 탐지하고 있었더라면 얼마나 정세가 달라졌을까. 아마 독일은 잠수함 작전을 변경하려고도 하지 않았을 것이며, 따라서 미국도 여전히 중립을 지켰을 것이다. 러시아가 탈락하고 미국이 중립을 지키고 있었더라면 독일이 영국 및 프랑스군을 궤멸시키는 것도 충분히 있을 수 있는 일이었다. 그렇지 않아도 독일의 서부 전선 세력은 강화되고, 독일 잠수함에 의한 연합국과 중립국의 해운에서의 손해는 막대했던 것이다.

러시아 혁명은 독일을 이롭게 한 것처럼 보였다. 그런데도 그것은 독일을 분열시키는 최대의 원인의 하나가 되었다. 제1차 혁명으로부터 8개월도 되기 전에 제2차 혁명이 일어나 평화를 구호로 내세우는 소비에트와 볼셰비키가 정권을 장악했다. 그들은 교전국 전체 노동자와 병사들에게 평화를 호소했다. 그들은 이 전쟁이 자본가의 전쟁이며, 노동자는 제국주의적 목적을 위해 대포의 밥이 되는 것을 감수해서는 안 된다고 지적했다. 이런 호소 가운데 어떤 것은 전선에 나가 있는 병사들의 귀에까지 닿아 상당한 반향을 불러일으켰다. 프랑스군의 내부에는 이 때문에 자주 폭동이 일어나 군대의 간부는 가까스로 이것을 진압했다. 한편 독일 병사들에게 준 효과는 더욱 커서 많은 연대가 혁명 후의 러시아 군대와 더불어 실제로 형제처럼 친하게 사귀기까지 했다. 이런 연대가 서부 전선으로 옮겨지자 그들은 이 새로운 복음을 다른 연대에 전했다. 독일은 전쟁에 지쳐 사기가 매우 떨어져 있었기 때문에 러시아에서 수입된 씨는 그것을 받아들일 준비가 완료된 못자리에 뿌려진 것이나 다름없었다. 그리하여 러시아 혁명은 독일을 내부적으로 약화시켰다.

그러나 독일군 당국은 이런 종류의 징후를 알지 못한 채 1918년 3월 소비에트 러시아에 대한 고압적이고 굴욕적인 강화를 강요했다. 소비에트는 다른 방도가 없었고, 또 무엇보다도 평화를 원하고 있었기 때문에 이것을 받아들였다. 1918년 3월 독일군은 서부 전선에서 마지막 강력한 작전을 감행했다. 독일군은 영국과 프랑스 진지를 돌파해서 그곳의 부대를 격파하면서 바로 3년 반 전에 그들 자신이 격퇴되었던 장소인 마른 강가에 다시 도달했다. 이것은 대단한 노력이었으나 동시에 마지막 노력이 되어 독일은 피폐해졌다. 그 동안 미국에서 대서양을 건너 새로운 부대가 도착했다. 그리고 쓰라린 경험으로부터 배운 완전한 합동 작전과 목표의 통일을 기하기 위해 서부 전선의 모든 연합국 군대 — 영국·미국·프랑스 군대는 하나의 최고 지휘권 아래 놓이게 되었다. 또한 프랑스군의 포시(Foch)[151] 원수가 서부 연합군 총사령관으로 임명되었다. 1918년 중반쯤에는 전세가 결정적으로 변했다. 주도권과 공세는 연합국측에 옮겨져서 독일군을 압박하며 전진했다. 10월에 전쟁은 종막에 가까워져 양측 사이에 휴전이 논의되었다.[152]

11월 4일 킬(Kiel)에서 독일 해군의 반란이 일어나고, 5일 뒤에는 베를린에서 독일 공화국이 선언되었다. 같은 11월 9일 카이저 빌헬름 2세는 독일에서 네덜란드로 떠나 그와 함께 호엔촐레른가는 자취를 감추게 되었다. 중국의 만주족과 마찬가지로 그들은 호랑이의 포효와 함께 왔다가 뱀의 꼬리처럼 사라졌다.

1918년 11월 11일 휴전 조약이 성립되어 전쟁은 끝났다. 이 휴전은

---

151) 프랑스의 군인. 서부 전선과 이탈리아의 전선 등 거의 모든 전투에 참가해 프랑스를 위기에서 건져 냈다. 1917년 프랑스군 참모 총장을 거쳐 1918년에는 서부 전선 연합군 최고 사령관을 역임했다. 특히 최고 사령관으로 스와송에서 독일군 최후의 육박 공격을 격퇴함으로써 독일의 패배와 연합국의 승리를 결정지었다. 그는 페탱(Pétain)과 함께 프랑스 육군의 원로서 영예스러운 생애를 보냈다.
152) 1918년 9월 30일에 먼저 불가리아가 연합국에 대해 무조건 항복하고, 이어 10월 30일에는 투르크도 전선에서 탈퇴했다. 오스트리아는 이탈리아군에 최종적인 공격을 가했으나 실패해 11월 4일 항복했다. 그 동안 독일에서는 정치의 실권을 쥐고 있던 군부가 자신을 잃게 되자, '평화와 민주주의'를 내세우는 막시밀리안 내각이 종래의 헬트링크 내각 대신 정권을 장악하고 미국 대통령 윌슨과 사이에 휴전 교섭을 벌이고 있었다. 11월 4일 킬 군항에서 반란이 일어나자, 각지에서 소요가 발생해 11월 9일 카이저가 퇴위하고 사회 민주당의 에베르트 정부 아래 독일은 공화국이 되었다. 전쟁 종결의 과제는 이 새 정부에 맡겨졌다.

미국 대통령 윌슨이 제시한 '14개 조항'[153]에 입각한 것이었다. 그것은 대체로 교전한 소수 민족 자결의 원칙, 군비 축소, 비밀 외교의 폐지, 열강의 러시아 원조 및 국제 연맹 결성을 골자로 하는 것이었다. 그러나 시간이 경과함에 따라 우리는 14개 조항의 대부분이 전승국의 편의주의로 인해 어떻게 잊혀져 가는가를 보게 될 것이다.

전쟁은 끝났다. 그러나 영국 함대의 독일 봉쇄는 계속되어 굶주린 독일의 부녀자와 어린이에게 식량을 공급하는 것은 용인되지 않았다. 이 놀라운 증오의 표현과 어린이들까지도 벌주려고 하는 소망은 이름 있는 영국의 정치가와 공직자, 대신문 그리고 이른바 자유주의 언론으로부터도 지지를 받았다. 그뿐 아니라 당시 영국 총리는 자유당의 로이드 조지였던 것이다. 4년 4개월에 걸친 전쟁의 기록은 광적인 야만성과 잔혹한 행위에 넘친 것이다. 그러나 휴전 뒤에도 계속된 독일에 대한 봉쇄만큼 냉혈적인 야만성을 드러낸 것도 없다. 전쟁이 끝났는데도 여전히 전 국민이 굶주리고, 어린 자식들은 무서운 기근에 시달리고 있는데, 식량을 계획적이고도 강제적으로 공급하지 못하게 했다. 전쟁이라는 것은 얼마나 우리의 정신을 비뚤어지게 하고, 미친 듯한 증오로 우리 가슴을 채우는 것인가! 독일의 전총리 베트만 홀베크(Bethmann Hollweg)는 이렇게 말했다. "우리의 자손 대대에 이르기까지 영국이 우리에게 가한 봉쇄의 흔적을 짊어지게 될 것이다. 이 악마와도 같은 잔학의 세련된 형

---

[153] 미국 대통령 윌슨이 1918년 1월 8일 미국 의회에 제출한 교서 속에서 밝힌 전쟁 종결에 관한 14개 조항의 원칙안. 그 내용은 다음과 같았다. ① 공개적 방법으로 평화 조약 체결. 비밀 외교, 비밀 조약의 폐지, ② 평시·전시를 막론하고 공해의 자유 항해, ③ 경제적 장벽의 제거, 통상 조약의 평등, ④ 군비의 최대한 축소, ⑤ 식민지 지배국 정부의 요구와 식민지 인민의 요구를 공평하게 조정, ⑥ 러시아로부터의 철군, 러시아 자신이 선택한 제도 및 정책의 존중, 새로운 러시아의 '자유 국민'과 그들의 사회에 대한 환영 및 러시아에 대한 원조, ⑦ 벨기에로부터의 철군과 그 주권의 존중, ⑧ 점령된 프랑스 영토의 해방, 알자스·로렌 지방을 프랑스에 반환, …… ⑫ 민족 자결의 원칙에 입각한 이탈리아 국경선, 오스트리아 국내의 여러 민족, 발칸 반도의 여러 나라, 투르크 및 투르크 영토내의 여러 민족의 처리, ⑬ 폴란드의 독립과 이를 보장하는 조건의 충족, ⑭ 모든 국가의 독립 확보와 영토 보전을 위한 국가간 '일반적 연맹'의 확립.

태를."

　대정치가와 그 밖의 고관들이 이 봉쇄에 박수를 보내고 있던 것과는 반대로 지난날 독일을 상대해 전투한 가난한 영국 병사들은 이 참상을 바로 볼 수가 없었다. 휴전이 성립된 뒤 영국의 한 부대가 라인 강가의 쾰른(Köln)에 주둔했을 때, 그 부대를 지휘하고 있던 영국의 어느 장군은 총리 로이드 조지에게 전보를 쳐서 "독일 부녀자와 어린이의 참상이 영국 군인의 눈에 얼마나 나쁜 효과를 주었는가"를 지적해야만 했다. 휴전이 성립된 뒤 7개월 동안 영국은 독일에 대한 봉쇄를 계속했다.

　오랜 전쟁은 교전국의 여러 국민을 야만인으로 만들었다. 그것은 또한 사람들의 도덕 의식을 파괴하고, 많은 정상적인 사람을 반쯤은 범죄자로 만들어 버렸다. 사람들은 폭력 행위와 사실을 고의적으로 왜곡하는 데 익숙해졌으며, 마음은 증오와 복수의 정신으로 가득 찼다.

　전쟁의 결산표는 어떻게 되어 있었을까? 아직 아무도 그것을 모른다. 그것은 지금도 작성중이기 때문이다! 나는 근대전이 어떤 것인가를 보여 주기 위해 대강 너에게 알릴 수 있는 몇 가지 수치를 적어 둔다.

　전쟁에서의 사상자의 총계는 다음과 같이 추산되고 있다.

전사 군인	1000만 명
행방 불명 군인	300만 명
민간인 사망자	1300만 명
부상자	2000만 명
포로	300만 명
전쟁 고아	900만 명
전쟁 미망인	500만 명
피난민	1000만 명

　이 막대한 숫자를 보고 그 뒤에 숨은 인간의 고뇌를 한번 생각해 보자. 그리고 그것들을 합계하면 사상자의 총계만으로도 4600만 명이나

전쟁의 경과

된다는 것을 생각해 보자.

　그러면 금액으로 따지면 얼마나 막대한 비용이었을까? 그들은 지금도 그것을 계산하고 있는 중이다! 어느 미국인의 추계에 따르면 연합국측의 전쟁 비용 총액은 409억 9960만 파운드로 약 410억 파운드, 독일측의 총액은 151억 2230만 파운드로 150억 파운드 이상, 총계 560억 파운드 이상으로 되어 있다. 이런 수치는 우리의 일상 생활의 기준과는 전혀 비교가 안 되는 것이어서 그 크기를 상상할 수도 없다. 그것은 태양이나 별까지의 거리를 재는 천문학적인 수치를 연상하게 한다. 지난날 교전국들 — 전승국도 패전국도 다 같이 지금도 해결될 가망이 없는 전쟁 재정의 뒤처리에 골치를 앓고 있는 것도 이상한 일은 아니다.

　'전쟁을 끝내기 위한 전쟁', 또 '민주주의를 위해 세계를 안전하게 하고' '소수 민족의 자유를 확보하기' 위한, '민족의 자결'을 위한 그리고 자유와 높은 이상을 위한 전쟁은 끝났다. 그리고 영국·프랑스·미국·이탈리아 및 그들보다 작은 여러 위성 국가들(러시아는 물론 예외다)은 개가를 올렸다. 이런 숭고한 여러 가지 이상이 어떻게 실행에 옮겨졌는지에 대해서는 우리는 나중에 또 보게 될 것이다. 아무튼 여기서 영국의 시인 로버트 사우디(Robert Southey)가 옛날 어떤 전쟁에서의 승리에 대해 쓴 시의 몇 행을 읊어 보는 것도 나쁘지는 않으리라.

　　　보기 드문 훌륭한 승전
　　　공작님을 칭송하지 않는 자는 없었다.
　　　피터킨이라는 어린이가 한 걸음 나서며 묻기를
　　　"이번 싸움에서 어떤 좋은 일이 생겼사옵니까?"
　　　"그것은 한 마디로는 말할 수 없노라"
　　　공작님의 대답이시다.
　　　"어쨌든 유명한 승리였지."

150 *1933년 4월 7일*

러시아에서 차르 권력의 붕괴

　전쟁의 경과에 관해 기술하면서 나는 러시아 혁명과 그것이 전쟁에 끼친 영향에 대해 언급했다. 그것은 전쟁에 끼친 영향을 제쳐놓고라도 혁명 자체로서 세계 역사에 유례를 찾을 수 없는 큰 의의를 지닌 것이었다. 그것은 이런 종류의 혁명으로서는 최초의 것이었지만 앞으로 언제까지나 이런 형식을 보이는 유일한 것으로 존재하리라고는 말할 수 없다. 그것은 다른 나라에 대해 일종의 도전을 하는 것이며, 전세계 혁명 세력의 모범이 되었기 때문이다. 그러므로 그것은 깊이 연구할 가치가 있다. 그것은 의심 없이 전쟁에서 튀어나온 최대의 소산이었다. 그렇지만 그것은 눈을 감고 전쟁에 뛰어든 여러 정부와 정치가에게는 전혀 뜻밖의 일이었으며, 털끝만큼도 원해서 이루어진 것이 아니었다. 또는 전쟁에서 생긴 막대한 손실과 피해 때문에 급속히 포화점에 도달한 러시아의 역사·경제적 여러 조건의 소산이라고 하는 편이 아마 훨씬 올바른 표현일 것이다. 혁명의 지도자이자 혁명의 천재인 레닌은 이러한 여러 조건을 이용했던 것이다.
　1917년 러시아에는 실제로는 두 개의 혁명이 있었다. 하나는 3월(러시아력으로는 2월), 또 하나는 11월(러시아력으로는 10월)에 있었다. 또는 전 기간이 두 개의 정점을 지니는 끊임없는 과정이었다고 해도 좋다.
　전쟁중에 일어났다가 실패로 끝난 1905년 혁명에 대해서는 저번 편지에서 말했다. 이것은 가차없이 진압되었고 차르 정부는 여전히 무제한적인 전제주의의 신조를 지켜 온갖 자유주의적인 견해를 냄새맡아 내고서는 짓밟았다. 마르크스주의자, 특히 볼셰비키는 궤멸당해 남녀 간부는 모두 시베리아 유형지에 보내지거나 국외로 망명하고 있었다.

그러나 이 몇 안 되는 망명자들은 레닌의 지도 아래 선전과 연구를 계속했다. 그들은 모두 확고한 마르크스주의자였지만 마르크스의 이론은 원래 영국이나 독일 같은 고도로 발달한 공업국의 사정에 맞도록 세워진 것이었다. 러시아는 아직까지 중세적·농업적이며, 공업은 겨우 대도시에 약간 존재하는 데 지나지 않았다. 레닌은 마르크스주의의 원리를 러시아의 현실에 적응시키려고 했다. 그는 이 문제에 관해 많은 저술을 했고, 러시아의 망명자들 사이에 여러 가지 논쟁이 벌어졌으며, 이렇게 하여 그들은 혁명 이론을 발전시켰다. 레닌은 혁명은 열성적인 사람들뿐만 아니라, 전문가와 훈련받은 사람들에 의해 수행되어야 할 일이라고 믿었다. 만일 혁명이 시도된다면 일단 행동의 시기가 닥쳐왔을 때 무엇을 해야 할 것인가에 대해 명확한 관념을 갖기 위해 사람들은 이 일을 수행하기 위한 훈련을 받아야 한다는 것이 그의 견해였다. 그리하여 레닌과 그의 동지들은 1905년 이후 탄압의 암흑 시대를 앞날의 행동에 대비한 자기 훈련으로 이용했다.

　　　1914년 이미 러시아의 도시 노동자 계급은 각성해서 다시 혁명적으로 되어 가고 있었다. 커다란 정치 파업이 잇따라 일어났다. 이윽고 전쟁이 시작되자 이것이 모든 관심을 빼앗아 버려 진보적인 노동자의 대부분은 병사로서 전선에 보내졌다. 레닌과 그의 그룹(지도자는 대부분 해외에서 망명중이었다)은 전쟁이 시작되었을 때부터 전쟁을 반대하고 있었다. 그들은 다른 나라 대부분의 사회주의자들처럼 전쟁 때문에 얽매이지는 않았다. 그들은 그것을 자본주의 전쟁이라 부르고, 노동자 계급이 자신의 자유를 얻기 위해 이것을 이용할 수 있는 경우를 제외하고는 아무 관계도 없는 것이라고 주장했다.

　　　전쟁터에서 러시아군은 모든 교전국 가운데 최대의 손해를 입었다. 러시아의 장군들은 대부분 별로 지능이 우수하지 못하다는 정평이 난 군인으로 알려져 있기는 했지만 정말 놀랍도록 무능했다. 장비가 변변치 못한 러시아 병사는 때때로 탄약도 없고 엄호 사격도 없이 무턱대고 적을 향해 돌격해 한꺼번에 몇백 몇천 명이나 되는 사상자를 냈다. 한편 페트로그라드 — 페테르부르크는 이렇게 개칭되었다 — 와 그 밖의 대도시에서는 투기 상인이 엄청나게 많은 돈을 벌고 있었다. 이들 '애국적' 투기꾼들과 폭리 취득자들은 물론 소리 높이 전쟁의 완수를 요구하고 있었다. 전쟁이 영원히 계속되면 그들로서는 물론 그보다 더 좋은 일은 없을 것이다! 그러나 병사와 병사의 공급원인 노동자 및 농민은 기진맥진해 굶주림에 허덕이고 불만의 소리가 높아졌다.

차르 니콜라이 2세는 매우 어리석은 인물이어서 그만큼 어리석지만 더 억세었던 그의 아내 차리나(황후)가 하자는 대로 하고 있었다. 이 두 사람을 악당과 바보들이 둘러싸고 있어 아무도 그들을 비판할 수가 없었다. 그런 끝에 그레고리 라스푸틴(Gregory Rasputin)이라는 혐오스러운 건달이 차리나가 가장 신임하는 신하가 되고, 또 그녀를 통해 차르의 눈에 들게 되었다. 라스푸틴(라스푸틴이란 더러운 개라는 뜻)은 원래는 말을 도둑질하다가 잡힌 적도 있는 가난한 농군이었다. 그는 신부복을 입고 수지가 맞는 수도 신부가 되기로 작정했다. 인도에서도 마찬가지지만 러시아에서도 이것은 쉽게 돈벌이 할 수 있는 직업이었다. 그는 머리를 길게 길렀는데 그의 명성은 궁정에 알려질 정도까지 되었다. 차르와 차리나 사이의 외아들인 차레비치(Tsarevitch)는 왜소한 병약자였는데 라스푸틴은 차리나를 설득해서 자신이 이 소년을 치료하게 해 줄 것이라고 믿게 했다. 그의 운은 트이고 얼마 뒤 그는 차르와 차리나를 좌지우지하게 됨으로써 최고 인사까지도 그의 진언으로 결정되었다. 그는 타락한 생활을 하면서 거액의 뇌물을 받기도 했지만 몇 해 동안은 비할 바 없는 권세를 누렸다.

이것은 모든 사람의 빈축을 샀다. 온건파와 귀족까지 불평을 터뜨렸고, 궁정 혁명 — 즉 강제적인 차르의 폐위가 획책되기도 했다. 그럴 즈음 차르 니콜라이는 스스로 군 총사령관이 되어 여러 가지 실책을 되풀이했다. 1916년 말쯤 라스푸틴은 차르 일족에게 살해당했다. 그는 식사 초대를 받고 갔다가 자결을 강요당하고 거절한 순간 살해된 것이다. 라스푸틴의 살해는 적절한 시기에 일어난 액막이로서 일반에게 환영을

러시아에서 차르 권력의 붕괴

받았지만, 그 결과 차르 비밀 경찰의 탄압은 더욱 강화되었다.

위기는 확대되었다. 페트로그라드에 식량 기근이 생겨 소요가 잇달았다. 그리고 3월 초에, 오랫동안 참아 온 노동자들의 고통 속에서 아무도 예기하지 못했던 자연 발생적인 혁명이 일어났다. 3월 8~12일(러시아력으로는 2월 24~28일)까지의 5일 간은 혁명의 개가를 올린 시기였다. 이것은 궁정의 분규도 아니고, 상층의 지도자들이 면밀하게 계획을 세운 조직적인 혁명도 아니었다. 그것은 가장 학대받은 하층의 노동자들 사이에서 일어나 명확한 계획도 지도도 없이 맹목적으로 진행되는 것처럼 보였다. 너무나 갑작스러운 일이어서 지역 볼셰비키를 비롯한 여러 정당은 이것을 어떻게 지도해야 할지를 몰랐다. 대중 자신이 주도권을 잡고 그들이 페트로그라드에 주둔한 병사들을 자기편으로 끌어들인 순간 승리는 그들에게로 돌아갔다. 그러나 이런 혁명 대중이 지난날 농민 봉기 때 흔히 보였던 것처럼 조직도 없이 파괴를 일삼은 폭도였다고 상상해서는 안 된다. 이 3월(러시아력으로는 2월) 혁명에서 중요한 것은 역사상 처음으로 프롤레타리아, 즉 공장 노동자가 지도적 지위에 섰다는 사실이었다. 그리고 이런 노동자들은 걸출한 지도자를 가지고 있지는 않았지만(레닌을 비롯해 많은 사람들이 옥중이나 망명지에 있었다), 그래도 레닌의 조직에서 훈련받은 많은 무명 노동자들이 섞여 있었다. 몇십 개의 공장에 진을 친 이러한 무명 노동자들이 운동 전체의 중심이 되어 운동을 명확한 노선으로 이끌었던 것이다.

여기서 우리는 전에는 결코 볼 수 없었던 행동하는 산업 대중의 역할을 보게 된다. 그 무렵 러시아는 물론 압도적인 농업국이었는데, 이 농업조차 중세적인 방법으로 경영되고 있었다. 이 나라에는 이렇다 할 근대 공업이 없었고, 혹 있더라도 도시에 집중되어 있었다. 페트로그라드에는 이런 종류의 공장이 많았는데 당연히 방대한 공장 노동자를 가지고 있었다. 3월 혁명은 페트로그라드의 노동자들과 이 도시에 주둔한 군대가 중심이 되어 이루어진 것이다.

3월 8일에 혁명의 뇌성이 울렸다. 맨 처음에 궐기한 것은 여성들로,

방직 공장의 여공들이 공장 문을 나서서 가두 시위를 벌였다. 이튿날에는 파업이 확대되어 많은 남성 노동자들이 가두에 나가 빵을 달라고 소리치고 '전제 정치를 타도하라' 는 구호를 외쳤다. 당국은 언제나 차르 권력의 기둥이었던 코사크 병사들을 노동자들의 시위를 막는 데 동원했다. 코사크 병사들은 인민을 밀어붙이기는 했지만 발포하려고 하지는 않았다. 노동자들은 코사크 병사들이 관제의 가면을 쓰고는 있지만, 마음 속으로는 그들에게 친근감을 갖고 있다는 것을 깨닫고는 몹시 기뻐했다. 인민은 이내 열광하며 코사크 병사들에게 우정의 손을 내밀었다. 그러나 경찰은 증오의 표적이 되어 투석을 당했다. 3일째인 3월 10일에는 코사크 병사들과 손을 잡는 경향이 더욱 짙어졌다. 이미 인민에게 발포하고 있던 경찰과 코사크 병사들이 교전했다는 소문까지 나돌았다. 경찰은 거리에서 물러났다. 여성 노동자들이 병사들 앞으로 나아가 열정적으로 호소했다. 그러자 병사들은 일제히 총검을 거두어들였다.

이튿날 3월 11일은 일요일이었다. 노동자들이 거리의 중심가로 모여들자 경찰은 엄폐된 장소에서 그들에게 총격을 가했다. 병사들 중에는 연대의 병영 앞에서 자신들의 어려운 처지를 애절하게 호소하는 인민에게 발포하는 자도 있었다. 인민의 호소에 감동한 연대는 인민을 보호하기 위해 하사관의 지휘 아래 출동해서 경찰과 총격전을 벌였다. 연대는 저지당했지만 때는 이미 늦었다. 3월 12일이 되자 반란은 다른 연대로 번져 나가 병사들은 소총과 기관총을 들고 출동했다. 거리에서는 총소리가 어지럽게 터졌지만 누가 누구를 향해 쏘고 있는지는 알 수 없었다. 이윽고 노동자들과 병사들은 몰려가서 일부 대신들(ministers)을 체포하고(다른 자들은 이미 도망쳐 버리고 없었다), 또 경관과 비밀 특무 기관원을 체포했으며, 감옥에서 정치범을 풀어 주기도 했다.

혁명은 이미 페트로그라드에서 승리를 얻었다. 모스크바도 곧 그 뒤를 따랐다. 농촌은 혁명이 진전되는 경과를 지켜보고 있었다. 농민은 서서히 새로운 질서를 받아들이게 되었지만 열광하지는 않았다. 그들이 바라는 것은 오직 두 가지, 즉 토지와 평화뿐이었다.

차르는 어떻게 되었을까? 이 다사 다난한 나날에 대관절 차르는 무엇을 하고 있었을까? 그는 페트로그라드에 있지 않았다. 그는 거기에서 훨씬 멀리 떨어진 어느 작은 도시에서 군 총사령관으로서 군대를 지휘하고 있었던 것이다. 그러나 그의 시대는 이미 지나갔으며, 문드러지도록 익어 버린 과일이 나뭇가지에서 떨어지듯 그는 거의 아무도 모르는 사이에 자취를 감췄다. 강력한 차르, 몇백만 명을 전율에 떨게 한 러시아의 전제 군주, '신성한 러시아'의 '성스러운 우리 아버지'는 역사의 쓰레기통 속에 버려졌다. 거대한 체제가 운명을 다해 생애를 끝냈을 때 몰락해 가는 모습은 기묘한 것이다. 차르가 페트로그라드의 노동자들의 파업과 소요를 들었을 때 그는 계엄령을 명했다. 형식적으로는 사령관인 장군이 발표했지만 이 발표는 페트로그라드에서조차 전혀 방송되지 않았고 건물의 벽에 붙여지지도 않았다. 아무도 그런 일을 하려 하는 사람이 없었기 때문이었다. 차르는 아직도 무슨 일이 일어나고 있는지 전혀 모르는 채 페트로그라드로 돌아왔다. 철도 노동자들이 도중에 그의 열차를 세웠다. 그 때 페트로그라드의 교외에 있던 차리나가 차르에게 전보를 쳤다. 그러나 전보는 전보국에서 펜으로 갈겨쓴 쪽지가 붙여져 반송되었다. "수신인 주소 불명!"

전선에 있던 장군들과 페트로그라드의 자유주의적인 지도자들은 혁명의 발전에 몹시 당황해 파멸로부터 건질 수 있는 것은 건지고 싶어 차르에게 퇴위할 것을 간청했다. 그는 친척을 후계자로 지명해 이에 따랐다. 그러나 이제 더 이상 차르라고 할 수는 없었고, 이로써 로마노프가 (the house of Romanoff)는 300년 동안 전제 지배 끝에 러시아의 무대에서 영원히 자취를 감추었다.

귀족, 지주 계급, 상층의 중간 계급 및 자유주의자와 개량주의자들마저 공포와 전율에 휩싸여 노동자 계급의 돌연한 폭발을 지켜보았다. 그들은 자기들이 의지하고 있던 군대가 노동자와 합류하는 것을 바로 눈앞에서 보았을 때 무력감에 사로잡혔다. 그래도 아직 그들은 승리가 어느 쪽으로 돌아갈지 알 수 없다고 생각했다. 왜냐하면 차르가 전선에서 철수한 군대를 거느리고 반격해 반란을 진압할 수도 있는 일이기 때문이었다. 이런 형편이어서 한편에서는 노동자에 대한 공포와 다른 한편으로는 차르에 대한 공포, 그리고 자기의 손실을 면해 보려고 하는 지나친 욕심이 그들의 운명을 비참하게 만들었다. 지주 계급과 상층 부르주아지를 대표하는 것으로서 두마(의회)가 있었다. 노동자들도 어느 정도는 두마를 존중하고 있었지만, 의장도 의원들도 이 위기에 앞장서 대응하거나 무엇인가를 하기는커녕 주저앉아 두려움에 떨며 어떻게 하면 좋을지 갈피를 잡지 못하고 있었다.

그러는 동안에 소비에트가 형성되었다. 노동자 대표에 병사 대표를 추가한 새로운 소비에트는 두마가 차지하고 있던 광대한 타우리드 궁전(Tauride Palace)의 일부를 점거했다. 노동자와 병사들은 승리에 취해 있었다. 그러나 이 때 문제가 생겼다. 그들은 이 승리를 이끌고 무엇을 해야 할 것인가? 그들은 권력을 장악했다. 그러면 누가 이것을 행사해야 하는가? 소비에트 자체가 그것을 행사할 수 있다는 생각은 그들의 마음 속에 떠오르지 않았다. 그들은 부르주아지가 권력을 잡는 것도 무방하다고 생각했다. 그래서 소비에트의 대표단이 통치의 대권을 위임하기 위해 발소리도 드높이 두마의 층계를 올라갔다. 의장과 의원들은 이 대표단을 보고 그들이 자기들을 체포하러 온 줄로만 알았다! 그들은 권력의 무거운 짐을 짊어질 생각은 아예 없었고, 그래서 모험에 말려들지 않으려 했다. 그러나 그들은 어떻게 하면 좋을까? 소비에트 대표단은 양보하지 않았다. 그들(두마)은 소비에트의 요청을 거부하는 것도 두려웠다. 그리하여 결과가 두려워서 마지못해 두마 내의 한 위원회가 권력을 떠맡았음으로써 외부 세계에는 두마가 혁명을 지도하고 있는 것처럼 보였다. 그것은 얼마나 기묘한 결합이었던가! 만일 우리가 어떤 이야기책에서 그것을 읽었다면 도저히 그런 일이 있으리라고는 생각할 수 없을 것이다. 그러나 때때로 사실은 소설보다도 더 신기한 것이다.

두마의 위원회가 임명한 임시 정부는 매우 보수적인 기관이었으며 총리는 황족이었다. 같은 건물의 한쪽은 소비에트가 차지하고 끊임없이 임시 정부를 간섭했다. 그러나 처음 얼마 동안은 소비에트 자체가 온건했으며, 그 속에 볼셰비키는 조금밖에 없었다. 그리하여 일종의 이중 정부 — 임시 정부와 소비에트가 출현했고, 이 둘의 배후에는 혁명을 성취했으며 지금은 거기에서 훌륭한 성과를 기대하고 있는 혁명적인 대중이 있었다. 공복에 시달리고 전쟁에 지친 대중이 새 정부로부터 받은 유일한 지령은 독일이 완전히 패배할 때까지 전쟁을 완수해야 한다는 것이었다. 혁명의 불길 속을 뚫고 차르를 추방한 것이 과연 이런 일 때문이었을까 하고 그들은 고개를 갸웃거렸다.

때마침 4월 17일에 레닌이 무대에 등장했다. 그는 전쟁이 계속되고 있는 동안 스위스에 있다가 혁명 소식을 듣고는 러시아로 돌아가기 위해 무척 애를 썼다. 어떻게 돌아가면 좋을까? 영국인과 프랑스인은 그가 그들의 영토를 통과하는 것을 허용하려 하지 않았고, 독일인과 오스트리아인도 용납하지 않았다. 그러다가 결국 그들 자체의 이유로 독일 정부는 그가 스위스에서 밀폐된 열차를 타고 러시아 국경으로 가는 데 동의했다. 레닌이 전쟁에 반대하고 있었기 때문에 그들은 말할 것도 없이, 그리고 상당한 이유를 근거로 레닌의 귀국이 임시 정부와 전쟁파의 힘을 약하게 할 것이라고 기대했으며, 이로써 자기들에게 유리한 결과가 오기를 바랐다. 그 때까지만 해도 별로 이름도 없는 이 혁명가가 유럽과 세계를 진동시키게 되리라고는 그들은 상상도 못했던 것이다.

레닌의 마음 속에는 의심이라든가 모호한 점이 조금도 없었다. 그는 대중의 기분을 정확하게 짐작하는 투철한 눈, 충분히 연구한 원칙을 다양하게 변하는 상황에 적응시켜서 응용하는 명석한 두뇌, 눈앞의 결과를 초월해 그가 설정한 노선을 견지하는 불요불굴의 의지의 소유자였다. 그는 도착한 그 날 볼셰비키당의 무기력을 비판해 격렬하게 뒤흔들고, 그들의 의무를 타오르는 불길 같은 말을 던져 지적했다. 그의 연설은 고통을 느끼게 하는 동시에 생기를 불어넣는 번개와도 같았다. "우리는 협잡꾼이 아니다"라고 그는 말했다. 이어서 그는 "우리는 오직 대중의 의식 속에만 우리 자신의 기초를 두어야 한다. 소수파로 머무는 것이 불가피할지언정 — 조금도 걱정할 필요는 없다. 당분간 지도자의 지위를 포기하는 것은 참으로 좋은 일이다. 우리는 소수파로 머무르는 것을 두려워해서는 안 된다." 그리하여 그는 원칙을 단호하게 지키면서 조금도 타협하지 않았다. 오랫동안 지도자가 없어 표류하고 있던 혁명은 마침내 그 지도자를 얻었다. 때가 사람을 낳았던 것이다.

    이 단계에서 볼셰비키를 멘셰비키 및 다른 혁명적인 그룹과 구별하는 이론상의 차이점은 어디에 있었을까? 그리고 레닌이 도착하기 전 지구(local) 볼셰비키는 무엇 때문에 마비되어 있었을까? 또한 지구 볼셰비키는 이미 권력을 장악하고서도 왜 그것을 구식의 보수적인 두마에 넘겨 주었을까? 나는 이런 문제를 깊이 다룰 수는 없다. 그러나 만일 1917년 페트로그라드와 러시아의 끊임없이 변하는 드라마를 이해하려 한다면, 우리는 이런 점에 대해서 다소라도 고찰해야 한다.

    칼 마르크스의 인류의 변화와 진보에 관한 이론은 '유물 사관'이라 일컬어지는데, 이는 낡은 사회 형태가 시대에 뒤떨어진 것이 됨에 따라 새로운 사회 형태가 이를 대체한다는 데 기초를 두고 있다. 기술적인 생산 방법이 발전하면 사회의 경제·정치적 조직도 이것을 따라 서서히 변화한다. 이런 일은 지배 계급과 피지배 계급 사이에 생기는 끊임없는 투쟁을 통해 진행된다. 이와 같이 하여 서유럽에서 낡은 봉건 계급은 부르주아지에게 그 지위를 양보했다. 그리고 부르주아지는 지금 영국·프랑스·독일 등지에서 경제 및 정치 구조를 지배하고 있으나, 이윽고 때가 오면 노동자 계급에게 자리를 양보할 것이다. 러시아에서는 봉건 계급이 여전히 지배적인 지위를 차지하고 있었고, 서유럽의 경우처럼 부르주아지를 권력의 지위에 앉히는 변화는 아직 일어나고 있지 않았다. 그래서 대다수의 마르크스주의자는 러시아가 마지막에 노동자 공화국의 단계에 이르기에 앞서 필연적으로 부르주아지와 의회 정치의 단계를 거쳐야 한다고 생각하고 있었다. 그들에 따르면 중간 단계를 거치지 않고 뛰어넘는 것은 불가능했다. 레닌 자신도 1917년 3월 혁명 이전에는 부르주아 혁명을 위해 차르 및 지주 계급에 대항해(그리고 부르주아지에는 반대하지 않고) 농민과 제휴하는 중간 정책을 세우고 있었던 것이다.

그래서 볼셰비키건 멘셰비키건 마르크스주의를 믿는 자는 모두, 영국이나 프랑스형의 부르주아 민주주의 공화국의 단계를 거쳐야 한다고 굳게 믿고 있었다. 주요한 노동자 대표 또한 이것을 불가피하다고 생각하고 있었다. 소비에트가 스스로 권력을 장악하지 않고 두마에 넘겨준 것도 바로 그 때문이었다. 우리 주변에서도 이따금 볼 수 있듯이, 사람들은 자기 자신의 교설의 노예가 되어 다른 정책이 필요한 정세, 또는 적어도 기존 정책의 또 다른 적용 방식이 필요한 새로운 정세가 발생하고 있다는 것을 알지 못했다. 오히려 대중이 지도자들보다 훨씬 혁명적이었다. 소비에트를 좌지우지하고 있던 멘셰비키는, 노동자는 이제 어떤 사회적 문제도 제기해서는 안 되며 그들의 당면 임무는 정치적 자유를 달성하는 것이라고까지 말했다. 볼셰비키는 형세를 관망하고 있었다. 3월 혁명은 이처럼 결단력이 없고 소심한 지도자를 만났는데도 아무튼 성취되었다.

레닌이 도착함으로써 이 모든 것이 새로워졌다. 그는 곧 정세를 파악하고 그의 참된 천재적인 지도력으로 마르크스주의 프로그램을 적응시켰다. 이제 투쟁 방향은 농민과 제휴한 노동자 계급의 지배를 위해 자본주의 자체로 돌려져야 했다. (1) 민주 공화국, (2) 토지 자산의 몰수, (3) 8시간 노동제가 볼셰비키의 당면한 구호가 되었다. 이런 구호는 삽시간에 노동자와 농민의 투쟁에 구체성을 주었다. 그 구호는 그들에게 내용 없는 모호한 이상이 아니었다. 그것은 생활이고 희망이었다.

레닌이 볼셰비키를 위해 취한 정책은 노동자의 대다수를 그들 편으로 끌어들임으로써 소비에트를 장악하고, 그런 다음 소비에트가 임시 정부로부터 권력을 탈취하려는 것이었다. 그는 또 다른 혁명을 즉시 일으키려고 하지는 않았다. 그는 임시 정부로부터 권력을 빼앗기 전에 노동자와 소비에트의 대다수를 자기편으로 끌어들이려는 방침을 고수했다. 그는 정부와 협력하기를 원하는 자들을 철저하게 배척했다. 그것을 혁명에 대한 배신이라고 생각했기 때문이다. 동시에 그는 시기가 무르

익기 전에 정부 전복을 위해 돌진하려는 자들도 배척했다. "행동의 순간에는" 하고 그는 말했다. "'아주 조금이라도 왼쪽으로 기울어지면 안 된다.' 이것은 가장 커다란 죄악으로 간주되는 무질서다."

이처럼 냉정하고 가차없이, 저항할 수 없는 어떤 숙명을 대표하는 것처럼 솟구치는 불길을 내부에 간직한 이 얼음 덩어리는 목표를 향해 전진했다.

151 *1933년 4월 9일*

볼셰비키들이 권력을 장악하다

혁명의 시기에 역사는 마치 마법의 구두를 신고 행진하는 것 같다. 물론 외면적으로도 급속한 변화가 있지만 그보다 더 큰 변화가 대중의 의식 속에 생긴다. 그들은 책에서 배우는 것이 아니다. 그들은 많은 책을 통해 교육받을 기회를 별로 가지지 못했고, 또 책은 대부분의 경우 그들의 눈에 띄는 장소보다는 눈에 띄지 않는 장소에 있기 때문이다. 그들의 학교는 더 엄격한, 그러나 더 진실한 경험의 학교인 것이다. 혁명의 시기에 권력을 먹느냐 아니면 이것에 먹히느냐의 투쟁을 벌이는 동안, 평소에는 숨어 있는 인민 속의 참된 동인이 모두가 알도록 드러나며, 그 배후에서 사회를 지탱하고 있는 현실이 드러난다. 러시아의 운명의 해인 1917년의 경우도 그러했다. 대중, 특히 혁명의 심장부에 있는 도시의 공장 노동자들은 현실 속에서 교훈을 얻어 거의 날마다 새롭게 변해 갔다.

안정이나 균형은 어디에도 없었다. 생활은 세차게 움직이고 어지럽게 변했다. 사람들과 여러 계급은 서로 뒤섞여서 밀치며 아우성치고 있었다. 아직도 차르 정권의 부활을 기대하거나 획책하는 자들도 있었다. 그러나 그들은 중요한 계급을 대표하는 것이 아니니까 무시해도 된다. 주요한 투쟁은 임시 정부와 소비에트 사이에 벌어졌다. 그러나 아직 소비에트 다수파는 정부와의 협력과 타협을 지지하고 있었다. 이 타협파는 정부와 국가 권력으로부터 정면으로 도전받는 것을 두려워하고 있었던 것이다. "누가 대신 정부를 맡을 것인가? 우리가? 그렇지만 우리의 손은 떨리고 있다……"라고 소비에트의 어느 연설자는 말했다. 이것은 우리 인도에서도 힘이 없는 손과 겁에 질린 마음을 가진 자들에게 흔히 듣게 되는 그다지 신기하지 않은 비명이다. 그렇지만 때가 이미 성숙되었을 때에는 억센 손과 용감한 마음을 가진 사람도 흔히 볼 수 있다.

임시 정부와 소비에트 사이의 싸움은 불가피했는데도 쌍방의 타협파는 자꾸 그것을 두려워해 회피하려고 했다. 정부는 전쟁을 계속함으로써 연합국의 환심을 사고, 될 수 있는 대로 그들의 재산을 보호함으로써 국내 유산자 계급의 지지를 얻으려 했다. 정부보다 더 밀접하게 대중과 접촉하고 있던 소비에트는 그들의 평화에 대한 요구와 농민의 토지에 대한 갈망을 느낄 수 있었다. 그리하여 정부는 소비에트 때문에 반신불수가 되고, 또 소비에트 자체는 대중 때문에 반신불수가 되는 사태가 실제로 일어났다. 왜냐하면 대중은 정당보다도, 또 정당의 지도자보다도 훨씬 더 혁명적이었기 때문이다.

정부를 더욱 소비에트와 조화시키려는 노력이 기울여지고, 급진적인 법률가이며 도도한 능변가인 케렌스키(Kerensky)가 정부의 지도자가 되었다. 그는 연립 정부를 세우는 데 성공해 소비에트 내의 멘셰비키 다수파는 몇 사람의 대표를 여기에 참가시켰다. 그는 또 독일에 대한 공격을 시작해서 영국과 프랑스의 환심을 사려고 힘썼다. 그러나 이 공격은 인민도 병사들도 이제는 더 싸울 마음이 없었기 때문에 실패했다.

그러는 동안 전 러시아 소비에트 회의가 페트로그라드에서 열렸다. 회의를 거듭할 때마다 공기는 더욱 험악해졌다. 볼셰비키의 대의원

수는 자꾸 늘어나고 멘셰비키와 사회 혁명당(the Social Revolutionaries : 농민 정당)의 세력은 날로 기울어졌다. 볼셰비키의 영향력은 특히 페트로그라드의 노동자의 힘을 통해 커졌다. 전국에 걸쳐 소비에트 세력이 비약해서 그들은 소비에트에서 승인되지 않으면 정부의 명령에 복종하려 하지 않았다. 임시 정부가 약체인 이유 가운데 하나는 러시아에 강력한 중간 계급이 없었던 데 있다.

수도 페트로그라드에서 정권을 둘러싼 격렬한 투쟁이 벌어지고 있는 동안 농민은 자주적으로 일을 추진했다. 전에 말한 적이 있지만 농민들은 3월 혁명에 대해서는 그다지 열의를 보이지 않았으나 그것을 반대한 것도 아니었다. 그들은 시기를 기다리며 경과를 지켜보고 있었다. 그런데 거대한 토지를 소유한 지주들은 그들의 재산을 빼앗길 것이 두려운 나머지 토지를 작게 분할해 명의상의 소유자를 날조해서 나누어 주고, 그들 대신 그것들을 보유하게 했다. 그들은 또 그들의 많은 재산을 외국인에게 양도함으로써 그들의 토지를 보존하려고 했다. 농민이 이런 짓을 좋아할 리가 없었다. 그들은 모든 토지의 매매 행위를 법령으로 금지해 줄 것을 정부에 청원했다. 정부는 뒷걸음질쳤다. 대체 정부가 무엇을 할 수 있었겠느냐? 정부는 쌍방을 모두 자극하지 않으려고 했다. 그래서 농민은 자기 힘으로 행동을 시작했다. 4월쯤부터 그들 가운데 어떤 자들은 지주를 감금하고 토지를 빼앗아 이것을 나누어 가졌다. 전선에서 돌아온 병사들(물론 원래는 농민)이 주역이었다. 이 운동은 점점 확대되어 막대한 토지가 농민에게 몰수되었다. 6월쯤에는 시베리아의 스텝 지대에까지 그 물결이 번졌다. 시베리아에는 대지주가 없었기 때문에 농민은 교회와 황실의 소유지를 빼앗았다.

이러한 농지의 대대적인 탈취가 오로지 농민의 의사에 따라 이루어지고, 그것도 볼셰비키 혁명(11월 혁명)이 일어나기 몇 달 전부터 진행되고 있었다는 것은 주목할 만한 일이다. 레닌은 즉각 조직적인 방법으로 토지를 농민에게 분배할 것을 지지했다. 그는 우발적이며 무계획적인 탈취에는 극력 반대했다. 그래서 나중에 볼셰비키가 정권을 장악했을

볼셰비키들이 권력을 장악하다

때 소비에트는 농민이 토지를 소유하는 나라가 되었다.

　레닌이 도착한 지 꼭 한 달 만에 또 한 사람의 탁월한 망명가가 페트로그라드로 돌아왔다. 그는 뉴욕에 억류되어 있었지만 영국을 거쳐 귀국길에 오른 트로츠키였다. 트로츠키는 오래 전부터 볼셰비키의 한 사람은 아니었지만, 그렇다고 해서 또한 멘셰비키도 아니었다. 그는 즉시 레닌의 전열에 참가해서 페트로그라드의 지도자로서 활약하기 시작했다. 그는 걸출한 웅변가이고 세련된 문필가였으며, 정력에 넘치는 큰 축전지처럼 레닌의 당을 위해 최대의 원군이 되었다. 나는 여기서 그의 자서전 『나의 생애(My Life)』에서 좀 길겠지만 발췌해 직접 살펴보는 것이 그를 이해하는 데 가장 도움이 되리라고 생각한다. 거기에는 모던 서커스(the Modern Circus)라는 건물 안에서 열린 집회가 묘사되고 있는데, 그것은 훌륭한 문장으로 쓰였을 뿐 아니라 1917년 페트로그라드의 기묘한 혁명의 시기를 생생하고도 박진감 있게 우리 눈앞에 펼쳐 준다.

　　거친 숨결과 기대에 고조된 분위기. 이미 여기저기서 환성이 터져 나오고 있다. 특히 모던 서커스에 던져진 열광적인 환성이 귀를 찌른다. 나는 내 주위에, 그리고 머리 위에 무수한 눈들과 얼굴들의 위압을 느꼈다. 나는 가슴 속 깊은 곳으로부터 나오는 목소리로 연설을 했다. 두 손을 벌릴 때마다 반드시 내 손은 누군가의 몸에 닿았다. 내 목소리에 따라 일어나는 공간에 넘친 공기의 물결은 나로 하여금, 조금도 간격을 두지 않고, 아무 걱정도 하지 말고 마음대로 연설을 계속해야 한다는 것을 느끼게 했다. 아무리 지쳐 버린 어떤 연설자라도 그 점화된 인간 집단의 전류가 교차되는 듯한 긴장을 그대로 묵살해 버리지는 못할 것이다. 그들은 그들의 앞길을 발견하고 양해하고, 또 알려고 하고 있는 것이다. 가끔 나는 마침 내 입술에, 이 하나로 용해된 모든 대중의 알려고 하는 세찬 욕구가 날카롭게 전해지는 듯한 감각을 느꼈다. 그러나 잇따라 머리에 떠오르는 모든 표현과 말이 아무것도 막을 수 없는 연대감의 흐름 속에서 부서지고 되돌려지는 것 같았다. 또한 연설자로서는 생각지도 않은, 그러나 대중에게는 절실하게 필요하게 생각되는 다른 표현과 다른 말이 나의 무의식 속에서 잇따라 나오는 것이었다. 이런 경우에 나는 실제로는 외부에서 들려 오는 목소리에 귀를 기울이고 있는 것이어서, 마치 몽유병자처럼 나의 의식적 이성의 각성에 놀라 높은 지붕에서 떨어지는 것을 두려워하면서, 목숨을 걸고 말하는 사람의 사상에 열심히 박자를 맞추고 있는 듯한 기분이었다.

이런 것이 모던 서커스였다. 그것은 한껏 불타올라 몹시 열광적인 독특한 분위기를 가지고 있었다. 유아들은 또는 갈채하고 또는 위협하는 고함소리가 울려 나오는 가슴에 매달려 편안히 젖을 빨고 있었다. 모든 대중이 마치 그 영아들처럼 그들의 마른 입술로 혁명의 젖꼭지를 물고 있었던 것이다. 그리고 이 유아는 거침없이 성장했다.

그리하여 끊임없이 변모하는 혁명극은 페트로그라드와 그 밖의 도시, 또 러시아 전체의 거리에 펼쳐졌다. 유아는 성장해서 어른이 되었다. 전쟁의 무서운 압력의 결과로 여기저기에 경제적 파탄이 나타나기 시작했다. 그리고 그런 때에도 전쟁 투기꾼들은 아랑곳없이 큰 이익을 차지하고 있었던 것이다!

볼셰비키의 세력과 영향은 잇따라 여러 공장과 소비에트의 내부로 확대되어 갔다. 이에 놀란 케렌스키는 탄압의 결의를 굳혔다. 맨 처음에는 레닌에 대해 대대적인 허위 선전을 폈다. 레닌은 독일의 앞잡이로서 러시아를 교란하기 위해 파견되었다는 것이다. 아닌게 아니라 레닌은 스위스에서 독일을 거쳐 귀국했는데, 독일 당국은 이것을 보고서도 못 본 체하고 통과시키지 않았던가? 그를 매국노라고 생각한 중간 계급 사이에서 몹시 평판이 나빠졌다. 케렌스키는 혁명가로서가 아니라 독일의 간첩으로서 레닌에 대해 체포령을 내렸다. 레닌 자신은 이 도전에 대

볼셰비키들이 권력을 장악하다

해 감연히 법정에서 싸우려고 했다. 그러나 그의 동지들은 이에 동의하지 않고 억지로 그를 지하에 잠복시켰다. 트로츠키도 한 번은 체포되었으나 페트로그라드 소비에트의 항의로 석방되었다. 그 밖에도 많은 볼셰비키가 체포되고 그들의 신문은 발행이 금지당했으며, 그들 편을 들 것으로 짐작되는 노동자들은 무장을 해제당했다. 전부터 이런 노동자들의 태도는 더욱 전투적으로 되어 임시 정부에 대해 매우 강력한 압력을 가했으며, 규모가 큰 반정부 시위가 되풀이해서 벌어지고 있었던 것이다.

반혁명이 고개를 쳐든 막간의 시간도 있었다. 늙은 장군 코르닐로프(Kornilov)[154]는 임시 정부도 포함해서 혁명 전체를 말살하기 위해 군대를 거느리고 수도로 진군했다. 그런데 그가 수도에 접근함에 따라 병사들은 여기저기로 흩어져 버렸다. 그들은 혁명 쪽으로 돌아섰던 것이다.

사태는 빠르게 전개되고 있었다. 소비에트는 이제 정부의 결정적인 대립 세력이 되어 곳에 따라서는 정부의 명령을 묵살하기도 하고, 또 반대 지령을 내리기도 했다. 이 무렵에는 스몰니 학교(Smolny Institute)가 소비에트의 본부가 되고, 동시에 페트로그라드 혁명의 중심이 되어 있었다. 이 곳은 지난날에는 귀족의 딸들을 위한 사립 학교였다.

레닌은 페트로그라드의 교외까지 와 있었다. 볼셰비키는 이제 임시 정부로부터 권력을 탈취할 시기가 왔음을 결의했다. 트로츠키가 봉기를 위한 모든 계획을 세울 임무를 맡았다. 어느 요충지를 언제 탈취할 것인가 – 모든 것이 면밀하게 계획되었다. 11월 7일이 봉기할 날로 정해져 그 날에는 전 러시아 소비에트 대회가 개막되기로 되어 있었다. 그 날짜는 레닌이 정했는데 그 이유에 관한 그의 설명이 재미있다. "11월 6일은 너무 빠를 것이다." 그는 이렇게 말했다고 한다. "우리는 봉기를 감

---

154) 제정 러시아의 장군. 제1차 세계 대전이 시작되자마자 오스트리아군의 포로가 되었지만 곧 탈출해 군에 복귀한 적이 있다. 1917년 혁명 때에는 일단 혁명 정부 아래서 총사령관이 되었으나 반혁명 음모를 꾸미고 페트로그라드로 진격했다가 실패해 케렌스키 정부에게 체포되었다. 그 뒤 또다시 남러시아에서 반혁명을 일으켰지만 패배해 사망했다.

행하기 위해 전 러시아적인 기반을 가져야만 한다. 6일에는 대회의 대표자들이 아직 도착해 있지 않을 것이다. 한편 11월 8일이면 너무 늦을 것이다. 그 날까지 대회는 조직될 것이다. 사람들이 큰 단체로 조직되어 버리면 신속하고 과감한 행동을 취하기가 어려워진다. 따라서 우리는 7일에 행동을 일으켜야 한다. 그 날 대회는 성립된다. '여기에 권력이 있다. 우리는 이것으로 무엇을 할 것인가'라고 말할 수 있는 것이다." 혁명의 성공은 흔히 매우 사소한 사건에 좌우되는 경우가 있다는 것을 충분히 알고 있던 이 노련한 혁명가는 이렇게 말했던 것이다.*

 11월 7일(러시아력으로는 10월 25일)이 왔고, 소비에트 병사들은 정부의 건물, 특히 전신국과 전화국, 국립 은행 등의 중요한 전략적인 요충지를 점거했다. 저항은 없었다. "임시 정부는 간단히 무너졌다" — 영국 관리는 본국 정부에 이렇게 공문을 보냈다.

 레닌은 새 정부의 수반, 즉 대통령(인민 위원회 의장)이 되고, 트로츠키는 외무 장관(외무 인민 위원)이 되었다. 이튿날인 11월 8일 레닌은 스몰니 학교에서 개최된 소비에트 회의에 모습을 나타냈다. 회의는 우뢰와 같은 박수로 그들의 지도자를 맞았다. 이 광경을 목격한 미국의 저널리스트 존 리드(John Reed)[155]는 그가 연단에 올라가는 모습을 다음과 같이 묘사했다.

 큰 머리를 다부진 어깨 위에 올려놓은 짤막하고 다부진 체구의 사람. 작은 눈, 사자코, 넓적하고 여유 있는 입, 무게가 있는 턱은 깨끗이 면도를 하고는 있지만, 그 전부터 뒷날까지 잘 알려진 수

---

* 레닌이 정권 탈취 날짜를 11월 7일로 정했다는 이야기는 미국의 저널리스트이자 당시 페트로그라드에 있던 리드가 전했는데, 이를 부정하는 사람도 있다. 레닌은 지하에 숨어 있었는데, 다른 볼셰비키 지도자들이 어물어물거리다 정확한 순간을 놓치지나 않을까 걱정하고 있었다. 때문에 그는 언제나 그들의 분발을 독려하고 있었다. 7일에 사태는 절정에 다다랐고, 그래서 행동이 개시되었다는 것이다.

155) 미국의 저널리스트. 러시아 혁명을 묘사한 『세계를 놀라게 한 10일 간』의 저자.

염이 벌써 자라기 시작하고 있었다. 옷은 아무렇게나 구겨지고, 다리에는 너무 긴 양복 바지, 아무리 보아도 군중들의 우상으로는 생각되지 않는 평범함, 대중의 지도자로서는 아주 특이한 성질의 소유자, 소박하고 냉철하며 비타협적이고 완고한 그에게는 사람들의 눈을 끄는 천재적인 모습은 없다. 그의 재능은 오로지 머리에서만 나온 것이다. 복잡한 이념을 단순한 말로 이야기하는 설득력, 구체적인 상황에 대한 분석력, 그리고 고도의 지적인 대담성과 예리함을 결부시키는 능력.

제2차 혁명은 그 해 안에 완전히 성공을 거두었다. 그것은 그 때까지는 놀랍도록 평화적인 혁명이었다. 권력은 거의 피를 보지 않고 넘겨졌다. 3월 혁명 때에는 무수한 교전과 살상이 있었던 것이다. 3월 혁명은 자연 발생적이고 비조직적인 것이었으나 11월 혁명은 주의 깊게 세부까지 계획이 세워져 있었다. 역사상 처음으로 가장 가난한 여러 계급, 특히 산업 노동자 대표가 국가의 중추에 앉았다. 그러나 그들은 그토록 손쉬운 성공을 거둔 것만으로는 끝나지 않았다. 그들 주위에는 큰 폭풍이 일어나 금세 걷잡을 수 없이 맹위를 떨치려 하고 있었다.

레닌과 그의 볼셰비키 새 정권이 직면하게 된 상황은 어떤 것이었을까? 러시아 군대가 해체되고 교전 능력을 잃어버리고 있었는데도 독일과의 전쟁은 아직 계속되고 있었다. 혼란은 전국을 뒤덮고 군대와 약탈자들이 돌아다니며 멋대로 행패를 부리고 있었다. 경제 기구는 무너지고 식량은 결핍되어 인민은 굶주리고 있었다. 그들 주위에는 구질서의 대표자들이 기회만 있으면 혁명을 짓이겨 버리려고 호시탐탐하고 있었다. 국가는 아직 구체제의 자본주의 조직 그대로이며, 옛 정부의 관리들은 새 정권에 대한 협력을 거부하고 있었다. 은행가는 돈을 빌려 주려고 하지 않았다. 전신국에서는 전보 한 통조차 칠 수 없었다. 아무리 담대한 사람일지라도 안절부절못할 것 같은 어려운 상황이었다.

레닌과 그의 동료들은 사태를 이 혼란 속에서 끌어올리기 위해 전력을 다했다. 독일과의 강화는 그들의 가장 시급한 현안이었기 때문에 주저하지 않고 즉각 휴전을 제의했다. 두 나라의 대표는 브레스트 - 리토프스크(Brest-Litovsk)에서 회견했다. 독일은 볼셰비키에게는 전투력이 남아 있지 않다는 것을 잘 알고 있었다. 그래서 그들은 체면을 세우고 싶은 심정과 어리석은 생각에서 굉장히 고답적이고 모욕적인 요구를 했다. 볼셰비키는 오직 평화의 회복을 바라고 협상을 시도했던 것인데, 독일이 전혀 예기치 않은 그러한 협상 조건을 내걸자 어안이 벙벙했다. 그들 대부분은 그런 조건을 거부하는 쪽으로 기울었다. 그러나 레닌은 어떤 희생을 감수해서라도 강화 조약을 맺을 것을 주장했다. 이런 이야기가 있다. 강화 회의의 러시아측 대표 가운데 한 사람이던 트로츠키에게 어떤 행사에 이브닝 코트를 입고 출석하라고 독일인이 요청한 일이 있었다. 트로츠키는 몹시 난처했다. 노동자의 대표가 그런 부르주아적인 옷차림을 해도 좋을까? 그래서 그는 레닌에게 전보를 쳐서 의견을 물었는데, 즉시 회신이 왔다. "만일 강화에 도움이 된다면 자네는 여자용 속옷이라도 입고 참가하게!"

소비에트가 강화 조건을 논의하고 있는 동안 독일은 페트로그라드를 향해 진격을 개시했다. 그와 동시에 그들의 강화 조건은 그 전보다 더 오만한 것이 되었다. 레닌의 권고는 드디어 소비에트에서 채택되고 그들은 1918년 3월 브레스트 - 리토프스크에서 강화 조약에 서명했다. 물론 그들은 이 강화를 몹시 증오하고 있었다. 이 강화 조약에 따라 러시아령 서부의 대지역이 고스란히 독일 영토에 합병되었다. 평화 협상은 어떻게 해서든지 성공해야만 했던 것이다. 그것은 레닌이 "군은 평화를 위해 발로 한 표를 던졌다"고 말한 대로였다.

맨 처음 소비에트는 세계 대전에 참가한 모든 나라들과 사이에 전면적인 평화를 실현하려고 했다. 정권을 장악한 이튿날 그들은 전 세계에 평화의 의도를 방송으로 전하고, 비밀 조약으로 이루어진 차르 정부의 모든 권익을 포기할 것을 명백히 선언했던 것이다. 그들은 말했다. "콘스탄티노플은 투르크인과 함께 머물러 있어야 한다. 그 밖에 어떤 영토의 병합도 하지 않을 것이다"라고.[156] 소비에트의 제안에 대해 어느 나라에서도 반응이 없었다. 전쟁을 하고 있던 두 진영은 저마다 아직 승산이 있다고 생각해서 전리품을 수탈하려는 저의를 버리지 않았기 때문이다. 어떤 점에서 소비에트의 이 제안은 확실히 선전 효과가 있었다. 그들은 각국의 대중과 전쟁에 지친 병사들에게 영향을 주어 다른 나라에서도 사회 혁명이 일어나기를 원했던 것이다. 왜냐하면 세계 혁명이 이루어진 뒤에야 비로소 그들은 그들 자신의 혁명을 안전하게 지킬 수 있다고 생각했기 때문이다. 소비에트의 선전이 독일과 프랑스의 군대 사이에서 큰 효과를 올렸음은 이미 말한 바와 같다.

　레닌은 브레스트 - 리토프스크 강화를 오래 계속되지 않을 일시적인 것으로 보고 있었다. 사실 9개월 뒤에 독일이 서부 전선에서 연합국에 패하자 그것은 즉시 소비에트측에 의해 폐기되었다. 레닌이 원한 것은 군대 안의 지친 노동자와 농민에게 잠시의 여유와 휴식을 주는 일이었다. 그렇게 하면 그들은 고향에 돌아가 그들의 눈으로 직접 혁명이 이루어 놓은 일들을 볼 수 있을 것이다. 그는 농민들이 이제는 토지가 그들의 것임을 깨닫게 되고, 또 공장 노동자들은 이제는 그들의 착취자들이 영원히 물러간 사실을 실감하기를 원했던 것이다. 그렇게 함으로써 그들은 혁명의 성과를 평가하고 그것을 지키는 데 열의를 가지며, 그들의 진짜 적이 어디에 있는가를 몸소 알게 될 것이다. 그는 머지 않아 내전이 일어나리라는 것을 잘 알고 있었던 것이다. 그의 판단은 뒷날 정확했다는 것이 증명되었다. 농민과 노동자는 전선에서 자신들의 농토로, 또 공장으로 돌아갔다. 그들은 볼셰비키도 사회주의자도 아니었지만 이미 그들에게로 돌아간 것을 내놓기를 바라지 않았기 때문에 혁명의 가장 신뢰할 만한 동지가 되었다.

　독일과 사이에 어떤 해결을 모색하면서도 볼셰비키의 지도자들은

---

156) 이 제안은 11월 8일 '제2차 전 러시아 소비에트 대회'의 결의에 따른 것이다. 그리고 차르의 러시아가 비밀 조약을 통해 콘스탄티노플을 영유하는 보장을 받고 있었던 것에 대해서는 백마흔여덟 번째 편지 참조.

국내 문제에도 주의를 게을리 하지 않았다. 기관총과 전쟁 물자를 소지한 많은 예전의 장교와 부랑자들은 여전히 대도시의 중심부에서 수시로 발포하거나 약탈을 자행하면서 비적 행위를 하고 있었다. 또 볼셰비키를 반대해 여러 가지 방해 공작을 펴는 예전의 무정부주의 정당의 당원도 있었다. 소비에트 당국은 이런 반혁명 분자들에게 철퇴를 가해 이를 일소했다.

소비에트 정권에 가장 위험했던 것은 여러 관직에 있었던 관리들이었다. 그들의 대부분은 볼셰비키의 지령을 받고 일하는 것을 꺼리고 어떤 방법으로든지 그들에게 협력하기를 거부했기 때문이다. 레닌은 "일하지 않는 자는 먹지 말라", 즉 일하지 않는 자에게는 식량을 주지 않는다는 원칙을 세워 이에 대처했다. 소비에트에 협력하지 않는 관리는 곧 파면되었다. 은행가는 금고 문 열기를 거부했지만 그것들은 다이너마이트로 열렸다. 협력을 거부한 구체제의 고용인들을 레닌은 가장 철저하게 경멸했는데, 이에 대한 본보기는 군의 총사령관이 명령에 복종하지 않았을 때의 일이었다. 그는 즉시 파면되고 5분도 지나기 전에 젊은 볼셰비키 크릴렌코(Krylenko)[157] 중위가 총사령관에 임명되었다.

이와 같은 변화가 있었는데도 러시아의 낡은 기구는 여전히 뿌리 깊게 남아 있었다. 거대한 사회 집단을 갑작스럽게 사회주의화하는 것은 쉬운 일은 아니다. 만일 사태의 경과가 절박하지 않았더라면 러시아의 변화에도 오랜 세월이 걸렸을지도 모른다. 농민이 지주를 추방했던 것과 마찬가지로 공장 노동자는 대개의 경우 지난날의 고용주에게 분노해 그들을 쫓아 내고 공장을 점령했다. 소비에트로서는 그런 공장을 예전의 자본가 소유주에게 반환한다는 것은 있을 수 없는 일이었다. 그래서 그것들을 접수했다. 어떤 경우에는 잇따라 일어난 내전중에 소유자가 공장 설비를 파괴하려고까지 했다. 그리하여 다시 소비에트 정부가

---

157) 혁명 전부터 볼셰비키 당원이었으며, 나중에 소비에트 정부의 사법 인민 위원과 검찰 총장을 역임했다. 10월 혁명 때에는 총사령관 두호닌(Dukhonin) 장군이 독일군과의 강화 추진 지령에 불복해 파면되자 그 후임자로서 약 반 년 동안 재임했다.

개입하고 그것들을 보호하기 위해 공장을 몰수했다. 이렇게 하여 생산수단의 사회화, 즉 일종의 국가 사회주의 또는 공장의 국유화 제도는 보통 조건에서보다는 훨씬 급속하게 진척되었던 것이다.

소비에트의 지배가 시작된 최초의 9개월 동안은 러시아의 생활이 그다지 많이 변하지 않았다. 볼셰비키는 비판뿐 아니라 악의의 공격마저 용인하고 있었고, 반볼셰비키 신문도 여전히 발행되고 있었다. 인민은 대부분 굶주리고 있었으나 부자들은 아직 허영과 사치를 위해 쓸 돈을 많이 가지고 있었다. 나이트 카바레는 번창했고, 경마와 그 밖의 스포츠도 계속되고 있었다. 부유한 부르주아들은 소비에트 정부가 조만간 무너질 것을 기대해서 이를 공공연히 축하하면서 대도시에 자주 모습을 드러냈다. 지난날에는 그토록 애국심에 불타 독일과의 전쟁을 수행하던 이들은 지금은 독일군이 페트로그라드에 진격해 오는 것에 갈채를 보내고 있었다. 그들은 독일군이 수도를 점령할 가능성이 있다 싶어 마음이 들떠 있었다. 사회 혁명은 그들로서는 외국 지배의 공포보다도 훨씬 꺼림칙한 것이었다. 이런 경우에는, 특히 계급의 대립이 거기에 얽혀 있을 때에는 언제나 그런 것이다. 우리는 지금 그것을 인도에서도 보고 있다. 많은 사람들은 여기에서도 그들의 사회적 특권을 빼앗기고 이미 얻은 이익을 잃기보다는 차라리 외국의 지배를 선택하려 하고 있는 것이다.

여하튼 생활은 이처럼 다소간 평온한 상태로 영위되었으며, 이 단계에서는 볼셰비키의 테러 같은 것이 없었던 것은 확실하다. 유명한 모스크바 발레는 날마다 만원인 관중 앞에서 상연되고 있었다. 소비에트 정부는 페트로그라드가 독일의 위협에 직면하자 수도를 모스크바로 옮겼으며, 그 이후 모스크바는 계속 수도가 되었다. 연합국 대사들은 아직 러시아에 주재하고 있었다. 그리고 페트로그라드가 독일군에게 함락될 위험이 닥치자 중심부에서 멀리 떨어진 볼로그다(Vologda)라는 시골로 피난했다. 그들은 별다른 일도 하지 않고 거기에 있었는데, 귀에 들려 오는 무서운 소문에 고개를 갸웃거리기도 하고 가슴이 두근거리기도 하면서 풍문이 사실인가 어떤가를 자꾸 트로츠키에게 문의했다. 트로츠키는 초조해 하는 이 늙은 외교관들의 신경질적인 잠음에 몹시 지쳐 "볼로그다 각하들의 신경을 진정시키기 위해 브로마이드(bromide) 처방을 써 달라!"고 말했을 정도다. 브로마이드란 신경질이 나서 과도한 흥분 증세를 나타내는 자에게 먹이는 진정제다.

세상은 겉으로는 평온을 되찾고 있었다. 그러나 외견상의 정적 뒤에서는 여러 가지 조류와 역류가 소용돌이치고 있었다. 아무도, 볼셰비키 자신조차도 그 정권이 오래 계속되리라고는 생각하고 있지 않았다. 모든 사람이 음모를 꾸미고 있었다. 독일은 남러시아의 우크라이나에 괴뢰 정부를 세워 강화가 성립되었는데도 끊임없이 소비에트를 쓰러뜨릴 기회를 엿보고 있었다.[158] 연합국은 물론 독일을 증오하고 있기는 했지만 볼셰비키는 그보다 더 싫어했다. 미국 대통령 윌슨은 1918년에 벌써 소비에트 회의에 충심이 가득한 서한을 보냈지만, 그는 그 뒤 그것을 후회하고 마음이 변한 것 같았다. 그래서 연합국은 반혁명 활동에 비공식적으로 군자금을 제공해 원조하고 몰래 계획에 참여하기까지 했다. 모스크바에는 외국의 스파이가 득실거리고 있었다. 영국은 아주 유능한 스파이로 알려진 영국 특무 기관의 거물을 소비에트 정부의 후방을 교란하기 위해 파견했다. 재산을 빼앗긴 귀족과 부르주아는 연합국의 자금 원조를 받으면서 계속 반혁명을 획책했다.

이것이 1918년 중간쯤의 정세였다. 소비에트의 운명은 그야말로 바람 앞의 등불처럼 보였다.

---

158) 독일은 강화가 성립된 전후를 통해서 끊임없이 우크라이나의 '라다(Rada)' 정부와 아제르바이잔, 그리고 그루지야 등 분리주의자들과 연락을 취하며 암암리에 또는 공공연히 반혁명을 원조했다. 우크라이나의 라다 정부는 소비에트 정부의 토지 몰수 정책에 반대하는 우크라이나의 옛 영주를 배경으로 하여 브레스트 - 리토프스크의 강화 회의에는 독자적인 대표를 파견했다. 그들은 인민의 반항을 억압하기 위해 독일과 분리 강화를 맺고 자진해서 독일군의 진주를 요청했다. 그 결과 독일군은 곧바로 우크라이나에 침입해 이 나라 국민들에게 가혹한 징발을 감행했다. 이처럼 독일은 패전할 때까지 러시아에 대한 책동을 멈추지 않았다.

152   *1933년 4월 11일*

소비에트가 마침내 내전에서 승리하다

  1918년 7월 러시아의 정세는 놀랄 만큼 변했다. 볼세비키를 둘러싼 포위망은 점점 좁혀지고 있었다. 독일인은 남쪽 우크라이나에서 위협하고, 또 전에 전쟁 포로였던 많은 체코슬로바키아인이 연합국의 지휘 아래 모스크바를 향해 진격해 왔다. 프랑스 쪽의 서부 전선에서는 여전히 전쟁이 계속되고 있었다. 그러나 소비에트 러시아에서는 연합국과 독일 세력이 따로따로 볼세비키를 타도하려는 공통 목표를 가지고 활동하는 이상한 광경이 전개되었다. 민족적인 증오는 매우 지독하고 격렬한 것이지만, 우리는 여기서 계급적 증오는 그보다 더 심각한 것이라는 사실을 보게 된다. 열강은 러시아에 대해 공식적으로 선전을 포고하지는 않았다. 그들로서는 소비에트를 괴롭히기 위해서는 이 밖에도 여러 가지 방법이 있었고, 특히 반혁명 지도자를 선동해 그들에게 자금과 무기를 주어 원조함으로써 그렇게 할 수도 있었기 때문이다. 몇 명의 옛 제국 장군들은 이제 소비에트를 향해 포문을 열었다.
  차르와 그의 가족은 우랄 산맥에서 가까운 동러시아에 죄수로 잡혀 그 곳 지구 소비에트의 감시를 받고 있었다. 체코 군대가 이 지방에 진격해 오자 지구 소비에트는 위협을 느끼고 혹시 차르가 구출되어 반혁명의 중심이 되지 않을까 걱정했다. 그래서 그들은 독단적으로 차르와 그 가족 모두를 처형해 버렸다. 이에 대해 소비에트 중앙 위원회는 책임이 없는 것처럼 보인다. 레닌은 차르의 처형에는 외교 정책상의 이유를 들어, 또 그 가족의 처형에 대해서는 인도적인 견지에서 반대하고 있었다. 그러나 일은 이미 저질러졌기 때문에 중앙 위원회는 이 행위를 정당화했다. 아마 이 사건이 연합국 정부를 더욱 놀라게 하고, 그들을 더욱 더 공격적으로 만들었는지 모른다.

    8월에 접어들자 정세는 더욱 악화되어 두 가지 커다란 사건이 일어나 분노와 실망과 공포를 자아냈다. 그 하나는 레닌에 대한 암살 미수 사건이고, 또 하나는 연합국의 북러시아 아르한겔스크(Arkhangelsk) 상륙이었다. 모스크바는 거센 흥분에 휩싸이고 소비에트의 운명은 끝장나는 것처럼 생각되었다. 모스크바 자체가 실제로 적 — 독일군, 체코군 및 반혁명군에 포위되어 있었다. 모스크바 주변에서 소비에트 통치 아래 있는 곳은 겨우 몇 개 지역에 지나지 않았고, 연합군의 상륙은 운명을 결정한 것처럼 보였다. 볼셰비키는 군대다운 군대를 가지고 있지 않았다. 그것은 브레스트 - 리토프스크 강화 이후 겨우 5개월 뒤의 일이었고, 예전 군대의 대부분은 이미 흔적도 없어져 버렸다. 모스크바 자체가 음모의 소굴이어서 부르주아지는 공공연히 소비에트가 몰락할 날이 다가온 것을 보고 환성을 올리는 판이었다.

    소비에트 공화국은 실로 생후 9개월 만에 이처럼 무서운 곤경에 허덕였다. 절망과 공포가 소비에트를 사로잡아 그들은 어차피 죽어야 할 바에는 투쟁 속에서 죽기로 결의했다. 약 1세기 전에 젊은 프랑스 공화국이 그랬듯 그들은 배수의 진을 치고 적에 대항했다. 이렇게 되면 인정사정 볼 것이 없다. 전국에 계엄령이 포고되고 9월 초 소비에트 중앙 위원회는 적색 테러를 선언했다. "모든 배신자에게는 죽음을, 외국 침략자에게는 가차없는 투쟁을." 그들은 내부의 적과 외부의 적에 대해 동시에 죽느냐 사느냐 하는 싸움을 계속했다. 그야말로 소비에트는 전세계를 상대로, 또 그들 자신의 반동 세력을 상대로 싸웠다. 이른바 '전시 공산주의(militant communism)'의 한 시기가 시작되고, 나라 전체가 적에게 포위된 일종의 병영이 되어 버렸다. 적군(the Red Army : 소비에트의 정규군)을 창건하기 위해 온갖 노력이 기울여지고, 트로츠키가 그 임무를 맡았다.

    1918년의 9월과 10월에는 마침 서부 전선에서 독일의 군사 기구가 해체되려 하고, 휴전 교섭이 진행되고 있었다. 미국 대통령 윌슨은 연합

소비에트가 마침내 내전에서 승리하다

국의 전쟁 목적을 구체화했다고 하는 그의 '14개 조항'을 제시했다. 기억해야 할 것은, 이 14개 조항의 제1조에는 러시아의 전 영토에서 군대는 철수해야 하며 러시아는 여러 나라의 원조 아래 스스로의 발전에 대해 완전한 기회가 주어져야 한다는 항목이 들어 있었다는 점이다.[159] 연합국의 러시아에 대한 간섭과 군대의 상륙은 이에 대해 정말로 유례없는 해석을 했던 것이었다. 볼셰비키 정부는 윌슨 대통령에게 각서를 보내 그의 14개 조항을 신랄하게 비판했다. 이 각서에서 그들은 이렇게 말했다. "귀하는 폴란드·세르비아·벨기에의 독립과 오스트리아·헝가리 인민의 자유를 요청했다. 그러나 우리는 귀하의 요청 속에 아일랜드·이집트·인도 내지는 필리핀 제도의 자유에 대해서는 전혀 언급되어 있지 않은 것을 이상하게 생각하는 바다."

    1918년 11월 11일 휴전 조약이 서명되자 동시에 연합국과 독일측 사이에는 평화가 수립되었다. 그러나 러시아에서는 1919년과 1920년에 걸쳐 계속해서 내전이 휘몰아쳤다. 소비에트는 사방에 흩어져 있는 적에 대해 고군 분투했다. 어떤 때에는 적군은 17개의 전선에서 한꺼번에 교전했다. 영국, 미국, 프랑스, 일본, 이탈리아, 세르비아, 체코슬로바키아, 루마니아, 발트 여러 나라, 폴란드 그리고 한 무리의 러시아 반혁명 장군들이 모두 러시아에 총칼을 들이대 전투는 동부 시베리아부터 발트와 크리미아 방면까지 걸쳐 벌어졌다. 소비에트의 생명은 몇 번인가 끊어지려 하여 모스크바마저 위협을 당했으며, 페트로그라드는 하마터면

---

159) 윌슨의 '14개 조항' 가운데 제6조에는 다음과 같이 명시되어 있다. "모든 러시아 영토로부터의 철군 및 러시아에 관한 모든 문제의 해결. 그것은 러시아가 자신의 정치적 발전과 국가의 정책을 자주적으로 결정할 수 있도록 구애받지 않는 기회를 부여하는 것이며, 세계의 다른 여러 나라 국민의 최선 및 가장 자유롭게 협력할 것을 보증하고, 러시아가 스스로 선택한 제도 아래서 자유로이 세계의 국가 대열에 끼는 것을 충심으로 환영할 것임을 보증한다. 또한 환영뿐 아니라 러시아가 필요로 하거나 희망하는 모든 원조, 앞으로 몇 개월 간에 러시아가 그 우호 국민으로부터 받게 될 대우는 그들 여러 나라의 호의나 이익과는 다른 것이다. 그것은 러시아의 필요에 대한 여러 국민들의 이해 정도 및 지적이고 공평 무사한 동정에 대한 리트머스 시험일 것이다."

연합국에게 함락될 뻔했다. 그러나 소비에트는 모든 위기를 극복하고 승리를 거듭하면서 자신을 얻고 힘은 증대해 갔다.

반혁명 지도자 가운데 콜차크(Kolchak) 제독[160]이 있었다. 그는 러시아의 원수라 자칭했고, 연합국은 그를 그렇게 대우해 적지 않은 원조를 했다. 미국군을 이끌고 콜차크를 도운 협력자였던 그레이브스(Graves) 장군은 시베리아에서의 그의 미친 짓을 다음과 같이 보고했다.

> 무서운 살인이 벌어졌다. 그러나 이것은 세계가 믿고 있는 것처럼 볼셰비키가 저지른 것이 아니다. 볼셰비키가 한 사람을 죽일 때마다 반볼셰비키는 100명을 죽였다고 해도 과언은 아닐 것이다.

고명한 정치가들이 어느 정도의 지식을 가지고 큰 나라의 국무를 지도하고 전쟁을 하거나 평화를 약속하는가에 대해서는 너로서도 흥미 깊은 일일 것이다. 당시의 영국 총리 로이드 조지(Lloyd George)[161]는 아마 유럽에서도 가장 명성이 높았던 인물일 테지만, 영국 하원에서 러시아에 관해 연설하면서 그는 콜차크와 다른 러시아의 장군들에 대해 언급한 적이 있었다. 그는 그 때 '하르코프 장군(General Kharkov)'에 대해

---

160) 제정 러시아의 해군 소장. 제1차 세계 대전 당시 사령관으로서 발트 해 및 흑해 함대를 지휘했다. 2월 혁명 뒤 임시 정부의 사절로서 군사 협정을 위해 미국에 파견되었으나 귀국중 볼셰비키 혁명을 맞았다. 1918년 영국의 지지를 얻어 옴스크에 반혁명 정부를 수립했다. 1919년 봄에는 볼가 부근까지 진출했으나, 프룬제가 지휘하는 적군에게 패하고 11월에는 옴스크도 함락되어 1920년 1월 이르쿠츠크로 도망했으나 체포되어 총살당했다.
161) 영국의 총리. 대전 전부터 자유당 내 진보파 정치가로서 의회 제도의 민주화와 사회 입법 등에 눈부신 활약을 보였다. 제1차 세계 대전중에는 애스퀴드 내각에 입각해 재무상·군수상·육군상을 역임하고 1916년 12월 이후부터는 거국 일치 내각의 총리로 전쟁 수행에 최대의 추진력이 되었다. 1918년의 승리 후에도 1922년까지 계속 총리로서 전후의 제반 문제를 처리하고 베르사유 평화 회의에서는 수석 전권으로서 윌슨·클레망소와 함께 회의를 주도했다. 만년에는 그의 개인적인 명성에도 불구하고 차츰 기울어져 가는 자유당의 열세를 만회할 수 없어 실의 속에 나날을 보냈다.

소비에트가 마침내 내전에서 승리하다

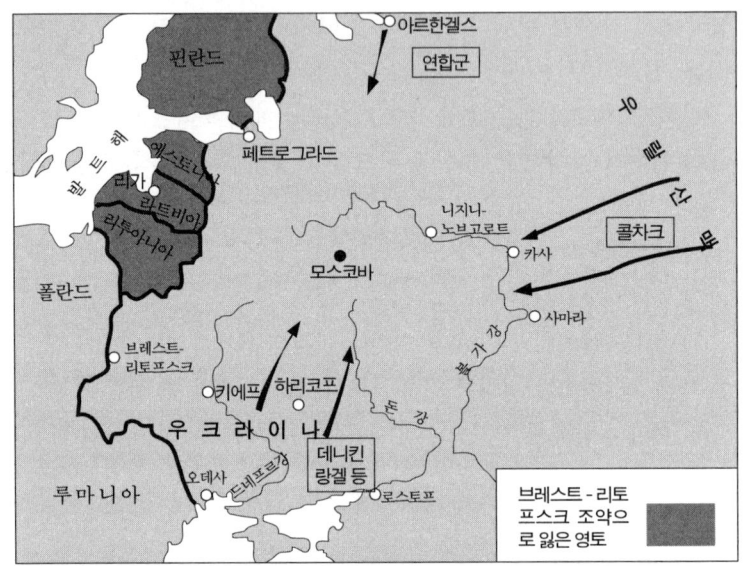

소비에트 러시아(1918~19년)

서까지 말했던 것이다. 하르코프는 장군이 아니라 중요한 도시로서 우크라이나의 수도인데, 이렇게 초등 지리에 어두운 정치가들도 유럽을 잘게 쪼개 새로운 지도를 꾸미는 데는 조금도 지장이 없는가 보다.

연합국은 또 러시아를 봉쇄했다. 이 봉쇄는 크게 효과를 올려, 1919년 1년 동안 러시아는 외국으로부터 물건을 살 수도 팔 수도 없었다.

이렇게 가중되는 모든 곤란과 수많은 강대한 적 앞에서도 소비에트 러시아는 잘 견뎌 냈고, 드디어는 개가를 올렸다. 그것은 어떻게 이루어졌을까? 연합국이 단결해 볼셰비키 타도를 위해 한마음으로 매진했더라면 그들이 기대한 목적을 빨리 달성할 수 있었을지도 모른다. 독일에 일단락을 본 그들은 그대로 그 방대한 군대를 조종할 수 있었다. 그러나 이런 군대를 필요한 장소에서 적절히 사용하는 것은 그렇게 쉬운 일은 아니었다. 특히 소비에트에 대해서는. 그들은 모두 전쟁에 지쳐 있었고, 만일 더 이상 대외 전쟁을 요구했다면 국민으로부터 거부당했을 것이다. 또한 노동자들은 새로운 러시아를 크게 동정하고 있었다.

그리하여 연합국 정부는 만일 소비에트에 대해 공공연히 전쟁을 선언하면 국내에 분규가 일어날 것을 염려했다. 사실 유럽은 바야흐로 반란의 위기에 직면하고 있는 것처럼 보였으며, 또 여러 연합국 사이에 서로 대립이 있었다. 평화를 되찾은 순간 그들은 서로 다투고 싸움을 시작했다. 이런 사정들이 뒤얽혀 그들 스스로가 볼셰비키를 타도하기 위한 단호한 조치를 취할 수 없었던 것이다. 그들은 될 수 있는 대로 남이 싸우게 하고, 자금과 무기와 전문적인 지도를 제공함으로써 간접적으로 목적을 달성하려고 했다. 그들은 소비에트가 오래 지탱될 수 없을 것이라고 느끼고 있었다.

분명히 소비에트는 이런 모든 사태를 놓치지 않고 그들이 힘을 기를 시간적 여유로 이용했다. 그러나 그들의 승리가 외부의 환경 덕택이라고 생각하는 것은 그들에 대한 정당한 평가라고는 할 수 없다. 본질적으로 그것은 러시아 인민의 자신과 정의감, 희생 정신, 굽히지 않은 결의 덕택이었다. 그렇지만 이상한 것은 그 같은 국민이 어디서든지 게으르고 무지하고 타락한, 또 큰 노력을 감당할 수 없어 하는 국민이라는 평을 받고 있었다는 점이며, 더구나 이 판단은 결코 틀린 것은 아니었다는 사실이다. 자유는 습관이다. 그리고 만일 우리가 오랫동안 그것을 박탈당한 채로 있으면 우리는 그것을 잊게 되기가 쉽다. 이런 무지한 러시아의 농민과 노동자는 이 습관을 실제로 경험할 기회를 가지지 못했던 것이다. 그러나 그 고난의 나날에 러시아를 지도한 정신은 이 빈약한 인간적 소재를 강력하고 조직된 민족으로 만들어 자신의 사명에 대한 신념을 각성시키고 자신을 갖게 하는 것이었다. 콜차크나 그와 같은 종류의 사람들이 패배한 것은 볼셰비키 지도자의 재능과 결단 때문일 뿐 아니라 러시아 농민이 그들의 재등장을 거부했기 때문이기도 했다. 농민들에게 있어 그들은 새로 얻은 토지와 그 밖의 권리를 빼앗기 위해 온 구질서의 대표자로 여겨졌으므로, 농민은 목숨을 걸고 그것을 지킬 결심을 했던 것이다.

주위의 모든 사람 가운데 유난히 높이 솟아 비길 데 없는 명예에 빛

소비에트가 마침내 내전에서 승리하다

난 사람은 바로 레닌이었다. 러시아 국민에게 그는 흡사 반인 반신(demi-god)이었고 희망과 신념의 상징이었으며, 아무리 괴로운 처지에 빠졌을 때에도 거기에서 벗어날 길을 알고 아무도 혼란에 빠지지 않게 하는 현인이었다. 당시에(지금 러시아에서 그는 명예가 실추되었으므로) 그와 버금가는 인물은 트로츠키였다.[162] 그는 문장가인 동시에 웅변가이며, 전에 군사상의 경험이 없었는데도 내전과 열강의 러시아 봉쇄 시기에 대군을 창설한 사람이다. 트로츠키는 격렬하고 과감해 자주 생명의 위험을 무릅쓰고 전투를 수행하고 있었다. 만일 누군가 용기가 없거나 훈련이 부족한 태도를 보이면 그는 조금도 용서하지 않았다. 내전이 아슬아슬한 고비에 접어들었을 때 그는 다음과 같은 지령을 내렸다.

> 각급 부대가 명령 없이 퇴각했을 때에는 가장 먼저 그 부대의 정치 위원을 총살하고, 그 다음에 지휘관을 총살할 것이므로 주의하라. 용감하고 대담한 병사를 뽑아 새로 그 임무를 맡길 것이다. 비겁자, 겁쟁이, 배신자는 모두 실탄 세례를 받을 각오를 하라. 이것을 전체 적군 앞에서 엄숙히 약속한다.

그리고 트로츠키는 이 약속을 지켰다.
1919년 10월 트로츠키가 포고한 또 하나의 지령은 볼셰비키가 언제나 인민과 자본가 정부를 구별함으로써 일방적인 민족주의적 태도를 취하지 않았음을 보여 주는 것으로서 흥미가 있다.

> 그러나 우리가 영국의 앞잡이인 유데니치(Yudenich)[163]와 격렬하게 전투를 벌이고 있는 이 순간에도 이 위원은 여러분이 두

---

162) 트로츠키는 레닌이 사망한 뒤 1926년 공산당에서 제명되어 1929년 국외로 추방되었다. 스탈린 체제 아래 소비에트 러시아에서 트로츠키는 레닌에 협력한 혁명의 지도자가 아니라 오히려 혁명의 훼방자로 낙인찍혀 레닌과 사이에 있었던 수많은 대립만이 지적되었다.

개의 영국이 존재한다는 것을 절대로 잊지 말기를 요구한다. 이윤과 폭력과 뇌물과 피에 굶주린 영국과 더불어 노동과 정신력과 국제적 연대의 고매한 이상의 영국이 존재한다. 우리들과 싸우고 있는 것은 야비하고, 거짓말쟁이 그리고 증권 투기꾼인 영국이다. 땀 흘리는 영국과 그 인민은 우리 편인 것이다.

페트로그라드가 유데니치의 수중에 들어가기 직전에 이르렀을 때 국방 위원회의 방위 방침 가운데에는 얼마만큼 완강하게 적군이 싸웠는가를 시사해 주는 것이 있다. "페트로그라드를 마지막 한 방울의 피를 바쳐서라도 지켜 낼 것. 한치도 양보하지 말 것. 전투를 시가지 속으로 유도할 것" 등이 바로 그것이다.

러시아의 대작가 막심 고리키는 언젠가 레닌이 트로츠키에 관해 한 말을 이렇게 전하고 있다.

그렇다면, 1년 이내에 모범이 될 만큼 거의 완벽한 군대를 건설하고, 게다가 군사 전문가들의 존경을 한 몸에 받을 만한 재능을 지닌 사나이가 따로 있다면 말해 보라. 우리들 속에는 이러한 사람이 있는 것이다. 우리들은 모든 것을 소유하고 있다. 더구나 기적은 잇따라 일어나고 있다.

그리하여 적군의 세력은 무럭무럭 불어났다. 1917년 12월, 볼셰비키가 정권을 획득한 이후 그 병력은 43만 5000명이었다. 그러나 브레스트 - 리토프스크 강화 조약 이후로는 그 중의 대부분이 없어졌던 까닭에 군대는 새로 조직하지 않을 수 없었으리라 짐작된다. 그런데도 놀라운

---

163) 제정 러시아의 장군. 제1차 세계 대전 때 코카서스 방면군의 사령관으로서 투르크군을 무찔러 명성을 떨쳤다. 11월 혁명 뒤 영국의 원조 아래 에스토니아에서 백군을 조직, 1919년의 봄부터 가을까지 2회에 걸쳐 페트로그라드를 위협했으나 적군에게 패해 런던 · 파리 등지로 망명했다.

소비에트가 마침내 내전에서 승리하다

것은 1919년의 중반 무렵까지에는 150만 명이 되었고, 그 1년 뒤에는 총 병력이 무려 530만 명에 이르렀다는 사실이다.

1919년 말까지 소비에트는 내전에서 그 적에 대해 결정적인 우위를 획득했으나 그 뒤에도 1년 동안은 전쟁이 계속되어 여러 차례 위기에 봉착했다. 1920년에는 폴란드의 신생 국가(독일이 패한 뒤 새로 수립된 나라)가 러시아와 분쟁을 일으켜 전쟁이 터졌다. 이들 모든 전쟁은 사실상 1920년 말까지는 종결되어 마침내 러시아는 어렵게나마 평화를 되찾았다.

그러는 동안 국내에는 여러 가지 곤란한 문제가 쌓여 갔다. 전쟁과 봉쇄와 유행병과 기근은 국가를 비참한 상태로 몰아넣었다. 게다가 생산은 극도로 저하됐다. 적군들(rival armies)이 끊임없이 대지를 행진하고 있는 동안은 농민은 토지를 경작할 수 없었고 노동자는 공장을 돌릴 수 없었기 때문이었다. '전시 공산주의'는 나라를 이럭저럭 이끌고 가기는 했지만 누구를 막론하고 이를 악물고 공복을 참아야만 했다. 그리고 마침내 이 과정은 너무나도 견디기 힘드운 것이 되었다. 농민들은 생산에 그다지 열을 올리지 않았다. 왜냐하면 그들은 이렇게 말했다 — 당시 지배적이던 전시 공산주의하에서는 그들이 생산한 잉여 농산물을 국가가 남김없이 모조리 거둬 갈 것이며, 그렇다면 어찌 죽도록 고생을 해가면서까지 생산할 까닭이 있겠는가? 매우 곤란하고 위험한 상황이 나타나고 있었다. 페트로그라드 부근의 크론슈타트(Kronstadt)에서는 해군 반란이 일어났으며, 페트로그라드(또는 레닌그라드) 자체내에서는 동맹 파업이 빈발하는 지경에 이르렀다.

원칙을 눈앞의 여러 조건에 적용시키는 데 천재였던 레닌은 즉시 대책을 강구했다. 그는 전시 공산주의를 폐지하고 신경제 정책(New Economic Policy) 또는 간단히 네프(NEP)라고도 하는 새로운 정책을 채택했다. 이것은 농민에게 생산과 그 생산에서 얻은 수확물의 판매에 종래보다 대폭적인 자유를 부여하고 동시에 일종의 상거래를 인정하는 것이었다. 그것은 어느 정도까지 엄격한 의미의 공산주의 원칙에 어긋

나는 것이었다. 하지만 레닌은 당시의 임시 조치로 그것을 승인했다. 그것은 확실히 인민에게 커다란 구원을 가져다 주었다. 그러나 얼마 안 있어 러시아는 또 하나의 뜻하지 않은 재난에 봉착해야만 했다. 그것은 동남 러시아의 광대한 지역을 휩쓴 대한발과 그로 인한 흉작에 따른 기근이었다. 그것은 과거에 알려진 것 가운데 최대의 것으로 실로 가공할 만한 굶주림이었는데, 그로 인해 몇백만 몇천만 명이 죽어 갔다. 그것은 다년간에 걸친 전쟁과 내전과 봉쇄와 경제적 파탄 끝에, 더구나 소비에트 정부가 아직도 평화적인 활동에 정착할 여유를 갖지 못하는 동안에 닥쳐온 재난이어서 자칫하면 정부의 모든 구조를 송두리째 뒤엎어 버릴 가능성마저 있었다. 그러나 소비에트는 그보다 앞서 있었던 몇 번인가의 재해를 극복한 전례에 따라 이번에도 그것을 뚫고 나갔다. 이 같은 기근을 구제하기 위해 어떻게 원조해야 할까를 토의하는 회의가 유럽 여러 나라 정부 사이에서도 열렸다. 그들은 소비에트 정부가 이미 부인하고 있는 차르 정부 시대의 부채를 갚겠다는 약속을 하지 않는 한 원조하지 않을 것임을 선언했다. 채권자는 인도주의자보다 강했다. 그리고 죽어 가는 어린이들을 살리기 위한 러시아 어머니들의 가슴이 찢어지는 듯한 호소도 무시당했다. 다만 미국만은 조건 없이 많은 원조를 주었다.

영국과 다른 유럽 나라들이 러시아의 기근을 도울 것을 거부했을 때 그들은 그 이외의 점에서 소비에트를 따돌리고 있던 것은 아니었다. 1921년에 영국과 러시아 통상 조약이 서명되고, 다른 나라들도 이 예를 본받아 소비에트와 통상 조약을 맺었다.

중국과 투르크와 페르시아와 아프가니스탄 같은 동양의 여러 나라에 대해서 소비에트는 매우 관대한 정책을 취했다. 그들은 차르 시대의 특권을 폐기하고 매우 우호적인 태도로 접근하려 했다. 이것은 그들의 모든 종속·피압박 민족을 위한 자유의 원칙에 따른 것이었다. 그러나 그들에게 그보다 중요한 동기가 된 것은 그렇게 함으로써 자기 나라의 지위를 강화하려고 한 속셈에서였다. 영국과 같은 제국주의 열강은 소비에트 러시아의 그러한 관대한 정책 때문에 자주 불리한 처지에 놓이게 되었다. 동양의 여러 나라들은 영국과 그 밖의 열강에게는 결코 이익이 될 수 없을 정도로 소비에트 공화국을 높이 평가하는 것이었다.

　　1919년에 일어난 또 하나의 중요한 사건을 여기서 말해 두어야겠다. 그것은 공산당이 '제3인터내셔널'을 모스크바에서 결성했다는 사실이다. 나는 앞의 편지에서 칼 마르크스가 창립한 '제1인터내셔널'과 호기 있는 말들을 늘어놓았으나 1914년의 전쟁 발발과 함께 실패로 돌아간 '제2인터내셔널'에 대해 얘기했다. 볼셰비키는 노동자 계급이 제2인터내셔널을 결성한 옛 노동자 및 사회주의 정당에게 배신당했다고 생각했다. 따라서 그들은 자본주의에 대해, 제국주의에 대해 그리고 또 '중도 정책(middle-of-the-road)'을 추구하는 기회주의적 사회주의자에 도전하기 위해 명확하고 혁명적인 세계관 아래 제3인터내셔널을 결성했다. 이 인터내셔널은 흔히 코민테른(Comintern)이라고도 일컬어지는데, 많은 나라들에서 혁명을 크게 선전했다. 명칭이 시사하고 있듯 그것은 많은 나라의 공산당에 의해 뽑히는 국제 조직이지만, 러시아는 공산주의가 승리한 유일한 나라로서 당연히 코민테른을 지배하고 있다. 같은 인물들이 코민테른과 소비에트 양쪽에 걸쳐 지위를 차지하고는 있지만 물론 코민테른은 소비에트 정부와는 성격이 다르다. 코민테른은 스스로 혁명적 공산주의를 펴는 조직체로서 자처하고 있는 단체인 만큼 제국주의 열강은 이를 몹시 싫어해 자신의 영토내에서 이 조직의 활동을 끊임없이 억압하고 있다.

　　제2인터내셔널(노동자와 사회주의자 인터내셔널)은 전후 서유럽에서 부활했다. 제2·제3 인터내셔널은 적어도 이론상으로는 대부분 같은 목적을 가지고 있지만, 그들의 이데올로기와 방법은 매우 달라 그들 사이에 우호적인 기미는 거의 없다. 그들은 자신들의 공통의 적인 자본주의를 공격하는 경우보다 오히려 더 심하게 서로간에 욕설을 퍼붓고 때리며 공격을 한다. 제2인터내셔널은 지금은 존경받는 조직이어서 유럽 여러 정부의 내각에 자주 각료를 보내고 있다. 그러나 제3인터내셔널은 여전히 혁명적인 성격을 지니고 있기 때문에 결코 존경할 만한 상태에 있다고 할 수 없다.

러시아에서는 내전 기간에 적색 테러와 백색 테러가 무서운 잔학성을 서로 겨루었다. 아마 이 경쟁에서는 후자가 전자보다 훨씬 앞섰을 것이다. 이것은 내가 아까 인용한 콜차크의 잔학성에 관한 미국 장군의 서술과 그 밖의 기사에서 끌어 낼 수 있는 결론이다. 그러나 적색 테러도 격렬한 것이었음은 명백해서 많은 무고한 사람들이 그 때문에 고생해야 했다. 사방에서 공격을 받고 음모와 간첩에 둘러싸여 있는 볼셰비키의 신경은 과중한 부담을 견디기가 어려워 사소한 혐의에 대해서도 무거운 벌을 과했다. 그들의 체카(Cheka)라는 정치 경찰은 그런 종류의 테러 때문에 악평을 받았다. 그것은 인도의 C.I.D.(범죄 수사부)와 비슷하며, 그보다 더 큰 권력을 가진 것이다.

이 편지는 길어질 것 같다. 그러나 나는 이 편지를 끝내기 전에 레닌에 대해 좀더 말해 두어야겠다. 1918년 8월 그의 생명을 빼앗으려는 음모가 있었을 때 부상을 당했는데도 레닌은 별로 쉬지 않았다. 산더미처럼 쌓인 일에 몰두한 그는 1922년 5월에는 결국 졸도하기도 했다. 잠시 휴식을 취한 뒤 그는 다시 일을 계속했으나 그것도 오래 가지는 못했다. 1923년에는 몹시 쇠약해져서 그 뒤 끝내 회복되지 못했으며, 1924년 1월 21일 모스크바 부근에서 사망했다.

며칠 동안 레닌의 시체는 모스크바에 안치되었다. 겨울이었고 또 시체는 화학적 방법으로 보존되어 있었기 때문에 러시아 전국 각지에서 또 머나먼 시베리아의 스텝 지대에서 일반 인민의 대표 — 농민·노동자·남자·여자·어린이가 모여들었다. 그들을 깊은 수렁에서 끌어내 더욱 풍족한 생활의 길을 가르쳐 준 그들의 사랑하는 동지에게 마지막 인사를 드렸다. 그들은 레닌을 위해 간소하고 허식이 없는 묘소를 아름다운 모스크바의 '붉은 광장(Red Square)'에 세웠는데, 거기에 그의 시체는 지금도 유리 상자에 넣어진 채 누워 있어 밤마다 끝없는 행렬이 조용히 그 옆을 지나간다. 레닌이 사망하고 나서 아직 몇 해가 지나지 않았

소비에트가 마침내 내전에서 승리하다

지만, 이미 레닌은 그의 조국인 러시아뿐 아니라 넓은 세계에서 하나의 위대한 전설적인 주인공이 되었다. 세월이 갈수록 그의 영예는 더욱 커져서 그는 이 세상 불후의 영웅 대열에 끼이게 되었다. 페트로그라드는 레닌그라드로 개칭되고, 러시아에는 거의 집집마다 레닌의 제단이나 레닌의 초상화가 있다. 하지만 그는 결코 기념물과 그림 속에만 살아 있는 것이 아니다. 그는 그가 이룩한 거대한 사업 속에 살아 있으며, 그리고 오늘날 그의 모범 속에서 영감을 얻고 더욱 나은 날의 희망을 찾아 일하는 사람들의 마음 속에 그에 대한 기억은 살아 있다.

레닌이라는 사람을 일에만 몰두해서 그 밖에는 아무것도 생각지 않는 비인간적인 일종의 기계 같은 존재였다고 생각해서는 안 된다. 확실히 그는 일과 그의 일생의 사명에 절대적으로 헌신했고 동시에 전혀 사심이 없었으며, 흡사 하나의 이념의 화신이기도 했다. 그렇지만 그는 매우 인간미가 풍부한 사람이며, 모든 성질 중 가장 인간적인 것인 진심으로 웃을 줄 아는 능력을 가진 사람이었다. 소비에트 초기의 가장 다난했던 시대를 모스크바에서 지낸 영국 관리 로커트(Lockhart)는 어떤 일이 있어도 레닌은 언제나 유머러스했다고 말하고 있다. "내가 만난 적이 있는 공인(公人) 가운데 그는 누구보다도 기분의 변화가 적은 인물이었다"고 이 영국의 외교관은 말했다. 어떤 말을 하거나 행동을 할 때에도 그는 소박하고 솔직해 호언장담과 허세를 싫어했다. 또한 그는 음악을 사랑했다. 음악이 지나치게 그의 마음을 끌어서 일에 대한 그의 열의를 무디게 하지 않을까 싶을 만큼 그는 음악을 사랑했다.

오랫동안 볼셰비키의 교육 인민 위원이었던 레닌의 동지 루나차르스키(Lunacharsky)는 일찍이 그에 관해 재미있는 말을 한 적이 있었다. 그는 레닌이 자본가를 규탄하면서 예수가 고리 대금업자를 교회에서 추방했다고 말한 데 대해 다음과 같이 덧붙였다. "예수가 오늘날 살아 있었다면 그는 볼셰비키였을 것이다." 비종교적인 사람의 말로서는 재미있는 표현이 아니냐.

또한 여성에 관해 레닌은 이렇게 말한 적이 있다. "인구의 절반이 부엌에 갇혀 있는 한 어떤 민족도 해방되지 못한다." 언젠가 어린이들을 어르면서 그가 말한 의견은 매우 교훈적이다. 그의 오랜 친구인 막심 고리키는 그가 "이 어린이들은 틀림없이 우리보다 더 행복한 생활을 하게 될 것이다. 그들은 우리가 겪어 온 것 같은 일을 겪지는 않을 것이고, 그들의 생애에는 지금까지와 같은 많은 비참한 일도 없을 것이다"라고 말했다고 전한다. 우리들도 모두 그렇게 희망하자.

  이 편지를 끝내기 전에 관현악단 전체와 인민의 합창단으로 연주되는, 최근 작곡된 러시아 음악의 가사를 네게 전해 주겠다. 이 음악을 들은 사람의 말에 따르면 이 곡은 활기와 힘이 넘치며 노래는 혁명 대중의 정신을 표현하고 있는 것 같다. 이 음악의 가사를 영어로 번역하더라도 그 정신이 어느 정도는 남아 있다. 노래는 「10월(October)」이라는 제목을 가지고 있는데, 물론 1917년의 러시아 혁명을 말한다. 당시 러시아의 달력은 옛날 식이라서 지금의 서양 달력보다 13일이 늦다. 이 구식 달력에 따르면 1917년 3월 혁명은 2월에 일어났으므로 이 혁명은 지금 '2월 혁명'이라고 일컬어진다. 마찬가지로 11월에 있었던 혁명은 '10월 혁명'이라고 한다. 지금 러시아는 달력을 바꾸어서 서양 달력과 같지만 이들 혁명들은 여전히 옛날 방식대로 일컬어지고 있다.

> 우리는 갔다, 일과 빵을 요구하며
> 우리의 가슴은 고통으로 억눌렸다
> 공장의 굴뚝은 하늘을 향하고 서 있었다
> 마치 주먹을 쥘 힘이 없는 피곤한 손들처럼.
> 대포보다 큰 소리를 내며 우리의 슬픔과 고통은
> 적막을 깨뜨렸다.
> 오, 레닌! 굳은살이 박인 손들의 소망.
> 우리는 알았다, 레닌, 우리의 운명은 투쟁이라는 것을! 투쟁! 투쟁!
> 동지는 우리를 최후의 결전으로 인도했다. 투쟁!
> 동지는 우리에게 노동의 승리를 가져다 주었다.

소비에트가 마침내 내전에서 승리하다

어느 누구도 무지와 억압에 대한 우리의 승리를 빼앗을 수 없다.
어느 누구도! 어느 누구도! 결코! 결코!

투쟁 속에는 모두가 젊고 용감하다, 우리 승리의 이름은 10월 이니까!

10월! 10월!

10월은 태양으로부터의 사절(messenger).

10월은 봉기하는 세기들의 의지!

10월! 노동이요 기쁨이요 노래다.

10월! 들판과 기계에서 일하는 모든 자의 행운!

여기에 젊은 세대와 레닌의 이름이 적힌 깃발이 있다.

찾아보기 2

3국 동맹(Triple Alliance) 304
3월 혁명 506
7년 전쟁 29, 50
11월 혁명 519
19세기 119, 126, 454
30년 전쟁(Thirty Years' War) 15
1848년 혁명 277
1905년 혁명 446, 503
A · B · C 3국 393

[ㄱ]

가리발디(Garibaldi) 290
간디(Gandhi) 453, 480
고리키(Gorky, Maxim) 453
공리주의(utilitarianism) 331
공산당 선언(Communist manifesto) 132, 343
공화당(the Republican Party) 397
괴테(Goethe) 306
교황령(the Papal State) 289
구르카인(Gurkhas) 139
국민 공회(the National Convention) 75
국민 의회(the National Assembly) 65
국민당 226
국민회의(The Indian National Congress) 185
국부론 148, 324
국제 노동자 협회(International Working-Men's Association) 345
국제 연맹(League of Nations) 111, 500
굽타 제국 263
기번(Gibbon) 23
길로틴(Guillotine) 68

[ㄴ]

나이팅게일(Nightingale, Florence) 165, 367
나폴레옹 3세 286, 297, 366
나폴레옹 법전(Code Napoléon) 98
나폴레옹(Napoleon Bonaparte) 92, 102, 191, 232, 381, 441
남경 조약 194
내전(Civil War) 386

네프(N.E.P.) 534
노동당(Labour Party) 349
노동자 사회주의 인터내셔널(Labour and Socialist International) 348
농노(villein) 31
뉴턴(Newton, Isaac) 316
니콜라이 2세(Nicholai II) 465
니힐리즘(Nihilism) 443

[ㄷ]

다윈(Darwin, Charles) 133, 314, 357
당통(Danton) 75
대만 사변 211
데이비스(Davis, Jefferson) 386
데카브리스트(Dekabrist) 442
독립선언서(Declaration of Independence) 55
독일(German) 114, 295
동남 아시아 229
동인도 제도 232
동인도 회사 47, 148, 161, 232
두마(Duma) 449
디드로(Diderot) 22
디킨스(Dickens, Charles) 313

[ㄹ]

라 마르세예즈(La Marseillaise) 76
라살레(Lassalle, Ferdinand) 303
라스푸틴(Rasputin) 505
라파예트(La Fayette) 88

란지트 싱(Ranjit Singh) 140
러시아 214, 438, 503
러시아 혁명 446, 503
레닌(Lenin) 351, 445, 510
레닌그라드(Leningrad) 26, 455
로마노프가(the house of Romanoff) 508
로베스피에르(Roberpierre) 82
로자 룩셈부르크(Rosa Luxemburg) 303
루소(Rousseau, Jean Jacques) 21
루이 14세 23
루이 15세 24, 60
루이 16세 61, 63
루이 필립(Louis Philippe) 115
르네상스(Renaissance) 260, 411
리슐리외(Richelieu) 17
리프크네히트(Liebknecht, Wilhelm) 303
링컨(Lincoln, Abraham) 386

[ㅁ]

마르크스(Marx, Karl) 342, 352, 444, 511
마리 앙투아네트(Marie Antoinette) 61
마리아 테레사(Maria Theresa) 25
마멜루크(Mamelukes) 96
마자랭(Mazarin) 17
마치니(Mazzini, Giuseppe) 289
말레이 연방(Federated Malay States) 235

말리노프스키(Malinowsky) 452
맘루크족 419
맥도널드(MacDonald, Ramsay) 349
먼로주의(Monroe Doctrine) 116, 392
메소포타미아 256
메이플라워호(Mayflower) 49
메테르니히(Metternich) 107
명예 혁명 16
모한다스 카람찬드 간디(Mohandas Karamchand Gandhi) 480
모헨조다로 254
몬트리올(Montreal) 51
몽테스키외(Montesquieu) 21
무솔리니(Mussolini) 349
무정부주의(Anarchism) 339, 350
미국(America) 48, 246, 380, 391
미라보(Mirabeau) 69
민주당(the Democratic Party) 397
밀(Mill, John Stuart) 330

범이슬람 운동(Pan-Islamic Movement) 437
베스트팔렌 강화 조약(the Peace of Westphalen) 15, 25
보르네오 121
보어(Boer) 공화국 379
볼셰비키 447, 513
볼테르(Voltaire) 20
부르봉가(Bourbon) 85
부르주아(Bourgeois) 281
브레스트-리토프스크(Brest-Litovsk) 521
비스마르크(Bismarck, Otto von) 296, 304
빅토르 위고(Victor Hugo) 308
빅토리아 시대 362
빅토리아(Victoria) 여왕 363
빌헬름 2세(Wilhelm II) 304, 463

[ㅂ]

바그다드(Baghdad) 419, 464
바론 폰 슈타인(Baron von Stein) 102
바바르(Babar) 146, 260
바스티유 감옥 65
바이런(Byron) 115
바쿠닌(Bakunin, Mikhail) 341
발자크(Balzac, Honor de) 309
백일 천하(The Hundred Day) 107
버마(Burma) 139, 234

[ㅅ]

사드 자글룰 파샤 425
사르디니아 왕국 114
사이이드 아마드 칸(Sayyid Ahmad Khan) 185
사파위 왕조 272
사회 민주 노동당(Social Democratic Labour Party) 444
사회 민주당(Socialist Democratic Party) 304, 446
사회 민주주의(social democracy) 346

사회 혁명당(the Social Revolutionaries) 515
사회주의 333, 336, 345
산업 혁명 33, 39, 60, 320
살라딘(Saladin) 419
삼부회(the States-General) 63
상층 부르주아(upper Bourgeois) 281
생디칼리스트 347
샴(Siam) 235
서태후 205
세계 대전 461, 482, 490
셀주크 투르크 251
셈족(Semites) 264
소비에트(Soviet) 448, 526
손문 225
수에즈 운하(Suez Chanal) 122, 152, 252
스미스(Smith, Adam) 148, 324
스와데시(Swadeshi) 187
스와라지(Swaraj) 284
스티븐슨(Stephenson) 42
스파르타쿠스단(Spartakusbund) 303
시모노세키 조약 212
시아파 이슬람 교도(Shia Muslim) 277
신 페인(Sinn Fein) 412
신경제 정책(New Economic Policy) 534
신공화력(new republican calendar) 83
신성 동맹(The Holly Alience) 114
실증주의(Positivism) 330

[ㅇ]

아리아 사마지(Arya Samaj) 179
아베스타(Avesta) 263
아비시니아(Abyssinia) 423, 426
아인슈타인(Einstein, Albert) 323
아일랜드 397, 408
아일랜드 민족주의당(Irish Nationalist Party) 410
아케메네스(Achaemenes) 262
아크라이트(Arkwright) 40
아편 전쟁(the Opium War) 117, 194
아프가니스탄(Afganistan) 141, 270, 366
알렉산더 417
알자스-로렌(Alsace-Lorraine) 302
암리차르(Amritsar) 89, 140
암보이나(Amboina) 230
압둘 하미드 2세(Abul Hamid II) 437
앙코르(Ankor) 259
앵글로 노르만인(Anglo-Normans) 400
에라스무스(Erasmus) 16
에베르(Hebert) 84
엘리자베스 401
엥겔스(Engels, Friedrich) 342
영국 제국(British Empire) 235, 365
영일 동맹(Angle-Japanese Alliance) 220
예카테리나 2세(Ekaterina II) 441
오스만 투르크 251, 428
오스트리아 469
오언(Owen, Robert) 336

오코넬(O'Connell, Daniel) 406
와트(Watt, James) 40
워싱턴(Washington, George) 54
워털루(Waterloo) 107
원세개 226
위그노(Huguenots) 37
위트레히트 평화 조약(Peace of Utrecht) 383
윌슨(Wilson, Woodrow) 497
의화단(義和團) 216
이라크(Iraq) 492
이슬람 교도 277
이집트(Egypt) 96, 255, 416
이탈리아 288
이홍장 202
인권 선언(Declaration of the Rights of Man) 70
인도 137, 147, 155, 166, 177, 473
인민 헌장(People's Charter) 287
인텔리겐차(intelligentsia) 442
일본 205, 214
임칙서 193
입법 의회(the Legislative) 73

[ㅈ]

자민다르(Zamindar) 159
자바(Java) 233
자본론 358
자본주의(Capitalism) 45, 126, 337, 359
자치 법안(Home Rule Bill) 458
자코뱅(Jacobin) 69

잘랄룻딘 루미 266
적군(the Red Army) 527
전시 공산주의(militant communism) 527
제1인터내셔널 345, 536
제2인터내셔널 348, 351, 536
제3인터내셔널 351, 536
제국주의(Imperialism) 47, 190, 243, 370, 378
제니 방적기(spinning-jenny) 40
제임스 1세(James I) 37, 401
제퍼슨(Jefferson, Thomas) 56
조비네 이탈리아(Giovine Italia) 289
조세핀(Josephine) 103
종의 기원(Origin of Species) 133, 317
지롱드(Gironde) 69

[ㅊ]

차티스트 운동(Chartist movement) 287, 337
청년 투르크당(Young Truk Party) 435
청년 필리핀당(Young Filipino Party) 246
청천교(靑天敎) 267
총재 정부(the Directory) 85
치외 법권(extra-territoriality) 195
칭기즈 칸(Chingiz Khan) 267, 440

[ㅋ]

카미유 데물렝(Camille Desmoulins) 81
칸트(Kant, Immanuel) 308
케렌스키(Kerensky) 514
켈로그 - 브리앙(Kellogg-Briland) 협정 349
코르닐로프(Kornilov) 518
코르테스(Cortes) 246
코리아(Korea) 211, 224
코민테른(Comintern) 536
코사크 병사(Cossacks) 275
코시치우슈코(Kosciuszko) 29
콘스탄티노플(Constantinople) 420, 432
콩트(Comte, Auguste) 330
퀘벡(Quebec) 50
퀘이커 교도 49
크리미아 전쟁 202, 367, 433
클라이브 150

[ㅌ]

탈레랑(Talleyrand) 104
태평 천국 197
테니스 코트의 선서 64
토리당(Tories) 369
토머스 페인(Thomas Paine) 328
투르크 251, 265, 428
투르키스탄(Turkestan) 203
트라팔가르 전투 100

트로츠키(Trotsky) 447, 532
티무리드 르네상스 268

[ㅍ]

파넬(Parnell, Charles Stewart) 409
파리 코뮌(the Commune of Paris) 72, 300, 346
파리 평화 조약(Peace of Paris) 56
파샤(Pasha, Sad Zaghlul) 475
페니언(Fenians) 408
페르디난트(Ferdinand, Franz) 469
페르시아(Persia) 262, 270, 418
페미니스트 운동 460
페이비어니즘(Fabianism) 338
페이비언 협회(Fabian Society) 353
페트로그라드(Petrograd) 26, 455
포츠머스조약(the Treaty of Portsmouth) 222
폰 힌덴부르크(von Hindenburg) 491
폴란드 115
표트르 대제 26
푸셰(Fouché) 104
푸슈킨(Pushkin) 308
프랑스 혁명(French Revolution) 58, 67, 328, 471
프랭클린(Franklin, Benjamin) 56
프루동(Proudhon, Pierre) 341
프리드리히 2세(Friedrich II) 25
플라시 전투 47
피라미드 전투(the Battle of Pyramids) 96

피의 일요일(Blood Sunday) 221, 448
피히테(Fichte) 295
필리핀 242

[ㅎ]

하그리브스(Hargreves) 40
하이네(Heine, Heinrich) 307
하층 부르주아(lower Bourgeois) 281
해방 선언(Proclanation of Emancipation) 387
헤겔(Hegel) 308
혁명 재판소(the Revolutionry Tribunal) 80
호세 리살(José Rizal) 246
홀란드 56
홍신월장 사절단(Red Crescent Mission) 481
훈족(Huns) 218
휘그당(Whigs) 369